Schülerduden Politik und Gesellschaft

Rechtschreibung und Wortkunde
Ein Wörterbuch zur alten und neuen Rechtschreibung

Grammatik
Eine Sprachlehre mit Übungen und Lösungen

Wortgeschichte
Herkunft und Entwicklung des deutschen Wortschatzes

Bedeutungswörterbuch
Ein Lernwörterbuch mit Bedeutungsangaben und Anwendungsbeispielen zur kreativen Wortschatzerweiterung

Fremdwörterbuch
Herkunft und Bedeutung der Fremdwörter

Lateinisch-Deutsch
Wortschatz für den modernen Lateinunterricht

Kunst
Von der Felsmalerei bis zur Fotografie, von Dürer bis Dix

Musik
Bach und Beatles, gregorianischer Gesang und Hip-Hop

Literatur
Von der Tragödie bis zum Computertext, von Sophokles bis Süskind: die Literatur in ihrer ganzen Vielseitigkeit

Chemie
Von der ersten Chemiestunde bis zum Abiturwissen

Physik
Quarks & Co.: Begriffe und Methoden der Physik

Biologie
Die gesamte Schulbiologie aktuell und zuverlässig

Sexualität
Umfassende Informationen zur Sexualität des Menschen

Ökologie
Klassische Ökologie und moderne Umweltpolitik

Geographie
Erdbeben, Klimazonen, Strukturwandel: allgemeine Geographie für den modernen Erdkundeunterricht

Geschichte
Von der Hügelgräberkultur bis zum Hitlerputsch, von der Res publica bis zum Zwei-plus-vier-Vertrag

Wirtschaft
Das Einmaleins der Marktwirtschaft für Schule und Berufsausbildung

Politik und Gesellschaft
Ein zuverlässiges Nachschlagewerk zu Fragen der aktuellen Politik in Zeitung, Fernsehen und Internet

Philosophie
»Logik des Herzens« und kategorischer Imperativ: die wichtigsten Modelle und Schulen

Psychologie
Das Grundwissen der Psychologie und ihrer Nachbarwissenschaften

Pädagogik
Alles zum Thema Schule, Ausbildung und Erziehung

Informatik
Algorithmen und Zufallsgenerator: das Informationszentrum für Anfänger und Fortgeschrittene

Mathematik I
5.–10. Schuljahr: das Grundwissen

Mathematik II
11.–13. Schuljahr: das Abiturwissen

Wörterbuch Englisch
Mit einem deutsch-englischen und einem englisch-deutschen Teil

Schülerduden

Politik und Gesellschaft

4., völlig neu bearbeitete Auflage
Herausgegeben und bearbeitet
von der Redaktion Schule und Lernen

In Zusammenarbeit mit
Prof. Dr. Hans Boldt, Prof. Dr. Hede Prehl,
Prof. Dr. D.C. Umbach

Dudenverlag
Mannheim · Leipzig · Wien · Zürich

Redaktionelle Leitung:
Heike Krüger

Herstellung:
Petra Moll, Erika Geisler

Redaktion:
Henning Aubel, Elke Eßmann, Rainer Jakob, Brigitte Lotz

Mitarbeiter und Mitarbeiterinnen:
Brigitte Beier, Hamburg
Prof. Dr. Hans Boldt, Mülheim
Dr. Ulrike Borchardt, Hamburg
Daniel Dettling, Potsdam
Dr. Petra Gallmeister, Wuppertal
Dr. Nils Havemann, Mainz
Dr. Heinz Wilhelm Hoffacker, Essen
Prof. Dr. Hede Prehl, Mannheim
Dipl.-Volkswirt Andreas Schieberle M. A., Schwerte
Martina Schnober-Şen M. A., Wuppertal
Dr. Annette Snoussi-Zehnter, Bochum
Ingrid Suvak M. A., Mannheim
Prof. Dr. D. C. Umbach, Karlsruhe

Grafik:
Böcking & Sander, Bochum

Umschlaggestaltung:
Sven Rauska, Wiesbaden

Die Deutsche Bibliothek – CIP-Einheitsaufnahme
Ein Titeldatensatz für diese Publikation ist bei
Der Deutschen Bibliothek erhältlich.

Das Wort **Duden** ist für den Verlag
Bibliographisches Institut & F. A. Brockhaus AG
als Marke geschützt.

Das Werk wurde in neuer Rechtschreibung verfasst.

Satz: Grafische Ateliergemeinschaft, Mannheim
Druck: kro druck GmbH, Karlsruhe
Bindearbeit: Graphische Betriebe Langenscheidt KG,
Berchtesgaden
Printed in Germany
ISBN 3-411-04724-0

Vorwort

Was ist eine Verfassung, was bedeutet E-Demokratie? Was versteht man unter Machiavellismus? Wo liegt der Unterschied zwischen Volksbegehren und Volksentscheid? Was sind die wesentlichen Kennzeichen desFaschismus? Die vorliegende vierte, völlig neu bearbeitete Auflage des »Schülerdudens – Politik und Gesellschaft« gibt Antwort auf diese und ähnliche Fragen. Orientiert an den Lehrplänen des Gemeinschaftskundeunterrichts, in einigen Bundesländern auch Sozialkunde oder Politik(unterricht) genannt, bietet dieses faktenreiche und aktuelle Nachschlagewerk Schülerinnen und Schülern der Sekundarstufen I und II Unterstützung bei der Erstellung von Hausarbeiten und Referaten sowie bei der Nachbereitung des Unterrichts; es ist aber auch Eltern, Lehrern und politisch Interessierten eine nützliche Hilfe.

Den Schwerpunkt bilden die Stichwörter zum politischen und gesellschaftlichen Leben sowie zu dessen theoretischen Grundlagen und historischer Entwicklung. Die Auswahl der Stichwörter ist an dem Verständnis der Verhältnisse in Deutschland ausgerichtet, geht aber auch ausführlich auf die der Schweiz und Österreichs ein. Die Artikel tragen dem europäischen Integrationsprozess ebenso Rechnung wie den aktuellen internationalen Entwicklungen. Aufgenommen worden sind ferner Grund- und Schlüsselbegriffe aus Soziologie, Philosophie und Medienwissenschaft sowie aus Recht und Wirtschaft. Berücksichtigt wurden aktuelle politische Entwicklungen und Ereignisse bis zum September 2000. Zahlreiche farbige Grafiken und Fotos sowie Auszüge aus Dokumenten, Reden usw. unterstützen das Verständnis des Textes.

Mit einem grünen Rand sind die »Blickpunkte« gekennzeichnet, ausgewählte Artikel zu zentralen und besonders interessanten Themen. Sie informieren über aktuelle, teils kontrovers diskutierte Sachverhalte wie EU-Erweiterung, Globalisierung, Internet und Zuwanderung oder erläutern grundlegende Begriffe wie Föderalismus, Menschenrechte, Parteiensystem und Weltbevolkerung. Diese Sonderseiten laden ein zum Lesen, Mit- und Weiterdenken und schließen jeweils mit Tipps und Literaturempfehlungen für diejenigen ab, die sich noch eingehender mit einem Thema beschäftigen möchten. Dort wie auch bei vielen Sachstichwörtern sind einschlägige Internetadressen angegeben.

Auf den Lexikonteil folgen etwa 120 Kurzbiografien zu bedeutenden politischen Theoretikern und Persönlichkeiten, die vor allem aus der 2. Hälfte des 20. Jahrhunderts stammen. Ein Verzeichnis weiterführender Literatur beschließt den Band.

Folgende *Benutzungshinweise* sollen das Nachschlagen vereinfachen: Der Text ist nach fett gedruckten Hauptstichwörtern alphabetisch geordnet. Die Betonung eines Stichworts ist durch einen untergesetzten Strich (betonter langer Vokal) oder einen untergesetzten Punkt (betonter kurzer Vokal) gekennzeichnet. Ausspracheh inweise werden in der international gebräuchlichen Lautschrift angegeben. Die Alphabetisierung ordnet Umlaute wie die einfachen Vokale ein, also ä wie a, ö wie o usw. Mehrteilige Stichwörter werden ohne Rücksicht auf Wortgrenzen durchalphabetisiert, sodass sich z. B. folgende Reihenfolge ergibt: Europäisches Parlament, Europäisches Währungssystem, Europäische Union.

Gibt es für einen Sachverhalt mehrere Begriffe (Synonyme), so werden diese nach dem Stichwort in runden Klammern angegeben, z. B. **Gemeinde** (Kommune). Begriffe oder Bezeichnungen, die mit dem Stichwort in enger Verbindung stehen, sind als Unterstichwörter halbfett hervorgehoben, z. B. **Nachtragshaushalt** unter **Haushaltsplan.** Der Verweispfeil (↑) besagt, dass ein Begriff unter einem anderen Stichwort behandelt wird oder dass ergänzende Informationen in einem anderen Artikel zu finden sind. Besitzt ein Stichwort gleichzeitig mehrere verschiedene Bedeutungen, so wird dies durch das Symbol ◆ angezeigt, z. B. Konvention als Begriff des Völkerrechts, der Politik und der Sozialwissenschaften. Die im Text verwendeten Abkürzungen sind am Ende des Bandes zusammengestellt.

Wir würden uns freuen, wenn es uns mit dem neuen »Schülerduden – Politik und Gesellschaft« gelungen ist, ein Nachschlagewerk vorzulegen, das Interesse für politische und gesellschaftliche Sachverhalte weckt und wach hält. Anregungen und Kritik sind herzlich willkommen.

Mannheim, im Januar 2001 Redaktion und Bearbeiter

A

Abberufung: im Völkerrecht die Beendigung einer diplomatischen Mission durch den Entsendestaat, entweder durch die A. des Diplomaten oder den Abbruch der diplomatischen Beziehungen. – Siehe auch ↑ Persona non grata.

ABC-Waffen: Sammelbezeichnung für atomare, biologische und chemische Waffen.

Atom- oder **Kernwaffen** besitzen nukleare oder thermonukleare (kernspaltende oder kernverschmelzende) Sprengkörper und haben verheerende Wirkung durch Druckwellen, Hitze- und radioaktive Strahlung. Die ersten Atomwaffen wurden von den USA erprobt und gelangten 1945 im Zweiten Weltkrieg über den japanischen Städten Hiroshima und Nagasaki zum Einsatz (↑ Atommächte). **Biologische Waffen** verbreiten krankheitserregende Mikroorganismen (z.B. Pest, Milzbrand). **Chemische Waffen** enthalten v.a. flüssige oder gasförmige Stoffe, die z.B. Lähmungen, Erstickung oder Verätzungen hervorrufen.

Verträge: Die BRD verzichtete in den Pariser Verträgen (1954) einseitig auf die Herstellung und Anwendung von ABC-W. und ratifizierte 1975 den ↑ Atomwaffensperrvertrag von 1968. 1975 trat das Verbot der Entwicklung, Produktion und Lagerung von biologischen Waffen in Kraft. Das Verbot, chemische Waffen zu entwickeln, herzustellen, zu lagern und einzusetzen, trat 1997 in Kraft. Vorhandene Bestände müssen innerhalb von zehn Jahren vernichtet werden. – Siehe auch ↑ Abrüstung.

Abdankung: förmlicher Verzicht eines Staatoberhaupts, besonders des Monarchen (Thronverzicht), auf sein Amt bzw. seine Stellung und die damit verbundenen Rechte.

Abfallentsorgung: Maßnahmen zur Verringerung, Ablagerung, Umwandlung oder Weiter- und Wiederverwendung von Abfallstoffen.

Während im Abfallbeseitigungsgesetz von 1972 noch der Gedanke dominierte, sich der Abfälle zu entledigen (Wegwerfgesellschaft), rückten im Gesetz über die Vermeidung und Entsorgung von Abfällen vom 27. 8. 1986 die Abfallvermeidung und -verwertung in den Vordergrund. Die konventionelle Müllbeseitigung wandelte sich so zur Abfallwirtschaft, die Reststoffe als Sekundärrohstoffe in den Wirtschaftskreislauf zurückführt. Die in den 1990er-Jahren erlassenen Rechtsvorschriften zum Abfallgesetz markierten ebenso wie die freiwilligen Selbstverpflichtungen der deutschen Industrie diesen Übergang.

Eine der wichtigsten Bestimmungen war die Verpackungsverordnung von 1991 (Neufassung 1998), die für Transport-, Verkaufs- und Umverpackungen eine weitgehende stoffliche Verwertung vorschreibt und zur Gründung des ↑ dualen Systems durch Handel und Industrie führte. Das Kreislaufwirtschaftsgesetz, das das Abfallgesetz ersetzte und am 7. 10. 1996 in Kraft trat, vollzog endgültig den Übergang zur Abfallwirtschaft. Das rückläufige Müllaufkommen und die gestiegenen Verwertungsquoten in Deutschland führten dazu, dass Müllverbrennungsanlagen nicht mehr ausgelastet waren und infolgedessen auch nicht wirtschaftlich arbeiteten. Daher wurde vielerorts Müll »zugekauft« und die Abfalltrennung vernachlässigt.

Abgaben (öffentliche A.): alle Leistungen (meist Geldzahlungen), die der Bürger und andere juristische Personen des öffentlichen Rechts (Gemeinde, Stadt) an den Staat zu erbringen haben und die zur Deckung des öffentlichen Bedarfs dienen. Zu den A. gehören besonders die ↑ Steuern, die grundsätzlich nach der Leistungsfähigkeit des Abgabenpflichtigen erhoben werden, sowie die Gebühren, die für eine Leistung der Verwaltung zu entrichten sind (z.B. Post- und Fernmeldegebühren). Beiträge müssen als Entgelt für einen mittelbaren Vorteil, den eine Verwaltungsmaßnahme dem Beitragspflichtigen bringt, gezahlt werden (z.B. Erschließungsbeiträge für Straßenbau).

Abgeordnetenhaus: Bezeichnung für eine parlamentarische Körperschaft (Volksvertretung). 1855–1918 in Preußen die Zweite Kammer neben dem Herrenhaus. 1861–65 in Österreich und 1867–1918 in Österreich-Ungarn für die westliche Reichshälfte die Zweite Kammer des Reichstags. Seit 1950 Bezeichnung des Parlaments von Berlin (West), ab 1990 für Gesamt-Berlin.

Abgeordnete/r: gewähltes Mitglied eines Parlaments. Der A. hat eine besondere Rechtsstellung (↑freies Mandat, ↑Immunität, ↑Indemnität). Innerhalb einer Fraktion oder parlamentarischen Gruppe übernimmt der A. häufig spezielle Aufgaben in der Fraktionsführung, den parlamentarischen Ausschüssen und Arbeitsgruppen wahr. Als Aufwandsentschädigung erhält er ↑Diäten und andere Zuwendungen (z.B. Kostenpauschale).

Abhörgesetz: ↑G-Zehn-Gesetz.

Abitur (Reifeprüfung): Abschlussprüfung, die in Deutschland nach 13 oder (in den neuen Bundesländern; Modellversuch) zwölf Schuljahren abgelegt wird und in Deutschland und anderen EU-Staaten zum Fach- oder Hochschulstudium berechtigt. – Siehe auch ↑Schule.

Abkommen von Dayton: ['deɪtn]: ↑Bosnischer Krieg.

ABM:

◆ Kurzform für **A**nti-**b**allistic **M**issiles (↑Abrüstung, ↑Raketenabwehr).

◆ Abk. für ↑**A**rbeits**b**eschaffungs**m**aßnahmen.

Abrüstung: im engeren Sinn der Abbau oder die Verminderung von Waffenbestand und/oder Truppenzahl bis hin zu

Abrüstung

1963	Atomteststopp-Abkommen	112 Unterzeichner
1967	Abkommen über die friedliche Nutzung des Weltraums	85 Unterzeichner
1968	Atomwaffensperrvertrag	178 Unterzeichner
1971	Vertrag gegen Atomwaffen auf dem Meeresboden	74 Unterzeichner
1972	ABM-Vertrag zur Begrenzung von Raketenabwehrsystemen	Unterzeichner: USA/UdSSR
1972	SALT I zur Begrenzung der strategischen Rüstung	Unterzeichner: USA/UdSSR
1972	B-Waffen-Abkommen	140 Unterzeichner
1974	Vertrag zur Begrenzung unterirdischer Atomwaffentests	(nicht ratifiziert) USA/UdSSR
1979	SALT II zur Begrenzung der strategischen Rüstung	(nicht ratifiziert) USA/UdSSR
1986	KVA-Schlussdokument über vertrauens- und sicherheitsbildende Maßnahmen	Unterzeichner: 35 KSZE-Staaten
1987	INF-Vertrag zur Vernichtung aller atomaren Mittelstreckenwaffen	Unterzeichner: USA/UdSSR
1990	KSE-I-Vertrag über die konventionellen Streitkräfte in Europa	NATO/Warschauer Pakt
1991	START-I-Vertrag zur Verringerung strategischer Waffen	Unterzeichner: USA/UdSSR
1992	KSE-Ia-Vertrag über die Personalstärke der konventionellen Streitkräfte in Europa	30 Unterzeichner
1993	START-II-Vertrag zur Verringerung strategischer Waffen	Unterzeichner: USA/Russland
1993	C-Waffen-Konvention	161 Unterzeichner
1996	Atomteststopp-Abkommen	152 Unterzeichner

vollständiger A.; im weiteren Sinn auch Maßnahmen der Rüstungsbegrenzung und -kontrolle. A. kann von einem Staat einseitig (freiwillig oder unfreiwillig) vorgenommen werden oder durch Verhandlungen zulasten aller Beteiligten zustande kommen. Ziele der A. können sein: Kriegsverhütung, Entspannung internationaler Beziehungen, Vermeidung eines Rüstungswettlaufs, Friedenssicherung und Kostenminderung bei den Militärausgaben.

Ansätze zu einer internationalen A. gab es bereits 1899 auf den Haager Friedenskonferenzen. Nach dem Ersten Weltkrieg wurden dem Deutschen Reich und seinen Verbündeten im Versailler Friedensvertrag weitgehende Rüstungsbeschränkungen auferlegt, die zugleich der Beginn einer allgemeinen A. sein sollten. Die Abrüstungskonferenz im Rahmen des Völkerbundes scheiterte jedoch an den gegensätzlichen Interessen der Staaten.

ABC-Waffen: Nach dem Ende des Zweiten Weltkriegs waren die internationalen Beziehungen vom Kalten Krieg geprägt. Die Einsicht beider Supermächte USA und UdSSR, Abstand vom Streben nach militärischer Überlegenheit zu nehmen und zu einem strategischen Gleichgewicht zu kommen, führte im Zeichen politischer Entspannungsbemühungen, v.a. nach der Kubakrise 1962, zur Rüstungskontrolle in Teilbereichen, etwa bei der Herstellung und Weitergabe von atomaren, biologischen und chemischen Waffen (↑ABC-Waffen) und der Durchführung von ↑Atomtests. Ein entscheidender Schritt war der ↑Atomwaffensperrvertrag von 1968, der die Weiterverbreitung von Atomwaffen verhindern sollte (1970 in Kraft getreten). Hinzu kam 1972 das Verbot der Entwicklung, Produktion und Lagerung von biologischen Waffen (1975 in Kraft getreten) und 1993 das Abkommen über ein weltweites Verbot der Entwicklung, Herstellung, Lagerung und des Einsatzes chemischer Waffen (1997 in Kraft getreten).

Strategische Waffen: Bis Ende der 1970er-Jahre kam es zwischen den USA und der UdSSR zu Rüstungskontrollabkommen bei strategischen Atomwaffen (Reichweite: über 5500 km), die Obergrenzen für diesen Waffentyp festlegten: SALT-I- und SALT-II-Abkommen von 1972 und 1979. Der ABM-Vertrag (Abk. für **A**nti-**b**allistic **M**issile) von 1972 begrenzte die Fähigkeit der USA und UdSSR, strategische Atomwaffen abzuwehren und

Abrüstung: Der russische Präsident Boris Jelzin (r.) und der US-amerikanische Präsident George Bush unterzeichneten am 3. 1. 1996 in Moskau den START-II-Vertrag.

schrieb damit die gegenseitige Verwundbarkeit beider Supermächte fest (↑Raketenabwehr). 1982/83 folgten Abrüstungsgespräche im Rahmen der ↑START. Im Unterschied zu SALT zielten die Verhandlungen auf die Reduzierung der Waffensysteme. Sie führten bis 1993 zur Unterzeichnung von zwei Abkommen.

Erste vertrauensbildende Maßnahmen zwischen den Militärblöcken wurden 1975 im Rahmen der Konferenz für Sicherheit und Zusammenarbeit in Europa (KSZE) beschlossen. 1984 folgte die Stockholmer Konferenz über Vertrauensbildung und Abrüstung in Europa (KVAE), die 1986 mit der Annahme eines Bündels vertrauens- und sicherheitsbildender Maßnahmen beendet wurde (↑OSZE).

Mittelstreckenraketen und konventionelle Waffen: Über die Reduzierung konventioneller Waffen in Europa wurde seit

A

1973 in Wien im Rahmen der Verhandlungen über beiderseitige Reduzierung von Streitkräften und Rüstungen und damit zusammenhängende Maßnahmen in Mitteleuropa (MBFR, Abk. für **M**utual **B**alanced **F**orces **R**eductions) verhandelt. Große Fortschritte bei der A. gab es allerdings erst, als M. Gorbatschow 1985 neuer Generalsekretär des Zentralkomitees der KPdSU wurde. 1987 unterzeichneten die beiden Supermächte den INF-Vertrag (Abk. für **I**ntermediate-**r**ange **N**uclear **F**orce) über den Abbau nuklearer Mittelstreckenwaffen (Reichweite: 500–5500 km). Bis 1991 wurden diese Flugkörper beseitigt. In den ↑KSE-Verträgen (ab 1990) wurden erhebliche Abrüstungsschritte bei den Hauptwaffensystemen und beim Truppenpersonal vom Atlantik bis zum Ural vereinbart. 1999 trat ein internationaler Vertrag zum Verbot von Antipersonenminen in Kraft (↑Landminen). – Siehe auch ↑Friedenssicherung.

Abschiebung: behördlich angeordnete zwangsweise Entfernung eines Ausländers aus einem Staatsgebiet. Die A. dient in Deutschland dem Vollzug einer förmlichen ↑Ausweisung oder der Abweisung einer illegal eingereisten Person (Rechtsgrundlage: Ausländergesetz vom 1. 1. 1991). Eine A. darf nicht erfolgen, wenn das Leben oder die Freiheit das Abgeschobenen wegen seiner Rasse, Religion, politischer Überzeugung u. Ä. bedroht ist; ausgesetzt werden kann sie bei Bürgerkriegsflüchtlingen.

Abschreckungsstrategie: ↑Nuklearstrategie.

Abschwung: ↑Rezession, ↑Wirtschaftskrise.

absolute Mehrheit: ↑Mehrheit.

Absolutismus: unbeschränkte Herrschaft (z. B. absolute Monarchie, Parlamentsabsolutismus) im Gegensatz zum ↑Konstitutionalismus und zu sonstigen Staatsformen mit ↑Gewaltenteilung.

Abstimmung: Beendigung eines Entscheidungsverfahrens durch ein mehrköpfiges Gremium. Verbindliche Beschlüsse können in verschiedenen Formen gefasst werden: mit einfacher, absoluter, qualifizierter ↑Mehrheit oder mit Einstimmigkeit (entweder der an der A. Beteiligten oder aller Mitglieder des Gremiums). Bei Stimmengleichheit hat der Vorsitzende häufig den Stichentscheid. Abstimmungen können offen (z. B. Handzeichen, namentlich, ↑Hammelsprung) oder geheim (Stimmzettel) erfolgen. In manchen Geschäftsordnungen wird die Beschlussfähigkeit des Gremiums, d. h. die Anwesenheit einer bestimmten Anzahl seiner Mitglieder (↑Quorum), vorausgesetzt.

Abtreibung: ↑Schwangerschaftsabbruch.

Abwicklung: ↑Treuhandanstalt.

Adel: durch Geburt, Besitz oder Leistung (durch Ernennung: Briefadel) ausgezeichneter gesellschaftlicher Stand mit besonderen sozialen und politischen Verpflichtungen und Privilegien, häufig exklusiv gegen andere Stände abgeschlossen und mit eigener Lebensform.

Administration: ↑Verwaltung.

Agẹnda 2000: Programm der Europäischen Kommission zur Vorbereitung der ↑EU-Erweiterung, zur Reform der Politikbereiche und zum künftigen Finanzrahmen (2000–06) der Europäischen Union. Die A. 2000 wurde am 26. 3. 1999 beschlossen. Ziele waren neben der Reorganisation der Regionalförderung (↑EU-Strukturfonds) die Verteilung von Starthilfen auf die Anwärterstaaten und die Änderung der ↑Agrarpolitik.

Agglomeration [von lat. agglomerare »zusammenballen«] (Ballungsraum): Gebiet dichter Besiedlung und Konzentration von Arbeitsstätten auf engem Raum.

Aggression [von lat. aggressio »Angriff«]: im Völkerrecht die kriegerische Angriffshandlung eines oder mehrerer Staaten auf einen anderen. Gegen eine A. besteht das Recht auf Notwehr. Die A. wurde von der UN als völkerrechtswidrig eingestuft.

A

Agitation [von lat. agitare »antreiben«]: aggressive, propagandistische Tätigkeit, die das Denken und Handeln der Menschen beeinflussen soll mit dem Ziel, politische und soziale Verhältnisse zu ändern.

Agrargesellschaft: Bezeichnung für eine Gesellschaft, in der der überwiegende Teil der Bevölkerung in der Landwirtschaft beschäftigt ist und die durch geringe Mobilität und starke Traditionsverbundenheit (im Gegensatz zur ↑Industriegesellschaft) gekennzeichnet ist. Voraussetzung für die Bildung einer A. ist die Sesshaftigkeit des Menschen. Jäger und Sammler sowie die Vieh züchtenden Nomaden sind voragrarische Gesellschaften.

Agrarpolitik: alle Maßnahmen und Bestrebungen, die auf die Gestaltung und Steuerung der wirtschaftlichen, sozialen und rechtlichen Verhältnisse in der Land- und Forstwirtschaft ausgerichtet sind. Die A. verfolgt ökonomische, soziale und politische Ziele, u.a. die Erhaltung und Förderung der Leistungsfähigkeit der ↑Landwirtschaft unter gleichzeitiger Beachtung einer gerechten Einkommensverteilung sowie einer ausreichenden Versorgung der Volkswirtschaft mit den notwendigen Nahrungsmitteln.

Je nach dem ökonomischen Entwicklungsstand hat die A. zu verschiedenen Zeiten unterschiedliche Formen angenommen. Die *EU-Staaten* betreiben ihre A. im Rahmen eines gemeinsamen Agrarmarktes. Das Hauptproblem der A. in der EU und in anderen Industriestaaten besteht in der Überproduktion; die stagnierende Nachfrage soll v.a. durch Subventionen an die Landwirtschaftsbetriebe abgeschwächt werden. Mit Anbaubeschränkungen und produktgebundenen Ausgleichszahlungen wurde versucht, die Kosten für Subventionen sowie für Lagerung und Vernichtung der Güter zu senken. Dies löste jedoch nicht das Problem der Benachteiligung kleinerer Betriebe. 1992 einigten sich die Landwirtschaftsminister der damaligen EG auf eine Reform der gemeinsamen A., deren Kernpunkt die Umstellung von den mengenbezogenen Agrarsubventionen auf direkte Einkommenshilfen ist. Die Senkung der Ankaufpreise für Agrarprodukte und die Bindung der Ausgleichszahlungen an weitere Flächenstilllegungen sollen die Überproduktion eindämmen und die Preise an das Weltmarktniveau heranführen. Die ↑Agenda 2000 sieht bis 2006 weitere Schritte vor.

In den *Entwicklungsländern* konzentriert sich die A. darauf, die Anbauverfahren zu verbessern und ertragreiche Pflanzensorten zu entwickeln, um die Versorgung der wachsenden Bevölkerung mit Nahrungsmitteln zu sichern.

Agrarpolitik: Landwirtschaftliche Überschüsse aus den EU-Ländern werden vernichtet. Die Überproduktion ist ein Hauptproblem des gemeinsamen europäischen Agrarmarktes.

Agreement [əˈgriːmənt, engl. »Vereinbarung«, »Übereinstimmung«]: Übereinkunft zwischen zwei oder mehreren Staaten; das A. braucht nicht schriftlich fixiert zu werden und bedarf nicht der Billigung der Parlamente der betreffenden Staaten. Das A. beruht allein auf der Zuverlässigkeit und Glaubwürdigkeit der Partner.

Agrément [agreˈmã, frz. »Genehmigung«, »Bewilligung«]: eine aus diplomatischer Höflichkeit eingeholte vertrauliche Erklärung eines Staates, dass die von einem anderen Staat geplante Entsendung eines Diplomaten willkommen ist, d.h. dass dieser »Persona grata« sei. Der Empfangsstaat ist nicht verpflichtet, den ihm vorgeschlagenen Diplomaten zu akzeptieren und darf ihn ohne Angabe von Gründen ablehnen (↑Persona non grata).

Aide-Mémoire [ɛːdmeˈmwaːr, frz. »Gedächtnishilfe«]: im diplomatischen Verkehr Bezeichnung für eine zusammenfassende Gesprächsnotiz, die als Gedächtnisstütze dient und dem Gesprächspartner formlos überreicht wird.

AIDS, Kurzwort für engl. **a**cquired **i**mmune **d**eficiency **s**yndrome »erworbenes Immunschwächesyndrom«: durch Viren ausgelöste weltweit verbreitete Infektionskrankheit mit schweren und bislang nicht heilbaren Störungen des Immunsystems mit Todesfolge. 1981–98 hatten sich 33,4 Mio. Menschen infiziert und 14 Mio. waren an den Folgen von AIDS gestorben. Besonders betroffen war die Altersgruppe zwischen 15 und 24 Jahren, insbesondere in den Staaten Ost- und Zentralafrikas sowie im südlichen Afrika. Die hohe Todesrate (2000: rd. 5500 täglich) hat weitreichende Auswirkungen: Anstieg der Waisenzahl, hohe Ausfallzeiten von Erwerbstätigen und hohe Kosten im Gesundheitswesen mit drastischen Folgen für die Volkswirtschaften.

Erreger sind die humanen Immuninsuffizienz-Viren (HIV-1 und -2). Infizierte entwickeln frühestens nach 12–16 Wochen im Blutserum nachweisbare Antikörper. Im Ansteckungsfall können bis zum Auftreten charakteristischer Krankheitszeichen (u.a. Pilzinfektionen, Herpesviruserkrankungen) mehrere Jahre vergehen. Bis 2000 gab es gesicherte Erkenntnisse über die Übertragung durch virushaltige Körperflüssigkeiten, Blut bzw. Blutbestandteile, v.a. beim Geschlechtsverkehr, durch Schleimhautverletzungen und durch Injektionen oder Transfusionen. Vorbeugende Maßnahmen wie Aufklärung und schützende Sexualpraktiken sind entscheidende Voraussetzungen für die Eingrenzung von AIDS. Die Entwicklung eines Impfstoffes gilt als schwierig, weil die Virustypen zahlreiche Varianten bilden.

www.aidshilfe.de

AIDS

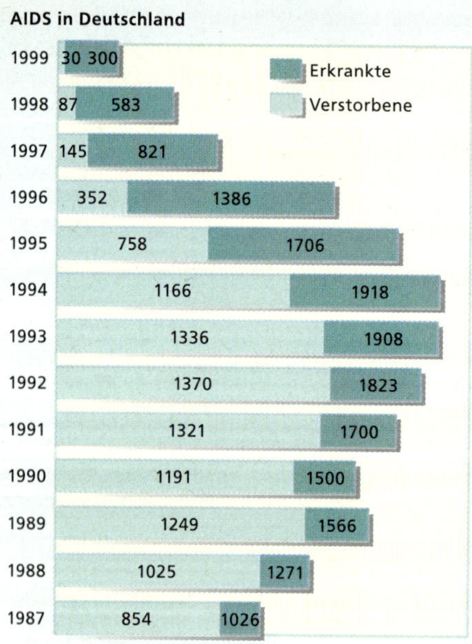

Quelle: Robert Koch Institut

Akklamation [von lat. acclamare »zurufen«]: Zustimmung durch Beifallsäußerungen (z.B. Zuruf) bei Wahlen und Beschlüssen. Die A. kann die Abstimmung ersetzen, wenn kein Widerspruch erhoben wird. In

Diktaturen dient die A. häufig als Mittel demokratischer Scheinlegitimierung.

Akkreditierung [von frz. accréditer »beglaubigen«]: hoheitlicher Akt, bei dem ein Diplomat sein Beglaubigungsschreiben **(Akkreditiv)** als Vertreter seines Staates dem Staatsoberhaupt des Empfangsstaates übergibt.

Akkulturation: die Übernahme von Elementen fremder Kulturen, z.B. Wertvorstellungen und Verhaltensweisen, die sich durch kulturelle Kontakte (auch Tourismus), Wanderungsbewegungen (Einwanderung, Gastarbeiter), Wirtschaftsbeziehungen, politische Verflechtungen und Eroberungen ergeben können.

AKP-Staaten: Kurzbezeichnung für die von der EU bevorzugt behandelten Staaten **A**frikas, der **K**aribik und des **p**azifischen Raums, die 1975 in Lomé (Togo) ein Kooperationsabkommen mit der damaligen Europäischen Gemeinschaft (EG) schlossen.

Die EU stellt den 71 A. Entwicklungshilfe und zinsbegünstigte Darlehen der Europäischen Investitionsbank für den Ausbau der Infrastruktur und die Zusammenarbeit im Landwirtschafts-, Industrie- und Dienstleistungssektor zur Verfügung. Die A. erhalten zollfreien Zugang zum Europäischen Binnenmarkt und öffnen sich im Gegenzug für deren Ausfuhren. Das **Stabex-System** zur Stabilisierung der Exporterlöse für landwirtschaftliche Produkte durch eine Abnahme zu garantierten Preisen soll den Ländern einen Mindestertrag sichern.

In den Lomé-Abkommen II (1979), III (1984) und IV (1989) wurde die Entwicklungshilfe deutlich angehoben und die Zusammenarbeit intensiviert. Das Lomé-Abkommen IV bezog sich verstärkt auf die Achtung der Menschenrechte und den Umweltschutz. Am 3. 2. 2000 trat ein Nachfolgeabkommen in Kraft.

aktives Wahlrecht: das Recht, als Wähler an politischen Wahlen teilzunehmen (↑ Wahlrecht).

aktuelle Stunde: auf Antrag von mindestens 5% der Bundestagsabgeordneten anberaumte, höchstens einstündige Diskussion über ein Thema von »allgemeinem, aktuellem Interesse«. Die Sprechzeit ist auf fünf Minuten pro Redner begrenzt. Auch in den Landesparlamenten werden a. S. abgehalten.

Alimentationsprinzip: Grundsatz im Berufsbeamtentum, der den Dienstherrn verpflichtet, für einen angemessenen Lebensunterhalt der ↑ Beamten (auch im Ruhestand) und seiner Familie zu sorgen.

Alkoholismus (Trunksucht, Alkoholkrankheit): durch ständiges oder vermehrt periodisches, unkontrolliertes, zwanghaftes Trinken von Alkohol hervorgerufene Krankheit mit körperlichen, psychischen und sozialen Schäden. A. ruft v. a. chronische Entzündungen der Magenschleimhaut, Leberschädigung, Nervenschäden und schwere psychiatrische Krankheitsbilder hervor. Seelisch-körperliche Anlagen, tief greifende emotionale Störungen und Konflikte in früher Kindheit sowie soziale Bedingungen werden i. A. als Ursachen des A. angesehen. In den Industrieländern wird die Häufigkeit des A. auf etwa 3–5% der Einwohner geschätzt; in Deutschland ging die Deutsche Hauptstelle gegen die Suchtgefahren 1998 von rd. 2,5 Mio. Alkoholabhängigen und rd. 10 Mio. betroffenen Familienangehörigen aus.

www.sucht.de

Alleinerziehende/r: eine Person weiblichen oder männlichen Geschlechts ohne Lebenspartner, die allein für die Erziehung und tägliche Versorgung ihrer Kinder zuständig ist (↑ Sorgerecht). Ende der 1990er-Jahre lebten in Deutschland rd. 2,6 Mio. Kinder, die bei nur einem Elternteil aufwuchsen. A. und ihre Kinder gehören zu den Familien, die häufig, von ↑ Armut bedroht, auf ↑ Sozialhilfe angewiesen sind.

Allgemeine Ortskrankenkasse, Abk. AOK: ↑ Krankenkassen.

A

Allianz: völkerrechtliche Bezeichnung für ein Bündnis zwischen zwei oder mehreren Staaten zur Verfolgung gemeinsamer außenpolitischer Ziele. Im Unterschied zu einer engeren Staatenverbindung (z.B. Staatenbund) existieren keine gemeinsamen Organe mit selbstständiger Handlungsvollmacht.

Alliierte: Staaten, die v.a. im Krieg oder militärisch durch eine Allianz verbunden sind (auch die Verbündeten der ↑NATO). Als A. bezeichneten sich die Kriegsgegner NAPOLEONS I. 1813–15, der Mittelmächte im Ersten Weltkrieg (Deutsches Reich, Österreich-Ungarn und Verbündete) und der Achsenmächte im Zweiten Weltkrieg (Deutschland, Italien, Japan und Verbündete).

Alliierte Hohe Kommission, Abk. AHK: das 1949–55 bestehende, durch das ↑Besatzungsstatut eingerichtete oberste Kontrollorgan der drei Westmächte (Frankreich, Großbritannien, USA) für die BRD mit je einem Hohen Kommissar aus diesen Staaten. Sitz der AHK war das Hotel Petersberg bei Königswinter. – Siehe auch ↑Deutschlandvertrag.

Erklärungen der drei alliierten Mächte, Großbritannien, UdSSR und USA, von Jalta (12. 2. 1945) zur Besetzung und Kontrolle Deutschlands:

»Wir haben uns auf gemeinsame politische Richtlinien und Pläne zur Erzwingung der Forderungen der bedingungslosen Kapitulation geeinigt, die wir Nazi-Deutschland nach der endgültigen Zerschlagung des bewaffneten Widerstands auferlegen werden. Diese Bedingungen werden nicht eher bekannt gegeben, bis die endgültige Besiegung Deutschlands erreicht ist. Dem vereinbarten Plan entsprechend werden die Streitkräfte der drei Mächte jeweils eine separate Zone Deutschlands besetzen. Eine koordinierte Verwaltung und Kontrolle ist nach diesem Plan durch eine zentrale Kontrollkommission vorgesehen, die sich aus den Oberbefehlshabern der drei Mächte mit Hauptquartier Berlin zusammensetzt. Man ist übereingekommen, dass Frankreich seitens der drei Mächte eingeladen werden soll, sofern es dies wünscht, eine Besatzungszone zu übernehmen und sich als viertes Mitglied der Kontrollkommission zu beteiligen. Die Grenzen der französischen Besatzungszone werden von den vier beteiligten Regierungen durch ihre Vertreter in der Beratenden Europa-Kommission vereinbart. (...)«.

Alliierter Kontrollrat:
◆ Besatzungsorgan, durch das Frankreich, Großbritannien, die UdSSR und die USA nach der Kapitulation Nazi-Deutschlands 1945 die oberste Regierungsgewalt in Deutschland ausübte und das aus den militärischen Oberbefehlshabern der vier Besatzungszonen bestand. Der sowjetische Vertreter verließ 1948 den A. K. und machte das Gremium dadurch handlungsunfähig.
◆ 1945–55 Besatzungsorgan, zusammengesetzt aus den Oberbefehlshabern der vier Besatzungszonen in Österreich, das die oberste Regierungsgewalt in der nach Ende des Zweiten Weltkriegs wieder hergestellten Republik ausübte (↑Besatzungsherrschaft).

Allparteienregierung: eine Regierung, an der alle im Parlament vertretenen Parteien beteiligt sind. A. bilden sich besonders in Krisenzeiten, um die Legitimation der Regierungsanordnungen zu erhöhen.

Alpenkonvention: Bezeichnung für das 1991 unterzeichnete und 1995 in Kraft getretene Abkommen zwischen den Alpenstaaten und der EU. Ziel der A. ist die Verstärkung der grenzüberschreitenden Zusammenarbeit zur Verringerung der Umwelt- und Verkehrsbelastung infolge von Gütertransport (Alpentransit) und Tourismus.

Altenhilfe: eine Form der ↑Sozialhilfe, die speziell auf die Bedürfnisse alter Menschen ausgerichtet ist. Zu ihr gehören die **stationäre A.,** bei der alte hilfsbedürftige Menschen in Heimen untergebracht werden, und die **offene A.**, bei der sie von Altenpflegern an ihrem Wohnsitz betreut werden. Die A. ist im Bundessozialhilfegesetz geregelt und wird als Hilfe in besonderen Lebenslagen ohne Rücksicht auf Einkommen und Vermögen erbracht. Träger sind Behörden und Wohlfahrtsverbände.

www.kda.de

Alter: Bezeichnung für die verschiedenen Altersstufen (Lebensalter, z.B. Kindesalter, Erwachsenenalter) und für den zeitlich späten Lebensabschnitt. Mit fortschreitendem A. ändern sich Lebensumstände und die damit verbundenen Aufgaben (z.B. Schulbesuch, Berufswahl und Ausbildung im Verlauf der Kindheit und Jugend, Eintritt ins Berufs- und Erwerbsleben als Erwachsener). Die damit verknüpften Pflichten, sozialen Rollen und Erwartungen sind abhängig vom jeweiligen Kulturkreis sowie von gesellschaftspolitischen und wirtschaftlichen Rahmenbedingungen. Der Altersaufbau einer Gesellschaft wird meist in Form einer Alterspyramide (↑Bevölkerung) wiedergegeben. Infolge der steigenden ↑Lebenserwartung und der niedrigen ↑Geburtenrate in den Industrieländern steigt der Anteil der alten Menschen an der Bevölkerung und zwingt zu Reformen der sozialen Sicherungssysteme (↑Generationenvertrag, ↑Rentenversicherung).

alternative Bewegung: Sammelbezeichnung für die seit den 1970er-Jahren entstandenen Gruppierungen vorwiegend jüngerer Menschen, welche die Lebens- und Organisationsformen der modernen Industriegesellschaft ablehnen. Ihnen gemeinsam ist der Versuch, ihre Lebensverhältnisse in einer anderen wirtschaftlichen, gesellschaftlichen und politischen Form selbst zu bestimmen und damit eine **Alternativkultur** zu schaffen. Im Rahmen der a.B. sind neben ↑Bürgerinitiativen auch genossenschaftlich organisierte Wirtschaftsprojekte entstanden. Verflechtungen bestehen z.T. mit der Naturschutzbewegung, der ↑Friedensbewegung und der ↑Frauenbewegung sowie politisch v.a. mit den grünen Parteien.

alternative Energien: ↑regenerative Energien.

alternierendes Parteiensystem: in demokratischen Staaten die abwechselnde Regierung durch verschiedene Parteien oder Koalitionen. Je nach politischer Landschaft setzt sich die Regierung dabei aus Vertretern einer einzelnen Partei zusammen (z.B. Zweiparteiensystem in den USA) oder aus Vertretern einer Koalition (z.B. Deutschland, Schweden).

Altersquotient: ↑Generationenvertrag.

Altersruhegeld: ↑Rentenversicherung.

Alterssicherung: Sammelbezeichnung für alle gesetzlichen und privaten Maßnahmen und Regelsysteme (z.B. ↑Rentenversicherung), durch die alte Menschen nach Beendigung des Erwerbslebens finanzielle Leistungen erhalten.

Altersteilzeit: zur Entlastung des Arbeitsmarktes eingeführte Form der ↑Teilzeitarbeit ab dem 55. Lebensjahr, die für maximal sechs Jahre in Anspruch genommen werden kann. Unter der Voraussetzung, dass das Arbeitsentgelt mehr als 630 DM pro Monat beträgt, kann die wöchentliche Arbeitszeit auf die Hälfte reduziert werden. Um das Arbeitsentgelt auf 70% des Vollzeitentgelts und die Rentenversicherungsbeiträge auf einen Betrag zu erhöhen, der 90% des bisherigen Entgelts entspricht, zahlt das Arbeitsamt dem Arbeitgeber entsprechende Zuschüsse. Bedingung ist jedoch, dass er den frei gewordenen Arbeitsplatz mit einem Arbeitslosen besetzt oder einen Auszubildenden übernimmt bzw. neu beschäftigt. Die A. ist in Art. 1 des Gesetzes zur Förderung eines gleitenden Übergangs in den Ruhestand von 1996 festgelegt und wurde durch das Gesetz vom 20.12.1999 weiterentwickelt. Die Regelung gilt bis 2009.

Ältestenrat: ein Gremium des Parlaments zur Vorplanung und Koordination. Der Ä. des Bundestags ist ein Parlamentsausschuss zur Unterstützung des Bundestagspräsidenten bei der Führung seiner Geschäfte. Er besteht aus dem Bundestagspräsidenten, seinen Stellvertretern sowie 23 Mitgliedern des Bundestags, die von den einzelnen Fraktionen entsprechend ihrer Stärke benannt werden. Die Aufgaben des Ä. sind in der Geschäftsordnung des Bundestages festgelegt. Ähnliche Regelungen gelten für den Ä. in den Landtagen.

Altlasten: Bezeichnung für Altablagerungen und Altstandorte, sofern sie durch Schad- und Giftstoffe eine Gefahr für die Umwelt (insbesondere für das Grundwasser) und für die menschliche Gesundheit darstellen. **Altablagerungen** finden sich u.a. in verlassenen oder stillgelegten Deponien sowie in Aufhaldungen und Verfüllungen mit Produktionsrückständen, Bergematerial oder Bauschutt. **Altstandorte** sind Grundstücke mit stillgelegten Anlagen, Einrichtungen oder Betrieben. Erhebliche Probleme werden auch durch die Rüstungsaltlasten und deren Beseitigung verursacht. Die Zahl der sog. Verdachtsflächen für A. wird in Deutschland auf 170 000 geschätzt (Sanierungskosten: ca. 50 Mrd. DM). Die Verantwortung für A. liegt i.d.R. bei dem Verursacher, sofern er verfügbar ist; ansonsten geht sie auf den Grundstückseigentümer, Pächter oder Mieter über.

Amendment [ə'mendmənt, engl. »Berichtigung«]: Gesetzesänderung oder -zusatz, in den USA außerdem Bezeichnung für einen ergänzenden oder abändernden Artikel zur Verfassung von 1787, der an den ursprünglichen Text angefügt wird.

Amnestie [von griech. amnestia »Vergessen«, »Vergebung«]: allgemeine Begnadigung einer Gruppe von verurteilten Straftätern durch einen staatsrechtlichen Akt. Mit einer A. verbunden ist meist auch eine Einstellung noch nicht abgeschlossener Strafverfahren **(Abolition).**

Amnesty International ['æmnəstɪ ɪntə'næʃnl], Abk. ai: 1961 gegründete internationale Organisation zum Schutz der ↑Menschenrechte. Die durch Spenden finanzierte Vereinigung (Hauptsitz London) setzt sich weltweit für Menschen ein, die aus politischen, weltanschaulichen oder rassischen Gründen inhaftiert worden sind. Für ihr Engagement gegen Todesstrafe und Folter erhielt ai 1977 den Friedensnobelpreis.

www.amnesty.org

Ampelkoalition: auf die »Farben« der Parteien abzielende Bezeichnung für das politische Regierungsbündnis zwischen SPD (rot), FDP (gelb) und Bündnis 90/Die Grünen (grün).

Amsterdamer Vertrag: das am 1. 5. 1999 in Kraft getretene Vertragswerk, das den ↑Maastrichter Vertrag, die Gründungsakte der ↑Europäischen Union (EU), weiterentwickelte. Der A.V. wurde am 2. 10. 1997 in Amsterdam (Niederlande) von den Staats- und Regierungschefs der EU-Staaten unterzeichnet.

Zu den inhaltlichen Schwerpunkten gehören: 1) Stärkung des ↑Europäischen Parlaments und Ausweitung der Zuständigkeit des Europäischen Gerichtshofes; 2) Verstärkte Zusammenarbeit der EU-Staaten in der Justiz und Innenpolitik (z.B. Einwanderungspolitik); 3) ↑Europäische Sicherheits- und Verteidigungspolitik; 4) Genauere Festlegung der Voraussetzungen für einen EU-Beitritt (z.B. Schutz der Menschenrechte); Ausweitung des Zielkatalogs (z.B. Abbau der Arbeitslosigkeit) und Aufnahme des »Sozialprotokolls« in den EU-Vertrag; 5) Intensivere Zusammenarbeit zwischen einzelnen EU-Staaten, sofern die gemeinsame Integration nicht behindert wird (»Europa der verschiedenen Geschwindigkeiten«).

Amt: Aufgabenkreis, der vom Träger eines A. für eine bestimmte Dauer im Dienst anderer übernommen wird. Unterschieden werden privates und öffentliches A., je nachdem, ob es sich um Geschäfte privater oder öffentlicher Einrichtungen handelt. Im engeren Sinn ist mit A. das öffentliche A. gemeint; es wird von einem öffentlichen Dienstherrn (in Deutschland v.a. Bund, Länder, Gemeinden) nach einem speziellen Verfahren vergeben (↑Beamte). Träger eines öffentlichen A. leisten vor Dienstantritt einen **Amtseid** (Diensteid) zur Bekräftigung ihrer Amtspflichten. Für bestimmte öffentliche Ämter bestehen gesetzliche Richtlinien hinsichtlich des Zeitraums, in dem das A. von seinem Träger ausgeübt werden darf **(Amtsperiode)** z.B. für den Bundespräsidenten (fünf Jahre). Der Verlust der individuellen **Amtsfähigkeit** kann u.a. Folge einer Verurteilung wegen eines Verbrechens sein. Eine besondere Form des A. ist das ↑Ehrenamt.

Ämterhäufung: Vereinigung mehrerer (v.a. öffentlicher) Ämter in einer Person. Die Verbindung bestimmter Ämter ist häufig politisch unerwünscht (Interessenkollision) und daher unzulässig (↑Inkompatibilität).

Ämterpatronage [-ʒə]: Bevorzugung bestimmter Personen bei der Besetzung von Ämtern aus sach- und fachfremden Motiven (Günstlings- oder Vetternwirtschaft; Einwirkung politischer Parteien zugunsten ihrer Mitglieder).

Ämterrotation: Übergabe eines Amtes an einen Nachfolger nach einer festgelegten Zeit mit dem Ziel, die Machtkonzentration bei politischen Funktionsträgern zu verhindern. Ä. gehörte zu den Grundsätzen der Mandatsträger der Grünen.

Amtseid: ↑Amt.

Amtsenthebung: Verfahren, das zum Verlust eines öffentlichen Amts vor Ende der dafür festgesetzten Amtsperiode führt. Der Begriff **Impeachment** bezeichnet in Großbritannien und den USA den Antrag der parlamentarischen Körperschaft (britisches Unterhaus, Repräsentantenhaus der USA) auf A. oder Bestrafung einer Person, über den eine andere Körperschaft (britisches Oberhaus, Senat der USA) entscheidet. Ein Amtsenthebungsverfahren wurde in den USA zuletzt 1974 gegen R. M. NIXON (trat vorher zurück) und 1998 gegen B. CLINTON (die erforderliche Mehrheit kam nicht zustande) eingeleitet.

Amtsfähigkeit: ↑Amt.

Amtsgericht: die unterste Gerichtsstufe der ↑ordentlichen Gerichtsbarkeit in Deutschland.

Amtsperiode: ↑Amt.

Analphabetismus: mangelhafte oder fehlende Beherrschung des Lesens und Schreibens. Der Anteil der Schreib- und Leseunkundigen **(Analphabeten)** wurde Anfang 2000 von der UNESCO weltweit auf rd. 993 Mio. Menschen geschätzt, darunter 63% Frauen. Trotz des starken Bevölkerungswachstums nimmt mit fortschreitender Industrialisierung und wachsender Schulbildung der Umfang des A. prozentual ab. Als **Sekundäranalphabeten** werden Menschen bezeichnet, die eine früher erworbene Lese- und Schreibfähigkeit verloren haben. In den Industriestaaten gibt es außerdem **funktionale Analphabeten,** die zwar Grundkenntnisse im Lesen und Schreiben haben, aber nicht angemessen am kulturellen, sozialen und politischen Leben teilnehmen können.

Anarchismus: Bezeichnung für soziale und politische Denkmodelle und Bewegungen, die jede Art von Autorität (z.B. von Staat, Kirche) als Form der Herrschaft von Menschen über Menschen ablehnen und ein herrschaftsloses Zusammenleben anstreben. Der A. kam als politische Zielsetzung im 19. Jh. infolge wirtschaftlicher, sozialer und politischer Veränderungen auf. Während er anfänglich Gewaltlosigkeit lehrte, wurden später z.T. auch Terrormittel zur Durchsetzung des A. angewandt.

Anarchosyndikalismus: sozialrevolutionäre Arbeiterbewegung, die ihren Höhepunkt in den romanischen Ländern von der Jahrhundertwende bis zum Ersten Weltkrieg (in Spanien bis zur Endphase des Bürgerkrieges 1938) erlebte. Der A. beruht auf einem ideologischen und organisatorischen Kompromiss zwischen ↑Anarchismus und ↑Syndikalismus, wobei der Anarchismus gewerkschaftliche Organisation und Disziplin als Kampfmittel akzeptierte, der Syndikalismus dagegen die Errichtung anarchistischer Kommunen als Ziel für die nachrevolutionäre Zeit anerkannte.

ANC: Nelson Mandela (Bild: bei einer Wahlkampfveranstaltung) wurde 1994 nach dem Wahlsieg des ANC erster schwarzer Staatspräsident der Republik Südafrika (bis 1999).

ANC, Abk. für engl. **A**frican **N**ational **C**ongress »Afrikanischer Nationalkongress«: 1912 gegründete südafrikanische Partei, die z.Z. der ↑Apartheid den Kampf der Schwarzafrikaner für Gleichberechtigung und Demokratie organisierte. Nach dem Verbot des ANC 1960 formierte sich aus seinen Reihen die militante Organisation »Speer der Nation« unter der Führung von N. MANDELA, der 1964 zu lebenslanger Haft verurteilt wurde. Nach seiner Entlassung und der Wiederzulassung des ANC 1990 wurde MANDELA 1991 zum Präsidenten des ANC gewählt. Seit den freien Wahlen von 1994 stellt der ANC die Regierung. 1997 übergab MANDELA den ANC-Vorsitz an THABO MBEKI (*1942), der am 16. 6. 1999 auch die Staatsführung übernahm.

Anciennitätsprinzip [ãˈsjɛni-, zu frz. ancienneté »Alter«, »Dienstalter«]: Grundsatz der Beförderung oder Bezahlung nach dem Dienstalter, nicht nach Leistung, z.B. bei ↑Beamten.

Andenpakt: 1969 gegründeter Verbund der lateinamerikanischen Andenstaaten Bolivien, Ecuador, Chile (1976 ausgetreten), Kolumbien, Peru und Venezuela (1973 aufgenommen), der u.a. zur Schaffung eines gemeinsamen Marktes ins Leben gerufen wurde. Zahlungsmittel ist seit 1985 der »Anden-Peso«. Im **Andenabkommen** von 1991 vereinbarten die Mitgliedstaaten die Bildung einer Freihandelszone. 1996 wurde der Andenpakt in **Andengemeinschaft** umbenannt.

Anfechtungsklage: ↑Klage.

Anfrage: Die Geschäftsordnung des Bundestages unterscheidet **kleine** und **große (parlamentarische) A.** Beide sind schriftlich einzureichen und müssen von einer Mindestzahl von Abgeordneten unterzeichnet werden. Daneben ist jedes Mitglied des Bundestags berechtigt, Fragen zur mündlichen oder schriftlichen Beantwortung an die Bundesregierung zu stellen.

angebotsorientierte Wirtschaftspolitik: wirtschaftspolitisches Konzept zur Bekämpfung von Wachstumsschwäche und Massenarbeitslosigkeit. Angestrebt wird dabei die Steigerung der Produktivität einer Volkswirtschaft (also des Angebots). Durch Veränderung der politischen Rahmenbedingungen (z.B. Steuerentlastung, ↑Deregulierung) soll v.a. die Investitionstätigkeit gefördert werden.

Angestellte: Bezeichnung für die ↑Arbeitnehmer im öffentlichen Dienst oder der Privatwirtschaft, im Unterschied zu ↑Arbeitern und ↑Beamten. Die Bandbreite reicht von ungelernten Kräften bis zu Beschäftigten in Spitzenpositionen. Eine genaue Abgrenzung zu den Arbeitern ist in vielen Fällen nicht mehr möglich, weil die trennenden Merkmale (monatliche Gehaltszahlung, überwiegend geistige Arbeit u.a.) an Bedeutung verloren haben. Abgrenzende Regelungen für Arbeiter und A. enthalten v.a. das Sozialversicherungsrecht und das Arbeitsrecht. Aufgrund der Ausweitung des Dienstleistungssektors stieg der Anteil der A. an den ↑Erwerbstätigen in Deutschland von 16% (1950) auf rd. 49% (1999) an.

Angestelltenversicherung: ↑Rentenversicherung.

Angriffskrieg: ein gewaltsamer, mit militärischen Mitteln offensiv geführter Krieg. Er galt noch im 19. Jh. als legitimes Mittel der Politik souveräner Staaten. Nach der Charta der UN ist ein A. völkerrechtswidrig.

Anhörung: ↑Hearing.

Anklage: ↑Klage.

Anlageinvestition: ↑Investition.

Annexion: die gewaltsame Aneignung fremden Staatsgebiets. Sie kann nachträglich von dem betroffenen Staat durch Anerkennung legalisiert werden. Völkerrechtlich ist die A. unzulässig.

Anstalten des öffentlichen Rechts: Einrichtungen zur Erfüllung öffentlicher Aufgaben, die aus der allgemeinen Staats- und Kommunalverwaltung ausgegliedert sind. Die Benutzung von A.d.ö.R. kann als Rechtsanspruch (z.B. Bibliotheken) oder als Benutzungszwang (z.B. Schulen) ausgestaltet werden. Die innere Organisation ist durch die Anstaltsordnung (Satzung) geregelt. A.d.ö.R. sind u.a. die Bundesanstalt für Arbeit, öffentlich-rechtliche Rundfunkanstalten oder Krankenanstalten.

Antagonismus [von griech. antagonisma »Streit«]: Bezeichnung für einen unter Umständen unversöhnlichen Gegensatz. Der Marxismus geht von einem solchen Gegensatz zwischen den Interessen der verschiedenen Klassen in einer nicht sozialistischen Gesellschaft aus, so zwischen ↑Proletariat und ↑Bourgeoisie.

Antarktisvertrag: der 1959 von Argentinien, Australien, Belgien, Chile, Frankreich, Großbritannien, Japan, Neuseeland, Norwegen, Südafrika, der damaligen Sowjetunion und den USA abgeschlossener Vertrag über die friedliche Nutzung der Antarktis zu Forschungszwecken. 1991 wurde der A. durch einen Zusatz ergänzt, der den Abbau von Bodenschätzen für 50 Jahre verbietet.

Anti-Atom-Bewegung: seit Mitte der 1970er-Jahre bestehende Bewegung (z.T. in Form von ↑Bürgerinitiativen), deren Ziel der Ausstieg aus der Nutzung der Kernenergie ist. Die Anhänger der A. verweisen v.a. auf die Freisetzung von radioaktiver Strahlung, das Risiko eines Reaktorunfalls sowie die ungelöste Frage der ↑Entsorgung radioaktiver Abfälle.

antiautoritäre Bewegung: Sammelbezeichnung für eine Autorität ablehnende bzw. gegen autoritäre Normen gewendete gesellschaftliche Gruppierung. Die ↑Studentenbewegung Ende der 1960er-Jahre führte zu einem Aufbegehren der Jugend gegen »autoritäre« Bevormundung. Abgelehnt wurde v.a. die nur von einem Amt, einer Institution abgeleitete Autorität. Die a.B. wandte sich u.a. gegen hierarchische Strukturen an den Universitäten und forderte Mitbestimmung sowie eine »freie, wissenschaftliche Entfaltung«.

Antifaschismus: ursprünglich Bezeichnung für die Opposition und den Widerstand gegen den italienischen ↑Faschismus, später auch gegen den ↑Nationalsozialismus und andere faschistische Regime. Der Ausdruck wurde v.a. von Kommunisten zur Rechtfertigung ihres Bündnisses mit bürgerlichen Parteien in der sog. Volksfront und von bestimmten Formen des Übergangs zum Sozialismus benutzt. Insbesondere bei der Gründung der

A

DDR wurde die Sammelbezeichnung A. von der SED als ideologischer Kampf- und Motivationsbegriff eingesetzt. In der DDR galt die »antifaschistisch-demokratische Ordnung« als verwirklicht; die Berliner Mauer wurde als »antifaschistischer Schutzwall« bezeichnet.

Antiimperialismus: ein wesentlicher Bestandteil des revolutionären Nationalismus in Lateinamerika, Afrika und Asien. Häufig vom ↑Marxismus-Leninismus angeregt, kennzeichnet der A. eine Bewegung gegen die fortdauernde Kolonialherrschaft oder den bestimmenden politischen und wirtschaftlichen Einfluss der USA und einzelner europäischer Staaten in der ↑Dritten Welt.

Antikommunismus: Bezeichnung für die ablehnende Haltung gegenüber dem ↑Kommunismus und allen sich auf den ↑Marxismus-Leninismus berufenden Parteien und Staaten. Im Zuge des Kalten Krieges bildete sich in den USA unter dem Vorsitzenden eines Senatsausschusses, JOSEPH MCCARTHY (1909–57), aber auch in der BRD ein stark emotional gefärbter A. aus, bedingt durch die Teilung Deutschlands, die sozialistische Herrschaft in der DDR und die sowjetische Hegemonie in Ostmitteleuropa.

Antipersonenminen: ↑Landminen.

Antisemitismus: Abneigung und Feindseligkeit gegenüber den Juden (nicht die Gesamtheit der semitischen Völker).
Ursprünglich entzündete sich die Feindschaft an der religiösen und sozialen Absonderung der Juden in den Gastländern, seit sie über die Welt verstreut wurden (Diaspora). Von dieser traditionellen Judenfeindschaft (↑Judenverfolgung im Römischen Reich, Benachteiligung im Mittelalter) ist der moderne A. zu unterscheiden, der sich als Form des ↑Rassismus v.a. gegen die Judenemanzipation (rechtliche und gesellschaftliche Gleichstellung seit dem 18./19. Jh.) richtete. Seinen Höhepunkt erreichte der A. in den Vernichtungsaktionen des Nationalsozialismus.

antizyklische Wirtschaftspolitik: wirtschaftspolitisches Konzept zur Förderung des Wirtschaftswachstums. Im Rahmen der a.W. sollen Konjunkturschwankungen durch staatliche Steuerung der gesamtwirtschaftlichen Nachfrage ausgeglichen werden: Während der Hochkonjunktur werden die Staatsausgaben gesenkt bzw. die Staatseinnahmen erhöht; in der Rezession wird umgekehrt verfahren. Die Bereitstellung der notwendigen Mittel führt häufig zur ↑Staatsverschuldung. Als Gegenmodell zur a.W. wurde deshalb die ↑angebotsorientierte Wirtschaftspolitik entwickelt.

Apartheid: Im von Weißen beherrschten Südafrika wurden häufig am Rand großer Städte besondere Wohnsiedlungen für Schwarze, sog. Townships (Bild: bei Johannesburg), geschaffen, um die Bevölkerungsgruppen auch räumlich voneinander zu trennen.

AOK: ↑Krankenkassen.

Apartheid [afrikaans »Trennung«]: Bezeichnung für die von der Republik Südafrika praktizierte Politik der Rassentrennung zwischen weißer und farbiger Bevölkerung, die seit 1948 offizieller Bestandteil der Politik aller südafrikanischen Regierungen war und zu einem auf Rassenkriterien beruhenden Herrschaftssystem der weißen Minderheit führte. Die Farbigen waren von politischer, sozialer und kultureller Teilhabe ausgeschlossen, u.a. auch vom Wahlrecht. Zur räumlichen Trennung (Segregation) wurden sog. **Townships** (Wohnsiedlung für Schwarze) und **Homelands** mit eigener, aber international nicht anerkannter Staatlichkeit geschaffen. Der Kampf gegen die A. wurde v.a. vom ↑ANC getragen. Gespräche zwischen Staatspräsident FREDERIK WILLEM DE KLERK (*1936) und dem ANC unter Führung von N. MANDELA leiteten ab 1990 die Abkehr von der A. ein. Mit dem In-Kraft-Treten einer Übergangsverfassung 1994 wurde die Apartheidgesetzgebung endgültig abgeschafft.

APEC, Abk. für engl. **A**sia-**P**acific **E**conomic **C**ooperation »Asiatisch-Pazifische Wirtschaftliche Zusammenarbeit«: Wirtschaftsforum von 21 Staaten (1999) des asiatisch-pazifischen Raumes, das 1989 in Canberra (Australien) gegründet wurde. Zu den Zielen der APEC gehören u.a der Abbau von Handelshemmnissen, die Förderung der regionalen und wirtschaftlichen Zusammenarbeit und die gemeinsame Interessenvertretung im Rahmen internationaler Organisationen. 1994 wurde die Schaffung einer Freihandelszone bis 2020 beschlossen.

APO: ↑außerparlamentarische Opposition.

Arabische Liga: Zusammenschluss von 21 (1999) arabischen und afrikanischen Staaten und der ↑Palästinensischen Befreiungsorganisation (Sitz: Kairo), der am 22. 3. 1945 im Rahmen des Kairo-Pakts gegründet wurde. Ziele der A.L. sind u.a. die friedliche Beilegung innerarabischer Konflikte sowie die politische, militärische, wirtschaftliche und kulturelle Zusammenarbeit ihrer Mitglieder.

Arbeit: siehe Seite 22.

Arbeiter: ↑Arbeitnehmer, die für Lohn insbesondere ausführende, überwiegend körperliche Arbeit leisten. Die Industrialisierung im 19. Jh. ließ die Zahl der A. schnell zunehmen und brachte sie in eine abhängige Position als Fabrikarbeiter, verbunden mit nur geringen Aufstiegschancen. Mit dem Ziel von besseren Arbeitsbedingungen und von politischer Teilhabe schlossen sich viele A. in der Arbeiterbewegung zusammen. Heute meint der Begriff A. in erster Linie den Industriearbeiter, wobei nach der beruflichen Qualifikation zwischen dem gelernten (↑Facharbeiter), dem ungelernten und dem Hilfsarbeiter unterschieden wird. War im 19. Jh. die Arbeiterschaft noch eine relativ geschlossene Gruppe (↑Arbeiterklasse), so differenzierte sie sich zunehmend durch soziale Verbesserungen. Die Unterschiede gegenüber den ↑Angestellten verringerten sich (z.B. in der Höhe des Lohns, Urlaubszeit, Kündigungsfristen); heute gibt es v.a. noch Abweichungen in einigen versicherungs- und arbeitsrechtlichen Bestimmungen.

Arbeiterbewegung: alle organisierten Bestrebungen der Arbeiterschaft zur Verbesserung ihrer wirtschaftlichen und sozialen Situation im Kampf um gesellschaftliche, wirtschaftliche und politische Macht. Die europäische A. entstand als Folge der Industrialisierung und der Herausbildung des Kapitalismus: Die daraus hervorgegangene neue Gesellschaftsschicht der Lohnarbeiter war zunächst politisch weitgehend recht- und einflusslos. Ohne soziale und wirtschaftliche Absicherung waren die Arbeiter von den Unternehmern abhängig und der Verelendung preisgegeben.

Der Begriff Arbeit im allgemeinen Sinn bezeichnet das bewusste, zielgerichtete Handeln des Menschen, um sowohl seine Grundbedürfnisse (z.B. Nahrung, Unterkunft) als auch darüber hinausgehende Wünsche (z.B. Kauf bestimmter Waren und Güter) zu befriedigen. Als Tätigkeit innerhalb einer Gemeinschaft und als Form der Selbstverwirklichung ist Arbeit zugleich auch ein wesentliches Moment der Daseinserfüllung.
Die herausragende Bedeutung der Arbeit findet ihren Ausdruck in Art. 12 GG: Alle Deutschen haben das Recht, Beruf, Ausbildungsplatz und Ausbildungsstätte frei zu wählen. [...]

Arbeit seit dem Industriezeitalter

Mit dem Beginn der Industrialisierung Ende des 18. Jh. in Großbritannien veränderte sich die Arbeit und damit auch die Lebensgrundlage der Menschen: Während die Zahl derer, die durch Handwerk und Landwirtschaft ihren Lebensunterhalt verdienten, schrittweise zurückging, stieg die Zahl der Arbeiter, die in Fabriken mit der Massenproduktion von Gütern beschäftigt waren. Der vermehrte Einsatz von Maschinen führte zu einer ausgeprägten Arbeitsteilung und Erhöhung des Arbeitstempos. Mit Einführung der Fließbandarbeit durch den US-amerikanischen Industriellen HENRY FORD (1863–1947) verkürzte sich die Herstellungszeit und die Produktionskosten wurden deutlich gesenkt.

Arbeit

Erwerbstätige in Deutschland

Wirtschaftsbereich	1999 (Mio.)
Land- und Forstwirtschaft	1,026
Produzierendes Gewerbe	12,150
Handel, Gastgewerbe, Verkehr	8,349
Sonstige Dienstleistungen	14,877
Berufsstellung	
Angestellte	17,655
Arbeiter	12,453
Selbstständige	3,594
Beamte	2,389
Mithelfende Familienangehörige	0,311

Quelle: Statistisches Bundesamt

Arbeit und Menschenwürde

Mit der Rationalisierung der Arbeit wurden die Abfolge der Arbeitsschritte und der Arbeitsrhythmus des Menschen den technischen Gegebenheiten angepasst. Die Erledigung des immer gleichen Arbeitsschrittes machte jedoch Arbeit monoton und der Einzelne verlor zunehmend den Überblick über den Herstellungsprozess als Ganzes und damit meist auch den Bezug zu der von ihm geleisteten Arbeit (Entfremdung). Seit den 1970er-Jahren kam deshalb vermehrt die Forderung nach einer menschengerechten Gestaltung der Arbeitsplätze auf. Danach sollten die Arbeitsbedingungen soweit wie möglich an den Menschen angepasst werden, etwa durch die Verringerung des Tempos und die stärkere Beteiligung an der Arbeitsplanung. Um eine körperliche und seelische Überforderung zu verhindern, wurde ein Abbau des Leistungsdrucks angestrebt. Eine abwechslungsreiche Gestaltung sollte der Ermüdung vorbeugen und die Arbeitsmotivation verbessern. In den 1990er-Jahren standen infolge der weitreichenden Computerisierung der Arbeitswelt (z.B. PC-Arbeitsplätze) und des Fortschritts in der Kommunikationstechnik Fragen nach neuen Arbeitsformen und -modellen (Abbau von Hierarchien, ↑Teilzeitarbeit, ↑Telearbeit), nach menschengerechter Gestaltung der Arbeitsplätze sowie nach einer Neubewertung des Verhältnisses von Arbeit und Freizeit (z.B. Flexibilisierung und Verkürzung der ↑Arbeitszeit) im Vordergrund.

Bewertungen im Wandel der Zeit

Im Altertum herrschte die Meinung vor, dass körperliche Arbeit (im Unterschied zur wissenschaftlichen und politischen

Tätigkeit) nicht von freien Menschen geleistet werden sollte, sondern von Sklaven. Auch das Christentum betrachtete Arbeit zunächst v.a. als Lebenspflicht und Mühsal (1. Mose 3, 17 und 19). Seit der Reformation durch MARTIN LUTHER (1483–1546) wurde Arbeit auch als Gottesdienst und als Dienst am Mitmenschen verstanden. Die von JOHANNES CALVIN (1509–64) geprägte Form des protestantischen Christentums (Kalvinismus) wertete die erfolgreiche Arbeit eines Menschen als einen Hinweis auf dessen Frömmigkeit.

K. MARX, der mit seinen Lehren entscheidend zur Entstehung der ↑Arbeiterbewegung beigetragen hat, sah in dem Verhältnis zwischen der Organisation menschlicher Arbeit und der Herausbildung bestimmter Gesellschafts- und Wirtschaftsstrukturen einen engen Zusammenhang. Im ↑Marxismus gilt die an Privateigentum und Gewinnvermehrung orientierte kapitalistische Gesellschaftsform als Ursache für Ausbeutung und Entfremdung. Vertreter einer ↑sozialen Marktwirtschaft versuchten daher, die unerwünschten Folgen des ↑Kapitalismus (z.B. schlechte Lebens- und Arbeitsbedingungen der Arbeiter, fehlende Beteiligung am erwirtschafteten ↑Mehrwert) durch staatliche Maßnahmen zu mildern und zu korrigieren (Sozialgesetzgebung, ↑Arbeitsschutz, betriebliche und wirtschaftliche ↑Mitbestimmung).

Ab dem 18. Jh. wurde Arbeit auch als Mittel der Befreiung und Form der Selbstverwirklichung des Menschen betrachtet. Heute wird der Besitz eines Arbeitsplatzes als hohes Gut empfunden, das über den Wert eines Menschen mitbestimmt. Umgekehrt gilt ↑Arbeitslosigkeit nicht nur als gesellschaftlicher Missstand, sondern auch als persönlicher Makel.

■ Arbeit als Produktionsfaktor

Im Hinblick auf den wirtschaftlichen Wert gehört Arbeit neben Boden und Kapital zu den drei wesentlichen Produktionsfaktoren. So werden durch den Einsatz von Arbeit aus dem Boden gewonnene Rohstoffe mit Hilfe von sachlichen Produktionsmitteln (Kapital) in Wirtschaftsgüter umgewandelt. Nach Art der durch Arbeit entstehenden Güter werden unterschieden: 1) Land-, Forstwirtschaft und Fischerei (auch primärer Sektor genannt, weil die erzeugten Produkte unmittelbar genutzt werden können); 2) Waren produzierendes und Waren verarbeitendes Gewerbe (sekundärer Sektor), dazu gehören u.a. Industrie und Handwerk; 3) Dienstleistungs- oder tertiärer Sektor, dazu gehört etwa der Handel mit den erzeugten Gütern. Aufgrund der Bedeutung des Dienstleistungssektors in modernen Gesellschaften werden diese auch als Dienstleistungsgesellschaften bezeichnet. So wurden in den USA Ende der 1990er-Jahre drei Viertel der Wirtschaftsleistung im Dienstleistungssektor erbracht.

Das Ausmaß der zur Verfügung stehenden Arbeitskraft (Arbeitskapazität) wird u.a. durch den Altersaufbau einer Gesellschaft und den Ausbildungsstand bestimmt. Hohe Arbeitskosten (einschließlich ↑Lohnnebenkosten) werden im globalen Wirtschaftswettbewerb als Standortnachteile angesehen. ■

Bundesministerium für Arbeit und Sozialordnung, Arbeitsämter sowie Jobbörsen im Internet: www.bma.de, www.arbeitsamt.de, www.job.de.

OFFE, CLAUS: *Arbeitsgesellschaft. Strukturprobleme und Zukunftsperspektiven. Frankfurt am Main* (Campus) 1984. ■ *Arbeit der Zukunft, Zukunft der Arbeit,* hg. von der Alfred-Herrhausen-Gesellschaft für Internationalen Dialog. Stuttgart (Schäffer-Poeschel) 1994. ■ *Wege aus der Krise der Arbeitsgesellschaft. Beiträge und Ergebnisse der 4. Tagung »Sozialunion in Deutschland«,* hg. von DIETMAR DATHE. Berlin (Gesellschaft für Sozialwissenschaftliche Forschung und Publizistik) 1995.

A

Arbeiterbewegung: Karl Marx (Foto um 1880) gab mit seinen Lehren der sozialistischen Bewegung eine wegweisende, mit wissenschaftlichem Anspruch auftretende Zukunftsvision.

Äußerte sich die A. zunächst als spontane Abwehrreaktion gegen Maschinen und Fabriken, so stellte sie seit Mitte des 19. Jh. zunehmend politische Forderungen. In der zweiten Jahrhunderthälfte schlossen sich die Arbeiter in ↑Gewerkschaften, ↑Genossenschaften und politischen Parteien (↑Sozialdemokratie) zusammen. Ihre geistigen Grundlagen bezog die A. besonders aus den sozialistischen Theorien (↑Sozialismus) und aus den Lehren von K. MARX und F. ENGELS (↑Marxismus), die im »Kommunistischen Manifest« (1848) ihre erste programmatische Grundlage fanden. In Deutschland ging die A. aus den Jahren der polizeistaatlichen Unterdrückung (Sozialistengesetze 1878–90) zunächst gestärkt hervor und konnte besonders während und nach der Revolution von 1918/19 politische und soziale Reformen durchsetzen. Die organisatorische und programmatische Aufspaltung der A. in eine reformistische und eine revolutionäre (↑Bolschewismus, ↑Kommunismus) Richtung, wie sie sich bereits Ende des 19. Jh. abzeichnete, schwächte die A. und führte zur Unterdrückung ihrer Organisationen im Nationalsozialismus. Nach 1945 wurden in Deutschland die Bedingungen für eine legale Betätigung von Organisationen der A. wieder hergestellt.

Arbeiterklasse: nach der Lehre des ↑Marxismus die Gesamtheit der Lohnabhängigen, die wegen des Nichtbesitzes an Produktionsmitteln ihre Arbeitskraft zur materiellen Existenzsicherung verkaufen müssen. Sie stehen nach marxistischer Auffassung in der kapitalistischen Gesellschaft im unversöhnlichen Gegensatz zur Kapital besitzenden Klasse der ↑Bourgeoisie. Nach dem »Kommunistischen Manifest« (1848) von K. MARX strebt die Klasse der Lohnarbeiter mit zunehmender Bewusstwerdung ihrer Stellung im Klassenkampf die Beseitigung der privatkapitalistischen Gesellschaftsordnung an.

Arbeiterwohlfahrt: ↑Wohlfahrtsverbände.

Arbeitgeber: ↑natürliche Personen und ↑juristische Personen, die ↑Arbeitnehmer beschäftigen. Meist sind A. Inhaber eines Unternehmens und in wirtschaftlichem Sinn ↑Unternehmer. A. können aber auch Bund, Länder und Gemeinden sein (↑öffentlicher Dienst). Der A. darf bestimmte Arbeitsleistungen verlangen und ist zur Zahlung des vereinbarten Lohns und zur Fürsorge verpflichtet.

Arbeitgeberverbände: freiwillige Zusammenschlüsse von Arbeitgebern mit fachlicher und regionaler Untergliederung. Sie wahren in Form privatrechtlicher Vereine die Arbeitgeberinteressen und treten als Vertrags- und Verhandlungspartner (Tarifpartner) gegenüber den Gewerkschaften auf. In Deutschland sind die A. in der **Bundesvereinigung der Deutschen Arbeitgeberverbände (BDA)** zusammengeschlossen.

Arbeitnehmer: ↑Angestellte und ↑Arbeiter in der Privatwirtschaft und im öffentlichen Dienst. Sie sind den Weisungen des Arbeitgebers unterworfen und erhalten ein regelmäßiges Entgelt. Freiwillige Zusammenschlüsse der A. sind die ↑Gewerkschaften.

Arbeitsamt: die unterste Verwaltungsstelle der ↑Bundesanstalt für Arbeit (BA). Zu den wichtigsten Aufgaben zählen Arbeitsvermittlung, Berufsberatung, Förderung der beruflichen Bildung und organisatorische Abwicklung der ↑Arbeitslosenversicherung. In hierarchischer Gliederung bilden Arbeitsamt, Landesarbeitsamt und BA die Arbeitsverwaltung.

www.arbeitsamt.de

Arbeitsbeschaffungsmaßnahmen, Abk. ABM: Leistungen der ↑Bundesanstalt für Arbeit zur Schaffung von Arbeitsplätzen. Die Arbeit in ABM (1999: 230 600) muss den Anspruch der Gemeinnützigkeit erfüllen und darf nicht mit Tätigkeiten in privatwirtschaftlichen Unternehmen konkurrieren. Angesichts hoher Arbeitslosigkeit haben die zeitlich befristeten ABM eine zunehmende Bedeutung erhalten, v.a. in den neuen Bundesländern; allerdings werden eine Neueingliederung der ABM-Teilnehmer in den (Ersten) Arbeitsmarkt bzw. der Langzeitarbeitslosen in das Erwerbsleben häufig nicht erreicht (↑Zweiter Arbeitsmarkt).

Arbeitseinkommen: ↑Einkommen.

Arbeitserlaubnis: besondere Erlaubnis, die zum Aufenthalt berechtigte ↑ausländische Arbeitnehmer (Ausnahme: Angehörige der EU-Staaten) zur Arbeitsaufnahme in Deutschland benötigen. Die Erteilung der A. kann zeitlich befristet oder auf Berufsgruppen, Wirtschaftszweige und Regionen beschränkt

Arbeitsgerichtsbarkeit

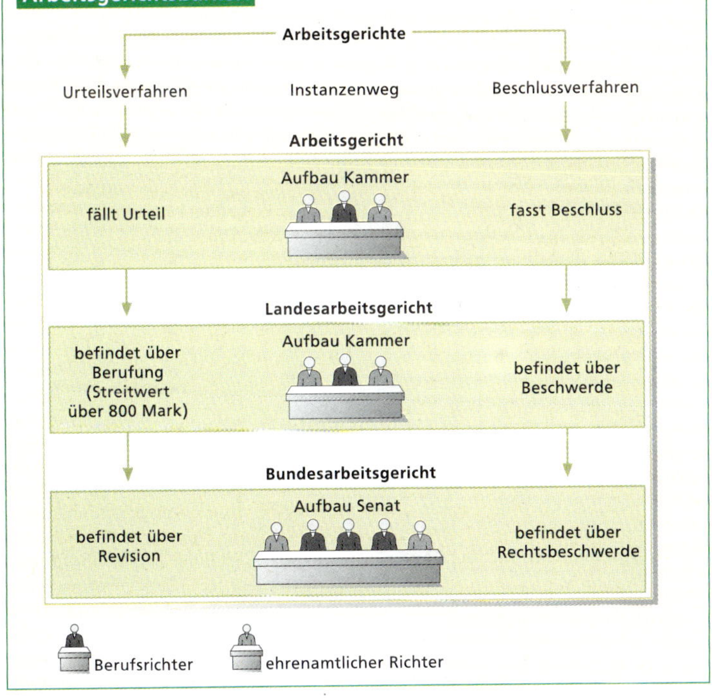

A

werden. Sie verfällt mit dem Erlöschen der Aufenthaltserlaubnis. – Siehe auch ↑Green Card.

Arbeitsförderungsgesetz, Abk. AFG: Gesetz vom 25. 6. 1969, das die Aufgaben (u.a. Arbeitsvermittlung, Berufsberatung) und Leistungen (u.a. ↑Arbeitslosenversicherung, Maßnahmen zur Arbeitsbeschaffung) der ↑Bundesanstalt für Arbeit sowie ihre Finanzierung regelte. Rechtsgrundlage der Arbeitsförderung ist seit 1. 1. 1998 das Sozialgesetzbuch III.

Arbeitsfrieden: konfliktfreier Zustand zwischen ↑Tarifpartnern im Gegensatz zum ↑Arbeitskampf. Während der Laufzeit von Tarifverträgen besteht für die Vertragsparteien Arbeitsfriedenspflicht.

Arbeitsgemeinschaft der öffentlich-rechtlichen Rundfunkanstalten der Bundesrepublik Deutschland: ↑ARD.

Arbeitsgerichtsbarkeit: eine den besonderen Bedürfnissen des Arbeitsrechts angepasste Zivilgerichtsbarkeit, die im Arbeitsgerichtsgesetz (ArbGG) geregelt ist. Der A. unterliegen Streitsachen, die sich aus dem Arbeitsverhältnis zwischen ↑Arbeitgebern und ↑Arbeitnehmern oder zwischen Arbeitnehmern ergeben können, sowie tarifrechtliche und betriebsverfassungsrechtliche Streitigkeiten. Für die erste Instanz ist zwingend ein Güteverfahren vorgeschrieben, und die Parteien müssen grundsätzlich ihre eigenen Gerichts- und Anwaltskosten selbst tragen.

Struktur: Der Aufbau der A. ist dreistufig: Arbeitsgerichte als erste Instanz, Landesarbeitsgerichte zur ↑Berufung und das ↑Bundesarbeitsgericht für die ↑Revision. Die Gerichte für Arbeitssachen sind mit Berufs- und Laienrichtern besetzt, die Laienrichter entstammen je zur Hälfte Arbeitgeber- und Arbeitnehmerkreisen.

Abb. siehe Seite 25.

Arbeitskampf: kollektive (Kampf-) Maßnahmen von Arbeitnehmern gegen Arbeitgeber und umgekehrt, durch die die andere Seite zur Annahme von Forderungen gezwungen werden soll (↑Streik, ↑Aussperrung). In Deutschland ist der organisierte A. durch die ↑Koalitionsfreiheit geschützt (Art. 9 Abs. 3 GG).

Arbeitslosengeld: finanzielle Unterstützung für Arbeitslose aus den Mitteln der ↑Arbeitslosenversicherung. Anspruch auf A. haben Arbeitslose, die der Arbeitsvermittlung zur Verfügung stehen und die Anwartschaft erfüllen (drei Jahre vor Beginn der Arbeitslosigkeit mindestens 360 Tage beitragspflichtige Beschäftigung). Das A. beträgt für Arbeitslose mit Kind 67%, sonst 60% des früheren Nettoverdiensts (1999). Personen bis 45 Jahre erhalten A. für maximal ein Jahr, ältere Arbeitslose für bis zu 32 Monaten.

Arbeitslosenhilfe: aus dem Bundeshaushalt finanzierte Leistung für Erwerbslose, die keinen Anspruch auf Arbeitslosengeld haben, weil die Bezugsdauer ausgeschöpft ist oder die Voraussetzungen nicht erfüllt sind. Zusätzlich wird die Bedürftigkeit geprüft, wobei das persönliche Vermögen sowie das Einkommen von Ehegatten, nicht ehelichen Partnern und Verwandten ersten Grades berücksichtigt werden. Die A. beträgt maximal 57% (1999) des durchschnittlichen Nettoarbeitsentgelts.

Arbeitslosenversicherung: staatliche Pflichtversicherung der Arbeitnehmer gegen die wirtschaftlichen Folgen der Arbeitslosigkeit. Träger ist in Deutschland die Bundesanstalt für Arbeit. Finanziert wird die A. je zur Hälfte von Arbeitnehmern und Arbeitgebern (1999 jeweils 3,25% des Bruttoarbeitsentgelts bis zur **Beitragsbemessungsgrenze,** die 1999 in Westdeutschland bei 8500 DM pro Monat, in Ostdeutschland bei 7200 DM lag) sowie durch Bundeszuschüsse. Versicherungspflichtig sind alle gegen Entgelt oder zu ihrer Berufsausbildung beschäftigten Arbeitnehmer, wenn ihre wöchentliche Arbeitszeit mehr als 18 Stunden beträgt.

A

Arbeitslosigkeit

Jahresdurchschnittliche Arbeitslosenquoten (in %)

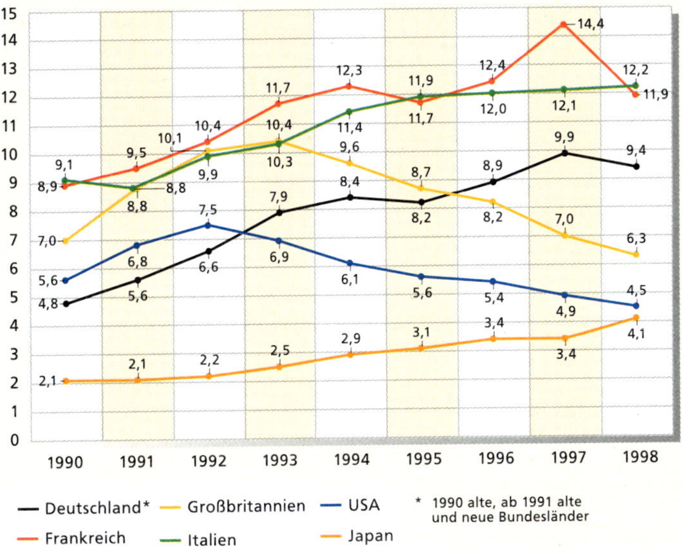

Quelle: Bundesministerium für Arbeit und Sozialordnung

Hauptleistungen und Maßnahmen der A. sind ↑Arbeitslosengeld, Kurzarbeitergeld (↑Kurzarbeit) und beschäftigungspolitische Maßnahmen wie ↑Arbeitsbeschaffungsmaßnahmen und Existenzgründungshilfen. Die Arbeitnehmer sind i.d.R. in der A. pflichtversichert. Eine Ausnahme bilden Beamte, die nicht dem üblichen Beschäftigungsrisiko unterliegen. Nichtversicherte Erwerbstätige sind Selbstständige und deren Familienangehörige.

Arbeitslosigkeit: Zustand der Beschäftigungslosigkeit v.a. von Arbeitnehmern. A. ist ein in einer Marktwirtschaft immer wiederkehrendes Problem mit folgenden Ursachen: 1) saisonale Beschäftigungsschwankungen; 2) konjunkturelle Abwärtsbewegungen, wobei mit dem Absatz von Waren auch die Zahl der Beschäftigten sinkt; 3) **strukturelle A.** die durch den Rückgang der Nachfrage nach den Produkten eines bestimmten Wirtschaftszweiges hervorgerufen wird; 4) technologische Entwicklung und ↑Rationalisierung, in deren Folge Arbeitskräfte durch Maschinen ersetzt werden.

Statistisch wird zwischen registrierter und nicht registrierter A. unterschieden. Letztere ist gegeben, wenn sich Arbeitslose nicht beim Arbeitsamt melden. Verdeckte A. liegt vor, wenn Arbeitskräfte aus dem Erwerbsleben frühzeitig oder zeitweilig ausscheiden oder später eintreten, wenn ↑Kurzarbeit herrscht und wenn sich Arbeitnehmer in Umschulungen befinden. Die **Langzeitarbeitslosigkeit** (ein Jahr oder länger) stellt ein besonderes Problem dar, sowohl für die Betroffenen (psychische Belastung, Einkommensverluste, Verarmung) als auch für die Volkswirtschaft (Steuerausfälle, geringere Sozialversicherungseinnah-

A

men, Nachfragerückgang) und die Gesellschaft.

Arbeitsmarkt: Zusammentreffen von Angebot an und Nachfrage nach Arbeitskräften. Der A. kann in Teilmärkte, z.B. für bestimmte Berufs- und Wirtschaftszweige, aufgeteilt werden. Auf dem A. werden das Arbeitsentgelt und die Arbeitsbedingungen ausgehandelt. Die Arbeitnehmer haben sich zur Stärkung ihrer Stellung in Gewerkschaften, die Arbeitgeber in Arbeitgeberverbänden organisiert. Dabei wird die Lohnhöhe durch die Machtpositionen der Arbeitgeber- bzw. Arbeitnehmervertretungen am A. und die Arbeitsmarktlage beeinflusst.

Arbeitsmarktpolitik: Teilbereich der staatlichen Wirtschaftspolitik. Er umfasst alle Maßnahmen eines Staates, die zu einer ausgeglichenen Arbeitsmarktlage führen, also Arbeitslosigkeit oder Arbeitskräftemangel abbauen und/oder verhindern. Zu diesem Zweck kann der Staat selbst Menschen beschäftigen (im öffentlichen Dienst), bestimmte Arbeiten durchführen (z.B. öffentliche Bauarbeiten) oder Aufträge vergeben (z.B. an die Rüstungsindustrie).

Die für A. zuständige Institution in Deutschland ist die ↑Bundesanstalt für Arbeit, zu deren Hauptaufgaben Berufsberatung, Arbeitsvermittlung, Umschulung von Arbeitslosen, Arbeitsmarkt- und Berufsforschung, Rehabilitation Behinderter, Förderung der Berufsausbildung und der Arbeitskräftemobilität gehören. Ein weiteres Mittel der A. sind staatliche ↑Subventionen an Industriebetriebe mit der Auflage, Arbeitnehmer einzustellen bzw. nicht zu entlassen sowie berufliche Qualifizierung und ↑Arbeitsbeschaffungsmaßnahmen. Für (untertariflich bezahlte) Arbeitsplätze, die durch die besonderen Maßnahmen der A. geschaffen wurden, kam die Bezeichnung **zweiter Arbeitsmarkt** auf. Rechtsgrundlage der A. ist das Sozialgesetzbuch III (1. 1. 1998).

Die A. gewann in den neuen Bundesländern beim Übergang von der staatlichen Planwirtschaft zur Marktwirtschaft und zu privaten Eigentumsformen große Bedeutung. Für Kurzarbeit, Kündigungsschutz, Umschulung, vorgezogenen Ruhestand und Arbeitsbeschaffungsmaßnahmen wurden Übergangs- und Sonderregelungen getroffen und umfangreiche öffentliche Mittel bereitgestellt. Die konkrete Form der A. (wirtschaftliche Rahmenbedingungen oder direkte finanzielle Förderung von Arbeitsplätzen) hängt stark von den politischen Grundanschauungen der regierenden Parteien ab.

Arbeitsrecht: Sonderrecht, das die Stellung des unselbstständigen ↑Arbeitnehmers regelt. Das A. dient seit seiner Entstehung im 19. Jh. dem Schutz des Arbeitnehmers, soll ihm aber auch eine Teilhabe an den Entscheidungen im Arbeitsleben gewähren, die ihn wesentlich berühren. Die Regelungen zum A. sind in Deutschland in zahlreichen Rechtsvorschriften verstreut.

Das A. geht vom Arbeitnehmer einerseits als Individuum, andererseits als Mitglied von Kollektiven aus. Das **Individualarbeitsrecht** ordnet die Rechtsbeziehungen des einzelnen Arbeitnehmers zum Arbeitgeber, die grundsätzlich auf einem ↑Arbeitsvertrag beruhen. Das **kollektive A.** ordnet die Rechtsbeziehungen, die sich aus dem Tarifvertrags- und Betriebsverfassungsrecht (↑Mitbestimmung) ergeben. Das vom Grundgesetz geschützte **Koalitionsrecht** (Bildung von Gewerkschaften und Arbeitgeberverbänden, ↑Koalitionsfreiheit) geht historisch auf Selbsthilfebestrebungen der Arbeitnehmer zurück.

Arbeitsschutz: im weitesten Sinne alle Maßnahmen gegen eine physische, seelische, geistige und sittliche Gefährdung des Menschen an seinem Arbeitsplatz. Zum A. gehören die Verhütung von Arbeitsunfällen und Berufskrankheiten, der Arbeitszeit-, Kinder-, Jugendli-

chen-, Frauen- und ↑Mutterschutz sowie der Schutz bei Lohnpfändung.
Geschichte: In Deutschland entwickelte sich der A. mit der Industrialisierung im Rahmen staatlicher Sozialpolitik. Der A. wurde v.a. nach 1918 unter dem wachsenden politischen Einfluss der Arbeiterparteien umfassend erweitert.

Arbeitsteilung: die Aufspaltung von Aufgabenbündeln in Teilaufgaben, die verschiedenen Menschen, Betrieben oder Ländern (internationale A.) zur spezialisierten Erledigung übertragen werden. Vorteile der A. sind die Steigerung der Produktivität und des Versorgungsniveaus durch Nutzung von Standortvorteilen und Erhöhung menschlicher Leistungsfähigkeit. Voraussetzung für eine wirksame A. ist eine sinnvolle Abstimmung bei der Erledigung der unterschiedlichen Aufgaben. Ein richtiges Maß an A. vermindert die Anfälligkeit gegenüber Wirtschaftskrisen, erlaubt Arbeitsplatzwechsel (↑Mobilität) und verhindert die ↑Entfremdung des Menschen von seiner Arbeit.

Arbeitsvermittlung: Vermittlung geeigneter Arbeitsstellen an Arbeitsuchende und umgekehrt. Die A. in Deutschland durfte bis zur Zulassung von privaten Vermittlern (1. 8. 1994) nur von den ↑Arbeitsämtern betrieben werden. Die private A. bedarf der Erlaubnis der ↑Bundesanstalt für Arbeit; sie muss erteilt werden, wenn gesetzliche Anforderungen (u.a. Eignung, Zuverlässigkeit) erfüllt sind. Die A. durch die Arbeitsämter ist grundsätzlich unentgeltlich.

Arbeitsvertrag: privatrechtlicher Vertrag zwischen ↑Arbeitgeber und ↑Arbeitnehmer, der die Rechtsgrundlage für das Arbeitsverhältnis bildet. Er verpflichtet den Arbeitnehmer zur Übernahme einer bestimmten Funktion, den Arbeitgeber zur Leistung einer Vergütung. Der A. hat sich aus dem Dienstvertrag des Bürgerlichen Gesetzbuches entwickelt, ist jedoch ein Vertrag eigener Art mit besonderen Rechtswirkungen. Prinzipiell gilt der Grundsatz der ↑Vertragsfreiheit auch für den A. Die Freiheit zur inhaltlichen Gestaltung des A. und zur Kündigung des Arbeitsverhältnisses ist allerdings zugunsten des Arbeitnehmers durch gesetzliche Vorschriften stark eingeschränkt, z.B. durch einen ↑Tarifvertrag und eine ↑Betriebsvereinbarung.

Arbeitszeit: durch ↑Tarifvertrag, ↑Betriebsvereinbarung oder ↑Arbeitsvertrag geregelte Zeit vom Beginn bis zum Ende der Arbeit (ohne Pausen). Unterschieden wird zwischen tariflich festgelegter A., geleisteter A. (mit Überstunden) und bezahlter A., die auch Urlaub, Krankheit u.a. einschließt. Die **gleitende A.** erlaubt es, in bestimmtem Umfang Anfang und Ende der Tagesarbeitszeit selbst zu bestimmen (häufig mit Anwesenheitspflicht in einer festgelegten Kernarbeitszeit).
Den rechtlichen Rahmen bildet das Arbeitszeitgesetz (ArbZG) von 1994, das den Arbeitsschutz regelt, insbesondere die gesetzlichen Höchstarbeitszeiten (acht Stunden werktags, bei entsprechendem Ausgleich bis zu zehn Stunden, 48 Stunden pro Woche), Mindestruhepausen und -zeiten sowie den Nachtarbeitnehmerschutz. Im Zuge der flexibler werdenden Arbeitsverhältnisse vervielfältigten sich in den 1990er-Jahren die Arbeitszeitmodelle. – Siehe auch ↑Teilzeitarbeit, ↑Telearbeit.

ARD, Abk. für **A**rbeitsgemeinschaft der öffentlich-rechtlichen **R**undfunkanstalten der Bundesrepublik **D**eutschland: Dachorganisation der deutschen Rundfunkanstalten, deren Aufgabe die Wahrnehmung gemeinsamer Interessen und Programmaufgaben der **Landesrundfunkanstalten** ist. Der ARD gehören der Bayerische Rundfunk (BR), der Hessische Rundfunk (HR), der Mitteldeutsche Rundfunk (MDR), der Norddeutsche Rundfunk (NDR), der Ostdeutsche Rundfunk Brandenburg (ORB), Radio Bremen (RB), der Saarländische Rundfunk (SR), der Sender Freies Berlin (SFB), Südwestrundfunk

A

(SWR) und Westdeutsche Rundfunk (WDR) an, ferner die Deutsche Welle (DW) und das DeutschlandRadio. Neben eigenen Hörfunk- und Fernsehprogrammen (die Dritten Programme) der regionalen Rundfunkanstalten existiert ein gemeinsames Fernsehprogramm, das Erste Deutsche Fernsehen (↑Fernsehen).

www.ard.de

Aristokratie [griech. »Herrschaft der Besten«]: In der A. liegt die Staatsgewalt in der Hand einer bevorzugten Minderheit (↑Adel). Ihr Herrschaftsanspruch wird begründet durch vornehme Geburt, Besitz oder besondere kriegerische und politische Tüchtigkeit.

Armee: ↑Bundeswehr, ↑Streitkräfte.

Armut: wirtschaftliche Situation, in der es Einzelnen oder Gruppen nicht möglich ist, ihr ↑Existenzminimum aus eigener Kraft zu beschaffen

Als **absolute A.** gilt eine Mangelsituation, in der die physische Existenz unmittelbar oder mittelbar bedroht ist. 1999 wurde die Zahl der Menschen, die von weniger als einem Dollar pro Tag leben mussten, auf weltweit 1,3 Mrd. geschätzt.

Bei **relativer A.** ist zwar das physische Existenzminimum gesichert, die Teilhabe am sozialen und kulturellen Gesellschaftsleben bleibt aus materiellen Gründen jedoch stark eingeschränkt. Obwohl A. besonders als Problem der Entwicklungsländer begriffen wird, sind auch in den Industriestaaten seit Mitte der 1970er-Jahre Bevölkerungsgruppen, die sich nicht auf mächtige Interessenverbände stützen können wie Langzeitarbeitslose, Empfänger von Sozialhilfe, Alleinerziehende, Seniorinnen, Obdachlose und Suchtkranke von A. betroffen (**neue Armut;** auch ↑Zweidrittelgesellschaft).

Von einer **Armutsfalle** wird gesprochen, wenn Erwerbsarbeit neu oder wieder aufgenommen bzw. in ihrem Umfang erweitert wurde und dadurch die zuvor erhaltenden Sozialleistungen entfallen, sodass das Gesamteinkommen unter dem zuvor erhaltenen liegt.

Artenschutz: der Lebensschutz von Pflanzen und Tieren in der freien Natur. Rechtliche Grundlage ist das Washingtoner Artenschutzübereinkommen von 1973, in Deutschland die Bundesartenschutzverordnung von 1986 (Neufassung 1989). Sie verbieten den gewerbsmäßigen Handel mit Tier- und Pflanzenarten, die in ihrem Bestand gefährdet und in der sog. »Roten Liste« aufgeführt sind. Diese Vorschriften werden ergänzt durch verschiedene internationale Übereinkommen und Richtlinien der EU. Aus dem A. entwickelte sich das umfassende Konzept eines Lebensraum- oder Biotopschutzes. – Siehe auch ↑Naturschutz.

www.edf.org

Ärzteverbände: Vereinigungen der Ärzte mit obligatorischer Mitgliedschaft **(Ärztekammern, kassenärztliche Vereinigungen)** oder auf freiwilliger Basis **(Hartmannbund, Marburger Bund).**

ASEAN, Abk. für engl. **A**ssociation of **S**outh-**E**ast **A**sian **N**ations »Vereinigung südostasiatischer Staaten«: Die 1967 gegründete Vereinigung (Sitz: Jakarta, Indonesien) dient der Förderung der wirtschaftlichen, politischen und sozialen Zusammenarbeit. Mitgliedstaaten sind Brunei, Indonesien, Kambodscha, Laos, Malaysia, Myanmar (Birma), die Philippinen, Singapur, Thailand und Vietnam. 1994 trat die Asiatische Freihandelszone (AFTA) in Kraft. Die ASEAN-Staaten gelten meist als ↑Schwellenländer oder ↑Entwicklungsländer.

www.asean.or.id

Assoziierung [von lat. associare »sich zugesellen«, »vereinigen«]: Anschluss eines Staates an ein bestehendes Bündnis, eine Zoll- oder Wirtschaftsunion ohne formelle Mitgliedschaft.

ASTA, Abk. für **A**llgemeiner **St**udentenausschuss: die von allen immatrikulierten Studenten einer Universität gewählte Selbstverwaltung. Der ASTA gliedert sich in mehrere Referate (Sozialfragen, Hochschulpolitik, Sport, Kultur usw.). Er besitzt kein allgemeinpolitisches Mandat. In den Ländern Baden-Württemberg, Bayern und Berlin wurde er durch Landeshochschulgesetze abgeschafft.

Asylrecht: allgemein das Recht auf Schutz vor politisch motivierter Verfolgung.

Nach dem allgemeinen *Völkerrecht* ist der Einzelne nicht befugt, in einem Staat seiner Wahl Zuflucht zu suchen. Es garantiert jedoch den Staaten das Recht, Asyl zu gewähren, sei es auf ihrem Territorium **(territoriales Asyl)** oder in ihrer Auslandsvertretung **(diplomatisches Asyl).** Nach der **Genfer Flüchtlingskonvention** vom 28. 7. 1951 ist es den Unterzeichnerstaaten (u.a. Deutschland) grundsätzlich verboten, einen Flüchtling in ein Gebiet zurückzuweisen, in dem er politisch verfolgt wird.

Das *deutsche Grundgesetz* gewährt politisch Verfolgten, auch nach Änderung des A. von 1993, unter bestimmten, im Vergleich zu früher strengeren Bedingungen, einen gerichtlich durchsetzbaren Anspruch auf Asyl (Art. 16 a Abs. 1). Politisch Verfolgter ist jeder, der wegen seiner Rasse, Religion, Nationalität, sozialer Zugehörigkeit oder politischen Überzeugung verfolgt und bedroht wird. Auf dieses Recht kann sich aber nicht berufen, wer aus einem EU-Staat oder aus einem anderen vor Verfolgung »sicheren Drittstaat« einreist (Art. 16 a Abs. 2). Art. 16 a Abs. 3 legt fest, dass Asylbewerber aus gesetzlich benannten »sicheren Herkunftsstaaten«, in denen anhand gesetzlich fixierter Kriterien politische Verfolgung oder unmenschliche Behandlung ausgeschlossen erscheinen, das A. nur in Anspruch nehmen können, wenn sie Tatsachen vorbringen können, aus denen auf ihre Verfolgung zu schließen ist. In der Praxis erlaubt es die »Flughafenregelung«, Asylbewerber, die auf dem Luftweg nach Deutschland einreisen, bis zu 19 Tage auf dem Flughafengelände festzuhalten und das Asylverfahren dort durchzuführen.

Atlantikcharta [-'karta]: von W. CHURCHILL und F. D. ROOSEVELT am 14. 8. 1941 beschlossene Grundsätze zur Kriegs- und Nachkriegspolitik. Mit dem Programm verpflichteten sich die USA und Großbritannien zur Niederwerfung von Hitler-Deutschland. Im September 1941 stimmte auch die Sowjetunion zu. Die A. wurde zu einem grundlegenden Dokument der ↑UN.

Atomausstieg: Beendigung der zivilen Nutzung der ↑Kernenergie und Stilllegung aller Kernkraftwerke (↑Kernreaktor). Die Nutzung der Kernenergie ist seit den 1970er-Jahren wegen den Risiken (Freisetzung von Strahlung, mögliche Reaktorunfälle u.a.) und der ungelösten Entsorgung der radioaktiven Abfälle umstritten. Am 15. 6. 2000 verständigten sich die rot-grüne Bundesregierung und die führenden Energieversorgungsunternehmen auf den A. Besondere Probleme bereiteten bei den langwierigen Verhandlungen die Festlegung der Restlaufzeit der Kraftwerke, die Lösung langfristiger Verträge und Entschädigungsforderungen der Kraftwerksbetreiber.

Atomenergie: ↑Kernenergie.

Atomgesetz: ↑Atomrecht.

Atommächte (Atomwaffenmächte, Nuklearmächte): Bezeichnung für Staaten, die über Atomwaffen (↑ABC-Waffen) verfügen. Zunächst wurde der Begriff nur für die USA, die Sowjetunion, Großbritannien und Frankreich verwendet. In den 1960er-Jahren kam die Volksrepublik China hinzu. Diese Staaten (ab 1991 Russland als Nachfolger der Sowjetunion) besitzen in Anerkennung ihrer Rolle als **offizielle A.** jeweils einen ständigen Sitz im ↑UN-Sicherheitsrat.

Trotz internationaler Bemühungen, die Weiterverbreitung von Atomwaffen zu verhindern (↑Atomtest, ↑Atomwaffensperrvertrag), reihten sich bis 2000 weitere Staaten (u.a. Indien, Pakistan) in die Gruppe der A. ein. Mit Ausnahme von Israel zählen diese **inoffiziellen A.** zu den Entwicklungsländern. Von Ländern wie Nord-Korea, Iran oder Irak wird vermutet, dass sie Kernwaffen entwickelt haben.

Atommüll: ↑Entsorgung.

Atomreaktor: ↑Kernreaktor.

Atomrecht: Gesamtheit der Rechtsvorschriften, die bei sämtlichen Anwendungsarten von spaltbarem Material und radioaktiven Stoffen einschließlich ihres Transports, ihrer Lagerung und der Beseitigung ihrer Abfälle zu beachten sind. In Ländern wie Deutschland, wo die militärische Nutzung der ↑Kernenergie verboten ist, beschränkt sich das A. auf die friedliche Nutzung der Kernenergie.

Das A. in *Deutschland* stützt sich auf das **Atomgesetz** in der Fassung vom 15. 7. 1985, das Einfuhr, Ausfuhr, Beförderung, Verwahrung, Besitz und Bearbeitung von Kernbrennstoffen, Errichtung von Anlagen zur Erzeugung oder zur Spaltung von Kernbrennstoffen und zur Beseitigung radioaktiver Abfälle (↑Entsorgung) der Genehmigungspflicht unterwirft. Der Besitzer von Kernbrennstoffen hat durch radioaktive Strahlung verursachte Schäden im Rahmen bestimmter Höchstbeträge ohne Rücksicht auf Verschulden zu ersetzen; übersteigen Schäden die Deckungssumme der Haftpflichtversicherung, so ist der Bund für den ungedeckten Rest verantwortlich.

In *Österreich* wurden 1978 Kernkraftwerke verboten. In der *Schweiz* bildet das Atomgesetz vom 23. 12. 1959 (1986 geändert) die Grundlage des A. 1987 wurden dort die Voraussetzungen für den Bau und Betrieb von Kernkraftwerken verschärft.

Atomtest: Zündung von Atomsprengköpfen zu Versuchszwecken. 1945–99 wurden weltweit rd. 2052 A. durchgeführt. Der erste erfolgte am 16. 7. 1945 in den USA, kurz vor den Atombombenabwürfen über den japanischen Städten Hiroshima und Nagasaki zum Ende des Zweiten Weltkriegs. A. dienen der Aufrechterhaltung der atomaren Abschreckung (↑Nuklearstrategie) und der Modernisierung des Atomwaffenarsenals eines Staates.

Bis 1980 fanden A. nicht nur unterirdisch, sondern auch überirdisch statt; sie stellten eine erhebliche Belastung der Erdatmosphäre dar und führten zur radioaktiven Verseuchung auch außerhalb der Testareale, z. B. im Pazifik. Dem begrenzten **Atomteststoppvertrag** vom 5. 8. 1963, der A. in der Atmosphäre, im Weltraum und unter Wasser verbot, waren nur die ↑Atommächte Großbritannien, Sowjetunion und USA gefolgt. 1991/92 stellten die USA, Großbritannien und Russland auch ihre unterirdischen A. ein; Frankreich führte 1995/96 eine letzte Serie auf seinem Testgelände im Südpazifik durch. Die atomaren Schwellenländer Pakistan und Indien unternahmen 1998 zum ersten bzw. zweiten Mal A. Die Atommächte, v. a. die USA und Großbritannien, ersetzten ihre A. durch die Simulation der physikalisch-technischen Abläufe während einer Atomexplosion mithilfe von Supercomputern und durch Versuche mit spaltbarem Material, bei denen keine atomare Kettenreaktion stattfindet.

Atomwaffen: ↑ABC-Waffen, ↑Atommächte.

Atomwaffensperrvertrag (Kernwaffensperrvertrag): Vertrag über die Nichtverbreitung von Atomwaffen, der am 1. 7. 1968 von den drei ↑Atommächten USA, UdSSR und Großbritannien unterzeichnet wurde und 1970 in Kraft trat. Neben zahlreichen anderen Staaten schloss sich auch die BRD dem A. an. Frankreich und China unterzeichneten den Vertrag erst 1992. Am 11. 5. 1995 wurde der A. von mittlerweile 178 Staaten unbefristet verlängert.

Aufenthaltsgenehmigung: die nach dem Ausländergesetz vom 9. 7. 1990 notwendige behördliche Erlaubnis für ↑Ausländer, nach Deutschland einreisen und sich dort aufhalten zu dürfen. Die A. ist der Oberbegriff für verschiedene Arten des Aufenthaltsrechts.

Aufklärung: Epochenbezeichnung für den elementaren Prozess der Säkularisierung des europäischen Denkens im 17./18. Jh., den der deutsche Philosoph IMMANUEL KANT (1724–1804) als »Ausgang des Menschen aus seiner selbst verschuldeten Unmündigkeit« bezeichnete. Die A. wandte sich gegen kirchlichen ↑Dogmatismus und traditionelle (feudale, absolutistische) Staats- und Gesellschaftslehren und wurde in erster Linie von dem zu politischem Selbstbewusstsein erwachenden Bürgertum getragen.

Aufschwung: ↑Wirtschaftswachstum.

Aufschwung Ost: ↑Deutsches Gemeinschaftswerk Aufschwung Ost.

Ausbeutung: Aneignung unbezahlter fremder Arbeit durch Zwang. Für den ↑Marxismus (↑Mehrwert) kennzeichnet A. das gesellschaftliche Verhältnis zwischen Klassen mit unterschiedlicher Stellung zu den Produktionsmitteln.
Ausbeutungstheorien sind Einkommensverteilungstheorien, die besagen, dass die Eigentümer der Produktionsmittel eine monopolähnliche Stellung gegenüber den eigentumslosen Arbeitern haben. Dadurch entstehen neben den Arbeitseinkommen durch Abzug vom Lohn oder durch Aufschlag auf den Preis Nichtarbeitseinkommen (»leistungslose« Besitzeinkommen).

Ausbildungsförderung: ↑BAFöG.

Ausbildungsvertrag: Der A. regelt das Berufsausbildungsverhältnis zwischen einem Ausbildenden (Lehrherr) und dem ↑Auszubildenden und dessen gesetzlichem Vertreter. Er beinhaltet u.a. Ausbildungsziel, -dauer und -vergütung.

Ausbürgerung: die Entziehung der Staatsangehörigkeit gegen den Willen des Betroffenen. Eine kollektive A. betrifft bestimmte Bevölkerungsgruppen (z.B. Juden im nationalsozialistischen Deutschland), eine individuelle A. unerwünschte Staatsbürger. In Deutschland ist die A. nach Art. 16 Abs. 1 Satz 1 GG unzulässig. – Siehe auch ↑Staatsbürgerschaft.

Ausfuhr: ↑Export.

Ausländer: Personen, die eine andere als die Staatsangehörigkeit ihres Aufenthaltslandes besitzen. Einreisemöglichkeiten und Aufenthaltsbedingungen von A. werden durch das Ausländerrecht geregelt. Am 1.1.2000 wurde in Deutschland die Einbürgerung von A. erleichtert (↑Staatsbürgerschaft).
Für Einreise und Aufenthalt in Deutschland benötigen A. grundsätzlich eine ↑Aufenthaltsgenehmigung (Ausnahmen gelten u.a. für A. aus EU-Staaten). Hierbei unterscheidet das Gesetz je nach Zweck und Dauer des Aufenthalts zwischen **Aufenthaltserlaubnis** (allgemeines Aufenthaltsrecht ohne Zweckbindung), **Aufenthaltsbewilligung** (auf zwei Jahre begrenztes Aufenthaltsrecht, z.B. für Saisonarbeit) sowie **Aufenthaltsberechtigung** (Daueraufenthaltsrecht). Die in ihrem Heimatland von Verfolgung bedrohten A. erhalten eine **Aufenthaltsbefugnis**. Schwere oder wiederholte Straftaten eines A. führen zu dessen ↑Abschiebung bzw. zur Nicht-Erteilung einer Aufenthaltsgenehmigung.
1998 lebten etwa 7,4 Mio. A. in Deutschland (Bevölkerungsanteil: rd. 9%). Am häufigsten vertreten waren A. aus der Türkei (2,1 Mio.), Jugoslawien (721 000) und Italien (608 000). – Siehe auch ↑ausländische Arbeitnehmer, ↑Asylrecht.

Ausländerbeauftragte/r: Inhaber/in eines Amtes, der/die sich im Auftrag des Parlaments mit der Untersuchung und Verbesserung der Lebenssituation der Ausländer in Deutschland beschäftigt.

Ausländerfeindlichkeit: feindselige Einstellungen und Handlungen gegenüber Menschen aufgrund ihrer Herkunft oder ihres Aussehens. A. kann von Ablehnung und Ausgrenzung bis hin zur Bekämpfung und körperlichen Ver-

A

nichtung der Betroffenen reichen. Eine extreme Form der A. ist der ↑Rassismus. Als gesellschaftliche Faktoren, die die Entstehung von A. begünstigen, gelten u.a. sich auflösende familiäre Bindungen, berufliche Chancenlosigkeit und der Verlust von gesellschaftlichen Normen und Werten. Die A. nahm in Deutschland v.a. nach der deutschen Vereinigung (1990) stark zu. 1999 registrierte der Verfassungsschutz insgesamt 2283 Straftaten mit ausländerfeindlichem Hintergrund. – Siehe auch ↑Rechtsextremismus, ↑Fremdenfeindlichkeit.

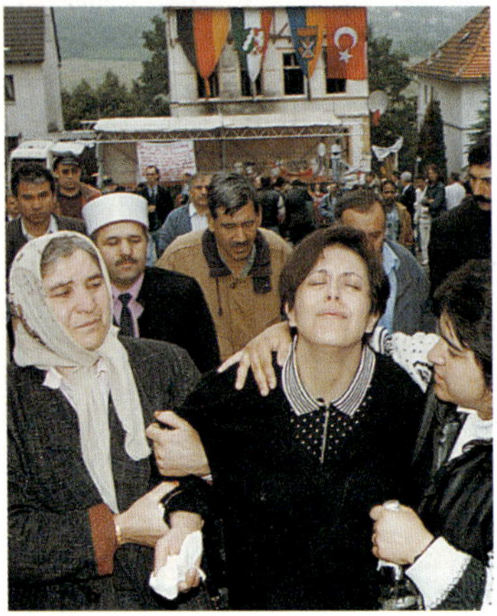

Ausländerfeindlichkeit: Bei einem Brandanschlag auf das Haus einer türkischen Familie in Solingen im Mai 1993 kamen fünf Frauen und Mädchen ums Leben. Die vier Täter wurden im Oktober 1995 wegen Mordes, versuchten Mordes und besonders schwerer Brandstiftung verurteilt.

Ausländerwahlrecht: die Befugnis von Ausländern zur Wahl. Für EU-Staaten wurde 1992 die **Unionsbürgerschaft** eingeführt. Sie besagt, dass jeder Unionsbürger dort, wo er seinen Wohnsitz hat, das Wahlrecht bei Kommunalwahlen ausüben darf. Ein A. für ausländische Bürger anderer Herkunftsstaaten (z.B. Türkei) bestand in Deutschland bis 2000 nicht.

ausländische Arbeitnehmer: ↑Erwerbspersonen, die in Deutschland einer bezahlten Beschäftigung nachgehen, ohne die deutsche Staatsangehörigkeit zu besitzen. Zur Arbeitsaufnahme benötigen a.A. i.d.R. eine Arbeitserlaubnis, wenn sie keine unbefristete Aufenthaltserlaubnis haben oder aus EU-Staaten stammen. 1999 gehörten in Deutschland rd. 9% (3,3 Mio.) aller Erwerbstätigen zur Gruppe der a.A., die Mehrzahl von ihnen wurde im verarbeitenden Gewerbe und im Dienstleistungsbereich beschäftigt.

Auslieferung: eine Form der zwischenstaatlichen Rechtshilfe; im Völkerrecht die amtliche Überstellung einer Person an eine ausländische Staatsgewalt zum Zwecke der Strafverfolgung oder Strafvollstreckung. Zur A. ist ein Staat nur verpflichtet, wenn ein Auslieferungsvertrag besteht. In Deutschland regelt das Gesetz über die Internationale Rechtshilfe in Strafsachen von 1982 (Fassung von 1994) die A. Danach ist die A. einer Person ausgeschlossen z.B. wegen einer politisch motivierten Straftat (kein Tötungsdelikt), bei Gefahr einer Verfolgung aus rassischen, religiösen oder politischen Gründen, wegen ihrer Staatsangehörigkeit, ihrer Zugehörigkeit zu einer bestimmten Gruppe und wenn Todesstrafe droht. Deutschland darf Deutsche nicht ausliefern, Ausländer dann nicht, wenn ihnen das ↑Asylrecht zusteht (Art. 16 und Art. 16a GG).

Ausnahmezustand (Belagerungszustand, Staatsnotstand): in Ausnahmesituationen (z.B. Krieg, Aufruhr, Naturkatastrophen) geltender Rechtszustand, in dem bestimmte Staatsorgane, etwa Regierung, Polizei oder Militär, besondere Vollmachten erhalten, um v.a. Gefahren für den Bestand des Staates oder die öffentliche Sicherheit abzuwenden. Während des A. kann die Verfassung zeitweilig oder in einzelnen ihrer Bestimmungen außer Kraft gesetzt werden (z.B. Suspendierung von Grundrechten oder der Gesetzgebungszuständigkeit des Parlamentes). Inwieweit dies zur Krisenbewältigung geschehen darf, regelt häufig die Verfassung selbst (↑Notstandsgesetzgebung).

Ausschuss: aus größeren Körperschaften gewählte Arbeitsgruppe (z.B. Komitee oder Gremium) zur Beratung oder zur Erledigung bestimmter Aufgaben, die das größere Organ in seiner Gesamtheit nicht wahrnehmen kann. So leisten z.B. ↑Parlamentsausschüsse den wesentlichen Teil der parlamentarischen Arbeit; ihre Ergebnisse werden anschließend dem Plenum zur Abstimmung vorgelegt. Eine Besonderheit ist der ↑Gemeinsame Ausschuss.

Ausschuss der Regionen: durch den Maastrichter Vertrag eingesetztes beratendes Organ, mit dem die kommunalen und regionalen Gebietskörperschaften der EU an den Meinungsbildungs- und Entscheidungsprozessen beteiligt werden.

Außenhandel: der Teil der Warenumsätze, der über die Landesgrenzen geht (↑Import und ↑Export), im Unterschied zum Handel innerhalb einer Volkswirtschaft (Binnenhandel). Das **Außenhandelsvolumen** ergibt sich aus den Ein- und Ausfuhrmengen, bewertet mit den jeweiligen Preisen eines bestimmten Jahres. Zum A. gehört auch der Warenverkehr, der durch das Erhebungsgebiet ohne Be- und Verarbeitung zum Bestimmungsland befördert wird **(Transit).**

Außenpolitik: Bereich der Politik, der sich mit der Gestaltung der Beziehungen eines Staates zu anderen Staaten und zu internationalen Organisationen beschäftigt. Die A. wird u.a. von der geographischen Lage und Größe eines Staates sowie seiner innenpolitischen Verfassung bestimmt. Zu den Mitteln der A. gehören ↑Diplomatie, Verträge und Bündnisse sowie die ↑Außenwirtschaftspolitik. Träger der deutschen A. ist die Bundesregierung, vertreten durch den Außenminister und das **Auswärtige Amt.**

Außenwirtschaft: alle Wirtschaftsbeziehungen zwischen Staatsräumen. Die A. umfasst Waren-, Dienstleistungs-, Kapital-, Zahlungs- und sonstigen Wirtschaftsverkehr zwischen In- und Ausland. Rechtsgrundlage in Deutschland ist das **Außenwirtschaftsgesetz** von 1961. Es legt die prinzipielle Außenwirtschaftsfreiheit fest; Eingriffe der Regierung in die A. sind demnach nur zur Erfüllung von Verpflichtungen aus zwischenstaatlichen Vereinbarungen und zur Abwehr von schädlichen wirtschaftlichen Folgen erlaubt. Das Gesetz wurde 1992 verschärft, um unerlaubten Waffenausfuhren entgegenzuwirken.

außenwirtschaftliches Gleichgewicht: ↑Stabilitätsgesetz.

Außenwirtschaftsgesetz: ↑Außenwirtschaft.

Außenwirtschaftspolitik: staatliches Eingreifen in die Außenwirtschaft, um wirtschaftspolitische Ziele zu unterstützen; die A. kann aber auch z.B. außenpolitische und/oder militärische Ziele haben. Die Maßnahmen der A. sind nach Art und Umfang abhängig von der herrschenden Wirtschaftsauffassung sowie der bestehenden oder geplanten Weltwirtschaftsordnung. Instrumente der A. sind v.a. mengenregulierende Maßnahmen, preisverändernde Eingriffe (Zölle, Subventionen) und währungspolitische Maßnahmen. In Deutschland gehört die wirtschaftliche Abstimmung mit den EU-Staaten zu den Hauptaufgaben der Außenwirtschaftspolitik.

außerparlamentarische Opposition, Abk. APO: eine v.a. aus Studenten und Jugendlichen zusammengesetzte, lose organisierte Protestbewegung in der BRD (1966–68), die sich u.a. gegen die ↑Notstandsgesetzgebung und die Pressekonzentration richtete. Die meist sozialistisch ausgerichtete APO war von der US-amerikanischen Bewegung gegen den Vietnamkrieg beeinflusst und verstand sich als antiautoritäre Reformbewegung und als Ausgleich für das Fehlen einer wirksamen parlamenta-

A

rischen Opposition in der Zeit der großen Koalition zwischen SPD und CDU/CSU.

Aussiedler: deutsche Staats- und/oder Volkszugehörige, die nach Abschluss der allgemeinen Vertreibungsmaßnahmen (ab 1951) die früheren deutschen Ostgebiete, Albanien, Bulgarien, China, Danzig, Estland, das ehemalige Jugoslawien, Lettland, Litauen, Polen, Rumänien, die ehemalige UdSSR, die frühere Tschechoslowakei oder Ungarn (bis 1990) verlassen haben oder vor 1993 im Wege des Aufnahmeverfahrens aus diesen Staaten eingereist sind. Die Rechtsstellung der A. sowie ihre wirtschaftliche und soziale Eingliederung wird u.a. durch das Bundesvertriebenengesetz geregelt. 1950–95 kamen rd. 3,5 Mio. A., überwiegend Russlanddeutsche (Anteil: 39%) sowie A. aus Polen (41%) und Rumänien in die BRD. Nach In-Kraft-Treten des Kriegsfolgenbereinigungsgesetzes am 1. 1. 1993 werden die A. als Spätaussiedler bezeichnet und ihr Zuzug auf jährlich 225 000 Personen begrenzt.

Aussperrung: ein Instrument der Arbeitgeber im ↑Arbeitskampf. In Deutschland ist nur die Abwehraussperrung als Gegenmaßnahme gegen einen ↑Streik zulässig. Sie besteht in der gleichzeitigen Entlassung mehrerer Arbeitnehmer für die Dauer des Arbeitskampfes. Während der A. sind die Arbeitgeber gegenüber den Ausgesperrten von der Lohnzahlungspflicht befreit. Bestehen bleibt die Pflicht zur Wiedereinstellung der Arbeitnehmer nach dem Ende des Arbeitskampfes, es sei denn, dieser wurde während der Dauer des Arbeitskampfes aus wichtigem Grund gekündigt.

Austeritätspolitik [von engl. austerity »Einfachheit«, »Strenge«]: Bezeichnung für eine auf Sparsamkeit ausgerichtete Wirtschaftspolitik. Der Begriff wurde als Schlagwort nach dem Ende des Zweiten Weltkriegs in Großbritannien geprägt, um die auf Sparsamkeit ausgerichtete Politik des Handelsministers und Schatzmeisters STAFFORD CRIPPS (1889–1952) zu beschreiben.

Auswanderung: die Verlegung des ständigen Wohnsitzes vom Heimatstaat in ein anderes Staatsgebiet.
Größere Auswanderungswellen gibt es seit dem 16. Jh. (z.B. der Puritaner aus England). Ab 1820 kam es zur A. größerer Gruppen aus Europa v.a. auf den amerikanischen Kontinent (bis 1932 ca. 45 Mio. in die USA, nach Argentinien, Kanada). Motive für A. sind heute in Europa meist wirtschaftlicher Art. Politische und religiöse Gründe bedingen gegenwärtig v.a. die A. aus Afrika und Asien. – Siehe auch ↑Zuwanderung.

Ausweispflicht: die Pflicht für alle in Deutschland lebenden Personen über 16 Jahre, einen Personalausweis oder Pass zu besitzen und ihn auf Verlangen einer Behörde vorzulegen. Ein Verstoß gegen die A. ist eine Ordnungswidrigkeit.

Ausweisung: die behördliche Aufforderung, unverzüglich das Gebiet eines Staates zu verlassen. Deutsche dürfen nicht aus Deutschland ausgewiesen werden. Ausländer dürfen bei Vorliegen bestimmter Gründe (§§ 45 ff. Ausländergesetz, z.B. Gefährdung der freiheitlichen demokratischen Grundordnung, gewaltsame politische Betätigung) ausgewiesen werden. Bei der Entscheidung der A. sind auch die Dauer des Aufenthalts, die Bindungen des Ausländers im Bundesgebiet und die familiären Folgen zu berücksichtigen. – Siehe auch ↑Abschiebung.

Auszubildende/r, Abk. Azubi (Lehrling): nach dem deutschen Berufsbildungsgesetz von 1969 zusammenfassende Bezeichnung für alle, die sich in Berufsausbildung, beruflicher Fortbildung oder beruflicher Umschulung befinden. Der Ausdruck A. ist i.d.R. gebräuchlich für jemanden, der eine berufliche Erstausbildung durchläuft, wobei der praktische Teil in einem Betrieb und der begleitende theoretische Teil in öffentlichen Berufsschulen stattfindet (↑ duales System). Der A. hat Anspruch auf eine Vergütung, die mit fortschreitender Berufsausbildung steigt, und nach Beendigung des Berufsausbildungsverhältnisses auf ein Zeugnis, das Auskunft über Art, Dauer und Ziele der Ausbildung sowie über die erworbenen Fähigkeiten und Kenntnisse geben muss.

Autarkie [griech. »Selbstgenügsamkeit«]: Unabhängigkeit eines Staates von Rohstoff- und Nahrungsmittelimporten. In der Wirtschaftspraxis ist A. nicht anzutreffen; heute richten sich Bestrebungen v.a. nach partieller A., d.h. nach Unabhängigkeit von der Einfuhr lebensnotwendiger Güter.

Autokratie [griech. »Selbstherrschaft«]: die unbeschränkte, keiner Machtkontrolle unterworfene Herrschaft eines Einzelnen. »Autokraten« waren z.B. der byzantinische Kaiser und der russische Zar.

Automatisierung (Automation): der Einsatz moderner Produktionsverfahren, die darauf abzielen, den Produktionsprozess mittels technischer Einrichtungen weitgehend bedienungsfrei zu gestalten. Die Arbeitsgänge laufen selbstständig elektronisch gesteuert nach einem festgelegten Plan ab. Der Mensch greift nicht mehr unmittelbar in die Abläufe ein, sondern setzt sie nur in Gang und überwacht sie. Zweck der A. ist es, möglichst viele Produkte von hoher Qualität bei niedrigen Kosten zu erzeugen. Schwerwiegende Probleme ergeben sich dabei v.a. aus der Freisetzung von Arbeitskräften. Durch den Einsatz der Mikroelektronik im Informations- und Kommunikationsbereich hat sich die A. auf nahezu alle Arbeitsbereiche ausgedehnt. Aus wirtschaftlicher Sicht ist A. ein Teilbereich der ↑ Rationalisierung.

Autonome: meist locker organisierte politische Gruppierungen in Deutschland aus dem Spektrum der neuen Linken. Sie streben eine herrschaftsfreie Gesellschaft (↑ Anarchismus) an und verfolgen dieses Ziel auch mit Gewalt gegen Personen und Sachen (z.B. Hausbesetzung).

Autonomie [von griech. autónomos »nach eigenen Gesetzen lebend«]:

- Bezeichnung für das öffentlich-rechtlichen Körperschaften vom Staat eingeräumte Recht zur ↑ Selbstverwaltung (z.B. Hochschulen, Kirchen) sowie die einzelnen Interessenverbänden eingeräumte Möglichkeit, bestimmte Angelegenheiten durch eigenständige Aufstellung und Kontrolle von Rechtsnormen zu regeln. Sozialpolitisch wichtig ist v.a. das Recht der Gewerkschaften und Arbeitgeberverbände, selbstständig Tarifverträge abzuschließen (↑ Tarifautonomie).
- Bezeichnung für die teilweise oder vollständige Sonderstellung, die von manchen Staaten den in ihrem Hoheitsgebiet lebenden ethnischen oder religiösen Minderheiten gewährt wird.

autoritärer Staat: ein Staat, in dem alle politischen Machtbefugnisse bei einem einzigen Träger (Einzelperson, Partei u.Ä.) liegen. Politische Entscheidungen werden ohne Kontrolle durch eine Volksvertretung getroffen, die Opposition ist ausgeschaltet.

B

Baden-Württemberg: deutsches Bundesland (seit 25.4.1952) mit einer Fläche von 35752 km² und 10,4 Mio. Einwohnern (1999); Hauptstadt: Stuttgart.

Verfassung: Nach der Verfassung vom 19.11.1953 übt der Landtag (146 Abgeordnete, für fünf Jahre gewählt) die gesetzgebende Gewalt aus. Er wählt den Ministerpräsidenten, der die Regierung beruft. Die Verfassung eröffnet die Möglichkeit, einzelne Gesetze durch Volksbegehren und -entscheid zu beschließen.

Verwaltung: B.-W. ist in vier Regierungsbezirke (Stuttgart, Karlsruhe, Freiburg, Tübingen) sowie in 35 Land- und neun Stadtkreise gegliedert. Bürgermeister

B

Baden-Württemberg

Landtagswahlen (Stimmenanteil in %)

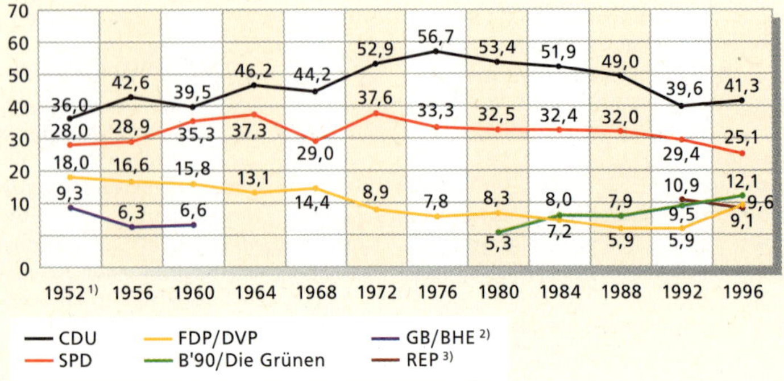

1) Verfassungsgebende Versammlung
2) Gesamtdeutscher Block/Bund der Heimatvertriebenen und Entrechteten
3) Republikaner

werden auf acht Jahre, Gemeinderäte auf fünf Jahre gewählt. Die Gemeindeordnung räumt den Bürgern das Recht auf Volksbegehren und -entscheid ein.

Geschichte: B.-W. wurde nach dem Ende des Zweiten Weltkriegs aus den Ländern Württemberg-Baden, Württemberg-Hohenzollern und Südbaden gebildet. Die kleinen, wirtschaftlich schwachen Länder waren bereits 1945–47 von den Besatzungsmächten in der amerikanischen bzw. französischen Zone zusammengefasst worden. In der Volksabstimmung vom 6. 12. 1951 stimmten 69,7 % der Bevölkerung für die Bildung des neuen Südweststaates. Die staatliche Existenz des Bundeslandes begann mit der Verkündung des Überleitungsgesetzes am 25. 4. 1952. Eine zweite Volksabstimmung am 7. 6. 1970 im badischen Landesteil bestätigte die Neubildung.

1953–72 und ab 1992 bestanden Koalitionsregierungen (1953–60: CDU, SPD, FDP/DVP, GB/BHE; 1960–66 und ab 1996: CDU, FDP/DVP; 1966–72 und 1992–96: CDU, SPD). Die CDU ist seit 1972 stärkste Partei im Landtag und stellt seit 1953 den Regierungschef.

www.baden-wuerttemberg.de

Baden-Württemberg

Ministerpräsident	Amtszeit
Reinhold Maier (FDP/DVP)	1952/53
Gebhard Müller (CDU)	1953–58
Kurt Georg Kiesinger (CDU)	1958–66
Hans Filbinger (CDU)	1966–78
Lothar Späth (CDU)	1978–91
Erwin Teufel (CDU)	seit 1991

BAFöG: staatliche finanzielle Förderung von Studierenden zur Unterstützung des Besuchs von weiterführenden allgemein bildenden Schulen, Hochschulen, Fachschulen und Berufsfachschulen, die durch das **B**undes**a**usbildungs**fö**rderungs**g**esetz (in der Fassung vom 6. 6. 1983 mit zahlreichen Änderungen) geregelt wird. Der Beitrag besteht aus einem Zuschuss und seit 1990 zur Hälfte aus einem zinslosen Darlehen, das nach Abschluss der Ausbildung zurückgezahlt werden muss. Gefördert werden Studierende, die weder selbst genug verdienen noch von den Eltern hinreichend gefördert werden können. Sie dürfen bei Ausbildungsbeginn das 30. Lebensjahr noch nicht vollendet haben. Nach vier Semestern muss der Studienerfolg durch Leistungsnachweise belegt werden. Es gilt eine Förderungshöchstdauer, die regelmäßig zwischen sechs (höhere Fachschulen) und, je nach Fachrichtung, bis zu zwölf Semestern und drei Monaten einschließlich der Prüfungen beträgt.

Der Prozentsatz der BAFöG-Empfänger ist in den vergangenen Jahren gesunken. Er lag Ende der 1990er-Jahre bei ca. 13% in den alten und bei 25% in den neuen Ländern.

Bahn AG, Abk. DB AG: privates Unternehmen des Eisenbahnwesens, das im Zuge der Bahnreform am 1.1.1994 gegründet wurde (Sitz: Berlin, Zentrale: Frankfurt am Main). Die DB AG, die aus der Deutschen Bundesbahn hervorging, wird in unternehmerischer Eigenverantwortlichkeit von einem Vorstand geleitet, Eigentümer ist der Bund. Zum Aufgabenbereich der DB AG gehören sämtliche Aktivitäten zur Beförderung von Gütern und Personen sowie die Vermarktung der Eisenbahninfrastruktur. Der Personenverkehr trug 1999 drei Viertel zum Gesamtumsatz (15,6 Mrd. Euro) bei. Von den Nutzern des Streckennetzes (Länge: ca. 38 000 km) erhebt die DB AG Trassenpreise. Der Bund gewährleistet gemäß Eisenbahnneuordnungs-Gesetz eine ausreichende Schieneninfrastruktur.

www.bahn.de

Balkanisierung: politisches Schlagwort für die Zerstückelung größerer politischer und wirtschaftlicher Einheiten. Der Begriff bezog sich ursprünglich auf die Auflösung des Osmanischen Reiches, nach Ende des Ersten Weltkriegs auch auf die Entstehung kleinerer Staaten auf dem Territorium Österreich-Ungarns.

Bandwaggon-Effekt [bændˈwægən, engl.] (Mitläufereffekt): die in der Wahlforschung bezeichnete Bereitschaft sich Meinungen, Einstellung und Verhaltensweisen der Mehrheit anzuschließen. Der B.-E. spielt u.a. eine Rolle für die Frage, ob die Veröffentlichung von Wahlumfragen, die Stimmentscheidung zugunsten des vorausgesagten Gewinners beeinflusst.

Banken: private oder öffentlich-rechtliche Unternehmen, die gewerbsmäßig Geldgeschäfte betreiben. Ihre Aufgabe besteht in der Beschaffung der für den Wirtschaftsprozess benötigten Zahlungsmittel und Kredite und in der Abwicklung der Zahlungsströme zwischen den Wirtschaftssubjekten. Hierzu gehören das Führen von Girokonten für die Kunden, das Hereinnehmen von Einlagen gegen Verzinsung (Einlagengeschäft), das Ausleihen von Geld (Kreditgeschäft), das Ankaufen von Schecks und Wechseln (Diskontgeschäft), der An- und Verkauf von Wertpapieren (Effektengeschäft) und das Verwahren und Verwalten von Wertpapieren (Depotgeschäft). Die Tätigkeit der B. wird in Deutschland vom Bundesaufsichtsamt für das Kreditwesen (BAK) überwacht und ist durch das Kreditwesengesetz (KWG) geregelt.

Universalbanken betreiben alle Arten von Geldgeschäften, während **Spezialbanken** meist auf bestimmte Kreditgeschäfte spezialisiert sind (z.B. Depositenbanken, Hypothekenbanken, Effektenbanken). Daneben gibt es B., die mit Aufgaben des öffentlichen Interesses betraut sind, z.B. die Deutsche Ausgleichsbank (DtA). Eine Sonderform der B. sind die ↑ Notenbanken.

Bank für Wiederaufbau und Entwicklung: ↑ Weltbank.

Bannmeile: Schutzbereich um Gebäude der obersten Verfassungsorgane eines Staates. Nach dem Bannmeilen-Gesetz von 1955 durften im Umkreis des Bundestags, des Bundesrats, der Landtage sowie des Bundesverfassungsgerichts keine Versammlungen, Umzüge oder Demonstrationen stattfinden. 1999 schaffte der Bundestag die B. in Berlin ab und erlaubte Demonstrationen, sofern die Arbeit der Verfassungsorgane

B

nicht behindert wird (v.a. in der sitzungsfreien Zeit). Kleinere »befriedete Bezirke« lösten die B. ab.

Basisdemokratie: Bezeichnung für ein politisches Strukturprinzip; politische Fragen sollen nach ausgiebiger Erörterung von allen Mitgliedern einer Gruppierung (Partei, Bürgerinitiative, Haus- oder Betriebsgemeinschaft), d.h. an der Basis entschieden werden (↑direkte Demokratie). Mandats- und Funktionsträger sind weitgehend an diese Entscheidung gebunden und haben sich in den Vertretungsgremien für ihre Verwirklichung einzusetzen (↑imperatives Mandat).

Bayern

Ministerpräsident	Amtszeit
Fritz Schäffer (BVP/CSU)	1945
Wilhelm Hoegner (SPD)	1945/46
Hans Ehard (CSU)	1946–54
Wilhelm Hoegner (SPD)	1954–57
Hanns Seidel (CSU)	1957–60
Hans Ehard (CSU)	1960–62
Alfons Goppel (CSU)	1962–78
Franz Josef Strauß (CSU)	1978–88
Max Streibl (CSU)	1988–93
Edmund Stoiber (CSU)	seit 1993

Basis-Überbau-Theorie: Lehrsatz des ↑Marxismus, wonach die politische, religiöse, rechtliche und kulturelle Ordnung (Überbau) einer Gesellschaft durch deren Produktionsweise (Basis) bestimmt wird.

Demgemäß führen Veränderungen der Basis, d.h. der menschlichen Arbeitskraft (Produktivkräfte) und der sich daraus ergebenden Rechts-, Eigentums- und Herrschaftsverhältnisse (Produktionsverhältnisse), zu einem Wandel des sozialen, politischen und geistigen Wertesystems einer Gesellschaft. So werden gesellschaftliche Entwicklungen (z.B. vom Feudalismus zum Kapitalismus) nicht durch den Überbau, sondern nur durch Veränderungen der Basis vorangetrieben.

Bauernverband: ↑Deutscher Bauernverband.

Bayern: deutsches Bundesland mit einer Fläche von 70 551 km² und 12,07 Mio. Einwohnern (1999). B. ist das flächenmäßig größte und nach der Einwohnerzahl das zweitgrößte Bundesland; Hauptstadt: München.

Verfassung: Nach der Verfassung vom 2.12.1946, durch Volksentscheid 1998 geändert, übt der Landtag (204 Abgeordnete, 180 Abgeordnete ab 2003, für vier, ab 2003 für fünf Jahre gewählt) die gesetzgebende Gewalt aus (bis 1999 stand ihm der Senat beratend zur Seiten). Das Parlament wählt den Ministerpräsidenten, der die Regierung beruft. Gesetze können außer vom Landtag auch durch Volksentscheid beschlossen werden. Der Verfassungsgerichtshof entscheidet als oberstes bayerisches Gericht über staatsrechtlich strittige Fragen.

Verwaltung: B. ist in sieben Regierungsbezirke unterteilt (Oberbayern, Niederbayern, Oberpfalz, Oberfranken, Mittelfranken, Unterfranken, Schwaben).

Geschichte: B. ist ab dem 6. Jh. aus dem Siedlungsgebiet dreier Volksstämme entstanden, der Baiern, Franken und Schwaben. 1180–1918 herrschte in B. das Geschlecht der Wittelsbacher. 1806 wurde B. zum Königreich erhoben, 1871 trat es in das Deutsche Reich ein. Das monarchische Prinzip wurde im Zuge der Revolution am 7./8.11.1918 beendet. Die »Bamberger Verfassung« machte B. zum Freistaat innerhalb des Deutschen Reichs. 1945 legte die US-amerikanische Besatzungsmacht B. (mit Ausnahme Lindaus und der Pfalz) auf seine heutigen Grenzen fest. Während und nach dem Zweiten Weltkrieg nahm B. über 2 Mio. Flüchtlinge und Heimatvertriebene auf (1961: 21% der Bevölkerung). Seit 1946 besitzt die ↑Christlich-Soziale Union in Bayern (CSU) die Mehrheit im Landtag (1946–50, seit 1962 die absolute Mehr-

Bayern

Landtagswahlen (Stimmenanteil in %)

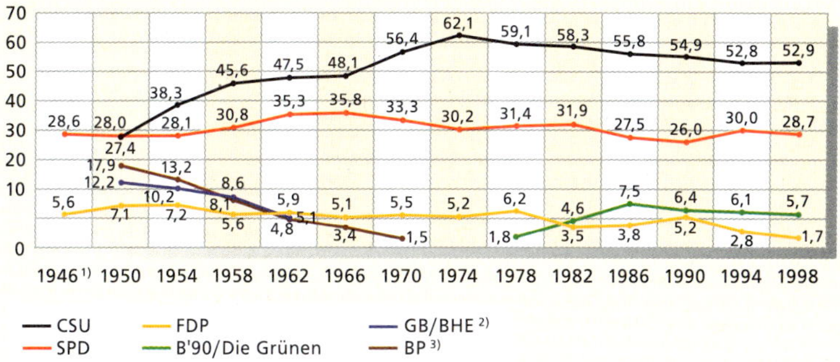

1) Verfassungsgebende Versammlung
2) Gesamtdeutscher Block/Bund der Heimatvertriebenen und Entrechteten
3) Bayernpartei, nach 1974 unter 1% Stimmenanteil

heit) und stellt (außer 1954–57) auch seit diesem Zeitpunkt den Ministerpräsidenten.

www.bayern.de

BBU: ↑Bundesverband Bürgerinitiativen Umweltschutz.

BDA: ↑Arbeitgeberverbände.

BDI: ↑Bundesverband der Deutschen Industrie.

Beamte: Personen, die gegenüber einem öffentlichen Dienstherrn (Bund, Länder, Gemeinden) in einem öffentlich-rechtlichen Dienst- und Treueverhältnis stehen. Die Rechte und Pflichten der B. werden wesentlich durch die »hergebrachten Grundsätze des Berufsbeamtentums« (Art. 33 Abs. 5 GG) sowie durch zahlreiche Gesetze und Verordnungen (u. a. das Bundesbeamtengesetz) bestimmt. B. werden vom Dienstherrn als B. auf Lebenszeit, auf Probe, auf Widerruf oder auf Zeit ernannt. Ins Beamtenverhältnis dürfen nur Deutsche oder Staatsangehörige aus EU-Staaten berufen werden, welche die Gewähr für die Beachtung der freiheitlichen demokratischen Grundordnung bieten und die vorgeschriebene Vorbildung oder die erforderliche Lebens- und Berufserfahrung erworben haben. Soweit es die Wahrnehmung öffentlicher Aufgaben erfordert, ist die Geltung der Grundrechte im Beamtenverhältnis gewissen Beschränkungen unterworfen (z.B. kein Streikrecht). Den besonderen Pflichten der B. stehen besondere Rechte gegenüber (Unkündbarkeit bei B. auf Lebenszeit, Anspruch auf Schutz und Fürsorge, Pensionsanspruch). Der besondere Status der B. wird vielfach als überholt kritisiert. – Siehe auch ↑Amt.

bedingungslose Kapitulation: ↑Kapitulation.

Befreiungsbewegung: organisierter Widerstand, der meist auf die Ablösung einer Kolonialherrschaft zielt, sich gegen ein nationales diktatorisches Herrschaftssystem richtet oder die Loslösung eines Teilgebietes aus einem Gesamtstaat anstrebt. Die Mittel des Widerstandes reichen von der Gewaltlosigkeit über den verdeckten Kampf (↑Guerilla) bis zum offenen **Befreiungskrieg.** Die B. findet völkerrechtliche Unterstützung, sofern sie der Durchsetzung der Selbstbestimmung und Freiheit eines Volkes dient. Einzelne Ausprägungen

B

der B. entstanden u.a. im Rahmen der ↑Entkolonisation nach 1945, z.B. in Algerien, Angola, Südafrika, Vietnam und im Zuge des ↑Nahostkonflikts.

Begnadigung: vollständiger oder teilweiser Verzicht des Staates auf die Vollstreckung eines rechtskräftigen Strafurteils im Einzelfall (im Gegensatz zur ↑Amnestie). In Deutschland übt der Bundespräsident das Begnadigungsrecht des Bundes aus (Art. 60 GG), in den Ländern steht es den jeweiligen gesetzlich berufenen Organen, den Ministerpräsidenten oder Landesregierungen, zu. Der Gnadenakt oder seine Ablehnung ist kein gerichtlich nachprüfbarer Verwaltungsakt.

Behinderte: Menschen, die durch einen angeborenen oder erworbenen gesundheitlichen Schaden in der Ausübung der im entsprechenden Lebensalter üblichen Funktionen beeinträchtigt sind und/oder auch in der Wahrnehmung oder Fortsetzung ihrer sozialen Rollen, der Eingliederung in den gesamten Lebenskontext, Einschränkungen unterliegen.

Nach Art. 3 Abs. 3 GG darf niemand wegen seiner Behinderung benachteiligt werden. Deshalb sollen B. durch verschiedene Hilfen ins Schul- und Arbeitsleben sowie in die Gesellschaft eingegliedert werden. Dazu zählen Maßnahmen der Rehabilitation und Sonderpädagogik, Leistungen der ↑Pflegeversicherung und das Recht auf Betreuung. Die Förderung von B. wurde mit Art. 3 Abs. 3 Satz 2 GG (»Diskriminierungsverbot«) nach der deutschen Wiedervereinigung aufgrund der Vorschläge der Gemeinsamen Verfassungskommission auf eine neue verfassungsrechtliche Grundlage gestellt.

Die Schwere einer Behinderung wird im Sozialrecht nach ihrem »Grad« in Prozentsätzen gemessen. Gemäß dem Schwerbehindertengesetz vom 26. 8. 1986 gelten als **Schwerbehinderte** Personen, deren Grad der Behinderung mindestens 50% beträgt. Arbeitgeber, die wenigstens 16 Arbeitsplätze haben, müssen mindestens 6% davon mit Schwerbehinderten besetzen. Ende der 1990er-Jahre lebten in Deutschland etwa 6,6 Mio. Schwerbehinderte.

www.behinderte.de

Behörde: Organ, das staatliche oder kommunale Aufgaben erfüllt. Nach der Zuständigkeit werden Verwaltungs- und Gerichtsbehörden unterschieden. Die Verwaltungsbehörden des Staates (Bund, Land) oder einer Gemeinde als B. im engeren Sinne, sind nach dem Prinzip der Über- und Unterordnung in Unter-, Mittel- und Zentralbehörden gegliedert (↑Verwaltungsaufbau). Daraus folgt das Aufsichts- und Weisungsrecht der jeweils übergeordneten Instanz. B. sind auch intern hierarchisch geordnet. An ihrer Spitze steht der Behördenchef. Unter ihm gliedern sich die B. in Abteilungen und Referate auf, deren Leiter den Weisungen und der Aufsicht ihrer Vorgesetzten unterstellt sind.

Beigeordnete/r: ein von einer Gemeindevertretung (z.B. Stadtrat, Stadtverordnetenversammlung) auf Zeit gewählter Beamter, der in haupt- oder ehrenamtlicher Funktion für bestimmte Bereiche der öffentlichen Verwaltung verantwortlich ist.

Beirat: aus Fachleuten und Interessenvertretern zusammengesetztes Gremium zur Beratung der Exekutive, von Dienststellen, Schulen oder Firmen.

Beitragsbemessungsgrenze: ↑Arbeitslosenversicherung.

Bekenntnisfreiheit: Das Grundrecht des Art. 4 GG garantiert die Freiheit des Glaubens, des Gewissens und des religiösen und weltanschaulichen Bekenntnisses. – Siehe auch ↑Glaubens- und Gewissensfreiheit, ↑Religionsfreiheit.

Belagerungszustand: ↑Ausnahmezustand.

Benelux: Kurzwort für die 1948 in Kraft getretene Zoll-, seit 1960 auch Wirtschaftsunion zwischen Belgien, den Niederlanden und Luxemburg. Die Benelux-Länder sind Mitglied der EU.

Berlin: Hauptstadt und größte Stadt Deutschlands sowie Bundesland mit einer Fläche von 891 km² und rd. 3,5 Mio. Einwohnern (1999).

Verfassung: Nach der durch Referendum vom 22. 10. 1995 für die wieder vereinigte Stadt bestätigten neuen Verfassung ist B. Hauptstadt des vereinten Deutschland und reguläres Bundesland. Die Legislative liegt beim Abgeordnetenhaus mit mindestens 150, für vier Jahre gewählten Mitgliedern. Träger der Exekutive ist der Senat (Landesregierung) mit dem Regierenden Bürgermeister an der Spitze und höchstens zehn weiteren Mitgliedern (Bürgermeister und Senatoren). Nach den freien Wahlen in Gesamt-B. am 2. 12. 1990 ist seit 1991 EBERHARD DIEPGEN (*1941) Regierender Bügermeister (1984–89 in West-Berlin) als Chef einer Koalitionsregierung mit der SPD.

Verwaltung: B. hat 23 Stadtbezirke, die an der Stadtverwaltung beteiligt sind. Jede Bezirksverordnetenversammlung (45 Mitglieder, auf vier Jahre gewählt) wählt die Mitglieder des Bezirksamts (Bürgermeister und Stadträte); die Bezirksbürgermeister unterstehen der Dienstaufsicht des Regierenden Bürgermeisters.

Geschichte: Im Mai 1945 wurde B. in vier Besatzungssektoren eingeteilt und von den vier Siegermächten des Zweiten Weltkriegs, den USA, Großbritannien, Frankreich und der UdSSR gemeinsam durch die Alliierte Kommandantur regiert (**Viermächtestatus;** Neuregelung durch das Viermächteabkommen vom 3. 9. 1971). Doch war im Zuge des Kalten Krieges eine gemeinsame Besatzungspolitik der westlichen Siegermächte mit der Sowjetunion nicht mehr möglich. 1948 wurde B. in einen West- und einen Ostteil gespalten. Mit der **Berliner Blockade** (1948/49) des Westteils der Stadt unternahm die UdSSR den erfolglosen Versuch, die westlichen Alliierten zur Aufgabe der wirtschaftlichen und politischen Verbindungen von West-Berlin mit den westlichen Besatzungszonen zu zwingen.

Die Verfassung vom 1. 10. 1950 wies zwar West-Berlin als Land der Bundesrepublik Deutschland aus, doch galt diese Bestimmung bis 1990 nur eingeschränkt. Die Hoheitsgewalt über den Westteil wurde von den drei Westalliierten ausgeübt: Bundesgesetze etwa bedurften zu ihrer Gültigkeit in B. der Zustimmung des Abgeordnetenhauses **(Berlinklausel).**

Obwohl nicht Bestandteil der 1949 gegründeten DDR, erklärte die DDR-Re-

Berlin

Wahlen zum Abgeordnetenhaus[1] (Stimmenanteil in %)

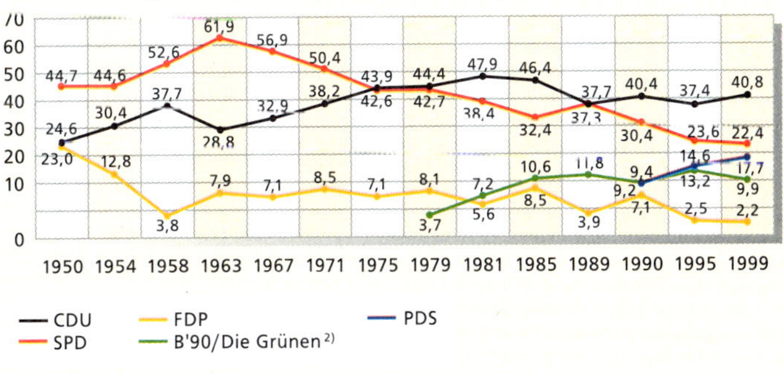

[1] bis 1989 Berlin (West)
[2] bis 1989 Alternative Liste (AL), 1990/95 AL und B'90/Die Grünen

B

gierung (↑SED) Ost-Berlin widerrechtlich zur »Hauptstadt der DDR«. Anhaltende Flüchtlingsströme aus der DDR hatten am 13. 8. 1961 den Bau der **Berliner Mauer** zur Folge, die die Führung der DDR infolge innenpolitischen Druckes am 9. 11. 1989 öffnen musste.

Berlin

Regierender Bürgermeister	Amtszeit
Ernst Reuter (SPD)	1951–53 [1]
Walter Schreiber (CDU)	1953–55
Otto Suhr (SPD)	1955–57
Willy Brandt (SPD)	1957–66
Heinrich Albertz (SPD)	1966/67
Klaus Schütz (SPD)	1967–77
Dietrich Stobbe (SPD)	1977–81
Hans-Jochen Vogel (SPD)	1981
Richard von Weizsäcker (CDU)	1981–84
Eberhard Diepgen (CDU)	1984–89
Walter Momper (SPD)	1989–91 [2]
Eberhard Diepgen (CDU)	seit 1991

[1] Seit 1947/48 Oberbürgermeister
[2] 3.10.1990 bis 24.1.1991 zusammen mit Tino Schwierzina (SPD, Ost-Berlin)

Im Zuge der Vereinigung beider deutschen Staaten 1990 kam es auch zur Wiederherstellung der Einheit von B. Am 20. 6. 1991 beschloss der Bundestag, am 27. 9. 1996 der Bundesrat, den Sitz von Parlament und Regierung von Bonn nach Berlin zu verlegen. Zum Ausbau von B. als Hauptstadt wurde am 25. 8. 1992 ein Abkommen zwischen Bundesregierung sowie den Bundesländern B. und ↑Brandenburg unterzeichnet (Hauptstadtvertrag). Der Bundespräsident residiert seit 1994 in B. Seit 1999 haben auch der Deutsche Bundestag und die Bundesregierung sowie seit 2000 der Bundesrat ihren Sitz in Berlin.

www.berlin.de

Beruf: im engeren, ursprünglichen Sinn die Tätigkeit, zu der sich ein Mensch durch Neigung und Begabung »berufen« fühlt. Heute bezeichnet B. die hauptsächliche, regelmäßige Tätigkeit eines Menschen, mit der er seinen Lebensunterhalt verdient (↑Arbeit).

Die Zahl der Berufe hat mit der Industrialisierung stark zugenommen. Neue Berufe sind entstanden, alte verschwunden oder haben sich in ihren Anforderungen wesentlich gewandelt. Durch die schnellen Entwicklungen in den Produktions- und Dienstleistungsbereichen wird ein Beruf nicht mehr für die Lebenszeit erlernt, sondern es wird vom Berufstätigen eine dauernde Umstellung auf neue Aufgaben und Anpassung an neue Verfahren verlangt, eine ↑Mobilität also, die vom einmal erlernten B. wegführt. Die Wahl des B. ist in Deutschland frei (↑Berufsfreiheit).

berufliche Bildung: zusammenfassende Bezeichnung für Maßnahmen der Berufsausbildung, beruflichen Fortbildung und Umschulung.

Im Mittelpunkt der b. B. steht die berufliche Erstausbildung Jugendlicher, in der Fertigkeiten und Kenntnisse vermittelt werden, die für die Erwerbstätigkeit benötigt werden. Die Erstausbildung teilt sich in die praktische Berufsausbildung in einem Betrieb und in die begleitende theoretische Unterweisung in öffentlichen Berufsschulen **(duales System).** Ihr Besuch ist für Jugendliche während ihrer Ausbildungszeit ohne Rücksicht auf Alter oder Schulvorbildung verpflichtend. Die betriebliche Ausbildung wird von Handwerks-, Industrie- und Handelskammern überwacht.

Rechtsgrundlagen sind das Berufsbildungsgesetz für die betriebliche Ausbildung vom 14. 8. 1969 (gilt nicht im öffentlichen Dienst) und das Berufsbildungsförderungsgesetz. Die schulische Ausbildung untersteht den Kultusministerien der einzelnen Bundesländer.

Die **Fortbildung** baut auf eine Berufsausbildung oder berufliche Erfahrungen auf. Durch Weiterbildungsmaßnahmen sollen die beruflichen Kenntnisse und

Fertigkeiten erhalten oder erweitert werden. Bei einer **Umschulung** (Zweitausbildung) wird ein anderer Beruf erlernt.

Berufsbeamtentum: ↑Beamte.

Berufsfreiheit: Die B. hat sich aus dem liberalen, gegen das Zunftwesen gerichteten Prinzip der Gewerbefreiheit entwickelt und ist ein durch Art. 12 Abs. 1 GG garantiertes Recht für alle Deutschen, Beruf, Arbeitsplatz und Ausbildungsstätte frei zu wählen. In erster Linie wird die Freiheit der **Berufswahl** garantiert, d.h. der freie Zugang zum Beruf und die faktisch sinnvolle Ausübung dieses Berufes. Der Schutzgehalt des Grundrechts umfasst aber auch den Bereich der Berufsausübung, d.h. die Art und Weise der Berufstätigkeit. Häufig ist die Feststellung schwierig, ob ein staatlicher Eingriff nur die Berufsausübung oder auch die Berufswahl betrifft. Die Freiheit der Berufswahl darf nur eingeschränkt werden, soweit der Schutz besonders wichtiger Gemeinschaftsgüter es zwingend erfordert; die Berufsausübung kann von bestimmten Qualifikationen (z.B. beim Arzt oder Apotheker) abhängig gemacht werden.

Urteil des Bundesverfassungsgerichts vom 11.6.1958 (BVerfGE 7, 377; Apothekenurteil), Leitsätze:

»[...] Die Freiheit der Berufsausübung kann beschränkt werden, soweit vernünftige Erwägungen des Gemeinwohls es zweckmäßig erscheinen lassen; der Grundrechtsschutz beschränkt sich auf die Abwehr in sich verfassungswidriger, weil etwa übermäßig belastender und nicht zumutbarer Auflagen.
Die Freiheit der Berufswahl darf nur eingeschränkt werden, soweit der Schutz besonders wichtiger Gemeinschaftsgüter es zwingend erfordert. Ist ein solcher Eingriff unumgänglich, so muss der Gesetzgeber stets diejenige Form des Eingriffs wählen, die das Grundrecht am wenigsten beschränkt. [...]«

Berufsgenossenschaften: die Träger der in Deutschland seit 1885 bestehenden gesetzlichen ↑Unfallversicherung, in die die Unternehmer Pflichtbeiträge zahlen. Die B. erlassen Vorschriften zur Unfallverhütung und zum Gesundheitsschutz.

Berufsheer: ↑Militär.

Berufsschule: ↑berufliche Bildung, ↑Schule.

Berufsunfähigkeit: ↑Erwerbsunfähigkeit.

Berufsverbot: die zeitweilige oder dauernde Untersagung, einen bestimmten Beruf auszuüben, wegen eines schwerwiegenden Verstoßes gegen die Berufspflichten. B. kann durch Berufs- oder Ehrengerichte (z.B. bei freien Berufen) oder im strafgerichtlichen Verfahren nach den §§ 61 und 70 StGB verhängt werden. Einem B. gleich kommt die Rücknahme der für die Berufsausübung erforderlichen Erlaubnis durch eine Verwaltungsbehörde (z.B. Gewerbe- und Betriebsuntersagung).

Berufswahl: ↑Berufsfreiheit.

Besatzungsherrschaft: die Übernahme der obersten Regierungsgewalt in Deutschland durch das Militär der ↑Alliierten am Ende des Zweiten Weltkriegs (»Militärregierung«). Sie wurde von Frankreich, Großbritannien, der UdSSR und den USA in ihren jeweiligen ↑Besatzungszonen (Berlin: vier Sektoren) und gemeinsam im ↑Alliierten Kontrollrat ausgeübt. Die deutschen Verwaltungsbehörden mussten den Anordnungen der Besatzungsmächte Folge leisten. In der BRD wurde die B. 1949–55 durch die ↑Alliierte Hohe Kommission gemäß Besatzungsstatut, in der DDR durch die Sowjetische Kontroll- bzw. Hohe Kommission ausgeübt. Die B. in der BRD wurde 1955 durch den ↑Deutschlandvertrag ersetzt. Die vollständige Souveränität Gesamtdeutschlands ergab sich erst 1990 durch den ↑Zwei-plus-vier-Vertrag.

Besatzungsstatut: Am 21.9.1949 in Kraft gesetzte Grundregelung des Be-

B

satzungsrechts der drei Westmächte USA, Großbritannien und Frankreich im Gebiet der BRD (↑Alliierte). Das B. übertrug der BRD eingeschränkte gesetzgebende, vollziehende und rechtsprechende Gewalt. Mit Erlangung der staatlichen Souveränität 1955 (↑Deutschlandvertrag, ↑Pariser Verträge) verlor das B. seine Gültigkeit.

Besatzungszone: im Völkerrecht von ausländischen Truppen besetztes Gebiet eines Staates, in dem eine fremde Staatsmacht die Gebietshoheit ausübt.

B. entstanden in *Deutschland* nach dem Ersten Weltkrieg (Besetzung nur von Teilen des Staatsgebietes) und nach dem Zweiten Weltkrieg, als das gesamte deutsche Staatsgebiet (Gebietsstand 1937, ohne Gebiete östlich der Oder-Neiße-Linie) sowie in *Österreich* in mehrere, jeweils einer Siegermacht unterstellte B. aufgeteilt worden war. Mit dem Zusammenschluss der US-amerikanischen und britischen B. entstand 1947 die **Bizone**, die sich 1949 mit Einbezug der französischen B. zur **Trizone** wandelte.

Beschäftigungspolitik: ↑Arbeitsmarktpolitik.

Beschwerde: Eingabe an eine (übergeordnete) Dienststelle oder an ein Gericht, durch die eine Änderung der von einer unteren Instanz getroffenen Maßnahme erstrebt wird.

Besitz: nach deutschem Recht tatsächliche Herrschaft einer Person über eine Sache (§§ 854–872 BGB), im Gegensatz zum ↑Eigentum, der rechtlichen Herrschaft über eine Sache. Bei Rechtsverhältnissen wie Miete, Pacht, Nießbrauch, Verwahrung sind z.B. Mieter und Pächter unmittelbarer, der Vermieter und Verpächter jedoch mittelbarer Besitzer. Gegen widerrechtliche Besitzentziehung oder Besitzstörung darf der Besitzer sich mit Gewalt wehren (§ 859 BGB).

Besitzeinkommen: ↑Einkommen.

Betrieb: eine selbstständige und planvoll organisierte Wirtschaftseinheit, in der Sachgüter produziert oder Dienstleistungen bereitgestellt werden. Im Arbeitsrecht wird der B. als eine Einrichtung beschrieben, in der ein ↑Unternehmer allein oder mit Hilfe von Arbeitskräften und unter Einsatz materieller oder immaterieller Mittel fortgesetzt einen arbeitstechnischen Zweck verfolgt, der sich nicht in der Befriedigung des Eigenbedarfs erschöpft. Die sozialrechtliche Seite des B. wird durch das ↑Betriebsverfassungsgesetz geregelt. Der Begriff B. ist gegenüber dem ↑Unternehmen nicht scharf abgegrenzt.

betriebliche Altersversorgung: alle Maßnahmen, die ein Unternehmen über seine Pflichtbeiträge zur gesetzlichen ↑Rentenversicherung hinaus ergreift, um alte oder invalide Arbeitnehmer und Witwen oder Waisen ehemaliger Arbeitnehmer zu versorgen. Die Leistungen der b. A. **(Betriebsrente)** erfolgen i.d.R. als laufende Altersrente, ggf. auch als Invalidenrente oder Hinterbliebenenrente. Die Gründe für den Arbeitgeber, eine b. A. zu gewähren, sind v.a. personalpolitischer und steuerlicher Art.

Mögliche Formen der b.A. sind die Pensionszusage mit Bildung von Pensionsrückstellungen durch den Arbeitgeber, die Direktversicherung über eine Lebensversicherung und die Versorgung über eine Pensionskasse oder Unterstützungskasse.

Betriebsrat: die gewählte betriebliche Interessenvertretung der Arbeitnehmer eines Betriebes der Privatwirtschaft mit mindestens fünf wahlberechtigten Arbeitnehmern; in öffentlich-rechtlichen Betrieben gilt das Recht der ↑Personalvertretung. Der B. hat gesetzlich abgestufte Informations-, Beratungs- und Mitbestimmungsrechte in wirtschaftlichen, personellen und sozialen Fragen. Er ist kein Organ der Gewerkschaft, unterliegt der ↑Friedenspflicht und ist zur vertrauensvollen Zusammenarbeit mit dem Arbeitgeber verpflichtet. Seine ihm durch das ↑Betriebsverfassungsgesetz zugewiesene Stellung im Spannungsfeld zwischen Arbeitnehmern, Betriebsleitung und Gewerkschaften stellt den B. vor die schwierige Aufgabe, die häufig gegensätzlichen Erwartungen und Ziele aller drei Gruppen zu vermitteln.

§ 2 Abs. 1 Betriebsverfassungsgesetz:

»Arbeitgeber und Betriebsrat arbeiten unter Beachtung der geltenden Tarifverträge vertrauensvoll und im Zusammenwirken mit den im Betrieb vertretenen Gewerkschaften und Arbeitgebervereinigungen zum Wohl der Arbeitnehmer und des Betriebs zusammen.«

Betriebsrente: ↑ betriebliche Altersversorgung.

Betriebsvereinbarung: schriftliche Vereinbarung zwischen Arbeitgeber und Betriebsrat. Die gegenüber Gesetzen und dem ↑ Tarifvertrag nachrangige B. kann Betriebsvorschriften wie die Arbeitszeit regeln und gilt für alle Betriebsangehörigen unmittelbar.

Betriebsverfassungsgesetz, Abk. Betr VG: Das B. vom 15. 1. 1972 wird angewandt in Betrieben mit i. d. R. mindestens fünf ständigen wahlberechtigten Arbeitnehmern, von denen drei wählbar sind. Es betrifft die Mitwirkung und ↑ Mitbestimmung der Arbeitnehmer in sozialen, personellen und wirtschaftlichen Angelegenheiten und versucht, zwei verfassungsrechtlich geschützte Positionen miteinander zu vereinbaren: die durch Art. 2 Abs. 1 GG garantierte unternehmerische Freiheit und die in den Art. 20 und 28 GG verankerte Sozialstaatsklausel, die eine Beachtung der Arbeitnehmerinteressen erfordert.
Die Mitbestimmung der Arbeitnehmer vollzieht sich durch den ↑ Betriebsrat. Daneben gibt es die ordentliche Betriebsversammlung, die der Betriebsrat vierteljährlich einzuberufen hat. Arbeitgeber und Betriebsrat sind jeweils auch zum Zusammenwirken mit den im Betrieb vertretenen Gewerkschaften und Arbeitgeberverbänden verpflichtet. Das B. ist Grundlage für die Arbeit der Betriebsräte und der Jugend- und Auszubildendenvertretung.
Bei einem aus mehreren Betrieben bestehenden Unternehmen kann auf Beschluss der einzelnen Betriebsräte ein Gesamtbetriebsrat gebildet werden, der für die Angelegenheiten zuständig ist, die das Unternehmen oder mehrere Betriebe betreffen und durch die einzelnen Betriebsräte nicht geregelt werden können. In gemeinschaftsweit operierenden Unternehmen können unter bestimmten Voraussetzungen Euro-Betriebsräte gebildet werden. Für leitende Angestellte gilt das Gesetz nicht, auch nicht für den öffentlichen Dienst und nur eingeschränkt für Tendenzbetriebe.

Bevölkerung: Gesamtheit aller Personen, die in einem bestimmten Gebiet leben (auch ↑ Weltbevölkerung). Die Bevölkerungszahl dient als Bezugsgröße für Kennzahlen (z. B. Bevölkerungsdichte) und Wirtschaftsstatistiken; sie unterliegt durch die natürliche (Geburten, Sterbefälle) und die räumliche Bevölkerungsbewegung einer ständigen Veränderung. So wird in Deutschland infolge von Geburtendefiziten seit den 1970er-Jahren mit einer Abnahme der Bevölkerungszahl von rd. 82 Mio. Einwohnern auf 68 Mio. 2040 gerechnet (bei einer jährlichen ↑ Zuwanderung von 100 000 Menschen).
Abb. siehe Seite 48.

Bevölkerungspolitik: staatliche Maßnahmen zur Kontrolle des Bevölkerungswachstums. Man unterscheidet **qualitative B.,** die auf die Zusammensetzung der Bevölkerung einzuwirken sucht, und **quantitative B.** mit Geburten fördernden oder hemmenden Maßnahmen. Die Eindämmung des Bevölkerungswachstums, besonders in Entwicklungsländern ein wichtiger Faktor, lässt sich durch ↑ Geburtenregelung und auch Steuer- und Sozialgesetze herbeiführen. In Industriestaaten mit abnehmenden Bevölkerungszahlen infolge niedriger ↑ Geburtenraten wie

Bevölkerung

Deutsche Bevölkerungspyramiden

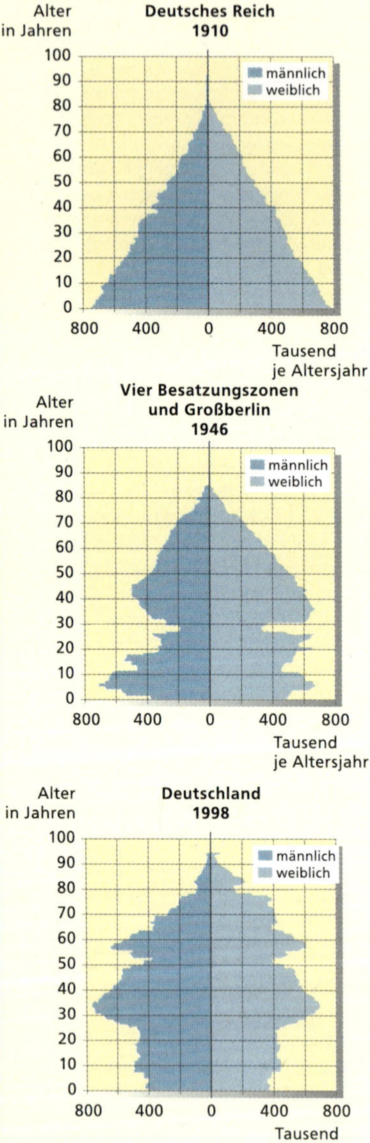

Quelle: Statistisches Bundesamt

Deutschland ist B. in erster Linie ↑Familienpolitik.

Bevölkerungswissenschaft: ↑Demographie.

BGB: ↑Bürgerliches Gesetzbuch.

bilateral [lat. »zweiseitig«]: An bilateralen Verträgen oder Verhandlungen sind nur zwei Parteien beteiligt (im Gegensatz zu multilateralen Verträgen).

Bildungspolitik: die im Rahmen der allgemeinen Kultur- und Gesellschaftspolitik auf den Erhalt und die Weiterentwicklung des Bildungswesens gerichteten politischen Aktivitäten. Dabei sind neben der Anpassung an veränderte soziale und wirtschaftliche Rahmenbedingungen auch Vermutungen über künftige Entwicklungen bedeutsam.

Im Mittelpunkt der bildungspolitischen Diskussion stehen die **Bildungschancen.** Da von der Höhe des Bildungsniveaus die Berufs- und damit die sozialen Aufstiegsmöglichkeiten abhängen, sollte jeder so gefördert werden, dass er alle Bildungschancen erhält. Weil nicht alle gesellschaftlichen Schichten entsprechend ihrem Bevölkerungsanteil an höheren Schulen oder Universitäten vertreten sind, wird versucht, durch möglichst frühzeitigen Ausgleich von Chancenunterschieden (z.B. durch kompensatorische Erziehung oder Erhöhung der Durchlässigkeit der einzelnen Schularten) den benachteiligten Schülern zu helfen. Mit der Wiedervereinigung stieg der Bedarf an neuen Bildungskonzepten, die mit Blick auf neue benachteiligte Gruppen (z.B. Ausländer der zweiten Generation) die weitere Verbesserung der Chancengerechtigkeit vorantreiben sollten.

Maßnahmen: Im März 1999 schuf die Bund-Länder-Kommission für Bildungsplanung und Forschungsförderung (BLK) auf Anregung der Bundesregierung das »Forum Bildung«. Dort sollte eine grundsätzliche Reform der dualen Berufsausbildung (betriebliche Ausbildung plus Berufsschule, ↑berufliche Bildung) vorbereitet werden. Die geringe

Zahl an Ausbildungsplätzen, hohe Abbrecherquoten und die Zersplitterung staatlicher Zuständigkeiten gelten als Schwachpunkte des dualen Systems. Daneben sollen für alle Schulformen neue Inhalte, Methoden und Strukturen erarbeitet werden, die sowohl Jugendliche als auch Erwachsene auf das moderne Wirtschaftsleben vorbereiten. Das deutsche Bildungssystem auf internationaler Ebene konkurrenzfähig zu erhalten, war das Hauptanliegen der Bemühungen. – Siehe auch ↑Hochschule.

Bill of Rights [-ɔv'raɪts, engl. »Gesetz der Rechte«]:

◆ Die B. o. R gelten als englisches Staatsgrundgesetz. Sie wurden 1689 nach der Vertreibung König JAKOBS II. (1633–1701) in der **Glorious Revolution** vom Parlament entworfen und von den neuen Herrschern WILHELM III. VON ORANIEN (1650–1702) und MARIA II. (1662–94) angenommen. Die B. o. R. richten sich gegen Katholizismus und ↑Absolutismus, verbriefen u. a. die parlamentarische Redefreiheit und machen die Erhebung von Steuern, Erlass und Aufhebung von Gesetzen sowie den Unterhalt eines stehenden Heeres von der Billigung des Parlaments abhängig. Die B. o. R. schufen mit die Voraussetzungen für die parlamentarische Regierungsform in Großbritannien.

◆ In den USA versteht man unter B. o. R. die zehn Zusatzartikel (Erklärung der Menschenrechte), die 1791 zur Verfassung von 1787 hinzugefügt wurden.

biologische Waffen: ↑ABC-Waffen.

Biotechnologie: Nutzung wissenschaftlicher Erkenntnisse aus der Biologie über Lebewesen und Lebensvorgänge für technische Zwecke. Die starke Zunahme biologischen Wissens in jüngerer Zeit hat die Möglichkeiten technischer Nutzbarkeit in kaum noch überschaubarer Weise erweitert. An der Spitze der Entwicklung steht die ↑Gentechnologie. Von ihr erwartet man die Herstellung von optimierten Pflanzen (auch nachwachsende Rohstoffe), Tieren, Saatgut und Medikamenten. Praktische Anwendungen der B. betreffen aber auch die Umwelttechnik (z.B. Schadstoffreinigung). Die B. gilt als einer der wichtigsten wirtschaftlichen Wachstumsbereiche. Umstritten waren in der Öffentlichkeit v. a. die ↑Freilandversuche, da die Möglichkeit einer unbeherrschbaren Ausbreitung veränderter Gene nicht ausgeschlossen sei. Auch wurden negative Reaktionen des menschlichen Organismus auf bio- bzw. gentechnisch veränderte Lebensmittel befürchtet.

Bizone: ↑Besatzungszone.

BKA: ↑Bundeskriminalamt.

Blauhelme: ↑UN-Friedenstruppen.

Blockade: im Völkerrecht die Absperrung einer Stadt (z.B. West-Berlins 1948/49 durch die UdSSR), eines Gebietes oder Staates von jeglicher Zufuhr. Die B. wird gewöhnlich durch militärische Maßnahmen aufrechterhalten und daher v.a. im Krieg, insbesondere in der Seekriegsführung, als Zwangsmaßnahme angewendet. In Friedenszeiten ist die B. verboten. Regeln über die B. enthält die Pariser Seerechtsdeklaration von 1856.

Blockbildung:

◆ die Zusammenarbeit politischer Parteien zur Unterstützung der Regierung (↑Koalition), als Wahlbündnis zur Übernahme der Regierung oder zur Organisation der ↑Opposition.

◆ die nach 1945/48 entstandene Verbindung der kommunistischen Staaten (Ostblock) auf der einen und der westlichen Demokratien auf der anderen Seite (↑Ost-West-Konflikt).

blockfreie Staaten: Zusammenschluss nicht paktgebundener Länder und der palästinensischen Befreiungsbewegung (Gründung: 1961) mit 113 Mitgliedern (1999). Bei unterschiedlicher politischer Orientierung bekennen sich die b. S. zu den Prinzipien Blockfreiheit (Ablehnung von Bündnissystemen), friedliche Koexistenz und Gleichberechtigung aller Staaten. Alle drei Jahre finden Gipfelkonferenzen statt, an denen auch

B

andere Länder und Organisationen teilnehmen. Bestimmten zunächst Probleme der nationalen Selbstbestimmung und Entkolonialisierung während des Ost-West-Konflikts das Wirken der Bewegung, so traten seit den 1970er-Jahren v.a. entwicklungspolitische Aspekte in der Vordergrund, besonders die aus dem Nord-Süd-Konflikt erwachsene Forderung nach einer »neuen Weltwirtschaftsordnung«.

Blockparteien: Bezeichnung für die Zusammenfassung aller zugelassenen und im Parlament vertretenen Parteien v.a. in den ehemals kommunistisch regierten Staaten des Ostblocks (z.B. die Nationale Front in der DDR bis 1989). Das **Blocksystem** verpflichtete alle B. zur Unterstützung der Regierung unter straffer Führung der kommunistischen Partei, verhinderte die Bildung einer legalen Opposition und institutionalisierte die tatsächliche Einparteienherrschaft der Kommunisten.

BND: ↑ Nachrichtendienste.

Boden: alle der Produktion dienenden Naturstoffe und -kräfte über, auf und unter der Erde; der B. ist neben ↑ Arbeit und ↑ Kapital der dritte **Produktionsfaktor.** Der Produktionsbeitrag des B. besteht zum einen in seiner Anbaufähigkeit durch die Land- und Forstwirtschaft **(Anbauboden);** die angebauten Pflanzen dienen gleichzeitig als Rohstoffe für die Herstellung von Nahrungsmitteln und als Werkstoffe für andere Sachgüter. Auch enthält der B. Stoffe wie Erze, Kohle, Steine, Erdöl, die abgebaut und im Produktionsprozess zu Gütern umgeformt werden können, die für den Gebrauch und Verbrauch bestimmt sind, d.h. der B. ist abbaufähig **(Abbauboden).** Außerdem liefert der B. Energie; sie ergänzt die Arbeitskraft des Menschen dient als Hilfe für die Erzeugung und den Transport von Gütern (Wasserkraft, Wärme). Der B. unterscheidet sich von anderen Produktionsfaktoren durch seine Unbeweglichkeit und seine grundsätzliche Unvermehrbarkeit. Um den vorhandenen B. konkurrieren deshalb verschiedene Sektoren mit unterschiedlichen Nutzungswünschen: u.a. die Landwirtschaft (Anbau), die Industrie (Firmenstandorte) und die Gemeinden (Besiedelung).

Bodenreform: Veränderung der Rechtsverhältnisse an Grund und Boden durch Überführung in Gemeineigentum oder durch Umverteilung. Eine B. geht meist von der Knappheit des Grund und Bodens im Verhältnis zur Bevölkerungszahl aus. In Entwicklungsländern ist die B. häufig Bestandteil von Agrarreformen.

Die sog. B., die 1945 in der Sowjetisch besetzten Zone Deutschlands (SBZ) durchgeführt wurde, zog die Enteignung und Aufteilung von insgesamt 3,3 Mio. ha (Groß-)Grundbesitz nach sich, der zunächst an Landarbeiter, landlose Bauern und Vertriebene verteilt wurde. Das Land ging in den 1950er-Jahren meist in das Eigentum von Landwirtschaftlichen Produktionsgenossenschaften (LPG) über. Nach der deutschen Vereinigung 1990 wurde vereinbart, die Enteignungen in der SBZ nicht rückgängig zu machen; die früheren Besitzer werden auf Antrag entschädigt.

Bodenschutz: der Schutz des Erdbodens vor Belastung durch Schadstoffe, Landverbrauch, Verlust heimischer Tier- und Pflanzenarten u.a. Gefährdungen. Das am 17.3.1998 in Kraft getretene Bundesbodenschutzgesetz zielt auf die Sicherung und Wiederherstellung des natürlichen Zustands des Bodens. Als übergeordnetes Gesetz kommt es erst zur Anwendung, wenn keine spezielleren Rechtsvorschriften gelten (z.B. aus dem Kreislaufwirtschafts- und Abfall-Gesetz, der Gefahrgut-Verordnung oder dem Gentechnik-Gesetz).

Bolschewismus: Sammelbegriff für Theorie und Praxis der Kommunistischen Partei Russlands bzw. der Sowjetunion und der von ihr abhängigen kom-

B

munistischen Parteien anderer Staaten. Er leitet sich aus der Spaltung der russischen Sozialdemokratischen Arbeiterpartei auf dem II. Parteikongress 1903 in London ab. Dort entschied sich eine zufällige Mehrheit (russ.: »Bolschewiki«) gegen die Politik der Minderheit (russ.: »Menschewiki«) der anwesenden Mitglieder und damit für die revolutionäre Taktik von W. I. LENIN: Eine kleine Partei von Berufsrevolutionären sollte als kommunistische ↑Avantgarde den Massenaufstand herbeiführen und die ↑Diktatur des Proletariats bis zur Verwirklichung der klassenlosen Gesellschaft nach der Weltrevolution leiten (↑Marxismus-Leninismus). Die vollständige Vergesellschaftung der Produktionsmittel, Abschaffung des Privateigentums an Produktionsmitteln und die Planwirtschaft waren Grundelemente des bolschewistischen Wirtschaftsprogramms.

Bonapartismus: autoritäre Herrschaftsform, die nach den französischen Kaisern NAPOLEON (BONAPARTE) I. (1769–1821) und v.a. nach NAPOLEON (BONAPARTE) III. (1808–73) benannt wurde. Der B. stärkte die wirtschaftliche Stellung des Bürgertums gegenüber der erstarkenden Industriearbeiterschaft, während die eigentliche politische Macht in der Hand des bonapartistischen Staatsoberhauptes verblieb.

Börse: regelmäßige Zusammenkunft von Käufern und Verkäufern von Waren und Wertpapieren an einem bestimmten Ort (Börsensaal, Börsenparkett) und zu einer bestimmten Zeit (Börsenzeit); unterschieden wird die Präsenzbörse (tatsächliche Anwesenheit der Kaufleute) und die Computerbörse (Kauf und Verkauf über ein elektronisches Handelssystem). Werte und Waren, die an der B. gehandelt werden, sind durch Zahl, Maß oder Gewicht eindeutig bestimmt.

Organisation: Börsengeschäfte werden von Vertretern der zum Börsenhandel zugelassenen Banken und Handelsfirmen oder von freien Maklern für Rechnung anderer durchgeführt (Kommissionsgeschäfte). Die Preise (Börsenkurse) der gehandelten Waren und Wertpapiere werden durch Angebot und Nachfrage und anschließende amtliche Festsetzung bestimmt. Rechtsgrundlage der Börsengeschäfte bilden das Börsengesetz und das Wertpapierhandelsgesetz. Oberste Instanz in allgemeinen Börsenangelegenheiten ist in Deutschland das Bundesfinanzministerium. Das Bundesaufsichtsamt für den Wertpapierhandel (BAWe, Frankfurt am Main), übt die Rechts- und Handelsaufsicht aus. Die B. selbst wird vom Börsenvorstand geleitet.

Arten: Je nach Art der gehandelten Gegenstände werden unterschieden: **Warenbörse,** an der verschiedene vertretbare Waren, v.a. landwirtschaftliche

Börse: Börsenhändler an der Frankfurter Wertpapierbörse zum Zeitpunkt der ersten Notierung der Telekom-Aktie am 18. November 1996.

Erzeugnisse (Produktenbörse) oder nur eine Warengattung für standardisierte Welthandelsgüter (Spezialbörse) gehandelt werden, z.B. Kaffee, Edelmetalle; **Wertpapierbörse (Effektenbörse)** für Aktien und Wertpapiere; **Devisenbörse** zum Handel mit ausländischen Zahlungsmitteln; **Terminbörse** u.a. zum Handel von künftigen Kauf- und Verkaufsoptionen.

Bosnischer Krieg: 1992–95 geführter Krieg in Bosnien und Herzegowina zwischen Bosniaken (Muslimen), bosnischen Kroaten und bosnischen Serben; ausgelöst durch die Erklärung der staatlichen Unabhängigkeit Bosnien und Herzegowinas durch das bosnische Parlament am 3. 3. 1992 gegen den Widerstand der bosnischen Serben.

Während die Bosniaken (Bevölkerungsanteil 1991: 44%) für den Erhalt Bosnien und Herzegowinas als dreinationalem Staat (bestehend aus Bosniaken, bosnischen Kroaten und Serben) eintraten, forderten die bosnischen Serben (Bevölkerungsanteil 1991: 32%) 65% des Staatsgebiets für die von ihnen am 9. 1. 1992 ausgerufene Serbische Republik Bosnien und Herzegowina und eroberten bis Oktober 1992 ca. 70% des Staatsgebietes. Seit Anfang 1993 kam es auch zwischen Bosniaken und bosnischen Kroaten zu Kampfhandlungen. Unter dem Schlagwort ↑ethnische Säuberung vertrieben v.a. die bosnischen Serben, aber auch die bosnischen Kroaten die jeweils anderen Nationalitäten aus den von ihnen eroberten Gebieten und lösten dadurch massive Flüchtlingsbewegungen (bis 1995 über 2,2 Mio. Flüchtlinge) aus.

Die Luftangriffe der NATO auf serbische Stellungen (30. 8.–1. 9. 1995) sowie die Friedensbemühungen der am 25./26. 4. 1994 gebildeten internationalen **Bosnien-Kontaktgruppe** führten zur Unterzeichnung des **Abkommens von Dayton** am 14. 12. 1995 in Paris und zur Befriedung des Landes unter Wahrung seiner staatlichen Einheit. Zur Friedenssicherung wurde eine von der NATO geführte multinationale Friedenstruppe entsandt.

Botschafter: ↑Gesandtschaftsrecht.

Bourgeoisie [burʒwa'zi, von frz. bourgeois »Bürger«]: nach der marxistischen Lehre die in der kapitalistischen ↑Klassengesellschaft ökonomisch und politisch führende und über das Proletariat herrschende Klasse der Kapitaleigentümer.

Boykott [nach dem englischen Gutsverwalter CHARLES CUNNINGHAM BOYCOTT (1832–97), der wegen seiner Härte gegen die irischen Pächter 1880 zur Auswanderung gezwungen wurde]: Zwangsmaßnahme in politischen, sozialen oder wirtschaftlichen Auseinandersetzungen, bei denen die Beziehungen zu dem Boykottierten teilweise oder

Brandenburg

Landtagswahlen (Stimmenanteil in %)

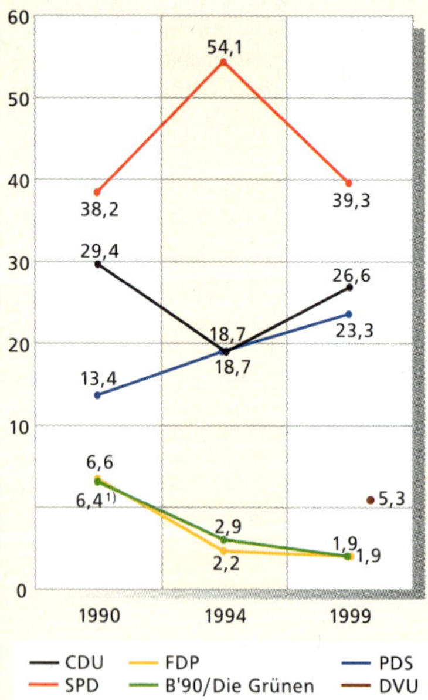

[1] Bündnis 90; Grüne erhielten 2,8 %

ganz abgebrochen werden, um von ihm ein bestimmtes Verhalten zu erzwingen. So kann z.B. die Abnahme und Lieferung von Waren bei bestimmten Staaten boykottiert werden (↑ Wirtschaftssanktionen).

Brandenburg: deutsches Bundesland (seit 3. 10. 1990) mit einer Fläche von 29 476 km² und 2,59 Mio. Einwohnern (1999), darunter 20 000 ↑ Sorben; Hauptstadt: Potsdam.

Verfassung: Nach der Verfassung von 1992 übt der Landtag (88 Abgeordnete, für fünf Jahre gewählt) die gesetzgebende Gewalt aus. Er wählt den Ministerpräsidenten, der die Regierung beruft. Die Verfassung eröffnet Möglichkeiten direkter Bürgerbeteiligung.

Verwaltung: Nach der Gebietsreform von 1994 hat B. vier kreisfreie Städte sowie 14 Landkreise.

Geschichte: Die ehemals größte preußische Provinz B. (ab 1815) musste 1945 die Gebiete östlich der Oder an Polen abtreten und wurde 1949 ein Land der DDR; 1952 wurde B. in die Bezirke Neubrandenburg, Cottbus, Frankfurt (Oder) und Potsdam aufgeteilt, am 3. 10. 1990 als Land wieder errichtet.

Die erste Landtagswahl am 14. 10. 1990 gewann die SPD unter ihrem Spitzenkandidaten MANFRED STOLPE, der Ministerpräsident einer Koalition aus SPD, Bündnis 90 und FDP wurde (ab März 1994 SPD/FDP-Minderheitsregierung). Nach der Landtagswahl vom 11. 9. 1994 regierte die SPD mit absoluter Mehrheit. 1999 bildeten SPD und CDU eine große Koalition unter STOLPE. Einzige Oppositionspartei war die PDS, seit 1990 drittstärkste politische Kraft in B. Eine 1995 geplante Vereinigung der Bundesländer B. und Berlin scheiterte am 5. 5. 1996 in einem Volksentscheid an der Ablehnung der Brandenburger.

www.brandenburg.de

Brandenburg

Ministerpräsident	Amtszeit
Manfred Stolpe (SPD)	seit 1990

BRD: ↑ Deutschland.

Bremen (Freie Hansestadt Bremen): kleinstes deutsches Bundesland (bestehend aus den Städten B. und Bremerhaven) mit einer Fläche von 404 km² und

Bremen

Bürgerschaftswahlen (Stimmenanteil in %)

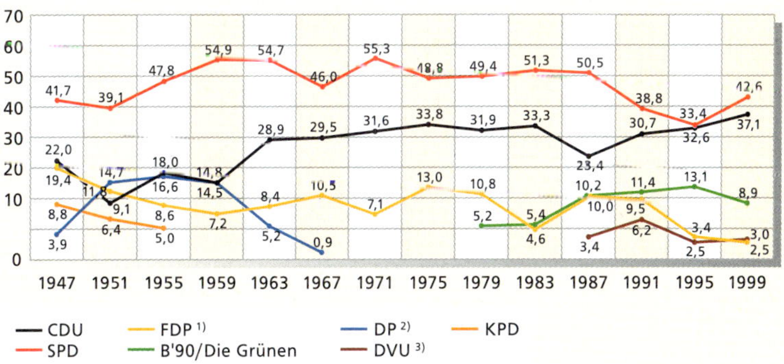

1) 1947 Bremer Demokratische Volkspartei (BDV)
2) Deutsche Partei
3) 1987 Republikaner

B

680 000 Einwohnern (1999); Regierungssitz ist Bremen.
Verfassung: Nach der Verfassung vom 21. 10. 1947 liegt die gesetzgebende Gewalt bei der Bremischen Bürgerschaft (Landtag), die aus 100 für vier Jahre gewählten Abgeordneten besteht. Sie wählt die Regierung und den Senat. Der Senat wählt zwei Bürgermeister, einen von ihnen zum Präsidenten des Senats (Erster Bürgermeister) und damit zum Regierungschef, den anderen zu seinem Stellvertreter.
Verwaltung: Die Stadt B. wird durch verschiedene Senatsbehörden (Ministerien) nach der Landesverfassung verwaltet. Bremerhaven besitzt seit 1947 eine eigene Stadtverfassung, Verwaltungsbehörde ist der Magistrat.
Geschichte: B. ist seit 1806 »Freie Hansestadt« und sicherte sich durch die Gründung Bremerhavens 1827 seine Seehafenstellung. 1871 wurde B. Bundesstaat (1919 Land) des Deutschen Reichs. Nach Kriegsende errichtete die US-Militärverwaltung 1947 das Land B., das 1949 Bundesland der BRD wurde.

Bremen

Bürgermeister und Senatspräsident	Amtszeit
Wilhelm Kaisen (SPD)	1945–65
Willy Dehnkamp (SPD)	1965–67
Hans Koschnik (SPD)	1967–85
Klaus Wedemeier (SPD)	1985–95
Henning Scherf (SPD)	seit 1995

Führende Partei in der Bremer Bürgerschaft war stets die SPD; 1971–91 regierte sie ohne Koalitionspartner; sie stellte auch alle Senatspräsidenten und Bürgermeister. Seit 1995 regiert der Sozialdemokrat HENNING SCHERF (*1938) zusammen mit der CDU.
www.bremen.de

Breschnew-Doktrin ['brɛʒŋɛf, russ.]: vom Generalsekretär der KPdSU L. I. BRESCHNEW vertretene Doktrin, nach der die Staaten des von der Sowjetunion dominierten »sozialistischen Lagers« nur ein »beschränktes Selbstbestimmungsrecht« hatten. Die B.-D. diente zur (nachträglichen) Rechtfertigung des Einmarsches von Truppen des ↑Warschauer Pakts in die ČSSR 1968 zur Unterdrückung des reformsozialistischen Kurses unter A. DUBČEK. Sie blieb bis 1985 gültig.

Brief-, Post- und Fernmeldegeheimnis: Nach Art. 10 GG sind das Brief-, Post- und Fernmeldegeheimnis unverletzlich und strafrechtlich durch §§ 201, 202, 206 StGB geschützt. Das **Briefgeheimnis** umfasst schriftliche Äußerungen aller Art, das **Postgeheimnis** alle der Post zur Beförderung übergebenen Sendungen (auch Pakete), das **Fernmeldegeheimnis** den Inhalt der Telekommunikation. Beschränkungen dieses Grundrechts sind nur aufgrund eines Gesetzes erlaubt und dienen besonders der Strafrechtspflege. Im Strafverfahren kann der Richter bei Verdacht bestimmter schwerer Straftaten (z. B. Hochverrat, Mord) die Überwachung und Aufzeichnung der Telekommunikation des Beschuldigten anordnen (§§ 100 a, b StPO). Zur Abwehr drohender Gefahren für die freiheitliche demokratische Grundordnung ist aufgrund des sog. **G-10-Gesetzes** vom 13. 8. 1968 bestimmten Organen (z. B. Polizei und Nachrichtendiensten) die Öffnung von Postsendungen sowie die Überwachung des Fernmeldeverkehrs Einzelner gestattet. Mit dem Verbrechensbekämpfungsgesetz vom 28. 10. 1994 wurden die Befugnisse des Bundesnachrichtendienstes erweitert. – Siehe auch ↑Lauschangriff, ↑Unverletzlichkeit der Wohnung.

Brüsseler Pakt: ↑Westeuropäische Union.

Bruttoinlandsprodukt: Summe aller Produktionswerte, die innerhalb eines bestimmten Zeitraums (meist ein Jahr) in einer nationalen Volkswirtschaft geschaffen werden. Das B. kann unterschiedlich, z.B. nach der Verwendung, berechnet werden und setzt sich dann zusammen aus der Summe der Ausgaben für Konsum, Investitionen und Exporte (vermindert um die Ausgaben für Importe, da diese im Ausland produziert wurden). Das B. kann als Maßstab für die Leistungsfähigkeit einer Volkswirtschaft dienen. Die Berechnung erfolgt im Rahmen der Volkswirtschaftlichen Gesamtrechnung.

Besonders internationalen Vergleichen dient die Berechnung des **Bruttosozialprodukts** (z.B. pro Kopf); es wird aus dem B. ermittelt, indem das Einkommen von Ausländern abgezogen und dasjenige von Inländern, das aus dem Ausland bezogen wurde, hinzugefügt wird.

BSE, Abk. für **b**ovine **s**pongiforme **E**nzephalopathie: stets tödlich verlaufende Infektionskrankheit der Rinder. Zum Krankheitsbild gehören Verhaltens- und Bewegungsstörungen als Folge von charakteristischen Veränderungen im Gehirn (schwammige Strukturen), was zur umgangssprachlichen Bezeichnung **Rinderwahnsinn** geführt hat. Erreger sind infektiöse Proteine (Kleinstkörper mit einem Durchmesser von 4–6 nm), die mit den Erregern der Traberkrankheit (Scrapie) bei Schafen und des Creutzfeldt-Jakob-Syndroms beim Menschen identisch sind. Die Zeit von der Ansteckung bis zu den ersten Krankheitserscheinungen (Inkubationszeit) beträgt zwei bis acht Jahre. Als Übertragungsweg ist die Verfütterung von nicht ausreichend hitzebehandeltem Tierkörpermehl (von Schafen) an Rinder nachgewiesen. BSE-Fälle sind bisher in Großbritannien, Irland, in der Schweiz und in Deutschland aufgetreten; Hinweise für eine Übertragung auf den Menschen sind bislang ungeklärt. Das Auftreten von BSE führte in den 1990er-Jahren zu zeitweiligen Exportverboten für britisches Rindfleisch. Ab 1. 9. 2000 muss jedes in der EU verkaufte Stück Rindfleisch ein Etikett mit Herkunftsangaben tragen (Schlachthof, Verarbeitungsbetrieb; ab 1. 1. 2002 auch Hinweis auf Geburts- und Aufzuchtort).

www.quarks.de/bse/index.htm

Budget [by'dʒe, frz.] (Etat): der ↑ Haushaltsplan öffentlicher Gebietskörperschaften.

BUND, Abk. für **B**und für **U**mwelt und **N**aturschutz **D**eutschland e.V.: 1975 gegründete, unabhängige private Umweltschutzorganisation. Der BUND ist als Naturschutzverband staatlich anerkannt. Er bemüht sich auf Bundes-, Landes- und kommunaler Ebene um die Förderung des Umweltschutzes.

Bund:

- Gemeinschaft, Vereinigung, Zusammenschluss von Personen oder Personenmehrheiten, z.B. von Staaten.
- Bezeichnung für den Gesamtstaat (Zentralstaat) in einem Bundesstaat, im Unterschied zu den Gliedstaaten (Bundesländer).

Bundesadler: ↑ Bundeswappen.

Bundesamt für die Anerkennung ausländischer Flüchtlinge, Abk. BAFl: Bundesbehörde im Geschäftsbereich der Bundesministeriums des Innern (Sitz: Zirndorf, Bayern). Das BAFl ist zuständig für die Durchführung von Asylverfahren bei Flüchtlingen und politisch Verfolgten auf der Grundlage des geltenden ↑ Asylrechts.

Bundesamt für Verfassungsschutz: ↑ Nachrichtendienste.

Bundesanstalt für Arbeit, Abk. BA: selbstständige Bundesbehörde und Körperschaft des öffentlichen Rechts (Sitz: Nürnberg). Zu den Aufgaben der BA gehört v.a. die Berufsberatung, die Arbeitsvermittlung, die Verwaltung der ↑ Arbeitslosenversicherung, die Gewährung von ↑ Arbeitslosengeld und ↑ Arbeitslosenhilfe. Auf lokaler Ebene nimmt die BA diese Aufgaben v.a. über das jeweilige ↑ Arbeitsamt und dessen Dienststellen wahr.

Bundesanstalt für vereinigungsbedingte Sonderaufgaben, Abk. BvS:

bundesunmittelbare Anstalt des öffentlichen Rechts, die 1995 als Nachfolgeorganisation aus der ↑Treuhandanstalt hervorging. Die BvS überwacht u. a. die Einhaltung der Arbeitsplatz- und Investitionszusagen von Investoren im Rahmen der Privatisierung des volkseigenen Vermögens der DDR.

Bundesanzeiger: das vom Bundesministerium der Justiz herausgegebene amtliche Veröffentlichungsorgan der BRD. Im B. werden Rechtsverordnungen des Bundes (soweit nicht im ↑Bundesgesetzblatt abgedruckt), und amtliche Mitteilungen veröffentlicht, v. a. Verwaltungsanordnungen, Bekanntmachungen, Ausschreibungen und sonstige Nachrichten der Bundesministerien und -behörden. Außerdem enthält der B. Parlamentsberichte. Eine Veröffentlichung im B. ist für bestimmte Mitteilungen gesetzlich vorgeschrieben, z. B. für Satzungsänderungen, Veröffentlichungen von Bilanzen und Eintragungen in das Handelsregister.

Bundesarbeitgericht, Abk. BAG: oberstes Gericht in Deutschland für die ↑Arbeitsgerichtsbarkeit (Sitz: Erfurt).
www.bundesarbeitsgericht.de

Bundesaufsicht: in einem Bundesstaat die Befugnis des Bundes, die Gliedstaaten zu kontrollieren. In Deutschland dient die B. v. a. der Prüfung, ob die Länder die Bundesgesetze dem geltenden Recht gemäß ausführen. Im Fall der Bundesauftragsverwaltung erstreckt sie sich auch auf die Kontrolle der Zweckmäßigkeit (Art. 83 Abs. 3–5 und Art. 85 Abs. 4 GG). – Siehe auch ↑Staatsaufsicht.

Bundesaufsichtsämter: selbstständige ↑Bundesbehörden, die im Auftrag von Bundesministerien die Einhaltung gesetzlicher Vorschriften in bestimmten Wirtschaftsbereichen überwachen. So untersteht das Bankwesen der Bankaufsicht durch das Bundesaufsichtsamt für das Kreditwesen (BAK); das Bundesaufsichtsamt für das Versicherungs- und Bausparwesen (BAV) beaufsichtigt u. a. private Versicherungsunternehmungen.

Bundesauftragsverwaltung: die Verwaltung der Länder im Auftrag des Bundes durch eigene Behörden (Art. 85 GG), die dabei den Weisungen der zuständigen Bundesbehörden unterstehen.

Bundesausbildungsförderungsgesetz: ↑BAFöG.

Bundesbank: ↑Deutsche Bundesbank.

Bundesbeauftragter für die Unterlagen des Staatssicherheitsdienstes der ehemaligen DDR: ↑Gauck-Behörde.

Bundesbeauftragter für Kultur und Medien: ↑Kulturhoheit.

Bundesbehörde: in einem Bundesstaat eine Behörde des Gesamtstaats im Unterschied zu den Behörden der Gliedstaaten. Die Ausführung der Gesetze des Bundes ist in Deutschland grundsätzlich Aufgabe der Länder bzw. der Landesbehörden; der Zuständigkeitsbereich der B. bezieht sich nur auf einige bestimmte Bereiche, u. a. Auswärtiger Dienst, Bundesfinanzverwaltung, Arbeitsverwaltung. B. sind der Bundesverwaltung zugeordnet und meist dreistufig aufgebaut.

Bundesfinanzhof, Abk. BFH: oberstes Gericht für die ↑Finanzgerichtsbarkeit in Deutschland (Sitz: München).

Bundesflagge: in Deutschland die **Nationalflagge** in den Farben Schwarz-Rot-Gold. Die B. hat als einziges Staatssymbol Verfassungsrang (Art. 22 GG); sie dient der Repräsentation Deutschlands sowie der Verdeutlichung traditioneller Werte. Die Farben gehen auf die Befreiungskriege gegen Napoleon (1813–15) sowie die Einigungsbewegung des Vormärz (Revolution 1848/49) zurück. Die Farben der B. stehen symbolisch für die Staatsziele Freiheit und Einheit.

Bundesgebiet: seit 1949 das Gebiet der BRD (seit 1990 einschließlich der Länder der ehemaligen DDR). Von 1866–71 bezeichnete B. das Gebiet des

B

Bundeshaushalt

Ausgaben des Bundeshaushalts in Deutschland 1999 (Anteile in %)

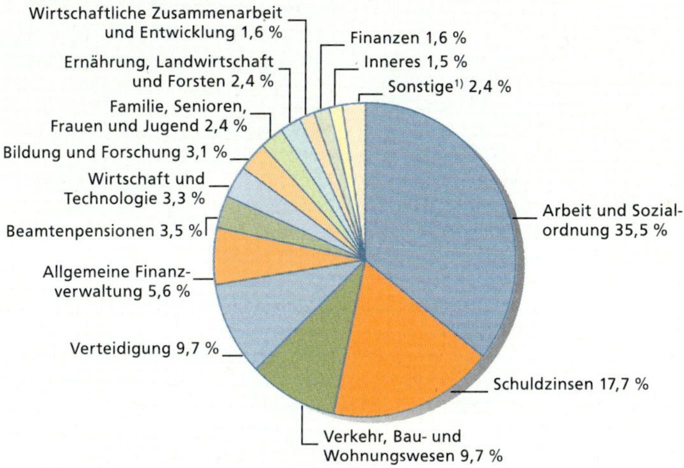

1) Auswärtiges Amt; Bundeskanzleramt; Gesundheit; Umwelt, Naturschutz und Reaktorsicherheit; Justiz; Bundesorgane

Quelle: Bundesministerium der Finanzen

Norddeutschen Bundes, von 1871–1918 des Deutschen Reiches. Seit 1919 hieß das deutsche Staatsgebiet **Reichsgebiet.**

Bundesgerichtshof, Abk. BGH: oberstes deutsches Gericht in Zivil- und Strafsachen (Sitz: Karlsruhe und Leipzig). – Siehe auch ↑Gerichtsbarkeit.

www.uni-karlsruhe.de/bgh

Bundesgesetzblatt, Abk. BGBl: das vom Bundesministerium der Justiz herausgegebene amtliche Verkündigungsblatt für die Bundesgesetze (Art. 82 GG) und für Rechtsverordnungen des Bundes, soweit diese nicht im ↑Bundesanzeiger veröffentlicht werden.

Bundesgrenzschutz, Abk. BGS: 1951 errichtete Sonderpolizei des Bundes, die v. a. mit der Sicherung der Grenzen betraut ist und dem Bundesinnenministerium untersteht. Die Gründung der EU sowie die deutsche Vereinigung haben den Aufgabenbereich des BGS wesentlich verändert. Deshalb wurde das Bundesgrenzschutzgesetz (Fassung vom 19. 10. 1994) reformiert. Zu den Aufgaben des BGS gehören danach die Sicherung der Grenzen (auch auf hoher See), der Schutz von Bundesorganen und -ministerien, Verkehrsflughäfen und Bahnhöfen sowie die polizeiliche Mitwirkung im Ausland im Rahmen der UN, der EU und WEU.

Bundeshaushalt: Gegenüberstellung der voraussichtlichen Einnahmen und Ausgaben sowie Verpflichtungsermächtigungen des Bundes für einen bestimmten Zeitraum (Haushaltsperiode) in einem ↑Haushaltsplan. Ausgabenschwerpunkte liegen u. a. in den Bereichen Arbeit und Soziales sowie Verteidigung und Schuldendienst. Haupteinnahmequellen im B. sind v. a. ↑Steuern (rd. 85 %).

B

Bundeskabinett: ↑Bundesregierung.

Bundeskanzler: in Deutschland und Österreich der Leiter der ↑Bundesregierung.

In *Deutschland* wird der B. (im ersten Wahlgang) auf Vorschlag des Bundespräsidenten vom Bundestag gewählt und vom Bundespräsidenten ernannt (Art. 63 GG). Er leitet die Bundesregierung nach Maßgabe einer von ihr beschlossenen und vom Bundespräsidenten genehmigten Geschäftsordnung. Außerdem bestimmt der B. die Richtlinien der Politik der Bundesregierung (Art. 64 GG) und trägt für sie die Verantwortung gegenüber dem Bundestag (**Richtlinienkompetenz,** Art. 65 GG). Zur Vorbereitung und Durchführung seiner Aufgaben steht ihm das Bundeskanzleramt zur Verfügung. Im Kriegsfall steht dem B. die Befehls- und Kommandogewalt zu. Die Amtszeit des B. endet mit seinem Rücktritt, dem Zusammentritt eines neuen Bundestags oder mit seiner Entlassung durch den Bundespräsidenten aufgrund eines ↑konstruktiven Misstrauensvotums des Bundestags.

In *Österreich* hat der B. keine Richtlinienkompetenz, bestimmt aber durch sein Vorschlagsrecht die Zusammensetzung der Regierung.

Bundeskanzler

Bundeskanzler der Bundesrepublik Deutschland	Amtszeit
Konrad Adenauer (CDU)	1949–63
Ludwig Erhard (CDU)	1963–66
Kurt Georg Kiesinger (CDU)	1966–69
Willy Brandt (SPD)	1969–74
Helmut Schmidt (SPD)	1974–82
Helmut Kohl (CDU)	1982–98
Gerhard Schröder (SPD)	seit 1998

Bundeskanzleramt: in Deutschland und in Österreich die zentrale Behörde zur Planung und Lenkung der Regierungspolitik.

Das B. hat in Deutschland den Rang einer obersten Bundesbehörde und ist dem ↑Bundeskanzler unterstellt. Die Leitung obliegt einem Bundesminister für besondere Aufgaben (1964–66, 1969–72 und 1984–98) bzw. einem Staatssekretär (1949–64, 1966–69, 1982–84, seit 1998). Das B. hat keinen fest umrissenen Aufgabenbereich, sondern soll der jeweiligen Regierung die Umsetzung ihrer Politik z.B. innerhalb der verschiedenen Bundesministerien ermöglichen.

Bundeskartellamt: eine Bundesoberbehörde (Sitz: Berlin) zur Sicherung der Wettbewerbsregeln in Deutschland (↑EU-Fusionskontrolle, ↑Kartellbehörden, ↑Kartellrecht). Das B. hat neben Kontrollfunktionen (u.a. bei Firmenzusammenschlüssen und -übernahmen) auch richterliche Aufgaben.

www.bundeskartellamt.de

Bundeskompetenz: Die staatlichen Aufgaben sind im Grundgesetz zwischen Bund und Ländern geteilt. Nach Art. 30 GG liegt die Erfüllung der staatlichen Aufgaben grundsätzlich bei den Ländern, die Zuständigkeiten des Bundes sind dagegen im Grundgesetz gesondert aufgeführt. Bei der Verteilung der Zuständigkeiten besitzt der Bund nur eine eng umgrenzte ausschließliche Kompetenz zur ↑Gesetzgebung. In vielen Fällen konkurriert seine Zuständigkeit jedoch mit derjenigen der Länder. Da der Bund von seiner Befugnis zur ↑konkurrierenden Gesetzgebung umfassenden Gebrauch macht, sind den Ländern tatsächlich nur wenige Bereiche zur selbstständigen Regelung verblieben. Nach dem 1994 geänderten Art. 72 Abs. 2 GG muss eine bundesgesetzliche Regelung zur Herstellung gleichwertiger Lebensverhältnisse oder zur Wahrung der Rechts- und Wirtschaftseinheit im gesamtstaatlichen Interesse erforderlich sein. Damit sollen die Anforderungen an eine bundesgesetzliche Regelung gegenüber der

Bundesministerium

Bundesministerien in Deutschland
Auswärtiges Amt (AA)
Bundesministerium des Innern (BMI)
Bundesministerium der Justiz (BMJ)
Bundesministerium der Finanzen (BMF)
Bundesministerium für Wirtschaft und Technologie (BMWi)
Bundesministerium für Ernährung, Landwirtschaft und Forsten (BML)
Bundesministerium für Arbeit und Sozialordnung (BMA)
Bundesministerium der Verteidigung (BMVg)
Bundesministerium für Familie, Senioren, Frauen und Jugend (BMFSFJ)
Bundesministerium für Gesundheit (BMG)
Bundesministerium für Umwelt, Naturschutz und Reaktorsicherheit (BMU)
Bundesministerium für Bildung und Forschung (BMBF)
Bundesministerium Verkehr, Bau- und Wohnungswesen (BMVBW)
Bundesministerium für wirtschaftliche Zusammenarbeit und Entwicklung (BMZ)

Stand: 2000

ursprünglichen Fassung »konzentriert, verschärft und präzisiert« (Gemeinsame Verfassungskommission) werden. Der Bund unterliegt nun bei Inanspruchnahme einer konkurrierenden Kompetenz einem erhöhten Rechtfertigungszwang.

Bundeskriminalamt, Abk. BKA: Bundesoberbehörde (Sitz: Wiesbaden), die der Zusammenarbeit von Bund und Ländern bei der Bekämpfung der Länder übergreifenden Verbrechensbekämpfung dient.

www.bundeskriminalamt.de

Bundesland: Gliedstaat eines Bundesstaates, z. B. ↑Deutschlands. Das Grundgesetz verwendet jedoch die Bezeichnung »Land«.

Bundesministerium: oberste Verwaltungsbehörde eines Bundesstaates mit fest umrissenem Aufgabenbereich **(Ressort).** Jedes Bundesministerium untersteht in Deutschland einem **Bundesminister,** der bei der Leitung durch einen ↑Staatssekretär (bei größeren Ministerien auch durch zwei Staatssekretäre) unterstützt wird. B. sind in mehrere Abteilungen und Referate gegliedert. Dem ↑Kabinett (Gesamtministerium) gehören auf Bundesebene der Bundeskanzler sowie alle Bundesminister an (↑Bundesregierung).

Zu den Aufgaben der B. gehören die Anwendung und Umsetzung gesetzlicher Regelungen sowie die Mitwirkung bei der Gestaltung der Regierungspolitik innerhalb ihres Ressorts (u. a. durch Ausarbeitung von Plänen und Entwürfen zu Gesetzen, Verordnungen und Verwaltungsvorschriften). Die Bedeutung der einzelnen B. ist u. a. abhängig vom Umfang und vom politischen Stellenwert ihres Aufgabenbereichs. Zu den klassischen B. gehören das Auswärtige Amt sowie die Ministerien für Inneres, Justiz, Finanzen und Verteidigung.

Bundesnachrichtendienst: ↑Nachrichtendienste.

Bundespräsident: Bezeichnung des Staatsoberhauptes in Deutschland, das von der ↑Bundesversammlung auf fünf Jahre gewählt wird (Art. 54 GG). Seine unmittelbare Wiederwahl ist nur einmal zulässig.

B

Die Aufgaben des B. sind in erster Linie repräsentativer Art: Der B. vertritt den Bund völkerrechtlich, schließt Staatsverträge ab und beglaubigt die diplomatischen Vertreter. Er fertigt die Bundesgesetze aus und verkündet sie. Er kann den ↑Bundestag in Ausnahmefällen auflösen und den Gesetzgebungsnotstand erklären. Er schlägt den ↑Bundeskanzler dem Bundestag zur Wahl vor, ernennt ihn und entlässt ihn auf Vorschlag des Bundestags. Er ernennt und entlässt ferner die Bundesminister auf Vorschlag des Bundeskanzlers sowie die Richter und Beamten des Bundes sowie die Offiziere und Unteroffiziere. Der B. hat für den Bund das

Bundespräsident

Bundespräsident der Bundesrepublik Deutschland	Amtszeit
Theodor Heuss (FDP)	1949–59
Heinrich Lübke (CDU)	1959–69
Gustav Heinemann (SPD)	1969–74
Walter Scheel (FDP)	1974–79
Karl Carstens (CDU)	1979–84
Richard von Weizsäcker (CDU)	1984–94
Roman Herzog (CDU)	1994–99
Johannes Rau (SPD)	seit 1999

Begnadigungsrecht und kann das Bundesverdienstkreuz verleihen. Bei vorsätzlicher Verletzung des Grundgesetzes oder eines anderen Bundesgesetzes kann der B. vom Bundestag oder Bundesrat vor dem Bundesverfassungsgericht angeklagt werden (Art. 61 GG).

www.bundespraesident.de

In *Österreich* das Staatsoberhaupt, das vom Volk auf sechs Jahre gewählt wird.

In der *Schweiz* der von der Bundesversammlung auf ein Jahr gewählte Vorsitzende des Bundesrats; er behält sein Departement und ist nicht Staatsoberhaupt.

Bundespräsidialamt: Behörde, die den ↑Bundespräsidenten bei der Wahrnehmung seiner Aufgaben unterstützt. Der Leiter des B. ist befugt, an den Sitzungen der Bundesregierung teilzunehmen, sofern der Bundeskanzler die Teilnahme nicht auf die Bundesminister beschränkt.

Bundesrat: in Deutschland Bezeichnung für die Vertretung der Gliedstaaten (Länder) im Bund.

Der deutsche B. besteht aus Regierungsmitgliedern der Länder. Sie werden von den Landesregierungen bestellt und abberufen und sind an die Weisungen ihrer Regierungen gebunden (Art. 51 GG). Jedes Bundesland hat im B. mindestens drei Stimmen, Länder mit mehr als 2 Mio. Einwohnern vier, mit mehr als 6 Mio. Einwohnern fünf, mit mehr als 7 Mio. Einwohnern sechs Stimmen. Die Stimmen eines Landes müssen einheitlich abgegeben werden. Seit 1996 beträgt die Gesamtstimmenzahl des B. 68. Einberufen wird der B. vom Präsidenten des B., dessen Amt jährlich unter den Ministerpräsidenten der Länder wechselt. Er vertritt auch den ↑Bundespräsidenten bei dessen Verhinderung.

Der B. wirkt an der Gesetzgebung des Bundes (↑Einspruchsgesetz, ↑Zustimmungsgesetz, ↑Vermittlungsausschuss) und bei einer Reihe anderer wichtiger Entscheidungen mit. So ist die Bundesregierung an die Zustimmung des B. gebunden, wenn sie allgemeine Verwaltungsvorschriften für die Länder zur Ausführung von Bundesgesetzen durch diese erlassen will (Art. 84 Abs. 2, Art. 85 Abs. 2 GG). Dies gilt auch für den Erlass bestimmter Rechtsverordnungen durch die Bundesregierung (Art. 80 Abs. 2 GG). Wie bei der Gesetzgebung kann der B. die Interessen der Länder, welche die Bundesgesetze ausführen, geltend machen. Weitere wichtige Befugnisse des B. betreffen den ↑Gesetzgebungsnotstand, den inneren Notstand (↑Notstandsgesetzgebung) und die Durchführung des ↑Bundeszwangs. Wenn die Bundesregierung bei ihrer ↑Bundesaufsicht über die Ausführung der Bundesgesetze durch die Länder Mängel feststellt, so entscheidet der B., ob diese Mängel einen Rechtsverstoß darstellen.

Der B. berät und entscheidet in öffentlicher Sitzung. Zur Vorbereitung seiner Beschlüsse können Ausschüsse eingerichtet und die Regierungen der Länder konsultiert werden. Die Mitglieder der Bundesregierung müssen auf Verlangen im B. Rede und Antwort stehen. Auch die Haushaltsführung der Bundesregierung wird vom B. mitkontrolliert.

www.bundesrat.de

In *Österreich* ist der B., dessen Mitglieder von den Landtagen gewählt werden, zweite Kammer im Verfahren der Bundesgesetzgebung.

In der *Schweiz* ist der B. die oberste leitende und vollziehende Regierungsbehörde der Eidgenossenschaft.

Bundesrechnungshof: die Rechnungsprüfungsbehörde der BRD. Der B. ist eine der Bundesregierung gegenüber selbstständige, nur dem Gesetz unterworfene oberste Bundesbehörde (Sitz: Bonn); seine Mitglieder genießen richterliche Unabhängigkeit. Der B. prüft die jährliche Haushaltsrechnung des Bundesfinanzministers zu allen Einnahmen und Ausgaben sowie das Vermögen und die Schulden des Bundes. Er überwacht die Wirtschaftlichkeit und Ordnungsmäßigkeit der Haushalts- und Wirtschaftsführung des Bundes einschließlich der Sondervermögen und Betriebe. Über das Prüfungsergebnis muss der B. dem Bundestag (der auch den Präsidenten des B. wählt), dem Bundesrat und der Bundesregierung berichten.

www.bundesrechnungshof.de

Bundesregierung: die Regierung eines Bundesstaates. Die B. in Deutschland besteht aus dem ↑Bundeskanzler und den Bundesministern (Art. 62 GG). Anzahl und Geschäftsbereich der ↑Bundesministerien werden vom Bundeskanzler festgelegt. Der Bundeskanzler wird i.d.R. von der größten Fraktion im Bundestag gestellt. Die Minister sowie die Anzahl und Geschäftsbereiche der einzelnen Ressorts werden, wie das Regierungsprogramm, meist schon im Voraus von den Parteien ausgehandelt, die an der Regierung teilnehmen (↑Koalition).

Befugnisse: Die B. leitet nach Maßgabe einer von ihr gegebenen Geschäftsordnung die gesamte Staatstätigkeit im Bund. Ihr obliegen auch Planungsmaßnahmen. Sie bereitet die Gesetze vor (↑Gesetzgebung) und sorgt für deren Ausführung durch Erlass von ↑Rechtsverordnungen und Verwaltungsvorschriften. Die B. richtet die mit der Ausführung der Gesetze betrauten Verwaltungsbehörden ein, bestellt das Personal, soweit sie diese Befugnisse nicht delegiert hat, und übt über sie die ↑Staatsaufsicht aus. Soweit die Bundesgesetze durch Bundesbehörden ausgeführt werden, unterliegen diese den Weisungen der B., soweit sie von den Ländern ausgeführt werden, besteht eine beschränkte ↑Bundesaufsicht. Die B. kann jedoch gegen Länder, die ihren

Bundesrat

Sitzverteilung

Bundesland	Sitze
Baden-Württemberg	6
Bayern	6
Berlin	4
Brandenburg	4
Bremen	3
Hamburg	3
Hessen	5
Mecklenburg-Vorpommern	3
Niedersachsen	6
Nordrhein-Westfalen	6
Rheinland-Pfalz	4
Saarland	3
Sachsen	4
Sachsen-Anhalt	4
Schleswig-Holstein	4
Thüringen	4

Pflichten gegenüber dem Bund nicht nachkommen, im Wege des ↑Bundeszwanges einschreiten. Weitere wichtige Befugnisse der B. sind z.B. die Ausübung der auswärtigen Gewalt (u.a. Vertragsabschlüsse mit fremden Staaten) und die Feststellung des ↑Verteidigungsfalles.

Zuständigkeit: Intern arbeitet die B. nach folgendem Schema (Art. 65 GG): Die Aufstellung der Richtlinien der Politik obliegt dem Bundeskanzler **(Kanzlerprinzip),** der dabei allerdings faktisch an das Regierungsprogramm der Koalition und die Mehrheitsentscheidungen des Parlamentes gebunden ist. Im Rahmen der allgemeinen Richtlinien führt jeder Minister seinen Geschäftsbereich selbstständig **(Ressortprinzip).** Kommt es zwischen den Ministern zu Meinungsverschiedenheiten, entscheidet die B. insgesamt **(Kabinettsprinzip);** i.d.R. werden wichtige Entscheidungen der B. ebenfalls von der gesamten B. getroffen. Die wesentliche Vorarbeit dazu wird von der Ministerialbürokratie in den Bundesministerien geleistet. Dort sitzen die Experten, an deren Spitze ein fachlich erfahrener, beamteter ↑Staatssekretär steht, dem ↑parlamentarische Staatssekretäre beigestellt sind.

Für ihre Politik und Haushaltsführung ist die B. dem Bundestag und Bundesrat verantwortlich. Ihnen hat der Bundesfinanzminister über alle Einnahmen und Ausgaben sowie über das Vermögen und die Schulden des Bundes zur Entlastung der B. regelmäßig Rechnung zu legen (Art. 114 Abs. 1 GG). Allerdings sind die Möglichkeiten, gegen die B. vorzugehen, beschränkt. Zwar ist jedes Mitglied der B. verpflichtet (und berechtigt), vor dem Bundestag und Bundesrat zu erscheinen und Auskunft zu geben, doch kann nur der Bundestag, und zwar nur dem Bundeskanzler gegenüber, sein Misstrauen aussprechen und damit dessen Entlassung erzwingen (↑konstruktives Misstrauensvotum). Der Bundeskanzler kann die Entlassung eines Ministers durch den Bundespräsidenten herbeiführen.

www.bundesregierung.de

Bundesrepublik Deutschland: amtliche Bezeichnung für ↑Deutschland.

Bundessozialgericht, Abk. BSG: oberstes Gericht in Deutschland für die ↑Sozialgerichtsbarkeit (Sitz: Kassel).

www.bundessozialgericht.de

Bundesstaat: Verbindung mehrerer Staaten zu einem Gesamtstaat.

Im B. sind die staatlichen Kompetenzen zwischen dem Zentralstaat (Bund) und seinen Gliedstaaten (Länder) geteilt (↑Föderalismus). Der Bund besitzt meist Regelungsbefugnisse im Bereich der auswärtigen Politik, der Verteidigung und der Wirtschaftspolitik, vielfach auch im Bereich der sozialen Sicherungssysteme. Er hat die sog. Kompetenzkompetenz, d.h. er entscheidet über die Verteilung der staatlichen Aufgaben zwischen ihm und den Gliedstaaten. Im B. besitzen die Gliedstaaten i.d.R. Mitspracherechte durch eine zweite Kammer (z.B. ↑Bundesrat, ↑Senat).

Bundestag (Deutscher Bundestag): Bezeichnung für die Volksvertretung in Deutschland, die seit 1999 im Berliner Reichstag zusammentritt. Der B. besteht aus 656 Abgeordneten, die für vier Jahre nach den Grundsätzen des allgemeinen und gleichen Wahlrechts gewählt werden. Die Zahl der Grundmandate (ab der Legislaturperiode 2002–06: 598) kann durch ↑Überhangmandate überschritten werden. Die Abgeordneten einer Partei bilden i.d.R. eine gemeinsame ↑Fraktion zur Beratung und Interessenvertretung im Parlament.

Befugnisse: Der B. ist das zentrale, demokratisch legitimierte Staatsorgan in Deutschland. Ihm obliegen v.a. die ↑Gesetzgebung, der Beschluss des ↑Haushaltsplans und die Kontrolle der Regierung. Nach den Regeln des ↑parlamentarischen Regierungssystems ist von ihm auch die Bundesregierung abhängig, denn er wählt den Bundes-

Bundestag: Blick auf den neu gestalteten Plenarsaal des Deutschen Bundestages im Berliner Reichstagsgebäude. Das deutsche Parlament nahm im April 1999 offiziell seine Arbeit in der Bundeshauptstadt auf.

kanzler (Art. 63 GG). Außerdem wirkt der B. bei der Wahl der Richter zum Bundesverfassungsgericht und der obersten Gerichte des Bundes (Art. 94 Abs. 1, Art. 95 Abs. 2 GG) sowie bei der Wahl des Bundespräsidenten mit (↑Bundesversammlung). Der B. kann jederzeit die Anwesenheit der Mitglieder der Bundesregierung verlangen und Auskünfte von ihnen fordern (↑Interpellation, parlamentarische ↑Anfrage, Fragestunde, ↑aktuelle Stunde). Zur Kontrolle von Regierung und Verwaltung kann der B. auch ↑Untersuchungsausschüsse einsetzen. Zur Kontrolle der Bundeswehr bestellt er den ↑Wehrbeauftragten. Die Bundesregierung hat dem B. regelmäßig über ihre Einnahmen und Ausgaben, den Stand des Vermögens und der Schulden des Bundes Rechnung zu legen. Bei der Rechnungsprüfung bedient sich der B. des ↑Bundesrechnungshofes. Entspricht die Amtsführung der Bundesregierung nicht der Auffassung des B., so kann er dem Bundeskanzler durch Wahl eines Nachfolgers sein Misstrauen aussprechen und dadurch dessen Entlassung und den Rücktritt der Bundesregierung bewirken (↑konstruktives Misstrauensvotum). Allerdings hat dieses Mittel nur einen begrenzten Wert, da die Regierung i.d.R. von der Mehrheit des Parlaments getragen wird, ein Misstrauensvotum daher nur bei einer bedeutsamen Veränderung der Mehrheitsverhältnisse im B. (z.B. beim Auseinanderfallen einer Koalition) zustande kommt.

Arbeitsweise: Der B. arbeitet nach einer von ihm selbst gegebenen Geschäftsordnung. Er verhandelt grundsätzlich öffentlich im Plenum und fasst seine Beschlüsse i.d.R. mit einfacher ↑Mehrheit; Ausnahmen sind z.B. die Änderung des Grundgesetzes oder der Ausschluss der Öffentlichkeit, die mit einer Zweidrittelmehrheit beschlossen werden müssen. Leitungs- und Schlichtungsorgane sind der Bundestagspräsident, das aus Präsident und Vizepräsident bestehende Präsidium und der ↑Ältestenrat. Zur Vorbereitung der Beschlüsse werden ↑Ausschüsse gebildet, deren Mitglieder aus den Fraktionen entsandt werden. In den Ausschüssen wird die wesentliche Facharbeit, z.B. bei der Beratung der Gesetze, geleistet (↑ Parlamentsausschuss). Auch können sie Regierungsmitglieder zur Beratung und Befragung heranziehen und es werden von ihnen öffentliche Befragungen von Sachverständigen zur Meinungsbildung durchgeführt (↑ Hearing).

Auflösung: Der B. kann vom Bundespräsidenten aufgelöst werden, wenn bei der Wahl zum Bundeskanzler kein Kandidat im ersten und zweiten Wahlgang die absolute Mehrheit erhält, oder auf Wunsch des Bundeskanzlers, wenn diesem auf seinen Antrag hin vom B. nicht das erbetene Vertrauen ausgesprochen wurde (Art. 63 Abs. 4, 68 GG). In beiden Fällen soll verhindert werden, dass eine Bundesregierung sich nur auf eine Minderheit im B. stützt und so bei der Erfüllung ihrer Aufgaben gehemmt wird.

www.bundestag.de

Bundestagswahl: Wahl zum Deutschen ↑ Bundestag nach den Grundsätzen der allgemeinen, gleichen, direkten, freien und geheimen Wahl. Rechtsgrundlagen für das B. enthalten das Bundeswahlgesetz (Neufassung vom 23. 7. 1993) und die Bundeswahlordnung. Wahlberechtigt und wählbar ist jeder Deutsche, der das 18. Lebensjahr vollendet hat (Art. 38 Abs. 2 GG). Die B. erfolgt als »personifizierte« Verhältniswahl (↑ Wahlrecht). Dabei hat jeder Wähler zwei Stimmen: Mit der **Erststimme** wird ein im jeweiligen ↑ Wahlkreis kandidierender Bewerber gewählt; derjenige Bewerber, der die meisten Stimmen erhält (Mehrheitswahl), erhält einen Sitz im Bundestag **(Direktmandat).** Mit der **Zweitstimme** wird die (Abgeordneten)Landesliste einer Partei gewählt (Verhältnis- oder Listenwahl). Die Anzahl der Zweitstimmen entscheidet über die Gesamtzahl der Sitze einer Partei im Bundestag. Die Anzahl der Bundestagssitze jeder Partei wird nach dem ↑ Hare-Niemeyer-Verfahren ermittelt. Übersteigt die Zahl der Direktmandate einer Partei die ihrer Zweitstimmen, erhält sie zusätzliche Sitze im Bundestag (↑ Überhangmandate).

In den Bundestag ziehen nur die Parteien ein, die mindestens 5% der insgesamt abgegebenen Zweitstimmen **(Fünfprozentklausel)** oder mindestens drei Direktmandate erhalten haben.

Bundesverband Bürgerinitiativen Umweltschutz e.V., Abk. BBU: Zu-

Bundestagswahl

Wahlergebnisse (Stimmenanteil in %)[1]

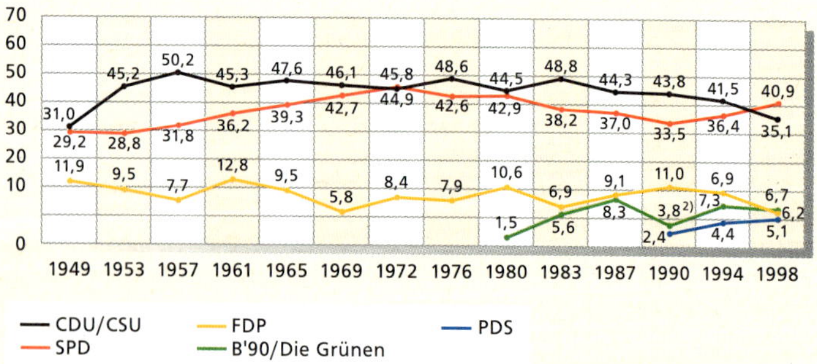

[1] ab 1990 Gesamtdeutschland
[2] Wahlgebiet Ost: 1,2%

Bundesverfassungsgericht: der erste Senat des Bundesverfassungsgerichts in Karlsruhe bei einer Urteilsverkündung im März 2000.

sammenschluss von ↑Bürgerinitiativen und Einzelmitgliedern, gegründet 1972. Der BBU gliedert sich in regionale Gruppen und Landesverbände und vertritt umweltpolitische Ziele.

Bundesverband der Deutschen Industrie, Abk. BDI: Spitzenorganisation von industriellen Branchenverbänden und Verbandsgruppen in Deutschland (Sitz: Köln). Er repräsentiert rd. 80 000 Privatunternehmen mit 10 Mio. Beschäftigten.

www.bdi-online.de

Bundesvereinigung der deutschen Arbeitgeberverbände: ↑Arbeitgeberverbände.

Bundesverfassungsgericht, Abk. BVerfG: Das höchste Gericht der Verfassungsgerichtsbarkeit in Deutschland ist ein mit den Garantien richterlicher Unabhängigkeit ausgestatteter Gerichtshof (Sitz: Karlsruhe) und zugleich ein oberstes Verfassungsorgan. Seine Entscheidungen binden die ↑Verfassungsorgane des Bundes und der Länder sowie alle Gerichte und Behörden. Erklärt das BVerfG ein Gesetz (oder Teile daraus) für nichtig, so hat dieser Spruch selbst Gesetzeskraft.

Die weitreichenden Befugnisse des BVerfG erklären sich aus den Erfahrungen mit dem nationalsozialistischen Unrechtsstaat. Sie führten zur Schaffung eines lückenlosen verfassungsgerichtlichen Rechtsschutzsystems auch gegenüber dem Gesetzgeber, dessen Gesetzesbeschlüsse das B. auf ihre Verfassungsmäßigkeit kontrollieren kann.

Befugnisse: Das BVerfG entscheidet letztverbindlich alle Streitigkeiten zwischen den obersten Staatsorganen sowie zwischen Bund und Ländern über deren verfassungsmäßige Kompetenzen (↑Organstreit). Es schützt den Bürger gegen alle Eingriffe der öffentlichen Gewalt in seine Grundrechte (↑Verfassungsbeschwerde) und kontrolliert die Übereinstimmung der Bundes- und Landesgesetze mit dem Grundgesetz (↑Normenkontrollverfahren). Ferner sind dem BVerfG weitere Aufgaben übertragen, die der Bewahrung und dem Schutz der demokratischen Ordnung dienen, z.B. das ↑Parteiverbot und das Wahlprüfungsverfahren.

Organisation und Wahl: Das BVerfG hat eine eigenständige Verwaltung und einen eigenen Haushalt. Organisatorisch gliedert es sich in zwei Senate, die verschiedene Zuständigkeiten haben und selbstständig nebeneinander stehen. Jedem Senat gehören acht Richter an, die für eine Amtszeit von zwölf Jahren (ohne Wiederwahlmöglichkeit) gewählt sind. Die Richter werden je zur Hälfte vom Bundestag (durch ein zwölfköpfiges Wahlmännergremium) und vom Bundesrat mit Zweidrittelmehrheit gewählt. Drei Richter jedes Senats müssen von einem obersten Bundesgericht stammen.

Rechtsfindungspraxis: Die Besetzung der Richterbank mit jeweils acht Richtern kann dazu führen, dass sich bei der Ent-

B

scheidung keine Mehrheit bildet. Bei Stimmengleichheit kann kein Verstoß gegen das Grundgesetz festgestellt werden. In bestimmten Verfahren, z.B. über die Verfassungswidrigkeit von Parteien, bedarf es einer Zweidrittelmehrheit, wenn die Entscheidung zum Nachteil des Antragsgegners ausfällt. Jeder Richter kann seine in der Beratung vertretene abweichende Meinung (dissenting opinion) zu einer Senatsentscheidung in einem Sondervotum der Entscheidung anfügen. Die gestaltende Kraft der Entscheidungen des BVerfG haben große Wirkung auf die Verfassungsordnung und das politische Geschehen. Das Gericht wacht darüber, dass die geschriebene Verfassung und die ↑Verfassungswirklichkeit möglichst übereinstimmen.

www.jura.uni-sb.de

Bundesversammlung: Die B. dient in Deutschland der Wahl des ↑Bundespräsidenten. Sie besteht aus den Abgeordneten des Bundestags und einer gleichen Anzahl von Mitgliedern, die von den Volksvertretungen der Länder entsandt werden. In Österreich ist die B. das Gesamtorgan von Bundesrat und Nationalrat zur Vereidigung (Angelobung) des Bundespräsidenten, in der Schweiz das aus Nationalrat und Ständerat gebildete Bundesorgan (eidgenössische Räte).

Bundesversicherungsanstalt für Angestellte, Abk. BfA: Körperschaft des öffentlichen Rechts mit dem Recht der Selbstverwaltung (Sitz: Berlin). Sie ist Träger der gesetzlichen ↑Rentenversicherung der Angestellten. Ihre Organe sind der Vorstand und die Vertreterversammlung. Die BfA untersteht der Aufsicht des Bundesversicherungsamtes.

Bundesverwaltung: Verwaltung eines ↑Bundesstaats, die dem Gesamtstaat vorbehalten ist, im Unterschied zur Verwaltung der Gliedstaaten (Landesverwaltung).

Die B. in Deutschland ist dreistufig aufgebaut: Zur *Zentralstufe* gehören die Obersten ↑Bundesbehörden (z.B. Bundeskanzleramt und ↑Bundesministerien), die ihnen nachgeordneten Bundesoberbehörden (z.B. ↑Bundeskartellamt, Statistisches Bundesamt) und einige nicht rechtsfähige Anstalten (z.B. Bundesarchiv). Zur *Mittelstufe* zählen z.B. die Oberfinanzdirektionen (↑Finanzverwaltung) und die Wehrbereichsverwaltungen. Zur *Unterstufe* gehören z.B. die Kreiswehrersatzämter und die Hauptzollämter. Da die Bundesgesetze grundsätzlich von den Ländern ausgeführt werden (↑Bundesauftragsverwaltung), hat der Bund nur relativ wenige Behörden der Mittel- und Unterstufe.

Bundesverwaltungsgericht, Abk. BVerwG: der oberste Gerichtshof des Bundes für die allgemeine ↑Verwaltungsgerichtsbarkeit in Deutschland (Sitz: Berlin, ab 2003 Leipzig).

www.bverwg.de

Bundeswappen: allgemein das Wappen eines ↑Bundesstaats; im Besonderen dasjenige der BRD: Dieses lehnt sich an das Reichswappen der Weimarer Republik an und zeigt einen schwarzen Adler mit nach rechts gewandtem Kopf und ausgebreiteten Flügeln, roten Klauen auf goldenem Grund **(Bundesadler).**

Bundeswehr: Bezeichnung für die deutschen Streitkräfte.

Aufgaben: Die B. hat den Auftrag, Deutschland und seine Verbündeten zu verteidigen, Deutschland und seine Staatsbürger gegen politische Erpressung und äußere Gefahr zu schützen, bei Katastrophen zu helfen, aus Notlagen zu retten und bei humanitären Aktionen zu unterstützen, die militärische Stabilität und die Integration Europas zu fördern sowie dem Weltfrieden und der internationalen Sicherheit im Einklang mit der Charta der UN zu dienen.

Aufbau: Die B. gliedert sich in Heer, Luftwaffe, Marine, Sanitäts- und Gesundheitswesen sowie Zentrale Militärdienststellen; sie setzt sich aus Wehrpflichtigen, Soldaten auf Zeit und Berufssoldaten zusammen. Die Befehls- und Kommandogewalt hat der Bundesminister der Verteidigung, im Verteidigungsfall der Bundeskanzler (Art. 65 a, 115 b GG). Dem Minister untersteht der ↑ Generalinspekteur der B. mit dem Führungsstab der Streitkräfte (Vorrang der politischen vor der militärischen Führung). Der ↑ Wehrbeauftragte des Bundestags, soll den Schutz der Grundrechte der Soldaten gewährleisten.

Entwicklung: 1955 begann die Aufstellung der B. Das Ende des Ost-West-Konflikts, die deutsche Vereinigung 1990 sowie veränderte sicherheitspolitische Aufgaben der ↑ NATO und Auslandseinsätze der B. im Rahmen internationaler Kontingente (nach einem Urteil des Bundesverfassungsgerichts vom 12. 7. 1994 mit dem Grundgesetz vereinbar; Voraussetzung: vorherige Zustimmung des Bundestags mit einfacher Mehrheit) brachten umfassende Veränderungen für die Bundeswehr:

- Auflösung der Nationalen Volksarmee der DDR; ein kleiner Teil des Personals wurde in die B. übernommen,
- schrittweise Reduzierung der Personalstärke von 496 000 auf 338 000 und bis 2004 auf 280 000 Soldaten,
- Verkürzung des Grundwehrdienstes auf zunächst zehn, dann neun Monate,
- neue Streitkräftestruktur mit multinationalen Führungsebenen und Bildung neuer Truppenkategorien, den ↑ Krisenreaktionskräften (Konfliktbewältung im Rahmen der NATO) und Hauptverteidigungskräften für die Landesverteidigung, die erst im Mobilmachungsfall ihre Sollstärke erreichen,
- Öffnung der B. für den freiwilligen Dienst von Frauen ab 2002 (Reaktion auf ein Urteil des Europäischen Gerichtshofs, das den Ausschluss von Frauen am Dienst an der Waffe als Verstoß gegen die EU-Gleichbehandlungsrichtlinie wertete).

Eine unabhängige Wehrstrukturkommission legte im Mai 2000 weitere Reformvorschläge vor, die z.T. Eingang in die Pläne der Bundesregierung zur Änderung der Bundeswehrstruktur fanden. Sie zielten darauf ab, die B. in größerem Umfang auf internationale Kriseneinsätze vorzubereiten und sie besser zur angestrebten Zusammenarbeit mit ↑ NATO, ↑ EU und ↑ Westeuropäischer Union zu befähigen. Dazu soll die Anzahl der Berufssoldaten erhöht und die Zahl der Wehrpflichtigen verringert werden.

Bundeszentrale für politische Bildung: dem Bundesministerium des Innern unterstellte Behörde zur Förderung der staatsbürgerlichen Erziehung durch Bildungs- und Öffentlichkeitsarbeit. Sie wurde 1952 als Bundeszentralstelle für Heimatdienst (bis 1963) gegründet. Reformpläne sahen 2000 eine Reorganisierung der Behörde vor, die über etwa 200 Stellen und einen Jahresetat von ca. 80 Mio. DM verfügte.

www.bpb.de

Bundeszwang: Maßnahmen, welche die Bundesregierung mit Zustimmung des Bundesrats treffen kann, um ein Bundesland, das seinen Pflichten gegenüber dem Bund nicht nachkommt (z.B. die Bundesgesetze nicht ordnungsgemäß ausführt), zur Erfüllung seiner Aufgaben anzuhalten (Art. 37 GG). Möglich ist u.a. die Einsetzung eines Bundeskommissars anstelle der Landesregierung. Die Landesbehörden unterstehen im Falle des B. direkt den Weisungen der Bundesregierung.

Bündnis 90/Die Grünen: ökologisch-sozial ausgerichtet politische Partei, entstanden 1993, aus dem Zusammenschluss von Bündnis 90 (Verbindung von Gruppen der Bürgerrechtsbewegung der DDR) und den westdeutschen Grünen. Die ursprünglich als außerparlamentarische Protestbewegung (↑ Bürgerinitiative) entstandene Gruppierung war ab Ende der 1970er-Jahre in den Landesparlamenten vertreten und schaffte 1983 erstmals den Einzug in den Bundestag. Der programmatische Schwerpunkt der dem linken Spektrum zuzuordnenden Partei liegt im Bereich Umweltpolitik. B. 90/D.G. strebt da-

B

neben einen »fairen Lasten- und Interessenausgleich zwischen West- und Ostdeutschland« an. Der Parteivorsitz wird durch zwei gleichberechtigte Sprecher repräsentiert.

Bei der ↑Bundestagswahl vom 27.9.1998 errang B. 90/D.G. 6,7% der Zweitstimmen und ist im 14. Deutschen Bundestag (Legislaturperiode 1998–2002) mit 47 Abgeordneten vertreten. Im Oktober 1998 bildeten B. 90/D.G. und SPD die Bundesregierung. Die Partei stellte mit J. FISCHER den Vizekanzler und Außenminister sowie mit J. TRITTIN den Umweltminister. 1999/2000 war B. 90/D.G. in Hamburg, Nordrhein-Westfalen und Schleswig-Holstein in Regierungskoalitionen mit der SPD. In den ostdeutschen Parlamenten war B. 90/D.G. nicht vertreten.

www.gruene.de

Bündnis für Arbeit: Zusammenarbeit zwischen Staat, ↑Gewerkschaften und ↑Arbeitgeberverbänden mit dem Ziel der Schaffung neuer und der Erhaltung gefährdeter Arbeitsplätze.

1995 brachte die IG Metall eine solche Zusammenarbeit in die politische Diskussion, bot Zurückhaltung bei Lohnforderungen an und forderte dafür von den Arbeitgebern die Zusage über die Schaffung neuer Arbeitsplätze und von der Bundesregierung den Verzicht auf die Kürzung der Arbeitslosenhilfe.

Nach dem Wahlsieg von SPD und Bündnis 90/Die Grünen am 27.9.1998 begannen unter dem Titel B.f.A. von der Bundesregierung organisierte Gesprächsrunden, an denen Vertreter der Tarifparteien und der Regierung teilnehmen. Der Themenkreis wurde gegenüber der ursprünglichen Konzeption deutlich erweitert und umfasste neben der Tarifpolitik u.a. auch die Bereiche Schaffung von Ausbildungsplätzen, Reform des Sozialstaates, Renten- und Steuerreform. Unter der Bezeichnung B.f.A. liefen auch Verhandlungen der Tarifpartner in den verschiedenen Branchen mit ähnlichen Schwerpunkten.

Bürger: seit dem Mittelalter Bezeichnung für den Einwohner einer Stadt mit vollem Bürgerrecht. Das Bürgerrecht stand zunächst nur städtischen Grundbesitzern zu und berechtigte zur Ausübung eines städtischen Gewerbes, des Handels und politischer Funktionen. Aus der ursprünglichen Bedeutung entwickelten sich die Bezeichnung für eine ökonomisch definierte Klasse (↑Bourgeoisie) und der moderne Begriff des Staatsbürgers, in Frankreich ab der Französischen Revolution **Citoyen** (zwischen 1792 und 1804 auch einzige erlaubte Anrede).

Bürgerantrag: ↑Bürgerbegehren.

Bürgerbeauftragte/r: Vertrauensperson oder Behörde, die staatliche Bereiche kontrollieren soll. In Deutschland nehmen u.a. der Wehr- und Datenschutzbeauftragte, in Österreich die Volksanwaltschaft diese Aufgabe wahr. – Siehe auch ↑Europäischer Bürgerbeauftragter.

Bürgerbegehren: In der Mehrzahl der deutschen Länder haben die Bürger das Recht, mit einem B. beim Gemeinde- oder Stadtparlament einen Bürgerentscheid (Volksabstimmung) zu bestimmten kommunalpolitischen Fragen zu beantragen. Unter B. kann auch verstanden werden, dass eine Gemeindevertretung zur Behandlung eines Themas gezwungen werden kann. Dieses B. wird z.T. auch als **Bürgerantrag** bezeichnet.

Bürgerbeteiligung: ↑Bürgerbegehren, ↑Bürgerentscheid, ↑direkte Demokratie, ↑Volksabstimmung.

Bürgerentscheid: Volksabstimmung auf Gemeindeebene. Der B. ist durchzuführen, wenn der Gemeinderat mehrheitlich beschließt, eine wichtige Angelegenheit durch die Bürger entscheiden zu lassen, z.B. die Änderung der Gemeindegrenzen. Der B. kann auch mittels eines ↑Bürgerbegehrens beim Kommunalparlament beantragt werden.

Bürgergeld: ↑Negativsteuer.

Bürgerinitiative: Form der Selbstorganisation von Bürgern außerhalb von Parteien und Verbänden. In einer B. artikulieren sich Bürgerinteressen, die von Staat, Verbänden und Parteien nicht oder zu wenig berücksichtigt werden. Anliegen von B. können sein: Bau oder Erhaltung sozialer Einrichtungen, Probleme der Verkehrs- und Städtebauplanung, Umwelt- und Landschaftsschutz, Energiewirtschaft (v.a. Kernenergie).
Geschichte: Ihren Anfang nahm die Bürgerinitiativbewegung in den 1970er-Jahren. Zahlreiche Initiativen entstanden in der Auseinandersetzung mit Umweltproblemen, die in diesem Jahrzehnt stärker ins Blickfeld rückten. Insbesondere die kritische und ablehnende Auseinandersetzung mit der Planung und dem Neubau von Atomkraftwerken führte zu einer bis dahin kaum gekannten Mobilisierung von Bürgern. Die lokale Begrenzung wurde dabei bald zugunsten einer allgemeinen energiepolitischen Diskussion überschritten und es kam zu den größten Demonstrationen in der Geschichte der BRD (Brokdorf ab 1976). – Siehe auch ↑Friedensbewegung.

Bürgerkrieg: siehe Seite 70.

bürgerliche Gesellschaft: ursprünglich Bezeichnung für die in einem politischen Gemeinwesen zusammengefasste Gesellschaft (»societas civilis«, von lat. civis »der Bürger«). Seit dem ausgehenden 18. Jh. meint b. G. die staatsfreie (wirtschaftliche und kulturelle) Sphäre (»Gesellschaft« im Gegensatz zum »Staat«) und wird damit Ausdruck für das Streben des Bürgertums nach Befreiung von staatlicher Bevormundung. Die neue b. G. beruht auf Rechtsgleichheit und persönlicher Freiheit aller ↑Bürger.

Im Marxismus ist die b. G. eine historische Gesellschaftsform, in der das Bürgertum die herrschende ↑Klasse ist. Die b. G. hat die feudale Gesellschaft (Herrschaft des Adels) abgelöst und wird selbst durch eine sozialistische Gesellschaft überwunden.

bürgerlicher Ungehorsam: ↑ziviler Ungehorsam.

Bürgerliches Gesetzbuch, Abk. BGB: seit dem 1.1.1900 in Deutschland geltendes Gesetzbuch, das große Teile des ↑Privatrechts, d.h. das bürgerliche Recht im engeren Sinn, regelt. Das BGB, das seit dem 3.10.1990 auch in Ostdeutschland in Kraft ist, gliedert sich in fünf Bücher: 1) Allgemeiner Teil (grundsätzliche Regelungen für alle privatrechtlichen Rechtsverhältnisse wie z.B. Rechts- und Geschäftsfähigkeit, Verträge, Verjährung); 2) Recht der Schuldverhältnisse (Rechtsbeziehungen zwischen Gläubiger und Schuldner); 3) Sachenrecht (Eigentum, Besitz); 4) Familienrecht; 5) Erbrecht.

Bürgermeister: Vorsteher einer Gemeinde, dessen Stellung und Aufgaben in den Gemeindeordnungen (↑Gemeinde) der deutschen Länder geregelt sind (auch ↑Oberbürgermeister). In den Stadtstaaten (Berlin, Bremen, Hamburg) ist der (oberste) B. zugleich Chef der Landesregierung.

Bürgermeisterverfassung: ↑Gemeindeverfassung.

Bürgerrechte: Rechte und Pflichten jedes Einzelnen, am politischen und sozialen Leben des Gemeinwesens teilzunehmen. Dies ist v.a. das ↑Wahlrecht des Staatsbürgers bei Bundestagswahlen (Art. 38 Abs. 2 in Verbindung mit Art. 20 Abs. 2) und der Zugang zu öffentlichen Ämtern (Art. 33 Abs. 2 GG), ferner v.a. die Grundrechte der ↑Versammlungsfreiheit (Art. 8), der ↑Vereinigungsfreiheit (Art. 9), der ↑Freizügigkeit im Bundesgebiet (Art. 11) und der ↑Berufsfreiheit (Art. 12 Abs. 1). Dem Status der Deutschen immer stärker angenähert werden die Rechte der Ausländer aus den EU-Mitgliedstaaten.

Bürgerrechtsbewegung: Gesamtheit der organisierten Bemühungen um die Durchsetzung von Menschen- und Bürgerrechten in diktatorisch oder autoritär regierten Staaten bzw. in Ländern mit benachteiligten religiösen, nationalen

Im Unterschied zum ↑Krieg, der sich auf organisierte bewaffnete Auseinandersetzungen ganz allgemein bezieht, bezeichnet der Begriff Bürgerkrieg die organisierte bewaffnete Auseinandersetzung zwischen größeren Teilen der Bevölkerung innerhalb eines Landes und der Staatsmacht. Ursachen des Bürgerkrieges sind meist soziale Konflikte, die aufgrund des Fehlens demokratischer Institutionen und des Vorhandenseins tief gehender ökonomischer Krisen in bewaffnete Auseinandersetzungen eskalieren. Charakteristisches Merkmal von Bürgerkriegen ist der Kampf um eine neue Gesellschaftsordnung.

Der Bürgerkrieg in Bosnien-Herzegowina führte 1992 zur fast völligen Zerstörung der Hauptstadt Sarajevo. Zwischen den Häuserruinen versuchte eine Frau, Gemüse zu pflanzen.

Wandel der Begrifflichkeit

Das Verbot der Gewaltanwendung (Art. 2, Punkt 4 der UN-Charta) gilt für den Bürgerkrieg nicht; doch wurden einige Grundsätze des Kriegsgefangenenrechts und des Schutzes der Zivilpersonen für den Bürgerkrieg als verbindlich erklärt (Genfer Abkommen vom 12. 8. 1949 und Zusatzprotokolle vom 12. 12. 1977). Die UN verwendet anstelle des Begriffs Bürgerkrieg die Formulierung »nicht internationaler Konflikt«.

In der Ära des Kalten Krieges zwischen dem westlichen und dem östlichen Machtblock kam der Begriff »Stellvertreterkrieg« auf, um bewaffnete Auseinandersetzungen rivalisierender Parteien um die Führungsgewalt innerhalb eines Staates, insbesondere in Ländern der Dritten Welt, zu bezeichnen. So galten zahlreiche Bürgerkriege in afrikanischen Ländern wie beispielsweise in Angola und Moçambique als Stellvertreterkriege, weil die um die Staatsmacht kämpfenden Parteien zumeist vom jeweiligen ideologischen Verbündeten (Sowjetunion bzw. USA und die westlichen Industriestaaten) mit Waffenlieferungen unterstützt wurden. Seit der Aufgabe des Ost-West-Konflikts Ende der 1980er-Jahre wird dagegen von »ethnischen Kriegen« gesprochen, weil sich in zahlreichen Konflikten wie z.B. in Ruanda und Burundi Anfang der 1990er-Jahre unterschiedliche Volksgruppen bekämpften. Dabei ist zu beachten, dass sowohl die Begriffe »Stellvertreterkrieg« als auch »ethnischer Krieg« die innergesellschaftlichen Ursachen der Konflikte in den Hintergrund drängen und stattdessen äußere Erscheinungsformen zum Wesen der kriegerischen Auseinandersetzungen erklären.

Historische Beispiele

Schon die Endphase der Römischen Republik (133–27 v. Chr.) war von Bürgerkriegen geprägt. Ursache der sog. Römischen Bürgerkriege (lat. bella civilia) waren die sozialen Gegensätze und die Missstände der Senatsherrschaft, die den inneren Zusammenhalt der Römischen Republik gefährdeten. Auch im England des 17. Jh. lagen die Ursachen des Bürgerkrieges zwischen Anhängern des Königs Karl I. (1600–49) und den Gefolgsleuten Oliver Cromwells (1599–1658) in den für die Mehrheit der Bevölkerung unerträglichen sozialen Bedingungen. Weitere bekannte historische Beispiele sind der Amerikanische Bürgerkrieg (1861–65), auch Sezessionskrieg genannt, zwischen den Nordstaaten der USA und elf aus der Union ausgetretenen Südstaaten sowie der Russische Bürgerkrieg (1918–21). Auch im Spanischen Bürgerkrieg (1936–39) ging es um die gesellschaftliche Umgestaltung des politischen Systems. Republikaner und Falangisten kämpften um die Durchsetzung ihres jeweiligen staatlichen Konzeptes.

■ Bürgerkriege nach 1945

Nach Ende des Zweiten Weltkrieges wurde kaum noch von Bürgerkriegen gesprochen. Stattdessen tauchte die Bezeichnung »innerstaatlicher Krieg« auf. Hierunter fallen sämtliche Kriege, die innerhalb eines Staatsgebietes stattfinden. Dazu zählen Anti-Regime-Kriege, die dem klassischen Bürgerkrieg am nächsten kommen, weil es dabei um den Sturz der Regierung, die Veränderung oder den Erhalt des politischen Systems oder der Gesellschaftsordnung geht. Außerdem zählen dazu kriegerische Auseinandersetzungen, in denen meist ethnisch-kulturelle oder religiös verankerte Minderheiten um Anerkennung, Autonomie oder Sezession kämpfen. In den 1950er- und 1960er-Jahren brachen zahlreiche Dekolonisationskriege aus, welche die Loslösung von der Kolonialmacht und die staatliche Eigenständigkeit zum Ziel hatten (↑Befreiungsbewegung, ↑Entkolonisation, ↑Kolonialismus).

Nach dem Ende des Ost-West-Konfliktes wurde weltweit ein beträchtlicher Anstieg innerstaatlicher Kriege verzeichnet, die nahezu ausschließlich in Entwicklungsländern, v.a. in Afrika, stattfanden. Von den insgesamt 14 Kriegen in Afrika, die 1999 geführt wurden, war lediglich einer – der zwischen Eritrea und Äthiopien – ein zwischenstaatlicher Krieg. Alle übrigen zählten zu den innerstaatlichen Konflikten, von denen wiederum mehr als die Hälfte Anti-Regime-Kriege waren.

1999 wurden in Asien elf Kriege geführt, davon war ebenfalls lediglich einer – der zwischen Pakistan und Indien – ein zwischenstaatlicher Krieg. Die in einigen der Nachfolgestaaten der Sowjetunion registrierten Auseinandersetzungen (z.B. in Kirgisien und Tadschikistan) glichen in ihren Zielsetzungen den Entkolonisationskriegen der 1950er- und 1960er-Jahre. Der 1992–95 in Bosnien und Herzegowina geführte Bürgerkrieg (↑Bosnischer Krieg) zwischen Bosniaken, bosnischen Kroaten und bosnischen Serben hatte bis 1995 die Flucht von über 2 Mio. Menschen zur Folge. Als bislang letzter in Westeuropa geführter Bürgerkrieg gilt der seit 1999 beendete ↑Nordirlandkonflikt zwischen dem protestantischen und dem katholischen Bevölkerungsteil. ■

Der Bürgerkrieg in Tadschikistan begann 1992 mit Protestaktionen in der Hauptstadt Duschanbe. In den kriegerischen Auseinandersetzungen kamen bis zum Abschluss des Friedensvertrages 1997 rund 100 000 Menschen ums Leben.

Die Internet-Adressen www.akuf.de und www.krisen-und-konflikte.de informieren ausführlich über aktuelle Krisen und Konflikte. Weiterführende Materialien stellen bereit das Europäisches Museum für Frieden (Adresse: Österreichisches Studienzentrum für Frieden- und Konfliktlösung – ÖSFK, A-7461 Stadtschlaining/Burg, Österreich) sowie das Anti-Kriegs-Museum (Adresse: Brüsseler Straße 21, 13353 Berlin).

Matthies, Volker: *Immer wieder Krieg? Eindämmen – beenden – verhüten? Schutz und Hilfe für die Menschen?* Opladen (Leske und Budrich) 1994. ■ *Das Kriegsgeschehen 1999. Daten und Tendenzen der Kriege und bewaffneten Konflikte,* hg. von Thomas Rabehl. Opladen (Leske und Budrich) 2000.

B

oder ethnischen Minderheiten. Die klassische B. erstrebt keinen Umsturz des jeweiligen politischen Systems, sondern die Änderung in Gesetzgebung und politischer Praxis, in Diktaturen gleichzeitig die Herstellung freiheitlicher und rechtsstaatlicher Verhältnisse. Ein Beispiel ist das **Civil Rights Movement** für Rechtsgleichheit der Farbigen und Beseitigung der Rassendiskriminierung in den USA. In kommunistischen Staaten bildeten sich im Widerstand gegen die staatliche Herrschaftsausübung besonders seit den 1970er-Jahren oppositionelle Gruppen heraus, die als B. oder Bürgerbewegung bezeichnet wurden (z.B. ↑Charta 77).

Bürgerrechtsbewegung: Martin Luther King, Baptistenprediger und führende Figur des Civil Rights Movement, organisierte in den 1960er-Jahren zahlreiche Demonstrationen gegen die Rassentrennung und die Diskriminierung der Farbigen in den USA.

Bürgerschaft:
- die Gesamtheit aller ↑Bürger eines politischen Gemeinwesens.
- die Volksvertretung in den Stadtstaaten ↑Bremen und ↑Hamburg.

Bürokratie [griech.]: Form staatlicher, politischer oder privat organisierter Verwaltung mit folgenden Kennzeichen:
- hierarchische Befehlsgliederung **(Instanzenweg),**
- klar abgegrenzte Aufgabenstellungen, Befehlsgewalten, Zuständigkeiten und Kompetenzen,
- beruflicher Aufstieg in festgelegten Laufbahnen,
- feste, an die jeweilige Funktion gekoppelte Bezahlung,
- genaue und lückenlose Aktenführung sämtlicher Vorgänge.

Struktur: Der Regelhaftigkeit der Arbeit der B. entspricht ihr regelhafter Aufbau. Die B. ist durchgängig in einzelne Verwaltungszweige, Behörden und Abteilungen gegliedert. Ein Zuständigkeitsbereich wird entweder geographisch oder sachlich in kleinere Einheiten unterteilt. Jede Einheit erhält einen Vorgesetzten, der seinerseits jeweils der nächsthöheren Ebene untergeordnet ist, von der er seine Weisungen erhält.

Es gilt das **monokratische Prinzip,** d.h. jede Position wird nur von einer Person besetzt und jeder Untergebene hat nur einen Vorgesetzten. Diese Befehlspyramide gewährleistet das einheitliche Vorgehen auch größerer B. Innerhalb dieser vertikal und horizontal gegliederten Struktur gibt es genau definierte Laufbahnen, die der einzelne Angehörige der B. (↑Beamter) in seinem Berufsleben absolvieren kann. Ein Aufstieg in höher stehende und besser bezahlte Positionen ist je nach Dienstalter oder Leistung möglich.

Die B. überstand den Wechsel vom Absolutismus zum parlamentarischen System, weil auch demokratisch legitimierte Herrschaft auf eine fachlich qualifizierte Verwaltung zur Umsetzung ihres politischen Willens nicht verzichten kann. Der Kommunismus, der die überlieferte Verwaltung völlig beseitigte, baute später im Rahmen staatlicher Planwirtschaft eine wesentlich erweiterte B. auf. Das Konzept des

↑schlanken Staates will die B. modernisieren, effizienter machen und Kosten einsparen.

C

Camp-David-Abkommen ['kæmp 'deɪvɪd]: ↑Nahostkonflikt.

Cäsarismus: Ausübung der Staatsgewalt, die an die Gestaltung der Machtverhältnisse unter den römischen Cäsaren erinnert. Dem Namen nach bleibt dabei das Volk der Träger der Staatsgewalt. Es überträgt deren Ausübung jedoch auf einen Alleinherrscher, der oftmals eine diktatorische Stellung erlangt, z.B. NAPOLEON I. (1769–1821).

Case Law ['keɪs 'lɔː, engl.]: ↑Common Law.

Caudillo [kau'ðiʎo, span. »Anführer«]: zunächst Bezeichnung für einen Häuptling, seit dem Mittelalter auch für einen Heerführer gebräuchlich. Ab dem 19. Jh. steht der Begriff im spanisch sprechenden Raum für einen militärischen und politischen Machthaber. Im 20. Jh. wurde C. zum amtlichen Titel des spanischen Diktators F. FRANCO.

CDU: ↑Christlich Demokratische Union Deutschlands.

Cent: kleinste Einheit der zum 1.1.2002 eingeführten europäischen Einheitswährung ↑Euro; 100 Cent = 1 Euro; die Cent-Münzen haben eine Stückelung von 1, 2, 5, 10, 20, 50 Cents.

Chancengleichheit: gesellschaftspolitische Forderung, die neben der Gleichstellung vor dem Gesetz auch auf gleiche Bildungs- und Lebensmöglichkeiten für alle Bürger abzielt. C. soll die geschlechtsspezifischen und die durch soziale Herkunft bedingten Benachteiligungen abbauen helfen (↑Bildungspolitik, ↑Gleichberechtigung).

Charta [k-, lat.]:

◆ Bezeichnung für Satzungen internationaler Organisationen, z.B. UN-Charta.

◆ urkundlich festgehaltene Vereinbarung zwischen mehreren Staaten über Grundsatzfragen, z.B. ↑Atlantik-Charta.

Charta 77 [k-, lat.]: 1977 in der damaligen Tschechoslowakei gegründete Bürgerrechtsgruppe, die sich unter Berufung auf die UNO-Menschenrechtsdeklaration und die KSZE-Schlussakte von Helsinki 1975 für die Respektierung der Menschenrechte einsetzte. Eine wichtige Rolle spielte der ehemalige Dissident, Schriftsteller und spätere tschechische Staatspräsident V. HAVEL.

Charta 77: Der spätere tschechische Staatspräsident Václav Havel zählte 1977 zu den Mitbegründern der tschechischen Bürgerrechtsbewegung.

Chauvinismus [ʃo-, frz.]: Bezeichnung für übersteigerten und blinden Nationalismus. Benannt nach dem prahlerischen Rekruten CHAUVIN in dem Lustspiel »La cocarde tricolore« der Brüder COGNIARD.

chemische Waffen: ↑ABC-Waffen.

Christlich Demokratische Union Deutschlands, Abk. CDU: Die politische Partei, im Mai 1945 in Berlin und im Juni 1945 im Rheinland entstanden, organisierte sich 1945–49 auf der Ebene der Länder und Besatzungszonen. Die Schwesterpartei ↑Christlich Soziale Union in Bayern (CSU) blieb selbstständig, schloss sich aber 1949 im Bundestag mit der CDU zu einer Fraktionsgemeinschaft zusammen (CDU/CSU). 1950 vereinigten sich die CDU-Landesverbände auf Bundesebene. An der Spitze der Partei steht der Bundesvorsitzende: 1955–66 K. ADENAUER; 1966/67

C

L. ERHARD; 1967–71 K.G. KIESINGER; 1971–73 R. BARZEL; 1973–98 H. KOHL, 1998–2000 W. SCHÄUBLE, seit 2000 A. MERKEL. Nachwuchsorganisation der CDU ist die ↑Junge Union Deutschlands.

Programm: Die CDU will alle demokratischen, christlichen und konservativen Kräfte sammeln mit dem Ziel, das staatliche und gesellschaftliche Leben auf christlicher, demokratischer und föderativer Basis zu organisieren. Sozialisierungspläne wie sie 1947 das Ahlener Programm für Schwerindustrie und Bergbau vertrat, wurden bald aufgegeben und durch das Bekenntnis zur ↑sozialen Marktwirtschaft ersetzt. Geprägt von den außenpolitischen Vorstellungen ADENAUERS, vertrat die CDU die Integration Europas und die Eingliederung der BRD in die westliche Gemeinschaft bei gleichzeitigem Offenhalten der Frage der deutschen Wiedervereinigung.

Geschichte: 1949–69 war die CDU führende Regierungspartei und stellte mit ADENAUER, ERHARD und KIESINGER den Bundeskanzler. 1969–82 war die Partei auf Bundesebene in der Opposition. Erst nach einem ↑konstruktiven Misstrauensvotum gegen den sozialdemokratischen Bundeskanzler H. SCHMIDT übernahm die CDU unter KOHL am 1. 10. 1982 erneut die Regierungsverantwortung (bis 1998). 1990 setzte sie sich für die schnelle Herbeiführung der deutschen Einheit ein und gewann die erste gesamtdeutsche Bundestagswahl am 2. 12. 1990.

In der Sowjetischen Besatzungszone und späteren DDR war der Partei als CDU (D) seit 1948 durch die Einbindung in den von der SED dominierten »Demokratischen Block« (↑Blockparteien) keine eigenständige Politik möglich. Nach dem politischen Umbruch im Herbst 1989 wurde die CDU mit dem Wahlbündnis »Allianz für Deutschland« bei den ersten freien Wahlen zur DDR-Volkskammer am 18. 3. 1990 stärkste Partei. Mit L. DE MAIZIÈRE stellte sie den letzten Ministerpräsidenten der DDR. Am 1./2. 10. 1990 vereinigte sich die Ost- mit der West-CDU und wählte den amtierenden Kanzler KOHL zum ersten gesamtdeutschen Parteivorsitzenden.

Nachdem die CDU bei der Bundestagswahl 1998 nach 16 Jahren in die Opposition treten musste, gab KOHL den Parteivorsitz an SCHÄUBLE ab. Im Rahmen des sog. Parteispendenskandals, der 1999/2000 die CDU politisch schwächte, machte SCHÄUBLE den Vorsitz für MERKEL frei.

www.cdu.de

Christlichdemokratische Volkspartei: ↑Schweiz.

christliche Soziallehre: Durch Aufklärung, Säkularisierung und Industrialisierung herausgefordert, bemühten sich die christlichen Kirchen verstärkt, mit einer eigenen Lehre von der Gesellschaft und ihren »Institutionen« (z.B. Familie, Staat, Wirtschaft) hervorzutreten. In Auseinandersetzung mit den Vorstellungen des Liberalismus, Konservativismus und Sozialismus passten die Kirchen ihre Theorie und Praxis des sozialen Handelns der veränderten Situation an.

Die *katholische Soziallehre* erhielt in der Enzyklika LEOS XIII. (1810–1903) »Rerum novarum« (1891) eine erste verbindliche Grundlage und wurde durch die katholische Sozialethik, die Enzyklika PIUS' XI. (1857–1939) »Quadragesimo anno« (1931) und die lehramtlichen Darlegungen PIUS' XII. (1876–1958) fortentwickelt. Wurden bis dahin unter Betonung der sozialen Verantwortung des Christen die Fragen nach Eigentum und Güterverteilung mit »Gerechtigkeit« und »Privateigentum« beantwortet, so bereitete sich unter JOHANNES XXIII. (um 1370–1419) und seinen Enzykliken »Mater et Magistra« (1961) und »Pacem in terris« (1963) eine Veränderung vor, die im Zweiten Vatikanischen Konzil offen zutage trat. Heute versteht man unter sozialer Gerechtigkeit eine soziale Gleichheit

C

und nimmt unter Berufung auf THOMAS VON AQUIN (um 1227–74) naturrechtliche Begründungen in die katholische Soziallehre auf. Vorstellungen von Sozialpflichtigkeit des Privateigentums, Umverteilung von Einkommen und Vermögen, Mitbestimmung und anderen sozialen Veränderungen im kapitalistischen Gesellschaftssystem sind in die Soziallehre ebenso eingegangen wie solche von einer Korrektur der ungerechten Verteilung des Reichtums zwischen Industrie- und Entwicklungsländern.

Weil den evangelischen Kirchen eine vergleichbare allgemein verbindliche Organisation, Ethik und Dogmatik fehlen, gibt es in der *evangelischen Soziallehre* seit dem 19. Jh. unterschiedliche Tendenzen. Ihre Anpassung an die Verhältnisse des Industriezeitalters zeigt sich in einer modernen Interpretation der im Evangelium (v.a. der Bergpredigt) enthaltenen sozialen Aussagen. In Fragen der sozialen Praxis bestehen weitgehende Übereinstimmungen mit der katholischen Soziallehre. Allerdings ist man aufgrund der unterschiedlichen Erlösungslehre und der evangelischen These, dass JESUS in erster Linie Erlöser und nicht Gesetzgeber sei, mit der Aufnahme naturrechtlichen Gedankenguts und damit einer verbindlichen Gesellschaftstheorie vorsichtiger.

Christlich Soziale Union in Bayern, Abk. CSU: 1945 in Bayern gegründete rechtskonservative politische Partei, die sich wie ihre Schwesterpartei ↑Christlich Demokratische Union (CDU) zu einem Staatsaufbau nach christlichen und sozialen Prinzipien bekennt. Stärker als die CDU betont sie jedoch das Prinzip des Föderalismus.

Geschichte: Im bayerischen Landtag besaß die CSU 1946/50 und erneut seit den Wahlen von 1962 die absolute Mehrheit. Mit Ausnahme der Jahre 1954–57 stellte sie den bayerischen Ministerpräsidenten. Parteivorsitzende waren 1945–49 JOSEF MÜLLER (1898–1979), 1949–55 HANS EHARD (1887–1980), 1955–61 HANNS SEIDEL (1901–61), 1961–88 F. J. STRAUSS, 1988–99 THEO WAIGEL (*1939), ab 1999 E. STOIBER. Unter der Führung von STRAUSS gewann die CSU auf Bundesebene im Rahmen der Fraktionsgemeinschaft mit der CDU (seit 1949, eigene Landesgruppe) starkes politisches Gewicht. Trotz der Niederlage von STRAUSS als Kanzlerkandidat der Unionsparteien bei der Bundestagswahl 1980 war dessen Nominierung ein Zeichen der gestiegenen Bedeutung der CSU. Im Oktober 1982 trug die CSU das konstruktive Misstrauensvotum gegen Kanzler H. SCHMIDT (SPD) sowie die Wahl H. KOHLS (CDU) zum Bundeskanzler mit und war in der Folge – wie bereits 1949–69 – bis 1998 in der Regierung vertreten.

www.csu.de

CIA [si:aɪ'eɪ], Abk. für **C**entral **I**ntelligence **A**gency: die dem Nationalen Sicherheitsrat unterstellte, oberste Geheimdienstbehörde der USA; 1947 gegründet.

Civil Law ['sɪvɪl 'lɔ:, engl.]: ↑Common Law.

Civil Rights Movement ['sɪvɪl 'raɪts 'mu:vmənt, engl.]: ↑Bürgerrechtsbewegung.

Citoyen [sitwa'jɛ̃, frz.]: ↑Bürger.

Cohabitation [koabita'sõ, frz. »Beisammenleben«]: Schlagwort für die politische Zusammenarbeit des Staatspräsidenten mit einer Regierung, die einer anderen politischen Richtung angehört.

COMECON, inoffizielle Abk. für **Coun**cil for **M**utual **Econ**omic Assistance oder **Com**munist **Econ**omies: engl. Bezeichnung für den **Rat für gegenseitige Wirtschaftshilfe** (RGW), die 1949–91 bestehende internationale Wirtschaftsorganisation kommunistischer Staaten (Sitz: Moskau).

Common Law ['kɔmən 'lɔ:, engl. »gemeines Recht«]: das in England entwickelte und später in vielen Ländern aufgenommene gemeine Recht im Unterschied zum **Civil Law,** d.h. den aus dem römischen Recht abgeleiteten Rechtsordnungen auf dem europäischen

C

Kontinent. Außerdem bezeichnet C.L. das von den Gerichten geschaffene Fallrecht **(Case Law)** im Gegensatz zum Gesetzesrecht. Im weiteren Sinne versteht man darunter das gesamte englische Recht.

Commonwealth of Nations ['kɔmənwelθ əv 'neɪʃnz, engl. »öffentliches Wohl«, »Gemeinwesen«]: Bezeichnung für eine Staatengemeinschaft, die aus dem britischen Kolonialreich (British Empire) hervorging. Die Reichskonferenz von 1926 schuf das »British Commonwealth of Nations«: Die ↑Dominions Irland, Kanada, Neufundland, Australien, Südafrikanische Union und Neuseeland bildeten autonome Gemeinschaften innerhalb des Empire, »gleich im Status, in keiner Weise einander in inneren und äußeren Angelegenheiten untergeordnet, obwohl durch eine gemeinsame Bindung an die Krone vereinigt und als Mitglieder des C.o.N. frei assoziiert« (Formel des britischen Politikers ARTHUR JAMES BALFOUR, 1848–1930). Das C.o.N., heute eine relativ lose Gemeinschaft, umfasst noch neben dem Vereinigten Königreich von Großbritannien und Nordirland über 40 selbstständige Mitglieder, die z.T. die britische Königin als Oberhaupt anerkennen. Die nach Bedarf zusammentretenden Commonwealth-Konferenzen der Regierungschefs der Mitgliedstaaten oder ihrer Vertreter unter Vorsitz des britischen Premierministers dienen der Beratung, dem Meinungsaustausch und gemeinsamen Beschlüssen.

Computer: ↑Informationstechnologie.

Conservative Party [kən'sə:vətɪv 'pa:tɪ]: ↑Großbritannien.

Containment [kən'teɪnmənt, engl. »Eindämmung«]: Bezeichnung für die 1946/47 von GEORGE F. KENNAN (*1904) konzipierte Politik der USA gegen die weltweite Ausbreitung des Kommunismus. Instrumente dieser Politik waren u.a. Militärbündnisse, z.B. ↑NATO, CENTO (Nahostpakt), SEATO (Südostasienpakt) sowie Wirtschaftshilfe (z.B. im Rahmen des ↑European Recovery Programme).

CSU: ↑Christlich Soziale Union in Bayern.

CVP: ↑ Schweiz.

D

DAG: ↑Gewerkschaften.

Daseinsvorsorge: von dem Staatsrechtler ERNST FORSTHOFF (1902–74) geprägter Begriff, der bestimmte öffentliche Verwaltungsaufgaben erfasst und von der Überlegung ausgeht, dass die Existenz des Einzelnen in immer stärkerem Maße von staatlichen Leistungen abhängig wird. Die D. umfasst alle Leistungen der Verwaltung an die Bürger, ob lebensnotwendig oder nicht. Einerseits ist der Bürger, ohne dass er eine Wahl hätte, auf bestimmte Leistungen wie Wasser, Gas, Strom und öffentliche Verkehrsmittel angewiesen, andererseits steht es in seinem Belieben, ob er das Stadttheater, Volksbildungsinstitute u.a. benutzen will. Die Aufgaben kommunaler D. werden in öffentlich-rechtlicher oder privatrechtlicher Form durch rechtlich unselbstständige oder selbstständige Anstalten (AG oder GmbH) durchgeführt.

Debellation: ↑Krieg.

Datenschutz: der Schutz personenbezogener Daten vor Missbrauch bei ihrer Verarbeitung und Verwendung, d.h. bei ihrer Speicherung, Übermittlung, Veränderung und Löschung.

Rechtsgrundlage des D. ist v.a. das im Grundgesetz (Art. 1 und 2) verankerte Recht auf Schutz der Persönlichkeit und der Privatsphäre. Der D. soll einen Ausgleich schaffen zwischen diesem Selbstbestimmungsrecht des Einzelnen und dem Recht bestimmter Institutionen, die für ihre Arbeit notwendigen Daten zu erheben (z.B. in der Verbrechensbekämpfung). Der D. ist in Deutschland v.a. im

Bundesdatenschutzgesetz (BDSG) vom 20. 12. 1990 rechtlich verankert.
Zu den *Grundregeln* des D. gehört u.a., dass die Verarbeitung und Nutzung personenbezogener Daten nur dann zulässig ist, wenn der Betroffene zuvor eingewilligt hat oder eine gesetzliche Erlaubnis vorliegt. Öffentliche Stellen dürfen personenbezogene Daten nur dann erheben und verarbeiten, wenn dies zur Erfüllung ihrer Aufgaben erforderlich ist. Über seine erfassten Daten und deren Herkunft hat der Betroffene ein Auskunftsrecht. Über die Einhaltung des D. wachen Datenschutzbeauftragte.

Datenschutzbeauftragte/r: Person, die im öffentlichen oder nicht öffentlichen Bereich über die Einhaltung der gesetzlichen Bestimmungen zum ↑Datenschutz wacht. Auf Bundes- und auf Länderebene kontrollieren unabhängige D. die Einhaltung des Datenschutzes, v.a. in den öffentlichen Verwaltungen. Im nicht öffentlichen Bereich sind Betriebe, die personenbezogene Daten verarbeiten, verpflichtet, betriebliche D. zu ernennen.

DDR: ↑Deutsche Demokratische Republik.

Deficit-Spending ['defısıt 'spendıŋ, engl. »Defizitfinanzierung«]: Steuerung der Konjunktur mithilfe von Staatsausgaben im Rahmen einer ↑antizyklischen Wirtschaftspolitik. Dabei erhöht der Staat in Phasen der ↑Rezession seine Ausgaben und/oder senkt die Steuern mit dem Ziel, die Nachfrage zu erhöhen. Zur Finanzierung greift der Staat auf Überschüsse zurück, die in Phasen des wirtschaftlichen Aufschwungs bei der Notenbank hinterlegt wurden (Konjunkturausgleichsrücklage). Sind keine Rücklagen vorhanden, finanziert der Staat die Ausgaben durch Aufnahme von Krediten bei der Notenbank oder am Kapitalmarkt.

Deflation [von lat. deflare »abblasen«, »wegblasen«]: Sinken des Preisniveaus aufgrund eines Anwachsens der Gütermenge über die Nachfrage hinaus (Gegensatz: ↑Inflation). Zu den Folgen der D. gehören Geldwertsteigerung, Produktionsrückgang und Unterbeschäftigung.

Dekolonisation: ↑Entkolonisation.

Delegation [von lat. delegare »übertragen«]:
- *allgemein:* Abordnung, Vertretung, Ausschuss von Bevollmächtigten; im zwischenstaatlichen Verkehr etwa diplomatische Unterhändler.
- *Recht:* Übertragung von Zuständigkeiten eines Staatsorgans auf ein anderes (oft nachgeordnetes) Organ, im Gegensatz zum ↑Mandat.

Delegierte/r: ↑Kandidatenaufstellung.

Demagogie [griech. »Volksführung«]: Im antiken Griechenland wird noch bei ARISTOTELES der Demagoge ohne Abwertung als Volksführer charakterisiert, der durch Worte, Taten, Geschenke u.a. den Willen des Volkes zu lenken versteht. Heute jedoch wird D. als Volksverführung verstanden, die Unkenntnis, Gefühle und Vorurteile verantwortungslos zur Machterringung und -behauptung ausnutzt und dabei manipulierende Mittel (z.B. Lügen, Phrasen, Hetze) einsetzt.

Démarche [de'marʃ(ə), frz. »Schritt«]: der diplomatische Protest, den ein Staat bei einem anderen in mündlicher oder schriftlicher Form gegen ein bestimmtes Verhalten erhebt.

Dementi [von frz. démentir »verleugnen«, »in Abrede stellen«]: in Politik und Diplomatie eine amtliche Erklärung, durch die eine von anderer Seite abgegebene oder jemandem zugeschriebene Erklärung als falsch bezeichnet wird.

Demission: der freiwillige oder erzwungenene Rücktritt einer Regierung, eines Ministers oder anderer hoher Staatsbeamter. Die D. ist bei dem Staatsorgan, das die Ernennung ausgesprochen hat, einzureichen und bedarf zu ihrer Wirksamkeit der Annahme durch dieses.

D

Democratic Party [demə'krætɪk 'pa:tɪ]: ↑USA.

Demographie (Bevölkerungswissenschaft): Die D. erfasst empirisch, meist mittels amtlicher Statistik, die Bevölkerungsgröße, Alters- und Geschlechtsverteilung, ↑Migration, Geburten und Sterbefälle in einer Gesellschaft und versucht mit ihrer Analyse die Struktur und Entwicklung der ↑Bevölkerung zu erklären.

Demokratie [griech. »Herrschaft des Volkes«]: Form der politischen Gesellschaftsordnung, die von der Gleichheit und Freiheit aller Bürger ausgeht und bei welcher der Staat seine Macht vom Willen des gesamten Volkes ableitet (ABRAHAM LINCOLN (1809–65): »Regierung des Volkes durch das Volk für das Volk«). Zu diesem Zweck ist das Volk berechtigt, seinen Willen in Mehrheitsentscheidungen (Wahlen) kundzutun.

Ausformungen: In einer ↑direkten D. ist das Volk unmittelbar an politischen Entscheidungsprozessen beteiligt. Da diese Regierungsform nur in kleineren politischen Einheiten zu verwirklichen ist (↑Rätedemokratie), überträgt das Volk in der mittelbaren oder **repräsentativen D.** (↑Repräsentativsystem) seine Entscheidungsbefugnisse durch die Wahl von Abgeordneten an eine Volksvertretung. Die Volksvertretung beschließt im Auftrag des Volkes die Gesetze und ist zumeist an der Bildung der Regierung beteiligt. Die Regierung bedarf in einer **parlamentarischen D.** (↑parlamentarisches Regierungssystem) des Vertrauens der Volksvertretung und wird durch diese kontrolliert. In der **Präsidialdemokratie** (↑Präsidialsystem) wählt das Volk selbst den Staatspräsidenten, der die Regierung ernennt. Eine Mischform eines präsidentiellen und eines parlamentarischen Regierungssystems stellt das ↑semipräsidentielle Regierungssystem dar. Die Verbindung mehrerer Millionen Wähler mit einigen Hundert Abgeordneten im Parlament und mit der Regierung wird in modernen Staaten meist über Parteien hergestellt **(Parteiendemokratie).** Die D. ist dabei durch den Wettbewerb mehrerer Parteien um die Wählerstimmen gekennzeichnet. Der freie Wettbewerb der Parteien wurde im Rahmen der sog. ↑Volksdemokratien in den Staaten des ehemaligen Ostblocks verhindert. Auf eine engere Zusammenarbeit zwischen Volk und Volksvertretung bzw. Regierung zielen Forderungen nach einer ↑Basisdemokratie.

Merkmale: Grundbestandteile der modernen D. sind: 1) allgemeine, freie, geheime und in bestimmten Mindestabständen stattfindende Wahlen der Volksvertretung; 2) die Verteilung der drei Hauptaufgaben staatlicher Machtausübung (Gesetzgebung, Regierung, Rechtsprechung) auf voneinander unabhängige Organe (↑Gewaltenteilung); 3) Garantie der ↑Grundrechte. Die Staatshandlungen müssen ferner mit der Mehrheit des Volkswillens (Mehrheitsprinzip) sowie mit der Verfassung und den Gesetzen (Rechtsstaat) übereinstimmen. Zu den Voraussetzungen einer D. zählt, dass Minderheiten als Opposition ungehindert zu Wort kommen.

Geschichte: Demokratische Verfassungen gab es bereits in der griechischen Antike (z.B. in Athen, 508 v. Chr.). Sie entstanden meist als Gegenbewegung zur Oligarchie (Herrschaft weniger) und Monarchie (Herrschaft eines Einzelnen, z.B. eines Königs). 1776 legten die USA mit der Unabhängigkeitserklärung und der »Erklärung der Menschen- und Bürgerrechte« den Grundstein für die moderne D. In Europa verbreitete sich demokratisches Gedankengut v.a. im Zuge der Französischen Revolution (1789).

demokratischer Sozialismus: Der Begriff entstand 1919 in der Abgrenzung zur kommunistischen »Dritten Internationalen« (Komintern) und betont, im Unterschied zum revolutionären kommunistischen ↑Sozialismus, den demokratischen Weg zum Sozialismus und dessen freiheitliche Ausgestaltung. Der

d. S. wurde Leitbegriff des ↑Godesberger Grundsatzprogrammes (1959) der SPD und 1990 Namensbestandteil der SED-Nachfolgerin PDS. Im d. S. verbindet sich die Vorstellung vom Sozialismus mit dem Bekenntnis zur parlamentarischen Demokratie, zu Freiheit, Gerechtigkeit und Solidarität. Der d. S. lehnt den Kommunismus ebenso ab wie den Totalitarismus. Im Gegensatz zum ↑Marxismus wird auf die christliche Ethik und den Humanismus verwiesen.

demokratischer Zentralismus: das maßgeblich von W. I. LENIN entwickelte, verbindliche Organisationsprinzip für alle kommunistischen Parteien seit seiner Aufnahme in das Parteistatut der KP Russlands 1917 und der Annahme durch den zweiten Kongress der Kommunistischen Internationale (Komintern) 1920.

Das demokratische Element beinhaltete die Wählbarkeit aller leitenden Organe von unten nach oben und deren periodische Rechenschaftspflicht vor ihren Organisationen. Das zentralistische Element zeigte sich in der Verpflichtung aller Parteimitglieder zu strenger Parteidisziplin, in der unbedingten Unterordnung der Minderheit unter die Mehrheit und der absoluten Verbindlichkeit der Beschlüsse der höheren für die unteren Parteiorgane. In den Staaten des Warschauer Paktes stand das zentralistische Element deutlich im Vordergrund.

Demokratisierung: die Übernahme einer demokratischen Verfassung, die Verstärkung von Elementen der ↑direkten Demokratie oder die Ausweitung demokratischer Verfahren auf Teile der Verwaltung (Selbstverwaltung) und die gesellschaftliche Willensbildung (z.B. ↑innerparteiliche Demokratie). Häufig wird unter D. auch nur ↑Partizipation (Mitbestimmung nach einem bestimmten Stimmverteilungsschlüssel) verstanden.

Demokratisierungswellen: die von SAMUEL PHILLIPS HUNTINGTON (*1927) geprägte Bezeichnung für die periodische Zunahme von Demokratien. Die erste D. erfolgte in de USA Anfang des 19. Jh. und endete mit dem Ende des Ersten Weltkriegs. Nach der zweiten D. von 1945 bis in die 1960er- und 1970er-Jahre (↑Entkolonisation) setzte die dritte große D. Mitte der 1970er-Jahre in Südosteuropa und Mittelamerika ein. Sie endete mit der Demokratisierung der ost- und mitteleuropäischen Staaten zu Beginn der 1990er-Jahre.

Demonstrationsrecht: das Recht, v.a. politische Ansichten auf Veranstaltungen (u.a. Versammlung, Kundgebung) unter freiem Himmel kundzutun. Als liberales Grundrecht ist das D. seit den ersten Kodifikationen der Menschen- und Bürgerrechte in den Verfassungen zahlreicher Staaten enthalten; es ist auch Bestandteil der Menschenrechtsdeklaration der UN.

In Deutschland gibt Art. 8 Abs. 1 GG allen Deutschen das Recht, sich ohne Anmeldung oder Erlaubnis friedlich und ohne Waffen zu versammeln (↑Versammlungsfreiheit). Das D. wird verwirkt, wenn es zum Kampf gegen die freiheitliche demokratische Grundordnung missbraucht wird (Art. 18 GG). Gegenstand rechtspolitischer Kontroversen wurde das **Demonstrationsstrafrecht,** d.h. Normen gegen Straftaten oder Ordnungswidrigkeiten bei Demonstrationen (z.B. Landfriedensbruch), so durch gewalttätige Demonstrationen gegen die Kernenergie und Blockaden militärischer Anlagen durch die Friedensbewegung.

Demoskopie: ↑Meinungsforschung.

Departement [departə'mã, frz.]: Abteilung, Regierungs- oder Verwaltungszweig, Hochschulabteilung oder -institut.

◆ in der *Schweiz* Bezeichnung für die nach Sachgebieten getrennten Einheiten der staatlichen Verwaltung. Jedem D. steht ein Regierungsmitglied (Bundesrat) vor. In den Kantonen werden die D. oft Direktionen genannt.

◆ (Département): in *Frankreich* ein Verwaltungsbezirk mit einem gewählten Conseil Général (Generalrat) unter der Leitung eines Commissaire de la République, der von der Zentralregierung bestellt wird. Jedes D. ist in Arrondissements eingeteilt.

Dependencia [depen'densi̯a, span. »Abhängigkeit«]: in Auseinandersetzung mit der ↑Modernisierungstheorie entstandene Theorierichtung in der Entwicklungsländerforschung, die in den 1960er-Jahren, z.T. vom Marxismus inspiriert, v.a. von lateinamerikanischen Autoren entwickelt wurde: Die weltweite Expansion des Kapitalismus führt zu einer Unterentwicklung der Länder, die sich in einer strukturellen Abhängigkeit (Dependenz) von den Industrieländern befinden (direkte und indirekte Ausbeutung in einer von den Industrieländern beherrschten Weltwirtschaft). Unterentwicklung ist daher auch ein Ergebnis der internationalen Verflechtung und Abhängigkeit der Volkswirtschaften (↑Schuldenkrise).

Depression: ↑Wirtschaftskrise.

Deregulierung: Abbau der staatlichen Einflussnahme auf die Wirtschaft mit dem Ziel, das Wirtschaftswachstum zu begünstigen. Im Rahmen wirtschaftspolitischer Programme ist D. Bestandteil der ↑angebotsorientierten Wirtschaftspolitik. Im Rahmen der D. sollen Gesetzesregelungen zurückgenommen werden, die sich direkt auf die Unternehmenstätigkeit beziehen (z.B. bei Investitionen, Beschäftigung). Aufgabe des Staates ist die Schaffung von Rahmenbedingungen, welche die Selbststeuerung der Wirtschaft begünstigen (d.h. die verstärkte Orientierung an Angebot und Nachfrage). Zur D. zählen u.a. Maßnahmen der ↑Privatisierung sowie der Abbau von Wettbewerbsbeschränkungen und »bürokratischer Hemmnisse«, z.B. im Sozial-, Arbeits- und Umweltrecht.

designieren [von lat. designare »bezeichnen«]: eine Person für ein Amt bestimmen, wenn die Amtsdauer des Vorgängers noch nicht abgelaufen ist (z.B. designierter Bundespräsident).

Despotie [griech. »Gewaltherrschaft«, »Willkürherrschaft«]: Regierungsform, in der allein der persönliche, unumschränkte Willen des Machthabers entscheidet.

Deutsche: ↑Aussiedler, ↑Staatsbürgerschaft.

Deutsche Angestelltengewerkschaft: ↑Gewerkschaften.

Deutsche Bahn: ↑Bahn AG.

Deutsche Bundesbank: seit 1957 zentrale ↑Notenbank (Zentralbank) Deutschlands (Sitz: Frankfurt am Main). Hauptaufgabe der D.B. ist die Regelung der umlaufenden Geldmenge. Sie ist von der Bundesregierung unabhängig, aber verpflichtet, deren Wirtschaftspolitik zu unterstützen. Organe der D.B. sind der Zentralbankrat und das Direktorium. Seit dem Eintritt in die dritte Stufe der ↑Europäischen Wirtschafts- und Währungsunion (1.1.1999) ist die D.B. eine der elf nationalen Zentralbanken im Europäischen System der Zentralbanken (↑Europäische Zentralbank).

www.bundesbank.de

Deutsche Demokratische Republik, Abk. DDR: Staat in Mitteleuropa, bestand 1949–90 aus den heutigen Bundesländern Brandenburg, Mecklenburg-Vorpommern, Sachsen, Sachsen-Anhalt und Thüringen, die seit der deutschen Vereinigung (3.10.1990) zu Deutschland gehören. Die DDR umfasste eine Fläche von 108 333 km² mit (1989) 16,4 Mio. Einwohnern, Hauptstadt war ↑Berlin (Ost).

Verfassung: Nach der gesamtdeutsch konzipierten Verfassung vom 7.10.1949 war die Volkskammer oberstes staatliches Machtorgan. Bei ihr lag die gesetzgebende Gewalt, sie wählte u.a. das Staatsoberhaupt (Staatsrat) und die Regierung (Ministerrat). Durch die Verabschiedung der Verfassung vom 6.4.1968 verankerte die SED (↑Sozialistische Einheitspartei Deutschlands) verfassungsrechtlich ihre führende Rolle in Staat und Gesellschaft. De facto waren dadurch der Generalsekretär der SED sowie das Politbüro die entscheidenden politischen Instanzen. Die Wahlen zur Volkskammer erfolgten aufgrund einer Einheitsliste (↑Nationale Front).

Verwaltung: Das Gebiet der DDR war in 14 (mit Ost-Berlin 15) Verwaltungsbezirke aufgeteilt. Zur Wahrnehmung konkreter Verwaltungsaufgaben wurden innerhalb der Bezirke auf Kreis- und Gemeindeebene Volksvertretungen gewählt.

Geschichte: Die DDR ging nach dem Ende des Zweiten Weltkrieges aus dem Gebiet der sowjetischen Besatzungszone hervor. Das entscheidende politische Machtinstrument für den Aufbau eines Staates nach sowjetischem Vorbild war die SED (↑demokratischer Zentralismus), die im Rahmen der »sozialistischen Revolution« wichtige gesellschaftliche und wirtschaftliche Veränderungen herbeiführte (u.a. ↑Bodenreform, Aufbau einer ↑Zentralverwaltungswirtschaft, Enteignung und Verstaatlichung großer Teile der Industrie, Gleichschaltung bürgerlicher Parteien (↑Blockparteien), Aufstellung von Streitkräften, Verwaltungsreform). Eine Volkserhebung am 17.6.1953 (»Juniaufstand«, **Siebzehnter Juni**) wurde von sowjetischen Truppen niedergeschlagen. Zugleich wurde die Einbindung der DDR in die UdSSR durch wirtschaftliche und militärische Bündnisse gestärkt (Mitgliedschaft im ↑COMECON seit dem 29. 9. 1950 und Mitbegründung des ↑Warschauer Paktes am 14. 5. 1955).

Um die anhaltende Massenflucht in die BRD zu verhindern, begann die DDR am 13. 8. 1961 mit dem Bau der Berliner Mauer. Unter E. Honecker wurde ab 1971 ein zunehmend härterer Kurs gegen Kritiker eingeschlagen. Die Ende der 1980er-Jahre in der Sowjetunion eingeleiteten gesellschaftlichen und politischen Reformen (↑Glasnost, ↑Perestroika) lösten 1989 in der DDR Fluchtwellen und Massenproteste aus, die zur Öffnung der Grenzen zur BRD (9. 11. 1989), zum Zusammenbruch des SED-Regimes und zur Einigung ↑Deutschlands (3. 10. 1990) führten.

deutsche Einheit: ↑Deutschland.

Deutsche Demokratische Republik: Mit militärischen Aufmärschen feierte die DDR die sozialistischen Errungenschaften des »ersten Arbeiter- und Bauernstaats auf deutschem Boden«, so auch am 1. Mai 1959 vor dem Alten Museum in Berlin.

D

Deutsche Jungdemokraten, Abk. DJD: politische Jugendorganisation, gegründet 1947; bis 1982 eng mit der FDP verbunden (seitdem: ↑Junge Liberale).

Deutsche Post, Abk. DP: Aktiengesellschaft in Staatsbesitz, 1995 im Zuge der Postreform aus der Deutschen Bundespost hervorgegangen (Sitz: Bonn). Gemäß dem Postumwandlungsgesetz vom 14. 9. 1994 ist die DP ein Dienstleistungsunternehmen für Kommunikation, Transport und Logistik im Bereich des Postwesens und steht als solches im Wettbewerb mit der privaten Wirtschaft; ferner hat die DP den vom Staat vorgegebenen Infrastrukturauftrag einer flächendeckenden Versorgung der Bevölkerung zu erfüllen. Das Grundkapital der DP wurde Ende 2000 durch den Gang an die Börse teilprivatisiert. Seit 1999 ist die DP Eigentümerin der Deutschen Postbank.

www.deutsche-post.de

Deutscher Bauernverband e.V., Abk. DBV: 1948 durch freiwilligen Zusammenschluss gegründeter, regional und fachlich gegliederter Spitzenverband der Bauern.

Deutscher Bundestag: ↑Bundestag.

Deutscher Entwicklungsdienst, Abk. DED: gemeinnützige Gesellschaft zur Förderung der personellen Zusammenarbeit im Bereich des Entwicklungsdienstes, v.a. zur Entsendung freiwilliger Fachkräfte in Entwicklungsländer; gegründet 1963 (Sitz: Berlin). Der DED hat die Rechtsform einer GmbH, wichtigster Gesellschafter ist der Bund (95%). Die Finanzierung des DED erfolgt aus dem Bundeshaushalt (1998: 132 Mio. DM).

Deutscher Gewerkschaftsbund: ↑Gewerkschaft.

Deutscher Industrie- und Handelstag, Abk. DIHT: 1881 als Deutscher Handelstag gegründete Dachorganisation der ↑Industrie- und Handelskammern. Aufgabe des DIHT ist die Interessenvertretung der gewerblichen Wirtschaft und die Förderung der Zusammenarbeit der Kammern.

www.diht.de

Deutscher Städtetag: ↑kommunale Spitzenverbände.

Deutsches Gemeinschaftswerk Aufschwung Ost: bis 2004 befristetes wirtschaftliches Aufbauprogramm für die neuen Bundesländer, 1991 von der Bundesregierung beschlossen. Das Programm dient u.a. der Förderung von Investitionen, der Schaffung von Arbeitsplätzen und dem Ausbau des ostdeutschen Verkehrswesens. Die Kosten werden vom Bund und den alten Bundesländern getragen.

Deutsches Reich:

◆ (unkorrekte) Bezeichnung für das Regnum im späteren Deutschland (911–1806), das seit dem 11. Jh. als (Heiliges, 13. Jh.) Römisches Reich (deutscher Nation, 15. Jh.) bezeichnet wurde.

◆ amtliche Bezeichnung des deutschen Staates 1871–1945. Zum Gebiet des D.R. gehörten 1918/19–45 insgesamt 18 Länder. Bis zur deutschen Vereinigung 1990 war umstritten, ob die BRD als alleiniger Nachfolgestaat des D. R. zu betrachten sei.

Deutsche Volksunion, Abk. DVU: politische Partei in Deutschland, 1987 von Gerhard Frey gegründet; größte rechtsextremistische Partei mit z.T. nationalistischer und rassistischer Gesinnung. 1992–96 war sie im Schleswig-Holsteinischen Landtag und 1991–95 in der Bremer Bürgerschaft vertreten. Bei der Landtagswahl 1998 in Sachsen-Anhalt erhielt die DVU 12,9% der Stimmen und 16 Mandate.

Deutschland (amtlich: Bundesrepublik Deutschland): 1949 entstandener Staat auf dem Gebiet des ehemaligen ↑Deutschen Reichs, umfasst nach der Vereinigung (1990) 357 021 km^2 (13 Bundesländer, drei Stadtstaaten) und hat 82,4 Mio. Einwohner (1999). Hauptstadt: Berlin.

Verfassung: Die staatliche Ordnung wird durch das ↑Grundgesetz (GG) bestimmt. Gemäß Art. 20 GG ist D. ein republikanischer, demokratischer, sozialer und föderativer Staat. Die föderativen Glieder sind die Länder. Die Staatsgewalt geht vom Volk aus, das durch Wahlen an der Bildung der Organe der Gesetzgebung (Legislative), der vollziehenden Gewalt (Exekutive) und der Rechtsprechung (Judikative) beteiligt ist. Die Festlegung des GG auf die Staatsform der parlamentarischen Demokratie, auf das Mehrparteienprinzip und die Achtung der Menschenrechte wird zusammenfassend als freiheitlich demokratische Grundordnung bezeichnet. Der ↑Bundestag ist das einzige Bundesorgan, das unmittelbar vom Volk gewählt wird. Staatsoberhaupt ist der ↑Bundespräsident; oberstes Organ der Exekutive ist die ↑Bundesregierung, die aus Bundeskanzler und Bundesministern besteht. Gesetzgebende Gewalt haben der Bundestag sowie die Länderparlamente. Der Bundesregierung steht ein Initiativrecht bei der Gesetzgebung zu. Durch den ↑Bundesrat wirken die Länder bei der Gesetzgebung und der Verwaltung des Bundes mit.

Die *Verwaltung* erfolgt durch ↑Bundesbehörden (↑Bundesverwaltung) sowie durch Behörden der Länder. Der Schwerpunkt der Verwaltung liegt bei den Ländern, die neben den Ländergesetzen auch die Bundesgesetze vollziehen (↑Bundesauftragsverwaltung).

Geschichte seit 1945

Nach dem Ende des Zweiten Weltkriegs scheiterten die Siegermächte (↑Besatzungsherrschaft, ↑Berlin) in ihren Bemühungen um eine gemeinsame Deutschlandpolitik. Bestimmend wurde der sich

Deutschland

Die deutschen Bundesländer

D

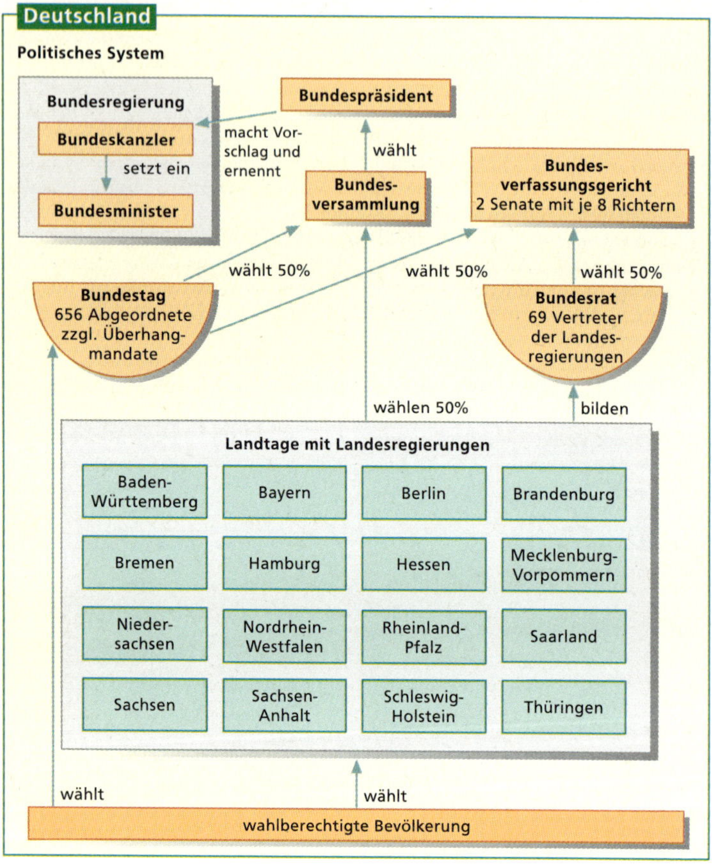

verschärfende Ost-West-Gegensatz, der ab 1945 zur Entstehung zweier getrennter sozioökonomischer Systeme in der sowjetischen und in den westlichen ↑Besatzungszonen führte. Die Westmächte entschlossen sich zur Durchführung einer Währungsreform in den westlichen Besatzungszonen (20./21. 6. 1948, West-Berlin: 25. 6. 1948) und beauftragten die Ministerpräsidenten der Länder mit der Ausarbeitung einer Verfassung. Der von den Parlamenten der Länder gewählte ↑Parlamentarische Rat verabschiedete am 8. 5. 1949 das Grundgesetz, das zunächst als provisorisches Statut bis zur Wiedervereinigung Gesamtdeutschlands Geltung haben sollte. In der sowjetisch besetzten Zone wurde parallel dazu ebenfalls eine Währungsreform durchgeführt (24.–28. 6. 1948) und eine Verfassung ausgearbeitet. Damit waren bis 1949 die Weichen für die politische und wirtschaftliche Teilung gestellt (pluralistisches Parteiensystem und soziale Marktwirtschaft in der BRD, Blocksystem und zentral gelenkte Planwirtschaft in der ↑Deutschen Demokratischen Republik). Unter der *CDU-geführten Regierung* (K.

ADENAUER, 1949–63; L. ERHARD, 1963–66) erfolgte in der BRD ein rascher wirtschaftlicher Wiederaufbau (↑Marshallplan) und eine innenpolitische Stabilisierung. Sie bildete die Grundlage für das bis Ende der 1960er-Jahre anhaltende rasante Wirtschaftswachstum (»Wirtschaftswunder«). Das Verhältnis zu den Westmächten war durch die schrittweise wirtschaftliche und militärische Einbindung der BRD gekennzeichnet, u.a. durch Mitgliedschaft in verschiedenen westlichen Bündnissystemen (1952 Montanunion, 1955 NATO, 1957 EWG). Folge dieser Verflechtung war die Beendigung des ↑Besatzungsstatuts durch den ↑Deutschlandvertrag vom 26. 5. 1952 (in Kraft seit 5. 5. 1955) und die ↑Pariser Verträge vom 5. 5. 1955. Im Mittelpunkt der Deutschlandpolitik standen Bemühungen, einem wiedervereinigten D. den Beitritt zur westlichen Staatengemeinschaft offen zu halten.
Große Koalition: Konjunkturelle und strukturelle Probleme der Wirtschaft (Rezession 1967, Inflation, Arbeitslosigkeit) sowie der fehlgeschlagene Versuch, die deutsche Vereinigung über die Westintegration der BRD zu erreichen (Mauerbau in Berlin 1961), führten zu einem Regierungswechsel (1966–69 Koalition aus CDU und SPD unter Bundeskanzler K. G. KIESINGER, CDU) und zu einer Polarisierung des politischen Lebens (↑Studentenbewegung 1968, Aufkommen radikaler Parteien, ↑Terrorismus). 1969–82 regierte eine *sozialliberale Koalition* aus SPD und FDP unter der Führung von W. BRANDT (1969–74) und H. SCHMIDT (1974–82). Im Mittelpunkt der Innenpolitik stand v.a. die Festigung der wirtschaftlichen Entwicklung (↑Stabilitätsgesetz 1967, Finanzreform 1969); in der Außenpolitik erfolgte eine Abkehr von der bisherigen Deutschland- und Ostpolitik durch die Anerkennung der Existenz zweier deutscher Staaten (Moskauer Vertrag 1970 und Grundvertrag mit der DDR 1972). Der Stationierung nuklearer Mittelstreckenwaffen (NATO-Doppelbeschluss vom 12. 12. 1979) in der BRD sowie ein aufkommendes Umweltbewusstsein begünstigten zu Beginn der 1980er-Jahre die Entstehung neuer politischer Bewegungen (↑Friedensbewegung, Die Grünen). Infolge der Verschlechterung der wirtschaftlichen Rahmenbedingungen mit starker Zunahme der Arbeitslosigkeit kam es 1982 zur Ablösung der sozialliberalen Regierung durch die *christlich-liberale Koalition* aus CDU/CSU und FDP unter H. KOHL (1982–98).
Ende der 1980er-Jahre führte der grundlegende politische und wirtschaftliche Wandel in der UdSSR (↑Glasnost, ↑Perestroika) zum Zusammenbruch des kommunistischen Systems auch in der DDR und ermöglichte die deutsche Vereinigung (↑Einigungsvertrag, ↑Zwei-plus-vier-Vertrag 1990). Eine zentrale innenpolitische Aufgabe ist seitdem die soziale und wirtschaftliche Eingliederung der neuen Bundesländer. Seit 1998 stellt die *rot-grüne Koalition* aus SPD und Bündnis 90/Die Grünen unter G. SCHRÖDER die Regierung.

Deutschlandvertrag: Durch den Vertrag über die Beziehungen zwischen der BRD und den drei Besatzungsmächten Frankreich, Großbritannien und USA vom 26. 5. 1952 wurde die Rechtsgrundlage für die Beendigung der ↑Besatzungsherrschaft und die Wiedererlangung der Souveränität der BRD über ihre inneren und äußeren Angelegenheiten am 5. 5. 1955 gelegt. Die drei Mächte behielten sich jedoch im D. ihre »Rechte und Verantwortlichkeiten in Bezug auf Berlin und auf Deutschland als Ganzes, einschließlich der Wiedervereinigung Deutschlands und einer friedensvertraglichen Regelung« vor. Diese Rechte wurden erst durch den 1990 geschlossenen ↑Zwei-plus-vier-Vertrag aufgehoben.

Deutsch-Polnischer Grenzvertrag: völkerrechtlicher Vertrag, unterzeichnet am 14. 11. 1990, in dem Deutschland und Polen die beiderseitige Grenze ent-

D

lang der Oder-Neiße-Linie als unverletzlich anerkennen. Beide Staaten verpflichten sich zur Achtung ihrer staatlichen Eigenständigkeit (Souveränität) sowie zum Verzicht auf gegenseitige Gebietsansprüche. Der D.-P. G wurde vom Deutschen Bundestag und der Volkskammer der DDR im Juni 1990 vorbereitet. Er bestätigt den im Rahmen der ↑Ostverträge festgelegten Grenzverlauf zwischen Polen und Deutschland sowie die Regelungen über den Gebietsstand Deutschlands im ↑Zwei-plus-vier-Vertrag.

Devisenbörse: ↑Börse.

Dezentralisation: die Verteilung von Aufgaben auf Einheiten, die von einer Zentrale unabhängig arbeiten und selbstständig entscheiden, in der Staatsverwaltung z.B. auf Träger der Selbstverwaltung wie die Gemeinden. Die D. dient der größeren Flexibilität bei der Aufgabenerledigung. Der Zentrale bleiben meist beschränkte Aufsichtsrechte vorbehalten (↑Staatsaufsicht).

DGB: ↑Gewerkschaften.

Dialektik [von griech. »Kunst der Gesprächsführung«]: in der Erkenntnisphilosophie die Möglichkeit, scheinbar Widersprüchliches als dennoch wahr zu behaupten. G. W. F. HEGEL sah dabei in jedem Begriff (»Thesis«) einen entgegengesetzten, die »Antithesis«, enthalten. Die »Synthesis« als höhere Form des Erkennens nimmt die Widersprüche in sich auf und erweist sie so als »wahr«. K. MARX und F. ENGELS übernahmen HEGELS D., indem sie die Wechselwirkung von gesellschaftlichem »Sein« (den Produktionsverhältnissen) und »Bewusstsein« (dem Verständnis der Gesellschaft von sich selbst) als dialektisch bezeichneten. ENGELS erweiterte die »subjektive D.« des Begreifens zu einer »objektiven D.« der Dinge selbst (dialektischer Materialismus).

dialektischer Materialismus: In seiner Grundthese geht der d. M. davon aus, dass sich die vom Menschen unabhängige materielle Wirklichkeit im Bewusstsein der Menschen widerspiegele. Sie lasse sich in ihrer Totalität mittels dialektischer Methode erkennen, die man sich als ständige Bewegung von quantitativer zu qualitativer Veränderung vorstellen müsse. Jeder neue Zustand sei im Kampf der Gegensätze entstanden und vereinige diese in einer neuen Totalität. Als verbindliche Grundlehre des ↑Marxismus-Leninismus stützt sich der d. M. auf eine Verallgemeinerung des von F. ENGELS und K. MARX entwickelten ↑historischen Materialismus und der erkenntnistheoretischen ↑Dialektik.

Diäten [von lat. dies »Tag«]: finanzielle Aufwandsentschädigung für ↑Abgeordnete, die ursprünglich in Form von Tagegeldern ausgezahlt wurde. D. dienen als Ersatz für entgangene Verdienstmöglichkeiten und sollen die politische Unabhängigkeit der Parlamentarier sichern. Sie werden heute als ↑Einkommen betrachtet und sind somit steuerpflichtig. In Deutschland ist der Anspruch der Abgeordneten auf D. gesetzlich geregelt.

Nach dem Gesetz über die Rechtsstellung der Abgeordneten vom 15. 12. 1995 werden die D. der Bundestagsabgeordneten schrittweise an die Bezüge eines Richters bei einem obersten Gerichtshof des Bundes angeglichen. Zusätzlich erhält jeder Bundestagsabgeordnete eine monatliche steuerfreie **Kostenpauschale,** die jährlich der Entwicklung der allgemeinen Lebenshaltungskosten angepasst wird.

Diensteid: ↑Amt.

Dienstleistungen: Tätigkeiten, die eine Nutzung bereits erstellter Produkte gewährleisten (materielle D.) oder unmittelbar zur Befriedigung menschlicher Bedürfnisse dienen (persönliche D.). Materielle D. sind z.B. Transportleistungen, Instandhaltungen, das Kreditwesen; zu den persönlichen D. gehören die Tätigkeit des Arztes, des Friseurs, der Hausfrau. D. werden dem tertiären Sektor (↑Wirtschaftsstruktur) zugerechnet.

Dienstleistungsgesellschaft: Form der hoch entwickelten Gesellschaft, in der die Arbeits- und Lebensbedingungen durch einen vielfältig strukturierten Dienstleistungssektor (tertiärer Sektor) bestimmt werden. In einer D. ist die Mehrzahl der Arbeitskräfte im Handel, im Bereich der Finanzen, des Transports, des Gesundheitswesens, der Erholung, Forschung, Bildung und Verwaltung tätig und nicht mehr in der Landwirtschaft (primärer Sektor) oder in der industriellen Produktion (sekundärer Sektor). Die wachsende Bedeutung eines vielschichtigen Dienstleistungssektors ist eine charakteristische Erscheinung des 20. Jh. In Deutschland waren 1999 rd. 64% aller Erwerbstätigen im tertiären Sektor tätig (1950: ca. 33%).

Diktatur: in der römischen Republik die unbeschränkte, aber auf ein halbes Jahr befristete Herrschaft einer Einzelperson (dictator) zur Überwindung von Notsituationen. Diese Vorstellung schwingt auch heute noch mit, wenn in Verfassungsstaaten einer Regierung außerordentliche Vollmachten zur Beseitigung einer Notlage übertragen werden (↑Ausnahmezustand).
Bei der modernen D. handelt es sich um die grundsätzlich unbeschränkte Herrschaft eines Einzelnen oder einer Partei auf Dauer. Sie ist oft mit dem Ziel einer Umgestaltung der gesellschaftlichen Verhältnisse und der Anschauungen der Bürger verbunden (Erziehungsdiktatur) und kennt keine Vorkehrungen gegen den Missbrauch staatlicher Gewalt wie Gewaltenteilung oder Parteienkonkurrenz. – Siehe auch ↑Entwicklungsdiktatur, ↑Militärdiktatur.

Diktatur des Proletariats: nach der Lehre des ↑Marxismus-Leninismus die Herrschaft der organisierten Arbeiterklasse in der Übergangsphase zur klassenlosen Gesellschaft.

Diplomatie: allgemein die Bezeichnung für internationale Beziehungen oder die ↑Außenpolitik; im engeren Sinn alle Tätigkeiten, die der Vorbereitung außenpolitischer Entscheidungen und ihrer Durchführung auf friedlichem Wege v.a. durch Vertretung in und Verhandlung mit anderen Staaten oder internationalen Organisationen dienen.
Bereits in der griechischen und römischen Antike entwickelte sich ein ausgedehntes Gesandtschaftswesen, im Byzantinischen Reich ein spezieller diplomatischer Dienst mit ausgefeiltem Protokoll. Italienische Stadtstaaten (z.B. Venedig) schufen im 15. Jh. ständige diplomatische Vertretungen als wesentliche Voraussetzung der modernen D.
Im Zuge der Entwicklung der modernen Verkehrs- und Kommunikationsmittel sowie in Verbindung mit der Ausbreitung demokratischer und revolutionärer Ideen im 20. Jh. hat die D. gegenüber dem Zeitalter der klassischen D. (17.–19. Jh.) an Gewicht verloren. Verhandlungen werden heute zumeist unmittelbar zwischen den beteiligten Regierungen geführt, sodass den Botschaftern häufig nur noch eine »Briefträgerfunktion« zufällt.

diplomatisches Asyl: ↑Asylrecht.

direkte Demokratie: Form der ↑Demokratie, bei der das Volk als Träger der Staatsgewalt seinen Willen durch Mehrheitsentscheidungen unmittelbar (direkt) kundtut. Politische Entscheidungen werden durch Abstimmung aller stimmberechtigten Bürger getroffen (z.B. durch ↑Volksbegehren, in Volksversammlungen oder durch ↑Volksabstimmung). Eine d. D. wird meist nur in relativ kleinen und überschaubaren Staaten wie der Schweiz praktiziert, in Deutschland werden Formen der d. D. meist auf kommunaler oder Länderebene angewendet (↑Bürgerentscheid). – Siehe auch ↑Basisdemokratie.

Direktmandat: ↑Bundestagswahl.

Direktorialregierung: Gruppe von Personen (Direktorium), die in einer direktorialen Republik zugleich die Regierung und das Staatsoberhaupt bildet. Die einzelnen Mitglieder der D. werden vom Parlament gewählt. Grundlage der

D

D. ist das Kollegialprinzip, d.h. die Mitglieder des Direktoriums sind gleichberechtigt und regieren gemeinsam. Jedes der Mitglieder übernimmt für eine bestimmte Zeit den Vorsitz. Der jeweilige Vorsitzende der D. ist Sitzungsleiter und nimmt die repräsentativen Aufgaben eines Staatspräsidenten wahr. Die Schweiz ist in Europa die einzige Republik mit einer Direktorialregierung.

Direktorialverfassung: ↑Gemeindeverfassung.

Dirigismus: wirtschaftspolitische, nicht marktkonforme Maßnahmen des Staates in einer Marktwirtschaft, z.B. Lohn- und Preisstopp, Devisenbewirtschaftung oder Investitionslenkung.

Diskriminierung [von lat. discriminatio »Unterscheidung«, »Benachteiligung«]: ungleiche Behandlung oder herabsetzende Verhaltensweise gegenüber anderen (häufig Minderheiten). Für die D. eines Menschen können z.B. Religion, politische Einstellung, wirtschaftliche Lage und Abstammung entscheidend sein (↑Rassismus). Häufig werden den diskriminierten Personen Eigenschaften und Verhaltensweisen zugeschrieben, die sie in Wirklichkeit nicht besitzen. D. hängt eng zusammen mit Vorurteilen.

Dissident [von lat. dissidere »nicht übereinstimmen«]: ursprünglich Bezeichnung für Personen, die zu keiner staatlich anerkannten Kirchengemeinschaft gehören; heute meint der Begriff D. auch jemanden, der von der offiziellen politischen Meinung abweicht.

Distribution [von lat. distributio »Verteilung«]: die Verteilung von ↑Gütern, ↑Einkommen und ↑Vermögen in einer Gesellschaft.

Dogmatismus: die nicht weiter begründete Behauptung lehrhafter Sätze (Dogmen) mit dem Anspruch auf absolute Geltung; im ideologischen Bereich eine Haltung, die ihre Aussagen nicht an der Realität überprüft. Im Sprachgebrauch des ↑Marxismus-Leninismus bezeichnet der Begriff Abweichungen von der kommunistischen Denkweise infolge des Festhaltens an überholten Lehren.

Doktrin [von lat. doctrina »Unterricht«]: Lehrsatz, Lehrmeinung; im engeren Sinn eine politische Grundsatzerklärung (z.B. ↑Breschnew-Doktrin).

Dominion [dəˈmɪnjən, engl. »Herrschaft«, »Gebiet«]: Bezeichnung für die britischen Überseebesitzungen, die sich in inneren Angelegenheiten selbst regierten. Seit 1947 sind die D. Mitglieder des ↑Commonwealth of Nations.

doppelte Staatsbürgerschaft: ↑Einbürgerung, ↑Staatsbürgerschaft.

Dorf: ländliche, in sich abgeschlossene Gruppensiedlung, deren Bevölkerung meist in der Landwirtschaft arbeitet, heute jedoch zunehmend auch in anderen Wirtschaftszweigen tätig ist.

Lage und Form des D. sind abhängig von natürlichen Voraussetzungen (Landschaft, Klima, Boden) und der geschichtlichen Entwicklung (Zeit der Gründung, Herkunft der Siedler). Gegenüber der Stadt unterscheidet sich das D. v.a. durch Größe, Struktur und Funktion, aus soziologischer Sicht durch das Ausmaß der sozialen Kontakte und der sozialen Kontrolle. Die industrielle Entwicklung führte besonders seit etwa 1900 zu tief greifenden Veränderungen der sozialen Gliederung der D., u.a. durch den zahlenmäßigen Rückgang der Dorfbevölkerung (↑Landflucht) und den Wandel ihrer Erwerbsstruktur. In ganzen Landstrichen verwandelten sich alte D. in Industriedörfer und Arbeiterdörfer; die Pendelwanderung führte zur Trennung von Wohn- und Arbeitsstätte.

Downing Street [ˈdaʊnɪŋ ˈstriːt, engl.]: die nach dem englischen Diplomaten GEORGE DOWNING (1624–84) benannte Straße in London, in der sich das Schatzamt, das Auswärtige Amt und der offizielle Wohnsitz des britischen Premierministers (»No. 10«) befinden.

Doyen [dwaˈjɛ̃, frz., von mittellat. decanus]: der diplomatische Vertreter, der als Dienstältester bei offiziellen Gelegenheiten das diplomatische Korps gegenüber dem Gastland vertritt, traditionell der Vertreter des Heiligen Stuhls.

Dreiklassenwahlrecht: ↑Zensuswahlrecht.

Dritter Weg: gesellschaftstheoretischer Begriff zur Bezeichnung neuer Gesellschaftsmodelle, die entweder durch Weiterentwicklung liberaler Theorien entstanden sind (z.B. Neoliberalismus) oder auf marxistische Theorien zurückgehen (z.B. Neokommunismus). Dabei verfolgen die neuen Modelle häufig das Ziel, durch Weiterentwicklung ihrer jeweils unterschiedlichen Ausgangspositionen Schwächen der bestehenden Systeme auszugleichen.

Drittes Reich: im ↑Nationalsozialismus zeitweise verwendete (aber 1939 von JOSEPH GOEBBELS [1897–1945] gegenüber der Publizistik untersagte) Bezeichnung für das nationalsozialistische Deutschland. Der Begriff ging auf konservativ-antidemokratische Denkmodelle zurück, wonach das D. R. dem Heiligen Römischen Reich und dem von O. v. BISMARCK gegründeten Reich folgen sollte (↑Deutsches Reich). Ursprünglich, im Mittelalter, wurde unter D.R. ein die göttliche Erlösung abschließendes Zeitalter verstanden.

Dritte Welt: Gesamtheit der wirtschaftlich unterentwickelten Staaten Afrikas, Asiens und Lateinamerikas (↑Entwicklungsländer); ursprünglich jene Staaten, die sich im Kalten Krieg weder den westlichen, pluralistisch-demokratischen Staaten (»erste Welt«) noch den östlichen, kommunistischen Staaten (»zweite Welt«) zuordneten. Die Kluft zwischen Industrie- und Entwicklungsländern (Nord-Süd-Gefälle) ist heute von großer weltpolitischer Bedeutung.

Drittwirkung: ↑Grundrechte.

Drogenpolitik: Gesamtheit der politischen Entscheidungen und der staatlichen Maßnahmen zur Bekämpfung des Drogenhandels und der Drogenabhängigkeit. D. ist in Deutschland Aufgabe der Länder. Auf Bundesebene wurde 1992 das Amt des Drogenbeauftragten geschaffen, der die Bundesregierung über aktuelle Probleme der D. informiert.
Schwerpunkt der D. bildet die strafrechtliche Betäubungsmittelkontrolle, durch die v.a. Handel und Verbreitung von Drogen eingedämmt werden sollen. Rechtliche Grundlage bilden das Betäubungsmittelgesetz in der Fassung vom 1.3.1994 sowie das Gesetz zur Bekämpfung des illegalen Rauschgifthandels vom 15.7.1992. Demnach sind u.a. Anbau, Herstellung sowie Handel und sonstiger Vertrieb von Drogen strafbar.
In den 1990er-Jahren setzten sich v.a. Vertreter von SPD und Bündnis 90/Die Grünen für eine Abkehr von der vom Strafrecht bestimmten D. zugunsten einer praxisorientierten Drogenarbeit mit Abhängigen ein (z.B. Einrichtung sog. Fixerstuben, Ausbau des Therapieangebots, kontrollierte Abgabe von Drogen und Drogenersatz, z.B. Methadon, an Langzeitabhängige).

duales System:
- ↑berufliche Bildung.
- System zur Entsorgung von Verkaufsverpackungen, das zu Beginn der 1990er-Jahre vom Handel und von der Verpackungsindustrie aufgebaut wurde (↑Abfallentsorgung). Gesetzliche Grundlage ist die Verpackungsverordnung vom 21.8.1998. Sie verpflichtet Hersteller und Vertreiber von Verkaufsverpackungen zu einer flächendeckenden Entsorgung beim Endverbraucher. Von der Rücknahmeverpflichtung können sich Hersteller und Handel durch die Aufstellung von speziellen Wertstofftonnen freistellen. Träger des d. S. ist die Duales System Deutschland GmbH (DSD). Sie vergibt gegen Entgelt Lizenzen, die zur Kennzeichnung einer Verpackung mit dem **grünen Punkt** berechtigen. Die Unternehmen geben die dadurch entstandenen Kosten an die Verbraucher weiter. Kritiker bezweifeln, ob das d. S.

D

duales System: In Recyclinganlagen des dualen Systems (Bild in Breisach) werden wieder verwertbare Kunststoffabfälle per Hand ausgelesen.

tatsächlich zur Abfallreduzierung, zum Schutz des Mehrwegsystems und zur Förderung der stofflichen Wiederverwertung (↑Recycling) geeignet ist.

Duma: russische Bezeichnung für beratende Versammlungen und gewählte Volksvertretungen. Als **Staatsduma** wird im Zweikammerparlament Russlands das alle vier Jahre gewählte Unterhaus bezeichnet; ihre Mitglieder wurden am 12. 12. 1993 erstmals in freien Wahlen vom Volk bestimmt. In den **Föderationsrat,** die Vertretung der Regionen, werden je zwei Vertreter entsandt.

DVU: ↑Deutsche Volksunion, ↑Rechtsextremismus.

E

EBRD: ↑Osteuropabank.

ECOSOG: ↑UN.

ECU, Ecu [e'ky]: Abk. für engl. **E**uropean **C**urrency **U**nit »Europäische Währungseinheit«: Rechen- und Bezugsgröße der amtlichen Wechselkurse innerhalb des vom 13. 3. 1979 bis 1. 1. 1999 existierenden ↑Europäischen Währungssystems (EWS). Der ECU wurde im Verhältnis 1:1 auf den Euro umgestellt.

E-Demokratie: ↑Internet.

Effektenbörse: ↑Börse.

EFTA: ↑Europäische Freihandelsassoziation.

EG:

- Abkürzung für ↑Europäische Gemeinschaften.
- Nachfolgebezeichnung (ab 1976) für die Europäische Wirtschaftsgemeinschaft (EWG), ↑Europäische Union.

EGKS: ↑Europäische Union.

Ehe: in Deutschland die rechtlich anerkannte Verbindung der von einem Mann und einer Frau eingegangenen dauerhaften Lebensgemeinschaft. Die Ordnung der E. ist von überlieferten sittlichen und religiösen Grundlagen der Gesellschaft abhängig. Ihre rechtlichen und religiösen Bindungen zeigen sich in den feierlichen Formen der Eheschließung auf dem Standesamt und als kirchliche Trauung (↑Ehe- und Familienrecht). Infolge der ihnen beigemessenen Bedeutung stehen E. und ↑Familie unter dem Schutz der staatlichen Ordnung (Art. 6 Abs. 1 GG).

Die christlich geprägte Ehe- und Familienauffassung entwickelte sich seit der Aufklärung, dem Liberalismus, der Ausformung des bürgerlichen Rechtsstaates und unter dem Einfluss der Romantik zu einer individuell begründeten Lebens- und Liebesgemeinschaft. In jüngerer Zeit zeigte die E. Auflösungserscheinungen, die sich in einem Anstieg der Ehescheidungen ausdrückten. Viele Paare stellen die E. als traditionelle Form der Lebensgemeinschaft infrage, indem sie sich für nicht oder weniger institutionalisierte Formen des Zusammenlebens wie die ↑nichteheliche Lebensgemeinschaft entscheiden. Viele homosexuelle Paare (↑Homosexualität) streben hingegen die E. an, weil diese ihnen gegenseitig Rechte einräumt

eheähnliche Gemeinschaft: ↑nichteheliche Lebensgemeinschaft.

Ehe- und Familienrecht: die Gesamtheit der in Deutschland in Bezug auf Ehe und Verwandtschaft geltenden Rechtsregeln (BGB §§ 1297 ff.), ergänzt u.a. durch das Personenstandsgesetz vom 8. 8. 1957. Das Familienrecht des BGB umfasst die Bestimmungen über die bürgerliche Ehe (Verlöbnis, Wirkungen der Ehe i.A., eheliches Güterrecht), Ehescheidung und Scheidungsfolgen (Unterhalt, Versorgung), Verwandtschaft (Abstammung, Unterhalt, elterliche Sorge), Annahme als Kind (Adoption), Vormundschaft, Betreuung und Pflegschaft. Eine gültige Ehe kann nur vor einem Standesbeamten bei persönlicher Anwesenheit der Ehewilligen geschlossen werden. Die kirchliche Trauung hat keine bürgerlich-rechtliche Wirkung und darf erst nach der standesamtlichen erfolgen. Aus einem Verlöbnis kann nicht auf Eingehung der Ehe geklagt werden. Die Ehemündigkeit beginnt mit Eintritt der Volljährigkeit, Ausnahmen sind möglich.

Die Ehegatten sind verpflichtet, durch ihre Arbeit und mit ihrem Vermögen die Familie angemessen zu unterhalten. Jeder Ehegatte ist berechtigt, Geschäfte zur Deckung des Lebensbedarfs der Familie mit Wirkung auch für den anderen Ehegatten zu erledigen (die Berechtigung kann beschränkt werden). Sein Vermögen verwaltet jeder Ehepartner selbst. Falls die Ehegatten keinen Ehevertrag abgeschlossen haben, ist der gesetzliche Güterstand seit dem 1. 7. 1958 die Zugewinngemeinschaft, d.h. ein in der Ehe erwirtschafteter Zugewinn wird bei Auflösung der Ehe ausgeglichen.

In *Österreich* wurde 1938 das deutsche Eherecht eingeführt und nach 1945 mit verschiedenen Änderungen beibehalten sowie durch Neuregelungen ergänzt. Die Regelung des Eherechtes der *Schweiz* ist im Wesentlichen mit der des BGB vergleichbar.

Ehrenamt: öffentliches Amt, für dessen Ausübung kein Entgelt, sondern nur Ersatz für geleistete Auslagen gewährt wird. Ein Teil der E. muss übernommen werden (z.B. das Amt des Schöffen bei Gericht), ein anderer Teil ist freiwillig (z.B. Ämter in der Kirchengemeinde). Nach Angaben des Deutschen Instituts für Wirtschaftsforschung übten Mitte der 1990er-Jahre ca. 17 % der Bevölkerung in Deutschland ein E. aus.

Ehrenrechte (bürgerliche E.): alle staatsbürgerlichen Rechte. Bei Justizstrafen über einem Jahr ruht in Deutschland für fünf Jahre das Recht, öffentliche Ämter zu bekleiden sowie das passive, evtl. auch das aktive Wahlrecht (§§ 45 ff., § 129 a StGB). In *Österreich* und der *Schweiz* gibt es keine generelle Aberkennung der E. mehr.

Eid: ↑Amt, ↑Verfassungseid.

Eigentum: das umfassendste Herrschaftsrecht über eine Sache. Das E. ist durch Art. 14 GG geschützt. Danach gehören zum E. alle vermögenswerten privaten Rechte, also nicht nur Sacheigentum wie Grundstücke, Fahrzeuge und Waren, sondern auch Ansprüche aus Arbeits-, Miet-, Bauspar-, Lebensversicherungsverträgen und Renten sowie Mitgliedschaftsrechte und Beteiligungen an Gesellschaften. Öffentlich-rechtliche vermögenswerte Rechtspositionen werden durch Art. 14 GG ebenfalls geschützt, wenn sie dem Inhaber eine der Eigentumsposition entsprechende Rechtsstellung verschaffen. Eigentumsähnlich ist eine Position, die durch Einsatz eigenen Kapitals und eigener Leistung erworben wurde (z.B. Zulassung als Kassenarzt, Besoldungsansprüche). Nicht geschützt ist dagegen das Vermögen als solches.

Die Garantie des E. gewährleistet das Privateigentum als Rechtseinrichtung und gibt dem Eigentümer einen Abwehr- und Schutzanspruch gegen den Staat. E. verpflichtet aber auch. Sein Gebrauch soll zugleich dem Wohl der Allgemeinheit dienen (↑ Sozialbindung). Der Gesetzgeber darf Inhalt und Schranken des E. durch Gesetze bestimmen. Darüber hinaus lässt Art. 14 Abs. 3 GG zum Wohl der Allgemeinheit gegen Entschädigung auch eine ↑ Enteignung zu.

Es gibt verschiedene Arten des E.: neben dem Alleineigentum das Miteigentum nach Bruchteilen, das Gesamthandseigentum, das Sicherungseigentum, das vorbehaltene Eigentum und das Wohnungseigentum. Auch das öffentliche E., d.h. das E. einer dem Staat, einer Gemeinde oder einer sonstigen öffentlichen Körperschaft gehörenden Sache, ist grundsätzlich wie das privatrechtliche E. zu behandeln. Es unterliegt jedoch, soweit es Verwaltungszwecken dient, Beschränkungen, die sich aus dem jeweiligen Zweck ergeben. Welche Rechte dem privatrechtlichen Eigentümer aufgrund seines E. zustehen und wie er sein E. übertragen, belasten oder aufgeben kann, ist im Bürgerlichen Gesetzbuch geregelt.

Einbürgerung: ↑ Staatsbürgerschaft.

einfache Mehrheit: ↑ Mehrheit.

Einfuhr: ↑ Import.

Eingriffsverwaltung: neben der ↑ Leistungsverwaltung eine Grundform der öffentlichen Verwaltung. Die E. nimmt mit Mitteln hoheitlichen Zwangs Eingriffe in Freiheit und Eigentum der Bürger vor. Sie ist die typische Verwaltungsform des bürgerlich-liberalen Rechtsstaates, der die Befugnisse der Verwaltung auf die Maßnahmen zu beschränken sucht, die zur Aufrechterhaltung der öffentlichen Ordnung notwendig sind. So sind Polizei-, Gewerbe- und Steuerverwaltung die klassischen Bereiche der Eingriffsverwaltung. Ihr Handeln unterliegt dem Grundsatz der ↑ Gesetzmäßigkeit der Verwaltung. Ihre typische Handlungsform ist der Verwaltungsakt, durch den gesetzliche Anordnungen im Einzelfall angewandt werden (z.B. Steuerbescheid).

Einheitliche Europäische Akte: am 28. 2. 1986 von den Außenministern der EG-Mitgliedstaaten unterzeichnetes Vertragswerk zur Änderung der Gründungsverträge der Europäischen Gemeinschaft für Kohle und Stahl (EGKS), der Europäischen Wirtschaftsgemeinschaft (EWG) und der Europäischen Atomgemeinschaft (EURATOM). Die E. E. A. (seit 1. 7. 1987 in Kraft) enthält wesentliche Bestimmungen über Grundlagen und Politik der Gemeinschaft und über Verfahren, die den europäischen Einigungsprozess mit dem Ziel fördern sollten, die EG in eine ↑ Europäische Union umzuwandeln.

Einheitsliste: die bei Wahlen in einer ↑ Volksdemokratie übliche einzige Kandidatenliste, auf der nach festgesetztem Schlüssel Kandidaten aller zugelassenen Parteien zu einer Wahl ohne Auswahlmöglichkeit aufgestellt werden.

Einheitsstaat: im Gegensatz zum ↑ Bundesstaat oder ↑ Staatenbund, in denen es mehrere Staaten mit selbstständiger Staatsgewalt gibt (↑ Föderalismus), hat der E. nur eine staatliche Organisation (ein Parlament, eine Regierung). Der E. ist entweder zentral organisiert **(Zentralstaat)** oder die Staatsaufgaben sind z. T. auf Organe der Selbstverwaltung (z.B. Bezirke, Gemeinden) übertragen, die sie selbstständig unter einer beschränkten ↑ Staatsaufsicht erledigen (↑ Dezentralisation).

Einigungsstelle: ↑ Schlichtung.

Einigungsvertrag: Vertrag zwischen der BRD und der DDR über die Herstellung der Einheit Deutschlands vom 31. 8. 1990.

Kapitel I nennt Brandenburg, Mecklenburg-Vorpommern, Sachsen, Sachsen-Anhalt und Thüringen als neue Bundesländer und bestimmt die Neubildung des Landes Berlin. Berlin wird zur Hauptstadt Deutschlands. Kapitel II regelt Änderungen des Grundgesetzes und die neue Finanzverfassung. Kapitel III und IV beinhalten Rechtsangleichungen und Bestimmungen zu älteren völkerrechtlich gültigen Verträgen. Kapitel V legt Übergangsbestimmungen für öffentliche Verwaltung und Rechtspflege fest. Kapitel VI beschäftigt sich mit dem öffentlichen Vermögen, den Schulden und den Aufgaben der ↑ Treuhandanstalt. Kapitel VII regelt die Angleichung der Sozialgesetzgebung, Kapitel VIII die Strukturen von Rundfunk und Fernsehen, Sportwesen, Anerkennung von Berufsabschlüssen und die zeitweise Weiterführung von Forschungseinrichtungen. Kapitel IX enthält Übergangs- und Schlussbestimmungen.

Einkammersystem: Verfassungskonstruktion für ein ↑ parlamentarisches Regierungssystem, das als gesetzgebende Körperschaft (Parlament) nur eine Kammer vorsieht. In demokratisch verfassten Staaten wird diese Kammer von der Bevölkerung gewählt. Die Wahl nur einer Kammer soll Ausdruck des unteilbaren Willens des Volkes sein und entspricht dem Gedanken eines ↑ Einheitsstaates.

Einkommen: alle Geldbeträge oder Naturalleistungen, die natürlichen oder juristischen Personen wegen ihrer Stellung in Wirtschaft oder Gesellschaft zufließen. Durch Arbeitsleistung wird E. in Form von Lohn, Gehalt oder Dienstbezügen erzielt **(Arbeitseinkommen).** Für selbstständige Tätigkeiten erhält ein Wirtschaftssubjekt E. aus Unternehmertätigkeit **(Gewinneinkommen).** Aus dem Besitz von Forderungen (Sparguthaben, Aktien, Obligationen, Beteiligungen u. Ä.) fließt E. aus Vermögen **(Besitzeinkommen).** Man unterscheidet auch **Kontrakteinkommen,** festgelegt durch vertragliche Vereinbarung (Löhne, Gehälter, Mieten, Pachten, Zinsen), und **Residualeinkommen** als Differenz von Erlösen und Kosten. E. aus Beteiligungen am Wirtschaftsprozess sind originäre E. oder Faktoreinkommen (für Leistungen der ↑ Produktionsfaktoren). E. ohne Gegenleistung wird als **Übertragungseinkommen** bzw. **Transfereinkommen** bezeichnet (Sozialrenten, Pensionen, Unterstützungen). Der Anteil der Summe aller E. aus unselbstständiger Arbeit am ↑ Volkseinkommen (Lohnquote) gibt Auskunft über die Einkommensverteilung in einer Volkswirtschaft (in Deutschland: rd. 70 %).

Einkommensteuer: Die E. wird auf regelmäßige Einkünfte nach einem progressiven Tarif (↑ Progression) erhoben. – Siehe auch ↑ Steuern.

Einnahmen: ↑ öffentliche Einnahmen.

Einparteiensystem: politisches System, meist Diktatur, das nur eine Partei als Zentrum der politischen Willensbildung anerkennt. Zu unterscheiden sind offene E. (z. B. ehemalige UdSSR) oder verborgene E. (mit mehreren Parteien, aber dem verfassungsmäßig festgelegten Führungsanspruch einer Partei und Wahlen nach einer Einheitsliste wie etwa in der ehemaligen DDR.

Einpeitscher [nach engl. whip »Peitsche«]: parlamentarischer Geschäftsführer einer im britischen ↑ Unterhaus vertretenen Partei, der selbst ein Abgeordnetenmandat innehat. Der E. wird von der Fraktion gewählt. Zu seinen wichtigsten Aufgaben gehört es sicherzustellen, dass bei wichtigen Abstimmungen im Parlament die Abgeordneten seiner Partei möglichst vollzählig anwesend sind.

Einspruchsgesetz: Gesetz des Bundestages, gegen das der Bundesrat ein aufschiebendes ↑ Veto einlegen kann (↑ Gesetzgebung). Dieser Einspruch kann aber vom Bundestag zurückgewiesen werden (Art. 77 Abs. 3 und 4 GG),

E

im Gegensatz zu den ↑Zustimmungsgesetzen.

Einstimmigkeitsprinzip: der Grundsatz der Zustimmung aller Beteiligten bei einer Abstimmung. Das E. gilt insbesondere im Völkerrecht als Ausdruck der Souveränität der Staaten, wurde aber in internationalen Organisationen z.T. durch das Mehrheitsprinzip (↑Mehrheit) ersetzt.

Einwanderung: ↑Zuwanderung.

Einwohner: Bewohner eines Gebietes (Gemeinde, Kreis, Land), der dort seinen ständigen Wohnsitz hat.

Eiserner Vorhang: vom britischen Premierminister W. CHURCHILL 1946 geprägtes Schlagwort für die von der Sowjetunion nach 1945 betriebene Abschließung ihres Machtbereichs (v.a. in Europa) von der übrigen Welt.

EKD: ↑evangelische Kirchen.

Electronic Commerce [ɪlekˈtrɔnɪk kɔˈməːs, engl. »elektronischer Handel«], Abk. E-Commerce: Handel mit Waren und Dienstleistungen im ↑Internet. In Deutschland bisher v.a. von Handels-, Computer- und Finanzdienstleistungsunternehmen genutzt, z.B. für Beratungsangebote oder zum Vertrieb von Büchern und anderen Konsumartikeln.

Elite [von lat. eligere »auslesen«, »auswählen«]: Begriff für Personen in einer Gesellschaft oder in einem Staat, die Spitzenpositionen einnehmen, d.h. die politische und kulturelle Führungsschicht. Zur E. kann jemand gehören z.B. aufgrund seiner Herkunft, seines Geldes, seiner Machtstellung oder wegen besonderer Leistung.

Man unterscheidet **Geburtseliten** (z.B. Erbadel), **Machteliten** (Inhaber von Machtpositionen), **Werteliten** (Menschen mit besonderen Eignungsmerkmalen und persönlichen Qualitäten) und **Funktionseliten** (Personen in gesellschaftlichen Spitzenpositionen). Die Kennzeichen, die für die Zugehörigkeit zur E. notwendig sind, unterliegen dem Wandel der gesellschaftlichen Anschauungen.

Älteren Elitetheorien zufolge entscheiden »natürliche« Merkmale wie Begabung oder Geburt über die Zugehörigkeit zu einer E. Die Herrschaft von Menschen über andere wird als naturgegeben betrachtet wie auch die Tatsache, dass es Bevorzugte (Privilegierte) und Benachteiligte (Unterprivilegierte) gibt. Gesellschaftliche Unterschiede werden nicht als historisch entstandene, sondern als von Natur aus bestehende Unterschiede begriffen und somit als unveränderbar hingestellt.

Neuere Elitetheorien stellen diesem wertbestimmten Elitebegriff einen wertneutralen gegenüber; besondere Beachtung wird dabei den Funktionseliten geschenkt. Solche Eliten sind auch in einer Demokratie notwendig, da in jeder Gesellschaft herausragende Funktionen wahrgenommen werden müssen. Diese E. muss jedoch kontrolliert werden und auch personell austauschbar sein **(Elitezirkulation).**

Eltern [eigentlich die »Älteren«]: Vater und Mutter, denen die Fürsorge ihrer leiblichen oder angenommenen (adoptierten) Kinder obliegt. Nach Art. 6 Abs. 2 GG sind Pflege und Erziehung das natürliche Recht der Eltern. Damit schützt das Grundgesetz den privaten Raum der Familie vor Eingriffen des Staates **(Elternrecht).** Der staatlichen Gemeinschaft wird allerdings das Recht eingeräumt, die elterliche Tätigkeit zu überwachen. Eingriffe sind aber nur dann erlaubt, wenn die E. ihren Pflichten nicht nachkommen bzw. nicht nachkommen können (↑Jugendhilfe). Die **elterliche Sorge** umfasst das Recht und die Pflicht der E., für die materiellen Bedürfnisse und die Pflege des Kindes, die Aufsicht und Erziehung (auch die religiöse), die Wahl der Schule und Ausbildung (bei Rücksicht auf Eignung und Neigung des Kindes) zu sorgen und sein Vermögen zu verwalten (↑Sorgerecht).

Elternzeit: ↑Erziehungsurlaub.

Emanzipation [zu lat. emancipare »in die Selbstständigkeit entlassen«]: Befrei-

ung aus einem rechtlichen, sozialen oder politischen Abhängigkeitsverhältnis bei gleichzeitiger Erlangung von Mündigkeit und Selbstbestimmung.
Entwicklung: Ursprünglich verstand man unter E. die Entlassung aus einem rechtlichen Gewaltverhältnis, z.B. im römischen Recht, wo die Ehefrau und die Kinder unter der Gewalt des Hausherrn standen, der sie rechtlich vertrat und für sie haftete. Zu Lebzeiten des Vaters konnten die Söhne i.d.R. nur durch eine Erklärung des Vaters vor einer Behörde Selbstständigkeit erlangen (formelle E.). Ähnlich konnten im mittelalterlichen deutschen Recht die Söhne nur durch den Tod des Vaters oder mit wirtschaftlicher Unabhängigkeit aus der väterlichen Gewalt entlassen werden. In der Neuzeit erlangt der Begriff v.a. im Zeitalter der ↑Aufklärung durch das Aufbegehren des Bürgertums gegen die überkommene ständische Ordnung und den Absolutismus eine erweiterte politisch-soziale Bedeutung. Die Forderung der Französischen Revolution nach Gleichheit aller Bürger vor dem Gesetz wurde bald auf die politische und soziale Gleichstellung und Aufhebung der wirtschaftlichen Abhängigkeit der Arbeiterklasse und anderer benachteiligter Gruppen ausgedehnt (z.B. Juden, Frauen).
Heute wird unter E. verstanden: 1) das individuelle Heranwachsen und Selbstständigwerden von Kindern und Jugendlichen; 2) das Selbstständigkeitsstreben von (benachteiligten) Gruppen (z.B. Minderheiten), Schichten oder Klassen sowie 3) die Gesamtheit dieser Prozesse mit dem Ziel, Macht und Herrschaft in einer Gesellschaft zu beschränken, um eine Selbstbestimmung aller Individuen zu ermöglichen.

Embargo: ↑Wirtschaftssanktionen.

Embryonenschutzgesetz: ↑Gentechnologie.

Emigration [von lat. emigrare »ausziehen«, »auswandern«]: freiwillige oder zwangsweise Auswanderung aus dem Heimatland aus wirtschaftlichen Gründen oder aufgrund von politischer, rassischer oder religiöser Diskriminierung. Im Gegensatz zu dieser Form von E. spricht man auch von **innerer E.,** wenn Menschen, z.B. weil sie mit dem politischen System nicht einverstanden sind oder die herrschende Gesinnung nicht teilen, zwar im Land verbleiben, aber nicht mehr am gesellschaftlichen Leben teilnehmen.
Die größte Emigrationswelle im 20. Jh. gab es in Deutschland z.Z. des Nationalsozialismus. Bis 1941 mussten über 500 000 Juden das Land verlassen, weil sie verfolgt wurden und ihnen die nationalsozialistische Gesetzgebung das Verbleiben im Heimatland unmöglich machte (↑Judenverfolgung).

Empirie: Erfahrung im Gegensatz zur Theorie. Empirische Wissenschaft ist die Beschäftigung nur mit beobachtbaren und messbaren Ereignissen.

empirisch-analytische Theorie: im weiteren Sinne eine Theorie, die mit den Methoden der empirischen Sozialforschung nach Erkenntnissen strebt. Im engeren Sinne eine Theorie, nach der im Unterschied zu ↑normativ-ontologischen Theorien und zu den gesellschaftskritischen Theorien des Marxismus, des Neomarxismus und der Kritischen Theorie der Frankfurter Schule die Realität durch systematische Erhebung und Analyse von Daten exakt erfasst werden kann. Die e.-a. T. fordert, dass Werte nicht als Ergebnis, sondern als Voraussetzung wissenschaftlicher Arbeit gesehen werden.

empirische Sozialforschung: systematische, methodenorientierte Erhebung und Interpretation von Daten gesellschaftlicher Gegebenheiten und Vorgänge. Die Forschungsergebnisse dienen u.a. der Überprüfung von Theorien und Hypothesen über soziale Zusammenhänge. Methoden sind v.a. Befragung, Beobachtung und Experiment.

Endlagerung: ↑Entsorgung.

Energiepolitik: Teil der Wirtschafts-, Struktur- und Umweltpolitik zur staat-

E

Energiepolitik: Im einem Salzschacht in Morsleben (Sachsen-Anhalt) lagern Fässer mit schwach radioaktivem Abfall. Morsleben ist Deutschlands einziges Endlager für Atommüll.

lichen Steuerung des Energiesektors. Die E. umfasst alle Aspekte der Energieversorgung (Gewinnung, Lagerung, Bevorratung, Umwandlung, Transport und Verteilung von Energie, Entsorgungsfragen, Außenhandel) sowie die Beeinflussung der Energienachfrage und -sparmaßnahmen. Durch die E. werden sowohl der rechtliche Rahmen (z.B. die Wettbewerbsordnung für einzelne Energieträger) vorgegeben als auch technisch-naturwissenschaftliche Randbedingungen, z.B. über die Energieforschung, mitgestaltet. Die E. steht in z.T. spannungsreicher Wechselbeziehung zur Wettbewerbs-, Finanz-, Industrie-, Regional-, Forschungs- und Technologiepolitik und ist v.a. mit der ↑Umweltpolitik verzahnt, so beim ↑Klimaschutz.

Allgemein anerkanntes Ziel der E. ist die langfristig sichere, risikoarme, kostengünstige sowie umwelt- und ressourcenschonende Bereitstellung von Energiedienstleistungen. Wegen erwarteter Klimaveränderungen v.a. durch den ↑Treibhauseffekt soll der Ausstoß von Treibhausgasen (Kohlendioxid, Stickoxide, Methan) verringert und gleichzeitig die Energieversorgung für die weiter stark wachsende Weltbevölkerung sichergestellt werden.

Schwerpunkte der E. in Deutschland waren in den 1950er-Jahren zunächst die Kohlen- und die Kernenergiepolitik. Nach den Ölkrisen 1973/74 und 1978/79 konzentrierte sich die E. u.a. darauf, die Abhängigkeiten von Ölimporten zu verringern (Ersetzung von Erdöl, Wechsel zu sicheren Lieferländern). Der Ausbau der ↑Kernenergie wurde als vorrangig angesehen, war jedoch wegen der damit verbundenen Umweltrisiken (Lagerung radioaktiver Abfälle, Reaktorunfälle) politisch umstritten.

Die E. unterstützte die Nutzung der relativ teuren einheimischen Kohle zur Stromgewinnung wegen der Versorgungssicherheit und der Sicherung von Arbeitsplätzen. Dazu wurde u.a. 1977 der sog. Jahrhundertvertrag über den Bezug und die Lieferung von einheimischer Steinkohle zwischen den deutschen Bergbauunternehmen und der Elektrizitätswirtschaft geschlossen. Nach seinem Auslaufen Ende 1995 wurden bis 2005 weitere, allerdings sinkende staatliche Subventionen bewilligt. 2000 wurden zwischen rot-grüner Bundesregierung und Energiewirtschaft Eckpunkte für einen ↑Atomausstieg vereinbart. Hinzu kam eine stärkere Förderung ↑regenerativer Energien.

Energiewirtschaft: zusammenfassende Bezeichnung für die in unterschiedlichen Wirtschaftsbereichen erfolgenden Aktivitäten zur Bereitstellung von Energiedienstleistungen. Darunter fallen Erzeugung, Import, Umwandlung, Lagerung, Transport und Verteilung von Energie sowie die Umwandlung der Endenergie bei den Verbrauchern (Haushalte, Industrie, Verkehr) in Nutzenergie bzw. Dienstleistungen (u.a. Wärme, mechanische Arbeit, Licht).

Zur Erzeugung und Umwandlung von Energie zählt die Bereitstellung der Primärenergieträger (v.a. Erdöl, Erdgas, Kohle, Kernbrennstoffe, Wasser- und Windkraft, Biomasse) und deren Umwandlung in Sekundärenergie (u.a. Treibstoffe, Heizöle, Strom, Koks, Fernwärme).
Die E. nimmt in einer Volkswirtschaft eine Schlüsselstellung ein, da sie der übrigen Wirtschaft unverzichtbare Vorleistungen zur Verfügung stellt. Die E. ist sehr kapitalintensiv. Strukturelle Änderungen lassen sich nur langfristig erzielen, da Energie i.d.R. durch langlebige Kapitalgüter erzeugt und verbraucht wird (u.a. Kraftwerke, Hochöfen, Raffinerien, Heizungen, Kraftfahrzeuge).

Enklave: Wird ein Teil eines Staatsgebietes vom Territorium eines anderen Staates umschlossen, so wird dieses Teilgebiet aus der Sicht des Staates, dessen Territorium das umschließende ist, als E. (Einschluss) bezeichnet. Aus der Sicht des Staates zu dem dieses Gebiet gehört, nennt man es **Exklave.**

Enquete-Kommission [ã'kɛ:t-, enquête, frz. »Untersuchung«]: Kommission, welche die Aufgabe hat, über einen festgelegten Problembereich grundsätzliche Recherchen anzustellen und Material zu sammeln, das als Grundlage für politische Entscheidungen dienen kann. Damit unterscheidet sich die E. vom ↑Untersuchungsausschuss, der konkrete Vorgänge aufklären soll. Zwar sind beide Gremien von politischer Seite eingesetzt, die Mitglieder der E. müssen jedoch keine Abgeordneten sein, sondern können als Fachleute berufen werden.

Enteignung: die teilweise oder völlige Entziehung des Eigentums durch einen gezielten hoheitlichen Rechtsakt. Die E. unterscheidet sich von der Konfiskation (entschädigungslose Einziehung) und der ↑Sozialisierung (Vergesellschaftung). In Deutschland lässt das Grundgesetz nach Art. 14 eine E. nur zum Wohle der Allgemeinheit zu. Sie darf nur durch Gesetz oder aufgrund eines Gesetzes erfolgen, das Art und Ausmaß der Entschädigung regelt. Eine E. liegt nicht nur dann vor, wenn Eigentum im Sinne des bürgerlichen Rechts entzogen wird, auch Rechtspositionen können enteignet werden, so z.B. ein Rentenanspruch oder eine schuldrechtliche Forderung.

Entflechtung: Auflösung von Unternehmenszusammenschlüssen und Konzernen mit dem Ziel, eine übermäßige Konzentration wirtschaftlicher Macht zu verhindern und einen funktionsfähigen ↑Wettbewerb wiederherzustellen (↑Kartellrecht).

Entfremdung: zentraler, gleichzeitig vieldeutiger Begriff bei verschiedenen Theoretikern der modernen Gesellschaft, der sich auf gesellschaftliche Prozesse und psychische Zustände bezieht. In der wohl einflussreichsten Fassung des Begriffs, den Frühschriften (1844) von K. Marx, wird E. als notwendige Folge des ↑Kapitalismus gesehen. ↑Arbeit verliert dort ihren Charakter als wesentliche Ausdrucksform des Menschen. Die Güter treten den Produzenten als eine fremde Warenwelt gegenüber, die nicht mehr als selbst geschaffen begriffen wird.

Entgeltfortzahlung: ↑Lohnfortzahlung.

Entkolonisation (Dekolonisation): die einvernehmliche oder durch einen Krieg gegen die Kolonialmacht herbeigeführte Aufhebung der Kolonialherrschaft (↑Kolonialismus), d.h. die Gewährung des ↑Selbstbestimmungsrechts der Völker. Moralisch stand die Frage nach der Rechtmäßigkeit der früheren ↑Annexion überseeischer Gebiete im Vordergrund. Veranlasst wurde der Prozess der E. u.a. durch die Schwäche und den Prestigeverlust vieler europäischer Mächte durch Krieg und ökonomische Probleme sowie den wachsenden Druck der öffentlichen Meinung. Unabhängig wurden so etwa Kenia (1963), Swaziland (1968) und Zimbabwe (1980).

E

Die E. vollzog sich durch gewaltsame Aktionen einer ↑Befreiungsbewegung bzw. durch Kriege gegen das sog. Mutterland (z.B. Vietnam gegen Frankreich 1946–54, Angola gegen Portugal 1961–75), durch freiwillige Entlassung von Kolonien in die Unabhängigkeit (z.B. Indien 1947 als Modell für die gewaltfreie E. nach dem Unabhängigkeitskampf gegen die britische Herrschaft unter M. Gandhi) oder in Einzelfällen durch Integration in den Staatsverband der ehemaligen Kolonialmacht (Hawaii als US-Bundesstaat 1959). Leider hat, v.a. in Afrika, die Übergabe der Macht an einheimische Gruppen und Eliten nur in Ausnahmefällen zu freiheitlicheren und demokratischeren Strukturen auf Dauer geführt.

Entmilitarisierung: im Völkerrecht die vertragliche Verpflichtung eines Staates, in einem bestimmten Gebiet keine militärischen Kräfte, Anlagen oder Waffen zu unterhalten. Die E. wird i.d.R. durch einen völkerrechtlichen Vertrag herbeigeführt oder dem Verlierer eines Krieges aufgezwungen. Eine entmilitarisierte Zone liegt meist ins einem Grenzgebiet und dient als Pufferzone.

Entnazifizierung: Maßnahmen der alliierten Siegermächte (USA, Sowjetunion, Großbritannien und Nordirland, Frankreich) in Deutschland nach 1945 zur Zerstörung aller nationalsozialistischen Organisationen und zum Ausschluss von Nationalsozialisten aus staatlichen, wirtschaftlichen und kulturellen Schlüsselstellungen. Bis 1947 wurde die E. durch Ausschüsse unter alliierter Verantwortung, ab 1947 teilweise, ab 1949 schließlich ganz von deutschen Behörden durchgeführt. Die E. wurde in den westlichen Besatzungszonen bzw. Ländern unterschiedlich streng und v.a. wegen der sich wandelnden Politik der Besatzungsmächte gegenüber Deutschland kaum konsequent und zielgerichtet ausgeführt (6,08 Mio. Menschen wurden zwar »entnazifiziert«, über 95% jedoch als Entlastete oder Mitläufer eingestuft).

In der Sowjetischen Besatzungszone benutzte die UdSSR die E. zur Ausschaltung von Besitzbürgertum und politisch Andersdenkenden (Einrichtung von Internierungslagern und Sondergerichten).

In *Österreich* begann die E. mit dem Verbotsgesetz (Verbot der NSDAP und ihrer Organisationen) vom 8. 5. 1945 und endete mit der »NS-Amnestie« vom 14. 3. 1957.

Entschädigung: ↑Eigentum, ↑Zwangsarbeiterentschädigung.

Entsorgung: Abtransport und Beseitigung (Aufbereitung, Deponierung, Verbrennung, ↑Recycling) von Abfallstoffen (↑Abfallentsorgung), im engeren Sinne die E. **radioaktiven Abfalls,** der besonders beim Betrieb von Kernreaktoren und bei der Wiederaufarbeitung ausgedienter Kernbrennelemente entsteht und aufgrund seiner Radioaktivität besondere Probleme bei der Beseitigung und Lagerung aufwirft. Die Abfälle müssen zunächst in ihrer Aktivität abklingen, ehe sie der eigentlichen E. und **Endlagerung** (zeitlich unbefristete Deponierung) zugeführt werden. Weltweit gab es bis 2000 keine Endlagerstätte für hoch radioaktiven (Wärme entwickelnden) Atommüll (Anteil: rd. 5%).

Das deutsche Atomgesetz schreibt die E. abgebrannter Brennelemente aus kerntechnischen Anlagen als Voraussetzung für den Betrieb eines Kernkraftwerks vor (↑Atomrecht). Seit 1994 können die Betreiber zwischen Wiederaufarbeitung und direkter Endlagerung wählen. Der 2000 beschlossene ↑Atomausstieg zwischen der rot-grünen Bundesregierung und der Energiewirtschaft enthält Vereinbarungen über eine Beendigung der Wiederaufarbeitung (überwiegend in Frankreich und Großbritannien) und über die damit zusammenhängenden, politisch wie sicherheitstechnisch umstrittenen Atomtransporte; auch favorisiert die Vereinbarung die Zwischenlagerung in der Nähe der Kraftwerke und stoppt die Erkundung der deutschen

Endlagerstätte für Wärme entwickelten Abfall in Gorleben (Niedersachsen). In Zukunft sollen wissenschaftlich fundierte Kriterien für eine Endlagerung in einem pluralistischen Prozess festgelegt werden.

Entspannungspolitik: der durch internationale Bemühungen (Maßnahmen der ↑Abrüstung, politische und wirtschaftliche Vereinbarungen) geförderte Prozess, Konflikte zu entschärfen und neue zu vermeiden; insbesondere die Bemühungen während des ↑Ost-West-Konflikts, den machtpolitischen und ideologischen Gegensatz zwischen UdSSR und USA (und den jeweiligen Bündnissen) zu entschärfen. Nach der Konfrontation der USA und der UdSSR im Kalten Krieg kam es 1963–79 zu Vertragsabschlüssen in Fragen der Rüstungskontrolle und -begrenzung. In Europa fügten sich die neue Ostpolitik (↑Ostverträge) der BRD (seit 1969/70) und die Konferenz über Sicherheit und Zusammenarbeit in Europa (KSZE, ↑OSZE) mit ihren Nachfolgekonferenzen in diese internationalen Bemühungen ein. Die Entwicklungsländer entwickelten eigene Initiativen.

Seit Ende der 1970er-Jahre verschärften sich jedoch wieder die Ost-West-Spannungen (sowjetische Aufrüstung bei Mittelstreckenwaffen und NATO-Doppelbeschluss vom 12. 12. 1979 als Reaktion darauf, d. h. Nachrüstung in der gleichen Waffenkategorie bei gleichzeitigem Angebot an die UdSSR, bis zu Beginn der Stationierung über Abrüstung dieser Waffen zur verhandeln; Einmarsch der UdSSR in Afghanistan im Dezember 1979). Der Wandel in der sowjetischen Politik in der zweiten Hälfte der 1980er-Jahre ermöglichte jedoch eine grundsätzliche Verbesserung der internationalen Beziehungen. Diese Entwicklung führte, insbesondere seit der politisch-gesellschaftlichen Umwälzung in Mittel- und Osteuropa 1989/90, zum Abbau der starren militärischen Blockkonfrontation und zum Ende des Ost-West-Konflikts. Nach dem Zusammenbruch der kommunistischen Regierungssysteme in Europa und dem Zerfall der Sowjetunion traten angesichts der Entstehung neuer souveräner Staaten Spannungen auf, die bis dahin durch Systemzwänge überdeckt worden waren. UN, Europäische Union und besonders ↑NATO und die ↑OSZE bemühten sich auch durch E. zur Konfliktlösung beizutragen. Wegen russischer Bedenken gegenüber der NATO-Osterweiterung wurde am 27. 5. 1997 in Fortsetzung der bisherigen E. ein Sicherheitsabkommen zwischen der NATO und Russland geschlossen. – Siehe auch ↑Friedenssicherung.

Entspannungspolitik: Zum ersten Mal seit der doppelten Staatsgründung 1949 kam es 1970 zu zwei deutsch-deutschen Gipfeltreffen. Bundeskanzler Willy Brandt (vorne r.) und DDR-Ministerpräsident Willi Stoph (vorne l.) trafen sich am 19. 3. in Erfurt und am 21. 5. in Kassel (Bild).

Entstalinisierung: ↑Stalinismus.

Entwicklung: Veränderung über einen bestimmten Zeitraum. Die Sozialwissenschaften beschäftigen sich mit der E. von Gesellschaften, wobei vielfach die gesellschaftlichen und wirtschaftlichen Verhältnisse in den westlichen Industriestaaten zum Maßstab genommen werden. In dieser Sicht gelten die ↑Entwicklungsländer als unterentwickelt. Im volkswirtschaftlichen Sinn wird E. häufig mit ↑Wirtschaftswachstum gleichgesetzt.

E

Entwicklungsdiktatur: vorwiegend in Entwicklungsländern verbreitete Herrschaftsform, bei der die politische, wirtschaftliche und gesellschaftliche Ordnung eines Staates durch den zeitlich begrenzten Einsatz diktatorischer Mittel (z.B. Aufhebung der Gewaltenteilung, Ausschaltung der öffentlichen Kontrolle politischer Macht) hergestellt werden soll.

Entwicklungshilfe: Gesamtheit der Hilfsmaßnahmen zur Unterstützung der Entwicklungsländer; vorrangiges Ziel der E. ist die Überwindung der absoluten Armut sowie die Förderung der wirtschaftlichen, sozialen und kulturellen Entwicklung der Empfängerstaaten. Nach Art der Maßnahmen unterscheidet man Kapitalhilfe (z.B. Kreditvergabe, Übernahme von Bürgschaften), technische Hilfe (Unterstützung im Bereich des Bildungswesens), Güterhilfe (Belieferung mit Gütern wie z.B. Nahrungsmitteln und Medikamenten) und Handelshilfe (Erleichterung des Handels z.B. durch Abbau von Zöllen). E. wird durch private, öffentliche und internationale Organisationen sowie durch Staaten (↑Entwicklungspolitik) gewährt. 1970 formulierten die UN das Ziel, die Industrieländer sollten jährlich 0,7% ihres Bruttosozialprodukts für E. bereitstellen; dieses Ziel wird bis heute vielfach (auch von Deutschland) nicht erreicht. Die im Zuge des Kalten Krieges geleistete E. diente z.T. der Sicherung wirtschaftlicher und politischer Interessen der Industriestaaten und führte zu einer starken Abhängigkeit der Entwicklungsländer. Angesichts der sich verschärfenden ↑Schuldenkrise sowie der Hungerkatastrophen in vielen Entwicklungsländern wird bereits seit den 1970er-Jahren Kritik an der Praxis der E. laut. Alternative Konzepte der E. bemühen sich um eine Stärkung des Eigenpotenzials und eine größere Berücksichtigung der jeweiligen Traditionen der Entwicklungsländer.

Entwicklungsländer: Bezeichnung für eine nicht einheitlich definierte Gruppe von Ländern, die im Vergleich zu den Industriestaaten einen geringeren wirtschaftlichen und sozialen Entwicklungsstand aufweisen. Als Hauptkriterien für die Zuordnung gelten: niedriges Pro-Kopf-Einkommen, ungleiche Verteilung der vorhandenen Güter, hohe Arbeitslosen- und Analphabetenquote, starke Ausrichtung auf landwirtschaftliche Produktion, hohe Abhängigkeit von Rohstoffexporten und damit vom Preisniveau des Weltmarkts. Entscheidend für Zuwendungen im Rahmen der ↑Entwicklungshilfe ist die Höhe des Pro-Kopf-Einkommens bzw. der Grad der Industrialisierung (↑Schwellenländer); um eine gezielte Unterstützung zu ermöglichen, berücksichtigen die UN seit 1970 bei der Unterteilung der einzelnen E. weitere Kriterien (z.B. Verschuldung, Preisanstieg).
Zur gemeinsamen Vertretung ihrer Interessen haben sich einige E. seit 1964 zur ↑Gruppe der 77 zusammengeschlossen. Die Lomé-Abkommen zwischen den E. Afrikas, der Karibik und des Pazifiks (↑AKP-Staaten) sowie der EU enthalten Vereinbarungen zur Zusammenarbeit im Bereich der Entwicklungspolitik.

Entwicklungspolitik: siehe Seite 102.

Enzyklika [griech. »Rundschreiben«]: in der katholischen Kirche gedrucktes Rundschreiben des Papstes an die Bischöfe und die Gläubigen. Die amtliche Erstfassung ist meist in lateinischer Sprache gehalten. Die E. wird nach den Anfangsworten zitiert (z.B. »Mater et magistra«).

Erblastentilgungsfonds: 1993 geschaffenes Sondervermögen des Bundes, in dem zum 1.1.1995 die finanziellen »Erblasten« aus der deutschen Vereinigung in Höhe von 338 Mrd. DM zusammengefasst wurden. Der E. umfasst u.a. Altschulden der ostdeutschen Wohnungswirtschaft und Finanzschulden der Treuhandanstalt. Für die Tilgung der Verbindlichkeiten ist ein Zeitraum

Entwicklungsländer

Gegenüberstellung der ärmsten und reichsten Staaten der Erde 1998 (Bruttosozialprodukt je Einwohner in US-$)

Die ärmsten Staaten		Die reichsten Staaten	
Äthiopien	100	Luxemburg	45 100
Dem. Rep. Kongo	110	Schweiz	39 980
Sierra Leone	140	Norwegen	34 310
Burundi	140	Dänemark	33 040
Guinea-Bissau	160	Japan	32 350
Niger	200	Singapur	30 170
Eritrea	200	USA	29 240
Nepal	210	Island	27 830
Moçambique	210	Österreich	26 860
Malawi	210	Deutschland	26 570

Quelle: Weltbank

von 30 Jahren vorgesehen; die Finanzierung erfolgt durch Bundesbankgewinne, Erlöse aus Privatisierung sowie (seit dem 1.1.1999) durch Aufwendungen aus dem regulären Bundeshaushalt.

Erbmonarchie: die Erblichkeit der Thronfolge in einer ↑Monarchie. Im Gegensatz zur **Wahlmonarchie,** bei welcher der Nachfolger des Staatsoberhauptes durch Wahl bestimmt wird, geht in einer E. beim Tod des Monarchen die Macht kraft Erbfolge an dessen Erben über. In Europa sind heute noch Belgien, Dänemark, Großbritannien und Nordirland, Liechtenstein, Luxemburg, die Niederlande, Norwegen, Schweden und seit 1978 wieder Spanien Erbmonarchien.

Erbschaftsteuer: ↑Steuern.

Erdwärme: ↑regenerative Energien.

Erfolgsgesellschaft: ↑Industriegesellschaft, ↑Leistungsgesellschaft.

Ermächtigungsgesetz: ein meist zeitlich oder sachlich begrenztes Gesetz, das einem nicht zuständigen Staatsorgan die Befugnis einräumt, Rechtssätze außerhalb der ordentlichen Gesetzgebung zu erlassen. Ermächtigungsgesetze wurden seit dem Ersten Weltkrieg zur Überwindung politischer und wirtschaftlich-sozialer Notstände gebräuchlich. Das E. des Reichstags vom 24. 3. 1933 (»Gesetz zur Behebung der Not von Volk und Reich«) für die Reichsregierung bildete die Rechtsgrundlage der nationalsozialistischen Diktatur. In Deutschland verbietet Art. 80 GG Ermächtigungsgesetze. Die Bundesregierung, einzelne Bundesminister oder Landesregierungen können nur im engen Rahmen zu ↑Rechtsverordnungen ermächtigt werden.

Ermessen: die den Verwaltungsbehörden vom Gesetzgeber eingeräumte Befugnis, unter mehreren Entscheidungen eine auszuwählen. Die Ausübung des E. ist nicht frei, sondern muss sich im Rahmen der Gesetze bewegen.

erneuerbare Energien: ↑regenerative Energien.

ERP: ↑European Recovery Programme.

Ersatzdienst: ↑Zivildienst.

Ersatzkassen: ↑Krankenkassen.

Erster Weltkrieg: ↑Weltkrieg.

Erststimme: ↑Bundestagswahl.

Erwachsenenbildung: ↑Weiterbildung.

Erwerbsarbeit: jede Form von Arbeit, die für den Erwerb von Einkommen zum Lebensunterhalt ausgeübt wird. Die Zahl der ↑Erwerbspersonen ging in Deutschland 1960–78 aufgrund länge-

Unter Entwicklungspolitik werden alle Maßnahmen verstanden, die darauf abzielen, den sozialen Fortschritt und einen höheren Lebensstandard in den Entwicklungsländern zu fördern sowie deren (wirtschaftliche) Unterentwicklung gegenüber den Industriestaaten zu überwinden. In den ↑Entwicklungsländern – etwa 170 Staaten – lebten zu Beginn des 21. Jh. zwei Drittel der Weltbevölkerung, die jedoch an der Weltwirtschaft nur einen Anteil von etwa einem Drittel hielten.

Ursachen des Ungleichgewichts

Als Gründe für die Entwicklungsunterschiede zwischen Erster und Dritter Welt werden interne und externe Faktoren angeführt. Hierbei stehen sich ↑Modernisierungstheorien, die u.a. auf eine unzureichende Ausstattung mit Produktionsfaktoren verweisen, und Dependenztheorien (↑Dependencia) gegenüber, die auf eine die Dritte Welt benachteiligende Weltwirtschaftsordnung abheben. Da die Unterschiede zwischen den v.a. in Afrika liegenden 48 ärmsten Ländern, den »least developed countries« (»am wenigsten entwickelte Länder«, ↑Vierte Welt), und den ↑Schwellenländern z.T. ebenso groß sind wie die zwischen manchen Industrie- und Entwicklungsländern, wird deutlich, dass eingleisige Theorieansätze nicht ausreichen, um den Entwicklungsunterschied zu erklären.

Zu berücksichtigen sind neben fehlenden Strukturveränderungen und mangelnder Demokratisierung auch die im Vergleich zu den Bildungs- und Gesundheitsausgaben aufgeblähten Rüstungshaushalte, Korruption, Bereicherung der Eliten in den Entwicklungsländern und Handelsbeschränkungen für Dritte-Welt-Staaten auf dem Weltmarkt.

Bevölkerungswachstum und Naturkatastrophen, Kriege und ↑Bürgerkriege als Folge kolonialer Grenzziehungen und neue Kämpfe um die Verteilung von Rohstoffen, die Finanzkrisen in Lateinamerika und Asien, das Problem der Überschuldung (↑Schuldenkrise) und nicht zuletzt die Immunschwächekrankheit ↑AIDS erschweren die Entwicklungsanstrengungen.

Entwicklungspolitik

Entwicklungshilfe ausgewählter Industriestaaten (Anteil am Bruttosozialprodukt in %)

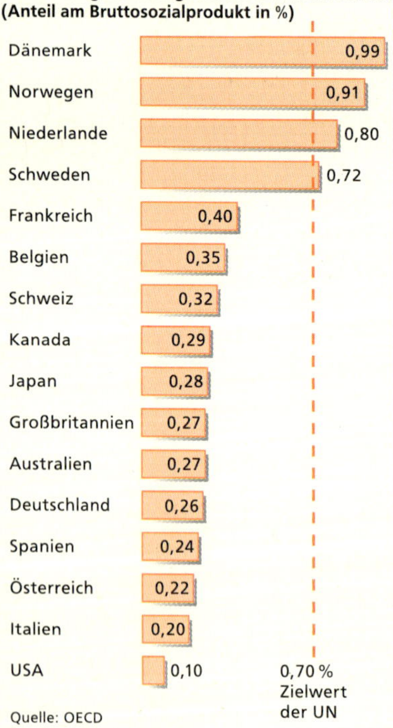

Quelle: OECD
Stand: 1998

Träger der Entwicklungspolitik

Neben den Regierungen der Industriestaaten sowie internationalen Organisationen (UN, EU, ↑Weltbank, ↑Internationaler Währungsfonds [IWF] u.a.), die ↑Entwicklungshilfe leisten, engagieren sich auch ↑Non Governmental Organizations (NGO, »Nichtregierungsorganisationen«) in der Entwicklungspolitik. Als private Träger ist ihnen im Vergleich mit den staatlichen Stellen ein direkterer Zugang zu den Empfängergruppen möglich. Daneben zählen auch die Entwicklungsländer selbst mit ihrer Wirtschaftspolitik, ihrer Einflussnahme auf internationale Gremien und die Entwicklungshilfe der Schwellenländer zu den Akteuren. So leisten z.B. die arabischen Ölstaaten im Verhältnis zu ihrer Wirtschaftskraft mehr Entwicklungshilfe als die westlichen Industrieländer. Dennoch stammen mehr als vier Fünftel der weltweit geleisteten staatlichen Entwicklungshilfe aus den Staaten der OECD.

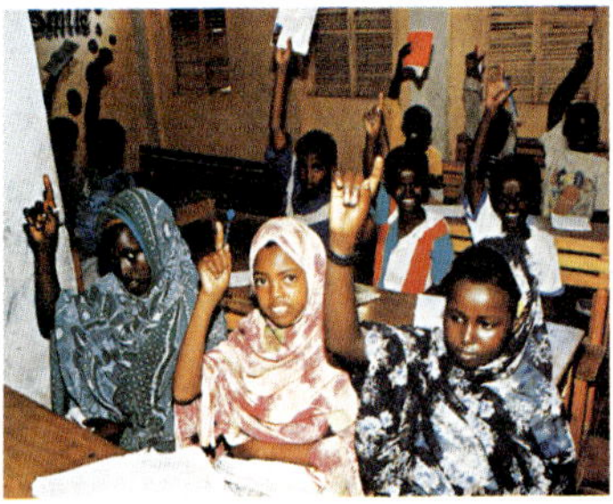

Eine UNESCO-Initiative ermöglichte Kindern in Somalia 1993 den Schulbesuch. Entscheidend für die Berufs- und Lebenschancen der Heranwachsenden in den Entwicklungsländern ist ein verbessertes Bildungswesen.

Die Entwicklungspolitik der Industrieländer dient jedoch auch der Sicherung v.a. wirtschaftlicher – besonders z.Z. des Ost-West-Gegensatzes auch politischer (↑ Neokolonialismus) – Einflusssphären, die den Export und die Konjunktur im eigenen Land fördern sollen, sowie zur Begrenzung des Zuzugs von Flüchtlingen. Entwicklungspolitik wird jedoch auch als Instrument der Friedenssicherung verstanden und orientiert sich an humanitären Vorstellungen.

Rückgang der Entwicklungshilfe

Bereits 1970 proklamierten die UN das Ziel, die Industrieländer sollten 0,7% ihres Bruttosozialprodukts für öffentliche Entwicklungshilfe aufwenden. Dieser Richtschnur folgten 1998 nur die Niederlande, Dänemark, Norwegen und Schweden. Deutschland lag mit einem Anteil von 0,26% im Durchschnitt der OECD-Länder. In den 1990er-Jahren pendelten sich die Leistungen der Industriestaaten für die Entwicklungsländer wieder auf den Stand von Mitte der 1960er-Jahre ein. Der Rückgang hing auch mit dem Ende des Ost-West-Konflikts 1989/90 zusammen: Einerseits verloren viele Entwicklungsländer ihre geostrategische Bedeutung, andererseits verteilten die westlichen Industriestaaten ihre finanziellen Mittel auf die Länder Ostmitteleuropas, deren wirtschaftliche und soziale Lage z.T. ähnlich prekär war.

Entwicklungspolitische Konzepte

Der Schwerpunkt der in den 1950er-Jahren vertretenen Entwicklungsstrategie lag auf der Industrieförderung mit Kapitalhilfen, um das Wirtschaftswachstum der Entwicklungsländer anzukurbeln. Erst in den 1970er-Jahren wurde auch die Einbeziehung der Landwirtschaft diskutiert. Teilweise wurden mit den Maßnahmen der Importsubstitution durch die Entwicklungsländer (d.h. das Ersetzen von Importen, um Devisen zu sparen) gute Erfahrungen gemacht. Das Mittel der Exportdiversifizierung war mit dem Problem verbunden, dass viele Entwicklungsländer die gleichen Exportgüter auf dem Weltmarkt anboten. 1976 wurde das Grundbedürfniskonzept entwickelt, bei dem die Bekämpfung der absoluten Armut im Mittelpunkt steht und mit dem die Selbsthilfefähigkeit der Bevölkerung gestärkt werden soll (Self-reliance). Auch soziale Faktoren fanden z.B. mit der Frauenförderung Eingang in die Entwicklungspolitik.

Die Vergabe von Krediten durch Staaten und internationale Organisationen warfen das Problem des Schuldendienstes auf, das sich in den 1980er-Jahren zu einer internationalen Schuldenkrise ausweitete.

Die Schwerpunkte der Entwicklungspolitik Deutschlands, der EU und UN lagen zu Beginn des 21. Jh. bei der Bekämpfung von ↑Hunger und Armut. Veschiedene Maßnahmen wurden zu diesem Zweck ergriffen. Neben der Sicherstellung der Nahrungsmittelversorgung und der Verbesserung der Gesundheitsvorsorge bemüht man sich um eine Eindämmung der Landflucht durch Bodenreformen und eine Verbesserung der Infrastruktur. Seit den 1990er-Jahren ist die Entwicklungspolitik darüber hinaus mit den Forderungen verknüpft, die Menschenrechte zu wahren, die Bevölkerung am politischen Prozess zu beteiligen und Rechtssicherheit zu gewähren. Ebenso wird bei geförderten Projekten nach sozialverträglicher und ↑nachhaltiger Entwicklung gefragt, die Ressourcen und Umwelt schont.

Immer wieder wird der Dialog zwischen Erster und Dritter Welt dadurch erschwert, dass die Entwicklungsländer manche Bedingungen der Industriestaaten aufgrund ihrer eigenen Traditionen und negativer Kolonialerfahrungen als Bevormundung ansehen. Auch die Strukturanpassungsprogramme des IWF stoßen bei den Schuldnerländern auf Kritik, da sie für die Hilfsleistungen oftmals soziale und wirtschaftliche Radikalkuren (u.a. Kürzung der Subventionen für Grundnahrungsmittel) fordern, die soziale Spannungen schüren.

■ Bilanz

Sinn und Effektivität von Entwicklungspolitik werden seit Jahrzehnten kontrovers diskutiert. Als Erfolg kann gelten, dass sich der Anteil der Entwicklungsländer an der globalen Wertschöpfung in den letzten 30 Jahren verdoppelt hat (von 10% auf 20%). Allerdings fiel der Anstieg zu 70% den ostasiatischen Schwellenländern (↑Tigerstaaten) und der Volksrepublik China zu. Auch bei den sozialen Indikatoren wie Kindersterblichkeit und Alphabetisierung sind Fortschritte erzielt worden, allerdings ebenfalls in nur wenigen Ländern der Dritten Welt.

Insgesamt gesehen hat das Wohlstandsgefälle zwischen Süd und Nord (↑Nord-Süd-Konflikt) zugenommen. Der Anteil der ärmsten 20% der Weltbevölkerung am Welteinkommen fiel in den letzten 30 Jahren von 2,3% auf 1,4%. Nur in Ostasien konnte 1965–95 eine z.T. erhebliche Verbesserung des Pro-Kopf-Einkommens erreicht werden. Die afrikanischen Staaten südlich der Sahara blieben auch zu Beginn des 21. Jh. fast vollständig von der positiven Entwicklung ausgenommen.

Als weitere Maßnahme sind v.a. in den 1990er-Jahren Entschuldungsinitiativen gestartet worden. Um die Entwicklungsländer aus der Schuldenfalle zu befreien, fordern NGOs die Vergabe von langfristigen Krediten und einen bindenden Zeitplan durch die Geberländer. ■

Unter www.bmz.de gibt das Bundesministerium für wirtschaftliche Zusammenarbeit und Entwicklung Auskunft über die deutschen Aktivitäten. Bei www.oecd.org finden sich internationale Hinweise.

Nuscheler Franz: *Lern- und Arbeitsbuch Entwicklungspolitik.* Neudruck Bonn (Dietz) 41996. ■ Wolff, Jürgen H.: *Entwicklungspolitik – Entwicklungsländer. Fakten – Erfahrungen – Lehren.* München (Olzog) 21998. ■ Jahrbuch Dritte Welt 2000, hg. von Joachim Betz und Stefan Brüne. München (Beck) 1999.

rer Ausbildungszeiten zurück und steigt seit 1979 v.a. infolge der verstärkten Berufstätigkeit von Frauen. Für rd. 40% der Bevölkerung ist E. die wichtigste Unterhaltsquelle, ca. 25% werden durch Angehörige, 26% durch Renten u.Ä. versorgt, etwa 5% beziehen ihr Einkommen aus Arbeitslosengeld oder -hilfe. ↑Familienarbeit und ↑Hausarbeit gelten nicht als Erwerbsarbeit.

Erwerbspersonen: alle Personen mit Wohnsitz in Deutschland, die eine unmittelbar oder mittelbar auf Erwerb gerichtete Tätigkeit ausüben (Erwerbstätige) oder suchen (Erwerbslose). Die **Erwerbsquote** ist der Anteil der E. an der Gesamtbevölkerung.

Erwerbsquote: ↑Erwerbspersonen.

Erwerbstätige: alle Personen, die zur Sicherung ihres Lebensunterhalts in einem Arbeitsverhältnis stehen, selbstständig ein Gewerbe betreiben oder einen freien Beruf ausüben. Als E. gelten auch Soldaten und Personen, die im Betrieb eines Familienmitglieds unentgeltlich tätig sind (mithelfende Familienangehörige).

In Deutschland arbeiten mehr als die Hälfte der insgesamt 36 Mio. E. als Angestellte oder Beamte, ein Drittel als Arbeiter, rd. 10% betrieben ein Gewerbe oder übten einen freien Beruf aus, 1% waren mithelfende Familienangehörige.

Erwerbsunfähigkeit: Gemäß Sozialgesetzbuch liegt E. vor, wenn aufgrund von Krankheit oder Behinderung 1) eine Erwerbstätigkeit auf absehbare Zeit nicht ausgeübt werden kann oder 2) durch die Erwerbstätigkeit nur geringfügige Einkünfte erzielt werden können. Nach dem Rentengesetz (Fassung vom 18.12.1989) hat der Erwerbsunfähige einen Anspruch auf Einkommensersatz (Erwerbsunfähigkeitsrente) aus der gesetzlichen Rentenversicherung. Die von der E. unterschiedene **Berufsunfähigkeit** (der Versicherte ist in der Lage, Einkommen zu erzielen, kann dabei aber nur noch weniger als die Hälfte dessen verdienen, was vergleichbare andere Beschäftigte verdienen könnten) wurde zum 1.1.2001 in der **verminderten Erwerbsfähigkeit** zusammengefasst; eine Rente in voller Höhe wird dann nur noch geleistet, wenn die Grenze des maßgeblichen Hinzuverdienstes nicht überschritten wird; auch wurden neue Zumutbarkeitsgrenzen gezogen.

Erziehung: Unterstützung und Förderung des Heranwachsenden, die ihn in seiner geistigen und charakterlichen Entwicklung befähigen sollen, sich sozial zu verhalten und als selbstständiger Mensch eigenverantwortlich zu handeln. Der zu Erziehende soll die Verhaltenserwartungen (das heißt Normen oder Erziehungsziele) seiner sozialen Umwelt kennen, beurteilen, gegebenenfalls als begründet anerkennen und erfüllen lernen (E. als Teilprozess der ↑Sozialisation). Erzwungene Anpassung führt zu Autoritätsgebundenheit oder blinder Protesthaltung. E. in modernem Verständnis meint einfühlende Begleitung.

Erziehungsarbeit: ↑Familienarbeit.

Erziehungsgeld: finanzielle Leistung des Staates für Mütter und Väter, die sich der Betreuung und Erziehung ihres Kindes widmen und daher nicht oder nur teilweise erwerbstätig sind. Gemäß Bundeserziehungsgeldgesetz vom 25.7.1989 (Neufassung vom 7.7.2000) wird E. von der Geburt des Kindes bis zur Vollendung des 24. Lebensmonats gewährt; es beträgt 600 DM monatlich, sofern eine bestimmte Einkommensgrenze nicht überschritten wird (Aufstockung für Familien mit einem Kind und bei Reduzierung des Erziehungsurlaubs möglich).

Erziehungsurlaub: gesetzlich geregelter Anspruch auf Freistellung von der Erwerbstätigkeit für Mütter und Väter für maximal drei Jahre (z.T. auch während der Schulzeit des Kindes möglich). Für die Dauer des E. besteht i.d.R. Kündigungsschutz; die Eltern können sich

E

bei der Inanspruchnahme des E. mehrmals abwechseln und E. nach der Änderung des Gesetzes über ↑Erziehungsgeld im Juli 2000 auch gemeinsam nehmen **(Elternzeit).** Auch haben Mütter und Väter während des E. z.T. einen Rechtsanspruch auf Teilzeitarbeit.

Eskalation [von lat. scala »Leiter«]: Zuspitzung eines politischen Konflikts; militärisch die Verschärfung einer bewaffneten Auseinandersetzung.

Establishment [ɪs'tæblɪʃmənt, engl. »das Errichtete«, »das Bestehende«]: häufig abwertend gebrauchtes Schlagwort für die Inhaber politischer, wirtschaftlicher und kultureller Macht.

ETA, Abk. für bask. **E**uzkadi **T**a **A**zkatasuna »das Baskenland und seine Freiheit«: baskische Untergrundorganisation, gegründet 1959, seit 1976 gespalten in ETA militar und ETA politico-militar. Die ETA kämpft für die Unabhängigkeit der baskischen Minderheit (rd. 900 000 Angehörige) in Spanien. Der Terror der ETA richtet sich v.a. gegen Repräsentanten des Staates, zunehmend auch gegen Unbeteiligte. Mit mehreren Bombenattentaten brach die ETA 2000 ihren 1998 verkündeten Gewaltverzicht.

Etat [e'ta, frz.]: ↑Haushaltsplan.

Etatismus [von frz. état »Staat«]: im kritischen, abwertenden Sinn gebrauchte Bezeichnung für politische Bestrebungen, die Rechte und Zuständigkeiten des Staates auf Kosten der Rechte seiner Bürger auszudehnen. Die Macht- und Entscheidungsbefugnisse in Wirtschaft und Gesellschaft werden dabei meist durch Ausweitung der Kompetenzen der Verwaltung geschmälert.

Etatrecht [e'ta-, frz.]: das Recht des Parlaments, der Regierung die notwendigen Finanzmittel für ihre Politik zu bewilligen oder zu verweigern. Das E. gehört zu den klassischen parlamentarischen Kontrollmitteln und ist eines der wichtigsten Rechte des Parlaments. – Siehe auch ↑Haushaltsplan.

Ethik [griech. »Sitte«]: philosophische Wissenschaft vom Sittlichen, also vom richtigen und verantwortlichen Handeln. Gegenstände der Betrachtung sind dabei die menschlichen Handlungen, die dahinter stehende Gesinnung (↑Gesinnungsethik), die von ihnen erzeugte Wirkung (Erfolgsethik) und die Werte und Normen selbst (Wertethik).

Im Mittelpunkt der **politischen E.** steht die Bedeutung ethischen Handelns Einzelner für eine Gemeinschaft (Staat), insbesondere das Verhältnis von angestrebten Zielen (z.B. Bewahrung der Freiheit) und den dafür angewandten Mitteln (z.B. Gewalt). Nach dem italienischen Staatstheoretiker N. MACHIAVELLI bestimmt sich das jeweils richtige politische Handeln allein aus dem verfolgten Ziel, während die Sittlichkeit der dafür angewandten Mittel zweitrangig ist. Dagegen ist z.B. für die politische E. M. WEBERS der Widerspruch zwischen den sittlichen Normen des politisch Handelnden und den Interessen des Staates oder der Partei, die der politisch Handelnde vertritt, von zentraler Bedeutung (↑Verantwortungsethik).

Ethnie [griech.]: Gruppe von Menschen, die der gleichen Kultur angehören und dieselbe Sprache sprechen. Ein Volk oder eine Nation kann aus verschiedenen Ethnien bestehen.

ethnische Säuberung: systematische und gewaltsame Vertreibung von Volksgruppen (Ethnien) aus einem Gebiet, das meist schon seit längerer Zeit von verschiedenen Völkern besiedelt ist. Die Vertreibung findet aus rassischen, religiösen, politischen oder wirtschaftlichen Gründen statt und soll einer einzigen Nationalität das Lebens- und Wohnrecht in dem betreffenden Gebiet sichern. Die besonders im Zusammenhang mit dem ↑Bosnischen Krieg aufgekommene Bezeichnung ist insofern verharmlosend, als e. S. meist mit großer Brutalität durchgeführt werden.

Ethos [griech. »Gewohnheit«, »Sitte«]: moralische Haltung, sittliche Lebensgrundsätze (Ethik) eines Menschen oder einer Gesellschaft, die die Grundlage des Wollens und Handelns bilden.

EU-Erweiterung: siehe Seite 108.

EU-Fusionskontrolle: Durch die Fusionskontrollverordnung (FKVO) vom 21. 9. 1990 (Erweiterung am 1. 3. 1998) wurde auf europäischer Ebene ein Instrument zur Überwachung von Unternehmenszusammenschlüssen geschaffen, das neben die nationale Kontrolle, gestützt auf das Gesetz gegen Wettbewerbsbeschränkungen, trat (↑Kartellrecht). Erfüllen die eine ↑Fusion planenden Unternehmen bestimmte Kriterien (z. B. gemeinsamer weltweiter Umsatz von über 5 Mrd. ECU und EU-interner Umsatz von über 250 Mio. ECU für eines der Unternehmen, zwei Drittel des gemeinschaftsweiten Umsatzes in einem Mitgliedstaat), ist die Fusion von gemeinschaftsweiter Bedeutung und fällt damit in die Zuständigkeit der ↑Europäischen Kommission.

EU-Generaldirektion: ↑Europäische Kommission.

EURATOM: ↑Europäische Union.

EU-Richtlinie: rahmengesetzähnliche Rechtsvorschrift, die vom Europäischen Parlament bzw. von der Europäischen Kommisson sowie vom Europäischen Rat geschaffen wird und neben der ↑EU-Verordnung, der Empfehlung und Stellungnahme sowie der Entscheidung zu den Rechtsakten der EU zählt. Sie wendet sich an die Mitgliedstaaten (nicht an die Einzelbürger) und verpflichtet diese, binnen einer bestimmten Frist die Vorgaben in innerstaatliches Recht umzusetzen.

Euro, Abk. EUR: europäische Einheitswährung; 1 EUR = 100 Cent (Eurocent); mit Beginn der dritten Stufe der ↑Europäischen Wirtschafts- und Währungsunion (EWWU) wurde der EUR ab 1. 1. 1999 in den Teilnehmerländern der EWWU (Euro-Zone: Belgien, Deutschland, Finnland, Frankreich, Irland, Italien, Luxemburg, Niederlande, Österreich, Portugal, Spanien; seit 2001 Griechenland) als Buchgeld im bargeldlosen Zahlungsverkehr eingeführt. Im Bargeldbereich werden die für einen Übergangszeitraum weiter geltenden nationalen Währungen zum 1. 1. 2002 durch den EUR als gesetzliches Zahlungsmittel ersetzt. Die Banknoten haben eine Stückelung von 5, 10, 20, 50, 100, 200 und 500 EUR, die Münzen von 1, 2, 5, 10, 20, 50 Cent sowie 1 und 2 EUR.

Das Eurozeichen € ist eine Kombination aus dem griechischen Epsilon (Symbol für die Wiege der europäischen Zivilisation), dem Buchstaben E für Europa und einem doppelten Querstrich als Zeichen der Stabilität.

Euro: Wim Duisenberg, erster Präsident der Europäischen Zentralbank, gab am 31. 12. 1998 die offiziellen festen Wechselkurse zwischen dem Euro und den Währungen der elf Staaten bekannt, die seit dem 1. 1. 1999 die Europäische Währungsunion bilden.

Eurokommunismus: regionale Sonderentwicklung des Kommunismus, die sich vom »real existierenden Sozialismus« in Ostmitteleuropa in den 1970er-Jahren abzugrenzen begann. Besonders die kommunistischen Parteien in Italien, Spanien und (kurzzeitig) in Frankreich bekannten sich im Gegensatz zur sowjetischen Spielart des Kommunismus zu

Die Erweiterung der ↑Europäischen Union (EU) v.a. um mittel- und osteuropäische Staaten stand seit den 1990er-Jahren auf der politischen Tagesordnung. Nach der Auflösung des Ostblocks 1989/90 strebten viele Staaten aus dieser Region eine Bindung an die westliche Staatengemeinschaft durch Aufnahme in die ↑NATO und die EU an. Von einer EU-Mitgliedschaft erhofften sie sich auch wirtschaftliche Vorteile.

Beitrittsverhandlungen

Im Dezember 1997 gaben die Staats- und Regierungschefs der 15 EU-Staaten den Startschuss für die Erweiterung. An Estland, Polen, Ungarn, Tschechien, Slowenien und Zypern ergingen Einladungen zu Beitrittsverhandlungen. Diese Länder galten wegen der Fortschritte bei der Umstellung von der sozialistischen Zentralverwaltungswirtschaft auf die Marktwirtschaft, wegen ihrer politischen Situation und der Angleichung der Lebensverhältnisse als aussichtsreichste Bewerber. Die Verhandlungen wurden im November 1998 offiziell aufgenommen.

Sechs weitere Anwärterstaaten blieben zunächst unberücksichtigt: Bulgarien, Lettland, Litauen, Malta, Rumänien und die Slowakei. Erst ab Februar 2000 begannen auch mit diesen Ländern Verhandlungen.

Obwohl die Türkei, die seit 1952 NATO-Mitglied ist, bereits 1987 einen Aufnahmeantrag gestellt hatte, wurden Gespräche mit ihr zunächst nicht geführt, da in der EU Bedenken hinsichtlich der Menschenrechtssituation und der Behandlung der kurdischen Minderheit bestanden. Seit Dezember 1999 hat das Land jedoch den Status eines Mitgliedsanwärters.

Beitrittsvoraussetzungen

Damit ein Staat der EU beitreten kann, muss er Anforderungen genügen, die von der EU bereits 1993 festgelegt wurden. Dazu gehören »institutionelle Stabilität als Garantie für demokratische und rechtsstaatliche Ordnung, für die Wahrung der Menschenrechte sowie die Achtung und den Schutz von Minderheiten«. Hinzu kommen ökonomische Kriterien wie eine funktionsfähige Marktwirtschaft und »die Fähigkeit, dem Wettbewerbsdruck und den Marktkräften innerhalb der Union standzuhalten«, die Fähigkeit, »die aus einer Mitgliedschaft erwachsenen Verpflichtungen zu übernehmen und sich auch die Ziele der politischen Union sowie der Wirtschafts- und Währungsunion zu Eigen machen zu können«. Zunächst gilt es, 80 000 Seiten EU-Regeln und Vorschriften mit der Ausgangssituation im Bewerberland abzugleichen und Schritte und Fristen festzulegen, innerhalb derer der Übergang zu den EU-Standards erfolgen soll. Insgesamt 31 Komplexe werden bei den Beitrittsverhandlungen abgearbeitet, wobei die EU die Bedingungen weitgehend vorgibt. Die Bewerber müssen, um in die EU aufgenommen zu werden, das gesamte Gemeinschaftsrecht übernehmen; sie können in heiklen Punkten lediglich lange Übergangsfristen aushandeln.

Nur in wenigen Fragen ist die EU selbst an einem langsamen Übergang interessiert, etwa bei der Öffnung des Arbeitsmarktes. Insbesondere die Gewerkschaften in der EU fürchten, dass es durch die Arbeitsimmigration aus Osteuropa zu einem Lohn- und Sozialdumping kommt.

Konkurrenz der Bewerberstaaten

Die sechs Staaten, die 1998 die Verhandlungen aufnahmen, haben zwar einen gewissen Vorsprung gegenüber denjenigen, mit denen die EU erst seit Anfang 2000 spricht, doch generell soll Chancengleichheit herrschen: Die »Nachzügler« haben die Möglichkeit, durch zügige Anpassung an die EU-Lebens- und Rechtsverhältnisse zu den »Altkandidaten« aufzurücken oder diese sogar zu überholen. Die EU veröffentlicht regelmäßig Berichte über Fortschritte und Rückschritte in der politischen, ökonomischen und rechtlichen Entwicklung der Bewerberländer, um den Wettbewerb zwischen ihnen zu fördern. Im Hinblick auf den Umgang mit ethnischen Minderheiten etwa verfehlten bis 2000 eine ganze Reihe von Staaten die EU-Maßstäbe: Dies galt insbesondere für die Behandlung der Roma in Tschechien, Ungarn und den Balkanstaaten sowie für den Umgang mit der russischen Minorität in den baltischen Ländern.

Hinsichtlich der Liberalisierung der Wirtschaft hatten Malta und Zypern, die nie planwirtschaftlich organisiert waren, gegenüber den EU-Standards kaum etwas aufzuholen. Unter den ehemals kommunistisch regierten Staaten galten u.a. Slowenien, Polen und Tschechien wegen der raschen Umstellung auf die Marktwirtschaft (↑Transformationsstaaten), wegen stabiler Wachstumsraten und geringer Inflation als »Musterschüler«. Doch auch sie werden nach EU-Einschätzung allenfalls mittelfristig dem Konkurrenzdruck des ↑Europäischen Binnenmarktes gewachsen sein.

■ Neue Agrar- und Strukturpolitik

Für die EU bedeutet die bevorstehende Erweiterung eine große Herausforderung: Niemals zuvor hatte die Gemeinschaft mit einer derartig großen Zahl von Staaten gleichzeitig verhandelt, und nie-

EU-Erweiterung

mals zuvor waren Länder aufgenommen worden, die nicht nur in puncto Demokratie (wie 1986 Spanien und Portugal), sondern auch in der Marktwirtschaft einen Neuanfang machen mussten.
Um sich für die Erweiterung in ökonomischer Hinsicht zu rüsten, beschloss die EU am 26. 3. 1999 die ↑Agenda 2000, in der u.a. die Finanzplanung bis 2006 mit einer Verpflichtung zur Haushaltsdisziplin enthalten ist. Die Ausgaben für die Landwirtschaft und die strukturschwachen Regionen, die etwa vier Fünftel des EU-Gesamthaushalts ausmachen, wurden begrenzt, u.a. durch Senkung der Garantiepreise für Getreide, Rindfleisch und ab 2005/06 auch für Milch. Hätte man die Agrarsubventionen in der bisherigen Höhe beibehalten, wären durch die Erweiterung nicht tragbare finanzielle Belastungen entstanden, weil viele Beitrittskandidaten von Fördermitteln in diesem Bereich profitieren werden. Auch nach den Reformen kalkulierte die EU – frühestens ab 2002 – mit jährlichen Ausgaben von 58 Mrd. Euro für Neumitglieder.

■ Reform der Institutionen

Zur Vorbereitung der Erweiterung beschloss die EU 1997 auf ihrem Gipfel in Amsterdam erste Ansätze zu einer Reform der Institutionen. Die Gesetzgebungskompetenzen des ↑Europäischen Parlaments wurden ausgeweitet, seine Abgeordneten auf 700 begrenzt. In wichtigen Fragen konnte allerdings keine Einigung erzielt werden, weder über die künftige Zusammensetzung der ↑Europäischen Kommission noch über die Stimmengewichtung im ↑Europäischen Rat. Die Bereiche, über die mit qualifizierter Mehrheit – und nicht einstimmig – entschieden werden kann, wurden mit dem Amsterdamer Vertrag zwar ausgeweitet, ein echter Durchbruch gelang jedoch auch in dieser Frage nicht. Auch wenn einhellig bekräftigt wurde, das Einstimmigkeitsprinzip (nach dem ein einzelner Staat mit seinem Veto eine Entscheidung verhindern kann) müsse in einer erweiterten EU begrenzt werden, hatte doch das eine oder andere Mitgliedsland Bedenken, auf sein Vetorecht zu verzichten.

■ Die Zukunft der erweiterten EU

Auch in den ersten Jahren des 21. Jh. hatten die EU-Mitglieder im Spannungsfeld von Vertiefung und Erweiterung noch keine grundsätzliche Entscheidung über die künftige Struktur der EU getroffen. Unklar war, ob die Entwicklung auf eine europäische Regierung und ein Parlament mit Gesetzgebungskompetenzen oder auf einen losen Staatenbund hinauslaufen sollte. Angesichts der bevorstehenden Erweiterung erschien jedoch eine Ausdifferenzierung der Mitglieder hinsichtlich der politischen Integration, wie sie der Amsterdamer Vertrag in einer »Flexibilitätskausel« erlaubt, also ein »Europa der verschiedenen Geschwindigkeiten« unverzichtbar. Eine solche Differenzierung wurde 1999 bereits bei der ökonomischen Integration, der Schaffung der ↑Europäischen Wirtschafts- und Währungsunion, der nicht alle EU-Staaten angehören, vollzogen. ■

Unter der Internet-Adresse der EU, www.europa.eu.int, finden sich aktuelle Informationen zum Erweiterungsprozess (Empfehlung: Seite des zuständigen EU-Kommissars Günter Verheugen).

Im Osten was Neues. Aspekte der EU-Osterweiterung, hg. von HANS-JÜRGEN WAGNER und HEIKO FRITZ. Bonn (Dietz) 1998. ■ SAJDIK, MARTIN: *EU-Erweiterung.* Baden-Baden (Nomos) 1999. ■ *Europahandbuch 2000,* bearbeitet von GERHARD HITZLER und ANGELIKA POTH-MÖGELE. Köln (Heymann) 2000.

den Prinzipien eines pluralistischen Sozialismus und zu den Grundrechten und Freiheiten der bürgerlichen Demokratie.

Eurokorps [-ko:r]: am 5. 11. 1993 gebildeter multinationaler militärischer Verband unter Beteiligung von Deutschland, Frankreich, Belgien, Luxemburg und Spanien. Das E. soll ein Element einer ↑Gemeinsamen Europäischen Sicherheits- und Verteidigungspolitik sein. Zu den Hauptaufgaben gehören der militärische Schutz der Mitglieder von ↑Westeuropäischer Union und ↑NATO, die Teilnahme an Maßnahmen zur Wahrung und Wiederherstellung des Friedens und die Teilnahme an humanitären Einsätzen.

Europäische Atomgemeinschaft: ↑Europäische Union.

Europäische Bank für Wiederaufbau und Entwicklung: ↑Osteuropabank.

Europäische Freihandelsassoziation, Abk. EFTA für **E**uropean **F**ree **T**rade **A**ssociaton: 1960 als Reaktion auf die EWG gegründete Freihandelszone. Gründungsmitglieder waren Dänemark, Großbritannien, Norwegen, Österreich, Portugal, Schweden und die Schweiz. 1973 traten Großbritannien und Dänemark, 1986 Portugal sowie 1995 Finnland (EFTA-Mitglied seit 1985), Österreich und Schweden der EG bzw. EU bei und schieden aus der EFTA aus. In der EFTA blieben Island (seit 1970), Liechtenstein (seit 1991), Norwegen und die Schweiz.

Oberstes Entscheidungsorgan ist der **EFTA-Rat,** in dem alle Mitglieder gleichberechtigt vertreten sind; er kann Beschlüsse nur einstimmig fassen. Das **EFTA-Sekretariat** berät und koordiniert die vom Rat eingesetzten Ausschüsse.

Der im EFTA-Vertrag festgelegte Abbau von Handelszöllen (ausgenommen Agrarerzeugnisse) und Ausfuhrbeschränkungen zwischen den Mitgliedsländern wurde schrittweise bis 1967 erreicht. 1992 unterzeichneten die damaligen EG- und EFTA-Staaten den Vertrag zur Bildung des ↑Europäischen Wirtschaftsraums, über den die EFTA-Länder am ↑Europäischen Binnenmarkt teilnehmen. Mit den ostmitteleuropäischen Reformstaaten (Bulgarien, Polen, Rumänien, Slowakei, Tschechien, Ungarn) sowie mit der Türkei und Israel schloss die EFTA in den 1990er-Jahren Freihandelsverträge. Mit den baltischen Staaten, Albanien, Slowenien u.a. Ländern bestehen Kooperationsabkommen.

www.efta.int

Europäische Gemeinschaften, Abk. EG: gemeinsame Bezeichnung für die 1952 gegründete Europäische Gemeinschaft für Kohle und Stahl (EGKS, Montanunion) sowie für die durch die Unterzeichnung der Römischen Verträge (1957) hervorgegangene Europäische Wirtschaftsgemeinschaft (EWG) und die Europäische Atomgemeinschaft (EURATOM).

Die EWG (Gründerstaaten: Belgien, BRD, Frankreich, Italien, Luxemburg und Niederlande) hat seit 1967 gemeinsame Organe und einen gemeinsamen Haushalt. Erweiterungen der EG erfolgten am 1. 1. 1973 durch Dänemark, Großbritannien und Irland, am 1. 1. 1981 durch Griechenland, am 1. 1. 1986 durch Spanien und Portugal sowie am 1. 1. 1995 durch Finnland, Österreich und Schweden. Mit dem ↑Maastrichter Vertrag von 1993 wurden die EG zur »ersten Säule« der ↑Europäischen Union, die bereits mit der ↑Einheitlichen Europäischen Akte von 1987 wichtige Impulse erhalten hatte.

Europäische Gemeinschaft für Kohle und Stahl: ↑Europäische Union.

Europäische Investitionsbank, Abk. EIB: öffentlich-rechtliches Kreditinstitut der EG (seit 1958), Sitz: Luxemburg. Die EIB gewährt Kredite und Bürgschaften zur Erschließung wenig entwickelter Gebiete, zur Modernisierung von Unternehmen, zur Schaffung von Arbeitsplätzen sowie für Projekte von

E

überstaatlichem Interesse und Infrastrukturmaßnahmen (Verkehr, Energie, Städtebau, Telekommunikation).

Europäische Kommission (Kommission der Europäischen Gemeinschaften): seit 7. 1. 1995 eines der gemeinsamen Organe der ↑Europäischen Gemeinschaften und Exekutivorgan der EU, das für die Anwendung des Gemeinschaftsrechts verantwortlich ist; Sitz: Brüssel (einige Dienststellen auch in Luxemburg). Die E. K. beschließt Entwürfe der Gemeinschaftspolitik, handelt Verträge mit Drittstaaten (auch für die EU) aus und ist an der ↑Gemeinsamen Außen- und Sicherheitspolitik führend beteiligt (auch Mitglied der ↑EU-Troika).

Die Kommission besteht aus 20 Mitgliedern, die von den Regierungen der EU-Staaten im gegenseitigen Einvernehmen und nach Zustimmung durch das ↑Europäische Parlament für fünf Jahre ernannt werden. Auch der zunächst nur auf zwei Jahre ernannte Kommissionspräsident (seit 1999: R. PRODI, Italien) wird seit 1995 nach diesem Verfahren eingesetzt. Die Aufteilung der Aufgaben der Kommissionsmitglieder (Kommissare) folgt dem Kollegialprinzip, d. h. jedem Kommissar sind spezielle Aufgabenbereiche zugewiesen; organisatorische Einheiten der E. K. sind die 24 **Generaldirektionen** (rd. 17 000 Beamte). Nach massiver Kritik des Europäischen Parlaments an der Amtsführung der Kommission (Missmanagement, Betrug, Vetternwirtschaft in der Verwaltung) trat 1999 erstmals eine E. K. geschlossen zurück. Daraufhin wurde eine Reform der E. K. beschlossen (v. a. neuer Verhaltenskodex für Kommissionsmitglieder).

www.eu-kommission.de

Europäische Konvention zum Schutz der Menschenrechte und Grundfreiheiten (Europäische Menschenrechtskonvention), Abk. EMRK: völkerrechtliche Garantie der ↑Menschenrechte in einer von den Regierungen der Mitgliedstaaten des ↑Europarats am 4. 11. 1950 in Rom unterzeichneten Urkunde (in Kraft seit 3. 9. 1953). Die EMRK verbrieft folgende Punkte: Recht auf Leben, Verbot der Folter, Sklaverei und Zwangsarbeit, Recht auf Freiheit und Sicherheit, Rechte des Angeklagten, Anspruch auf Achtung der Privatsphäre, Gewissens- und Religionsfreiheit, freie Meinungsäußerung, Versammlungs- und Vereinigungsfreiheit, Recht auf Ehe und Familie, auf Eigentum, auf Bildung, Abhaltung freier und geheimer Wahlen, Verbot der Schuldhaft, Freizügigkeit (einschließlich des Rechts, das eigene Land zu verlassen), Verbot der Ausweisung eigener Staatsangehöriger (Recht auf Heimat), Verbot der Kollektivausweisung von Ausländern. Die EMRK ist unmittelbar anwendbar, d. h. es bedarf keiner besonderen einzelstaatlichen Rechtsetzungsakte, um sie in den Mitgliedstaaten verbindliches Recht werden zu lassen. Die Rechte aus der EMRK, die durch Zusatzprotokolle ständig erweitert wurde, werden u. a. vom ↑Europäischen Gerichtshof für Menschenrechte durchgesetzt.

Europäischer Agrarmarkt: durch die Agrarmarktordnungen der EU regulierter Markt für landwirtschaftliche Erzeugnisse innerhalb der EU; Ziel der Regulierungen ist es, den E. A. vom Weltmarkt abzugrenzen, Angebot und Nachfrage zum Ausgleich zu bringen und die Preise zu stabilisieren. Die Abgrenzung erfolgt durch Zölle. Beim Export werden Ausfuhrerstattungen gewährt. Sinkt der Preis für bestimmte agrarische Produkte auf dem E. A. unter ein festgelegtes Niveau, interveniert die EU durch Aufkäufe. Daneben gibt es Beihilfen für die Erzeuger und Verarbeiter bestimmter Produkte. Um die Kosten auch nach dem geplanten Beitritt der ostmitteleuropäischen Staaten (↑EU-Erweiterung) zu begrenzen, beschlossen die EU-Mitgliedstaaten 1999 in der ↑Agenda 2000, die Garantieprese für landwirtschaftliche Erzeugnisse herabzusetzen.

Europäischer Ausrichtungs- und Garantiefonds für die Landwirtschaft: ↑EU-Strukturfonds.

Europäischer Binnenmarkt: am 1.1.1993 in Kraft getretene Vereinbarung zur wirtschaftlichen Integration in den Europäischen Gemeinschaften mit dem Ziel der Schaffung einer ↑Europäischen Wirtschafts- und Währungsunion; danach sind die EG (bzw. die EU) ein Raum ohne Binnengrenzen, in dem der freie Verkehr von Waren, Personen, Dienstleistungen und Kapital gewährleistet ist. Beim Warenaustausch finden keine Grenzkontrollen statt, der Geld-, Kapital und Zahlungsverkehr ist frei, der Dienstleistungsbereich wird liberalisiert (Marktöffnung für Banken, Versicherungen, Kommunikation), es gelten die Freizügigkeit der Personen (↑Schengener Abkommen), das Aufenthalts- und Niederlassungsrecht für Staatsangehörige aus anderen EU-Staaten und die wechselseitige Anerkennung von Berufsabschlüssen. Die mit der EU über den ↑Europäischen Wirtschaftsraum verbundenen Staaten der ↑Europäischen Freihandelsassoziation übernahmen ab 1992 die wichtigsten Regeln für den Europäischen Binnenmarkt.

Europäischer Bürgerbeauftragte/r: vom Europäischen Parlament ernannte Person, die Beschwerden von natürlichen oder juristischen Personen aus den EU-Mitgliedstaaten über die Tätigkeit von EU-Organen entgegennimmt.
www.euro-ombudsman.eu.int.

Europäischer Gerichtshof für Menschenrechte: Blick auf den Eingang des Gerichtsgebäudes in Straßburg.

Europäischer Gerichtshof, Abk. EuGH: 1957 errichtetes einheitliches Gericht der drei Europäischen Gemeinschaften; Sitz: Luxemburg. Der EuGH ist mit 15 Richtern und acht Generalanwälten besetzt. Er ist u.a. zuständig für die Auslegung der Gründungsverträge und des sekundären Gemeinschaftsrechts (Europarecht). Er entscheidet über die Rechtmäßigkeit des Handelns von Rat, Kommission und Mitgliedstaaten. Mit Wirkung vom 25. 9. 1989 wurde dem EuGH ein »Gericht erster Instanz« hinzugefügt, das sich v.a. mit Klagen von Bediensteten der EG sowie mit Wettbewerbsangelegenheiten befassen soll. Gegen Entscheidungen dieser neuen ersten Instanz kann Revision eingelegt werden.
www.curia.eu.int.

Europäischer Gerichtshof für Menschenrechte: Kontrollorgan zur Einhaltung der ↑Europäischen Konvention zum Schutz der Menschenrechte und Grundfreiheiten. Der Gerichtshof wurde 1959 neben der Europäischen Kom-

E

mission für Menschenrechte eingerichtet (Sitz: Straßburg).
Bis 1994 konnte er nur von den Mitgliedstaaten des ↑Europarats oder durch die Kommission, an die sich Staaten und Einzelpersonen zuerst wenden mussten, mit Beschwerden befasst werden. Seither dürfen Einzelpersonen den Gerichtshof unmittelbar anrufen. Der betroffene Beschwerdeführer kann sich – nach Erschöpfung des innerstaatlichen Rechtswegs und der nationalen Rechtsschutzmöglichkeiten innerhalb von sechs Monaten nach der letztinstanzlichen Entscheidung – mit einer Menschenrechtsbeschwerde gegen die Verletzung der Konvention durch einen Vertragsstaat, i.d.R. sein Heimatstaat, wenden. Das Urteil des Gerichtshofs ist für die beklagten Staaten verbindlich. Eine 1994 unterzeichnete Reform des Beschwerdeverfahrens führte 1998 zur Schaffung eines **Ständigen Europäischen Gerichtshofs für Menschenrechte** unter Wegfall der Kommission. Die vom E. G. f. M verkündeten Urteile sind für die Vertragsstaaten der Europäischen Menschenrechtskonvention verbindlich.

Europäischer Ministerrat: ↑Rat der Europäischen Union.

Europäischer Rat: zweimal jährlich tagender Rat der Staats- und Regierungschefs sowie der Außenminister der EU-Staaten; der E. R. ist das oberste Entscheidungsgremium (kein Organ) der EU und legt deren Grundsätze und Ziele fest. Es besitzt dadurch eine herausgehobene Position mit großer Medienwirkung. Die Präsidentschaft wechselt halbjährlich. Auch der Präsident der ↑Europäischen Kommission

Europäisches Parlament

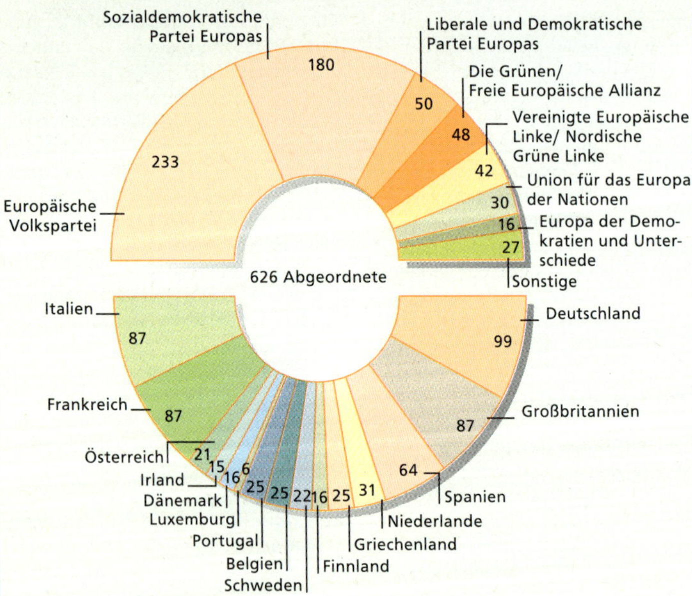

Stand: Juli 1999

E

Europäisches Parlament: Die Abgeordneten (Bild: bei einer Abstimmung) verbinden sich im Parlament nach der Verwandtschaft ihrer politischen Richtungen und unabhängig von ihrer Nationalität zu Fraktionen.

gehört dem E.R. als gleichberechtigtes Mitglied an.

Europäischer Rechnungshof: 1975 geschaffenes Kontrollorgan der Europäischen Gemeinschaften zur externen Kontrolle des gemeinschaftlichen Haushalts und zur Überprüfung von Finanzierungs- und Haushaltsplänen, Sitz: Luxemburg. Der E. R. hat 15 Mitglieder, die für die Dauer von sechs Jahren vom ↑Rat der Europäischen Union ernannt werden.

www.eca.eu.int

Europäischer Regionalfonds [-fõ]: ↑EU-Strukturfonds.

Europäischer Sozialfonds [-fõ]: ↑EU-Strukturfonds.

Europäischer Wirtschaftsraum, Abk. EWR: zwischen EG und ↑Europäischer Freihandelsassoziation (EFTA) vereinbarte und seit 1994 geltende Integration beider Organisationen zur Schaffung eines gemeinsamen Binnenmarkts. Der EWR besteht aus den 15 EU-Staaten und den EFTA-Staaten Island, Liechtenstein, Norwegen. Durch den Vertragsschluss gelten auch für die EFTA-Staaten die Bestimmungen des freien Verkehrs von Waren, Dienstleistungen, Kapital und Personen im Rahmen des ↑Europäischen Binnenmarktes. Hinzu kommen Verbraucherschutz, Umwelt- und Sozialpolitik sowie Abstimmung im Finanz- und Währungsbereich. Dabei haben die EFTA-Länder keine Entscheidungsgewalt, sondern nur Mitsprache- und Anhörungsrechte.

Europäische Sozialcharta:

◆ im Rahmen des Europarats am 18.10.1961 unterzeichneter Vertrag über soziale Rechte (am 26.2.1965 in Kraft getreten). Von den 19 sozialen Rechten sind sieben sog. Kernrechte (von denen mindestens fünf für jeden Mitgliedstaat bindend sind): Recht auf Arbeit, Vereinigungsrecht, Recht auf Kollektivverhandlungen, auf soziale Sicherheit, auf Fürsorge, auf sozialen gesetzlichen und wirtschaftlichen Schutz der Familie, Recht der Wanderarbeitnehmer auf Schutz und Beistand.

◆ am 9.12.1989 von den Regierungschefs der damaligen EG-Staaten beschlossene Gemeinschaftscharta der sozialen Grundrechte der Arbeitnehmer der EG, ebenfalls (ungenau) als E. S. bezeichnet, z. B. Koalitionsfreiheit, Recht auf Freizügigkeit der Berufsausübung. Die in der E. S. formulierten Grundsätze werden durch ↑EU-Richtlinien und Rechtsvorschriften in den Mitgliedstaaten ausgestaltet.

Europäisches Parlament, Abk. EP: parlamentarisches Organ der Europäischen Gemeinschaften mit Sitz in Straßburg (Tagungen von Plenum und Ausschüssen auch in Brüssel). Das Generalsekretariat ist in Luxemburg. Das

E

EP hat 626 Abgeordnete, die direkt für fünf Jahre gewählt werden und in übernationalen Fraktionen zusammenarbeiten. Die Zahl der Abgeordneten pro Mitgliedsstaat hängt von der Bevölkerungszahl ab. Petitionsausschuss und ↑Europäischer Bürgerbeauftragter sind direkte Ansprechpartner der EU-Bürger. Dem EP stehen ein Präsident und 14 Vizepräsidenten vor.
Die Aufgaben und Befugnisse des EP wurden kontinuierlich erweitert. Es übt Kontrollrecht gegenüber der ↑Europäischen Kommission aus (Zustimmungsrecht bei Einsetzung einer neuen Kommission insgesamt, Interpellationsrecht, Misstrauensvotum), kann Untersuchungsausschüsse einsetzen und hat ein Mitbestimmungsrecht bei der Festsetzung des EU-Haushalts. Seit Abschluss des Amsterdamer Vertrags 1997 ist das EP an allen wichtigen Bereichen der Gesetzgebung beteiligt, darf aber nicht wie die Kommission eigene Gesetzentwürfe einbringen, sondern diese nur dazu auffordern.
www.europarl.eu.int

Europäisches Währungssystem, Abk. EWS: am 13. 3. 1979 in Kraft getretenes Wechselkurssystem der EG-Länder; Hauptziele: größere Stabilität von Preisen und Wechselkursen, Erleichterung des Güter- und Kapitalverkehrs, gemeinsame Währungspolitik und Stabilisierung des internationalen Währungs- und Wirtschaftssystems. Dem EWS gehörten die Zentralbanken aller Mitgliedsländer der EU an.
Seit dem 1. 1. 1999 gibt es das **EWS II,** dem die EU-Staaten beitreten können, die (noch) nicht der ↑Europäischen Wirtschafts- und Währungsunion angehören. Im EWS II werden die Kurse der beteiligten nationalen Währungen zum ↑Euro festgelegt; sie dürfen in einer festgelegten Bandbreite schwanken.

Europäische Union, Abk. EU: durch den am 1. 11. 1993 in Kraft getretenen Vertrag über die EU (↑Maastrichter Vertrag) gegründeter politischer und wirtschaftlicher Zusammenschluss der Mitgliedstaaten der ↑Europäischen Gemeinschaften.
Ziele der EU sind: 1) die Förderung des sozialen und wirtschaftlichen Fortschritts durch einen Raum ohne Binnengrenzen und eine Wirtschafts- und Währungsunion; 2) eine gemeinsame Außen- und Sicherheitspolitik, zu der zu einem späteren Zeitpunkt auch eine ↑Gemeinsame Europäische Sicherheits- und Verteidigungspolitik gehören soll; 3) die Stärkung der Bürgerrechte der Angehörigen der Mitgliedstaaten durch die Einführung einer Unionsbürgerschaft; 4) die Wahrung und Weiterentwicklung des bisher im Rahmen der EG Erreichten.
Aufbau: Zur Wahrung der Kontinuität der Maßnahmen der Union wurden die Zuständigkeiten der EG-Organe (↑Europäisches Parlament, ↑Rat der Europäischen Union, ↑Europäische Kommission, ↑Europäischer Gerichtshof) teilweise erweitert, sodass diese zugleich Aufgaben der EU wahrnehmen (einheitlicher institutioneller Rahmen). Grundlage der EU sind die um die ↑Europäische Wirtschafts- und Währungsunion ergänzten Europäischen Gemeinschaften (»erste Säule«), die ↑Gemeinsame Außen- und Sicherheitspolitik (»zweite Säule«) und die Zusammenarbeit der Mitgliedstaaten in den Bereichen Justiz und Inneres (»dritte Säule«).
Die beiden letzten Bereiche machen die politische Union aus; sie verbleiben jedoch auf der Ebene der Zusammenarbeit auf Regierungsebene, d.h., die Staaten der EU arbeiten hier letztlich nach den allgemeinen Regeln des Völkerrechts zusammen; im Gegensatz zu den Maßnahmen im Rahmen der supranationalen (überstaatlichen) EG müssen Entscheidungen hier einstimmig getroffen werden und gelten nicht direkt im Recht der Mitgliedstaaten.
Die EU ist eine neuartige Staatenverbindung, die als Staatenbund oder Internationale Organisation eigener Art be-

zeichnet wird, in deren Rahmen sowohl die EG als auch die Mitgliedsländer ihre eigene Rechtspersönlichkeit bewahren. Sie ist jedoch kein neuer (Bundes-)Staat. Anders als dieser kann sich die EU nicht selbst neue Betätigungsfelder schaffen, sie kann vielmehr nur im Rahmen der Übertragung von Kompetenzen ihrer Mitgliedstaaten tätig werden.

Geschichte: Wichtigster Vorläufer in der Geschichte der europäischen Einigung bis zur heutigen EU war die 1952 gegründete **Europäische Gemeinschaft für Kohle und Stahl (EGKS, Montanunion)** sowie die **Europäische Atomgemeinschaft (EURATOM)** und **Europäische Wirtschaftsgemeinschaft (EWG),** die 1967 in den ↑Europäischen Gemeinschaften zusammengefasst wurden. EWG und EURATOM traten am 1.1.1958 durch die Römischen Verträge (unterzeichnet am 25.3.1957) in Kraft. Das Ziel dieser überstaatlichen Gemeinschaft war, die wirtschaftliche Integration der Mitgliedstaaten herbeizuführen. Sie hatte ihren Sitz in Brüssel und Luxemburg. Durch den seit 1.11.1993 geltenden Maastrichter Vertrag wurde der zeitlich unbefristete EWG-Vertrag – nach Erweiterung in wesentlichen Punkten – in EG-Vertrag und die EWG in Europäische Gemeinschaften (EG) umbenannt; sie besitzen im Gegensatz zur EU eine eigene Rechtspersönlichkeit.

Die erste Stufe der wirtschaftlichen In-

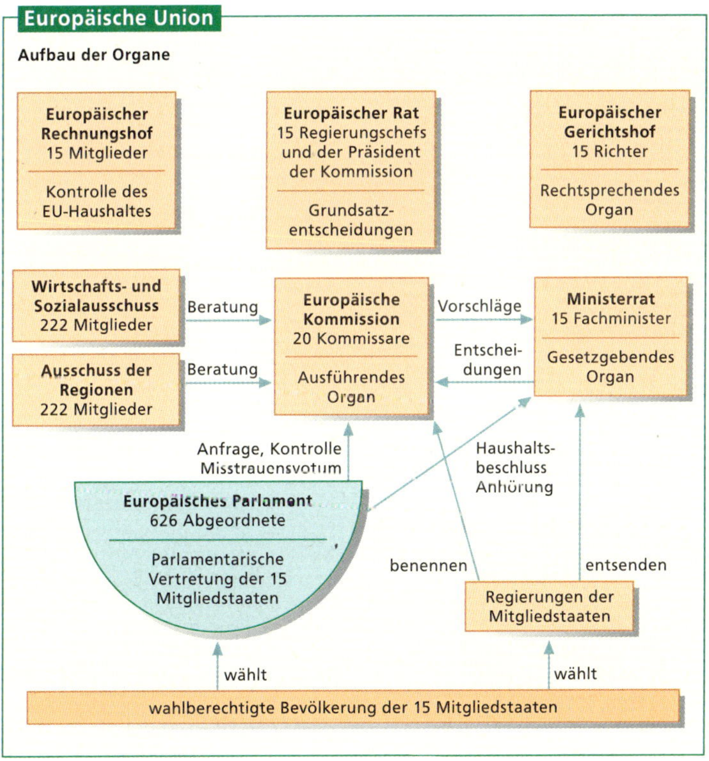

E

tegration in der EWG war die Errichtung eines gemeinsamen Marktes. Sie umfasste alle Maßnahmen zur Herstellung 1) eines freien Waren-, Dienstleistungs-, Personen- und Kapitalverkehrs, 2) der Freizügigkeit der Arbeitnehmer innerhalb der Gemeinschaft, 3) der Vereinheitlichung des Wirtschaftsrechts. Besonders wichtig für die Errichtung eines freien Warenverkehrs innerhalb der Gemeinschaft war die Bildung einer Zollunion. Diese führte zu einem schrittweisen Abbau der Ein- und Ausfuhrzölle aller Waren und zum Verbot mengenmäßiger Einfuhrbeschränkungen der Mitgliedstaaten untereinander. Hierzu gehörten ferner Bestimmungen über einheitliche Zolltarife im Warenaustausch mit Drittländern (Außenzölle). Die Einbeziehung der Landwirtschaft in den Integrationsprozess brachte eine Anzahl besonderer Probleme mit sich, die nicht mit den Mitteln zur Schaffung eines allgemeinen, freien Warenverkehrs gelöst werden konnten. Durch die Begründung des ↑Europäischen Währungssystems 1979 erreichte die EWG eine weitere Vereinheitlichung, die 1993 zum ↑Europäischen Binnenmarkt und schließlich 1999 zur Bildung der ↑Europäischen Wirtschafts- und Währungsunion führte. Weitere innere Reformen der EU wurden mit dem ↑Amsterdamer Vertrag von 1997 eingeleitet. Mit der geplanten ↑EU-Erweiterung stellte sich die Aufgabe, die Union weiterzuentwickeln und ihre Institutionen und Entscheidungsprozesse zu reformieren und den veränderten Bedingungen anzupassen.

Europäische Verteidigungsgemeinschaft, Abk. EVG: übernationale Verteidigungsorganisation, die aufgrund des Pariser Vertrages vom 27. 5. 1952 von Belgien, der BRD, Frankreich, Italien, Luxemburg und den Niederlanden gebildet werden sollte. Vorgesehen war eine weitgehende Zusammenlegung der nationalen Streitkräfte bis hin zu einheitlicher Uniform. Das Vorhaben wurde 1954 vom französischen Parlament abgelehnt.

Europäische Wirtschaftsgemeinschaft: ↑Europäische Union.

Europäische Wirtschafts- und Währungsunion, Abk. EWWU: nach dem ↑Maastrichter Vertrag in drei Stufen zu realisierende engste Form wirtschaftlicher Integration im Rahmen der ↑Europäischen Union (EU).

In der ersten Stufe (Mitte 1990 bis Ende 1993) mussten die Vollendung des ↑Europäischen Binnenmarkts und die Koordination der Wirtschafts- und Finanzpolitik sowie der Geld- und Währungspolitik erreicht werden. Die Einbeziehung aller EG-Währungen in den Wechselkursverbund des ↑Europäischen Währungssystems scheiterte an Währungsturbulenzen im Sommer 1993. Zu den wichtigsten Maßnahmen der zweiten Stufe (1. 1. 1994 bis 31. 12. 1998) gehörten die Gründung des Europäischen Währungsinstituts als Vorläufer der ↑Europäischen Zentralbank (EZB), die technische Vorbereitung der Währungsunion, die Einigung über den rechtlichen Rahmen und das geldpolitische Instrumentarium von EZB und Europäischem System der Zentralbanken (ESZB), die Entscheidung über die Teilnehmerländer und die Gründung der EZB. Mit dem Eintritt in die dritte Stufe zum 1. 1. 1999 ging die Verantwortung für die Geldpolitik in der Zone der gemeinsamen Währung ↑Euro auf das ESZB über. Ferner wurden die Wechselkurse der beteiligten Länder (zunächst elf Staaten, die festgelegte finanzpolitische Zielvorgaben, die sog. Konvergenzkriterien, erfüllten) untereinander fixiert, die Umrechnungskurse der nationalen Währungen zum Euro unwiderruflich festgelegt und das europäische Zahlungsverkehrssystem TARGET in Betrieb genommen. Als Rechengeld ersetzte der Euro die Landeswährungen bereits ab dem 1. 1. 1999. Die Ausgabe von Euro-Banknoten und -Münzen sollte aber erst ab 1.1 2002 erfolgen.

Europäische Zentralbank, Abk. EZB: zum 1.6.1998 gegründete Institution, die zusammen mit den Notenbanken der Mitgliedsländer das Europäische System der Zentralbanken (ESZB) bildet und seit dem Beginn der dritten Stufe der ↑Europäischen Wirtschafts- und Währungsunion am 1.1.1999 für die Geld- und Währungspolitik sowie die Sicherung der Preisstabilität in der Zone der gemeinsamen Währung ↑Euro zuständig ist. Sitz der EZB ist Frankfurt am Main. Die EZB und das ESZB sind unabhängig von staatlichen Weisungen. Die Beschlussorgane der EZB sind der EZB-Rat und das Direktorium aus Präsident, Vizepräsident und vier weiteren Mitgliedern. Erster Präsident der EZB wurde der Niederländer WIM DUISENBERG (*1935).

www.ecb.int

Europarat: Organisation europäischer Staaten auf völkerrechtlicher Grundlage zur Wahrung des gemeinsamen europäischen Erbes und zur Förderung des wirtschaftlichen und sozialen Fortschritts sowie zur Förderung von Demokratie und zur Durchsetzung der ↑Menschenrechte.

Der E. wurde auf der Londoner Konferenz von 1949 gegründet. Zu den Gründungsmitgliedern zählten Belgien, Dänemark, Frankreich, Großbritannien, Irland, Italien, Luxemburg, Niederlande, Norwegen und Schweden. Die BRD wurde im Mai 1951 Vollmitglied. Der E. besteht aus 41 (Stand: 2000) Mitgliedern. Kanada, die USA und Japan haben Beobachterstatus. Sitz des E. ist Straßburg, seine Organe sind die Beratende Versammlung (bestehend aus den von den nationalen Parlamenten der Mitgliedstaaten entsandten Abgeordneten), das Ministerkomitee (gebildet von den Außenministern der Mitgliedstaaten oder ihren Stellvertretern), das Generalsekretariat und der Kongress der Gemeinden und Regionen Europas.

Der E. erlässt keine unmittelbar geltenden Rechtsakte, sondern Entschließungen und Empfehlungen, u.a. die ↑Europäische Konvention zum Schutz der Menschenrechte und Grundfreiheiten, die ↑Europäische Sozialcharta, das Europäische Übereinkommen zur Bekämpfung des Terrorismus (1977), das Europäische Datenschutzabkommen (1981), die Konvention gegen Folter und entwürdigende Behandlung (1987), die Konvention zum Schutz von Minderheiten (1995), die Konvention zur Bioethik (1996). Um die Europäische Konvention zum Schutz der Menschenrechte und Grundfreiheiten zu gewährleisten, schuf der E. die Europäische Menschenrechtskommission (1954) und den ↑Europäischen Gerichtshof für Menschenrechte (1959), bei dem Bürger, Gruppen oder Organisationen aus Mitgliedstaaten klagen können.

www.europarat.de

Europaschule: mehrsprachige Schule von der Grundschule bis zur weiterführenden Schule (europäisches Abitur). Die E. setzen Schwerpunkte auf Lernen in internationalen Zusammenhängen und auf erweitertes Fremdsprachenlernen im Zusammenhang mit internationalen und europäischen Projekten.

European Recovery Programme [jʊərəˈpiːən rɪˈkʌvərɪ ˈprəʊgræm, engl. »Europäisches Wiederaufbauprogramm«], Abk. ERP (Marshallplan): das 1947 auf Vorschlag von G.C. MARSHALL geschaffene Hilfsprogramm für die durch den Zweiten Weltkrieg zerstörten Länder Europas. Das ERP erreichte ab 3.4.1948 (wegen der Ablehnung durch die Länder des sowjetischen Einflussbereichs nur für Westeuropa) Gültigkeit. Die aufgrund des ERP gewährte Hilfe umfasste Sachlieferungen und Kredite. Aus dem ERP-Sondervermögen werden heute langfristige, zinsgünstige Darlehen an kleine und mittlere Unternehmen vergeben.

Europol, Abk. für **Euro**päisches **Poli**zeiamt: gemeinsame Behörde der EU-

E

Staaten (Vorläufer ab 1994) mit Sitz in Den Haag (Niederlande). Europol befasst sich mit der Sammlung, Auswertung und Verknüpfung von Informationen zur länderübergreifenden Bekämpfung insbesondere des Terrorismus, des Drogen- und Menschenhandels, der Nuklearkriminalität, der Geldwäsche und der organisierten Kriminalität. Rechtsgrundlage für die Tätigkeit der Behörde ist die Europol-Konvention, die am 1.1.1998 in Kraft trat. Das Amt nahm seine Arbeit zum 1.7.1999 auf.

Eurostat: ↑Statistik.

EU-Strukturfonds: [-fõ]: Oberbegriff für verschiedene Programme der EU zur Abschwächung des wirtschaftlichen und sozialen Gefälles zwischen den und innerhalb der Mitgliedstaaten (Gesamtvolumen 2000–06: rd. 275 Mrd. ECU). Der **Europäische Regionalfonds (EFRE)** wurde 1975 gegründet mit der Aufgabenstellung, regionale wirtschaftliche Ungleichgewichte zu vermindern. Seit 1979 werden die Mittel nach Länderquoten vergeben. Der **Europäische Sozialfonds (ESF)** wurde 1960 als Finanzierungsquelle für Gemeinschaftsaufgaben im Rahmen der Sozialpolitik errichtet. Ab 1983 wurde der Europäische Sozialfonds zu einem von der Europäischen Kommission verwalteten Teil des allgemeinen EU-Haushalts und zu einem Instrument der allgemeinen Beschäftigungspolitik. Seit 1993 ist er Teil der EU-S. und wird zur Bekämpfung von Langzeit- und Jugendarbeitslosigkeit eingesetzt. Er ist nicht auf bestimmte Regionen oder Länder beschränkt.

Der **Europäische Ausrichtungs- und Garantiefonds für die Landwirtschaft (EAGFL)** dient zur Finanzierung der gemeinsamen Agrarpolitik und ist Bestandteil des EU-Haushalts. Zu den Strukturfonds zählen noch das **Finanzierungsinstrument für die Ausrichtung der Fischerei (FIAF)** und der **Kohäsionsfonds,** der ab 1993 den wirtschaftlich schwächeren EU-Staaten Griechenland, Irland, Portugal und Spanien zusätzliche Mittel v.a. für den Umweltschutz und die Verkehrsinfrastruktur zur Verfügung stellte.

Euthanasie [griech. »leichter Tod«]: allgemein ↑Sterbehilfe für unheilbar Kranke, um ihnen qualvolles Sterben zu ersparen.

Der Nationalsozialismus führte unter der Tarnbezeichnung E. 1940–45 in Deutschland und in besetzten Gebieten Polens und der UdSSR die systematische Tötung sog. »unwerten« Lebens durch. Etwa 90 000–100 000 geistig und psychisch Kranke, Kinder und Jugendliche aus Fürsorgeeinrichtungen, »Asoziale«, Juden und Zwangsarbeiter wurden vergast. Proteste der Kirchen führten ab 1941 zu einer Verschärfung der Geheimhaltung.

EU-Troika: Ausführungsorgan einer gemeinsamen außen- bzw. sicherheitspolitischen Aktion; geregelt im ↑Maastrichter Vertrag Titel V Art. J3 ff. Die EU-T. besteht aus einem Vertreter des Staates, der den Vorsitz in der EU hat, aus dem Vorgänger und dem Nachfolger im Vorsitz.

EU-Verordnung: im europäischen Gemeinschaftsrecht ein auf Art. 189 Abs. 2 des EG-Vertrages fußender, vom Rat der Europäischen Union oder der Europäischen Kommission erlassener verbindlicher Rechtsakt mit allgemeiner und unmittelbarer Geltung in den Staaten der EU (im Unterschied zur ↑EU-Richtlinie).

evangelische Kirchen: Die verschiedenen e. K. haben sich nach Kriegsende 1945 im Kirchenbund »Evangelische Kirche in Deutschland« (EKD) zusammengeschlossen. Der EKD gehören (1998) rd. 27,4 Mio. Mitglieder in über 18 000 Kirchengemeinden an; sie setzt sich aus 24 (lutherischen, reformierten, unierten) Gliedkirchen sowie der »Evangelischen Kirche der Union« (EKU) zusammen. Rechtliche Grundlage der EKD ist die am 3.12.1948 in Kraft gesetzte Grundordnung.

Organisation: Die Synode der EKD hat v.a. die Aufgabe, kirchliche Gesetze zu beschließen; die 160 Mitglieder der Synode werden auf sechs Jahre gewählt bzw. berufen. Die Kirchenkonferenz besteht aus Vertretern der Gliedkirchen und wirkt bei der Gesetzgebung und der Wahl des Rates mit. Der Rat der EKD leitet die EKD und vertritt sie nach außen. Er hat 19 Mitglieder, die von der Synode und der Kirchenkonferenz auf sechs Jahre gewählt werden. Die Verwaltung der EKD erfolgt durch das Kirchenamt der EKD, mit Hauptsitz in Hannover und einer Außenstelle in Berlin.

Geschichte: Bereits im 19. Jh. wurden erste Versuche unternommen, die seit der Reformation entstandenen e. K. in einem Kirchenbund zusammenzufassen (Deutscher evangelischer Kirchentag 1848; Eisenacher Konferenz 1852). 1919 kam es zum Zusammenschluss der e. K. im »Deutschen Evangelischen Kirchentag«, der 1921 die Verfassung des »Deutschen Evangelischen Kirchenbundes« annahm und 1933 unter dem Einfluss der Nationalsozialisten zur »Deutschen Evangelischen Kirche« umgewandelt wurde. Die Gründung einer Gesamtkirche wurde erst ab 1945 unter der EKD verwirklicht. Die acht evangelischen Landeskirchen der DDR schieden 1969 aus der EKD aus und bildeten den »Bund der Evangelischen Kirchen in der DDR« (BEK). 1991 beschlossen die EKD und die BEK mit dem »Kirchengesetz zur Einheit« die Vereinigung der beiden Kirchenbünde (28. 6. 1991).

www.ekd.de

evangelische Soziallehre: ↑christliche Soziallehre.

EVG: ↑Europäische Verteidigungsgemeinschaft.

Evolution [von lat. evolvere »hervorrollen«, »abwickeln«]: im historisch-politischen Sinn die allmähliche und friedliche Fortentwicklung der wirtschaftlichen, gesellschaftlichen und politischen Verhältnisse im Gegensatz zur ↑Revolution.

EVSP: ↑Gemeinsame Europäische Sicherheits- und Verteidigungspolitik.

EWG: ↑Europäische Union.

EWR: ↑Europäischer Wirtschaftsraum.

Exekutive [von lat. executio »Ausführung«] (vollziehende Gewalt): im Rahmen der ↑Gewaltenteilung der Teil der Staatsgewalt, dem die Ausführung staatlicher Anordnungen, insbesondere der von der ↑Legislative beschlossenen Gesetze obliegt. Zur E. gehört in erster Linie die Verwaltung, nur z.T. die Regierung, da diese nicht nur Gesetze vollzieht, sondern selbst staatsleitende Beschlüsse fasst und an der ↑Gesetzgebung beteiligt ist. Im demokratischen Rechtsstaat ist die E. der Legislative untergeordnet und darf grundsätzlich nur auf der Grundlage von Gesetzen tätig werden (↑Gesetzmäßigkeit der Verwaltung).

Exil [von lat. exul »in der Fremde weilend«]: der ständige Aufenthalt im Ausland aus politischen oder religiösen Gründen. Das E. wird meist durch Verbannung oder ↑Ausbürgerung erzwungen, kann aber auch freiwillig sein. Der Begriff E. überschneidet sich mit dem der ↑Emigration.

Exilregierung: im Völkerrecht eine Regierung, die z.B. in Kriegszeiten ihren Sitz außerhalb des eigenen Staatsgebiets genommen hat und mit Zustimmung des Aufenthaltsstaats den Anspruch erhebt, die rechtmäßige Regierungsgewalt für den eigenen Staat auszuüben.

Existenzminimum: der Einkommensbetrag, der zur Erhaltung des Lebens eines Einzelnen oder einer Familie unbedingt notwendig ist **(absolutes** oder **physisches E.)**. Die Ansichten über das, was zum E. gehört, variieren in den Kulturen **(kulturelles** oder **soziales E.)**. Nach der Rechtsprechung des Bundesverfassungsgerichts muss dem Einkommensteuerpflichtigen nach Erfüllung seiner Steuerpflicht mindestens ein dem Gegenwert des E. entsprechender Geld-

E

betrag verbleiben. Das E. erhöht sich demnach mit den steigenden Lebenshaltungskosten.

Exklave: ↑Enklave.

Expansion [von lat. expandere »sich ausdehnen«]: die Ausdehnung des Macht- und/oder Einflussbereichs eines Staates unter Einsatz ökonomischer, politischer oder militärischer Mittel. **Expansionspolitik** ist eine v.a. im Zeitalter des ↑Imperialismus von den Großmächten praktizierte, auf E. ausgerichtete Politik, u.a. mit dem Ziel der Gebietserweiterung, Erwerbung von Kolonien und Schaffung von Interessensphären.

Export: Ausfuhr von Waren und Dienstleistungen ins Ausland. Der E. ist (wie der ↑Import) Teil des ↑Außenhandels, er kann durch Ausfuhrzuschüsse und Ausfuhrprämien gefördert werden, aber auch für bestimmte Güter durch staatliches Verbot (Ausfuhrverbot) unterbunden werden. Als **Exportquote** wird der Anteil des E. am ↑Volkseinkommen bezeichnet.

Expropriation [frz. »Enteignung«]: im ↑Marxismus die Enteignung von Produktionsmittelbesitzern im Zusammenhang mit der Konzentration des Kapitals. **E. der Expropriateure** ist die Enteignung der Enteigner.

Exterritorialität: Nach dem Völkerrechtsgrundsatz der E. sind Vertreter fremder Staaten (z.B. Diplomaten) sowie internationale Organisationen von den Vorschriften der innerstaatlichen Rechtsordnung in bestimmtem Umfang befreit; sie genießen ↑Immunität.

Extremismus [von lat. extremus »am äußersten Rand«]: eine politische Haltung oder Richtung, die am äußersten Rand der politischen Auffassungen angesiedelt ist und deren Vertreter in ihrem Handeln auch zu Gewaltanwendung gegenüber Menschen und Sachen bereit sind (auch ↑Radikalismus); im engeren Sinn Bezeichnung für antidemokratische Gesinnungen und Bestrebungen, darunter ↑Linksextremismus und ↑Rechtsextremismus.

Extremistenbeschluss (Radikalenerlass): Übereinkunft des Bundeskanzlers W. Brandt und der Regierungschefs der Bundesländer vom 28.1.1972, wonach alle Bewerber für den öffentlichen Dienst auf eine Mitgliedschaft in einer extremistischen Organisation hin überprüft werden sollen. Der E. sollte die Verfassungstreue der Beamten, Arbeiter und Angestellten des öffentlichen Dienstes sicherstellen. Der E. wird nach heftiger Kritik in den meisten Bundesländern heute nur angewandt, wenn begründete Zweifel an der Verfassungstreue eines Bewerbers bestehen.

F

Facharbeiter: Arbeiter, der nach einer 4–6-jährigen Ausbildung in einem staatlich anerkannten Ausbildungsberuf und nach einer bestandenen Prüfung ein Zeugnis **(Facharbeiterbrief)** erhalten hat. Die Facharbeiterprüfung findet vor einem Prüfungsausschuss der zuständigen Industrie- und Handelskammer statt.

Fachaufsicht: ↑Staatsaufsicht.

Fachhochschule: Hochschuleinrichtung mit spezialisiertem Studienangebot, die z.T. aus höheren Fachschulen, Akademien und Ingenieurfachschulen hervorging. Sie soll eine anwendungsbezogene, auf wissenschaftlicher oder künstlerischer Grundlage beruhende fachliche Ausbildung vermitteln. Zur F. zugelassen wird, wer eine zwölfjährige Schulbildung mit der Fachhochschulreife vorweisen kann. Das Studium dauert i.A. acht Semester (vier Jahre) einschließlich Praktika. Mit der staatlichen Abschlussprüfung (Graduierung) wird zugleich die allgemeine Hochschulreife erworben. Die F. wurden teilweise in ↑Gesamthochschulen eingegliedert.

Fachschule: berufsbildende Tages- oder Abendschule, deren Besuch grundsätzlich den Abschluss einer Berufsausbildung (z.B. eine Gesellenprüfung) voraussetzt und die einer vertieften beruflichen Fachbildung dient. Die Ausbildungszeit liegt bei Vollzeitunterricht zwischen sechs Monaten und drei Jahren. In einer F. werden z.T. auch die Vorbereitungskurse auf eine Meisterprüfung in Industrie oder Handwerk durchgeführt.

fakultativer Volksentscheid: ↑Volksentscheid.

Fallstudie: Verfahren in der ↑empirischen Sozialforschung, das sich auf die Untersuchung eines Einzelfalls (Person oder Ereignis) konzentriert und meist der Überprüfung oder Formulierung allgemeiner Thesen dient.

Familie: Gemeinschaft, die in den Gesellschaften der Industriestaaten i.d.R. aus den Eltern und ihren unmündigen Kindern besteht (Kern- oder Kleinfamilie); im weiteren Sinne wird auch die Verwandtschaft in den Begriff F. mit eingeschlossen.

Entwicklung: Der Begriff F. wurde von dem lateinischen »familia« entlehnt, wozu neben dem Familienvater, der Frau und den Kindern auch alle zur Hausgemeinschaft gehörenden Freien und Sklaven gehörten. Bis zur Industrialisierung herrschten in Deutschland die Formen der erweiterten F. vor: die **generationale F.,** in der die Söhne mit ihren Frauen und Kindern unter der Herrschaft des Vaters verblieben, und die Gemeinschaft mehrerer Kernfamilien, die **Großfamilie;** die F. war zugleich Lebens- und Produktionsgemeinschaft.

Mit der arbeitsteiligen Produktionsweise in der Industriegesellschaft und der damit verbundenen Trennung von Arbeits- und Privatsphäre änderte sich auch der Charakter der F.: Die **Kleinfamilie,** in der meist nur zwei Generationen als Lebens- und Verbrauchergemeinschaft zusammen wohnen, setzte sich durch. Die mit der Auflösung der generationalen und der Großfamilie nicht mehr gewährleistete Fürsorge für Kranke, Alte und sozial Schwache wurde vermehrt vom Staat und anderen Organisationen (Kirchen, Wohlfahrtsverbänden) übernommen. Die vorrangige Stellung des Mannes blieb jedoch auch in der Kleinfamilie vorerst erhalten, da die gesellschaftlich vorgegebene Rollenverteilung, nach der der Mann die für den Lebensunterhalt notwendigen finanziellen Mittel erarbeitete, während die Frau den Haushalt und die Kinder betreute, höher bewertet wurde.

Heute ist diese strikte Arbeits- und Rollenteilung zwischen Mann und Frau durch ein eher partnerschaftliches Verhältnis abgelöst, auch wegen der verbesserten Rechtsstellung der Frau. Neben der Regelung der Geschlechtsbeziehung ist die ↑Sozialisation der Kinder die wichtigste Funktion der modernen Familie. Obwohl die Zahl der ↑nichtehelichen Lebensgemeinschaften und Alleinerziehenden zugenommen hat, ist die F. die häufigste Lebensform geblieben, aber mit wichtigen Veränderungen: späterer Zeitpunkt der Eheschließung, niedrigere Kinderzahl sowie eine stärkere Erwerbstätigkeit und wirtschaftliche Unabhängigkeit von Frauen und Müttern.

In Deutschland gab es Ende der 1990er-Jahre rd. 9,45 Mio. Familien (Ehepaare und Alleinerziehende) mit Kindern, davon die Hälfte mit einem Kind. 2,6 Mio. Kinder wuchsen bei nur einem Elternteil, meist bei der Mutter auf (Frauenanteil bei den Alleinerziehenden: rd. 84%).

Rechtsstellung: Die Familie steht in Deutschland gemäß Art. 6 Abs. 1 GG unter dem besonderen Schutz des Staates. Zunehmend wird der nichtehelichen F. mit Kindern der gleiche verfassungsrechtliche Schutzanspruch zuerkannt wie der staatlich anerkannten ↑Ehe zweier Ehepartner ohne Kinder. Dieser Auftrag findet seinen Ausdruck u.a. in staatlichen Leistungen und gesetzlichen Regelungen, durch welche Familien bei der Kindererziehung unterstützt werden sollen

(↑Familienpolitik), z.B. Zahlung von ↑Erziehungsgeld, Gewährung von ↑Erziehungsurlaub, Recht auf einen Kindergartenplatz.

Familienarbeit: unentgeltlich erbrachte häusliche und pflegerische Tätigkeiten für die ↑Familie oder eine ↑nichteheliche Lebensgemeinschaft. Zur F. zählen v.a. die ↑Hausarbeit, die Kindererziehung sowie die Pflege von kranken und älteren Familienangehörigen. F. gilt, da sie unentgeltlich ausgeführt wird, nicht als ↑Erwerbsarbeit und wird daher bei der Berechnung des Sozialproduktes nicht berücksichtigt. Nach Schätzungen beträgt für die Industrieländer der Wert der F. 25–40% der Wirtschaftsleistung.

Trotz der knappen Zeit von Frauen aufgrund ihrer Berufstätigkeit und obwohl die rechtlichen Regelungen (↑Erziehungsgeld, ↑Erziehungsurlaub) den Familienvätern F. ermöglichen, wird F. meist von Frauen geleistet. Zudem ist häufig infolge der noch immer bestehenden Benachteiligung von Frauen im Berufsleben (z.B. geringeres Einkommen, schlechtere Aufstiegschancen) ein höheres Familieneinkommen durch die Berufstätigkeit des Mannes zu erzielen, was dazu beiträgt, dass F. vielfach von Frauen ausgeübt wird.

Familienplanung: ↑Geburtenregelung.

Familienpolitik: Maßnahmen zum Schutz, zur Förderung und Gesunderhaltung der Familien, insbesondere zum Ausgleich ihrer wirtschaftlichen Belastungen durch Kinder. Dazu gehören u.a. Maßnahmen 1) der Steuerpolitik (Familienlastenausgleich), 2) der Sozialpolitik (z.B. Zahlung von Kinder- und Erziehungsgeld), 3) der Beschäftigungs- und Arbeitsmarktpolitik (z.B. ↑Erziehungsurlaub), 4) der Erziehungs- und Bildungspolitik (z.B. ↑BAFöG), 5) der Wohnungspolitik (z.B. Mietbeihilfen) und 6) der Gesundheitspolitik. Zur F. zählt ferner auch die Gestaltung und Fortentwicklung des ↑Ehe- und Familienrechts. Auf Länderebene sind i.d.R. die Arbeits- und Sozialministerien für die F. zuständig. Auf Bundesebene fällt die F. in den Verantwortungsbereich des Bundesministeriums für Familie und Senioren, Frauen und Jugend.

Familienrecht: ↑Ehe- und Familienrecht.

Fanatismus: blindwütiges und aggressives Verfolgen ein Zieles, das ohne Rücksicht auf die Gesamtwirklichkeit zum absoluten Wert erhoben wird. F. kann sich zu Massenbewegungen ausweiten (z.B. Hexenverfolgungen, Rassenwahn).

FAO, Abk. für **F**ood and **A**griculture **O**rganization of the United Nations: 1945 gegründete Sonderorganisation der UN für Ernährung, Landwirtschaft, Fischerei und Forsten (Sitz: Rom). Die FAO bemüht sich v.a. um eine Steigerung der landwirtschaftlichen Produktivität in den Entwicklungsländern.

Faschismus [von ital. fascio »(Ruten)bündel«]: im engeren Sinne die von B. MUSSOLINI 1922 zur Macht geführte politische Bewegung und das von dieser in Italien bis 1945 ausgeübte Herrschaftssystem. Im weiteren Sinne werden als F. auch andere extrem nationalistische Bewegungen mit autoritärer Organisation, antiliberaler, antidemokratischer und antikommunistischer Ideologie zwischen den beiden Weltkriegen bezeichnet, z.B. der ↑Nationalsozialismus. In diesem Sinn war die Geschichte der Zwischenkriegszeit vieler europäischer Staaten stark vom F. geprägt. Politische Strömungen, die nach 1945 an die Tradition des F. anknüpfen, werden zum ↑Neofaschismus gerechnet.

Für faschistische Herrschaftssysteme sind folgende *Charakteristika* typisch:

- Sie sind nationale Gründungen, auch wenn MUSSOLINI und A. HITLER Vorbilder waren.
- Sie sind nach dem ↑Führerprinzip organisiert.
- Sie streben den totalitären Staat an, d.h. eine Einparteiendiktatur mit tota-

ler Kontrolle des Staatsapparats und der Gesellschaft (↑Totalitarismus).
- Sie propagieren eine Gesellschaftsordnung, die Kapitalismus und Klassenkampf überwinden soll, und streben ein Wirtschaftssystem mit staatskapitalistischen Zügen an. Dabei dienen die Parolen, die »Volksgemeinschaft« betonen, dazu, politische, religiöse und rassische Minderheiten, die nicht dazu gezählt werden, zu verfolgen (z.B. die ↑Judenverfolgung im Nationalsozialismus).
- Sie versuchen ihre Gegner nicht auf demokratischem Wege zu überzeugen, sondern bekämpfen sie mit den Mitteln der Propaganda und des Terrors, der durch paramilitärische Verbände und Geheimpolizei ausgeübt wird.
- Sie betreiben oft eine nationalistisch übersteigerte, teils expansive (imperialistische) Außenpolitik.

Während westliche **Faschismustheorien** die kommunistischen Herrschaftssysteme dem F. zuzählen, ist der F. nach marxistischer Auffassung eine in bürgerlichen Demokratien während ökonomischer oder politischer Krisenlagen angewandte Form politischer Herrschaft.

FCKW: ↑Fluorchlorkohlenwasserstoff.

FDGB: ↑Freier Deutscher Gewerkschaftsbund.

FDJ: ↑Freie Deutsche Jugend.

FDP: ↑Freie Demokratische Partei, ↑Schweiz.

Feindbild: eine negative Vorstellung über Eigenschaften und Ziele des Gegners, die auf Fremdbildern (Stereotypen) beruht, die den Bildern von sich selbst oder der eigenen Gruppe radikal entgegengesetzt sind. Als politisches Mittel haben F. integrierenden Charakter, indem die Eigenschaften und Zielvorstellungen der eigenen Gruppe positiv abgegrenzt werden und man solidarisch gegenüber den gemeinsamen innen- oder außenpolitischen Gegnern handelt.

Feindstaatenklausel: Vorbehalt in der Charta der UN (Art. 53 und 107), demzufolge Maßnahmen von UN-Mitgliedern gegen ihre ehemaligen Feindstaaten im Zweiten Weltkrieg durch die Bindungen der Charta nicht berührt werden. Durch den ↑Zwei-plus-vier-Vertrag von 1990 wurde die F. für das wiedervereinigte Deutschland gegenstandslos.

Feldforschung: Erhebungsverfahren der ↑empirischen Sozialforschung. Im Unterschied zur experimentellen Laboratoriumsforschung werden in der F. die soziale Wirklichkeit, z.B. in Familien, Betrieben, Schulen und Gemeinden untersucht. Dabei soll die Forschungstätigkeit das zu erforschende Objekt nicht beeinflussen.

Feminismus: Die Soziologin Betty Friedan gehörte zu den führenden Vertreterinnen der amerikanischen Frauenbewegung der 1960er-Jahre.

Feminismus: Theorie und Lehre sowie eine Richtung der ↑Frauenbewegung, die sich für die Interessen der Frauen und gegen deren Benachteiligung auf wirtschaftlichem, sozialen, politischen und kulturellen Gebiet einsetzt.

Der F. entwickelte sich in Deutschland ab 1968 aus der Studentenbewegung

F

(sog. Neue Frauenbewegung). Feministinnen engagieren sich seitdem in Frauengruppen, in politischen Organisationen und z.T. auch in alternativen Bewegungen für die ↑Gleichberechtigung. Diese ist bis heute trotz ↑Frauenwahlrecht (in Deutschland seit 1918) und verfassungsrechtlicher Gleichstellung (Art. 3 Abs. 3 GG) nicht verwirklicht (z.B. Nachteile bei der Entlohnung, geringe Vertretung in den Parlamenten).

Fernmeldegeheimnis: ↑Brief-, Post- und Fernmeldegeheimnis.

Fernsehen: Seit den 1980er-Jahren überträgt das F. in Deutschland sowohl das Programm der öffentlich-rechtlichen Rundfunkanstalten (↑Rundfunk) als auch der privaten Anbieter (↑Privatfernsehen). Zu den öffentlich-rechtlichen Sendeanstalten gehören die ↑ARD mit ihren elf Landesrundfunkanstalten, die ein Erstes Fernsehprogramm und acht Dritte Programme ausstrahlen, das ↑ZDF, die beiden Kulturprogramme ARTE und 3sat, der »Kinderkanal«, der Dokumentationskanal Phoenix sowie die Deutsche Welle. Daneben können zahlreiche Privatkanäle empfangen werden (darunter RTL, SAT 1, MTV). Die Kosten der öffentlich-rechtlichen Rundfunkanstalten werden aus Rundfunkgebühren und in geringem Maße aus Werbeeinnahmen gedeckt; die privaten Anbieter finanzieren sich v.a. durch Werbung.

Die analoge terrestrische Übertragung von Bild- und Tonsignalen soll in Deutschland ab 2010 durch digitale Ausstrahlung ersetzt werden. Voraussetzung für den Empfang des **digitalen F.,** das eine höhere Übertragungsrate von Programmen erlaubt und i.d.R. über Satellit und Kabelnetz verbreitet wird, ist ein Entschlüsselungsgerät zur Umwandlung von digitalen Daten in analoge Signale.

Fernunterricht: von privaten Fernlehrinstituten angebotener Unterricht, bei dem die räumliche Entfernung zwischen Lehrenden und Lernenden durch bestimmte Medien (Studienbriefe) überbrückt wird; die Teilnehmer sind durch das Fernunterrichtsschutzgesetz vom 1.1.1997 geschützt. Ein **Fernstudium** an einer öffentlichen Universität bietet z.B. die Fernuniversität/Gesamthochschule Hagen an.

www.fernuni-hagen.de

Feudalismus [von mittellat. feudum, feodum »Lehnsgut«]: das mittelalterliche Lehnswesen in Europa. Alle politischen, kirchlichen, wirtschaftlichen und sozialen Verhältnisse beruhten im F. auf einem gegenseitigen persönlichen Treue- und Schutzversprechen zwischen **Lehnsherr** und **Lehnsträger (Vasall).** Die Lehnsherren, z.B. König, hohe Adlige und Kirchenfürsten, übertrugen dem Vasallen ein **Lehen** (Güter oder Rechte) gegen entsprechende Leistungen (z.B. Kriegsdienst). Die Vasallen konnten ihre Lehen weiterverleihen. Die dadurch entstandene **Lehnspyramide** stellte bis in die Neuzeit hinein eine Art öffentliche Verwaltung dar, die auf persönlichen Verpflichtungen beruhte.

Neben dieser ritterlichen Leihe gab es auch bäuerliche Lehnsverhältnisse zwischen einem Grundherrn und den von ihm abhängigen Bauern, die zum großen Teil unfrei (Leibeigene) waren. Die **Grundherrschaft** war eine Herrschaft über Land und Leute mit öffentlichen Herrschaftsrechten des Grundherrn gegenüber den Bauern (z.B. Gerichts- und Polizeihoheit). Besonders gegen diese Art des F. richtete sich die bürgerliche Gesellschaft seit der Französischen Revolution. Die Feudalherrschaft wurde in Europa im Lauf des 19. Jh. abgeschafft.

Filibuster ['fɪlɪbʌstə, engl.]: parlamentarische Verschleppungstaktik, mit der durch Dauerreden eine Abstimmung über Mehrheitsanträge verhindert werden soll.

Finanzamt: ↑Finanzverwaltung.

Finanzausgleich: Verfahren zur Regelung der finanziellen Beziehungen zwischen den ↑ Gebietskörperschaften eines Staates.

Im Rahmen des F. erhalten die einzelnen Körperschaften Mittel aus öffentlichen Einnahmen **(aktiver F.)** für die Erfüllung bestimmter Aufgaben **(passiver F.)**.

Dabei übernimmt ein übergeordneter Verband (z.B. der Bund) nur jene Aufgaben, die die untergeordnete Gebietskörperschaft (z.B. die Länder) nicht erfüllen kann (↑ Subsidiaritätsprinzip). Erfolgt der F. zwischen über- und untergeordneten Körperschaften (Bund, Länder und Gemeinden), so spricht man von **vertikalem F.** (z.B. Finanzzuweisungen und Finanzhilfen des Bundes an die Länder). Der F. zwischen gleichgeordneten Körperschaften wird **horizontaler F.** genannt (z.B. der ↑ Länderfinanzausgleich zwischen den unterschiedlich finanzkräftigen Bundesländern). Im Rahmen des F. werden Bund und Ländern außerdem eigene Einnahmequellen (v.a. durch die Erhebung von Steuern) zugewiesen.

Im November 1999 erklärte das Bundesverfassungsgericht nach Klagen der finanzstarken Länder Baden-Württemberg, Bayern und Hessen, die sich als Geber übermäßig belastet sahen, den F. z.T. für verfassungswidrig und verpflichtete den Gesetzgeber zu einer grundsätzlichen Neuregelung bis 2005.

Finanzgerichtsbarkeit: besondere, durch die Finanzgerichte und den Bundesfinanzhof ausgeübte Form der Verwaltungsgerichtsbarkeit; Zuständigkeiten und Verfahren sind in der Finanzgerichtsordnung (FGO) geregelt.

Die Gerichte der F. entscheiden in Streitigkeiten über Abgaben und in anderen, ihnen durch Gesetz zugewiesenen Fällen sowie über Streitigkeiten aus dem Berufsrecht der Steuerberater. Einer Klage gegen Bescheide der Finanzbehörden muss grundsätzlich ein Einspruchs- oder Beschwerdeverfahren vorausgehen. Gegen die Urteile der Finanzgerichte ist die Revision an den ↑ Bundesfinanzhof möglich.

Finanzhoheit: ↑ Finanzverfassung.

Finanzplanungsrat: ein Gremium zur Koordinierung der Finanzplanung des Bundes, der Länder und Gemeinden. (seit 1968). Mitglieder sind der Bundesfinanzminister, der Bundeswirtschaftsminister, die Finanzminister der Länder, vier Vertreter der Gemeinden und Gemeindeverbände und mit beratender Funktion die Deutsche Bundesbank.

Finanzpolitik: die staatlichen Maßnahmen im Bereich des Geld- und Vermögenswesens. Von der F. wird die Art der Mittelaufbringung (z.B. durch Steuern) sowie deren Zweck bestimmt. Sie stellt neben der ↑ Geld- und Kreditpolitik und der direkten wirtschaftspolitischen Einwirkung durch Ge- und Verbote (Regulierung) die dritte große Gruppe wirtschaftspolitischer Instrumente dar.

Zur F. können klassische fiskalische Ziele (z.B. die Finanzierung von Polizei und Schulen), aber auch soziale Ausgleichsmaßnahmen (z.B. die Subventionierung wirtschaftlich Schwächerer) oder wirtschaftsstabilisierende Eingriffe über den Staatshaushalt gehören.

Finanzverfassung: Gesamtheit der rechtlichen Bestimmungen, die das öffentliche Finanzwesen in einem Staat regeln. Die F. umfasst insbesondere das Recht, Steuern zu erheben **(Finanzhoheit)** sowie die Gesetzgebung auf dem Gebiet der öffentlichen Einnahmen und Ausgaben und deren Verteilung auf die Träger der öffentlichen Aufgaben (↑ Finanzausgleich).

Die Grundsätze der F. in Deutschland sind in den Art. 104 a–115 GG festgelegt (u.a. Regelungen zur Steuergesetzgebung und zur Finanzverwaltung). Die rechtsprechende Gewalt wird durch die Finanzgerichte der Länder (↑ Finanzgerichtsbarkeit) sowie den ↑ Bundesfinanzhof ausgeübt.

Finanzverwaltung: der Teil der öffentlichen Verwaltung, der sich v.a. mit der Festsetzung und Erhebung von Steuern

F

befasst. In Deutschland ist die F. zwischen Bund und Ländern aufgeteilt.

Der *Bund* verwaltet die Zölle, Finanzmonopole, die bundesgesetzlich geregelten Verbrauchsteuern und die Abgaben im Rahmen der Europäischen Gemeinschaften. Die restlichen Steuern werden von den Ländern verwaltet. Oberste Finanzbehörde des Bundes ist das Bundesministerium der Finanzen, ihm sind als Oberbehörden z.B. die Bundesschuldenverwaltung und das Bundesamt für Finanzen nachgeordnet. Mittelbehörden sind die Oberfinanzdirektionen, örtliche Behörden z.B. die Hauptzollämter.

Oberste Finanzbehörden der *Länder* sind die Finanzministerien, Mittelbehörden die Oberfinanzdirektionen (die damit zugleich Bundes- und Landesbehörden sind) und örtliche Behörden die Finanzämter.

Fiskalpolitik: ↑Globalsteuerung.

Fiskus [von lat. fiscus »Korb«, »Geldkorb«]: das Staatsvermögen; im übertragenen Sinne auch die staatliche ↑Finanzverwaltung bzw. deren Teilbereiche (z.B. Steuerfiskus).

Flächentarifvertrag: ↑Tarifvertrag.

flexible Reaktion: ↑Nuklearstrategie.

Flüchtlinge: ungenauer Sammelbegriff für Personen, die durch politische (Zwangs-)Maßnahmen, Kriege oder existenzgefährdende Notlagen ihre Heimat vorübergehend oder auf Dauer verlassen. Grundlage des internationalen Flüchtlingsrechts ist die **Genfer Flüchtlingskonvention** vom 28. 7. 1951. Als **politische F.** gelten demnach nur Personen, die aus begründeter Furcht vor Verfolgung wegen ihrer Rasse, Religion, Nationalität, ihrer politischen Meinung oder der Zugehörigkeit zu einer bestimmten gesellschaftlichen Gruppe sich außerhalb des Landes befinden, dessen Staatsangehörigkeit sie besitzen. Keinen Flüchtlingsstatus haben demnach sog. »Wirtschaftsflüchtlinge« aus Gebieten, in denen Massenelend herrscht oder Asylbewerber, deren Asylanträge zwar abgelehnt wurden, die jedoch aus humanitären Gründen nicht abgeschoben werden. Die Anerkennung von Personen als F. liegt im Ermessen des jeweiligen Staates

Seit 1951 betreut der Hohe Flüchtlingskommissar der Vereinten Nationen (↑UNHCR) F. auf der ganzen Welt (1999 rd. 22,3 Mio.). Nach Asien und Afrika hatte der europäische Kontinent mit etwa 6 Mio. die meisten F. – Siehe auch ↑Asylrecht, ↑Ausländer, ↑Emigration, ↑Migration, ↑Vertriebene.

Die Genfer Flüchtlingskonvention von 1951 definiert den Flüchtling als Person:

» [...] die sich aus begründeter Furcht vor Verfolgung wegen rassischer, religiöser und politischer Gründe, der Zugehörigkeit zu einer bestimmten sozialen Gruppe oder wegen ihrer Nationalität außerhalb ihres Heimatstaates befindet und nicht dessen Schutz genießen kann, oder wegen solcher Furcht sich dem Schutz dieses Landes nicht unterstellen will [...]«

Fluorchlorkohlenwasserstoff, Abk. FCKW: chemische Verbindungen, die u.a. als Treibmittel für Spraydosen und in der Kunststoffproduktion eingesetzt werden. FCKW-Verbindungen sind für die Schädigung der ↑Ozonschicht und den ↑Treibhauseffekt mitverantwortlich. Seit 1. 1. 1996 ist die Produktion von FCKW für Industriestaaten verboten (in der EU bereits seit 1. 1. 1995).

Flurbereinigung (Flurneuordnung, Umlegung): die Neuordnung und zweckmäßige Gestaltung zersplitterten ländlichen Grundbesitzes zur Schaffung rentabler Wirtschaftsflächen, zur Förderung der landwirtschaftlichen Produktion und Erhaltung der Landschaft als Lebensraum für Menschen, Tiere und Pflanzen (in Deutschland Flurbereinigungsgesetz in der Fassung vom 23. 8. 1994).

Föderalismus: siehe Seite 130.

Föderation: ↑Staatenbund.

Föderationsrat: ↑Duma.

Folter: das Zufügen körperlicher oder

seelischer Schmerzen zur Erzwingung einer Aussage. F. wurde v.a. im 14./15. Jh. im Rahmen der Hexenprozesse und der Inquisition angewandt, weil zur Verurteilung ein Geständnis der Verdächtigen notwendig war. Bis zum 19. Jh. wurde die F. aus den Rechtsordnungen vieler Staaten beseitigt (z.B. in Preußen 1740/1754). Sie ist aber bis heute weltweit eine Form politischer Verfolgung und Unterdrückung geblieben. Moderne Foltermethoden sind z.B. Zwangseinnahme von Medikamenten, Schlafentzug, Psychoterror. Für die Opfer von F. setzt sich u.a. die Menschenrechtsorganisation ↑Amnesty International ein.

Fonds Deutsche Einheit [fõ-]: Sondervermögen des Bundes, das bis 1995 die zentrale Finanzierungsquelle der neuen Bundesländer darstellte. Der F. D. E. wurde durch das Gesetz vom 25. 6. 1990 errichtet und durch Kreditaufnahme sowie durch Bund und Länder aufgebracht (insgesamt 160,7 Mio. DM).

Forschungsfreiheit: ↑Wissenschaftsfreiheit.

Forschungspolitik: alle politischen Maßnahmen zur Förderung der wissenschaftlichen Forschung und Entwicklung; die F. ist Teil der Kulturpolitik und der Wirtschaftspolitik eines Staates. Ziel der F. ist die Förderung der technologischen Forschung und Entwicklung, sodass die Wirtschaft auf künftige Entwicklungen und Anforderungen reagieren und damit ihre Leistungs- und Wettbewerbsfähigkeit langfristig sichern kann. Die Forschungsfreiheit ist gemäß Art. 5 Abs. 3 GG ein Grundrecht.

Träger der F. ist in Deutschland v.a. das Bundesministerium für Forschung und Technologie, daneben auch andere Bundesministerien und die Länder. Ihre Maßnahmen dienen sowohl der Forschungsförderung in staatlichen (z.B. Hochschulen) als auch in privaten (z.B. Wirtschaftsunternehmen) Einrichtungen. Unterschieden wird zwischen der direkten Forschungsförderung bestimmter Forschungs- und Entwicklungsvorhaben durch Bereitstellung finanzieller Mittel und indirekter Forschungsförderung, bei der forschungstreibende Institutionen finanziell unterstützt werden.

Fortbildung: ↑berufliche Bildung, ↑Weiterbildung.

Fortschritt: Bezeichnung für die Zunahme des theoretischen (v.a. naturwissenschaftlichen) Wissens und seiner (technischen) Anwendung. Die seit der Aufklärung herrschende Überzeugung (»Fortschrittsglaube«), dass die Entwicklung des menschlichen Intellekts und die Vermehrung der naturwissenschaftlichen Kenntnisse nicht nur zu materiellem Wohlstand, sondern auch zur Humanisierung der Gesellschaft führen werden, wird durch die Erfahrung der Weltkriege, die Erfahrung mit modernen Technologien, durch die Umweltproblematik infrage gestellt.

Forum Bildung: ↑Bildungspolitik.

FPÖ: ↑Österreich.

Fragestunde: Einrichtung des Deutschen Bundestages. Jedes Mitglied des Bundestages ist berechtigt, für die F. einer Sitzungswoche bis zu zwei Fragen zur mündlichen Beantwortung an die Bundesregierung zu richten. Jede Frage darf in zwei Unterfragen unterteilt sein. Die Formulierung von Zusatzfragen bei der mündlichen Beantwortung ist möglich. Die F. können pro Sitzungswoche eine Gesamtdauer von drei Stunden erreichen. Fragen der Abgeordneten können von der Regierung im Falle der Abwesenheit des Fragestellers schriftlich beantwortet werden.

Fraktion: Vereinigung von politisch gleich gesinnten Abgeordneten in einem Parlament, die das Recht zur Gesetzesinitiative hat. Meist bilden die Abgeordneten einer Partei eine F.; möglich ist auch die **Fraktionsgemeinschaft** mehrerer einander nahe stehender Parteien, etwa von CDU und CSU im Bundestag. Da die F. zugleich der technischen Bewältigung der Arbeit eines Parlaments dient (z.B. Benennung von

Der Begriff Föderalismus, abgeleitet von lat. foedus »Bündnis«, »Staatsvertrag«, ist ein politisches Gestaltungsprinzip, durch das einzelne Gliedstaaten zu einem übergeordneten Zentralstaat zusammengeschlossen werden. Anders als bei einem ↑Einheitsstaat sind die Glieder mehr oder weniger staatlich organisiert, d.h. sie verfügen i.d.R. über ein eigenes Parlament, eine eigene Regierung und einen eigenen Verwaltungsapparat.

Staatenbund und Bundesstaat

Innerhalb des Föderalismus ist v.a. zwischen zwei Formen zu unterscheiden: Im ↑Staatenbund (Konföderation) bewahren die Mitgliedstaaten ihre Unabhängigkeit (Souveränität) im Inneren und treten auch nach außen selbstständig auf. Per Vertrag werden zur Bewältigung gemeinsamer politischer Anliegen spezielle Organe geschaffen. Beim ↑Bundesstaat werden die Staatsaufgaben teils von einer zentralen Institution des Gesamtstaates und teils von den Gliedstaaten wahrgenommen. Dabei liegt die Gesamtstaatsvertretung nach außen bei der Zentralgewalt. Diese Form des Föderalismus, wie sie z.B. heute in den USA, der Schweiz, Deutschland und Österreich praktiziert wird, erwies sich als besonders dauerhaft.

Formen des Föderalismus

Die Ausgestaltung einer föderativen Staatenverbindung kann sehr unterschiedlich sein. Das zentrale Organ, das für alle verbindliche Beschlüsse zu fassen hat, kann eine Versammlung der Regierungen der Mitgliedstaaten sein oder ein demokratisch gewähltes Parlament; die Interessenvertretung der Mitgliedstaaten kann wiederum aus Mitgliedern der Regierungen der Einzelstaaten bestehen oder aus Abgeordneten, die vom Volk in den Ländern gewählt bzw. von den Landesparlamenten entsandt werden.

In den USA werden beispielsweise die Senatoren, die neben dem Repräsentantenhaus die zweite Kammer des Kongresses bilden und die Interessen der Bundesstaaten vertreten, von den Bürgern dieser Bundesstaaten gewählt. Im Senat gibt es keine Gewichtung nach der Größe oder Einwohnerzahl der Bundesstaaten: Jeder Einzelstaat entsendet einen Vertreter.

Die ↑Europäische Union wiederum ist eine staatliche Organisation, die über die Form eines Staatenbundes hinausgeht und doch kein Bundesstaat ist, da ihre Mitgliedstaaten weitgehend ihre nationale Souveränität bewahren. Sie ähnelt in ihrer gegenwärtigen Form am ehesten einem Staatenbund, hat sie doch mit dem Europäischen Rat, einem Zusammenschluss der nationalen Staats- und Regierungschefs, eine gemeinsame oberste Instanz.

Ausformung in Deutschland

Im deutschen ↑Grundgesetz untersteht die bundesstaatliche Ordnung, die einer Forderung der Besatzungsmächte nachkommt, und die Mitwirkung der Länder an der Gesetzgebung der sog. Ewigkeitsgarantie (Art. 79 Abs. 3); sie kann durch Verfassungsänderung nicht abgeschafft werden.

Deutschland ist ein Beispiel für einen Bundesstaat mit einem gemeinsamen Parlament, dem ↑Bundestag und dem ↑Bundesrat als Interessenvertretung der Länder. Ihm gehören Vertreter der Länderregierungen an, sodass man auch von einem »Parlament der Regierenden« spricht. Bei Abstimmungen haben Länder mit einer größeren Einwohnerzahl mehr Stimmen als Länder mit geringerer Anzahl (z.B. Nordrhein-Westfalen: sechs Stimmen, Saarland: drei Stimmen). In den meisten Bereichen nutzt der Bund das ihm vom Grundgesetz gegebene Gestaltungsrecht ausgiebig zulasten der Länder (↑konkurrierende Gesetzgebung). Alle Gesetze, die auch Länderkompetenzen betreffen, bedürfen jedoch der Zustimmung des Bundesrats, um in Kraft zu treten. Gegen alle anderen Gesetze kann der Bundesrat Einspruch erheben, den

der Bundestag allerdings überstimmen kann.
Die Kompetenzen der Länder sind durch eine starke Verflechtung (↑Politikverflechtung) mit der Bundesebene gekennzeichnet (↑kooperativer Föderalismus). So sind sie zuständig für die Ausführung der überwiegenden Zahl der Gesetze und Verordnungen des Bundes. An ↑Gemeinschaftsaufgaben, wie dem Ausbau von Hochschulen, der Verbesserung der regionalen Wirtschaftsstruktur u.a., muss der Bund laut Art. 91 a und 91 b GG mitwirken.
Die Länder haben jedoch auch klar festgelegte eigenständige Kompetenzen in Gesetzgebung, Verwaltung und Rechtsprechung. Sie bestimmen über ihre Kulturpolitik, geben sich ein Kommunalrecht und haben eigene Verwaltungen sowie eine Landespolizei. In manchen Bereichen, die in der Zuständigkeit der Länder liegen, besteht Abstimmungsbedarf, z.B. über Schulsysteme und Prüfungsanforderungen oder über den Finanzausgleich zwischen den Rundfunkanstalten. Über solche Fragen müssen sich die Länder in Konferenzen der Ministerpräsidenten oder der Fachminister einigen.
Der deutsche Föderalismus betont die Einheitlichkeit der Lebensverhältnisse. Durch den ↑Länderfinanzausgleich, die Umverteilung der Mehrwertsteuereinnahmen der einzelnen Bundesländer, soll deren unterschiedliche Finanzkraft ausgeglichen werden.

Vor- und Nachteile des Föderalismus

Zu den Vorteilen eines föderalistischen Staates zählt, dass die Institutionen der Gliedstaaten näher am Bürger sind, der

Föderalismus

Zuständigkeiten in der Gesetzgebung in Deutschland (Auszug)

Bund		Länder
Ausschließliche Gesetzgebung	**Konkurrierende Gesetzgebung [1]**	**Ausschließliche Gesetzgebung**
Auswärtige Angelegenheiten	Bürgerliches Recht	Kultur
Verteidigung	Strafrecht, Strafvollzug	Polizeiwesen
Geld und Währung	Vereins- und Versammlungsrecht	Bildungswesen
Außenhandel	Angelegenheiten der Ausländer, Flüchtlinge und Vertriebenen	Gesundheitswesen
Luftverkehr, Bahn	Ausbildung und Forschung	Kommunalverfassung
Post, Telekommunikation	Arbeitsrecht	
Regelungen zur Zusammenarbeit von Bund und Ländern beim Verfassungsschutz, Verbrechensverfolgung u. a.	Wirtschaftsrecht	
	Verkehr	
	Umwelt und Gesundheit	

Rahmengesetzgebung
Hochschulwesen
Presse
Naturschutz, Landschaftspflege
Raumordnung
Melde- und Ausweiswesen

[1] Der Bund hat hier ein Gesetzgebungsvorrecht. Nur wenn er davon keinen Gebrauch macht, haben die Länder die Befugnis, eigene Gesetze zu erlassen.

mit ihnen leichter in Verbindung treten kann als mit der politischen Zentrale in einer fernen Hauptstadt. Der Einzelne kann damit leichter eigene Gestaltungs- und Mitwirkungsmöglichkeiten wahrnehmen.

Der Föderalismus stellt auch ein Mittel der vertikalen Gewaltenteilung (von »oben« nach »unten«) dar. Er ermöglicht es der Opposition (auf Bundesebene), die Regierungsgewalt auf Länderebene auszuüben. Das Erfordernis, dass die Instanzen zusammenwirken müssen – z.B. Bund und Länder, damit ein neues Gesetz den Bundestag und Bundesrat passieren kann, aber auch die Länder untereinander – fördert die Konsensbildung (Konsensusdemokratie). Sie setzt wiederum eine breite gesellschaftliche Diskussion voraus und bindet so die betroffenen Gruppen in den demokratischen Prozess ein. Auch stärkt der föderale Staatsaufbau die Berücksichtigung regionaler Unterschiede.

Kritiker des Föderalismus weisen darauf hin, dass ein föderaler Staat wegen des Konsenszwangs in seinen politischen Entscheidungen schwerfällig und das staatliche Handeln wegen der komplexen Verfahren der Entscheidungsfindung schwer nachvollziehbar sei. Sie sehen daher den unitarischen Zentralstaat (↑Unitarismus) insgesamt als den effizienteren Staat an.

■ Reformforderungen

Auch bei der Ausgestaltung der bundesstaatlichen Ordnung Deutschlands besteht nach Ansicht vieler Kritiker Reformbedarf. So wird bemängelt, dass sich das Verhältnis von Bund und Ländern zulasten der Länder verschoben habe. Bei Abstimmungen im Bundesrat spiele die Parteipolitik eine zu große Rolle, wodurch die Interessen der Länder und ihrer Bürger immer weiter in den Hintergrund träten. Diese Gefahr ist besonders groß, wenn aufgrund der Ergebnisse von Landtagswahlen im Bundesrat andere Mehrheitsverhältnisse herrschen als im Bundestag. Dies war z.B. unter dem CDU-Bundeskanzler H. Kohl der Fall, der sich zeitweise im Bundesrat einer Mehrheit SPD-geführter Länder gegenübersah. Die rot-grüne Regierungskoalition ist seit Ende 1998 mit sehr unterschiedlichen parteipolitischen Konstellationen im Bundesrat konfrontiert.

Ende 1998 verständigten sich der Bund und die Ministerpräsidenten der Länder auf die Bildung einer Arbeitsgruppe, die Vorschläge zur Reform der bundesstaatlichen Ordnung ausarbeiten sollte. Dabei stand die Überprüfung der politischen Kompetenzverteilung, aber auch eine Neuregelung der Frage, welche Steuern dem Bund und welche den Ländern zustehen, im Mittelpunkt. Ziel einer Reform soll die Stärkung der Eigenstaatlichkeit der Länder sein. ■

Unter www.bundesrat.de stellt sich die Länderkammer der Bundesrepublik Deutschland vor. Als Ansprechpartner und Informationsquelle über die Besonderheiten der Bundesländer stehen auch die einzelnen Landesvertretungen in Berlin sowie die Landeszentralen für politische Bildung der jeweiligen Bundesländer zur Verfügung.

Kilper, Heiderose und Lhotta, Roland: *Föderalismus in der Bundesrepublik Deutschland. Eine Einführung.* Opladen (Leske und Budrich) 1996. ■ Laufer, Heinz und Fischer, Thomas: *Föderalismus als Strukturprinzip für die Europäische Union.* Gütersloh (Verlag Bertelsmann-Stiftung) 1996. ■ Reuter, Konrad: *Föderalismus.* Heidelberg (Hüthig) [5]1996.

Abgeordneten für die ↑Parlamentsausschüsse), ist i.d.R. eine Mindestgröße für die Bildung einer F. notwendig (im Bundestag 5% der Abgeordneten). Das bedeutet, dass kleine Parteien keine eigene F. bilden, jedoch als Gruppe anerkannt werden können. Die Unterordnung eines Abgeordneten unter die Beschlüsse einer F. **(Fraktionsdisziplin)** gilt als zulässig. Jedoch widerspricht die Ausübung des **Fraktionszwangs,** d.h. die Verpflichtung zur Einhaltung von Fraktionsbeschlüssen und der Verzicht auf das Mandat bei Nichtbefolgung, dem ↑freien Mandat. Der Ausschluss eines Abgeordneten aus einer F. ist hingegen möglich.

Frankreich (amtlich: La République Française): Staat in Europa mit einer Fläche von 543 965 km² und 58,73 Mio. Einwohnern (1999). Hauptstadt: Paris. Zu F. gehören neben dem Festlandsgebiet auch die Insel Korsika und die Überseedepartements Guadeloupe, Französisch-Guyana, Martinique, Réunion und Saint-Pierre-et-Miquelon sowie die Überseeterritorien (u.a. Neukaledonien, Französisch-Polynesien).

Verfassung: Seit 1791 wurden F. 16 verschiedene Verfassungen gegeben. Dies hat dazu geführt, dass die Republiken nummeriert werden. Die Erste Republik umfasste den Zeitraum 1792–1804, die Zweite Republik 1848–52, die Dritte Republik 1870–1940. Durch die Verfassung von 1946 wurde die Vierte Republik geschaffen, die 1958 zusammenbrach. Nach der heutigen Verfassung (Fünfte Republik), die am 4. 10. 1958 durch Volksabstimmung gebilligt wurde, ist F. eine Republik, die durch den Dualismus von parlamentarischem und präsidialem Prinzip geprägt ist (↑semipräsidentielles Regierungssystem). Staatsoberhaupt ist der mit weitgehenden Vollmachten ausgestattete Präsident der Republik (für sieben, ab 2002 für fünf Jahre direkt gewählt). Er benennt und entlässt den Premierminister und auf dessen Vorschlag die übrigen Kabinettsmitglieder, führt den Vorsitz im Ministerrat, kann Gesetzesvorlagen oder die Ratifizierung von Verträgen einer Volksabstimmung unterziehen und die Nationalversammlung auflösen. Er ist militärischer Oberbefehlshaber und ernennt mit Zustimmung der Regierung die höchsten Beamten.

Die vollziehende Gewalt (Exekutive) liegt bei der Regierung mit dem Premierminister an der Spitze. Sie ist dem Parlament verantwortlich und kann durch Misstrauensvotum zum Rücktritt gezwungen werden. Regierungsmitglieder dürfen dem Parlament nicht angehören.

Frankreich

Staatsoberhäupter der Fünften Republik

Präsident	Amtszeit
Charles de Gaulle	1959–69
Georges Pompidou	1969–74
Valéry Giscard d'Estaing	1974–81
François Mitterrand	1981–95
Jacques Chirac	seit 1995

Das Parlament besteht aus zwei Kammern, der Nationalversammlung und dem Senat. Die 577 Mitglieder der Nationalversammlung werden für fünf Jahre nach dem Mehrheitswahlrecht gewählt. Der Senat vertritt die Interessen der Gebietskörperschaften (Verwaltungseinheiten), seine 321 Mitglieder werden in den Departements indirekt durch Wahlmänner für neun Jahre gewählt, wobei alle drei Jahre jeweils ein Drittel neu bestimmt wird.

Dem Verfassungsrat gehören neun Mitglieder an (je drei durch den Staatspräsidenten sowie die Präsidenten von Senat und Nationalversammlung bestimmt), ferner die ehemaligen Präsidenten der Republik (diese auf Lebenszeit); Grundgesetze müssen, sonstige Gesetze können ihm zur Prüfung auf ihre Verfassungsmäßigkeit vorgelegt werden.

F

Parteien: Zu den einflussreichsten Parteien gehören auf bürgerlicher Seite die konservative gaullistische »Sammlungsbewegung für die Republik« (Rassemblement pour la République [RPR], seit 1976; Abspaltung von Konservativen 1999; ↑ Gaullismus) und die liberal-konservative Parteienföderation »Union für die Demokratie« (Union pour la Démocratie Française [UDF], ab 1978; Auflösung und Konstituierung von Teilen als vereinte Partei 1998/99) sowie auf der Linken die »Sozialistische Partei« (Parti Socialiste [PS], seit 1969) und die »Kommunistische Partei« (Parti Communiste Français [PCF], seit 1920) und die Grünen (1997 erstmals im Parlament). Die rechtsextreme »Nationale Front« (Front National [FN], seit 1972; Spaltung 1999), die ihre besten Wahlergebnisse Mitte der 1980er-Jahre erreichte, war ab 1997, v.a. wegen des Mehrheitswahlrechts, nur noch mit einem Sitz in der Nationalversammlung vertreten.

Verwaltung: Der Verwaltungsaufbau ist zentralistisch geprägt. Das französische Mutterland ist gegliedert in 22 Verwaltungsregionen (gewählte autonome Gebietskörperschaften) und 96 Departements (diese wiederum bestehen aus 324 Arrondissements, 3 530 Kantonen und rd. 36 000 Gemeinden). Als Vertreter der Zentralgewalt und Koordinator der ver-

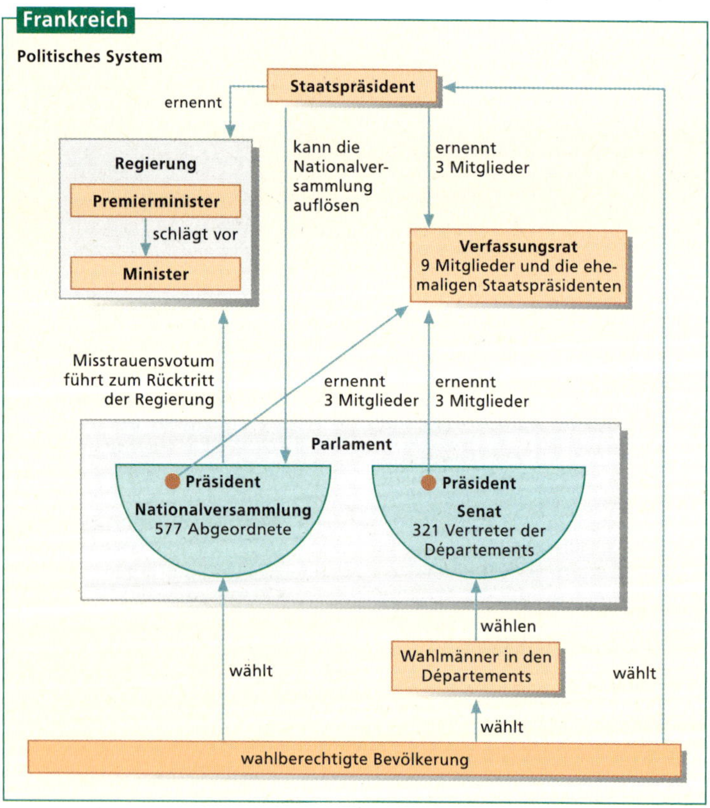

schiedenen nachgeordneten Behörden fungiert in den Departements ein Commissaire de la République.

Geschichte seit 1945: Bis 1947 wurden die Regierungen der Vierten Republik im Wesentlichen von Sozialisten, Kommunisten und Volksrepublikanern getragen. Nach 1953 bildeten die Parteien der Mitte (Sozialisten, Volksrepublikaner, Radikalsoziale, Unabhängige) die Machtspitze. Die innenpolitischen Auseinandersetzungen standen unter dem Eindruck der Spaltung der Kriegskoalition in ein westliches und ein östliches Lager und der Erstarkung der BRD. Die labilen innenpolitischen Zustände (bis 1958: 26 Kabinette) wurden durch den Indochinakrieg 1946–54 und den Algerienkrieg 1952–62 verschärft.

1958 übernahm General C. DE GAULLE die Regierung und leitete die Fünfte Republik ein. Als Staatsmann prägte DE GAULLE die Entwicklung F.s. Er machte F. zur Atomstreitmacht und leitete die Normalisierung der deutsch-französischen Beziehungen ein. Studentenunruhen und ein Generalstreik stellten im Mai 1968 den Bestand der Fünften Republik infrage. 1969 trat DE GAULLE zurück. Unter Beibehaltung der Prinzipien des Gaullismus folgte ihm GEORGES POMPIDOU (1911–74) im Amt des Staatspräsidenten nach. Der Regierungsmehrheit (Gaullisten, unabhängige Republikaner und eine Fraktion der bürgerlichen Mitte) stand 1972 die »Linksunion« (Sozialisten, linke Radikalsozialisten, Kommunisten) gegenüber, die von dem Sozialisten F. MITTERRAND geführt wurde. Nach dem Tod POMPIDOUS wurde VALÉRY GISCARD D'ESTAING (*1926), Führer der Unabhängigen Republikaner, Staatspräsident. 1981 gewann MITTERRAND die Präsidentschaftswahl, 1988 wurde er im Amt bestätigt. Bei der Präsidentschaftswahl 1995 setzte sich der Neogaullist J. CHIRAC als Kandidat der Rechten durch. Nach den Neuwahlen von 1997 sah sich CHIRAC einer starken Mehrheit der Sozialisten, geleitet von Premierminister LIONEL JOSPIN (*1937), in der Nationalversammlung gegenüber. Eine solche Konstellation, Präsident und Regierung aus unterschiedlichen Parteiblöcken (»Cohabitation«), gab es unter umgekehrten Vorzeichen schon 1986–88 und 1993–95.

Frauenbeauftragte: ↑ Gleichstellungsbeauftragte.

Frauenbewegung: organisiertes Eintreten der Frauen für ihre Interessen und gegen ihre Benachteiligung auf ökonomischem, sozialem, politischem und kulturellem Gebiet. Die F. entstand im Zusammenhang mit den sozialen und erzieherischen Reformbewegungen der Aufklärung seit dem Ende des 18. Jh. zuerst im industrialisierten Westeuropa.

Während der Französischen Revolution erschienen zahlreiche Veröffentlichungen zu den Rechten der Frau. In dieser Zeit bildeten sich in Frankreich revolutionäre Frauenklubs (ähnlich in Deutschland um 1848). Die mit der industriellen Revolution verbundenen sozialen Umwälzungen gaben der F. nach 1850 neue Impulse. 1865 wurde der Allgemeine Deutsche Frauenverein (ADF) gegründet, der sich v. a. mit Frauenarbeit und Frauenbildung beschäftigte. Die sozialistische Deutung der Frauenemanzipation (A. BEBEL, CLARA ZETKIN [1857–1933]) betonte, dass die Befreiung des Proletariats auch das Ende der Unterdrückung der Frau bedeute. Ein Hauptanliegen der frühen F., das ↑ Frauenwahlrecht (↑ Suffragette), wurde schließlich je nach Staat zu unterschiedlichen Zeitpunkten erreicht. Im Ersten Weltkrieg nahm die Frauenarbeit und damit die Integration der Frau in Politik und Gesellschaft zu. Einen starken Rückschritt brachte in Deutschland die nationalsozialistische Ideologie von der Rolle der Frau als Gattin und Mutter.

In der BRD entwickelten sich aus der Studentenbewegung der 1960er-Jahre alternative Frauengruppen (»Neue F.«,

↑Feminismus) In den 1980er-Jahren engagierte sich die F. vielfach in der Ökologie-, Antiatomkraft- und ↑Friedensbewegung sowie bei den Grünen. Der F. gelang es, Frauenanliegen politisch und gesellschaftlich stärker in den Blick zu rücken (z.B. Errichtung von ↑Frauenhäusern in vielen Großstädten, ↑Frauenquoten in Parteien und öffentlichem Dienst, eigene Studiengänge und Frauen- bzw. Geschlechterforschung an Hochschulen, Zunahme des Frauenanteils in Führungspositionen). Trotz verfassungsrechtlicher Gleichstellung (↑Gleichberechtigung) ist bis heute aber eine vollständige Integration der Frauen nicht verwirklicht. Um der F. ein weltweites Forum zu bieten, rief die UN 1975 die alle fünf Jahre stattfindende Weltfrauenkonferenz ins Leben.

keit ist dabei unabhängig vom Ort der Tat. – Siehe auch ↑Menschenhandel.

Frauenhaus: autonome oder von gemeinnützigen Organisationen unterstützte Einrichtung, in der Frauen, die von Männern körperlich und seelisch misshandelt wurden, vorübergehend (mit ihren Kindern) wohnen können und Beratung und Hilfe erfahren. Die Gründung von Frauenhäusern geht auf Initiativen der Frauenbewegung zurück.

Frauenpolitik: Trotz der in der Verfassung garantierten ↑Gleichberechtigung (Art. 3 Abs. 2 GG) von Männern und Frauen sind Frauen in Deutschland in vielen Bereichen von Beruf, Politik und Bildungswesen benachteiligt oder unterrepräsentiert. Die Doppelbelastung von Frauen durch Familie und Berufstätigkeit erlaubt oft nicht das notwen-

Frauenbewegung: Kämpferisch trat eine Frau aus der von Marokko annektierten Westsahara auf der vierten UN-Weltfrauenkonferenz 1995 in Peking für Frauenrechte in ihrer Heimat ein.

Frauenhandel (Mädchenhandel): nach dem internationalen Abkommen vom 4. 5. 1910 und anderen Abkommen das Anwerben, Verschleppen oder Entführen minder- oder volljähriger weiblicher Personen, um sie mittels Täuschung, Drohung, Missbrauch des Ansehens oder anderer Zwangsmittel zur Prostitution zu missbrauchen. Die Abkommen verpflichten die Staaten, F. unter Strafe zu stellen, in Deutschland verwirklicht gemäß §§ 180 b, 181 StGB (Strafen bis zu fünf bzw. zehn Jahren). Die Strafbar-

dige Engagement für ein berufliches Fortkommen und erschwert, zusätzlich zur Behinderung durch Vorurteile, das Vordringen in Führungspositionen. Seit der zweiten Hälfte der 1980er-Jahre gibt es eine gezielte F., die auf konkrete Maßnahmen der Frauenförderung setzt. Sie begann mit der Einsetzung von ↑Gleichstellungsbeauftragten zunächst auf den Ebenen von Land und Kommunen und führte schließlich zur Einrichtung von Frauenministerien. In Nordrhein-Westfalen wurde durch

F

das Frauenförderungsgesetz vom 31.10.1988 die Frauenförderung erstmals gesetzlich festgelegt. Danach müssen Frauen bei gleicher fachlicher Eignung bevorzugt eingestellt werden.

Frauenquote: Regelung, die vorsieht, dass in bestimmten Funktionen oder Positionen Frauen in einer festgelegten Zahl vertreten sein müssen. Die Umsetzung einer F. bedeutet, dass bei gleicher Qualifikation Frauen so lange vorgezogen werden, bis der mit der F. festgelegte Wert erreicht ist.

Nach einem Urteil des Europäischen Gerichtshofs (17.10.1995) dürfen Frauen nicht automatisch gleich qualifizierten Männern vorgezogen werden; lediglich Förderpläne, welche die Fähigkeiten von Frauen für die Konkurrenz auf dem Arbeitsmarkt verbessern, sind mit europäischem Recht vereinbar.

Frauenwahlrecht: Schon in der Französischen Revolution (1789–99) wurde die Forderung nach einem Wahlrecht für Frauen erhoben; die französische Schriftstellerin OLYMPE DE GOUGES (1748–93) setzte sich in ihrer »Erklärung der Rechte der Frau und Bürgerin« 1791 für die völlige Gleichberechtigung von Männern und Frauen auch im politischen Sinne ein. Im Rahmen der allgemeinen Demokratisierungsbewegung im 19. Jh. entwickelte sich in Europa und Nordamerika die ↑Frauenbewegung, zu deren Forderungen u.a. das F. zählte. Die Einführung des F. fand in vielen Ländern Europas erst im 20. Jh. statt, z.B. Finnland 1906, Russland 1917, Österreich 1918, Deutschland 1919, USA 1920, Großbritannien 1928, Italien 1946, Frankreich 1946, Griechenland 1952, Schweiz 1971 und Portugal 1974.

freie Berufe: besondere Gruppe der ↑Selbstständigen, die nicht Gewerbetreibende sind und deren Einkommen (Honorar) häufig nach Gebührenordnungen berechnet wird, z.B. Architekten, Ärzte, Journalisten, Rechtsanwälte, Steuerberater, Wirtschaftsprüfer). Viele f. B. sind in gesetzlich vorgeschriebene Standesorganisationen (Ärzte- oder Rechtsanwaltskammern) eingebunden und unterliegen deren Ehren- und Berufsgerichtsbarkeit, die bei Verstößen die Berufsausübung untersagen kann. **Freiberufler** sind nicht sozialversicherungspflichtig und unterliegen einem weitgehenden Werbeverbot.

Freie Demokratische Partei, Abk. FDP, seit 1968/69 parteioffiziell F.D.P.): 1948 aus dem Zusammenschluss nationalliberaler und liberaldemokratischer Gruppen der Westzonen und West-Berlins entstandene politische Partei, die sich als politische Organisation des Liberalismus in Deutschland versteht. Die FDP spielte bei der Bildung von Bundes- und Landesregierungen oftmals eine Schlüsselrolle; ihr Vorsitzender T. HEUSS wurde erster Bundespräsident (1949–59).

Geschichte: Die FDP war 1949–56 an CDU/CSU-geführten Regierungskoalitionen beteiligt. Vorsitzende waren: 1949–54 FRANZ BLÜCHER (1896–1959), 1954–57 T. DEHLER, 1957–60 REINHOLD MAIER (1889–1971), 1960–68 ERICH MENDE (1916–98), 1968–74 W. SCHEEL, 1974–85 H.-D. GENSCHER, 1985–88 MARTIN BANGEMANN (*1934), 1988–93 OTTO GRAF LAMBSDORFF (*1926), 1993–95 KLAUS KINKEL (*1936), seit 1995 W. GERHARDT.

Unter MENDE ging die FDP 1961–66 erneut ein Bündnis mit der CDU/CSU ein, 1966–69 stand sie im Bund in der Opposition. Ab 1968 setzte eine linksliberale Umorientierung innerhalb der Partei ein. Als Grundsatzprogramm wurden 1971 die »Freiburger Thesen« verabschiedet, die u.a. Sozialbindung des Eigentums und innerbetriebliche Mitbestimmung betonten. 1969–82 bildete die FDP mit der SPD eine Koalitionsregierung. Der innerparteilich gegen Ende der 1970er-Jahre erstarkte wirtschaftsliberale Flügel um GRAF LAMBSDORFF bewirkte im Oktober 1982 den Wechsel zu einer Koalition mit der CDU/CSU, die bis 1998 bestand. Seit den Wahlen von 1998

F

ist die FDP ohne Regierungsbeteiligung. Im Zuge der deutschen Vereinigung traten am 12. 8. 1990 mit der Liberaldemokratischen Partei (LDPD), der Deutschen Forumpartei (DFP), der FDP der DDR und der Nationaldemokratischen Partei Deutschlands (NDPD) Gruppierungen aus der DDR der FDP bei.

www.fdp.de; www.liberale.de

Freie Deutsche Jugend, Abk. FDJ: 1946 gegründete »sozialistische Massenorganisation«. Sie war die einzige zugelassene Organisation für Jugendliche (ab 14 Jahren) in der DDR und hatte die Aufgabe, eine Jugend im Sinne der Staatspartei SED heranzubilden.

freie Marktwirtschaft: ↑Marktwirtschaft.

Freier Deutscher Gewerkschaftsbund, Abk. FDGB: die 1945 gegründete kommunistische Einheitsorganisation der Gewerkschaften in der DDR (1991 Selbstauflösung).

freies Mandat: Freistellung der Abgeordneten eines Parlaments von bestimmten Aufträgen. In westlichen Demokratien gelten die Abgeordneten als Vertreter des ganzen Volkes und sind daher nicht an Aufträge und Weisungen ihrer Wähler und ihrer Partei gebunden, sondern lediglich ihrem Gewissen unterworfen (so Art. 38 Abs. 1 GG, Gegensatz: ↑imperatives Mandat). Der Sinn des f. M. besteht darin, dem Abgeordneten Verhandlungsspielraum bei der Beschlussfassung im Parlament zu verschaffen und ihn nach seiner eigenen Überzeugung ohne Druck von irgendeiner Seite abstimmen zu lassen. Er besteht nicht darin, dass der Abgeordnete nach wechselndem Belieben ohne Rücksicht auf seine Wähler, seine Partei und ↑Fraktion entscheidet.

Freie Wohlfahrtspflege: ↑Wohlfahrtsverbände.

Freihandel: in der ↑Außenwirtschaft ein Grundprinzip des Liberalismus, wonach der internationale Austausch von Waren und Dienstleistungen von allen Hemmnissen (z.B. Zollschranken, Ein- und Ausfuhrverbote) frei sein sollte.

Freiheit:

◆ *allgemein:* die Unabhängigkeit von äußerem, innerem oder durch Menschen oder Institutionen bedingtem Zwang.

◆ *Philosophie:* die Entscheidungs- oder Willensfreiheit.

◆ *Politik:* die äußere Unabhängigkeit und die unter das Völkerrecht gestellte Gleichberechtigung eines Staates (Souveränität) sowie das Recht eines Volkes, über seine staatliche Ordnung selbst zu entscheiden (↑Selbstbestimmungsrecht der Völker); auch das Recht der Staatsbürger, an der Ausübung der Staatsgewalt teilzuhaben (↑Demokratie) und die Sicherung bestimmter Rechte des Einzelnen (↑Grundrechte)

F. von gesellschaftlichen Mächten, kirchlicher Autorität und staatlicher Bevormundung wurde insbesondere z.Z. der Aufklärung gefordert. Diese Forderung ging in die modernen Verfassungen ein (↑Freiheitsrechte) und führte zu einer Reihe von Befreiungen, z.B. Bauernbefreiung, Judenemanzipation und Gewerbefreiheit (Befreiung vom Zunftzwang). Teilweise trat der Staat als Befreier auf, teilweise musste F. gegen die von ihm ausgehende Bevormundung durchgesetzt werden

Bis heute garantiert der demokratische ↑Rechtsstaat die F. des Einzelnen, indem er ihn durch Gesetze gegen Übergriffe schützt; die von ihm verfolgte Sozialpolitik soll den Einzelnen wirtschaftlich absichern und ihm damit freiheitliche Entscheidungsspielräume geben (↑Sozialstaat, ↑Freizeit). Dennoch besteht immer ein grundsätzliches Spannungsverhältnis zwischen dem Staat, auch dem demokratischen, und der individuellen F. Denn auch demokratisch gefällte Entscheidungen gewährleisten keine unumschränkte F., da zum einen jede Regelung nur bestimmte Verhaltensweisen erlaubt, andere hingegen ausschließt, sich zum anderen demokratische Mehrheitsentscheidungen gegen eine überstimmte Minderheit richten. Mit ↑Freiheitsentziehung können ausgeschlossene Verhaltensweisen geahndet werden, um die F. anderer zu sichern. Mit einem besonderen Schutz für ↑Minderheiten wird in westlichen Demokratien versucht, dem zweiten Aspekt Rechnung zu tragen.

freiheitlich demokratische Grundordnung: ↑Deutschland.

Freiheitliche Partei Österreichs: ↑Österreich.

Freiheitsentziehung: rechtmäßige, befristete oder unbefristete Unterbringung eines Menschen gegen seinen Willen. Da zur freien Entfaltung der Persönlichkeit auch das Recht gehört, den Aufenthaltsort nach Belieben zu wählen und aufzugeben, beschränkt die F. die Freiheit der Person umfassend.
Besondere Beschränkungen des Grundrechts der Freiheit sind nach Art. 104 Abs. 1 GG nur aufgrund eines Gesetzes und nur unter Beachtung der darin vorgeschriebenen Formen und Verfahren zulässig. Rechtsgrundlagen für Freiheitsbeschränkungen finden sich v.a. in den Strafgesetzen, den Unterbringungsgesetzen (Einweisung von geisteskranken und suchtkranken Personen in Heil- oder Pflegeanstalten), den Polizeigesetzen und in der Strafprozessordnung. Über den Entzug der Freiheit darf nur ein Richter entscheiden.

Freiheitsrechte: Bezeichnung für die ↑Grundrechte, die dem Einzelnen einen gegenüber staatlichen Eingriffen geschützten Freiheitsraum garantieren.

Freilandversuch (Freisetzungsversuch): genehmigungspflichtiges zeitlich und räumlich befristetes Aussetzen von gentechnisch veränderten (transgenen) Organismen (↑Gentechnologie). Der erste F. wurde in Deutschland 1990 unternommen (mit Petunien, die ein Maisgen enthielten); er diente der Untersuchung springender Gene (bewegliche Strukturen in der Erbmasse).
F. sind wegen der möglichen unkontrollierten Verbreitung manipulierter Gene umstritten, obwohl gerade durch F. Wechselwirkungen z.B. mit der Umwelt (z.B. Insekten) untersucht werden sollen. In der EU wurde 2000 eine Richtlinie für F. erarbeitet.

Freisinnig-Demokratische Partei: ↑Schweiz.

Freistaat: in Deutschland andere Bezeichnung für Republik. In der Weimarer Reichsverfassung Selbstbezeichnung der meisten Länder, in der BRD nur die Bayerns und Sachsens.

freiwilliges ökologisches Jahr: seit 1993 möglicher freiwilliger Hilfsdienst junger Menschen zwischen 16 und 27 Jahren in Einrichtungen des Natur- und Umweltschutzes (Regelungen analog dem freiwilligen sozialen Jahr).

freiwilliges soziales Jahr: ein freiwilliger sozialer Dienst von Jugendlichen zwischen 17 und 27 Jahren in Krankenhäusern, Alters- und Kinderheimen und anderen Einrichtungen der freien Wohlfahrtspflege (6–12 Monate). Die Helfer erhalten Taschengeld, Unterkunft, Arbeitskleidung, Verpflegung und Urlaub. Außerdem genießen sie Sozialversicherungsschutz. Das f. s. J. kann für sozialpflegerische und hauswirtschaftliche Berufe als Praktikum angerechnet werden, jedoch nicht als ↑Zivildienst für Kriegsdienstverweigerer.

Freizeit: der (im Einzelnen unterschiedlich definierte) Zeitraum, der einem arbeitenden Menschen neben seinen beruflichen oder berufsähnlichen Verpflichtungen zur freien Verfügung verbleibt. F. wird entweder als Gesamtheit dieser »Nicht-Arbeitszeit« oder nur als die darin enthaltene »Mußezeit« definiert; häufig wird F. auch in reproduktive oder regenerative (Ernährung, Schlaf, Körperpflege) und tatsächlich frei verfügbare Zeit (z.B. Vergnügen, Tätigkeiten zur Selbstverwirklichung) unterteilt. Seit den 1990er-Jahren haben die Menschen in Deutschland erstmals mehr Stunden zur eigenen Verfügung, als sie für den Erwerb ihres Lebensunterhaltes aufwenden müssen. Im Zu-

F

sammenhang damit und angesichts eines Wertewandels in Bezug auf die (Erwerbs-)Arbeit entstand die These vom Beginn einer **Freizeitgesellschaft.** Deren Gültigkeit ist jedoch umstritten, nicht zuletzt, weil auch weiterhin ein beträchtlicher Teil der F. auf die Zeit entfällt, die für familiäre und soziale Verpflichtungen, aufwendige Konsumentscheidungen und zur Entfernungsüberbrückung (zwischen Wohnort und Arbeitsplatz) aufgewendet wird.

Freizügigkeit: das Recht der freien Wahl des Aufenthaltsortes, des freien Wegzugs und der freien Niederlassung; die F. ist in Deutschland durch Art. 11 GG als Grundrecht geschützt und kann nur durch Gesetz eingeschränkt werden (z.B. zur Bekämpfung von Seuchen oder Naturkatastrophen, zur Abwehr schwerer Gefahren oder Straftaten). Die F. garantiert nicht die Ausreisefreiheit, die sich aus dem Recht auf allgemeine Handlungsfreiheit (Art. 2 Abs. 1 GG) herleitet. F. gilt nicht für Ausländer; EU-Bürger besitzen jedoch die Arbeitnehmerfreizügigkeit.

Fremdenfeindlichkeit (Xenophobie): feindselige Einstellungen und Handlungen gegenüber Einzelnen und Gruppen, die als »fremd« (z.B. Ausländer, Farbige) bzw. »andersartig« (z.B. Homosexuelle) oder »anders denkend« (»Linke«) empfunden werden. F. kann von Ablehnung und Ausgrenzung bis hin zur Bekämpfung und physischen Vernichtung von Fremden reichen. Begrifflich nicht scharf abgrenzbar, wird F. sowohl als Oberbegriff als auch als Synonym für ↑Ausländerfeindlichkeit (die Diskriminierung macht sich u.a. an der Staatsbürgerschaft fest) gebraucht. In seinen extremen Formen tritt F. als ↑Antisemitismus (gegen »die« Juden) und als ↑Rassismus auf.

Frieden: Zustand des verträglichen und gesicherten Zusammenlebens von Menschen. Da F. ohne ein Minimum an Ordnung und Einvernehmen nicht lange bestehen kann, ist der Begriff des F. eng mit dem des Rechts verknüpft, der seinerseits F. voraussetzt. Strittig ist, ob F. nur das äußere, vor willkürlicher Gewalteinwirkung geschützte Verhältnis bezeichnet oder auch eine über die Friedfertigkeit hinausgehende innere Anteilnahme meint. F. ist in keiner historisch bezeugten Gesellschaft von Natur aus gegeben. Stets ist er ein geschaffener Zustand, der mehr oder weniger ausdrücklich der Sicherung durch Macht und Vereinbarung bedarf (↑Friedenssicherung).

Das Völkerrecht definiert F. als Zustand nichtkriegerischer Beziehungen zwischen Staaten (äußerer F.). F. wird durch Krieg unterbrochen und klassischerweise durch einen ↑Friedensvertrag wiederhergestellt, i.d.R. jedoch bereits durch ausdrückliche Erklärungen sowie die Aufnahme diplomatischer Beziehungen oder des Handelsverkehrs (Friedenszustand de facto). Nach der Satzung der UN ist jede Verletzung des F. untersagt.

Geschichte: Beeinflusst von Humanismus und Aufklärung wurden grundlegende Prinzipien einer globalen rechtlich verfassten Friedensordnung entwickelt. ERASMUS VON ROTTERDAM (1466–1536) verwarf den Krieg als naturwidrig. I. KANT beschrieb in seiner Schrift »Zum ewigen Frieden« (1795) die Bedingungen einer globalen Rechtsordnung als Friedensordnung. Im 20. Jh., insbesondere nach dem Zweiten Weltkrieg, wuchs unter dem Eindruck der Entwicklung von Kernwaffen die Einsicht, dass sich Kriege in der Konsequenz gegen die Menschheit als Ganzes richten (↑Abrüstung, ↑Entspannungspolitik). Daraufhin engagierten sich die Friedensbewegung und die ↑Friedensforschung in verstärktem Maße. Auch nach Beendigung des Ost-West-Konflikts drohen weiterhin um wirtschaftliche und politische Interessen geführte Kriege sowie Nationalitäten- und Glaubenskonflikte. – Siehe auch ↑Krieg.

Friedensbewegung: Sammelbezeich-

F

nung für eine Vielfalt von Organisationen und Initiativen, deren Mitglieder aus religiösen, weltanschaulichen oder politischen Gründen für ↑Abrüstung und ein friedliches Zusammenleben der Völker eintreten. Organisationen der F. gibt es seit Ende des 19. Jh. (Deutsche Friedensgesellschaft, 1892). Höhepunkte der Aktivitäten der F. lagen in den 1950er-Jahren (Diskussion um westdeutsche Wiederbewaffnung) und in den 1980er-Jahren, als es zu einer breiten Protestbewegung in westlichen Ländern gegen eine weitere Raketenrüstung durch die ↑NATO kam.

Friedensdividende: politisches Schlagwort für den Anteil der Ressourcen, der im Rahmen einer allgemeinen politisch-militärischen Entspannung zwischen Staaten oder Bündnissystemen durch Kürzung der Militärausgaben eingespart wird und dann zivilen Zwecken zugute kommt.

Der Begriff F. wurde Ende der 1980er-Jahre in der politischen Diskussion in den USA entwickelt, als sich das Ende des ↑Ost-West-Konflikts abzeichnete. Anders als von den UN gefordert, wurde die Reduzierung der Rüstungsausgaben in den 1990er-Jahren in den westlichen Ländern (besonders in den USA) v.a. zur Beseitigung von Haushaltsdefiziten und nicht zum Ausbau der Hilfe für Entwicklungsländer genutzt.

Friedensforschung (Friedens- und Konfliktforschung): wissenschaftliche Forschungsrichtung, die die Bedingungen für ↑Frieden, Ursachen für ↑Krieg und Möglichkeiten der friedlichen Konfliktlösung im nationalen und internationalen Bereich untersucht.

Die F. versucht, eine allgemeine Konflikttheorie aufzustellen und praktisch verwertbare Vorschläge zu machen, wie Frieden gesichert und Konflikte bereinigt werden können. Neben Fragen der Rüstungskontrolle und ↑Abrüstung untersucht die F. v.a. die sozialpsychologischen Faktoren bei Konflikten und erarbeitet Konzepte für neue Sicher-

Friedensbewegung: Die Stationierung US-amerikanischer Mittelstreckenwaffen in der BRD führte ab 1983 zu einem Erstarken der Friedensbewegung, die vielfältige Formen des Protestes einsetzte, z.B. Sitzblockaden (Bild: vor der US-Truppenbasis in Mutlangen).

heitssysteme bzw. für die Reform vorhandener Organisationen (UN, OSZE). Zu ihren Institutionen gehören u.a. das Stockholm International Peace Research Institut (SIPRI), die Hessische Stiftung für Friedens- und Konfliktforschung und das Bonn International Center for Conversion (BICC).

Friedensnobelpreis: internationale Auszeichnung, die jährlich verliehen wird für Verdienste um die Erhaltung des Friedens. Der Preis geht auf eine testamentarische Verfügung des schwedischen Industriellen Alfred Nobel (1833–96) zurück, der festlegte, dass die Friedenspreisträger durch einen fünfköpfigen Ausschuss des norwegischen Parlaments ausgewählt werden sollen.

Friedenspflicht: die Pflicht der Tarifpartner, für die Dauer des ↑Tarifvertrags den Arbeitsfrieden zu wahren und Maßnahmen des ↑Arbeitskampfes zu unterlassen. Eine schuldhafte Verletzung der F. führt zur Schadenersatzpflicht.

Friedenssicherung: siehe Seite 142.

Unter Friedenssicherung werden Bestrebungen verstanden, Frieden sowohl im Innern als auch zwischen Staaten herzustellen und zu festigen, z.B. durch Friedensverträge und Abkommen über Gewaltverzicht. Diese Aufgaben können auch Institutionen wie internationale Gerichtshöfe und Organisationen wie die ↑UN oder Militärbündnisse wie die ↑NATO übernehmen. Dabei kann Frieden entweder negativ als Abwesenheit von Krieg und Gewalt oder positiv verstanden werden, d.h., dass bei einem möglichst hohen Grad an Freiheit und Entfaltungsmöglichkeit für den Einzelnen Konflikte dauerhaft in einem funktionierenden Rechtssystem und durch sozialen Ausgleich gelöst werden.

Frieden als ständige Aufgabe

Zu allen Zeiten galt Frieden als erstrebenswert, auch wenn Krieg bis ins 19. Jh. als Möglichkeit der Politik und Rechtsdurchsetzung angesehen wurde. Das Römische Reich sicherte die Pax Romana durch seine Überlegenheit und unbedingte Vormachtstellung (Hegemonie) über andere Völker. Das mittelalterliche Heilige Römische Reich versuchte, den Gedanken eines allumfassenden Friedens mit der Einheit des christlichen Abendlandes zu verbinden. Etwa 500 Jahre dauerte es, bis sich, aufbauend auf der Idee des gegen die private Fehde gerichteten Landfriedens (ab 10./11. Jh.), zu Beginn der Neuzeit die Befugnis, Recht im Innern auch mit Gewalt durchzusetzen, auf den Landesherrn und die von ihm abhängigen Institutionen beschränkte (Gewaltmonopol).

Den zwischenstaatlichen Frieden sollte ein »Gleichgewicht der Kräfte« (balance of power) gewährleisten, als dessen Wächter auf dem europäischen Kontinent sich v.a. Großbritannien verstand. Parallel dazu entwickelten sich Diplomatie und die Grundsätze des Völkerrechts. Die Konkurrenz der im 19. Jh. entstehenden Nationalstaaten, die weltweit um Einfluss und Interessensphären rangen, verschärften die internationalen Spannungen. Sie führten in der ersten Hälfte des 20. Jh. zu ersten zwischenstaatlichen Abkommen über Rüstungsbegrenzung (Flottenabkommen, 1922 und 1935) und zu internationalen Konventionen über Kriegshandlungen (Haager Landkriegsordnung, 1907), die die Zivilbevölkerung definierte und z.B. die Beschießung von unverteidigten Städten untersagte.

Friedenspolitik nach den Weltkriegen

Erst die Konfrontation mit den weitreichenden Zerstörungen des Ersten Weltkriegs machte der internationalen Staatengemeinschaft die Notwendigkeit klar, Instrumente zur Konfliktverhütung zu schaffen. Jedoch konnten weder der ↑Völkerbund (1919) und die Einrichtung eines Ständigen Internationalen Gerichtshofs (1920) noch die Ächtung des Angriffskrieges als Mittel der Politik durch den Briand-Kellogg-Pakt (1928) und die rigorosen Entwaffnungsbestimmungen des Versailler Vertrags gegenüber Deutschland den Zweiten Weltkrieg verhindern.

Erst dieser schärfte den Blick dafür, dass äußerer und innerer Frieden voneinander abhängen und er durch Demokratie und Rechtsstaatlichkeit am besten gesichert wird. Mit der Schaffung der UN 1945 und ihrem Sicherheitsrat entstand zwar keine Weltpolizei im Sinne des US-Präsidenten F. D. Roosevelt, jedoch eine Weltorganisation, die sich dem Schutz der Menschenrechte, den Völkerrechtsbeziehungen und den Flüchtlingen widmete und zu einem Forum für die Anliegen der Entwicklungsländer wurde. Dass sich die UN im Wesentlichen auf die Vermittlung in Konflikten beschränken musste, erklärt sich v.a. mit dem Kalten Krieg zwischen dem östlichen und westlichen Staatenblock, der auch regionalen Konflikten am Rande der Machtzentren seinen Stempel aufdrückte.

Instabiler Friede durch Abschreckung

Im Ost-West-Konflikt standen sich unter Führung der Supermächte USA und UdSSR die Militärbündnisse NATO und ↑Warschauer Pakt gegenüber, die sich mit ihrem wachsenden Potenzial an Kernwaffen gegenseitig vernichten konnten. Dieses »Gleichgewicht des Schreckens« mit der stillschweigenden Respektierung der jeweiligen Einflusssphäre konnte jederzeit von einer neuen militärischen Auseinandersetzung abgelöst werden (z.B. Kubakrise, 1962). Die Einsicht, dass ein »heißer« Krieg nicht zu gewinnen war, führte in der UdSSR zur Politik der ↑friedlichen Koexistenz und ab den 1960er-Jahren zu Abkommen über Rüstungskontrolle (↑Abrüstung). Es wurde eine ↑Entspannungspolitik eingeleitet, die auch Raum für einen regionalen Interessenausgleich gab (z.B. Grundlagenvertrag zwischen der BRD und DDR). Sie fand ihren vorläufigen Höhepunkt 1975 in der Schlussakte der Konferenz für Sicherheit und Zusammenarbeit in Europa (KSZE, ab 1995 ↑OSZE).

Die Entspannungsbemühungen setzten jedoch die Doktrin von der gegenseitigen Abschreckung nicht außer Kraft und konnten ein weiteres Wettrüsten nicht verhindern. Die mangelnde Stabilität dieser Art der Friedenssicherung zeigte in den 1980er-Jahren die Friedensbewegung auf, deren Ziel es war, »Frieden zu schaffen ohne Waffen« und die, v.a. in Deutschland, die Öffentlichkeit mobilisieren konnte. Dies machte auch die Weiterverfolgung der Abschreckungspolitik durch die Regierungen der westlichen Demokratien nur schwer durchsetzbar.

Das Ende des Ost-West-Konflikts

Mit dem Wandel des kommunistischen Herrschaftssystems in der Sowjetunion seit Mitte der 1980er-Jahre kam Bewegung in den Prozess der Abrüstung zwischen Ost und West. Er mündete in eine deutliche Reduzierung der Atom- und der konventionellen Waffen. Der Zerfall der Sowjetunion, der schließlich zur deutschen Vereinigung (1989–91) und zur Demokratisierung der Ostblockstaaten beitrug, nährte vor allem im Westen die Hoffnung, Frieden und Demokratie seien weltweit auf dem Vormarsch.

Der Generalsekretär der KPdSU Michail Gorbatschow und US-Präsident Ronald Reagan 1985 auf dem Genfer Gipfeltreffen. Gorbatschows Entspannungsdiplomatie führte in den 1980er-Jahren zu einer Verbesserung der sowjetisch-amerikanischen Beziehungen.

Tatsächlich schienen sich demokratische Spielregeln nach und nach auch in vormals autoritär oder diktatorisch regierten Ländern durchzusetzen. So befanden sich Anfang der 1990er-Jahre mehr als die Hälfte der noch 1989 von Militär und sozialistischen Staatsparteien beherrschten afrikanischen Staaten im Übergang zum Mehrparteiensystem und zur Marktwirtschaft. Die ostmitteleuropäischen Staaten drängten in das einzig verbliebene Militärbündnis, die NATO, von der sie sich einen wirksamen Schutz ihrer neu oder wieder gewonnenen Souveränität versprachen.

Multipolare Herausforderungen

In den 1990er-Jahren wurden einzelne Waffentypen (chemische Waffen, Landminen) durch internationale Abkommen verboten. Gleichzeitig versuchten die Atommächte, die Verbreitung von Kernwaffen einzudämmen (↑Atomwaffensperrvertrag). Sie stoppten weitere Kernwaffenversuche und gaben Forderungen nach zusätzlichen Abrüstungsschritten nach. Jedoch verhinderten diese Maßnahmen weder die Atomtests von Pakistan und Indien 1998 noch kriegerische Auseinandersetzungen (Anzahl 1999: 34) v.a. in der Dritten Welt sowie in und zwischen neu entstandenen Staaten (früheres Jugoslawien, GUS).

Die Mehrheit der bewaffneten Auseinandersetzungen stellte sich gegen Ende der 1990er-Jahre als ↑Bürgerkriege, ethnische und religiöse Auseinandersetzungen sowie als regionale Kämpfe um Rohstoffe dar. Gegner waren meist bewaffnete Gruppen, die sich um einzelne Führer und Clans scharten, während sich eine gesamtstaatliche Autorität nicht durchsetzen konnte.

Frieden schaffen, Konflikte vermeiden

In Reaktion auf Konflikte in einer Welt, die von vielfältigen Spannungen geprägt ist, vollzieht sich Friedenssicherung heute auf verschiedenen Ebenen:

- Konfliktverhütung durch regionale Zusammenarbeit, Förderung der demokratischen Entwicklung und Krisenbewältigung im Vorfeld einer gewaltsamen Auseinandersetzung (↑Mediation), z.B. im Rahmen der OSZE.
- politische, wirtschaftliche und ggf. militärische Integration von Staaten in internationale Organisationen und Bündnisse, z.B. in der nach Osten erweiterten NATO und der EU, die eine ↑Gemeinsame Europäische Sicherheits- und Verteidigungspolitik schaffen will.
- Abbau des wirtschaftlichen Ungleichgewichts zwischen Industrie- und Entwicklungsländern durch eine angepasste ↑Entwicklungspolitik, Schuldenerlass für die am wenigsten entwickelten Länder oder Schaffung von finanziellen Vorteilen, z.B. die Lomé-Abkommen (↑AKP-Staaten).
- Friedensschaffung nötigenfalls durch militärische Intervention und Übernahme von politischer Verantwortung im Rahmen einer internationalen Kontrolle, wie sie etwa in Bosnien und Herzegowina und im ↑Kosovo-Konflikt unter Führung von NATO und EU praktiziert wurde. Die UN erweiterte nach Ende der gegenseitigen Blockade der Supermächte zwar ihren Handlungsspielraum als neutraler Vermittler (z.B. vermehrter Einsatz von ↑UN-Friedenstruppen in Konfliktherden an der Peripherie), sie blieben aber abhängig von Interessen und Zielen der führenden Staaten und deren Militärmacht (zur Friedensschaffung) sowie der Bereitschaft der Konfliktparteien zum Frieden (z.B. Scheitern von UN-Missionen in Angola 1998 und Sierra Leone 2000).
- Reduzierung und Vernichtung von Waffen, Entwaffnung von Truppen, Minenräumung und Umwandlung militärischer in zivile Produktion (↑Konversion) unter internationaler Überwachung und mit dem technischen Know-how aus den Industrieländern. ■

Aktuellen Konflikt- und Sicherheitsfragen stellt sich das von deutschen Friedensforschungsinstituten (u.a. Hessische Stiftung für Friedens- und Konfliktforschung, Leimenrode 29, 60322 Frankfurt am Main; Institut für Entwicklung und Frieden, Geibelstr. 41, 47057 Duisburg) herausgegebene *Friedensgutachten 2000.*

CZEMPIEL, ERNST-OTTO: *Weltpolitik im Umbruch.* Neuausgabe München (Beck) ²1993.

Friedensvertrag: völkerrechtliche Vereinbarung, die im Unterschied zum Waffenstillstand oder zur ↑ Kapitulation den Kriegszustand zwischen Staaten beendet. Sein wesentlicher Zweck ist die Wiederherstellung friedlicher Beziehungen zwischen den Krieg führenden Parteien. Eine Sonderform des F. ist der **Separatfriedensvertrag,** mit dem lediglich ein Bündnispartner mit dem Gegner Frieden schließt.

friedliche Koexistenz: außenpolitische Leitlinie der UdSSR und des von ihr geführten Ostblocks nach der Machtübernahme durch N.S. CHRUSCHTSCHOW (1953). Sie besagte, dass angesichts eines möglichen Atomkriegs der gesellschaftliche Konflikt zwischen den »sozialistischen« und »kapitalistischen« Staaten ohne den Einsatz militärischer Mittel ausgetragen werden soll.

Front National [frɔ̃ nasjɔ'nal, frz. »Nationale Front«]: ↑ Frankreich.

Frühkapitalismus: ↑ Kapitalismus.

Führerprinzip: aus militärischen Organisationen übernommener Grundsatz der bedingungslosen Unterordnung der Mitglieder einer Organisation unter ihren Leiter (Führer), der besonders in totalitären Staats- und Gesellschaftssystemen (↑ Faschismus, ↑ Nationalsozialismus) zur Anwendung kommt.

In Deutschland bezeichnete sich A. HITLER, der Vorsitzende der NSDAP, bis 1933 als »Führer« (der nationalsozialistischen Bewegung), seit 1934 als »Führer und Reichskanzler« des Deutschen Reichs.

Fundamentalismus: kompromissloses Festhalten an politischen, weltanschaulichen oder religiösen Grundsätzen.

Der Begriff F. wurde erstmals im Zusammenhang mit einer 1910–15 von protestantischen Christen in den USA herausgegebenen Schriftenreihe verwendet. Diese protestantische Bewegung formulierte vier »Grundwahrheiten« (»fundamentals«), u.a. die buchstäbliche Unfehlbarkeit der Bibel und die unbeirrbare Gewissheit, dass die Bibel keinen Irrtum enthalten könne, und sah in jeder Abweichung hiervon ein Abweichen vom Christentum überhaupt. Der Terminus F. wurde dann auf vergleichbare Erscheinungen in anderen Religionen und nichtreligiösen Strömungen übertragen.

Fundamentalismus: Nach dem Sturz des Schahs kehrte Ayatollah Khomeini nach 15-jährigem Exil im Februar 1979 nach Iran zurück und übernahm die geistlich-politische Führung seines Landes. Die von ihm verkündete »Islamische Republik« wurde bei einer Volksabstimmung im März des Jahres angenommen.

Von besonderer politischer Wirkung ist seit den 1970er-Jahren der **islamische F.,** der unter der geistlich-politischen Führung des Schiiten R.M. KHOMEINI in Iran durch eine Revolution (1979) an die Macht gelangte und in vielen islamischen Ländern eine wichtige politische Rolle spielt (u.a. Ägypten, Türkei, Syrien). Der islamische F. erklärt den Islam zur Grundlage des politisch-sozialen Lebens. Anhänger findet der islamische F. besonders bei unterprivilegierten Bevölkerungsschichten. Er wird in starkem Maße von islamischen Bruderschaften oder islamistischen Parteien

F

getragen, die oftmals auf terroristische Gewalt zur Durchsetzung ihrer Ziele zurückgreifen.

Seit den 1980er-Jahren ist in Indien, nicht zuletzt in Auseinandersetzung mit dem islamischen Pakistan, ein aggressiver F. der Hindus entstanden. Auch im Judentum sind fundamentalistische Strömungen bekannt.

Fünfprozentklausel: ↑Bundestagswahl.

funktionale Analphabeten: ↑Analphabetismus.

Funktionär: Entscheidungsträger (Beauftragter), der im öffentlichen Leben, in Organisationen (Parteien, Gewerkschaften, Kirchen) und Institutionen (Staatsapparat) Führungsaufgaben wahrnimmt; in diktatorischen (besonders in den früheren kommunistischen) Staaten war der F. der Beauftragte der regierenden Staatspartei.

Funktionselite: ↑Elite.

Fürsorge:

◆ ältere Bezeichnung für die ↑Sozialhilfe und die Fürsorgeerziehung, eine bis 1996 geltende Erziehungsmaßnahme bzw. -maßregel (↑Jugendhilfe).

◆ Im Arbeitsrecht zählt die F. des Arbeitgebers zu den der Treuepflicht des Arbeitnehmers entsprechenden Pflichten; Ähnliches gilt für ↑Beamte und Soldaten.

Fusion [von lat. fusio »das Gießen«, »das Schmelzen«]: wirtschaftlicher und rechtlicher Zusammenschluss von Unternehmen (v.a. mit dem Ziel, ihre Wettbewerbsfähigkeit zu verbessern) oder von Organisationen (z.B. Parteien). Die F. unterliegt nach dem deutschen oder europäischen Wettbewerbsrecht der Aufsicht durch die ↑Kartellbehörden (auch ↑EU-Fusionskontrolle). Der Bundestag will zu Beginn des Jahres 2001 ein Übernahmegesetz verabschieden, das v.a. Arbeitnehmer, aber auch Aktionäre bei F. schützen soll. Beispiele für jüngste F. sind der Zusammenschluss Daimler-Chrysler und Mannesmann-Vodafone.

G

G-8: Bezeichnung für die am jährlichen ↑Weltwirtschaftsgipfel teilnehmenden Industriestaaten. Die G-8 ist durch die Teilnahme Russlands (ab 1994 mit Beraterstatus, seit 1997 als gleichberechtigter Partner) aus der früheren **G-7** hervorgegangen. Zur G-8 gehören der Präsident der Europäischen Kommission (seit 1977) sowie die Staats- bzw. Regierungschefs der Länder Deutschland, Frankreich, Großbritannien, Italien, Japan, Kanada, USA und Russland.

GASP: ↑Gemeinsame Außen- und Sicherheitspolitik.

GATT: ↑General Agreement on Tariffs and Trade.

GAU, Abk. für **g**rößter **a**nzunehmender **U**nfall: in der Reaktorsicherheit Bezeichnung für den schwersten, erfahrungsgemäß anzunehmenden oder glaubhaften Störfall in einem ↑Kernreaktor, gebraucht für die Reaktorunfälle in den Kernkraftwerken Three Mile Island (Harrisburg, USA) am 28. 3. 1979 und in Tschernobyl (Ukraine) am 26. 4. 1986.

Gauck-Behörde: nach ihrem ersten Leiter, JOACHIM GAUCK (*1940), benannte Bundesbehörde, die 1990 zur Aufbewahrung, Sicherung und Auswertung der Unterlagen des ↑Staatssicherheitsdienstes der DDR (Stasi) gegründet wurde. Die Einrichtung der G.-B. geht auf Forderungen der ↑Bürgerrechtsbewegung der DDR zurück.

Die etwa 6 Mio. personenbezogenen Akten können nach dem Stasi-Unterlagengesetz vom 20. 12. 1991 seit dem 1. 1. 1992 von jedem Betroffenen nach Antragstellung eingesehen werden.

Gaullismus [go:-, frz.]: Bezeichnung für die von C. DE GAULLE und seinen Anhängern vertretene politische Bewegung sowie für das von ihm 1958 geschaffene Regierungssystem der

Fünften (französischen) Republik (↑Frankreich).
Zentrale Forderung des G. ist die Wahrung der nationalen Unabhängigkeit Frankreichs; auf innenpolitischer Ebene stützt sich der G. auf ein ↑Präsidialsystem mit plebiszitärem Charakter. Der G. wird seit DE GAULLES Rücktritt 1969 von dessen Nachfolgern GEORGES POMPIDOU (1911–74) und J. CHIRAC fortgeführt, der die gaullistische Partei, die »Sammlungspartei für die Republik«, 1979 zur Mitgliederpartei umwandelte **(Neogaullismus).**

Gebietskörperschaft: eine Körperschaft des öffentlichen Rechts, deren Hoheitsgewalt sich nicht nur auf bestimmte Personen, sondern auch auf einen bestimmten Teil des Staatsgebietes erstreckt, z.B. ↑Gemeinde und ↑Kreis.

Gebietsreform: ↑kommunale Gebietsreform.

Gebühren: Geldleistungen, die für die Inanspruchnahme öffentlicher Dienstleistungen zu zahlen sind. G. werden i.d.R. auf der Grundlage einer vom Staat oder von Selbstverwaltungsorganen festgelegten Gebührenordnung erhoben und begründen, im Unterschied zu den ↑Steuern, einen Anspruch auf Gegenleistung.

Geburtenrate (Geburtenhäufigkeit): Begriff der Bevölkerungsstatistik, der Aufschluss über die natürliche Bevölkerungsentwicklung gibt. Die G. gibt die Zahl der Lebendgeborenen je 1000 Einwohner in einem bestimmten Zeitraum an. Sie wird beeinflusst durch Faktoren wie Heiratsalter und -häufigkeit, Zahl der Ehescheidungen, durchschnittliches Gebäralter, Verbreitung der Geburtenregelung. Das für die westlichen Industriestaaten typische Sinken der G. hat seine Gründe u.a. in verlängerten Ausbildungszeiten, finanziellen Nachteilen für kinderreiche Familien, der zunehmenden Berufstätigkeit von Frauen sowie in Maßnahmen der Geburtenregelung.

Geburtenregelung (Geburtenkontrolle): zusammenfassende Bezeichnung für Maßnahmen zur gezielten Beeinflussung der Geburtenhäufigkeit. Zur G. im weiteren Sinn gehören sittliche Normen und sonstige Einflüsse, die sich indirekt auf die Geburtenzahl auswirken (z.B. Heiratsalter, die Stellung unehelicher Mütter und Kinder, Ausbildungszeit und Berufstätigkeit der Frau). Im engeren Sinne umfasst die G. v.a. Maßnahmen zur Empfängnisverhütung, die eine gezielte Familienplanung ermöglichen soll. Das Bestreben, die Kinderzahl den gestiegenen Ansprüchen nach Wohlstand anzupassen, ist ein Grund für das Absinken der ↑Geburtenrate in den Industriestaaten, die diese Entwicklung im Rahmen der ↑Familienpolitik aufzuhalten versuchen. Dagegen soll in übervölkerten Staaten wie Indien oder China die Geburtenrate eingeschränkt werden.

Gegenkultur: ↑Subkultur.

Gegenzeichnung: im Staatsrecht die Mitunterzeichnung von Anordnungen und Verfügungen des Staatsoberhaupts durch den Regierungschef oder einen Minister. Die des deutschen Bundespräsidenten z.B. bedürfen zu ihrer Gültigkeit der G. durch den Bundeskanzler oder den zuständigen Bundesminister.

Gehalt: ↑Lohn.

Geheimdienst: Einrichtung zur Beschaffung geheimer militärischer, politischer, wirtschaftlicher und wissenschaftlicher Informationen (↑Nachrichtendienst). Zweck des G. ist das Betreiben von Spionage und Sabotage bzw. deren Abwehr. Großbritannien besitzt den G. mit der ältesten Tradition, den Secret Service (seit dem 14.Jh.). Der bekannteste G. der USA ist die Central Intelligence Agency (↑CIA). In der früheren Sowjetunion arbeitete das KGB, im heutigen Russland der SFB; die Unterlagen des ↑Staatssicherheitsdienstes der ehemaligen DDR werden heute von der ↑Gauck-Behörde verwaltet.

Geheimpolizei: ↑politische Polizei.

G

geistiges Eigentum: ↑Urheberrecht.

Geld- und Kreditpolitik: Gesamtheit der Maßnahmen zur Steuerung des Geldumlaufs und der Kreditversorgung in einer Volkswirtschaft. Wichtigster Träger ist die ↑Notenbank (in Deutschland die ↑Bundesbank, in der Europäischen Wirtschafts- und Währungsunion die ↑Europäische Zentralbank). Die Notenbank kann über den An- und Verkauf von Wertpapieren auf dem Markt (Offenmarktpolitik) oder durch Festlegung bestimmter Zinssätze (Diskontsatz, Lombardsatz) die im Umlauf befindliche Geldmenge beeinflussen, um z.B. einer Geldentwertung vorzubeugen. In Zeiten wirtschaftlicher Rezession können durch eine Senkung der Zinssätze Nachfrage und Investitionstätigkeit erhöht werden.

Geldwäsche: das Verheimlichen und Verschleiern der illegalen Herkunft von Vermögenswerten (v.a. aus Raub, Erpressung, Drogen-, Waffen- und Menschenhandel) durch komplizierte Finanztransaktionen. Damit soll der Eindruck erweckt werden, die Vermögenswerte seien legal erworben worden. Das ursprünglich »schmutzige« Geld wird also »gewaschen« und wieder in den legalen Wirtschaftskreislauf eingeschleust. In Deutschland ist die G. seit 1992 gemäß §261 StGB strafbar. Um G. zu erschweren, sind Kreditinstitute u.a. Finanzunternehmen seit 1993 bei Annahme oder Abgabe von Vermögenswerten ab 30 000 DM zur Identitätsfeststellung des Kunden und im Verdachtsfall zur Anzeige verpflichtet.

Gemeinde (Kommune): eine ↑Gebietskörperschaft, die sich in eigener Verantwortung selbst verwaltet und im Verhältnis zum Bund und zu den Ländern mit eigenen Rechten ausgestattet ist.

In Deutschland gibt es (1998) 14 277 G. Art. 28 GG garantiert den G. die Befugnis, alle Angelegenheiten der örtlichen Gemeinschaft in Rahmen der Gesetze eigenverantwortlich zu regeln. Zu diesen Gesetzen gehören die jeweils gültige ↑Gemeindeverfassung und die von den Parlamenten der einzelnen Bundesländer beschlossenen **Gemeindeordnungen** (GO), welche die Grundzüge der Gemeindeorganisation regeln. Die Einzelheiten ihrer Verfassung und Organisation legen die G. in einer Hauptsatzung fest. Oberstes und allgemein zuständiges Organ innerhalb einer G. ist die **Gemeindevertretung** (Gemeinde- oder Stadtrat, Stadtverordnetenversammlung, Rat), die nach den Kommunalwahlgesetzen gewählt wird. Sie wird meist von einem **Gemeindevorstand** (v.a. ↑Bürgermeister) unterstützt, der je nach Gemeinde unterschiedliche Machtbefugnisse besitzt.

Aufgaben: Die G. führt verschiedene Aufgaben im eigenen Interesse (Selbstverwaltungsangelegenheiten) wie im übergeordneten Interesse des Gesamtstaates (Auftragsangelegenheiten) durch. Bei den Selbstverwaltungsangelegenheiten unterscheidet man freiwillige Aufgaben (z.B. Betrieb eines Schwimmbades oder eines Kulturzentrums) und gesetzlich vorgeschriebene Pflichtaufgaben (z.B. als Träger von Schulen). Im Bereich der Auftragsangelegenheiten tritt die G. v.a. als Melde- und Sicherheitsbehörde (Einwohnermeldeamt, Polizei) und Aufsichtsbehörde (Gewerbe-, Bauaufsicht) auf; darüber hinaus ist die G. zuständig für die Durchführung von Bundes- und Landesgesetzen (z.B. im Sozialbereich).

Gemeindedirektor (in Städten: Stadt- bzw. Oberstadtdirektor): bis 1993 in den Gemeinden Nordrhein-Westfalens und Niedersachsens der vom Gemeinderat gewählte Leiter der Verwaltung.

Gemeindehaushalt: die von der Gemeindevertretung verabschiedete Aufstellung der Einnahmen und Ausgaben einer Gemeinde als Grundlage für die kommunale Verwaltung (↑Haushaltsplan). Der G. muss ausgeglichen sein. Der **Verwaltungshaushalt** gibt Auskunft über die laufenden Einnahmen (z.B. Steuern) und Ausgaben (z.B. Personalausgaben); der **Vermögens-**

G

haushalt enthält neben dem im Verwaltungshaushalt erwirtschafteten Überschuss bzw. Verlust die vermögenswirksamen Einnahmen (z.B. aus Rücklagen) und Ausgaben (z.B. für Baumaßnahmen).

Gemeindeordnung: ↑Gemeinde.

Gemeinderat: ↑Gemeindeverfassung.

Gemeindereform: ↑kommunale Gebietsreform.

Gemeindeverband: eine kommunale Gebietskörperschaft mit überörtlichen Aufgaben und dem Recht der Selbstverwaltung für den Bereich mehrerer Gemeinden, z.B. der ↑Kreis und die ↑Verbandsgemeinde.

Gemeindeverfassung (Kommunalverfassung): Grundordnung einer ↑Gemeinde. Die G. ist in den deutschen Bundesländern unterschiedlich ausgestaltet, was zum einen auf die Politik der Besatzungsmächte (1945–49), zum anderen auf unterschiedliche Traditionen in den jeweiligen Regionen zurückgeht. Den Ländern gemeinsam ist die Gemeindevertretung (Gemeinde- oder Stadtrat, Stadtverordnetenversammlung, Rat), das oberste und allgemein zuständige Organ. Die Gemeindevertreter werden nach den Kommunalwahlgesetzen meist auf vier, in den neuen Bundesländern durchweg auf fünf Jahre gewählt. Die Gemeindevertretung beschließt über die Gemeindeangelegenheiten, kontrolliert die Verwaltung und stellt Richtlinien für sie auf. Neben die Gemeindevertretung tritt i.d.R. der von dieser oder den Bürgern (Baden-Württembergs, Bayerns) gewählte Gemeindevorstand (dualistische Verfassungsform). Der Gemeindevorstand besteht je nach G. aus einem Kollegium, das aus dem Bürgermeister sowie haupt- und ehrenamtlichen Beigeordneten besteht (**Magistratsverfassung** in Hessen) oder dem Bürgermeister als Einzelperson (**Bürgermeisterverfassung** oder **Süddeutsche Ratsverfassung** in Süddeutschland, Rheinland-Pfalz, Saarland). Während bis 1992 die Direktwahl des Bürgermeisters nur in Baden-Württemberg und Bayern möglich war, wurde sie 1993/94 auch in Hessen, Rheinland-Pfalz und dem Saarland eingeführt; 1996 und 1999 folgten Niedersachen und Nordrhein-Westfalen. Seit der deutschen Vereinigung 1990 wird der Bürgermeister auch in den neuen Bundesländern (in Mecklenburg-Vorpommern erst seit 1999) direkt gewählt.
Ab 1993 wurde die Bürgermeisterverfassung auch in Norddeutschland eingeführt; die zuvor geltende **Norddeutsche Ratsverfassung (Direktori-**

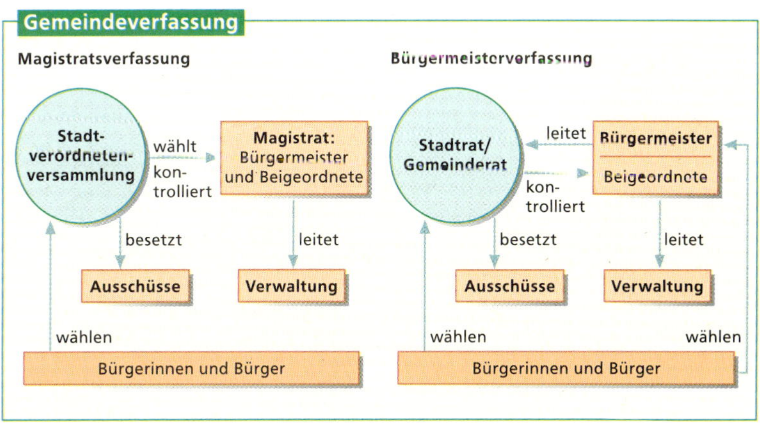

alverfassung) mit einem Gemeinde- bzw. Stadtdirektor als Verwaltungschef (Nordrhein-Westfalen, Niedersachsen) wurde abgeschafft.

Gemeindevertretung: ↑Gemeinde.

Gemeindevorstand: ↑Gemeinde.

Gemeineigentum: im weiteren Sinn das einer Personengruppe zur gemeinsamen Nutzung zustehende Eigentum; im engeren Sinn das dem Staat, einer Körperschaften, Anstalt, Stiftung oder Genossenschaft übertragene und von diesen nach den Grundsätzen der ↑Gemeinwirtschaft verwaltete Eigentum. G. findet sich in einer Marktwirtschaft nur in wenigen Wirtschaftsbereichen, z.B. dem Verkehrswesen. In einer Zentralverwaltungswirtschaft dagegen ist G., insbesondere an den Produktionsmitteln, Voraussetzung für die Steuerung der Wirtschaft durch eine zentrale Planungsbehörde.

Gemeinlastprinzip: Grundsatz der Umweltpolitik, wonach die Kosten zur Vermeidung und Beseitigung von Umweltschäden den staatlichen Institutionen zugerechnet werden – im Gegensatz zum ↑Verursacherprinzip.

Gemeinsame Außen- und Sicherheitspolitik, Abk. GASP: die sog. »zweite Säule« der Europäischen Union; die GASP ging mit Abschluss des Maastrichter Vertrages von 1993 aus der Europäischen Politischen Zusammenarbeit (EPZ) hervor. Ziel der GASP ist die Abstimmung der Außen- und Sicherheitspolitik der EU-Mitgliedstaaten sowie die Durchführung von Aktionen, an denen die Mitgliedstaaten ein gemeinsames Interesse haben.

Gemeinsame Europäische Sicherheits- und Verteidigungspolitik, Abk. GESVP: Teilbereich der ↑Gemeinsamen Außen- und Sicherheitspolitik (GASP) der EU. Zu den Zielen der GESVP gehört gemäß dem ↑Maastrichter Vertrag von 1993 v.a. die Wahrung des Friedens und der Sicherheit in Europa sowie die Festlegung und Durchführung einer gemeinsamen Verteidigungspolitik. Zur Stärkung der GESVP soll die ↑Westeuropäische Union schrittweise in die GASP integriert werden; daneben wird der Ausbau der Beziehungen zwischen EU und ↑NATO angestrebt. Bis 2003 ist auch der Aufbau einer militärischen Eingreiftruppe geplant.

Gemeinsamer Ausschuss (Notstandsparlament): durch die ↑Notstandsgesetzgebung eingeführtes Verfassungsorgan (Art. 53 a GG). Der G. A. besteht zu zwei Dritteln aus Abgeordneten des Bundestags und zu einem Drittel aus Mitgliedern des Bundesrats.

Gemeinsame Verfassungskommission, Abk. GVK: Kommission aus insgesamt 64 Vertretern von Bundestag und Bundesrat, die am 16.1.1992 durch Beschlüsse des Bundestags und des Bundesrats gebildet wurde; zu ihren Aufgaben gehörte laut ↑Einigungsvertrag (31.8.1990) v.a. die Überprüfung eines verfassungsrechtlichen Änderungsbedarfs im Zusammenhang mit der deutschen Vereinigung. Nach Abschluss ihrer Tätigkeit am 31.3.1993 legte die G.V. am 5.11.1993 einen Tätigkeitsbericht mit Empfehlungen zu Änderungen des ↑Grundgesetzes vor, die z.T. umgesetzt wurden.

Gemeinschaft: vielschichtiger Begriff, der das gegenseitige Verhältnis von Menschen bezeichnet, die auf einer historisch gewachsenen, religiös-weltanschaulichen, politisch-ideologischen, ideellen oder einen eng begrenzten Sachzweck verfolgenden Grundlage verbunden sind: Familie, Stamm, Dorf, Nachbarschaft, Glaubensgemeinschaft, Volk, Nation oder Staat. Der Begriff wurde 1887 von FERDINAND TÖNNIES (1855–1936) als Gegenbegriff zu dem der ↑Gesellschaft in die Soziologie eingeführt.

Wegen seiner ideologischen Färbung v.a. in der Zeit des Nationalsozialismus, als durch die Propagierung einer vermeintlich rassisch begründeten »Volksgemeinschaft« die Juden ausgegrenzt und Interessenkonflikte in der Gesellschaft verneint wurden, ist der Begriff G. heute durch stärker unterscheidende und neutrale Begriffe wie »Kleingruppe« ersetzt worden.

Gemeinschaftsaufgaben: Aufgaben der Bundesländer, an deren Erfüllung der Bund mitwirkt (Art. 91 a und 91 b GG). Dazu gehören der Aus- und Neubau von Hochschulen und Hochschulkliniken sowie die Verbesserung der regionalen Wirtschaftsstruktur, der Agrarstruktur und des Küstenschutzes. Der Bund wirkt in gemeinsamen Planungsausschüssen an der Erfüllung dieser Aufgaben mit, wenn sie bedeutsam für die Gesamtheit sind und seine Mitwirkung zur Verbesserung der Lebensverhältnisse notwendig ist; er trägt grundsätzlich die Hälfte der Kosten. Bund und Länder müssen bei der Bildungsplanung und der Förderung von Einrichtungen und Vorhaben der wissenschaftlichen Forschung mit überregionaler Bedeutung zusammenarbeiten. Die Durchführung wird durch Vereinbarungen geregelt, die auch Bestimmungen über die Kosten enthalten müssen.

Gemeinschaft Unabhängiger Staaten, Abk. GUS: lockerer ↑Staatenbund, durch dessen Bildung die UdSSR offiziell aufgelöst wurde. Die GUS wurde am 8. 12. 1991 durch das Abkommen von Minsk zunächst von Russland, der Ukraine und Weißrussland gegründet; am 21. 12. 1991 traten die früheren Sowjetrepubliken Armenien, Aserbaidschan, Kasachstan, Kirgisien, Moldawien, Tadschikistan, Turkmenistan und Usbekistan der GUS bei, 1994 wurde Georgien Mitglied. Nach Gründung der GUS einigten sich die Mitglieder auf die Bildung gemeinsamer Organe (u. a. Rat der Staatsoberhäupter). Zwischen den Mitgliedstaaten bestehen z. T. Wirtschafts- und Militärbündnisse.

Gemeinwille (volonté générale, frz. »Allgemeinwille«): der Gesamtwille aller Mitglieder einer staatlichen Gemeinschaft, im Gegensatz zu den Einzelinteressen der Mitglieder; nach J.-J. ROUSSEAU kommt der G. v. a. in Volksabstimmungen zum Ausdruck, und entspricht als solcher stets dem ↑Gemeinwohl.

JEAN-JACQUES ROUSSEAU, *»Vom Gesellschaftsvertrag« (1762):*

»Es gibt oft einen beträchtlichen Unterschied zwischen dem Gesamtwillen (volonté de tous) und dem Gemeinwillen (volonté générale); dieser sieht nur auf das Gemeininteresse, jener auf das Privatinteresse und ist nichts anderes als die Summe von Sonderwillen: aber nimm von ebendiesen das Mehr und das Weniger weg, das sich gegenseitig aufhebt, so bleibt als Summe der Unterschiede der Gemeinwille.«

Gemeinwirtschaft: uneinheitlich verwendeter Begriff, der sowohl eine Form des Wirtschaftens (Gemeinwirtschaftlichkeit) als auch eine bestimmte Wirtschaftsordnung bezeichnet. Die G. ist im Gegensatz zur Einzel- oder Privatwirtschaft auf die Deckung des Bedarfs der Allgemeinheit sowie auf das Gemeinwohl ausgerichtet und beruht z. T. auf dem ↑Gemeineigentum der Produktionsmittel. Gemeinwirtschaftlichkeit kennzeichnet z. B. die Tätigkeit von Gewerkschaften, Kirchen, Parteien, Verbänden sowie bestimmte staatliche Maßnahmen, die gemeinnützigen Zwecken dienen.

Gemeinwohl: die Gesamtinteressen in einem Gemeinwesen, im Gegensatz zu den Interessen der Einzelnen. Die Verwirklichung des G. gilt in der Staats- und Sozialphilosophie als Hauptaufgabe eines Staates, insbesondere die politische Umsetzung der geltenden Grundwerte (z. B. Gerechtigkeit, Freiheit, soziale Sicherheit). Was als G. betrachtet wird, ist u. a. von historischen Gegebenheiten, der jeweils herrschenden Staatsform sowie speziellen Gruppeninteressen abhängig. In demokratischen Ordnungen wird das G. durch die Auseinandersetzung der Vertreter verschiedener gesellschaftlicher Gruppen (v.a. Parteien und Verbände) bestimmt, wobei als G. der Ausgleich von Einzel- und Gruppeninteressen betrachtet wird (↑Gemeinwille).

gemischte Verfassung: eine auf Aristoteles zurückgehende und in die Konzepte der ↑Gewaltenteilung eingegangene Vorstellung einer staatlichen Grundordnung, die Elemente verschiedener Staatsformen (z.B. von Monarchie und Demokratie) enthält. Durch eine g. V. soll der Machtmissbrauch einzelner Staatsorgane verhindert und ein Ausgleich der Interessen ermöglicht werden.

General Agreement on Tariffs and Trade ['dʒenərəl ə'griːmənt ɔn 'tærifs ənd treid, engl. »Allgemeines Zoll- und Handelsabkommen«], Abk. GATT: am 30. 10. 1947 von 23 Staaten abgeschlossenes, am 1. 1. 1948 in Kraft getretenes Abkommen zur Neuordnung der internationalen Wirtschaftsbeziehungen und zur Erleichterung des gegenseitigen Handels. Das GATT war eine Sonderorganisation der UN mit Sitz in Genf; es wurde 1996 durch die ↑World Trade Organization (WTO) abgelöst, die alle vertraglichen Regelungen des GATT übernahm. Zuletzt gehörten ihm 124 Vollmitglieder und 16 De-facto-Mitglieder an. Hauptziel des GATT war, durch Senkung der Zölle und die Abschaffung sonstiger Handelshemmnisse den Welthandel und die Weltwirtschaft zu fördern. Im Rahmen des GATT wurden acht große Verhandlungen geführt (GATT-Runden); auf der letzten GATT-Runde, der Uruguay-Runde (1986–93), einigte man sich u.a. auf die Einbeziehung des Agrar- und Textilhandels sowie auf die Gründung der WTO.

Generalbundesanwalt: ↑Staatsanwaltschaft.

Generalgouverneur: ↑Gouverneur.

Generalinspekteur [-tør]: der höchste militärische Repräsentant und zugleich ranghöchste Soldat der Bundeswehr sowie der militärische Berater des Bundesministers der Verteidigung und der Bundesregierung. Der G. vertritt die Bundeswehr in internationalen militärischen Gremien (v.a. in der NATO).

Generalversammlung: ↑UN.

Generation: allgemein die Gesamtheit aller annähernd Gleichaltrigen mit ähnlichen Erfahrungen, Orientierungen, Einstellungen und Verhaltensweisen.

◆ jedes Glied einer Familie, z.B. in der Geschlechterfolge Großeltern, Eltern, Kinder, Enkel.

◆ in der Bevölkerungsstatistik der durchschnittliche Abstand zwischen den Geburtsjahren der Eltern und ihrer Kinder (ca. 30 Jahre).

generationale Familie: ↑Familie.

Generationenkonflikt: Spannung zwischen den Generationen, insbesondere bei raschem sozialem Wandel, aber auch wegen der Abhängigkeit der Jüngeren von den Älteren.

Generationenvertrag: siehe Seite 154.

Genfer Abrüstungskonferenz: Institution zur Erörterung der Abrüstungsproblematik mit 39 Mitgliedstaaten; 1969 vor dem Hintergrund des Kalten Krieges gegründet, 1969 in UN-Abrüstungsausschuss umbenannt; seit 1984 lautet die offizielle Bezeichnung Abrüstungskonferenz. Die G. A. verabschiedete u.a. den ↑Atomwaffensperrvertrag (1968), das B-Waffen-Abkommen (1972) und 1993 ein Verbot chemischer Waffen (↑Abrüstung).

Genfer Flüchtlingskonvention: ↑Asylrecht, ↑Flüchtlinge.

Genfer Konventionen (Genfer Abkommen): zahlreiche internationale, in Genf (Schweiz) geschlossene völkerrechtliche Verträge.

Die erste Genfer Konvention von 1864 zur Verbesserung der Lage der verwundeten Soldaten der Armeen im Feld (1899 auch für den Seekrieg; 1906 und 1929 wesentlich erweitert) war ein Vorläufer der am 12. 8. 1949 geschlossenen vier G. K. zum Schutz der Kriegsopfer

(Rotkreuzabkommen), die grundsätzliche Fragen des internationalen humanitären ↑Kriegsrechts regeln: 1) das Los der Verwundeten und Kranken der Landstreitkräfte; 2) das Schicksal der Verwundeten, Kranken und Schiffbrüchigen der Seestreitkräfte; 3) die Behandlung der Kriegsgefangenen; 4) den Schutz der Zivilpersonen in Kriegszeiten. 1951 kam noch das Abkommen über die Rechtsstellung der Flüchtlinge hinzu.

Die G.K. enthalten grundlegende humanitäre Pflichten, wie das Verbot unmenschlicher Behandlung, das Verbot von Folter und das Gebot der Schonung der Zivilbevölkerung. 1977 beschloss die Genfer Konferenz über die Neuregelung des humanitären Kriegsrechts Zusatzprotokolle zur Anpassung der G. K. an die gewandelten Verhältnisse.

Genomprojekt: ↑Human-Genom-Projekt.

Genossenschaft: eine Personenvereinigung mit dem Zweck, den Erwerb oder die Wirtschaft ihrer Mitglieder mittels gemeinschaftlichen Geschäftsbetriebes zu fördern. Nach dem Genossenschaftsgesetz vom 1. 5. 1898 (in der Fassung vom 19. 8. 1994) können mindestens sieben Personen eine G. durch Eintragung in das beim Amtsgericht geführte Genossenschaftsregister gründen. Sie ist eine juristische Person und der Handelsgesellschaft gleichgestellt. G. waren früher häufig Einrichtungen zur Bekämpfung wirtschaftlicher Not, so die Produktionsgenossenschaften von Handwerkern und Landwirten und die Konsumgenossenschaften, die durch Großeinkauf den Zwischenhandel zu umgehen versuchten, um ihre Mitglieder mit billigeren Waren zu versorgen. Heute betreiben G. auch Geschäfte mit Nichtmitgliedern wie die Kreditgenossenschaften der Volksbanken.

Genozid: ↑Völkermord.

Genpatent: das alleinige Recht zur wirtschaftlichen Nutzung von Erkenntnissen über Aufbau und Funktion des Erbguts (Genom). 1999 beschloss die Europäische Kommission die »Richtlinie über den rechtlichen Schutz biotechnologischer Erfindungen«; danach ist die Patentierung von transgenen Pflanzen und Tieren (mit Erbanlagen anderer Organismen) sowie von veränderten Genen und Genabschnitten erlaubt. Während Kritiker die Patentierbarkeit von Genen für ethisch verwerflich halten, befürchten Wissenschaftler eine Behinderung des wissenschaftlichen Informationsaustausches. – Siehe auch ↑Gentechnologie.

Gentechnologie: siehe Seite 160.

Geopolitik: Grenzwissenschaft zwischen Geographie, Staatenkunde, Geschichte und Soziologie; von RUDOLF KJELLÉN (1864–1922) begründet und zur Wissenschaft erhoben. Die G. versucht, Zusammenhänge zwischen politischen Erscheinungen (z.B. Kriege, Bündnisse) und geographischem Raum (z.B. Lage, Größe, Bodenschätze) aufzuzeigen. Zentraler Begriff der G. ist der Lebensraum, der v.a. seit dem Ersten Weltkrieg zur Begründung von Gebietsforderungen und räumlicher Ausdehnung diente.

Gerechtigkeit: G. ist ein nicht abschließend definierter Grundbegriff der ↑Ethik, der Rechts- und Sozialphilosophie sowie des politischen, sozialen, religiösen und juristischen Lebens und gilt seit dem Mittelalter in der Staats- und Rechtsphilosophie als Grundlage jeder Herrschaft. G. bezeichnet einerseits eine ethische Haltung oder Gesinnung, andererseits das Prinzip zur Beurteilung von Rechtsnormen.

Nach ARISTOTELES umfasst G. als Grundwert des menschlichen Zusammenlebens die Forderungen, jedem das zukommen zu lassen, was ihm gebührt, und Gleiches gleich zu behandeln. Diese Auffassung kommt heute z.B. im Prinzip der Entlohnung nach Leistung (Lohngerechtigkeit) sowie im Rechtssystem zum Ausdruck. Was als gleichwertig gilt und wie hoch eine Leistung

Die gesetzliche ↑Rentenversicherung in Deutschland und in vielen anderen europäischen Staaten beruht in unterschiedlicher Gewichtung auf dem Prinzip des Generationenvertrags: Die Rente derjenigen Personen, die aus Altersgründen aus dem Erwerbsleben ausgeschieden sind, wird von der im Arbeitsprozess stehenden jüngeren Generation aufgebracht. Nach dem sog. **Umlageverfahren** müssen die Auszahlungen der gesetzlichen Rentenversicherungsträger innerhalb einer Periode durch Einnahmen aus derselben Periode gedeckt sein, und diese Einnahmen bestehen – neben staatlichen Zuschüssen – aus den Rentenversicherungsbeiträgen der Erwerbstätigen an die Rentenkassen.

Knappere finanzielle Mittel

Bereits in den 1990er-Jahren sahen sich die Rentenkassen in Deutschland – die größten sind die Bundesversicherungsanstalt für Angestellte (BfA) und die Landesversicherungsanstalten für Arbeiter – vor finanzielle Probleme gestellt: Auf der Ausgabenseite kamen durch die deutsche Vereinigung 1990 zusätzliche Belastungen auf die Rentenversicherungsträger zu. Die Beiträge der Versicherungspflichtigen wurden herangezogen, um gesamtgesellschaftliche Ziele zu verwirklichen; dies wurde unter dem Schlagwort »versicherungsfremde Leistungen« diskutiert, also Leistungen, die nicht oder nur z. T. dem eigentlichen Versicherungszweck dienen. Auf der Einnahmenseite entstanden durch den Anstieg der Arbeitslosigkeit erhebliche Lücken, denn es fehlten die Beitragszahlungen der zuvor im Erwerbsleben stehenden, nun arbeitslos gewordenen Personen.

Demographische Entwicklung: Selbst wenn sich dafür eine Lösung finden ließe, bliebe als langfristige Herausforderung für das Rentensystem die ungünstige demographische Entwicklung, also die von Bevölkerungswissenschaftlern vorausgesagte »Überalterung« der deutschen ↑Bevölkerung. Nach einer Prognose des Statistischen Bundesamtes werden 2040 auf 100 Personen im aktiven Erwerbsalter (20–59 Jahre) 76 Personen im Alter ab 60 Jahren kommen; 1990 waren es noch 35. Die Tatsache, dass der Anteil der Senioren an der Gesamtbevölkerung, der **Altersquotient,** deutlich zunimmt, liegt u. a. an der gestiegenen Lebenserwartung und der niedrigen ↑Geburtenrate: Damit die Gesellschaft in Deutschland in ihrem Bestand erhalten und die Alterspyramide ausgeglichen bleibt, müsste eine Frau im Durchschnitt 2,1 Kinder haben, tatsächlich waren es in Deutschland Ende der 1990er-Jahre jedoch nur 1,3 Kinder. Für einen gewissen zahlenmäßigen Ausgleich könnte eine ↑Zuwanderung jüngerer Arbeitnehmer nach Deutschland sorgen.

Volkswirtschaftliche Konsequenzen: Würde das gegenwärtig bestehende Rentensystem unverändert beibehalten, stiegen die Rentenversicherungsbeiträge in den nächsten Jahrzehnten deutlich an. Dies ist nach Ansicht von Experten nicht nur ungerecht gegenüber der jüngeren Generation, sondern auch von Nachteil für die deutsche Wirtschaft im globalen Wettbewerb, denn hohe ↑Lohnnebenkosten, zu denen u. a. der hälftige Anteil der Arbeitgeber zu den Rentenversicherungsbeiträgen gehört, würden die Arbeit in deutschen Unternehmen im internationalen Vergleich zu teuer machen.

Die Rentenformel

Das bereits unter Reichskanzler O. von Bismarck 1889 eingeführte und seitdem ständig ausgeweitete deutsche Rentenversicherungssystem beruht auf dem Prinzip der beitragsbezogenen Rente: Wer höhere Beiträge eingezahlt hat, soll im Alter auch mehr Geld aus der Rentenkasse bekommen. Wie hoch genau die Rente ausfällt, wird auf der Basis von Dauer und Höhe der Beitragszahlungen mit einer mathematischen Formel, der **Rentenformel,** berechnet. Zur Bestimmung des Rentenniveaus wird ein sog. Eckrentner herangezogen, ein fiktiver

Arbeitnehmer, der in 45 Versicherungsjahren immer exakt das Durchschnittseinkommen verdient.

Die Rentenformel ist in der Geschichte Deutschlands gelegentlich verändert worden. Ein Meilenstein war die Einführung der dynamischen Rente 1957: Die Renten sollten mit den Erwerbseinkommen steigen, der Lebensstandard der Rentner sich also parallel zu dem der Erwerbsbevölkerung entwickeln. Erst 1957 erreichten die Altersrenten in Deutschland ein finanzielles Niveau, das ausreichte, um den Lebensstandard eines langjährig beschäftigten Arbeitnehmers und dessen Ehepartners zu sichern. 1992 erfolgte eine Umstellung der Rentenanpassung von der Brutto- auf die Nettolohnentwicklung.

Alternative Konzepte

Korrekturen innerhalb des Systems der umlagefinanzierten, auf dem Generationenvertrag beruhenden Rente reichen nach übereinstimmender Ansicht von Sozialexperten angesichts der demographischen Entwicklung nicht aus. Vielmehr sollten andere Formen der Alterssicherung gefördert werden.

Komplementäre Altersicherungen: Neben die gesetzliche Rentenversicherung sollen als sog. zweite und dritte Säule die betriebliche Altersversorgung und die private Altersvorsorge durch verschiedene Formen des Sparens (einschließlich Lebens- und privater Rentenversicherung) treten. Während die betriebliche Altersversorgung z.T. von den Arbeitgebern getragen wird, müssen Arbeitnehmer ihre private Altersvorsorge allein finanzieren. In einem Ausbau der privaten und/oder betrieblichen **kapitalgedeckten Altersvorsorge** sehen Rentenexperten verschiedener politischer Lager die beste Möglichkeit, um den Finanzierungsproblemen der Rentenkassen langfristig beizukommen. Diese Form der Alterssicherung beruht auf dem Prinzip, dass die Rente aus dem vom Rentner früher einbezahlten Kapital

Generationenvertrag

Entwicklung der Altersstruktur in Deutschland[1] (Anteil in %)

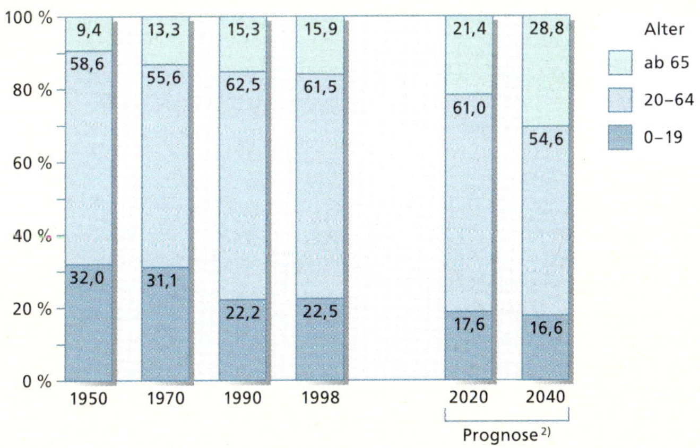

[1] Angaben bis 1990 alte Bundesländer, ab 1990 Gesamtdeutschland

[2] Schätzung von 2000

Quelle: Statistisches Bundesamt

und nicht, wie bei der umlagefinanzierten Rente, von der nachfolgenden Generation getragen wird. Eine Senkung des Niveaus der gesetzlichen Rente könnte auf diese Weise kompensiert werden. Als Anreiz für den Einzelnen, diese Eigenvorsorge tatsächlich zu leisten, könnten u.a. Steuervergünstigungen und staatliche Zulagen dienen. Mit der Möglichkeit zum Aufbau einer eigenen Vorsorge plante die rot-grüne Regierungskoalition gleichzeitig die stufenweise Senkung des gesetzlichen Rentenniveaus.

Schweizer Modell: Ein grundsätzlich andere Form der Rentensicherung wäre die Orientierung am Modell der Schweiz, wo alle Erwerbstätigen unter Einschluss der Beamten, Selbstständigen und freien Berufe einen niedrigen Beitragssatz in die Alters- und Hinterlassenenversicherung zahlen und höhere Erwartungen des Einzelnen an die eigene Alterssicherung von privater Zusatzvorsorge abhängt. Obligatorisch in der (ergänzenden) Alters-, Hinterlassenen- und Invalidenversorgung ist seit 1982 nur derjenige versichert, der ein bestimmtes Lohnniveau nicht überschreitet.

Ein ähnliches Konzept des Ministerpräsidenten von Sachsen, Kurt Biedenkopf (CDU), von 1997 sah die Einführung einer – allerdings **steuerfinanzierten – Grundrente** für jeden Bürger zur Sicherung des Existenzminimums vor.

Politische Umsetzung

Die Regierungskoalition aus CDU/CSU und FDP legte 1997 ein Rentenreformgesetz vor, das bei der Rentenformel einen sog. demographischen Faktor einführte, also bei der Rentenberechnung den sich ungünstig entwickelnden Altersquotienten berücksichtigte. Im Zuge dieser Reformen wäre das Rentenniveau bis 2030 von 70% auf 64% des durchschnittlichen Nettolohns gesunken.

Die Rentenreform wurde zwar im Dezember 1997 vom Bundestag beschlossen, ein Jahr später aber auf Initiative der neuen, seit Oktober 1998 amtierenden rot-grünen Bundesregierung wieder zurückgenommen bzw. ausgesetzt. Die Regierungskoalition aus SPD und Bündnis 90/Die Grünen setzte stattdessen durch, dass 2000 und 2001 die Renten nicht parallel zur Nettolohnentwicklung stiegen, sondern lediglich mit der Preissteigerungsrate. Auch dies führte faktisch zu einer, allerdings geringeren Senkung des Rentenniveaus.

Mitte 2000 stellte die Regierungskoalition ein Reformkonzept vor, das die gesetzliche Rente mit dem flächendeckenden Aufbau einer kapitalgedeckten Altersvorsorge kombiniert, d.h. die Versicherten werden zum Abschluss einer staatlich geförderten (Zulagen gestaffelt nach Kinderzahl) privaten Zusatzrente angehalten (Höhe ca. 4% des Einkommens). Diese wirkt sich wiederum in Form von Abschlägen auf die gesetzliche Altersrente aus. Um die Betragssätze bei 20–22% des Bruttoeinkommens zu halten, wird das Rentenniveau (ohne Zusatzrente) also abgesenkt: von 71,6% des durchschnittlichen Nettoverdienstes 1998 auf etwa 64% nach 30 Jahren. Bei Einbeziehung der privaten Vorsorge soll der Standardrentner bis 2030 allerdings mehr als 74% zur Verfügung haben. ■

Der Verband Deutscher Rentenversicherungsträger (www.vdr.de) informiert verständlich über das deutsche Rentenversicherungssystem. Das Bundesministerium für Arbeit und Sozialordnung (www.bma.de) gibt Auskunft über die jeweils gültigen rechtlichen Bestimmungen zur Rentenversicherung.

Leidigkeit, Wolfgang A. u.a.: *Meine Rente von A-Z.* Planegg (WRS Verlag) [7]1998 ■ Quest, Karlheinz: *Der überforderte Generationenvertrag. Rentenpolitik auf dem Prüfstand.* Bonn (Bonn aktuell) 1998.

im Verhältnis zu anderen zu bewerten ist, unterliegt dabei dem Wandel gesellschaftlicher Auffassungen und kann auch innerhalb einer Gesellschaft unterschiedlich bewertet werden. Dies kommt z.B. bei Verteilungskämpfen um Löhne, Güter oder politische und wirtschaftliche Mitbestimmung zum Ausdruck (↑Verteilungsgerechtigkeit).

Gericht: unabhängiges Organ, das in einem konkreten Fall die Entscheidung darüber trifft, was rechtens ist, das also Recht spricht.

Gerichtsbarkeit (Jurisdiktion): zum einen die Tätigkeit der den Gerichten zugewiesenen Rechtsprechung und Rechtspflege, zum anderen die Gerichtshoheit **(Justizhoheit),** die nach Art. 92 GG ausschließlich beim Staat liegt, und Bezeichnung für die verschiedenen Gerichtszweige, in die das Gerichtswesen aufgegliedert ist.

Die Rechtsprechung in Deutschland wird nach Art. 20 Abs. 2 GG durch besondere Organe des Staates ausgeübt, d.h. durch eine gegenüber Gesetzgebung und vollziehender Gewalt (Verwaltung) dritte Gewalt (↑Gewaltenteilung, ↑rechtsprechende Gewalt). Die G. wird von Berufs- und Laienrichtern ausgeübt, die in ihren Entscheidungen unabhängig und nur Gesetz und Recht verpflichtet sind (Art. 20 Abs. 3 und Art. 97 Abs. 1 GG). Zur Wahrung der richterlichen Neutralität müssen die Gerichte selbstständig und von der Verwaltung getrennt sein.

Aufbau: Die Gerichte bestehen i.d.R. aus

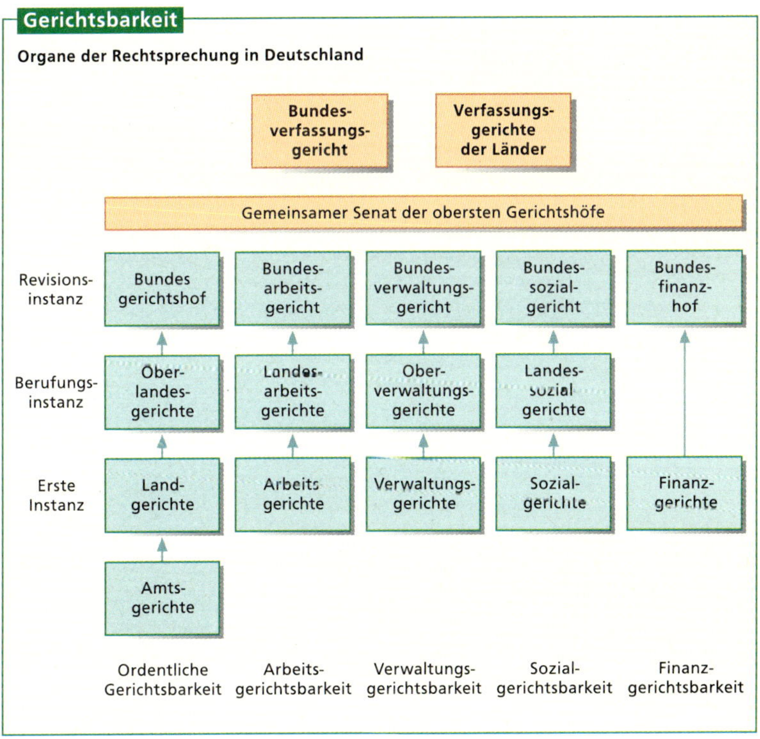

G

mehreren Spruchkörpern, die **Einzelrichter** oder Richterkollegien **(Kammern, Senate)** sein können. Die Besetzung und die Geschäftsverteilung nimmt das Präsidium des jeweiligen Gerichts vor. Es legt in einem Geschäftsverteilungsplan, dem niemand entzogen werden darf, jeweils für ein Jahr den gesetzlichen Richter fest (Art. 101 Abs. 1 GG). Damit steht schon im Voraus fest, wer Richter in einem künftigen Verfahren sein wird.

Nach den Bestimmungen der deutschen Gerichtsverfassung gliedert sich die staatliche G. arbeitsteilig in verschiedene Gerichtszweige: in die ↑ordentliche Gerichtsbarkeit für Zivil- und Strafsachen, die ↑Arbeitsgerichtsbarkeit, ↑Sozialgerichtsbarkeit, ↑Finanzgerichtsbarkeit und ↑Verwaltungsgerichtsbarkeit. Daneben gibt es die Patent-, Disziplinar-, Wehrdienst- und Berufsgerichtsbarkeit und die Sonderregelungen unterliegende sog. freiwillige Gerichtsbarkeit. Eine Sonderstellung nehmen die ↑Verfassungsgerichte ein.

Diejenigen Gerichte, die demselben Gerichtszweig angehören, bilden einen Instanzenzug (z.B. Arbeits-, Landesarbeits- und Bundesarbeitsgericht; Amtsgericht, Landgericht, Oberlandesgericht, Bundesgerichtshof). Der Aufbau des Instanzenzuges innerhalb der Gerichtszweige ist unterschiedlich. Die ordentliche G. ist vierstufig, die Verwaltungs-, Arbeits- und Sozialgerichtsbarkeit dreistufig und die Finanzgerichtsbarkeit zweistufig. Durch den Instanzenzug wird es möglich, die Urteile der unteren Gerichte mit einem Rechtsmittel anzufechten und überprüfen zu lassen.

Der Rechtsmittelzug sieht meist zwei weitere Instanzen, nämlich eine Berufungsinstanz (zur tatsächlichen und rechtlichen Nachprüfung) und eine Revisionsinstanz (nur zur rechtlichen Nachprüfung) vor.

Die Einheitlichkeit der Rechtsprechung, der Auslegung der Gesetze und des Rechts in Deutschland wird durch Einlegung der Revision bei den obersten Bundesgerichten gewahrt. Die von den obersten Gerichten in **ständiger Rechtsprechung** entwickelten Grundsätze sind zwar für die unteren Gerichte formal nicht verbindlich, da jeder Richter unabhängig urteilt und an Weisungen nicht gebunden ist, praktisch haben sie aber einen großen Einfluss auf die Rechtsprechung der unteren Gerichte. Zur Wahrung der Einheitlichkeit der Rechtsprechung insgesamt gibt es einen gemeinsamen Senat der obersten Gerichtshöfe des Bundes. Er tritt bei Bedarf in Karlsruhe zusammen.

Gerichtsverfahren: Das G., d.h. der Gerichtsprozess, wird i.d.R. durch die Erhebung der ↑Klage in Gang gesetzt. In ihr werden die gegnerischen Parteien und der Gegenstand des Streites bezeichnet. Im Strafprozess, dem meist ein Vorverfahren, das Ermittlungsverfahren, vorangeht, wird durch den Vertreter des Staates, die ↑Staatsanwaltschaft, Anklage erhoben. Auch anderen G. können Vorverfahren, z.B. Widerspruchsverfahren gegen Behördenbescheide, vorgeschaltet sein.

Zu Beginn jedes G. sind die Prozessvoraussetzungen zu prüfen. Dabei geht es z.B. um die Frage, ob die Klage im zuständigen Gerichtszweig erhoben worden ist. Festgestellt werden müssen auch die örtliche und sachliche Zuständigkeit des Gerichtes, damit das Recht auf den gesetzlichen Richter gewahrt bleibt. (↑Gerichtsbarkeit).

Durch die Beachtung derartiger formeller Regelungen kann auch der »Einlassungszwang« für den Beklagten, d.h. seine Pflicht, zur Vermeidung von Nachteilen an einem von ihm möglicherweise gar nicht gewünschten Prozess teilzunehmen, angemessen begrenzt werden. So gilt z.B. als Prozesshindernis, wenn in der gleichen Sache schon einmal entschieden wurde. Weiterhin ist das Vorliegen der Prozessführungsbefugnis zu prüfen. Sie besitzt in

Konkursfällen z.B. der Konkursverwalter und nicht der Gemeinschuldner, um dessen Vermögen es geht.
In dem eigentlichen Verfahren geht es darum, ob und inwieweit der geltend gemachte Anspruch besteht. So müssen Einwände des Beklagten berücksichtigt und die rechtliche Relevanz des Vorgetragenen geprüft werden – das G. hat trotz schriftlicher Vorbereitung grundsätzlich öffentlich und mündlich zu sein. Anschließend kommt es zur Beweisaufnahme über die Behauptungen, von deren Zutreffen der Ausgang des Prozesses abhängt, i.d.R.. aber nur bei Einlassungen, die unter den Parteien strittig sind. Das G. endet normalerweise mit einer Entscheidung in der Sache, dem Urteil, manchmal auch mit der Klagerücknahme. Auch ein Prozessurteil, d.h. die Abweisung einer Klage aus formellen Gründen, ist möglich. Dem Urteil schließt sich das Vollstreckungsverfahren (z.B. Zwangsvollstreckung oder ↑Strafvollzug) an. Urteile sind i.d.R. mit Rechtsmitteln anfechtbar; ihre Vollstreckung findet erst statt, wenn sie Rechtskraft erlangt haben.

Gerichtsverfassung: die staatliche Ordnung des Gerichtswesens. Zu ihr gehören alle Normen, die den Aufbau der Gerichte und der mit ihnen zusammenhängenden Einrichtungen betreffen. Unterschieden wird zwischen den Gerichten des Bundes und der Länder und den nach Sachgebiet getrennten Gerichtszweigen (↑Gerichtsbarkeit).

geringfügige Beschäftigung: gemäß der Neuregelung des Sozialgesetzbuches (SGB) vom 1.4.1999 eine Beschäftigung, die regelmäßig weniger als 15 Stunden wöchentlich ausgeübt wird und bei der das Arbeitsentgelt im Monat 630 DM nicht übersteigt, oder eine Beschäftigung, die auf längstens zwei Monate bzw. 50 Arbeitstage im Jahr begrenzt ist. Die Geringfügigkeitsgrenze von 630 DM gilt einheitlich in ganz Deutschland. Der Arbeitgeber muss bei einer g. B. pauschal 12% vom Arbeitsentgelt an die Renten- und 10% an die Krankenversicherung zahlen. Die Leistungen werden dem Arbeitnehmer bei der Altersrente gutgeschrieben. Bei einer g. B., die maximal zwei Monate bzw. 50 Arbeitstage im Jahr besteht, müssen keine Sozialversicherungsbeiträge abgeführt werden.

Gerontokratie [griech. »Altenherrschaft«]: Gesellschaftsform, bei der die Gemeinschaft durch eine Gruppe von Alten geleitet wird, deren Erfahrung für die Gemeinschaft genutzt werden soll. Elemente einer G. enthielt z.B. die Römische Republik der Antike, in welcher der Senat (»Rat der Alten«) ein wichtiges Staatsorgan war. Dem ↑Anciennitätsprinzip in modernen Gesellschaften liegt der gleiche Gedanke zugrunde.

Gesamthochschule: inhaltliche und organisatorische Vereinigung mehrerer Hochschulformen, z.B. einer Universität, einer pädagogischen Hochschule sowie von Kunst-, Musik- und/oder anderen ↑Fachhochschulen. In einer G. werden innerhalb der gleichen Fachrichtung je nach Studienziel unterschiedliche Studiengänge angeboten, die sich in Inhalt, Dauer und Abschluss unterscheiden.

Gesamtschule: ↑Schule.

gesamtwirtschaftliches Gleichgewicht: Zustand, der in Deutschland aufgrund des ↑Stabilitätsgesetzes mithilfe der ↑Konjunkturpolitik angestrebt wird und in dem Vollbeschäftigung (d.h. in der Praxis, die Arbeitslosenquote ist nicht höher als 3%), Geldwertstabilität, ↑außenwirtschaftliches Gleichgewicht und ein stetiges ↑Wirtschaftswachstum, das ↑magische Viereck, erreicht werden sollen.

Gesandtschaftsrecht: im Völkerrecht die Befugnis, Gesandte zu entsenden und zu empfangen, und die völkerrechtlichen Regeln über den diplomatischen Verkehr sowie die Rechte und Pflichten des Diplomaten. Das G. zählt zu den ältesten völkerrechtlichen Normen; heute ist es in dem Wiener Übereinkommen über

Der Ausdruck Gentechnologie bezeichnet verändernde Eingriffe direkt ins Erbgut von Lebewesen mit dem Ziel, gewünschte Eigenschaften hervorzurufen. Als Teilgebiet der ↑ Biotechnologie, die sich mit der wirtschaftlichen Nutzung von Lebewesen befasst, findet sie v.a. in den Bereichen Umweltschutz, Nutzpflanzen und -tiere sowie Medizin ihre Anwendung. Durch Züchtung versuchen Menschen schon seit etwa 10 000 Jahren, Tieren und Pflanzen gewünschte Eigenschaften zu vermitteln. Während diese aber von der Hoffnung ausgeht, dass gezielt ausgewählte Lebewesen ihre Eigenschaften bei der Fortpflanzung weitergeben, versucht die Gentechnologie die für die Eigenschaften zuständigen Erbanlagen selbst zu verändern.

Münchener Wissenschaftler stellten im Januar 1999 das erste deutsche Klonkalb vor.

Technische Grundlagen

Die Erbinformationen liegen (in jeder Zelle eines Lebewesens) in Gestalt des Moleküls Desoxyribonukleinsäure (DNS, internationale Abk. DNA) vor. Eine einzelne Erbinformation, ein Gen, belegt einen Abschnitt auf einem DNA-Molekül. Voraussetzung eines gentechnischen Eingriffs ist also zunächst die Kenntnis, welches Gen eine gewünschte Erbinformation trägt. Für die Erbinformation des Menschen laufen seit 1988 z.T. miteinander konkurrierende Projekte (↑ Human-Genom-Projekt).

Um das jeweilige Gen zu gewinnen, wird der DNA-Strang mit Hilfe von Enzymen aufgeschnitten. Das isolierte Gen muss dann in die Zelle transportiert werden, die verändert werden soll. Dazu stehen verschiedene Transportmittel (Vektoren) zur Verfügung, z.B. Viren oder DNA-Ringe (Plasmide) von Bakterien. Nach dem Einsetzen des Gens wird der DNA-Strang wieder verklebt (sog. Ligasen). In der Wirtszelle, häufig Bakterien, die sich schnell vermehren, ergänzt das neue Gen die bisherige Erbinformation. Konsequenz ist, dass künftig bei der Vermehrung durch Zellteilung auch diese Information weitergegeben wird.

Praktische Anwendungen

Genveränderte Bakterien können z.B. zur Sanierung verseuchter Böden, zur Reinigung von Abwässern, zur Abfallbeseitigung oder Erzeugung von Biogas (Energiegewinnung) eingesetzt werden. Nutzpflanzen kann die Gentechnologie durch Einbau artfremder Eigenschaften widerstandsfähig (resistent) gegen schädigende Einflüsse machen (z.B. gegen Pflanzenschutzmittel oder Schädlinge). Die Erhöhung der Ertragskraft von Pflanzen könnte als Mittel gegen den Hunger auf der Welt dienen. Neuartige Lebensmittel (auch Novel Food genannt) lassen sich nach wirtschaftlichen Wünschen wie Lagerfähigkeit, Haltbarkeit, Ertrag und Qualität konstruieren. Genveränderte Pflanzen (ebenso Bakterien oder Tiere) könnten als lebende Fabriken zur Produktion von nachwachsenden Rohstoffen oder Medikamenten und Impfstoffen eingesetzt werden.

Bei Tieren kann die Gentechnologie zur zielgerichteteren Züchtung (Widerstandsfähigkeit, Ertrag, Vermehrung, Qualität) beitragen. Besonderes Aufsehen erregte 1997 das Schaf Dolly, das in Schottland mit Hilfe der Gentechnologie aus einer ausdifferenzierten Körperzelle als ein in jedem Punkt identischer Doppelgänger (↑ klonen) eines anderen Schafes hergestellt worden war.

Beim Menschen konzentrieren sich die Hoffnungen auf die Verbesserung der vorgeburtlichen Diagnostik und die Erkennung und Heilung (Gentherapie) von Erbkrankheiten (u.a. Krebs, Alzheimer) und erworbenen Krankheiten, indem in Zukunft defekte Gene gegen gesunde ausgetauscht werden.

Risiken und ethische Fragen

Den Chancen der Gentechnologie stehen jedoch ethische Fragen mit weitreichenden gesellschaftlichen und rechtlichen Folgen gegenüber. Als mit der Menschenwürde und den auch für den Embryo wirksamen Grundrechten nicht vereinbar gelten medizinische Experimente mit befruchteten Eizellen sowie die Aussicht, Menschen zu klonen. Die Möglichkeit, Krankheiten oder Behinderung Ungeborener schon im Mutterleib zu erkennen, wird deren gesellschaftliche Bewertung verändern. Gesellschaftliche Diskriminierung erblich Vorbelasteter könnte die Folge sein.
Gegen die Gentechnologie eingewendet wird auch, dass langfristige Auswirkungen gentechnisch veränderter Organismen und Produkte auf die menschliche Nahrung kaum abzusehen sind. Außerdem könnten gentechnische Eingriffe unvorhergesehene Folgen haben, z.B. durch eine unkontrollierte Weiterverbreitung von veränderten Erbinformationen bei Freilandversuchen.

Internationale Schutzregelungen

Probleme dieser Art führten zu – in den einzelnen Staaten – unterschiedlichen Regelungen: In Deutschland wurde 1990 das Gentechnikgesetz erlassen, das vor den Gefahren der Gentechnologie schützen soll (Novellierung 1993). Das deutsche Embryonenschutzgesetz von 1990 stellt die Manipulation von menschlichen Erbanlagen und Embryonen unter Strafe. Den ersten international verbindlichen Verhaltenskodex stellte 1997 der Europarat mit der Bioethik-Konvention auf. Sie untersagt die Herstellung menschlicher Embryonen zu Forschungszwecken; jedoch ist im Unterschied zum deutschen Embryonenschutzgesetz die Forschung mit menschlichen Embryonen nicht ausdrücklich verboten. 1998 wurde die Bioethik-Konvention durch das Verbot ergänzt, Menschen zu klonen. In der EU regelt eine Richtlinie seit 1990 die Zulassung gentechnisch veränderter Pflanzen,

Umweltschützer kritisieren den Freilandanbau gentechnisch veränderter Pflanzen. Ein Greenpeace-Aktivist schneidet die Blüten von Genmais-Pflanzen ab, um den Pollenflug und eine eventuelle Übertragung der Gene auf andere Pflanzen zu verhindern.

Tiere und Mikroorganismen. Allerdings müssen nur Stoffe gekennzeichnet werden, deren gentechnische Veränderung chemisch nachweisbar sind. 1996 wurden weitere Kennzeichnungsvorschriften für einige Novel-Food-Produkte erlassen, die 1999 noch verschärft wurden. ■

Informationen zum Thema Gentechnologie liefert das österreichische Bundesministerium für soziale Sicherheit und Generationen (www.gentechnik.gv.at). Eine kompetente Adresse ist auch das Robert-Koch-Institut (www.rki.de).

PROWALD, KATJA: *Gentechnik. Abenteuer Zukunft.* München (Südwest) ²1995. ■ BICKEL, WERNER und SCHULTE, WOLFGANG: *Gentechnologie und Reproduktionsmedizin.* Kevelaer (Butzon und Bercker) 1998. ■ BROWN, TERENCE A.: *Gentechnologie für Einsteiger.* Neudruck Heidelberg (Spektrum, Akademischer Verlag) 1999.

G

diplomatische Beziehungen vom 18. 4. 1961 festgelegt.
Die diplomatischen Beziehungen zwischen zwei Staaten werden durch ausgebildete Personen **(Diplomaten)** wahrgenommen, wobei die Missionschefs in drei Rangstufen eingeteilt werden: 1) **Botschafter,** 2) **Gesandte** und 3) **Geschäftsträger.** Die Aufnahme diplomatischer Beziehungen setzt das gegenseitige Einvernehmen der beiden Staaten voraus. Der Entsendestaat hat vor der Entsendung eines Diplomaten das ↑Agrément des Empfangsstaats einzuholen. Durch eine spätere Erklärung zur ↑Persona non grata kann diese Zustimmung ohne Angabe von Gründen zurückgenommen werden.
Aufgabe des Diplomaten ist es, die Interessen des Entsendestaates und seiner Angehörigen im Empfangsstaat zu schützen und mit der Regierung des Gastlandes zu verhandeln. Im Empfangsstaat stehen den Diplomaten Vorrechte zu, so die ↑Exterritorialität, die Unverletzlichkeit ihrer Korrespondenz und des Kuriergepäcks (Depeschenrecht). Diplomaten unterstehen nicht der Gerichtsbarkeit des Gastlandes. Ihre persönliche Unverletzlichkeit verhindert jede Verhaftung, Durchsuchung oder Beschlagnahme von Gegenständen privater Art (↑Immunität).

Geschäftsordnung: allgemein die Verfahrensregeln in einem Gremium, z.B. in einem Verein, Ausschuss oder in einer kommunalen Körperschaft (Stadtrat, Gemeinderat).
G. des Bundestages: Der deutsche Bundestag hat **Geschäftsordnungsautonomie,** d.h. das Recht, seine G. selbst zu bestimmen und das eigene Verfahren selbst zu regeln, ohne dass Staatsoberhaupt und Regierung Einfluss nehmen dürfen (Art. 40 Abs. 1 GG). Die G. des Bundestages geht zurück auf die des Reichstages. Sie enthält Bestimmungen v.a. für folgende Fragen:

- Organisation und Verwaltung des Parlaments, Regeln für die Arbeit des Plenums und der Ausschüsse, Vorschriften über das Gesetzgebungsverfahren,
- Kontrolle der Regierung,
- Schutz der Minderheit vor der Willkür der Mehrheit und Schutz der Mehrheit vor ↑Obstruktion durch die Minderheit, Rechte und Pflichten der Abgeordneten,
- Aufstellung der Tagesordnung, die Reihenfolge der Redner, die Ordnungsmaßnahmen und das Abstimmungsverfahren (z.B. ↑Hammelsprung),
- parlamentarische ↑Anfragen.

In der G. des Bundestages herrschen, im Gegensatz zur G. des Reichstags in der Weimarer Republik, die Mehrheits- bzw. Fraktionsrechte vor.

Geschworene: ↑Laienrichter des Schwurgerichts, in Deutschland seit 1972 Schöffen. Heute kommen G. vorwiegend in der angelsächsischen Gerichtsbarkeit (USA, Großbritannien) vor.

Geselle: Arbeitnehmer, der in einem staatlich anerkannten Ausbildungsberuf des Handwerks eine Ausbildung durchlaufen und nach bestandener Prüfung ein Zeugnis **(Gesellenbrief)** erhalten hat.

Gesellschaft:
◆ *Soziologie und Politik:* vieldeutiger Begriff zur Charakterisierung eines relativ dauerhaften Gefüges von Menschen und ihren Handlungen. Form und Ordnung einer G. (Gesellschaftssystem) werden u.a. durch wirtschaftliche, politische und kulturelle Bedingungen bestimmt.
Im Mittelalter wurde die ständische G. als Ausdruck göttlicher Ordnung verstanden; im Zuge der Französischen Revolution (1789–99) entstand die ↑bürgerliche G., in der die soziale Stellung v.a. von Reichtum und Bildung abhängig war. Vielfach diskutiert wird heute der Wandel von der national-homogen bestimmten G. zur **multikulturellen G.** mit Bürgerinnen und Bürgern unterschiedlicher rassischer, ethnischer oder religi-

öser Herkunft und die damit verbundenen Spannungen (↑Zuwanderung).
Gesellschaftstheorien befassen sich u.a. mit der Frage, wie Veränderungen der G. zustande kommen. So geht z.B. der ↑Marxismus davon aus, dass die fortschreitende Entwicklung der G. letztlich zur sozialen Revolution, zur Aufhebung des Staates und zur Ausbildung einer klassenlosen G. führt. Demgegenüber steht die Auffassung, dass in der heutigen pluralistischen G. (↑Pluralismus) Veränderungen durch Reformen schrittweise herbeigeführt werden sollen.
Zur **Gesellschaftspolitik** zählen alle Maßnahmen des Staates, die das Leben und die Chancen des Einzelnen in der G. sowie die Struktur der Gesamtgesellschaft betreffen, im engeren Sinn die ↑Sozialpolitik.
◆ *Recht:* die vertragliche Verbindung zweier oder mehrerer Personen zur Verfolgung eines gemeinsamen Zwecks. Der Grundtyp der privaten G. (Zusammenschluss, Geschäftsführung, Vertretung nach außen, Behandlung des Gesellschaftsvermögens, Auflösung der G.) ist im BGB geregelt. Auf ihm bauen alle anderen Gesellschaften wie die offene Handelsgesellschaft, die Aktiengesellschaft, die GmbH und die Kommanditgesellschaft auf.

gesellschaftliche Kosten: ↑Kosten.

Gesellschaftsvertrag: eine sozial- und staatsphilosophische Vorstellung, nach der das Bestehen der Staatsgewalt aus dem Interesse der ihr unterworfenen Individuen gerechtfertigt wird, besonders im neuzeitlichen Naturrecht und in der Aufklärung (HUGO GROTIUS [1583–1645] T. HOBBES, J. LOCKE, J.-J. ROUSSEAU). Nach der gegen den Absolutismus gerichteten Lehre vom G. gelten die Anordnungen der Staatsgewalt nur dann als legitim, wenn vorstellbar ist, dass sie auch aus einer vertraglichen Abmachung der Gewaltunterworfenen herrühren könnten; andernfalls wird ein Widerstandsrecht gefordert.
Nach einer anderen Lehre entsteht die Gesellschaft und die über sie errichtete Herrschaft aus Verträgen aller miteinander und mit den Herrschenden. Im Zusammenhang mit der Lehre vom G. spielte auch die Idee des Bundes (ursprünglich: der Bund Gottes mit dem Volk Israel), besonders bei der Gründung nordamerikanischer Staaten, eine Rolle. Vertragliche Abmachungen über die Ausübung von Herrschaft zwischen Monarch und Ständen **(Herrschaftsvertrag)** kannte die Ständemonarchie. Heute lebt die Vorstellung eines freiwilligen Zusammenschlusses und einer freiwilligen Unterwerfung unter die Staatsgewalt in der Idee des Konsenses weiter, der die Ausübung staatlicher Gewalt in der Demokratie legitimiert.

Gesetz:
◆ allgemeinverbindliche Regel (z.B. Naturgesetz).
◆ im Recht hat der Begriff G. zweifache Bedeutung: Ein G. im materiellen Sinn ist jede Rechtsnorm, die für eine Vielzahl von Personen eine allgemeinverbindliche Regelung enthält, d.h. keinen individuellen Fall im Auge hat. Ein G. im formellen Sinn ist der im verfassungsmäßig vorgeschriebenen parlamentarischen Verfahren der ↑Gesetzgebung ergangene, ordnungsgemäß ausgefertigte und verkündete Beschluss der zur Gesetzgebung befugten Organe. Ein G. im formellen Sinn ist meist auch ein G. im materiellen Sinn, es sei denn, es enthält keine allgemeinverbindlichen Regelungen **(Einzelfallgesetz).** Gesetze im materiellen Sinn sind formelle Gesetze, ↑Rechtsverordnungen und ↑Satzungen, die nicht im förmlichen Gesetzgebungsverfahren ergehen.

Gesetzesinitiative: ↑Gesetzgebung.

Gesetzesvorbehalt: die von der Verfassung vorgesehene Möglichkeit, in ↑Grundrechte durch Gesetz oder aufgrund eines Gesetzes einzugreifen. Diese Möglichkeit besteht bei zahlreichen

Grundrechten des Grundgesetzes und der Landesverfassungen. Das grundrechtsbeschränkende Gesetz muss jedoch allgemein sein und darf nicht nur für einen Einzelfall gelten.

Gesetzesvorrang (Vorrang des Gesetzes): Das Prinzip des G. ist einer der Grundsätze des Rechtsstaats und besagt, dass Rechtsnormen, die nicht im förmlichen Verfahren der Gesetzgebung erlassen wurden (Rechtsverordnungen, Satzungen), bei Verstoß gegen ein formelles ↑Gesetz nichtig sind und dass formelle Gesetze nur durch formelle Gesetze aufgehoben oder geändert werden können. Die Verfassung geht als formelles Gesetz mit besonderer Bestandskraft den »einfachen« formellen Gesetzen vor **(Vorrang der Verfassung),** sodass diese die Verfassung nicht ändern oder durchbrechen können und im Fall der Verfassungswidrigkeit grundsätzlich nichtig sind.

gesetzgebende Gewalt: ↑Legislative.

Gesetzgebung: die staatliche Rechtsetzung, soweit sie im Erlass von Gesetzen besteht, durch die gesetzgebende Gewalt; für die G. ist ein bestimmtes formelles Verfahren von der Verfassung festgelegt. In Deutschland können Bundesgesetze nur erlassen werden, soweit dem Bund die ausschließliche oder konkurrierende Kompetenz (↑konkurrierende G.) zur G. zusteht oder der Bund Rahmenvorschriften (↑Rahmengesetzgebung) erlassen kann; sonst verbleibt die G. bei den Ländern.

Im Bund werden Gesetzesvorlagen von der Bundesregierung, durch den Bundesrat oder aus der Mitte des Bundestages bei diesem eingebracht **(Gesetzesinitiative).** Gesetzesvorlagen der

Gesetzgebung

Gesetzgebungsverfahren in Deutschland

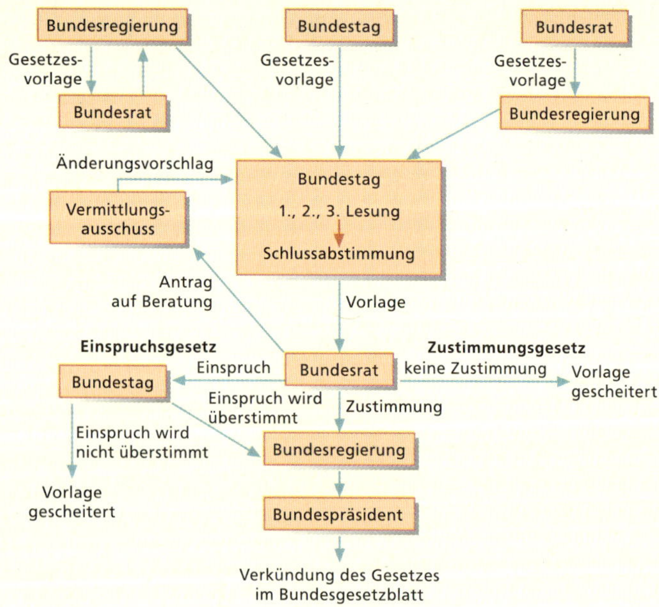

Bundesregierung gehen mit einer Stellungnahme des Bundesrates an den Bundestag, Vorlagen des Bundesrates mit Stellungnahme der Bundesregierung an den Bundestag. Dort werden sie in dreimaliger Lesung beraten. Nach Annahme im Bundestag werden die Bundesgesetze dem Bundesrat vorgelegt. Dieser kann gegen das vom Bundestag beschlossene Gesetz den ↑Vermittlungsausschuss anrufen, der eine Änderung des Bundesgesetzes vorschlagen kann, worauf der Bundestag erneut beraten muss. Bei Gesetzen, die der Zustimmung des Bundesrates bedürfen (↑Zustimmungsgesetz), ist das vom Bundestag beschlossene Bundesgesetz abgelehnt, wenn der Bundesrat nicht zustimmt. Bei nichtzustimmungspflichtigen Gesetzen kann der Bundesrat nach Beendigung des Vermittlungsverfahrens Einspruch einlegen (↑Einspruchsgesetz), der vom Bundestag mit absoluter Mehrheit zurückgewiesen werden kann.

Die rechtswirksam beschlossenen Bundesgesetze werden vom Bundespräsidenten nach Gegenzeichnung durch den Bundeskanzler oder die zuständigen Bundesminister ausgefertigt und im ↑Bundesgesetzblatt verkündet (Voraussetzungen des In-Kraft-Tretens). Der Tag des In-Kraft-Tretens soll im Bundesgesetz bestimmt sein; wenn nicht, tritt dieses mit dem 14. Tag nach Ausgabe des entsprechenden Bundesgesetzblatts in Kraft.

Gesetzgebungsnotstand: Befugnis einer Regierung, in besonderen Situationen, z.B. bei einer Regierungskrise wie der Ablehnung der Vertrauensfrage des Bundeskanzlers im Bundestag, selbst dann gesetzliche Anordnungen zu treffen, wenn sie dafür keine Mehrheit im Parlament findet. Nach Art. 81 GG kann die Befugnis des Bundestags zur Gesetzgebung auf Bundesrat, Bundesregierung und Bundespräsident übertragen werden, wenn der G. erklärt wurde.

gesetzlicher Richter: ↑Gerichtsbarkeit.

Gesetzmäßigkeit der Verwaltung: der in Art. 20 Abs. 3 GG niedergelegte Grundsatz, dass das Handeln der Verwaltung an die Gesetzgebung der das Staatsvolk repräsentierenden Parlamente gebunden ist (↑Gesetzesvorrang). Nach diesem Rechtsstaatsprinzip darf die Verwaltung in die Rechte des Einzelnen nur aufgrund eines für alle geltenden Gesetzes eingreifen (↑Gesetzesvorbehalt). Weiterhin ist die ↑Exekutive nach Art. 1 Abs. 3 GG »an Gesetz und Recht und an die Grundrechte als unmittelbar geltendes Recht gebunden«. Aus der unmittelbaren Bindung der Verwaltung an das Grundgesetz ergeben sich weitreichende Folgen für das Verwaltungshandeln, insbesondere die Beachtung des Gleichheitssatzes (↑Gleichheit) mit dem ↑Willkürverbot.

Gesetz- und Verordnungsblatt: in unregelmäßigem Abstand erscheinende amtliche Veröffentlichung der Länder, die der öffentlichen Bekanntmachung von Gesetzen und Rechtsverordnungen dient sowie über den Inhalt von Vorschriften, Plänen und Verwaltungsmaßnahmen und den Zeitpunkt ihres Wirksamwerdens oder ihrer Aufhebung Kenntnis gibt.

Gesinnungsethik: Richtung der ↑Ethik (der philosophischen Wissenschaft vom Sittlichen), die den sittlichen Wert einer individuellen Handlung an deren Intention bemisst, nicht hingegen an der Wirkung dieser Handlung, wie es etwa die Erfolgsethik tut. Die G. gehört zum Bereich der Individualethik; die Grundhaltung des handelnden Menschen steht für die G. im Vordergrund.

Gestaltungsklage: ↑Klage.

Gesundheitspolitik: alle Maßnahmen des Staates, seiner Körperschaften und anderer Institutionen, die der Erhaltung der Gesundheit der Bevölkerung, der Gesundheitsvorsorge und der Aufklärung über Krankheitsgefahren dienen. Aufgaben der G. sind die Errichtung und Unterhaltung von öffentlichen Einrichtungen zur medizinischen und sons-

G

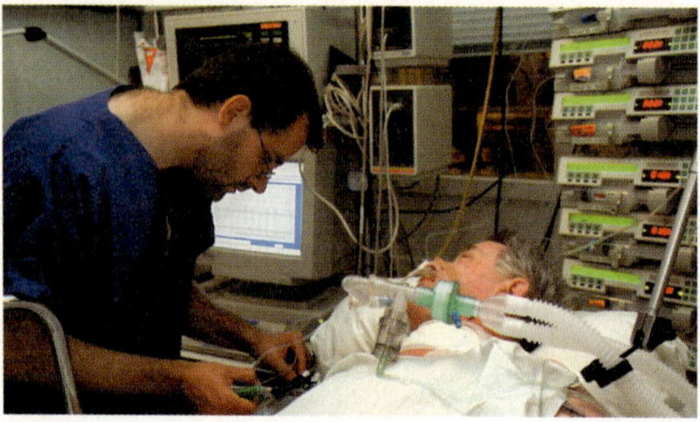

Gesundheitswesen: Der hohe technische Aufwand moderner Apparatemedizin (Bild: Intensivstation eines Dortmunder Krankenhauses) steigert zwar die Leistungsfähigkeit des Gesundheitswesens, erhöht aber die Kosten für die Krankenkassen.

tigen Pflege von Kranken und Behinderten, zur Wiederherstellung ihrer Gesundheit und Wiedereingliederung in Gesellschaft und Beruf sowie die zwangsweise Versicherung insbesondere von Arbeitnehmern gegen die Folgen von Krankheit, Unfall und Invalidität in der ↑Sozialversicherung.
Neben dieser Absicherung des Einzelnen steht im Mittelpunkt der G. die kollektive Gesundheitsvorsorge durch allgemeine Rechtsvorschriften (z.B. über Lebensmittelhygiene, Reinhaltung von Gewässern und Luft, Trinkwasserversorgung, Straßenreinigung, Abfallentsorgung und Abwasserbeseitigung) sowie Vorschriften über den Gesundheitsschutz in Schulen, Ausbildungsstätten und am Arbeitsplatz. Für die G. ist in Deutschland das Bundesministerium für Gesundheit zuständig. Wichtigste internationale Organisation für gesundheitspolitische Fragen ist die 1946 gegründete ↑World Health Organization.
Die Struktur des Gesundheitswesens, dessen Grundlagen ab 1883 geschaffen wurden, hat durch die Bemühungen um eine **Gesundheitsreform** wesentliche Änderungen erfahren. Die bis Anfang der 1970er-Jahre dauernde Phase der Expansion des G. fand ab 1977 mit der Kostendämpfungspolitik ihr Ende. Die damit angestrebte Begrenzung der Ausgaben in der Krankenversicherung wurde jedoch auch mit dem Gesundheitsreformgesetz vom 20.12.1988 der christlich-liberalen Bundesregierung nicht erreicht. Ab 1993 folgten v.a. Organisationsreformen im Kassenwesen mit dem Ziel, die Beiträge stabil zu halten und das G. effizienter zu machen. Daneben gab es u.a. höhere Zuzahlungen für Leistungen der Kassen, Kürzungen bei Ärztehonoraren und Sparmaßnahmen bei Krankenhäusern. Diese Politik wurde durch die rot-grüne Bundesregierung ab 1998 fortgesetzt.

Gesundheitswesen: System aller Einrichtungen, die zur Erhaltung, Förderung oder Wiederherstellung der Gesundheit dienen samt der für dieses System tätigen Personen. Das deutsche G. besteht hauptsächlich aus dem ambulanten und stationären Sektor, dem öffentlichen Gesundheitsdienst, weiteren Dienstleistungsbereichen (z.B. Rettungsdiensten), der pharmazeutischen Industrie und den Herstellern medizinisch-technischer Geräte. Der stationären Versorgung dienen Krankenhäuser, Rehabilitationseinrichtungen (mit Kurkliniken) und Hochschulkliniken. Wesentliche Elemente des G. sind die ↑Krankenkassen und Krankenversicherer (gesetzliche oder private Krankenversicherung), die ↑Berufsgenossenschaften, die Landesversicherungsanstalten und die ↑Bundesversicherungsanstalt für Angestellte.

Getto (Ghetto):
◆ *Politik/Geschichte:* Bezeichnung für einen Ort, an dem Menschen in aufge-

zwungener Abgeschiedenheit leben müssen. Die Bezeichnung wurde erstmals im 16. Jh. in Venedig für abgeschlossene jüdische Wohnviertel belegt. Etwa seit dem 11. Jh. gab es obrigkeitliche Bestimmungen, die das Zusammenleben von Christen und Juden verboten. Es entstanden mit Mauern umgebene Judenviertel, die nachts durch Tore geschlossen wurden. Mit der Erlangung der Bürgerrechte seit Ende des 18. Jh. entfiel in Europa der Zwang für die Juden, im G. zu leben; gleichzeitig strebten sie eine Integration in das politische, soziale und kulturelle Leben an (↑Emanzipation). Im Zweiten Weltkrieg wurden ab 1940 in den von Deutschland besetzten Ostgebieten die Juden in verschiedenen Großstädten erneut in G. gezwungen, in denen drangvolle Enge, Hunger und Krankheit herrschten. Von dort wurden die Juden in die Vernichtungslager abtransportiert (↑Judenverfolgung).

◆ *Soziologie:* Bezeichnung für die isolierte Lage von Bevölkerungsgruppen, denen eine Teilnahme am geistigen, politischen und sozialen Leben nicht möglich ist oder die als ↑Minderheiten diskriminiert sind.

Gewalt: die Anwendung von physischem oder psychischem Zwang gegenüber Menschen. G. umfasst: 1) die rohe, gegen Sitte und Recht verstoßende Einwirkung auf Personen (lat. violentia); 2) das Durchsetzungsvermögen in Macht- und Herrschaftsbeziehungen (lat. potestas). Moderne Staatsverfassungen weisen dem Staat die ausschließliche Befugnis zu, auf seinem Staatsgebiet physische G. einzusetzen oder ihren Einsatz zuzulassen. Dieses staatliche **Gewaltmonopol** ist wesentlicher Teil der inneren Souveränität eines Staates. Sofern der Staat einseitig oder völlig von bestimmten gesellschaftlichen Gruppen oder Klassen beherrscht wird, entsteht **strukturelle Gewalt,** durch die die volle Entfaltung des Einzelnen aufgrund einer ungleichen Verteilung von Eigentum und Macht verhindert werden (»soziale Ungerechtigkeit«).

Im Strafrecht ist G. vielfach Tatbestandsmerkmal einer Straftat und meint zunächst den Einsatz physischer oder psychischer Mittel, die auf das Opfer einen Zwang ausüben, der seinen Willen bzw. seinen Widerstand ausschaltet.

Gewaltenteilung: Die Vorstellung der Teilung staatlicher Gewalt lässt sich bis in die Antike zurückverfolgen. G. wurde insbesondere von MONTESQUIEU und dem Liberalismus als Maßnahme gegen den Missbrauch staatlicher Gewalt im Absolutismus gefordert. Sie ist neben der Gewährleistung von Menschenrechten das tragende Prinzip moderner Verfassungsstaaten. Geläufig ist die Unterscheidung nach Funktionen in ↑Legislative, ↑Exekutive und ↑rechtsprechende Gewalt **(horizontale G.),** denen besondere Träger (Parlament, Regierung und Verwaltung, Gerichte) zugeordnet werden, die sich gegenseitig kontrollieren (↑Inkompatibilität).

In den modernen Verfassungsstaaten besteht G. weniger aus strikter Gewaltentrennung (mittels gesonderter Organe) als aus Funktionenaufteilung und Funktionenverflechtung **(Gewaltenteilhabe),** z.B. Teilhabe der Regierung an der Gesetzgebung durch Initiativ- und Vetorechte, ↑Zweikammersystem, Verwaltungskontrolle durch das Parlament.

In ↑parlamentarischen Regierungssystemen spielt die Unterscheidung von ↑Mehrheit und ↑Opposition eine Rolle, die dem ursprünglichen Konzept der G. vergleichbar ist. Denn hier werden unterschiedliche, sich gegenseitig kontrollierende Gruppen der Gesellschaft an der Gesetzgebung beteiligt. Im ↑Bundesstaat gibt es die **vertikale G.** zwischen Bund und Ländern (↑Föderalismus).

Für Deutschland ist die G. in Art. 20 Abs. 2 GG festgelegt. Diktaturen kennen keine G.; dort liegt die Fülle der Gewalt häufig bei einer Einheitspartei

G

oder einer Familie, die die staatlichen Institutionen beherrschen.

gewaltloser Widerstand (gewaltfreier Widerstand): Austragung gesellschaftlicher Konflikte unter Verzicht auf gewaltsame Methoden, z.B. durch Demonstrationen oder ↑zivilen Ungehorsam. Begründet wird g.W., der häufig Gesetzes- und Regelverletzungen bewusst in Kauf nimmt, u.a. mit Verstößen gegen Menschen- und Bürgerrechte durch die Staatsgewalt. Der g.W. will Gewalt verhindern, eine Demokratisierung der Gesellschaft erreichen und die Emanzipation des Menschen fördern. Der **passive Widerstand** äußert sich in einer verminderten Dienst- oder Sachleistung.

Gewaltmonopol: ↑Gewalt.

Gewaltverzicht: der Verzicht eines Staates auf Androhung oder Anwendung von Gewalt zur Lösung strittiger zwischenstaatlicher Fragen; dabei wird der G. entweder als einseitig verpflichtende Erklärung ausgesprochen oder im Rahmen mehrseitiger Abkommen vereinbart. Ein **Gewaltverbot** ist gültiger Bestandteil des allgemeinen Völkerrechts. Nach dem Zweiten Weltkrieg fand die Pflicht zum G. Eingang in die UN-Charta. Deutschland hat den Grundsatz des G. in das Grundgesetz aufgenommen (Art. 26).

Gewässerschutz: alle Maßnahmen zum Schutz der Gewässer (oberirdische Gewässer, Küstengewässer und Grundwasser) vor Verunreinigungen besonders durch Abwässer, Abfälle u.a. wassergefährdende Stoffe, um das Wasser optimal nutzen zu können und gesundheitliche Gefahren abzuwenden. Der Reinheitsgrad der Gewässer (Gewässergüte) ist wichtig für die Trink- und Brauchwasserversorgung, für Fischerei und Bewässerung.

Der Reinheitszustand der Gewässer hängt ab von den natürlichen Verhältnissen im Einzugsgebiet (Oberflächenbeschaffenheit, Niederschlagshöhe, Untergrundschichten, Besiedlungsdichte, Flächennutzung), von den zugeführten Verunreinigungen v.a. durch Abwässer, vom Sauerstoffgehalt und von der Selbstreinigungskraft des Gewässers.

Technische Möglichkeiten zum G. sind bei oberirdischen Gewässern die Reinigung und Desinfektion oder die mengenmäßige Beschränkung der eingeleiteten Abwässer sowie die Verbesserung der Selbstreinigungskraft, z.B. durch künstliche Belüftung. Der Schutz des unterirdischen Wassers ist durch technische Sicherungen gegen das Übertreten von Schadstoffen in den Untergrund möglich **(Wasserschutzgebiet)**. Jede Nutzung bedeutet einen Eingriff in das Ökosystem und wirkt sich i.d.R. negativ auf das Gewässer und seinen Umkreis aus.

Bestimmungen zum G. enthalten v.a. die Wasserhaushaltsgesetze von Bund und Ländern. Feste Stoffe dürfen in oberirdische Gewässer nicht eingeleitet werden. Wer Gewässer verunreinigt, haftet auch ohne Verschulden. Dem G. dienen auch zahlreiche andere Regelungen wie das Wasch- und Reinigungsmittelgesetz oder internationale Abkommen zum Schutz der Meere.

Gewerbe: jede selbstständige, auf Dauer angelegte wirtschaftliche Tätigkeit mit dem Ziel, Gewinn zu erzielen; ausgenommen sind von dem Begriff G. die Urproduktion (Land- und Forstwirtschaft sowie Bergbau) und die Tätigkeit ↑freier Berufe.

Gewerbeaufsicht: Überwachung der gesetzlichen Vorschriften zum ↑Arbeitsschutz in Gewerbebetrieben. Die G. wird durch die Gewerbeaufsichtsämter ausgeübt und ist in der Gewerbeordnung und zahlreichen weiteren Rechtsvorschriften geregelt. Zur G. im weiteren Sinne wird auch das gesamte Recht der Gewerbezulassung und Gewerbeuntersagung gerechnet.

Gewerbefreiheit: das dem Einzelnen zustehende Recht, im Rahmen der Gesetze ein Gewerbe zu betreiben. Die G. ist durch Art. 12 GG (↑Berufsfreiheit) verfassungsrechtlich geschützt (in Österreich nach dem Staatsgrundgesetz von 1867) und Deutschen vorbehalten, während der Grundsatz der G. in § 1 der Gewerbeordnung (GwO) für jedermann, also auch für Ausländer, gilt. Endgültig wurde die G. in Deutschland erst mit der Gewerbeordnung von 1869 anerkannt, während bis ins 19. Jh. hinein der Betrieb eines Gewerbes von einer behördlichen Genehmigung (Konzession) oder von der Mitgliedschaft in einer Zunft abhängig war.

Gewerbeordnung, Abk. GwO: gesetzliche Regelung des Gewerbes in Deutschland, die vom Grundsatz der ↑ Gewerbefreiheit ausgeht (Fassung vom 1. 1. 1987). Sie enthält die Einteilung der Gewerbe sowie Regelungen über die Genehmigungspflicht in Sonderfällen.

Gewerbesteuer: Ertragsteuer, der alle Gewerbebetriebe in Deutschland unterliegen. Die G. ist durch das Gewerbesteuergesetz vom 21. 3. 1991 bundeseinheitlich geregelt. Ihr Aufkommen steht vornehmlich den Gemeinden zu und ist deren wichtigste originäre Steuerquelle. Seit 1998 wird nur noch eine G. auf den Gewerbeertrag erhoben. Zum Ausgleich der Einnahmeausfälle aus der früheren Gewerbekapitalsteuer erhalten die Gemeinden eine Beteiligung an der ↑ Mehrwertsteuer.

Gewerkschaft: Organisation lohn- oder gehaltsabhängiger Arbeitnehmer, mit dem Zweck wirtschaftliche und soziale Interessen durchzusetzen.

In demokratischen und marktwirtschaftlichen Systemen ist die G. eine unabhängige Organisation. Um wirksam agieren zu können, bedürfen unabhängige G. der Versammlungs-, Vereins- und Koalitionsfreiheit. Im Unterschied zu »wirtschaftsfriedlichen« (»gelben«) G. oder kommunistischen G. bejahen unabhängige G. den ↑ Streik als wichtiges Arbeitskampfmittel. Nach Gesetzgebung und Rechtsprechung gelten die G. in Deutschland ebenso wie die ↑ Arbeitgeberverbände als vom Mitgliederwechsel unabhängig, freiwillig gebildet, frei von politischer, religiöser und staatlicher Beeinflussung. Auch sind sie überbetrieblich organisiert. Wichtigste Aufgabe der G. ist der Abschluss von ↑ Tarifverträgen und die Selbsthilfe der Lohnabhängigen.

G. bildeten sich zunächst nach dem Berufsverbandsprinzip, bei dem sich Arbeit-

Gewerkschaft: Zum Auftakt des EU-Beschäftigungsgipfels 1997 in Luxemburg führten Mitglieder des österreichischen Gewerkschaftsbunds eine Großdemonstration gegen die Arbeitslosigkeit an.

G

nehmer getrennt nach Berufsgruppen organisieren. In Westeuropa entwickelte sich um 1900 das Industrieverbandsprinzip, nach dem auch die elf Einzelgewerkschaften des Deutschen Gewerkschaftsbundes (DGB, 1999: 8,04 Mio. Mitglieder) gegliedert sind. Die Deutsche Angestelltengewerkschaft (DAG), Deutsche Postgewerkschaft (DPG), Handel, Banken und Versicherungen (HBV), IG Medien sowie Öffentlicher Dienst und Verkehr (ÖTV) planten für 2001, sich zur Vereinten Dienstleistungsgewerkschaft (ver.di) zusammenzuschließen. Die mitgliederstärksten G. im DGB waren Ende der 1990er-Jahre IG Metall, ÖTV, IG Bergbau, Chemie, Energie sowie IG Bauen, Agrar, Umwelt.

Geschichte: Eine auf bestimmte Weltanschauungen festgelegte G. wird **Richtungsgewerkschaft** genannt. Bedeutendste Richtung in der Geschichte der G. war die **freie** oder **sozialistische G.** als Teil der sozialistischen Arbeiterbewegung. Ihre Vertreter bildeten in Deutschland 1919 den Allgemeinen Deutschen Gewerkschaftsbund (ADGB), dem sich der Allgemeine freie Angestelltenbund (Afa-Bund, gegründet 1920) und der Allgemeine Deutsche Beamtenbund (ADB, gegründet 1921) anschlossen. **Kommunistische G.** entstanden v.a. in Russland bzw. der Sowjetunion. Die vorwiegend Ende des 19. Jh. auftretende **syndikalistische G.** zielte auf ein Wirtschaftssystem der Arbeiterselbstverwaltung. Die Vertreter der **christlichen G.** gründeten 1901 den überkonfessionellen Gesamtverband christlicher Gewerkschaften, auf den 1919 der Deutsche Gewerkschaftsbund (DGB) folgte. In der BRD schlossen sich die christlichen (katholisch orientierten) G. 1959 im Christlichen Gewerkschaftsbund Deutschlands (CGB) zusammen. Die dem linken Liberalismus nahe stehenden **Hirsch-Dunckerschen Gewerkvereine** gründeten 1868 den Verband der Deutschen Gewerkvereine, der ab 1919 Gewerkschaftsring deutscher Arbeiter-, Angestellten- und Beamtenverbände hieß. Die **gelben G.,** die sich ab 1905 auch in Deutschland entwickelten, lehnten jeden Arbeitskampf ab und proklamierten eine Arbeitgeber und -nehmer zusammenfassende Werkgemeinschaft.

Gewinneinkommen: ↑Einkommen.

Gewissensfreiheit: ↑Glaubens- und Gewissensfreiheit.

Gewohnheitsrecht: Im Gegensatz zum gesetzlich geschaffenen Recht beruht das G. auf einer allgemeinen Rechtsüberzeugung, die sich in lang dauernder Übung durchgesetzt hat. In früheren Zeiten überwogt das G., z.T. war es auch aufgezeichnet (z.B. der »Sachsenspiegel«, um 1224/25). Auch heute gibt es neben dem Gesetzesrecht noch G. (z.B. Handelsbräuche). Im Völkerrecht ist das G. eine wesentliche Rechtsquelle. Das G. bildet sich auch durch richterliche Rechtsprechung aus (Richterrecht, ↑Common Law).

Ghetto: ↑Getto.

Glasnost: Nach seiner Wahl zum Generalsekretär der KPdSU 1985 leitete Michail Gorbatschow in der Sowjetunion eine Reformpolitik ein (Perestroika), die auch das Prinzip der öffentlichen Information und Diskussion (Glasnost) umfasste.

Glasnost [russ. »Öffentlichkeit«]: politisches Schlagwort, 1987 geprägt von M. GORBATSCHOW im Rahmen seiner Politik der ↑Perestroika (Umgestaltung). G. war grundlegendes Prinzip der von GORBATSCHOW eingeleiteten Reformpolitik in der UdSSR und stand für öffentliche Information und Diskussion über alle wichtigen gesellschaftlichen Belange.

Glaubens- und Gewissensfreiheit: Das Grundrecht des Art. 4 GG garantiert die Freiheit des Glaubens, des Gewissens und des religiösen und weltanschaulichen Bekenntnisses (↑Religionsfreiheit).

Die Glaubensfreiheit (Bekenntnisfreiheit) gewährt jedermann das Recht, einen Glauben oder eine Weltanschauung einzeln oder in Gemeinschaft zu bekennen, abzulehnen oder über beides zu schweigen **(negative Bekenntnisfreiheit).** Niemand darf zum Eintritt in eine bestimmte Glaubensgemeinschaft, zum Austritt aus einer solchen oder zur Offenlegung seines Bekenntnisses gezwungen werden. Letztere kann nur verlangt werden, wenn dies zur Feststellung eines öffentlich-rechtlich bedeutsamen Tatbestandes (z.B. zur Kirchensteuererhebung) erforderlich ist. Die G.- u. G. schließt auch das Recht zur Werbung für den eigenen Glauben und zur Abwerbung von einem anderen Glauben ein. Aktuelle Fragen betreffen u.a. das Recht muslimischer Schülerinnen, im Unterricht ihr Kopftuch tragen zu dürfen oder die Prüfung, ob manche Sekten eher weltanschaulich oder eher kommerziell ausgerichtet sind (z.B. Scientoloy). – Siehe auch ↑Islamunterricht.

Die Gewissensfreiheit ist das Recht, nach eigenem Gewissen handeln zu dürfen. Eine Gewissensentscheidung muss sich an ernsten, sittlichen Gesichtspunkten orientieren, die der Einzelne in einer bestimmten Lage als für sich bindend und unbedingt verpflichtend erfährt, sodass er gegen sie nicht ohne ernste Gewissensnot handeln kann. In Konsequenz der Anerkennung der Gewissensfreiheit garantiert Art. 4 Abs. 3 GG das Recht, den Kriegsdienst mit der Waffe aus Gewissensgründen zu verweigern (↑Kriegsdienstverweigerung).

Gleichberechtigung: die rechtliche Gleichstellung von Mann und Frau, garantiert in Art. 3 Abs. 2 und 3 GG. Der Staat darf den Unterschied der Geschlechter nicht als Anknüpfungspunkt für Ungleichbehandlung wählen. Eine Ausnahme ist nur zulässig, wenn natürliche Unterschiede eine unterschiedliche Behandlung erfordern, z.B. beim ↑Mutterschutz.

Durch Grundgesetzänderung vom 27.10.1994 wurde der Staat zur tatsächlichen Förderung und Durchsetzung der G. und zur Beseitigung bestehender Nachteile verpflichtet. Bei dieser Bestimmung geht es nicht um Ergebnisgleichheit, sondern um die Gleichheit der Ausgangs- und Aufstiegschancen von Männern und Frauen. Inzwischen haben auch einige Bundesländer (u.a. Hessen, Nordrhein-Westfalen, Bremen) Gesetze zur Gleichstellung von Mann und Frau und zum Abbau von Diskriminierungen von Frauen in der öffentlichen Verwaltung erlassen, die der Europäische Gerichtshof auch mit europäischem Recht für vereinbar erachtet (Art. 119 Abs. 1 EG-Vertrag).

Mit dem Amsterdamer Vertrag vom 1.5.1999 erhielt in der EU die Politik zur Verbesserung der Chancengleichheit von Mann und Frau und zum Abbau von Ungleichheiten zwischen den Geschlechtern eine eigene Rechtsgrundlage. Auch verschiedene nationale Regelungen wenden sich gegen die Diskriminierung von Frauen (z.B. im Beruf). Frauenförderprogramme und -pläne (↑Frauenquote, ↑Gleichstellungsbeauftragte) werden erstellt, da den Rechtsnormen vielfach eine soziale Realität gegenübersteht, in der die Frau trotz rechtlicher, gesellschaftlicher und politischer Fortschritte weiterhin benachteiligt wird.

Gleichheit: allgemeines Gerechtigkeits-

G

prinzip, das die Grundüberzeugung beinhaltet, dass alle Menschen nach ihrer leiblich-seelischen Natur und der unantastbaren Würde ihrer Person gleich sind.

Entwicklung: Bereits das antike Christentum verkündete die Botschaft der G. aller Menschen und aller Völker vor Gott. In der ständischen Gesellschaft des Mittelalters kannte man nur gestufte G. bzw. Sonderrechte (Privilegien). Erst in den politischen Theorien der ↑Aufklärung im 18. Jh. wurde aus der Überzeugung von der natürlichen G. der Menschen eine politische Forderung. Diese Vorstellung von G. ist aus dem ↑Naturrecht hervorgegangen. Verfassungspolitisch wurde der Grundsatz der G., dass die Menschen gleich geboren sind und gleich bleiben, zuerst in einigen Verfassungen nordamerikanischer Kolonien und in der gemeinsamen Unabhängigkeitserklärung niedergelegt. In der Französischen Revolution wurde die G. in die Erklärung der Menschen- und Bürgerrechte von 1789 aufgenommen. Von dort fand die G. auch Eingang in die deutschen Verfassungen des 19. und 20. Jh.

Deutschland: Im Recht meint G. heute v.a. die G. vor dem Gesetz, die sowohl die G. der Rechtsanwendung (»ohne Ansehen der Person«) als auch die Rechtssetzungsgleichheit (die den Gesetzgeber bindet) umschließt und verfassungsrechtlich gewährleistet ist. Der allgemeine **Gleichheitssatz** (»Alle Menschen sind vor dem Gesetz gleich«) ist in Art. 3 Abs. 1 GG niedergelegt. Spezielle Diskriminierungsverbote aufgrund des Geschlechts (↑Gleichberechtigung), der Abstammung, Rasse, Sprache, Heimat, Herkunft, der religiösen oder politischen Überzeugung, einer Behinderung enthalten die Abs. 2 und 3 sowie zugunsten nichtehelicher Kinder Art. 6 Abs. 5 und hinsichtlich staatsbürgerlicher Rechte Art. 33 und 38 GG.

Gleichheitsrechte: ↑Grundrechte.

Gleichstellungsbeauftragte: auf der Ebene der Kommunen, der Länder und des Bundes, an Universitäten und in Betrieben bestellte Beauftragte mit der Aufgabe, die Gleichstellung von Frauen im öffentlichen Leben zu fördern. Zu den wichtigsten Aufgaben der G. gehören die Prüfung von Vorhaben, Maßnahmen, Gesetzen und Verordnungen auf Benachteiligungen von Frauen, Erstellung und Kontrolle von Frauenförderplänen sowie individuelle Beratung von Frauen.

Gliedstaaten: ↑Bundesstaat.

globales Dorf: ↑Internet.

Globalisierung: siehe Seite 174.

Globalsteuerung: Methode der staatlichen Wirtschaftspolitik Die G. ist als staatliche Nachfragesteuerung ein zentrales Element der kurzfristig orientierten ↑antizyklischen Wirtschaftspolitik, mit der einer Über- beziehungsweise Unterauslastung des Produktionspotenzials entgegengewirkt werden soll. In Deutschland wurde die G. im ↑Stabilitätsgesetz vom 8. 6. 1967 verankert.

Glorious Revolution ['glɔriəs revə'lu:ʃən, engl.]: ↑Bill of Rights.

Godesberger Grundsatzprogramm: das von der ↑Sozialdemokratischen Partei Deutschlands (SPD) 1959 beschlossene Programm, mit dem sie sich endgültig von ihrer marxistischen Tradition trennte. Nach dem G.P. sollte der Kapitalismus nicht mehr überwunden, sondern durch die Kontrolle wirtschaftlicher Macht unterstützt und durch das Instrument der Mitbestimmung gebändigt werden. Damit definierte sich die SPD nicht mehr als Klassen-, sondern als allgemein wählbare Volkspartei mit der Leitidee des ↑demokratischen Sozialismus, der den Werten Freiheit, Gerechtigkeit und Solidarität verpflichtet ist.

Gold- und Devisenstandard (Golddevisenstandard): Währungssystem, bei dem die Deckung der Währung durch Gold sowie durch in Gold umtauschbare Devisen erfolgt. Der G.- u. D. ermöglicht im Gegensatz zu nur auf Gold beruhenden Währungssystemen eine rasche Erhöhung der internationalen Liquidität und damit eine Ausweitung des Welthandels. Seine Einführung wurde bereits auf der Währungskonferenz von Genua 1922 empfohlen, um den weltweiten Bedarf an Währungsreserven zu befriedigen. Der 1944 in Bretton Woods (USA) gegründete ↑Internationale Währungsfonds übernahm dieses System, wobei der Dollar durch die Verpflichtung der USA, diesen jederzeit in Gold einzulösen, zur Leitwährung wurde. Mit der Aufhebung der Goldeinlösungspflicht durch die USA am 15. 8. 1971 wurde der G.- u. D. praktisch außer Kraft gesetzt.

Golf-Kooperationsrat, Abk. GCC für engl. **G**ulf **C**ooperation **C**ouncil: 1981 als Untergliederung der ↑Arabischen Liga gegründeter Rat arabischer Staaten (Mitglieder 1999: Bahrain, Katar, Kuwait, Oman, Saudi-Arabien, Vereinigte Arabische Emirate) zur Koordinierung der Außen-, Sicherheits- und Erdölpolitik am Persischen Golf.

Golfkrieg: gleichlautende Bezeichnung für zwei Kriege im Gebiet des Persischen Golfs.

Erster Golfkrieg (1980–88): Krieg zwischen dem Irak und Iran, der im September 1980 mit dem Einmarsch irakischer Truppen in Iran ausgelöst wurde. Ziel Iraks war es, den Grenzverlauf zu Iran mit militärischen Mitteln zu verändern. Der Krieg endete im August 1988 nach langwierigen Vermittlungsaktionen der UN mit einem Waffenstillstand.

Zweiter Golfkrieg (1991): Krieg zwischen dem Irak und alliierten Streitkräften, die im Auftrag der UN handelten und von den USA geführt wurden. Dem zweiten G. ging eine internationale Krise voraus, ausgelöst durch den Einmarsch irakischer Truppen in Kuwait zur Sicherung von Erdölvorkommen. Nach Ablauf eines Ultimatums des UN-Sicherheitsrates (Abzug der irakischen Truppen bis zum 15. 1. 1991) begannen die alliierten Streitkräfte am 17. 1. mit Militäraktionen und erzwangen damit am 28. 2. eine Waffenruhe. Die Waffenstillstandsbedingungen anerkannte Irak am 6. 4. 1991.

Gouverneur [guvɛr'nøːr, frz.]:

◆ Statthalter bzw. oberster Verwaltungsbeamter eines Gliedstaates, einer Provinz oder einer Kolonie **(Generalgouverneur).**

◆ in den ↑USA direkt gewählter Regierungschef eines Bundesstaates **(Governor).**

◆ in Großbritannien und den USA die Leiter der Notenbanken.

◆ oberster Befehlshaber einer Festung.

Green Card ['griːn kaːd, engl.]: in den *USA* ein von der Einwanderungsbehörde ausgestelltes Dokument, das ihrem Inhaber ein unbegrenztes Aufenthalts- und Arbeitsrecht gewährt; in *Deutschland* Bezeichnung für eine zeitlich begrenzte und auf einen bestimmten wirtschaftlichen Bereich beschränkte Aufenthalts- und Arbeitserlaubnis für ausländische Arbeitskräfte außerhalb der EU. Ab 1. 8. 2000 erhalten maximal 20 000 ausländische Fachkräfte der Informations- und Kommunikationstechnologie (IT) auf Antrag der einstellenden Unternehmen für die Dauer von fünf Jahren eine solche Erlaubnis. Mit der G. C. sollte dem Mangel an hoch qualifizierten Arbeitskräften in dieser Branche begegnet werden.

Greenpeace ['griːnpiːs, engl.]: internationale, 1971 in Vancouver (Kanada) gegründete Umweltschutzorganisation, die mit gewaltfreien Aktionen weltweit auf die Verschmutzung und Zerstörung der Umwelt aufmerksam macht. G. unterhält Büros in zahlreichen Staaten. Sitz der deutschen Vertretung ist Hamburg. Bei den UN hat die Organisation Beobachterstatus.

www.greenpeace.de

Abb. siehe Seite 176.

Grenzvertrag: ↑Deutsch-Polnischer Grenzvertrag.

Großbritannien und Nordirland (amtlich: United Kingdom of Great Britain

Der Begriff Globalisierung bedeutet weltweite Ausbreitung; i.A. bezieht sich das in den 1990er-Jahren aufgekommene Schlagwort auf die weltweite Tätigkeit von Unternehmen, ebenso auf die Entstehung weltweiter Märkte, v.a. der Finanzmärkte, und die internationale Verflechtung der Volkswirtschaften.

Transnationale Konzerne

Großkonzerne verschiedener Branchen streben danach, ein »Global Player« zu werden, d.h. sich von den nationalen Standorten zu lösen. Dies geschieht v.a. durch ↑Fusionen und Übernahmen, durch Gründung neuer Auslandsniederlassungen oder Kooperationen. Stark betroffen waren bislang die Auto- und Ölindustrie, die Bereiche Medien- und Telekommunikation sowie Finanzunternehmen (Banken, Versicherungen). Daneben fordert die sich rasant entwickelnde Informationstechnologie mit ihren Datennetzen (↑Internet) neue Organisations- und Entscheidungsprozesse bezüglich Investitionen, Produktion, Arbeitsteilung und Verkaufsstrategie.

Unternehmen aus den Industrieländern nutzen kostengünstige Produktionsstandorte. Die Näherinnen in der chinesischen Bekleidungsfabrik fertigen hochwertige Kleidung zu Niedriglöhnen, mit denen europäische Arbeitnehmer nicht konkurrieren können.

Das Volumen der Unternehmensaktivitäten vergrößerte sich Ende der 1990er-Jahre erheblich. So addierte sich der Welthandel 1999 auf 6 000 Mrd. Dollar (1975: 800 Mrd. Dollar; 1950: 100 Mrd. Dollar). Die Direktinvestitionen von Unternehmen im Ausland erreichten 1999 4 000 Mrd. Dollar (1990: 1 700 Mrd. Dollar). Allerdings konzentrierten sich diese v.a. auf Asien und Lateinamerika.

Auch der Europäische Binnenmarkt förderte seit 1993 in hohem Maß den Handel, und nach Abschaffung der Zentralverwaltungswirtschaft boten die Märkte in Ostmitteleuropa neue Betätigungsfelder. Ein Wirtschaftsboom ließ schon seit den 1980er-Jahren v.a. die Länder in Südostasien (↑Tigerstaaten) zu interessanten Märkten werden.

Dem internationalen Agieren der Konzerne entspricht ein gewandeltes Leitbild der Unternehmensführungen, das sich in den 1990er-Jahren durchsetzte: Die Großkonzerne konzentrieren sich auf ihr Kerngeschäft; Bereiche mit Randaktivitäten werden verkauft, im Kernbereich wird dagegen angestrebt, durch Zukäufe möglichst in die Weltspitze vorzustoßen. Kosteneinsparungen durch Zusammenlegungen (sog. Synergieeffekte) sollen bei den vereinten Unternehmen zu Gewinnsteigerungen führen. Triebfeder war einerseits, dass Großkapitalanleger eine verstärkte Ausrichtung am Profitstreben als Unternehmensziel unter dem Schlagwort »Shareholder Value« (Marktwert des Eigenkapitals) durchsetzten; andererseits bedeuten schrumpfende Märkte auch stets, dass es eine Tendenz zu Absprachen und Zusammenschlüssen gibt, denn je größer ein Unternehmen ist, desto länger kann es tendenziell abnehmenden Erträgen standhalten.

Globalisierung und nationalstaatliche Politik

Seit den 1980er-Jahren schaffen Staaten unter den neu formulierten wirtschaftspolitischen Zielen Liberalisierung, Privatisierung und Flexibilisierung staatliche Beschränkungen und Monopole ab und öffnen die betroffenen Bereiche dem freien Wettbewerb (v.a. Telekommunikations- und Finanzbranchen). In einem weltweiten Wettlauf streben sie danach, sich durch Senkung von Lohnkosten, Steigerung der Produktivität und erhöhter Attraktivität als Finanzplatz gegenüber anderen Staaten »Standortvorteile« zu verschaffen.

Die Globalisierung greift auch auf den Arbeitsmarkt durch; Zehntausende von Arbeitsplätzen wurden in den vergangenen Jahren überflüssig. Zugleich wird die autonome Entscheidungsgewalt der Nationalstaaten, eigene wirtschafts- und sozialpolitische Akzente zu setzen, durch die Globalisierung zunehmend eingeschränkt. Andererseits sind es jedoch die Nationalstaaten, die die sozialen Kosten (neben der Arbeitslosigkeit Qualifizierung bzw. Umschulung von Personal) tragen müssen.

Im weltweiten Maßstab verschärft die Globalisierung den internationalen Standortwettbewerb und verstärkt damit den Trend zu weiterer Liberalisierung der Märkte, was die Anfälligkeit der Volkswirtschaften für Krisen erhöht (z.B. Asienkrise 1997/98).

In Wechselwirkung mit der schwindenden nationalstaatlichen Souveränität entstanden subnationale und supranationale Institutionen. Nicht nur in Europa entstand ein Wirtschaftsblock; in Nordamerika wurde 1994 die Freihandelszone NAFTA, in Südamerika 1991 der Mercosur gegründet. In Asien planen die ASEAN-Staaten eine Freihandelszone und die Anrainerstaaten des Pazifik haben sich mit der APEC eine ähnliche Institution wie die OECD gegeben.

Unternehmenszusammenschlüsse sollen die internationale Wettbewerbsfähigkeit stärken. Im November 1998 wurden die Daimler-Benz AG und die Chrysler Corporation zum drittgrößten Autokonzern der Welt vereinigt.

Gefahren und Chancen der Globalisierung

Machtmissbrauch und Massenentlassungen zählen zu den direkten Gefahren, die sich aus dem Wachstum der Großkonzerne ergeben. Mit Machtmissbrauch ist v.a. die Gefahr der Marktbeherrschung gemeint, die es einem Unternehmen erlaubt, abhängigen Betrieben Konditionen zu diktieren (Knebelverträge, Preisdruck) und Verbrauchern überhöhte Preise abzuverlangen.

Wichtigstes Argument der Globalisierungsbefürworter ist die Aussicht auf eine vertiefte Arbeitsteilung und einen Anstieg des weltweiten Wohlstands. Die Gefahr überhöhter Preise für die Verbraucher soll durch einen verschärften Wettbewerb gebannt werden; sie sollen von Kostensenkungen, und verstärkten Serviceanstrengungen profitieren.

Entwicklungsländer gewinnen durch Produktionsverlagerungen und das damit verbundene Know-how. Sie sehen sich jedoch unter dem Vorwurf, Umwelt- und Sozialdumping zu betreiben, den Forderungen der Industrieländer ausgesetzt, strengere Vorschriften in der Umwelt- und Sozialpolitik zu erlassen, die ihre Kostenvorteile verringern würden. Studien zufolge profitieren jedoch Industriestaaten von der Produktion »einfacher« Industriegüter in Entwicklungsländern durch die Entstehung neuer Absatzmärkte für ihre höherwertigen Güter. ■

Erste Adresse zum Thema Globalisierung ist die Welthandelsorganisation WTO (www.wto.org).

Globalisierung der Wirtschaft, hg. von Ulrich Steger. Berlin (Springer) 1996. ■ Beck, Ulrich: *Was ist Globalisierung?* Frankfurt am Main (Suhrkamp) [6]1999.

G

Greenpeace: Greenpeace-Aktivisten demonstrierten 1996 im Beringmeer (Alaska) gegen die Überfischung der Meere. Mit ihren Aktionen gegen Umweltzerstörung erreicht die Organisation oft ein breites Medieninteresse.

and Northern Ireland »Vereinigtes Königreich von Großbritannien und Nordirland«): Monarchie, die England, Wales, Schottland und Nordirland umfasst. Der Staat hat eine Fläche von 244 101 km² und 58,25 Mio. Einwohner (1999). Hauptstadt ist London. Die britischen Kanalinseln und die Insel Man gehören staatsrechtlich nicht zum Vereinigten Königreich, sondern unterstehen direkt der Krone.

Verfassung: G. u. N. kennt keine geschriebene Verfassung. Die Verfassungsordnung beruht zu einem großen Teil auf ungeschriebenem Recht oder einzelnen Gesetzen wie ↑Magna Charta libertatum (1215), ↑Petition of Right (1628), ↑Habeas-Corpus-Akte (1679), ↑Bill of Rights (1689), Act of Settlement (1701), Representation of the People Acts (1832 und 1928) und Parliament Acts (1911 und 1949). Daneben gelten zu Verfassungsfragen getroffene Gerichtsentscheidungen, Gewohnheitsrecht und die Conventions (ungeschriebene Regeln des Verfassungsrechts).

G. u. N. ist eine parlamentarisch-demokratische ↑Erbmonarchie des Hauses Windsor. Der Monarch ist Staatsoberhaupt, Haupt des ↑Commonwealth of Nations und weltliches Oberhaupt der anglikanischen Kirche (seit 1952 Elisabeth II.). Für die Thronfolge gilt der Vorrang des ältesten Sohnes; bei Fehlen von Söhnen ist auch weibliche Thronfolge möglich. Die politischen Mitwirkungsrechte der Krone sind begrenzt. Der Monarch hat ein umfassendes Konsultationsrecht und das Recht auf volle Einsicht in die Regierungsakten.

Die gesetzgebende Gewalt (Legislative) liegt beim Zweikammerparlament, bestehend aus ↑Oberhaus (House of Lords) und ↑Unterhaus (House of Commons). Die Mitwirkungsrechte des Oberhauses (1999: 1213 Mitglieder) an der Gesetzgebung sind gering. Die 1999 beschlossene Parlamentsreform sieht die Abschaffung des Erbrechts auf einen Oberhaussitz vor. Dem Unterhaus obliegt die eigentliche Gesetzgebungsbefugnis. Seine 659 Mitglieder (1999) werden auf maximal fünf Jahre nach dem Mehrheitswahlrecht (↑Wahlrecht) gewählt.

Die vollziehende Gewalt (Exekutive) liegt nominell bei der Krone, tatsächlich bei der Regierung unter Vorsitz des Premierministers, der die Richtlinien der Politik und den Zeitpunkt für Neuwahlen bestimmt. Der ↑Premierminister und die von ihm vorgeschlagenen Minister werden vom Monarchen ernannt und müssen dem Unterhaus angehören.

Der Geheime Kronrat (330 Mitglieder) tritt nur beim Tod des Monarchen zusammen; er besteht u.a. aus dem Kabinett und anderen von der Krone auf Vorschlag des Premierministers ernannten Personen.

Parteien: Aufgrund des Mehrheitswahlrechts besteht de facto ein von der Conservative Party (Tories) und (nordirischen) Unionistischen Partei sowie der Labour Party dominiertes Parteiensystem. In Nordirland hat sich ein eigenes, nach konfessionellen Gesichtspunkten aufgebautes Parteiensystem entwickelt.

Die Labour Party vertritt traditionell die Interessen der Arbeiter und versteht sich als Partei eines demokratischen Sozialismus (1900 als Labour Representation Committee gegründet, heutiger Name seit 1906). Um breitere Wählerschichten anzusprechen, wurden seit den 1980er-Jahren innerparteiliche Reformen durchgeführt. T. BLAIR setzte als Parteiführer (seit 1994) und Premierminister (seit 1997) das neue Erscheinungsbild der Partei als »New Labour« durch. Die Conservative Party (seit 1912 offizieller Name), als »Tories« parlamentarische Gruppierung seit 1679, prägte die britische Politik seit Beginn des 19. Jh. (zunächst in Konkurrenz zu den Liberalen, seit Anfang des 20. Jh. zur Labour Party). Seit Ende der 1970er-Jahre brachte M. THATCHER die Konservativen auf einen pronociert wirtschaftsliberalen und europaskeptischen Kurs.

Verwaltung: Seit 1974 sind England und Wales in 53 Grafschaften (Counties) und sechs Großstadtverwaltungen (Metropolitan Counties) eingeteilt. Die Grafschaften gliedern sich in 369 Distrikte, von denen 36 großstädtische Bezirke sind. Unterhalb der Distriktebene bestehen zahlreiche Gemeinden. Eine Sonderstellung nimmt Greater London ein, das sich aus 32 Distrikten zusammensetzt. Schott-

Großbritannien und Nordirland

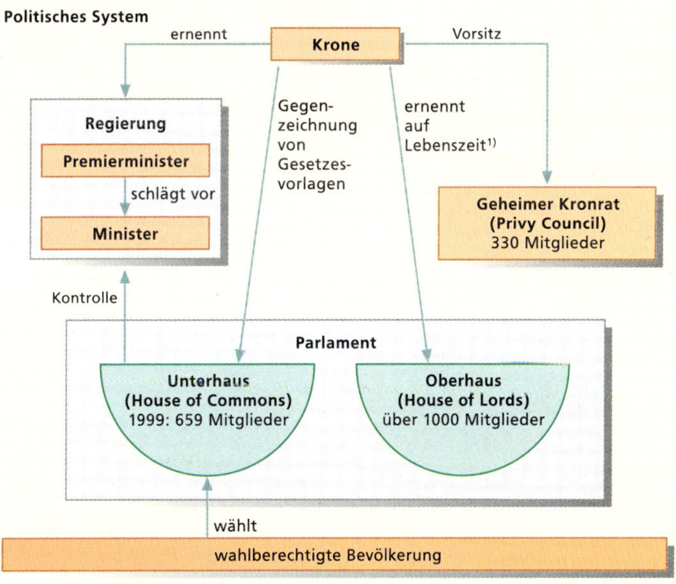

[1] Das Erbrecht auf einen Oberhaussitz wurde 1999 abgeschafft; für einen Übergangszeitraum soll es noch 92 bereits gewählte Erblords geben.

G

land und Nordirland haben ähnliche Verwaltungssysteme. Dort wurden 1999 auch eigene Regionalparlamente und -regierungen gewählt.

Geschichte seit 1945: G. u. N. ging zwar siegreich, aber doch entscheidend geschwächt aus dem Zweiten Weltkrieg hervor. Im Schatten der USA und der UdSSR verlor der Staat seine bisherige Weltmachtstellung. Das britische Kolonialreich zerfiel. Die ersten Wahlen nach Kriegsende (Juli 1945) brachten einen Sieg der Labour Party. Die neue Regierung unter Premierminister CLEMENT ATTLEE (1883–1967) proklamierte eine Politik der Genügsamkeit (»austerity«) und führte umfangreiche Verstaatlichungen (Kohle, Eisen- und Stahlindustrie, Elektrizitätswirtschaft u.a.) durch. Es wechselten konservative und Labour-Regierungen, die eine Zuspitzung der wirtschaftlichen Strukturkrise, begleitet durch einen drastischen Anstieg der Arbeitslosigkeit, nicht verhindern konnten. 1969 eskalierte der ↑Nordirlandkonflikt, was 1972 zur direkten Machtübernahme durch London führte.

Die politische Ära (1979–90) der konservativen Premierministerin THATCHER war von einer restriktiven Wirtschafts- und Währungspolitik geprägt. Sie reduzierte die staatlichen Sozialleistungen und entmachtete die Gewerkschaften. Innere Unruhen bewirkte 1990 ihre Ablösung durch JOHN MAJOR (*1943). Nach ständigen Auseinandersetzungen innerhalb der Konservativen Partei v.a. um die britische Europapolitik, die sich gegen eine europäische Integration wandte, schwand die parlamentarische Basis der Regierung MAJOR. 1997 errang die Labour Party unter Führung von BLAIR den Wahlsieg. Seine Regierung aktivierte die Rolle von G. u. N. in der EU (1999 Zustimmung zur ↑Agenda 2000) und erreichte 1998 ein Friedensabkommen für Nordirland.

Großbritannien und Nordirland

Premierminister seit 1945

Name	Amtszeit
Clement Richard Attlee	1945–51
Winston Churchill	1951–55
Anthony Eden	1955–57
Harold Macmillan	1957–63
Alexander Douglas-Home	1963/64
Harold Wilson	1964–70
Edward Heath	1970–74
Harold Wilson	1974–76
James Callaghan	1976–79
Margaret Thatcher	1980–90
John Major	1990–97
Tony Blair	seit 1997

große Koalition: Regierungsbündnis, meist zwischen den beiden stärksten Parteien im Parlament, bei dem nur eine Minderheit kleiner Parteien in der ↑Opposition bleibt. G. K. werden eingegangen, um die parlamentarische Gesetzgebung in politischen Krisenzeiten auf eine möglichst breite Grundlage zu stellen (z.B. bei Verfassungsänderungen). Unter der Regierung einer g. K. kann die Opposition mangels Stimmenzahl ihre Aufgaben nur bedingt wahrnehmen. Dadurch wird die Parteienkonkurrenz, auf der die westlichen Demokratien beruhen, eingeschränkt.

In Deutschland gab es auf Bundesebene 1966–69 eine g. K. zwischen SPD und CDU/CSU, auf Länderebene v.a. in den neuen Bundesländern (in Opposition zur PDS) und Berlin.

Großfamilie: ↑Familie.

Großmacht: ein Staat mit bestimmendem Einfluss auf andere Staaten. Ausschlaggebend ist nicht die flächenmäßige Ausdehnung oder die Bevölkerungszahl, sondern die wirtschaftliche, politische und militärische Macht. – Siehe auch ↑Weltmacht.

Großstadt: ↑Stadt.

Grundgesetz, Abk. GG: allgemein Bezeichnung für Gesetze, die die Grundzüge der Organisation eines Staates regeln; in Deutschland der Name für die seit dem 24. 5. 1949 gültige Verfassung. Das GG ist in 14 Abschnitte gegliedert, denen eine Präambel vorangestellt ist. In Abschnitt I (Art. 1–19) sind die Grundrechte niedergelegt. Abschnitt II (Art. 20–37) enthält Regelungen über die Staatsform der BRD und über das Verhältnis von Bund und Ländern. Die Abschnitte III–VI (Art. 38–69) sind den Verfassungsorganen ↑Bundestag, ↑Bundesrat, ↑Gemeinsamer Ausschuss, Bundespräsident und ↑Bundesregierung gewidmet. Abschnitt VII (Art. 70–82) behandelt die Zuständigkeit und das Verfahren bei der ↑Gesetzgebung des Bundes.

Art. 20 GG – Die Grundsätze des deutschen Staates

(1) Die Bundesrepublik Deutschland ist ein demokratischer und sozialer Bundesstaat.

(2) Alle Staatsgewalt geht vom Volke aus. Sie wird vom Volke in Wahlen und Abstimmungen und durch besondere Organe der Gesetzgebung, der vollziehenden Gewalt und der Rechtsprechung ausgeübt.

(3) Die Gesetzgebung ist an die verfassungsmäßige Ordnung, die vollziehende Gewalt und die Rechtsprechung sind an Gesetz und Recht gebunden.

(4) Gegen jeden, der es unternimmt, diese Ordnung zu beseitigen, haben alle Deutschen das Recht zum Widerstand, wenn andere Abhilfe nicht möglich ist.

In den Abschnitten VIII und VIII a (Art. 83–91 b) folgen Bestimmungen über die Ausführung der Bundesgesetze, die ↑Bundesverwaltung und die Gemeinschaftsaufgaben. Abschnitt IX (Art. 92–104) ist der Rechtsprechung gewidmet. Abschnitt X (Art. 104 a–115) beinhaltet Regelungen über das Finanzwesen, Abschnitt X a (Art. 115 a–115 l) Regelungen über den Verteidigungsfall. In Abschnitt XI (Art. 116–146) finden sich Übergangs- und Schlussbestimmungen

Grundgesetz: Am 23. 5. 1949 wurde in der Aula der Pädagogischen Akademie in Bonn das Grundgesetz unterzeichnet. Dieser Tag gilt als Gründungsdatum der Bundesrepublik Deutschland.

Geschichte: Das GG wurde auf Anregung der drei westlichen Siegermächte des Zweiten Weltkriegs vom ↑Parlamentarischen Rat erarbeitet; es wurde am 8. 5. 1949 beschlossen und am 23. 5. 1949 verkündet, nachdem es von den Parlamenten der Bundesländer mit Ausnahme Bayerns gebilligt worden war. Das GG wurde in bewusster Abkehr von der nationalsozialistischen Diktatur verfasst; gleichzeitig sollten Mängel der ↑Weimarer Reichsverfassung (1919) vermieden werden, z.B. durch Beschränkung der Befugnisse des Staatsoberhaupts (↑Bundespräsident) und durch Stärkung der Stellung des ↑Bundeskanzlers. Die Bezeichnung »Grundgesetz« wurde gewählt, um vor dem Hintergrund der deutschen Teilung auf den provisorischen Charakter der Verfassung hinzuweisen. Seit Abschluss des ↑Einigungsvertrags zwischen den beiden deutschen Staaten (1990) gilt das GG für ganz Deutschland. Als Verfassungsgesetz hat das GG Vorrang vor allen anderen Rechtsnormen. Es kann nur unter bestimmten Bedingungen geändert werden; einzelne Verfassungsgrundsätze dürfen auch im Wege

G

einer ↑Verfassungsänderung nicht beseitigt werden (Art. 79 GG); dazu gehören v.a. die in Abschnitt I des GG niedergelegten ↑Grundrechte.

Grundherrschaft: ↑Feudalismus.

Grundlagenvertrag: Vertrag über die Grundlagen der Beziehung zwischen der BRD und der DDR vom 21.12.1972. Der G. stand im Zusammenhang mit der ↑Entspannungspolilik zwischen den USA und der UdSSR und bildete den Höhepunkt der Deutschland- und Ostpolitik der sozialliberalen Koalition in der BRD. Im G. verpflichteten sich die BRD und die DDR, »normale gutnachbarliche Beziehungen zueinander auf der Grundlage der Gleichberechtigung« zu entwickeln und zu uneingeschränkter Achtung ihrer territorialen Integrität. Beide Staaten erklärten ihre Bereitschaft, praktische und humanitäre Fragen zu regeln und richteten am Sitz der jeweiligen Regierungen ständige Vertretungen ein.

Grundlagenvertrag: Im Ost-Berliner Ministerratsgebäude unterzeichneten Bundesminister Egon Bahr (vorne l.) und DDR-Staatssekretär Michael Kohl (vorne r.) am 21.12.1972 den Grundlagenvertrag.

Grundpflichten: in der Verfassung niedergelegte Pflichten des Staatsbürgers gegenüber dem Staat (z.B. Treuepflicht). Das Grundgesetz enthält im Gegensatz zur Weimarer Reichsverfassung keine ausdrückliche Regelung der Grundpflichten.

Grundrechte: die grundlegenden Rechte, die der Einzelne in und gegenüber einem Staat hat; der **Grundrechtskatalog** (Gesamtheit der geltenden G.) ist meist Bestandteil moderner Verfassungen. Die meisten G. sind ↑Menschenrechte, d.h. Rechte, die jedem Menschen unabhängig von seiner Stellung in Staat und Gesellschaft zustehen. Der Schutz der G. – insbesondere im Bereich der Gesetzgebung, der vollziehenden Gewalt und der Rechtsprechung – ist Aufgabe jedes Rechtsstaats.

Grundrechte im deutschen Grundgesetz: Die wichtigsten G. sind in Abschnitt I GG enthalten. Nach ihrem Inhalt können Freiheits-, Unverletzlichkeits- und Gleichheitsrechte unterschieden werden. Die im GG genannten **Freiheitsrechte** sind: Recht auf freie Entfaltung der Persönlichkeit und persönliche Freiheit, (Art. 2); Glaubens-, Gewissens- und Bekenntnisfreiheit (Art. 4); Meinungs-, Informations- und Pressefreiheit sowie Freiheit von Kunst, Wissenschaft, Forschung und Lehre (Art. 5); Versammlungsfreiheit (Art. 8); Vereinigungs- und Koalitionsfreiheit (Art. 9); Recht auf Freizügigkeit (Art. 11) sowie auf freie Wahl des Berufs, des Arbeitsplatzes und der Ausbildungsstätte (Art. 12); Petitionsrecht (Art. 17) und Widerstandsrecht (Art. 20 Abs. 4).

Zu den **Unverletzlichkeitsrechten** zählen: Recht auf Leben und körperliche Unversehrtheit (Art. 2 Abs. 2); Brief-, Post- und Fernmeldegeheimnis (Art. 10); Unverletzlichkeit der Wohnung (Art. 13); Schutz des Eigentums und Erbrecht (Art. 14). Die im GG genannten **Gleichheitsrechte** sind: Gleichheit vor dem Gesetz, Gleichberechtigung von Mann und Frau sowie das Verbot, einen Menschen wegen seiner Abstammung oder wegen seiner Anschauungen zu benachteiligen (Art. 3); Gleichstellung von ehelichen und unehelichen Kindern (Art. 6 Abs. 5); gleicher Zugang zu öffentlichen Ämtern nach Eignung, Befähigung und Leistung (Art. 33 Abs. 2).

I. Die Grundrechte
Artikel 1 – Die Würde des Menschen

(1) Die Würde des Menschen ist unantastbar. Sie zu achten und zu schützen ist Verpflichtung aller staatlichen Gewalt.
(2) Das deutsche Volk bekennt sich darum zu unverletzlichen und unveräußerlichen Menschenrechten als Grundlage jeder menschlichen Gemeinschaft, des Friedens und der Gerechtigkeit in der Welt. [...]
Artikel 2 – Generelle Freiheitsrechte
(1) Jeder hat das Recht auf die freie Entfaltung seiner Persönlichkeit, soweit er nicht die Rechte anderer verletzt und nicht gegen die verfassungsmäßige Ordnung oder das Sittengesetz verstößt.
(2) Jeder hat das Recht auf Leben und körperliche Unversehrtheit. Die Freiheit der Person ist unverletzlich. [...]
Artikel 3 – Gleicher Stand für alle vor dem Gesetz
(1) Alle Menschen sind vor dem Gesetz gleich. [...]
(2) Niemand darf wegen seines Geschlechtes, seiner Abstammung, seiner Rasse, seiner Sprache, seiner Heimat und Herkunft, seines Glaubens, seiner religiösen oder politischen Anschauungen benachteiligt oder bevorzugt werden. Niemand darf wegen seiner Behinderung benachteiligt werden.

Darüber hinaus sind im GG weitere G. verbürgt: das Recht der Eltern auf Pflege und Erziehung ihrer Kinder (Art. 6 Abs. 2 und 3) sowie das elterliche Recht, über die Teilnahme des Kindes am Religionsunterricht zu bestimmen (Art. 7 Abs. 2); das Verbot der Ausbürgerung und Auslieferung eines Deutschen an das Ausland (Art. 16); das Recht auf den gesetzlichen Richter (Art. 101) und der Anspruch auf rechtliches Gehör vor Gericht (Art. 103). Das GG garantiert außerdem den Bestand und Schutz bestimmter Institutionen, insbesondere der Ehe und Familie (Art. 6 Abs. 1) und des Schulwesens (Art. 7 Abs. 1).
Träger der G. sind natürliche Personen und juristische Personen des Privatbereichs (z.B. Vereine). Einige G. gelten für alle im Staatsgebiet lebenden Menschen (Menschenrechte), andere beziehen sich nur auf Menschen mit deutscher Staatsangehörigkeit (↑Bürgerrechte). Außerhalb des GG finden sich G. in vielen Landesverfassungen. Diese G. sind gemäß Art. 142 GG rechtsgültig, sofern sie mit dem GG übereinstimmen. G. sind u.a. in der ↑Europäischen Konvention zum Schutz der Menschenrechte enthalten; sie haben jedoch keinen Verfassungsrang.
Wirkung: Ihrem Wesen nach sind G. Abwehrrechte gegen den Staat; gleichzeitig verbürgen sie auch das Recht auf Mitwirkung im staatlichen Gemeinwesen und auf Teilhabe an bestimmten staatlichen Leistungen. Eine Änderung der G. ist nur mit Zweidrittelmehrheit der Mitglieder von Bundestag und Bundesrat möglich; die in Art. 1 und 20 gewährleisteten G. sind von einer Verfassungsänderung ausgeschlossen (Art. 79). Die mit einem ↑Gesetzesvorbehalt versehenen G. können durch ein Gesetz eingeschränkt werden, dürfen jedoch in ihrem Wesensgehalt nicht angetastet werden (Art. 19 Abs. 1 und 2). Die übrigen G. gelten nur, soweit sie nicht die Rechte anderer verletzen und gegen die verfassungsmäßige Ordnung oder das Sittengesetz verstoßen **(Verfassungsvorbehalt).**
Gegen eine Verletzung der G. durch die öffentliche Gewalt kann jedermann Beschwerde bei gerichtlichen Institutionen, insbesondere dem ↑Bundesverfassungsgericht, erheben. Das Bundesverfassungsgericht entscheidet auch über die Verwirkung bestimmter G., wenn diese zum Kampf gegen die freiheitlich

G

demokratische Grundordnung missbraucht werden (Art. 18). Das GG enthält keine Angaben darüber, inwieweit die G. auch für die Rechtsbeziehungen zwischen Privatpersonen, z.B. im Arbeitsrecht, gelten (Drittwirkung). Nach Ansicht der Bundesverfassungsgerichts bilden die G. in der Rechtspraxis jedoch die Grundlage für Auslegung und Anwendung des Privatrechts (sog. mittelbare Drittwirkung). Ein Schutz vor Beeinträchtigung der G. durch private Dritte (unmittelbare Drittwirkung) ist nur vereinzelt, v.a. im Rahmen der Koalitionsfreiheit, vorgesehen.

Grundschule: ↑Schule.

Grundsicherung: staatliche Leistung zur Aufstockung bestimmter Einkommen auf die Höhe des ↑Existenzminimums.

Grundsteuer: ↑Steuern.

Grundstoffindustrie: Bezeichnung für Betriebe der Eisen schaffenden Industrie, des Kohlenbergbaus und der Energiewirtschaft. Durch ihre Tätigkeit schafft die G. die Grundlage für die Produktion von Investitions- und Kosumgütern durch die weiterverarbeitende Industrie.

Grüne: Name für politische Parteien in Europa, z.B. Deutschland (↑Bündnis 90/Die Grünen), ↑Frankreich, ↑Österreich und ↑Schweiz, die ab Ende der 1970er-Jahre aus ↑Bürgerinitiativen, Umweltschutz- und ↑alternativen Bewegungen sowie der ↑Friedens- und Frauenbewegung entstanden sind.

grüner Punkt: ↑duales System.

Gruppe: in den Sozialwissenschaften eine bestimmte Anzahl von Personen, die durch soziale Kontakte (gemeinsame Werte, Interessen, Ziele u.Ä.) zeitlich relativ beständig miteinander verbunden sind. Innerhalb einer G. sind Aufgaben, Stellung und Verhaltenweisen der Mitglieder meist durch deren ↑Rollen festgelegt. Eine G. zeichnet sich außerdem durch das Zusammengehörigkeitsgefühl der Gruppenmitglieder untereinander und gegenüber anderen G. aus. Nach der Zahl der Mitglieder werden **Großgruppen** (z.B. politische Parteien) und **Kleingruppen** (bis zu 25 Mitglieder) unterschieden. In Abhängigkeit vom Umfang, der Entstehung und dem Charakter der Regelungen, denen die Mitglieder einer G. unterworfen sind, werden **formale G.** (z.B. Vereine mit Satzungen) und **informale G.** (z.B. Spielgruppen bei Kindern) unterschieden. **Primärgruppen** sind durch enge persönliche Beziehungen der Mitglieder gekennzeichnet (v.a. Familien, Freundschaftsgruppen), während **Sekundärgruppen** zur Verfolgung gemeinsamer rationaler Ziele gebildet werden (z.B. Arbeitsgruppen).

Gruppe der 77: seit 1964 bestehender, loser Zusammenschluss von ursprünglich 77, heute 132 ↑Entwicklungsländern. Die G.d. 77 traf sich erstmals zur Vorbereitung der 2. Welthandelskonferenz (↑UNCTAD) 1968 in Algier und verabschiedete die Charta von Algier über die wirtschaftlichen Rechte der Dritten Welt. Die Teheraner Deklaration der G.d. 77 von 1991 enthielt u.a. die Forderung nach einem neuen, partnerschaftlichen Verhältnis zwischen Industrie- und Entwicklungsländern.

G-7: ↑G-8.

Guerilla [ge'rı(l)ja, span. Verkleinerungsform von guerra »Krieg«]: Bezeichnung für bewaffnete Erhebungen irregulärer Gruppen gegen die Regierung des eigenen Landes oder eine fremde Besatzungsmacht; auch Bezeichnung für die Mitglieder der kämpfenden Einheiten (eigentlich: »Guerilleros«).

GUS: ↑Gemeinschaft Unabhängiger Staaten.

Güter: alle Mittel, die der Befriedigung menschlicher Bedürfnisse dienen. Je nach Verfügbarkeit werden unterschieden **freie G.,** die im Überfluss vorhanden sind (z.B. Luft), sodass jeder seinen Bedarf vollständig decken kann, und **wirtschaftliche G.,** deren Merkmal die Knappheit ist und die durch Kosten verursachende Produktion vermehrt werden können. G. können ferner in (bewegliche und unbewegliche) **Sachgüter** und **immaterielle G.** (z.B. Arbeits- und Dienstleistungen, Informationen, Ideen) unterteilt werden.

G., die der unmittelbaren Bedürfnisbefriedigung dienen, werden als **Konsumgüter** bezeichnet; dagegen dienen **Produktionsmittel** der mittelbaren Bedürfnisbefriedigung und werden bei der Herstellung von Konsumgütern eingesetzt. Konsumgüter werden in Verbrauchsgüter (zum einmaligen Verbrauch) und Gebrauchsgüter (länger nutzbar) gegliedert, Produktionsmittel in Produktionsgüter (z.B. Rohstoffe) und Investitionsgüter (z.B. Maschinen, Gebäude).

Nach ihrer Beziehung zueinander werden **komplementäre G.** und **substitutive G.** unterschieden: erstere ergänzen sich gegenseitig (z.B. Glühbirne und Lampe), letztere können sich gegenseitig ersetzen (z.B. Butter und Margarine).

Nach der Nutzung unterscheidet man **private G. (Individualgüter),** die unter Ausschluss anderer individuell genutzt bzw. konsumiert werden, und **öffentliche G. (Kollektivgüter),** bei denen die Möglichkeit gemeinsamer Nutzung besteht.

Gymnasium: ↑Schule.

G-Zehn-Gesetz (Abhörgesetz): Bezeichnung für das Gesetz zur Beschränkung des ↑Brief-, Post- und Fernmeldegeheimnisses vom 13. 8. 1968. Das Gesetz erlaubt bestimmten Organen die Überwachung des Brief- und Fernmeldeverkehrs Einzelner zur Abwehr drohender Gefahren für die freiheitlich demokratische Ordnung. Die Prüfung der Rechtmäßigkeit der Überwachungsmaßnahmen erfolgt im Nachhinein durch ein Gremium von fünf Abgeordneten des Bundestags, von denen drei Abgeordnete die **G-Zehn-Kommission** bilden. Diese muss einmal im Monat prüfen, ob die in diesem Zeitraum angeordneten Überwachungsaktionen des zuständigen Innenministers notwendig und zulässig waren.

H

Haager Landkriegsordnung (HLKO): auf den Haager Friedenskonferenzen von 1899 und 1907 erarbeitete Gesetze und Gebräuche des Landkriegs. Die Regeln der HLKO bedeuten eine teilweise schriftliche Niederlegung des damaligen Völkergewohnheitsrechts. Der erste Abschnitt (Kriegführende) definiert den Begriff des Kriegführenden und regelt ausführlich die Rechtsstellung der Kriegsgefangenen; im zweiten Abschnitt (Feindseligkeiten) werden bestimmte Mittel zur Schädigung des Feindes verboten (z.B. Verwendung von Gift) und die Rechtsstellung der Spione und Parlamentäre sowie der Waffenstillstand behandelt. Der dritte Abschnitt (militärische Gewalt auf besetztem feindlichen Gebiet) garantiert der Bevölkerung eines besetzten Gebietes eine Reihe von Rechten (u.a. Schutz des Privateigentums). Ergänzende und weiterführende Vorschriften enthalten die ↑Genfer Konventionen.

Habeas-Corpus-Akte [von lat. habeas corpus ... »nimm seinen Körper und bring ihn vor mich« (Anfangsworte alter Haftbefehle)]: in der Tradition der ↑Magna Charta libertatum (1215) und der ↑Petition of Right (1628) stehendes englisches Staatsgrundrecht von 1679, das willkürliche Verhaftungen einschränkte und die Freiheit der Person garantierte. Danach durfte niemand ohne richterlichen Befehl in Haft genommen oder gehalten werden.

Hallsteindoktrin: nach dem früheren Staatssekretär im Auswärtigen Amt, WALTER HALLSTEIN (1901–82), benannter, 1955 formulierter Grundsatz der Außenpolitik der BRD, demzufolge diese zu keinem Staat, der zur DDR völkerrechtliche Beziehungen unterhielt,

H

solche aufnahm; dies galt nicht für die UdSSR. Die H. sollte den Anspruch der BRD, als einzige demokratisch gewählte Regierung für Deutschland zu sprechen, absichern und wurde Anfang der 1970er-Jahre aufgegeben.

Hamburg

Erster Bürgermeister	Amtszeit
Max Brauer (SPD)	1946–53
Kurt Sieveking (CDU)	1953–57
Max Brauer (SPD)	1957–60
Paul Nevermann (SPD)	1960–65
Herbert Weichmann (SPD)	1965–71
Peter Schulz (SPD)	1971–74
Hans-Ulrich Klose (SPD)	1974–81
Klaus von Dohnanyi (SPD)	1981–88
Henning Voscherau (SPD)	1988–97
Ortwin Runde (SPD)	seit 1997

Hamburg (Freie und Hansestadt H.): deutscher Stadtstaat und Bundesland (seit 1949) mit einer Fläche von 755 km² (davon 61 km² Wasserflächen) und 1,7 Mio. Einwohnern (1999).
Verfassung: Nach der Verfassung vom 6. 6. 1952 liegt die gesetzgebende Gewalt bei der Bürgerschaft (121 Abgeordnete, auf vier Jahre gewählt), die zugleich Landesparlament und Gemeindeorgan ist und welche die Regierung (Senat) wählt. Der Senat bestimmt aus seiner Mitte den Präsidenten sowie dessen Stellvertreter (Erster und Zweiter Bürgermeister) und besitzt ein aufschiebendes Vetorecht gegenüber den von der Bürgerschaft beschlossenen Gesetzen, das jedoch von der Bürgerschaft überstimmt werden kann.
Verwaltung: H. ist unterteilt in die Stadtbezirke Hamburg-Mitte, Elmsbüttel, Hamburg-Nord, Wandsbek, Bergedorf und Harburg. Verwaltungsorgan ist die Bürgerschaft, der Senat kann Befugnisse, Aufgaben und Entscheidungen zur Wahrnehmung der Gesamtverantwortung an sich ziehen.
Geschichte: 810 gegründet, gehörte H. zu den ersten Mitgliedern der Hanse und war im 14. Jh. deren wichtigster Umschlagplatz. 1510 wurde H. Reichsstadt und gliederte sich 1871 dem Deutschen Reich an. 1921 trat eine parlamentarisch-demokratische Verfassung in Kraft. 1945 wurde H. Teil der britischen Besatzungszone und 1949 Land der BRD. Führende Partei wurde die SPD, die seit 1946 meist den Ersten Bürgermeister stellt.
www.hamburg.de

Hammelsprung: Abstimmungsverfahren im Parlament, bei dem die Abgeordneten, die für »ja« oder »nein« stimmen bzw. mit Stimmenthaltung votieren, durch verschiedene Türen den Plenarsaal betreten und dabei gezählt werden.

Handelsabkommen: im Gegensatz zum langfristigen und umfassenden **Handelsvertrag** eine kurzfristige Vereinbarung zwischen zwei oder mehreren Staaten über ihre gegenseitigen außenwirtschaftlichen Beziehungen.

Handwerk: handwerksmäßig betriebenes Gewerbe; wesentliche Merkmale des H. im Vergleich zur Industrie sind u. a. geringere Betriebsgröße, Überwiegen der Einzelanfertigung und größere Kundennähe. Das Recht des H. ist in der **Handwerksordnung** in der Fassung vom 24. 9. 1998 geregelt. Die selbstständige Ausübung eines H. setzt die Eintragung in die **Handwerksrolle** voraus. Berufliche Selbstverwaltung und Interessenvertretung des H. erfolgen u. a. durch ↑Innungen und Handwerkskammern, die dem Zentralverband des Deutschen Handwerks (ZDH) angeschlossen sind. 1999 hatte das deutsche Handwerk H. rd. 6,4 Mio. Beschäftigte.
www.handwerk.de

Handwerkskammer: Körperschaft des öffentlichen Rechts zur Vertretung der Interessen des ↑Handwerks. H. werden gemäß § 90 ff. der Handwerksordnung jeweils für einen bestimmten Bezirk errichtet. Mitglieder der H. sind selbstständige Handwerker in dem Bezirk sowie deren Gesellen und Auszubildende.

Zu den Aufgaben der 58 H. (1999) gehört u.a. die Regelung der Berufsausbildung.

Hare-Niemeyer-Verfahren: ein Verfahren, das angewandt wird, um die Zahl der Mandate zu berechnen, die bei der Verhältniswahl auf die beteiligten Parteien entfallen (↑Wahlrecht). Danach wird für jede Partei die Zahl der für sie abgegebenen Stimmen durch die Gesamtzahl der abgegebenen Stimmen dividiert und mit der Gesamtzahl der zu vergebenden Mandate multipliziert. Das Ergebnis gibt in den Ziffern vor dem Komma die Mindestzahl der von einer Partei errungenen Mandate an. Die restlichen Mandate werden an die Parteien vergeben, deren Ergebnis die höchsten Ziffern nach dem Komma aufweist. In Deutschland hat das H.-N.-V. das d'hondtsche Höchstzahlverfahren auf Bundesebene seit 1985 abgelöst.

Hartmannbund: ↑Ärzteverbände.

Hauptschule: ↑Schule.

Hausarbeit: die (überwiegend von Frauen geleistete) Arbeit im Haushalt; zur H. gehören Tätigkeiten wie Waschen, Putzen, Einkaufen u.Ä.; im weiteren Sinn zählen zur H. die Kindererziehung und die Betreuung pflegebedürftiger Angehöriger. Die H. ist wesentliche Voraussetzung dafür, dass die Lebens- und Arbeitskraft einer Gesellschaft erhalten bleibt. Da H. unentgeltlich geleistet wird, gilt sie (sozial-)rechtlich nicht als ↑Erwerbsarbeit und wird trotz ihres Ausmaßes bei der Ermittlung der wirtschaftlichen Gesamtleistung (↑Bruttoinlandsprodukt) nicht berücksichtigt. – Siehe auch ↑Familienarbeit.

Haushalt:

◆ In der *Soziologie* bezeichnet der Begriff eine zusammen wohnende und wirtschaftende Personengruppe unabhängig von ihrer verwandtschaftlichen Beziehung **(Mehrpersonenhaushalt)** bzw. eine Einzelperson **(Einpersonenhaushalt, Single-H.).** Die Statistik unterscheidet nach Erwerbstätigkeit, Einkommenshöhe und Kinderzahl verschiedene Haushaltstypen.

Abb. siehe Seite 186.

◆ In der *Finanzwissenschaft* wird mit H. zum einen der Haushaltsplan, zum anderen der **Staatshaushalt** bezeichnet.

Haushaltsplan (frz. Budget, Etat): Gegenüberstellung der für einen bestimmten Zeitraum (Haushaltsjahr) geplanten

Hamburg

Bürgerschaftswahlen (Stimmenanteil in %)

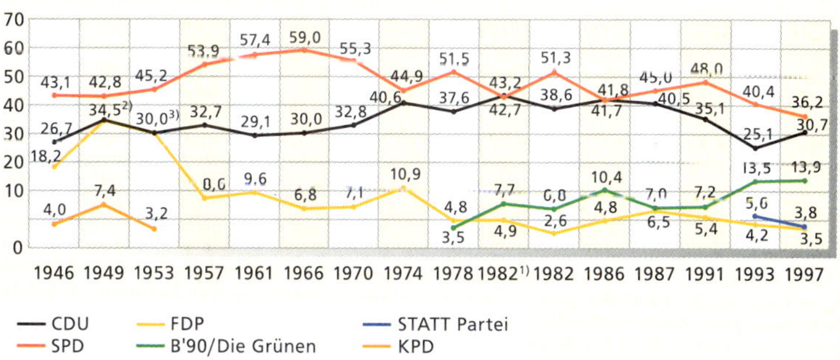

¹⁾ ungültige Wahl

²⁾ CDU, FDP und Deutsche Konservative Partei zusammen als „Vaterständischer Bund Hamburg"

³⁾ CDU, FDP und Deutsche Partei zusammen als „Hamburg-Block"

H

Einnahmen und Ausgaben des Staates (Staatshaushalt) oder einer anderen öffentlichen Gebietskörperschaft (Länder, Gemeinden). Im H. müssen die Ausgaben durch die Einnahmen gedeckt (ausgeglichen) sein.

Der H. wird vom Parlament im Haushaltsgesetz verabschiedet und ist politisch und rechtlich bindend. Nach Ablauf der Haushaltsperiode wird der H. (Soll-Etat) der Haushaltsrechnung (Ist-Etat) gegenübergestellt, welche die tatsächlich entstandenen Einnahmen und Ausgaben nennt.

Der H. des Bundes und der Länder umfasst die Einzelpläne und den Gesamtplan. Die Einzelpläne führen die Einnahmen und Ausgaben der einzelnen Ministerien auf. Der Gesamtplan fasst die Einzelpläne zusammen (Haushaltsübersicht) und enthält zusätzlich eine Finanzierungsübersicht sowie den Kreditfinanzierungsplan (Einnahmen aus Krediten und Tilgungsausgaben). Ein **Nachtragshaushalt** wird aufgestellt, wenn in einer Haushaltsperiode Ausgaben nötig sind, die im ursprünglichen H. nicht enthalten waren.

Gemäß den Bestimmungen der Bundeshaushaltsordnung werden folgende Phasen des Haushaltskreislaufs unterschieden: 1) Vorbereitung und Aufstellung des H. durch die Regierung; 2) Beratung und Verabschiedung des H. im Parlament; 3) Durchführung des H.; 4) Abrechnung in der Haushalts- und Vermögensrechnung; 5) Überprüfung durch die Rechnunghöfe und -kammern.

Haushaltspolitik: das politische Handeln zur Regelung der Höhe und Zusammensetzung des Staatshaushalts (↑Haushaltsplan). Sie dient 1) der Aufbringung von Mitteln (z.B. Steuern) zur Deckung der Kosten der staatlichen Verwaltung, 2) dem sozialen Ausgleich von Einkommens- und Vermögensunterschieden (Subventionen, Sozialausgaben), 3) der Gegensteuerung von Konjunkturschwankungen in der Wirtschaft (Ausgabenerhöhung beim Abschwung, Ausgabenminderung beim Aufschwung; ↑Konjunkturpolitik). Aufgabe der H. ist die Vermittlung zwischen diesen unterschiedlichen Zielsetzungen.

Hearing ['hɪərɪŋ, engl.]: die öffentliche Anhörung von Sachverständigen zur Meinungsbildung. Nach der Geschäftsordnung des deutschen Bundestages haben auch dessen Ausschüsse die Möglichkeit, Anhörungen zu veranstalten.

Hebesatz: von den Gemeinden festgelegter Prozentsatz für die Berechnung der Grund- und Gewerbesteuer; die jeweilige Steuerschuld ergibt sich durch Multiplikation des H. mit einem bestimmten Grundbetrag (Steuermessbetrag). Um im Rahmen des ↑Finanzausgleichs die tatsächliche Steuerkraft der Gemeinden zu ermitteln, werden die Einnahmen aus Grund- und Gewerbesteuer durch den H. dividiert und mit einem einheitlichen H. multipliziert.

Hegemonie [griech. »das Anführen, der Oberbefehl«]: Bezeichnung für die Vor-

Haushalt

Haushaltsgrößen in Deutschland (Anteil in %)

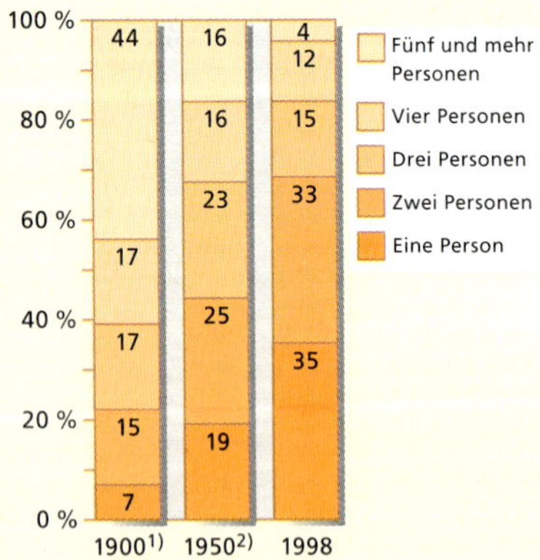

1) Deutsches Reich
2) BRD

Quelle: Statistisches Bundesamt

herrschaft eines Staates gegenüber anderen. H. kann auf wirtschaftlichem, politischem, militärischem oder kulturellem Übergewicht und auf tatsächlicher Machtüberlegenheit oder auf vertraglich vereinbarten Vorrechten beruhen.

Heimatrecht: im Völkerrecht das eng mit dem ↑Selbstbestimmungsrecht verbundene Recht jedes Menschen, in seiner jeweiligen Heimat leben zu dürfen oder in sie zurückkehren zu können. Das H. des 19. Jh. wurde in *Deutschland* durch die einheitliche Staatsangehörigkeit, die Freizügigkeit und die Garantie gleicher staatsbürgerlicher Rechte abgelöst. Das H. wird besonders von den ↑Vertriebenen des Zweiten Weltkrieges geltend gemacht. Die Verwirklichung des H. kann mit dem neu entstandenen H. anderer kollidieren.
In *Österreich* wurde das H. am 30. 6. 1939 aufgehoben, entscheidend ist heute der ordentliche Wohnsitz; in der *Schweiz* hat jeder Schweizer Bürger neben dem Schweizerbürgerrecht das kantonale H. und das Gemeindebürgerrecht.

Heimatvertriebene: ↑Vertriebene.

Herrschaft: institutionalisierte Form der Machtausübung, der sozialen Über- und Unterordnung.
H. regelt verbindlich die Beziehungen zwischen den Mitgliedern einer Gesellschaft oder einer Gruppe. Sie bedarf der Bereitschaft zum Gehorsam vonseiten der ihr Unterworfenen und der Legitimierung der Machtausübung, um bestehen zu können. Dabei ist wesentlich, ob Herrschende und Beherrschte eine gemeinsame Wert- und Rechtsordnung anerkennen und inwieweit die Ausübung der H. für die Betroffenen berechenbar ist.
Im politischen Raum ist der Staat die organisierte Form der H. Nach den ihr zugrunde liegenden Interessen, Zielsetzungen und Ansprüchen sowie nach den Techniken und Mitteln der Machtausübung gibt es verschiedene Formen der H. wie ↑Monarchie und ↑Republik, ↑Diktatur und ↑Demokratie. Innerhalb dieser Formen können sich Strukturen der ↑Oligarchie oder der ↑Plutokratie entwickeln. Daneben gibt es noch solche Systeme, die nach den Personengruppen, die im Zentrum des Herrschaftsaufbaus stehen, definiert werden: ↑Aristokratie, Oligarchie, Hierokratie (Priesterherrschaft), ↑Gerontokratie sowie ↑Bürokratie und ↑Technokratie, die auf besonderen Fähigkeiten aufbauen, und Meritokratie (Herrschaft nach Leistung).
Die Formen staatlicher H. lassen sich in zwei Grundtypen einteilen: die konstitutionelle oder demokratische (mit ↑Gewaltenteilung, pluralistischen sozialen Verhältnissen, politischer Teilhabe, Menschenrechten) sowie die autokratische oder diktatorische H. (ohne diese Merkmale).

Herrschaftsvertrag: ↑Gesellschaftsvertrag.

Hessen

Ministerpräsident	Amtszeit
Karl Geller (parteilos)	1945–47
Christian Stock (SPD)	1947–51
Georg August Zinn (SPD)	1951–69
Albert Osswald (SPD)	1969–76
Holger Börner (SPD)	1976–87
Walter Wallmann (CDU)	1987–91
Hans Eichel (SPD)	1991–99
Roland Koch (CDU)	seit 1999

Hessen: deutsches Bundesland mit einer Fläche von 21 115 km² und 6,04 Mio. Einwohnern (1999); Hauptstadt: Wiesbaden.
Verfassung: Nach der Verfassung vom 1. 12. 1946 liegt die Legislative beim Landtag (110 Abgeordnete, für vier Jahre gewählt). Er wählt den Ministerpräsidenten, der die Mitglieder des Kabinetts beruft. Der gesamten Landesregierung muss das Vertrauen des Parlaments ausgesprochen werden. Die Verfassung räumt

der Bevölkerung das Recht ein, über Volksbegehren und Volksentscheide an der Gesetzgebung teilzunehmen.

Verwaltung: H. gliedert sich nach der 1981 abgeschlossenen Gebietsreform in drei Regierungsbezirke (Darmstadt, Kassel, Gießen), 21 Landkreise mit 426 Städten und Gemeinden sowie fünf kreisfreie Städte.

Geschichte: Das Land H. wurde am 19. 9. 1945 von der amerikanischen Militärregierung, unter dem Namen Großhessen, aus dem größten Teil der ehemaligen preußischen Provinz Hessen-Nassau und dem Volksstaat H. gebildet Die SPD (1946–74 stärkste Partei im Landtag; 1950–54 und 1962–70 absolute Mehrheit) stellte bis 1987 den Ministerpräsidenten. Dabei stand die SPD in Koalition mit anderen Parteien (1970–82 mit der FDP und 1985–87 mit den Grünen). 1987–91 regierte eine CDU-FDP-Koalition, die 1991 von einer neuen Koalitionsregierung von SPD und Grünen (seit 1993 Bündnis 90/Die Grünen) abgelöst wurde. Nach den Wahlen von 1999 übernahm eine CDU/FDP-Koalition die Regierung in Hessen.

www.hessen.de

Heteronomie [griech. »Fremdgesetzlichkeit«]: Bezeichnung für die Abhängigkeit zentraler Werte und Normen einer Gruppe, Organisation oder eines Staates von fremdem Einfluss; Gegensatz: ↑ Autonomie.

Hierarchie [von griech. hierarchia »Amt des obersten Priesters«]: Bezeichnung für ein i. d. R. pyramidenförmig gedachtes und aufgebautes Gefüge von Positionen, in dem die Herrschafts- und Entscheidungsbefugnisse bei einer Führungsspitze liegen. Deren Wille und Anweisungen werden von oben auf darunter liegende Positionsebenen zur Durchführung und Beachtung weitergegeben. Die Reichweite der Befugnisse und Zuständigkeiten nehmen nach unten hin ab. Die Inhaber von Positionen zwischen Spitze und unterster Ebene sind gleichzeitig Untergebene und Vorgesetzte. Die H. findet sich als vertikal und horizontal verhältnismäßig starres Gefüge der Über- und Unterordnung insbesondere in Organisationen mit langfristig gleichbleibenden Aufgaben und Zielen (z.B. Kirche, Militär, öffentliche Verwaltung). – Siehe auch ↑ Bürokratie.

historischer Materialismus: weltanschaulicher Hauptbestandteil des ↑ Marxismus. Die Lehre des h. M. führt die Entwicklung menschlicher Gesellschaften auf den Wandel der ökonomischen Verhältnisse und nicht auf die Verände-

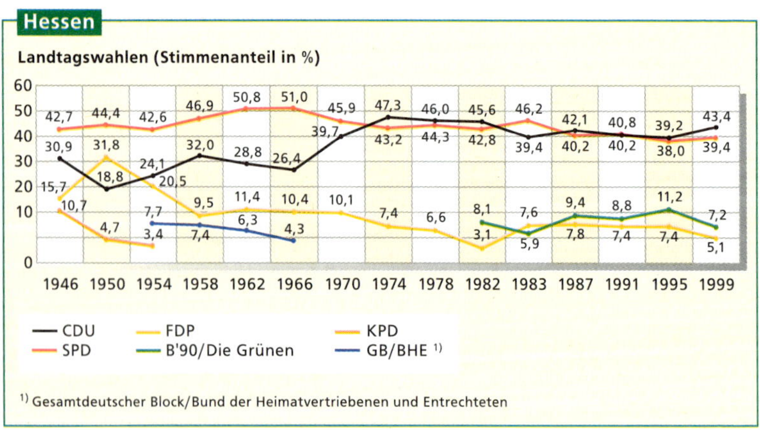

rung durch Ideen zurück (↑Idealismus). Betont wird die Abhängigkeit des menschlichen Bewusstseins von ökonomischen und daraus resultierenden gesellschaftlichen Bedingungen.

Von besonderer Bedeutung sind die Produktionsmittel (Werkzeuge, Maschinen, Produktionstechniken), von denen die Produktionsverhältnisse (Eigentumsverhältnisse, Herrschaftsverhältnisse und die daraus resultierende Form der Produktion) in vermittelter Weise bestimmt werden. Diese Basis trägt und beeinflusst den Überbau aus staatlicher Organisation, Rechtsordnung, Kultur, Religion und Wissenschaft (↑Basis-Überbau-Theorie). Veränderungen der Basis haben Konsequenzen für den Überbau. Der Wandel der Produktionsverhältnisse ist somit Kern aller Veränderungen in Politik und Gesellschaft und damit Grundlage aller historischen Entwicklung.

Der h. M. konstatiert eine dem Wandel der Produktionsverhältnisse innewohnende Tendenz auf eine immer umfassendere Entfaltung der menschlichen Produktivkräfte und eine (zumindest von den Möglichkeiten her) zunehmende Verbesserung der Bedürfnisbefriedigung. Auf der Grundlage einer solchen Theorie lässt sich die menschliche Geschichte in eine Abfolge von ökonomisch bestimmten Gesellschaftstypen einteilen, wobei die Gesamtentwicklung als Fortschritt gesehen wird.

Stark schematisiert gliedert der h. M. die menschliche Geschichte in die Abfolge: Urgesellschaft der Jäger und Sammler, Sklavenhaltergesellschaft, Feudalgesellschaft, Kapitalismus, Sozialismus und als Endziel aller Entwicklung Kommunismus. Mit Ausnahme von Urgesellschaft und Kommunismus sind alle Gesellschaften ↑Klassengesellschaften. Dort wird i. d. R. mehr produziert als zur Erhaltung derselben nötig wäre, es entsteht ein ↑Mehrwert. Dieser wird von der arbeitenden Klasse produziert, kommt aber ausschließlich den Besitzern der Produktionsmittel zugute. Sie eignen sich den Mehrwert an.

Klassengesellschaften sind also nach der Lehre des h. M. grundsätzlich von Ausbeutung, von Klassengegensätzen und von Herrschaft über Menschen geprägt. Die Geschichte entpuppt sich als Geschichte von ↑Klassenkämpfen. Auf diesen Kern lassen sich nach dem h. M. alle historischen Entwicklungen zurückführen. Auch in der historisch jüngsten Stufe menschlicher Geschichte, dem Kapitalismus, herrscht Ausbeutung. Auch der Kapitalismus wird dem h. M. zufolge untergehen. Er wird trotz hoch entwickelter Produktivkräfte an seiner unvermeidbar krisenhaften Entwicklung und an der Verschärfung des Gegensatzes zwischen Arbeiterklasse und Kapitalistenklasse scheitern.

Durch eine Revolution wird die Arbeiterklasse das Privateigentum an den Produktionsmitteln beseitigen und eine auf Planung beruhende Produktionsweise einführen, den Sozialismus (»jeder nach seinen Fähigkeiten, jedem nach seinen Leistungen«). In der Gesellschaft des Sozialismus werden die Produktivkräfte in der Form weiterentwickelt, dass jeder seine Bedürfnisse befriedigen kann, ohne es durch Ausbeutung und Beherrschung anderer tun zu müssen. Dann ist mit dem Kommunismus (»jeder nach seinen Fähigkeiten, jedem nach seinen Bedürfnissen«) die Endstufe der historischen Entwicklung erreicht, der Staat als Zwangsinstrument wie die Herrschaft von Menschen über Menschen überhaupt stirbt ab.

Hochkapitalismus: ↑Kapitalismus.

Hochkommissar:

◆ Mitglied der ↑Alliierten Hohen Kommission (mit insgesamt drei H.), die vom 21. 9. 1949 bis 5. 5. 1955 das oberste Aufsichtsorgan der westlichen Siegermächte in der BRD und den Westsektoren von Berlin war.

◆ Amtsbezeichnung für ein überstaatliches Organ auf völkerrechtlicher Grundlage mit besonderer Aufgabe.

H

Hochkultur: ↑Kultur.

Hochrechnung: die Voraussage eines Ergebnisses (z.B. bei Wahlen) mithilfe von Computern nach Auszählung von Teilergebnissen ausgewählter repräsentativer Bereiche (z.B. Wahlbezirke).

Hochschule: eine Einrichtung im Bereich des Bildungswesens, die Aufgaben in Lehre und Forschung wahrnimmt und damit der Pflege und Entwicklung von Wissenschaft und Künsten dient und auf akademische und künstlerische Berufe vorbereitet. Dazu gehören die Universität, technische H. (TH) bzw. technische Universität (TU), ↑Fachhochschule, ↑Gesamthochschule, pädagogische H. (PH) sowie H. für Medizin, Tiermedizin, Sport, Wirtschaft und Handel, Kunsthochschulen und kirchliche H. Der Zugang zur H. setzt eine bestimmte Vorbildung, meist das ↑Abitur, voraus.

Die Vergabe von Studienplätzen ist jedoch reglementiert: Seit 1. 8. 2000 werden 55% der Bewerber anhand ihrer Abiturnote ausgewählt, 25% aufgrund der Wartezeit und 20% der Plätze stehen denjenigen zur Verfügung, die in keinem der beiden Verfahren einen Platz erhalten haben.

Die H. in Deutschland sind mit wenigen Ausnahmen Körperschaften des öffentlichen Rechts und zugleich staatliche Einrichtungen, unterstehen also auch staatlicher Aufsicht. Sie haben das Recht der Selbstverwaltung im Rahmen der von Bund und Ländern erlassenen Gesetze. Die H. geben sich Grundordnungen, die der Genehmigung des jeweiligen Landes bedürfen. Denn die Länder bestimmen aufgrund ihrer Kulturhoheit das Hochschulwesen im Rahmen der Vorgaben des Bundes (↑Hochschulrahmengesetz), der auch bei Planung und Ausbau der H. mitwirkt. Grundlegend für die Organisation des Hochschulwesens ist das durch Art. 5 Abs. 3 GG garantierte Grundrecht der ↑Kunstfreiheit und ↑Wissenschaftsfreiheit.

In den 1990er-Jahren starteten zahlreiche bildungspolitische Reformprojekte, welche die Forschung und Lehre der H. an internationale Maßstäbe anpassen sollten. Zugleich wurde die H. in verschiedenen Städten Deutschlands vermehrt spezifischen Interessenten geöffnet, v.a. in Form reiner Frauenstudiengänge (z.T. als Folge der ↑Koedukation) und als Probestudium für Schüler. Zunehmend kommt eine Diskussion über eine »virtuelle Universität« in Gang, die Studieninhalte im Internet anbietet.

Hochschulgruppe: Vereinigung von Studenten zur Wahrnehmung von politischen, sozialen und wirtschaftlichen Standesinteressen. Eine H. lässt sich i.d.R. einer politischen Richtung zuordnen. Mit zunehmender Politisierung der Studentenschaft seit Beginn der 1960er-Jahre stieg die Zahl der H.; seit den 1980er-Jahren ist das studentische Interesse an politischem Engagement zurückgegangen.

Hochschulrahmengesetz, Abk. HRG: Gesetz zur Schaffung einer bundeseinheitlichen Rechtsgrundlage für das Hochschulwesen in Deutschland (am 26. 1. 1976 in Kraft getreten, zuletzt geändert am 20. 8. 1998). Im Zusammenhang mit dem Ausbau des Bildungssektors wurde 1969 das Grundgesetz geändert, um dem Bund die Gesetzgebungskompetenz für Rahmenvorschriften über die Grundsätze des Hochschulwesens zu geben (Art. 75 Nr. 1 a GG). Zielte das HRG zunächst auf Abschaffung alter Verfassungsstrukturen der Hochschulen (Ordinarienuniversität), so steht Ende der 1990er-Jahre die Frage der ↑Studiengebühren im Mittelpunkt weiterer Novellierungspläne für das HRG.

Hochverrat: eine Straftat, die begeht, wer es unternimmt, mit Gewalt oder durch Drohung mit Gewalt den Bestand eines Staates zu beeinträchtigen oder dessen verfassungsmäßige Ordnung zu ändern (in Deutschland §§ 81 f. StGB).

Hoheitsgebiet: ↑Staatsgebiet.

Holocaust ['hɔləkɔ:st, engl. »Massenvernichtung«, von griech. holókaustos »völlig verbrannt«] (hebräisch: Shoah): dem Alten Testament entnommene Bezeichnung (Genesis 22,2: »Brandopfer«) für die Tötung einer großen Zahl von Menschen oder eines Volkes (↑Völkermord), v.a. Bezeichnung für die Vernichtung europäischer Juden während der nationalsozialistischen Herrschaft 1933–45 (↑Judenverfolgung).

Homo oeconomicus [lat.]: ein Grundbegriff der klassischen Nationalökonomie, mit dem ein ausschließlich nach wirtschaftlicher Zweckmäßigkeit handelnder Mensch konstruiert wird. Der idealtypische H. o. wägt systematisch-rational Kosten und Nutzen gegeneinander ab, wobei das Eigeninteresse im Sinne des Strebens nach größtmöglichem Nutzen (privater Haushalt) oder Gewinn (privates Unternehmen) handlungsbestimmend ist.

Homosexualität: auf gleichgeschlechtliche Partner ausgerichtete Sexualität; H. bei Frauen wird häufig als **lesbische Sexualität** bezeichnet. Homosexuelle Männer bezeichnen sich selbst auch als **Schwule** (ursprünglich abwertende Bezeichnung).

Die moderne Sexualwissenschaft bewertet H. neutral und lehnt insbesondere sexuelle Umorientierung zu heterosexuellem (auf gegengeschlechtliche Partner ausgerichtetes) Verhalten ab. Die ab 1998 in Deutschland regierende rot-grüne Regierungskoalition beschloss 2000 die eingetragene Lebenspartnerschaft für homosexuelle Paare, die damit als neues familienrechtliches Institut neben der Ehe etabliert wurde. In den meisten skandinavischen Staaten und den Niederlanden gibt es bereits die Ehe zwischen Homosexuellen.

Homo sociologicus: Der Begriff wurde Ende der 1950er-Jahre von RALF DAHRENDORF (*1929) eingeführt und definiert den Menschen als Träger von sozialen Rollen, die v.a. durch Normen vorgeprägt sind. Auf diese grundlegende Bedeutung der sozialen Rolle baute DAHRENDORF eine Theorie sozialen Handelns auf, die sich insbesondere von der Konzeption des ↑Homo oeconomicus abgrenzt, wie ihn die Wirtschaftswissenschaften skizzieren.

Honoratiorenpartei: typische Organisationsform einer politischen Partei im 19. Jh.; die Mitglieder oder maßgeblichen Führungsgruppen der H. entstammen vorwiegend dem Besitz- oder Bildungsbürgertum. Der politische Einfluss einer H. geht deutlich über den durch ihre Mitgliederzahl angedeuteten Bereich hinaus. Bis in die 1980er-Jahre galt die ↑Freie Demokratische Partei als Honoratiorenpartei.

Hooligans ['hu:lɪgənz, engl. »Rabauke«, »Schläger«]: in der Öffentlichkeit gewalttätig und provozierend auftretende Jugendliche, die sich i.d.R. zu Gruppen zusammenschließen. Ursprünglich stammt diese Form proletarischer Subkultur aus den Industriestädten Großbritanniens, wo sie sich im Zusammenhang mit (quasi ritualisierten Aus-

Hooligans: Bewaffnet mit einer Holzlatte treibt ein deutscher Hooligan (Bild: während des Fußball-Länderspiels Polen–Deutschland 1996) Fans der gegnerischen Mannschaft in die Flucht.

H

schreitungen bei)Fußballspielen entwickelte. Sie ist heute in ganz Europa verbreitet.

Hörfunk (Radio, in der Schweiz auch Rundspruch): meist ungerichtete, drahtlose Übertragung von Sprache und Musik mittels elektromagnetischer Wellen, teilweise auch über Satellitenverbindungen und Leitungen. H. und ↑Fernsehen bilden den ↑Rundfunk.

Im **digitalen H.,** der in Deutschland über Satellit oder terrestrisch verbreitet wird, werden mithilfe eines speziell entwickelten Verfahrens analoge Daten in digitale umgewandelt; gleichzeitig wird die Datenmenge von 1411 KBit/s auf 192 KBit/s verringert (Komprimierung). Vorteile des digitalen H. sind u.a. bessere Tonqualität (CD-Qualität) und höhere Reichweite.

horizontale Gewaltenteilung: ↑Gewaltenteilung.

House of Commons ['haʊs əv 'kɔmənz, engl.]: ↑Unterhaus.

House of Lords ['haʊs əv lɔːdz, engl.]: ↑Oberhaus.

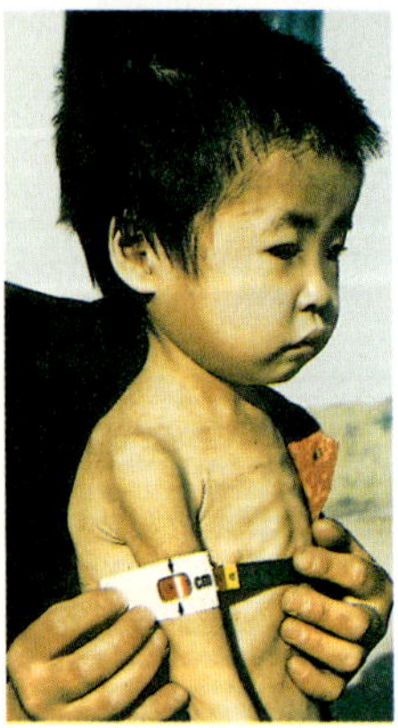

Hunger: Ein UNICEF-Mitarbeiter untersucht ein unterernährtes Kind, das zu den Leidtragenden der Hungersnot in Nord-Korea 1997 gehört. Etwa ein Drittel aller Kinder in Entwicklungsländern gelten als mangelernährt.

Human-Genom-Projekt: Bezeichnung für ein internationales Projekt in der ↑Gentechnologie, das die Gesamtheit aller Erbanlagen des Menschen aufklären, d.h. die Lage der einzelnen Erbanlagen (Gene) auf deren Trägern (Chromosomen) bestimmen und Merkmalen zuordnen will.

Seit Mitte der 1980er-Jahre erforschen Wissenschaftler u.a. im Rahmen der Human Genome Organization (HUGO) das menschliche Genom, das aus rd. 140 000 Genen besteht und bis Mitte 2000 fast vollständig entschlüsselt werden konnte. Erkenntnisse aus dem H.-G.-P. werden u.a. zur Behandlung von Krankheiten genutzt.

www.hugo.gdb.org

Humanismus [von lat. humanus »menschlich«]:

- geistige Haltung, die sich um eine der Menschenwürde und freien Entfaltung der Persönlichkeit entsprechende Gestaltung des Lebens und der Gesellschaft durch Bildung und Erziehung und um die dafür notwendigen Lebens- und Umweltbedingungen bemüht.
- **(Renaissancehumanismus):** Epochenbezeichnung für die kulturelle und wissenschaftliche Bewegung im 14. bis 16. Jh., die sich um die Pflege der griechischen und lateinischen Sprache, Literatur und Wissenschaft bemühte.

Humankapital: die Gesamtheit der i.d.R. wirtschaftlich verwertbaren Fähigkeiten, Kenntnisse und Verhaltensweisen von Personen oder Personengruppen (im engeren Sinn von ↑Erwerbspersonen); das H. wird durch Ausbildung und Erziehung erworben.

Hunger: Ende der 1990er-Jahre waren nach Erhebungen der UN-Organisation für Ernährung und Landwirtschaft (FAO) rd. 828. Menschen (darunter etwa 200 Mio. Kinder) unterernährt, d.h. die Betroffenen waren nicht fähig, den für leichte Arbeit erforderlichen Mindestenergiebedarf zu decken. Süd- und Südostasien und die afrikanischen Länder südlich der Sahara waren am stärksten von H. betroffen. Als Ursachen gelten Missernten, Kriege, Flüchtlingsströme und Naturkatastrophen sowie ↑Armut und der Mangel an Devisen für die notwendige Einfuhr von Nahrungsmitteln.

Hungersnöte in der Geschichte: In der Entwicklung der Menschheit stellte H. eine durchgehende Bedrohung dar. Immer wieder kam es zu Hungersnöten bzw. zu chronischem Nahrungsmangel. Die erste schriftliche Nachricht über eine Hungersnot stammt aus Ägypten (ca. 2500 v. Chr.). Eine schwere Hungerkatastrophe in China 1333–37 könnte eine der Ursachen für die Ausbreitung der Pest gewesen sein (seit 1347/48 in Europa verbreitet). In den folgenden Jahrhunderten waren besonders Russland (1650–52) und Indien (1594–98, 1769/70) sowie (1618–48) weite Teile Deutschlands und (1693 und 1769) Frankreich von Hungersnöten betroffen. Drei Missernten (1845, 1846, 1848) führten 1846–49 zu schweren Hungersnöten in Irland und Südwestdeutschland sowie zu einer starken Auswanderungsbewegung aus diesen Gebieten. Die Anzahl der Opfer der Hungersnot im Norden Chinas (1876–79) – sie gilt als die schwerste Hungersnot der Menschheit – wird auf 9–13 Mio. geschätzt. Die Zahl der während des Bürgerkrieges in der Sowjetunion 1921/22 an H. Gestorbenen bewegt sich zwischen 1,5–5 Mio.; die durch Zwangskollektivierung verstärkte Hungersnot von 1932–34 forderte bis zu 6 Mio. Menschenleben. Ende der 1990er-Jahre verschärften Überschwemmungen und Dürren die Ernährungslage im südlichen und östlichen Afrika, während die Bevölkerung von Äthiopien v.a. wegen des Grenzkonflikts mit Eritrea von Hungersnöten bedroht war.

Hungerstreik: die Verweigerung der Nahrungsaufnahme als Mittel passiven Widerstands (↑gewaltloser Widerstand). Der H. wird zur Durchsetzung v.a. politischer Ziele (z.B. im Rahmen einer gewaltlosen Bewegung) oder auch als Druckmittel von Inhaftierten gegenüber dem Staat benutzt.

Hypothese [griech. »Unterstellung«]: eine Aussage über die Wirklichkeit, die durch Beobachtung oder Experiment überprüft und unter Umständen auch widerlegt werden kann. H. sind Basis für wissenschaftliche Theorien.

I

IAEA: ↑Internationale Atomenergie-Agentur.

IBRD: ↑Weltbank.

IDA: ↑Internationale Entwicklungsorganisation.

Idealismus:

◆ im allgemeinen Sprachgebrauch jede durch ethische oder ästhetische Ideale und ihre Verwirklichung bestimmte Weltanschauung und Lebensführung, insbesondere im Sinne eines uneigennützigen, aufopferungsvollen Handelns.

◆ philosophische Richtung, die alle Dinge, auch die materiellen, auf Geistiges (Ideen) zurückführt; Gegensatz: ↑Materialismus.

Idealtypus: Der Begriff des Typus und seine Verwendung in einer Typenlehre reicht historisch in vielen wissenschaftlichen Bereichen zurück bis zu PLATON und ARISTOTELES, der z.B. in seiner Staatslehre (Ideal-)Typen darstellte. In der Neuzeit wurde der Begriff I. entscheidend von dem Soziologen M. WEBER geprägt und meint eine aus einer Vielzahl von empirischen Einzelbeobachtungen gewonnene (»ideale«) geschlossene Darstellung einer komplexen Erscheinung, die Wesenszüge der entsprechenden Gattung (des Typus) in klarster Vollkommenheit aufweist, z.B. die idealtypische Darstellung »der« Stadt oder »des« Handwerks, die in der dargestellten »Reinheit« wohl nie existierten, aber alle entscheidenden Merkmale in sich tragen.

Ideologie: Bezeichnung für weltanschauliche Interpretationen der Welt, die von verschiedenen Interessen geleitet werden und damit zu einer die Realität verfälschenden Sichtweise führen. Ursprünglich wurde unter I. eine von DESTUTT DE TRACY (1754–1836) ent-

wickelte Lehre verstanden; sie wollte durch Analyse der menschlichen Seele und ihrer Inhalte (Ideen) Erkenntnisse gewinnen, die sich für Politik, Gesetzgebung und Pädagogik nutzbringend anwenden ließen. Der Begriff I. wurde zunächst gleichbedeutend mit Ideenlehre oder System von Ideen gebraucht.
Im marxistischen Verständnis des ↑historischen Materialismus zählen Religion, Metaphysik, Kunst und Wissenschaft als I. bzw. als ideologischer Überbau (↑Basis-Überbau-Theorie). I. dient demnach der geistigen Aneignung der Welt, beinhaltet aber die Vermittlung der herrschenden Weltsicht, die selbst nur Ausdruck der bestehenden Herrschaftsverhaltnisse sein kann. I. ist »falsches Bewusstsein« und kann einen den fortschrittlichen Geschichtsverlauf verzögernden, d.h. reaktionären Charakter annehmen.
Die rationalistische Ideologiekritik nimmt den wissenschaftlichen Fortschritt zum Maßstab und sieht im bewussten Einsetzen von I. ein Mittel der Herrschaftserhaltung. Der Irrationalismus bewertet die I. z.T. als historische oder anthropologische Notwendigkeit. Während diese Richtungen I. für etwas erkennbar von der Wahrheit zu Unterscheidendes halten, befasst sich die Wissenssoziologie mit der Ideologiehaftigkeit des Denkens überhaupt und mit den Wechselbeziehungen zwischen Realitätsvorstellungen und sozialer Realität.

IEA: ↑Internationale Energieagentur.

IHK: ↑Industrie- und Handelskammer.

ILO: ↑Internationale Arbeitsorganisation.

IMF: ↑Internationaler Währungsfonds.

Immissionsschutz: als Teil des ↑Umweltschutzes Maßnahmen und gesetzliche Regelungen zum Schutz von Personen und Umwelt gegen Schäden durch Luftverschmutzung, Geräusche und Erschütterungen. Hauptanliegen des I. ist die Reinhaltung von Wasser (↑Gewässerschutz) und Luft, die ↑Lärmbekämpfung und die ↑Abfallentsorgung.
Gesetzliche Grundlage ist das Bundesimmissionsschutzgesetz (Fassung vom 19. 10. 1998). Neben der nationalen Gesetzgebung gewinnen europäische Regelungen immer größere Bedeutung.
I. stellen die Vorschriften dar, die die Genehmigung umweltgefährdender Anlagen und deren Betrieb regeln sowie die Auflagen für nichtgenehmigungsbedürftige Anlagen, die so zu errichten und zu betreiben sind, dass »schädliche Umwelteinwirkungen verhindert werden, die nach dem Stand der Technik vermeidbar sind«. Die Betreiber müssen eine sog. Emmissionserklärung abgeben, die von den Behörden durch Einzelmessungen oder kontinuierliche Messungen überprüft werden kann. In den Betrieben selbst müssen **Immissionsbeauftragte** für die Einhaltung der gesetzlichen Umweltvorschriften sorgen.
Im Mittelpunkt des I. steht das Bemühen um die Verringerung des Schadstoffausstoßes von Kraftwerken, der als Ursache für das ↑Waldsterben angesehen wird. In der Großfeuerungsanlagenverordnung (1983) und der Technischen Anleitung Luft (1993) wurden Grenzwerte und Reduzierung des Ausstoßes von Schwefeldioxid und Stickoxiden festgelegt. Auch andere Bereiche erhielten in Gestalt von Durchführungsverordnungen zum Bundesimmissionsschutzgesetz eigene Regelungen (z.B. Vorschriften für chemische Reinigungsanlagen, Beschränkungen und Verbote für das Inverkehrbringen bestimmter Schadstoffe, Vorsorge und Abwehr von Störfällen, Grenzwerte zum Verkehrslärmschutz).

Immobilität: allgemein Bezeichnung für Unbeweglichkeit, besonders in räumlicher Hinsicht; Gegensatz: ↑Mobilität.
In der soziologischen Analyse der Berufsmobilität und der sozialen Schichtung bezeichnet I. das Fehlen

beruflicher Veränderungen und des Berufswechsels sowie das Fehlen von Aufstieg und Abstieg zwischen den einzelnen Schichten.

Immunität [von lat. immunis »frei«]: Schutz vor Strafverfolgung.

◆ **(diplomatische I.):** Im Völkerrecht sind diplomatische Vertreter fremder Staaten von der Gerichtsbarkeit des Gastlandes ausgenommen und können dort für Straftaten nicht belangt werden (↑ Gesandtschaftsrecht).

◆ **(parlamentarische I.):** Parlamentsabgeordnete genießen in Deutschland I. Nach Art. 46 GG dürfen sie für Straftaten gerichtlich nur zur Verantwortung gezogen werden, wenn das Parlament dies genehmigt, es sei denn, sie werden auf frischer Tat oder im Laufe des folgenden Tages festgenommen. Die I. soll Abgeordnete vor Übergriffen einer ihnen feindlich gesonnenen Regierung schützen. Auch der Bundespräsident genießt Immunität (↑ Indemnität).

In *Österreich* genießen der Bundespräsident, die Mitglieder von National- und Bundesrat sowie der Landtage, in der *Schweiz* die Mitglieder des Bundesrates sowie die Abgeordneten in National- und Ständerat I. Ähnliches gilt in den Kantonen.

Impeachment [ɪm'pi:tʃmənt, von engl. to impeach »anklagen«]: ↑ Amtsenthebung.

imperatives Mandat: im Unterschied zum ↑ freien Mandat die Bindung eines Mandatsträgers (z.B. eines Parlamentariers) an die Entscheidungen und Aufträge der Partei oder Gruppe, von der er entsandt wurde.

Imperialismus: das Herrschaftsstreben eines Staates mit dem Ziel, die Bevölkerung eines fremden Landes mit politischen, wirtschaftlichen, kulturellen und ideologischen Mitteln abhängig zu machen und zu beherrschen.

Geschichte: Die Expansionspolitik der europäischen Großmächte, der USA und Japans im letzten Drittel des 19. Jh. bis zum Ersten Weltkrieg wird als klassische Zeit des I. **(klassischer I.)** bezeichnet. Sie bestand in der z.T. gewaltsamen territorialen Ausdehnung und Machterweiterung durch Erwerb von Kolonien, der Sicherung von Einflussgebieten und der Eingliederung benachbarter Gebiete zur Sicherung von Rohstoffquellen und Absatzmärkten für die heimische Industrie sowie von Siedlungsland für die heimische Bevölkerung. Die faktische Aufteilung der Welt durch die Großmächte wurde gerechtfertigt und verteidigt durch fragwürdige Thesen, z.B. von der Überlegenheit der weißen Rasse (↑ Sozialdarwinismus), der angeblichen Notwendigkeit zur Ausweitung des Lebensraums und gestützt durch Sendungsideologien (»Greater Britain«, »La Grande Nation«, »Am deutschen Wesen soll die Welt genesen«). Als Ursachen imperialistischer Politik werden vielfach ökonomische Gründe wie Rohstoff- und Absatzinteressen angegeben. Eine große Rolle spielten aber auch Machtkonkurrenz und Prestigestreben der am »Wettlauf um die Aufteilung der Erde« beteiligten Mächte.

Imperialistische Politik betrieben nach 1945, der damaligen bipolaren Weltordnung entsprechend, v.a. die Supermächte USA und UdSSR **(Neoimperialismus),** in deren indirekter Abhängigkeit nach der ↑ Entkolonisation die neuen Staaten Afrikas und Asiens verblieben (↑ Neokolonialismus, ↑ Nord-Süd-Konflikt).

Import: Einfuhr von Waren, Kapital oder Dienstleistungen aus dem Ausland. Der I. ist Teil des ↑ Außenhandels eines Staates und wird in der Zahlungsbilanz erfasst, die alle Transaktionen zwischen Inländern und Ausländern wiedergibt. Durch den I. beteiligt sich ein Land an der internationalen Arbeitsteilung. Der Anteil des gesamten I. am ↑ Volkseinkommen heißt **Importquote.**

Indemnität [von lat. indemnitas »Schadloshaltung«]: die Straflosigkeit eines Abgeordneten für Abstimmungen

I

oder Äußerungen im Parlament oder in einem seiner Ausschüsse mit Ausnahme verleumderischer Beleidigungen (in Deutschland nach Art. 46 Abs. 1 GG, parallele Bestimmungen in den Länderverfassungen, sowie in Österreich und der Schweiz). Sie ist ein persönlicher Strafausschließungsgrund, der im Gegensatz zur ↑Immunität nicht aufgehoben werden kann.

Indikationsregelung: ↑Schwangerschaftsabbruch.

indirekte Steuern: ↑Steuern.

Individualarbeitsrecht: ↑Arbeitsrecht.

Individualismus: Betrachtungsweise, in der das ↑Individuum, der einzelne Mensch, seine Selbstständigkeit und Freiheit betont wird. I. wird auch als Gegenbegriff zur »Vermassung« (als einem Kennzeichen von Industriegesellschaften) verstanden. Individualistisch in ihrer Grundtendenz sind z.B. der ↑Liberalismus und der ↑Anarchismus. Als **methodischer I.** werden Forschungsrichtungen, v.a. in den Sozialwissenschaften, bezeichnet, die vom Individuum ihren Ausgang nehmen.

Individualverkehr: ↑Verkehrspolitik.

Individuum: im engeren Sinne der einzelne Mensch im Unterschied zur Gesellschaft. Vom Einzelmenschen, seinen persönlichen Interessen und Rechten (↑Menschenrechte) gehen der Individualismus und der klassische ↑Liberalismus aus, während der Kollektivismus die Unterordnung des I. unter die Gemeinschaft fordert (↑Kollektiv).

In der Realität stehen zwischen I. und der Gesellschaft als Gesamtheit soziale Gruppen, die das I. und seine Stellung in der Gesellschaft prägen. Weder geht das I. im Kollektiv auf, noch kann es isoliert als Ausgangspunkt einer Gesellschaft betrachtet werden. Es hat aber ein Recht auf Respektierung seiner Persönlichkeit.

Indochinakrieg: ↑Vietnamkrieg.

Indoktrination [lat.]: die Beeinflussung im Sinne einer bestimmten politischen oder weltanschaulichen Doktrin. I. benutzt alle Formen der Propaganda und der psychischen Beeinflussung, um das Denken und Handeln von Gesellschaftsgruppen und Einzelpersonen zu bestimmen und die freie Meinungsbildung auszuschalten.

Industrialisierung: im engeren Sinn die Ausbreitung der ↑Industrie in einer Volkswirtschaft im Verhältnis zu Handwerk, Dienstleistung und Landwirtschaft. Voraussetzungen sind 1) eine ausreichende Rohstoffversorgung, 2) genügend großes Arbeitskräftepotenzial, 3) eine Überschuss produzierende Landwirtschaft, 4) die Kenntnis und der Einsatz industrieller Technologie, 5) die Konzentration von Kapital in privater oder öffentlicher Hand, 6) die Bereitschaft von Unternehmern und Arbeitern zur sozialen Veränderung, 7) die politisch-rechtliche Absicherung der marktorientierten industriellen Produktionsweise (u.a. Ausbildung, freie Arbeitsplatzwahl, Niederlassungs- und Marktrecht) und 8) das Vorhandensein einer ↑Infrastruktur (Beschaffungs- und Absatzmärkte, Verkehrswege).

Geschieht die I. stürmisch, d.h. innerhalb einer kurzen Zeitperiode, so wird von **industrieller Revolution** gesprochen (z.B. in England Ende des 18. Jh., in Deutschland Mitte des 19. Jh.). Durch die ökonomische Überlegenheit der industrialisierten Länder entstand eine Sog- und Abhängigkeitswirkung, die sich über den ↑Imperialismus bis hin zum heutigen Gefälle zwischen Industrie- und ↑Entwicklungsländern steigerte (↑Nord-Süd-Konflikt).

Industrie [von lat. industria »Fleiß«]: gewerbliche Gewinnung von Rohstoffen, Be- und Verarbeitung von Rohstoffen und Halbfabrikaten, Veredelung von Sachgütern sowie Montage- und Reparaturarbeiten. Merkmale der I. sind Arbeitsteilung, Spezialisierung, Mechanisierung und Rationalisierung der Produktion.

Die amtliche Statistik in Deutschland bezeichnet die I. als **produzierendes Gewerbe.** Es umfasst die Bereiche

Bergbau, verarbeitendes Gewerbe (Grundstoff- und Produktionsgütergewerbe, Investitions- und Verbrauchsgüter produzierendes Gewerbe, Nahrungs- und Genussmittelgewerbe), Baugewerbe, Energie- und Wasserversorgung (auch **sekundärer Wirtschaftssektor).** 1999 waren in Deutschland etwa ein Drittel (12,1 Mio.) aller Erwerbstätigen im produzierenden Gewerbe beschäftigt (Anteil am ↑ Bruttoinlandsprodukt: rd. 33 %).

Industriegesellschaft: eine technisch und wirtschaftlich hoch entwickelte Gesellschaft, die in ihrer Struktur und Dynamik weitgehend durch die ↑ Industrialisierung geprägt ist.

In der I. bestimmt sich die Schichtzugehörigkeit des Einzelnen nicht mehr durch die Standeszugehörigkeit, sondern nach einer Vielfalt von Faktoren, die seinen persönlichen Erfolg in einer leistungsorientierten Gesellschaft widerspiegeln: u.a. Einkommen, Beruf, Bildung, Besitz, Stellung in der betrieblichen Hierarchie und nach außerbetrieblichen sozialen Rollen. Da in einer I. prinzipiell jedem Menschen Auf- und Abstieg, je nach Leistung und Erfolg, offen stehen, wird diese auch als ↑ Leistungsgesellschaft, **Erfolgsgesellschaft, mobile Gesellschaft** oder **offene Gesellschaft** bezeichnet.

Diese Begriffe verdecken jedoch tatsächlich bestehende Behinderungen der sozialen Mobilität und der Chancengleichheit, die auch in der hoch entwickelten I. durch schichtenabhängige Erziehungs- und Bildungsdefizite entstehen. Dennoch bietet die I. gegenüber anderen Gesellschaftsformen infolge der industriellen Produktionsweise größeren materiellen Wohlstand, die Chance horizontaler und vertikaler ↑ Mobilität sowie die Möglichkeit, am politischen Entscheidungsprozess teilzuhaben und die erst durch die Industrialisierung entstandenen Bildungs-, Erholungs- und Informationsangebote wahrzunehmen.

Schon zu Anfang der Industrialisierung wurde auf die Zerstörung der familiären Bindungen und die soziale Entwurzelung hingewiesen, wenn häuslicher und ökonomischer Bereich, Wohnung und Betrieb getrennt werden (↑ Familie). Zweifellos führte die I. zur Auflösung vieler traditioneller Verhaltensweisen, die dem Einzelnen nicht nur Last, sondern auch Sicherheit waren. Auch war mit der industriellen Produktionsweise eine großräumige Zerstörung der Umwelt verbunden.

Das starke Wachstum des Dienstleistungssektors und die Ausbreitung von Informations- und Kommunikationssystemen leiteten Ende des 20. Jh. zu einer ↑ Dienstleistungsgesellschaft über, in der seit den 1980er- und 90er-Jahren die Gewinnung und Nutzung von Information und Wissen einen stetig wachsenden Anteil der Wirtschaftsleistung bilden (↑ Wissensgesellschaft). Daneben verstärken sich Orientierung an der ↑ Freizeit und Tendenzen zu einer Pluralisierung der Lebensstile. – Siehe auch ↑ Arbeit.

Industriegewerkschaft, Abk. IG: ↑ Gewerkschaft, welche die Interessen aller in einem Wirtschaftszweig beschäftigten Arbeitnehmer vertritt (Industrieverbandsprinzip). Im Gegensatz zur Weimarer Republik wurden nach 1945 die Gewerkschaften in der BRD nach diesem Prinzip und nicht nach der Berufszugehörigkeit ihrer Mitglieder organisiert.

industrielle Revolution: ↑ Industrialisierung.

Industrie- und Handelskammer, Abk. IHK: Interessenvertretung der gewerblichen Wirtschaft (mit Ausnahme des Handwerks, das in ↑ Handwerkskammern zusammengefasst ist), die als Körperschaft des öffentlichen Rechts organisiert ist. Alle Einzelkaufleute, Handelsgesellschaften und juristischen Personen des öffentlichen und privaten Rechts sind Zwangsmitglieder, wenn sie

I

im Bezirk der regional zuständigen IHK geschäftlich tätig sind.
Organe der IHK sind die Vollversammlung, gewählt durch die Mitglieder, ein von der Vollversammlung bestellter Präsident und ein Hauptgeschäftsführer. Zu den Aufgaben der IHK zählen die Interessenvertretung gegenüber dem Staat, Beratung der Mitglieder und Information, Erstellung von Gutachten, Schiedsgerichtsbarkeit, Aufsicht über Lehrlingsausbildung und die Durchführung der Lehrabschlussprüfungen.

Ineligibilität: ↑Inkompatibilität.

Inflation [von lat. inflatio »Aufblähung«]: länger anhaltender Prozess der Geldentwertung, der sich im Anstieg des Preisniveaus ausdrückt.
Als mögliche Ursachen gelten: 1) eine übermäßige Ausweitung der Geldmenge durch den Staat zur Deckung erhöhter Ausgaben; 2) eine das Angebot übersteigende Nachfrage nach Gütern, die den Anbietern erlaubt, die Preise zu erhöhen; 3) eine ↑Preis-Lohn-Spirale; 4) Preissteigerungen im Ausland, die durch Verteuerung der Importe und durch eine gleichzeitige Erleichterung der Exporte sich auch im Inland auswirken können **(importierte I.).** Wird durch staatliche Maßnahmen (z.B. Festsetzung von Höchstpreisen und Vergabe von Subventionen) versucht, den Anstieg des Preisniveaus zu verhindern, spricht man von **zurückgestauter Inflation.**

informationelles Selbstbestimmungsrecht: ↑Datenschutz, ↑Selbstbestimmungsrecht.

Informationsfreiheit: das Grundrecht, sich aus allgemein zugänglichen Quellen ungehindert zu unterrichten. Die I. ist Voraussetzung der ↑Meinungsfreiheit, da sie eine Meinungsbildung erst möglich macht. Sie wurde in das Grundgesetz (Art. 5 Abs. 1) und einige Länderverfassungen aufgenommen und findet ihre Schranken in den allgemeinen Gesetzen. Die I. sichert jedoch kein Recht auf Information zu, dieses steht lediglich der Presse aufgrund der Landespressegesetze zu (↑Pressefreiheit).

Informationsgesellschaft: ↑Wissensgesellschaft.

Informationstechnologie: computergestützte Systeme zur Speicherung, Weitergabe, Wiedergewinnung, Verarbeitung, Verknüpfung und Auswertung bestimmter Daten (Informationen). I. findet in verschiedenen Bereichen Anwendung, z.B. bei der elektronischen Datenverarbeitung (EDV) oder bei Expertensystemen (Systeme zur computergestützten Lösung bestimmter Probleme).

Informationstechnologie: Die Branchen der modernen Informations- und Kommunikationstechniken boomen am Beginn des 21. Jahrhunderts (Bild: ein Callcenter).

Als **Informations- und Kommunikationstechnik** (IuK) wird der Industriebereich bezeichnet, der durch das Zusammenwachsen von I., Telekommunikation und Unterhaltungselektronik entstanden ist; zur IuK gehören alle Geräte, die zur technischen Umsetzung von Multimediaanwendungen (↑Multimedia) erforderlich sind.

informeller Sektor: traditioneller und ungeschützter Wirtschaftsbereich in Entwicklungsländern, gekennzeichnet durch arbeitsintensive Produktion, einfache Techniken, geringe berufliche

Qualifikation, kleine Betriebsgrößen, Verarbeitung einheimischer Rohstoffe, Fehlen von arbeits- und sozialrechtlichem Schutz, schlechte Bezahlung und schlechte Arbeitsbedingungen. Der i. S. ist Teil der ↑Schattenwirtschaft.

Infrastruktur: Gesamtheit aller für die Entwicklung eines Landes notwendigen Einrichtungen. Hierzu gehören die **materielle I.** (z.B. Verkehrswege, Wasser- und Energieversorgung), die **institutionelle I.** (Gesamtheit der gewachsenen und gesetzten Normen und Verfahrensweisen der Gesellschaft, v.a. die geltende Rechtsordnung) und die **personelle I.** (Zahl und Fähigkeiten der Bevölkerung). Eine ausreichende I. ist Grundlage jeder höheren wirtschaftlichen Tätigkeit; das Niveau der I. einer Volkswirtschaft bestimmt damit deren Entwicklungsstand und -chancen. Kennzeichnend für Infrastrukturleistungen ist, dass sie überwiegend vom Staat oder von unter öffentlicher Kontrolle stehenden privaten Unternehmen bereitgestellt werden.

Inkompatibilität [von frz. inkompatible »unvereinbar«]: im Staatsrecht die Unvereinbarkeit, mehrere Ämter und Posten gleichzeitig zu bekleiden. Die I. steht im Zusammenhang mit dem Prinzip der ↑Gewaltenteilung und soll die Machtzusammenballung in der Hand einer Person verhindern.

Regelungen der I. enthält in Deutschland das Grundgesetz, z.B. Art. 55, 66 und 96 (in Österreich und der Schweiz gelten analoge Regelungen). Danach dürfen Mitglieder des Bundesrates nicht dem Bundestag angehören und Angehörige des öffentlichen Dienstes werden in den Ruhestand versetzt, wenn sie ein parlamentarisches Mandat annehmen. Außerdem kann nach Art. 137 Abs. 1 GG die Wählbarkeit von Angehörigen des öffentlichen Dienstes zur Verhinderung einer Verbindung von ausführender und gesetzgebender Tätigkeit gesetzlich beschränkt werden. Bei Gemeindeparlamenten bestehen Ausnahmen. Nicht zulässig ist eine Regelung, die einen Ausschluss **(Ineligibilität)** von der Wählbarkeit überhaupt enthält.

Innenministerkonferenz, Abk. IMK: ständige Einrichtung der Innenminister des Bundes und der Länder als oberstes Koordinierungsgremium für Fragen der inneren Sicherheit. Die IMK tagt seit ihrer Gründung 1954 alle zwei bis drei Monate, wenn keine besonderen Anlässe zu Sondersitzungen zwingen.

Innenpolitik: Gesamtheit der politischen Pläne und Maßnahmen eines Staates, die auf dessen innere Verhältnisse gerichtet sind und an denen im Wesentlichen nur Angehörige dieses Staates beteiligt sind – im Gegensatz zur ↑Außenpolitik.

Die Aufgaben der I. sind auf die klassischen Ministerien (Inneres, Justiz, Finanzen) und auf verschiedene neue Ressorts (Agrar- und Verkehrspolitik, Soziales, Arbeit, Umweltschutz usw.) verteilt. Getragen wird die I. neben der Regierung, den Ministerien und deren Verwaltungorganen auch von den an der innenpolitischen Meinungsbildung beteiligten Kräften (z.B. Parteien, Interessenverbänden).

Während sich I. im bürgerlichen Staat des 19. Jh. auf die Bereiche Polizei, Justiz, Finanzen und Erziehungswesen beschränkte, erweiterte sich durch die Entstehung des modernen ↑Sozialstaats auch der Aufgabenbereich der I. Viele innenpolitische Aufgaben (z.B. Umweltschutz) lassen sich heute nur im Zusammenwirken mit der Außenpolitik bewältigen.

innere Emigration: ↑Emigration.

innere Führung: Prinzip der Menschen- und Truppenführung in der ↑Bundeswehr mit Normen und Verhaltensregeln für Vorgesetzte und Untergebene. Diese sollen einerseits die Einsatzbereitschaft der Streitkräfte, andererseits die Rechte der Soldaten sichern. Der einzelne Soldat und die Streitkräfte als Ganzes bleiben in die demokratisch-parlamentarische Staatsordnung eingle-

I

dert **(Staatsbürger in Uniform).** – Siehe auch ↑Primat der Politik.

innere Sicherheit: Ziel und Zweck aller staatlichen Maßnahmen zur Wahrung der öffentlichen Sicherheit und Ordnung und zum Schutz der verfassungsmäßigen Grundordnung. Die i. S. wird v.a. durch die ↑organisierte Kriminalität und den ↑Terrorismus gefährdet. Träger der Maßnahmen zum Schutz der i. S. sind Polizei, Staatsanwaltschaft und bestimmte Organe des ↑Verfassungsschutzes.

Innovation [lat. »Erneuerung«]:

◆ im politischen Sprachgebrauch Bezeichnung für die Neugestaltung von Institutionen, Vorgängen oder der Staatstätigkeit (↑Policy), z.B. durch Reformen.

◆ In der Wirtschaft dienen I. v.a. der Steigerung der Effektivität und Produktivität eines Unternehmens.

Innung: freiwilliger Zusammenschluss der selbstständigen Handwerker des gleichen Handwerks in einem Bezirk. Die I. sind in Deutschland fachlich gegliederte Verbände. Sie bilden die unterste Stufe der Handwerksorganisation und sind Ausgangspunkt für die fachübergreifenden Verbände (Kreishandwerkerschaft, ↑Handwerkskammer) und für übergreifende fachliche Zusammenfassungen der Handwerksorganisation (Landes- und Bundesinnungsverbände, Bundesvereinigung der Zentralfachverbände des deutschen Handwerks). Die I. fördern die gemeinsamen gewerblichen Interessen ihrer Mitglieder, dienen der beruflichen Fortbildung und der Lehrlingsausbildung. Mit Genehmigung ihrer Satzung durch den Staat werden sie öffentlich-rechtliche Körperschaften.

Input-Output-Modell [-'aʊtpʊt-, engl.]: in die Politikwissenschaft übernommenes wirtschaftswissenschaftliches Modell, bei dem der eingesetzten Leistung **(Input)** das Produktionsergebnis **(Output)** gegenübergestellt wird. Mit dem I.-O.-M. wird der Zusammenhang zwischen den Eingaben in den politischen Willensbildungs- und Entscheidungsprozess und ihren Auswirkungen analysiert.

Instanz: die zur Verwaltung oder Entscheidung einer bestimmten Angelegenheit zuständige Behörde oder das zuständige Gericht (↑Gerichtsbarkeit). Sind die Behörden oder Gerichte so miteinander verbunden, dass man sich mit Beschwerden oder Rechtsmitteln an eine andere, höhere Instanz wenden kann, spricht man von **Instanzenzug.**

Instanzenweg: ↑Bürokratie.

Institution [lat.]: Einrichtung zur Erfüllung bestimmter (öffentlicher oder privater) Zwecke. Im alltagssprachlichen Gebrauch werden die unterschiedlichsten Einrichtungen als I. bezeichnet, z.B. die Ehe oder bestimmte Organisationen und Ämter. In der Soziologie gelten als I. alle sozialen Gebilde, Organisationen und Prinzipien, die als Träger öffentlicher Ordnung anerkannt und garantiert sind. Da die menschlichen Beziehungen in I. bestimmten Mustern folgen und eine beständige Form besitzen, erleichtern I. die zwischenmenschlichen Beziehungen und die Orientierung in der sozialen Umwelt.

Aus rechtlicher Sicht unterscheidet man **Institute,** d.h. überwiegend durch Privatrechtsnormen gestalteten Einrichtungen (z.B. Ehe, Eigentum), und Institutionen, zu denen v.a. die Einrichtungen der öffentlich-rechtlichen Verwaltung zählen.

Integration [von lat. integratio »Wiederherstellung eines Ganzen«]: allgemein der Vorgang des Zusammenschlusses von Teilen, auch von Staaten, zu einer Einheit (Gegensatz: Desintegration).

In der (politischen) Soziologie die Eingliederung von Personen (z.B. Flüchtlingen) bzw. Teilen eines sozialen Systems in eine umfassende Einheit wie eine ↑Gruppe oder in den Staat (z.B. Rassenintegration). Die weltweiten Migrationsbewegungen des 20. Jh., die in zahlreichen Staaten multikulturelle ↑Gesellschaften haben entstehen lassen, haben die I. zu einer wichtigen Aufgabe von Staat und Gesellschaft werden lassen. Die **soziale I.** beruht dabei auf der Anerkennung gemeinsamer Grundwerte, Ziele und Merkmale (»Minimalkonsens«) sowie allgemeiner Regeln zur Bewältigung und Lösung von Konflikten innerhalb einer Gruppe. Stellen die Gruppenmitglieder den Minimalkonsens und die Regeln zur Konfliktlösung infrage, so kann durch Ablenkung (z.B. durch Aufbau eines gemeinsamen ↑Feindbildes) eine sog. **sekundäre I.** angestrebt werden. – Siehe auch ↑multikulturelle Gesellschaft.

Integrationspartei: politische Partei, die mit ihrem Programm eine breite Wähler- und Mitgliederschicht anspricht (Volkspartei, Massenpartei), meist mit dem Ziel, die Interessen des ganzen Volkes zu vertreten (Gegensatz: ↑Repräsentationspartei). Typisches Beispiel einer I. ist die europäische Sozialdemokratie.

Im Unterschied zu demokratischen I. versuchen totalitäre I., z.T. durch Zwang auch den privaten Lebensbereich ihrer Mitglieder erheblich zu bestimmen.

Integrität [von lat. integer »unberührt«, »ganz«]: Bezeichnung für die Unbestechlichkeit und Glaubwürdigkeit eines Menschen sowie die Unverletzlichkeit eines Staatsgebietes.

Intellektueller: Bezeichnung für einen Menschen, der aufgrund seiner meist beruflich bedingten geistigen Beschäftigung seine Umwelt verstandesmäßig betrachtet und eine Neigung zur kritischen Distanz gegenüber gesellschaftlichen Vorurteilen und Traditionen hat.

Interaktion: allgemein Kommunizieren, aufeinander bezogenes Handeln zwischen zwei oder mehreren Personen. In der Soziologie die Wechselbeziehung zwischen ↑Individuen und einer gesellschaftlichen ↑Gruppe oder der ↑Gesellschaft insgesamt, besonders die wechselseitige Orientierung des Handelns an den Erwartungen der anderen in Gruppen und größeren sozialen Systemen.

Interdependenz [lat.]: die auf Wechselwirkung beruhende gegenseitige Abhängigkeit, z.B. politischer (Außen- und Innenpolitik) und ökonomischer Zusammenhänge: Bei Preisveränderung eines Gutes etwa steigt oder fällt die Nachfrage nach anderen Gütern, die dieses ersetzen können.

Interessenkonflikt: das Aufeinandertreffen unterschiedlicher Interessen zwischen Einzelpersonen oder Gruppen wegen unvereinbarer Zielsetzungen. Dabei kann die gesamte gesellschaftlich-politische Ordnung als ein System von Regeln für ein geordnetes Lösen von I. betrachtet werden.

Politische, wirtschaftliche, soziale und kulturelle Veränderungen und Entscheidungen berühren immer die Interessen der verschiedenen gesellschaftlichen Gruppen, die sich durch wirtschaftliche Stellung, Bildung, politische Macht, Werte usw. unterscheiden. I. sind daher unausweichlich. Sie sind bis zu einem gewissen Grad lösbar durch Verzicht einer Seite, durch gewaltsame Unterdrückung oder durch Kompromisse. Eine funktionierende Rechtsordnung macht eine friedliche Lösung von I. möglich.

Interessenverband: freiwilliger Zusammenschluss von Personen, die sich zur Vertretung gemeinsamer politischer, wirtschaftlicher oder sozialer Interessen eine feste Organisationsform geben (im Unterschied zu unorganisierten **Interessengruppen**). I. traten in Deutschland seit Ende des 19. Jh. im Laufe der industriellen Entwicklung an die Stelle von Einrichtungen der ständischen Ordnung (Zünfte u.Ä.). Zu den wichtigsten I. gehören v.a. Gewerkschaften und Arbeitgeberverbände, daneben auch Sportverbände, die Kirchen usw. Sofern die I. auf die Gesetzgebung u.a. politische Akte Einfluss zu nehmen suchen, werden sie auch als **Pressuregroups** bezeichnet.

I. sind Ausdruck der vielschichtigen Interessenstruktur der modernen Gesellschaftssysteme (↑Pluralismus) und haben innerhalb der demokratischen Ordnung zwischen dem Einzelnen und der Gesellschaft eine Mittlerfunktion, die durch im Grundgesetz verankerte Grundrechte ermöglicht und geschützt wird (u.a. Meinungsfreiheit, Versammlungsfreiheit). Im Unterschied zu den ↑Parteien stellen I. nicht selbst Kandidaten bei der Wahl auf, sondern sie versuchen, indirekt auf Gesetzgebung und Verwaltung Einfluss zu nehmen (↑Lobby).

Adressaten von I. sind die Öffentlichkeit, die Parteien, das Parlament, die Regierung und Verwaltung sowie andere I. Möglichkeiten zur Einflussnahme bestehen für I. z.B. in der finanziellen Unterstützung von Parteien durch Spenden, der Tätigkeit in parlamentarischen Ausschüssen oder der Teilnahme an ↑Hearings im Parlament.

Internalisierung [von lat. internus »innerlich«]: die Verinnerlichung gesellschaftlicher Normen und Verhaltensweisen, aus der die Bereitschaft erwächst, ihnen aus eigenem Antrieb zu folgen.

Internationale Arbeitsorganisation, (engl. **I**nternational **L**abour **O**rganization, Abk. ILO): am 11. 4. 1919 mit dem Völkerbund entstandene Einrichtung; seit 1946 Sonderorganisation der UN (Sitz: Genf, Schweiz). Die ILO bemüht sich u.a. um die Verbesserung von Arbeitsbedingungen und die Bekämpfung der Arbeitslosigkeit.

www.ilo.org

Internationale Atomenergie-Agentur, Abk. IAEA: 1957 gegründete selbstständige Organisation innerhalb der UN zur Förderung der friedlichen Nutzung der ↑Kernenergie mit 128 (1999) Mitgliedstaaten (Sitz: Wien). Zu ihren Aufgaben zählt u.a. die Durchführung von Sicherheitskontrollen.

internationale Beziehungen: politische, militärische, wirtschaftliche und kulturelle Verflechtungen zwischen zwei (bilaterale Beziehungen) oder mehreren (multilaterale Beziehungen) Staaten; i. B. finden ihren Ausdruck in Maßnahmen der Kooperation (z.B. Abschluss zwischenstaatlicher Verträge, Gründung ↑internationaler Organisationen), die zur Wahrung oder Herbeiführung von Frieden geeignet sind, sowie in kriegerischen Auseinandersetzungen (↑Konflikt, ↑Krieg). – Siehe auch ↑Nord-Süd-Konflikt, ↑Ost-West-Konflikt.

Internationale Energieagentur, Abk. IEA: 1974 im Rahmen der OECD gegründete Organisation (Sitz: Paris) zur Sicherung der Energieversorgung.

www.iaea.org

Internationale Entwicklungsorganisation (engl. **I**nternational **D**evelopment **A**ssociation, Abk. IDA): 1959 gegründete UN-Sonderorganisation (Sitz: Washington D.C.) zur Finanzierung von Entwicklungsprojekten aus Gewinnen der ↑Weltbank.

www.worldbank.org/ida

internationale Organisation: die aufgrund völkerrechtlicher Verträge zwischen Staaten errichtete ständige Einrichtung mit eigenen Organen zur Wahrnehmung gemeinsamer Aufgaben. Die Befugnisse der i. O. bestimmen sich allein nach dem Willen der Mitgliedstaaten. Diese können ihr auch eine eigene Rechtspersönlichkeit verleihen. Eine **supranationale Organisation** hat die Befugnis, unmittelbar für die Staatsangehörigen der Mitgliedstaaten Vorschriften zu erlassen, z.B. die ↑Europäischen Gemeinschaften. Die wichtigste i. O. ist die ↑UN, der nahezu alle Staaten der Welt angehören und der zahlreiche Sonderorganisationen angegliedert sind.

Internationaler Frauentag (Weltfrauentag): Ehrentag für Frauen am 8. 3., der seit 1911 jährlich begangen wird.

Internationaler Gerichtshof, Abk. IGH (engl. **I**nternational **C**ourt of **J**ustice, Abk. I.C.J.): 1946 errichtetes

Hauptorgan der UN mit 15 von der UN-Generalversammlung und dem Sicherheitsrat auf neun Jahre gewählten Richtern (Sitz: Den Haag, Niederlande). Alle Mitgliedstaaten der UN nehmen mit ihrer Mitgliedschaft das Statut des IGH (vom 26. 6. 1945) an. Das Gericht entscheidet in Streitverfahren zwischen souveränen Staaten, sofern diese seine Gerichtsbarkeit zuvor anerkannt haben, sowie in Gutachterverfahren auf Antrag der UN oder ihrer Sonderorganisationen; Rechtsgrundlage ist das geltende ↑ Völkerrecht. Der IGH hat seit 1946 mit über 50 Urteilen und Gutachten wesentlich zu Fortbildung des Völkerrechts beigetragen.

www.icj-cij.org

Internationaler Seegerichtshof: UN-Rechtsprechungsorgan, das auf der Grundlage der Seerechtskonvention von 1982 errichtet wurde (Sitz: Hamburg). Der I. S. ist zuständig für die Beilegung von Streitigkeiten zwischen den Vertragsstaaten der Seerechtskonvention.

Internationaler Strafgerichtshof, Abk. ISGH (Weltstrafgerichtshof): ständiger internationaler Gerichtshof zur Verfolgung von Völkermord, Verbrechen gegen die Menschlichkeit, Kriegsverbrechen sowie des Verbrechens des Angriffskrieges. Am 17. 7. 1998 wurde in Rom das Gründungsstatut des ISGH verabschiedet, der seinen Sitz in Den Haag haben soll. Nach seiner Ratifizierung durch 60 Staaten soll das Statut in Kraft treten.

Internationaler Währungsfonds, Abk. IWF (engl. **I**nternational **M**onetary **F**und, Abk. IMF): Sonderorganisation der UN, die 1944 aufgrund des Abkommens von Bretton Woods (auch ↑ Weltbank) zur Überwachung des internationalen Währungssystems gegründet wurde, mit 182 Mitgliedern (1999); Sitz: Washington D. C.

Hauptziele des IWF sind: 1) Errichtung eines Systems fester Wechselkurse; 2) Bereitstellung von Krediten für Mitgliedstaaten mit Zahlungsbilanzstörungen; 3) Einrichtung eines multilateralen Zahlungsverkehrs und Beseitigung von Devisenbeschränkungen; 4) Stärkung des Welthandels, u.a. dadurch, dass

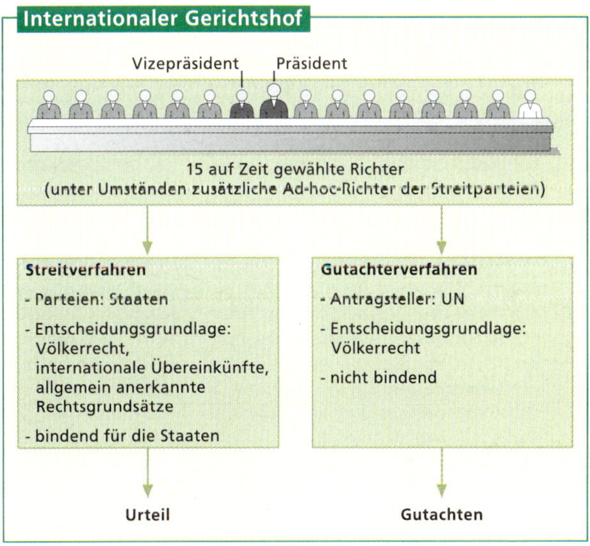

I

Währungsabwertungen zur Erringung eines Wettbewerbsvorteils unterbleiben und die Gefahr einer Abwertungskonkurrenz vermieden wird.
Organe des IWF sind der Gouverneursrat und der daraus gebildete Ausschuss, bestehend aus Vertretern der Mitgliedstaaten, sowie das Exekutivdirektorium, das die laufenden Geschäfte führt. Die Mittel des IWF bestehen aus Einzahlungen der Mitgliedstaaten. Jedem Mitglied ist eine Quote zugewiesen, nach der sich u.a. die Höhe seiner finanziellen Zahlungsverpflichtungen und die Möglichkeiten der Inanspruchnahme des Fonds (Ziehungsrechte) bestimmen. Den höchsten Stimmenanteil und damit eine Sperrminorität haben die USA. Um die internationale Währungsordnung flexibler zu gestalten (u.a. stärkere Unabhängigkeit vom Dollar) und Währungskrisen besser begegnen zu können, wurde 1961 eine neue Geld- und Reserveeinheit geschaffen **(Sonderziehungsrechte)** und 1981 die Kreditaufnahme erleichtert. Der IWF geriet wegen seiner auf kurzfristigen Zahlungsbilanzhilfen gerichteten Politik (so gegenüber Russland) und v.a. mit den einseitig wirtschafts- und währungspolitischen Auflagen in Konflikt mit den Entwicklungsländern (↑Entwicklungspolitik, ↑Schuldenkrise), die sich dadurch mit sozialen Konflikten konfrontiert sahen.

www.imf.org

Internet: siehe Seite 206.

Interpellation [lat. »Unterbrechung«, »Einrede«]: das an die Regierung gerichtete Verlangen des Parlaments um Auskunft in einer bestimmten Angelegenheit. In Deutschland ist das Recht zur I. zwar nicht ausdrücklich im Grundgesetz genannt, gehört aber zu den Kontrollrechten jedes Parlaments und ist als parlamentarische ↑Anfrage in der Geschäftsordnung des Bundestages geregelt.

Interpol: Kunstwort für die 1923 in Wien gegründete, 1946 neu gegründete **Inter**nationale kriminal**pol**izeiliche Organisation (Abk. IKPO) mit Sitz in Lyon (deutsches Büro: Wiesbaden). Ziel von I. ist die wechselseitige Unterstützung bei der Verfolgung von Kriminellen und grenzüberschreitenden Delikten. Grundlage der polizeilichen Tätigkeit ist dabei das jeweils geltende innerstaatliche Recht.

Intervention [von lat. intervenire »dazwischentreten«]: im Völkerrecht die oft militärische Einmischung eines Staates in die inneren Angelegenheiten eines anderen souveränen Staates. Aus dem Prinzip der Unabhängigkeit und Gleichheit aller Staaten wurde das Verbot hergeleitet, sich in die inneren und äußeren Angelegenheiten eines souveränen Staates einzumischen (Art. 2 Nr. 4 der UN-Charta; ↑Gewaltverzicht).
Unter dem Gesichtspunkt der **humanitären I.** wird in der Völkerrechtslehre diskutiert, Menschenrechtsverletzungen eines Staates nicht mehr als seine innere Angelegenheit zu betrachten, sondern bei ihrer Verletzung ein Interventionsrecht der Staatengemeinschaft anzunehmen.

UN-Charta vom 26. 6. 1945, Art. 2 Nr. 4:

»Alle Mitglieder unterlassen in ihren internationalen Beziehungen jede gegen die territoriale Unversehrtheit oder die politische Unabhängigkeit eines Staates gerichtete oder sonst mit den Zielen der UN unvereinbare Androhung oder Anwendung von Gewalt.«

Interventionsstaat: Bezeichnung für einen Staat, der systematisch in gesellschaftliche Angelegenheiten und das Wirtschaftsgeschehen eingreift. Die Skala reicht, auch in einer ↑Marktwirtschaft, von einzelnen Eingriffen zur Beseitigung akuter Missstände (adhoc-Interventionismus) bis zur Aufhebung des Marktmechanismus in einer ↑Zentralverwaltungswirtschaft. In den westlichen Industriegesellschaften erfolgen Eingriffe v.a. im Rahmen der Konjunktur- und Strukturpolitik. Stärkere Eingriffe (z.B. ↑Investitionslenkung) werden gelegentlich gefordert, können in ihrer extremen Form aber den Charakter von ↑Dirigismus annehmen.

Intifada [arab. »sich erheben«]: Bezeichnung für den im Dezember 1987 begonnenen Aufstand der palästinensischen Araber im Gazastreifen und im Westjordanland gegen die dortige israelische Besatzungsmacht; später auch allgemeine Bezeichnung für palästinensische Unruhen, z.B. im Jahr 2000. Die von der ↑Palästinensischen Befreiungsorganisation unterstützte und v.a. von Jugendlichen getragene I. verschaffte den Forderungen nach einem palästinensischen Staat internationale Aufmerksamkeit.

Intimsphäre: der private Bereich jedes Menschen, der für seine Umwelt nicht zugänglich sein soll. Rechtlich wird sie durch gesetzliche Bestimmungen (z.B. das ↑Brief-, Post- und Fernmeldegeheimnis) geschützt. Der grundsätzliche Schutz der I. und des allgemeinen Persönlichkeitsrechts wird jedoch durch staatliche Maßnahmen eingeschränkt, die im überwiegenden Interesse der Allgemeinheit, aber unter strikter Wahrung des ↑Verhältnismäßigkeitsgrundsatzes erfolgen, soweit sie nicht den unantastbaren Bereich privater Lebensgestaltung beeinträchtigen. So kann die Verwertung tagebuchartiger Aufzeichnungen gerechtfertigt sein, wenn das Interesse des Staates an der Strafverfolgung das persönliche Interesse am Schutz des eigenen Geheimbereichs überwiegt. Andererseits fällt es z.B. in die I. einer Beamtin, ob sie den Vater ihres nichtehelichen Kindes nennen will.

Intoleranz [lat.]: Unduldsamkeit gegenüber weltanschaulichen und moralischen Überzeugungen und Verhaltensweisen anderer; Gegensatz: ↑Toleranz.

Investition: langfristige Maßnahme zur Erweiterung, Erhaltung und Verbesserung der Produktion. Man unterscheidet **Anlageinvestitionen** wie Fabrikhallen, Maschinen, Fahrzeuge, Verwaltungsgebäude, Brücken und Straßen, und **Vorratsinvestitionen,** die auf Lager liegen, wie nicht verbrauchte Vorprodukte, Halb- und Fertigfabrikate. In der Volkswirtschaft sind I. von Bedeutung für die Entwicklung der Wirtschaftsleistung; sie wirken sich stark auf die Produktionskapazität der Wirtschaft, das Volkseinkommen und den Lebensstandard eines Volkes aus. Ein Investitionsstopp dämpft die Konjunktur.

Investitionslenkung: staatliche Beeinflussung privater Investitionsentscheidungen zur Vermeidung von Fehlinvestitionen und Überinvestitionen mit dem Ziel, die Versorgungslage zu verbessern und Wirtschaftskreisläufe zu stabilisieren. Je nach Art der I. unterscheidet man **direkte I.** und **imperative I.** (durch Gebote und Verbote) sowie **indirekte I.** (z.B. steuerliche Erleichterungen oder Zahlung von Investitionsprämien).
Maßnahmen zur I. sind häufig umstritten, weil sie einen staatlichen Eingriff in die unternehmerische Entscheidungsfreiheit darstellen. Im Gegensatz dazu sollen bei der staatlichen **Investitionsförderung** die privaten Investitionsentscheidungen in Übereinstimmung mit der marktwirtschaftlichen Selbststeuerung beeinflusst werden.

In-vitro-Fertilisation, Abk. IVF: die Befruchtung der menschlichen Eizelle außerhalb des Körpers in einer Nährlösung (in vitro). Die IVF ist eine Methode, die z.B. bei Unfruchtbarkeit von Frauen angewandt wird. Die befruchtete Eizelle wird in die Gebärmutter eingesetzt und wie eine normale Schwangerschaft ausgetragen. – Siehe auch ↑Leihmutter.

IRA, Abk. für **I**rish **R**epublican **A**rmy: nationalistische, illegale Organisation in Irland und Nordirland, gegründet 1919, kämpfte 1919–21 für die Unabhängigkeit Irlands von Großbritannien, ging ab 1921 z.T. in den Untergrund. Seit 1969 bilden radikale Katholiken in Nordir-

Das Kunstwort Internet, gebildet aus den Bestandteilen »international« und »net« (engl. »Netz«), bezeichnet die technische Möglichkeit, Computer weltweit über Datenleitungen, insbesondere das Telefonnetz, zu unterschiedlichen Zwecken in Form eines Netzwerks miteinander zu verbinden. Heute zeichnet sich eine enorme Ausweitung v.a. der geschäftlichen Anwendungsmöglichkeiten, der benutzten Techniken, aber auch der Problemfelder des jungen Kommunikationsmediums ab. Bis Anfang 2000 hatte nach einer Studie des Marktforschungsinstituts Forsa mehr als ein Fünftel der Bevölkerung in Deutschland Zugang zum Internet. Die Onlineangebote am stärksten nutzten die Männer (Anteil: rd. 28%; Frauen: 15%), die 30–39-Jährigen (39% der Altersgruppe) und diejenigen mit Abitur oder Hochschulabschluss (60% der Internetnutzer).

Ein Internetnutzer kontrolliert am Monitor Aktienkursverläufe. Informationen und Datenbanken in aller Welt sind über das Internet online abrufbar.

Entwicklung seit den 1970er-Jahren

1969 schlossen sich auf Initiative des US-Verteidigungsministeriums vier Rechenzentren zum sog. ARPAnet zusammen, das heute als Keimzelle des Internet gilt. 1975 wurde das TCP/IP-Abkommen (Transmission Control Protocol/Internet Protocol) vereinbart, das international die Verbindung unterschiedlichster Netzwerke (meist für wissenschaftliche Institute) erlaubte. 1985 zog sich das US-Militär in sein eigenes Netz zurück. 1991/92 wurde am Forschungszentrum CERN in Genf/Schweiz das World Wide Web (WWW) entwickelt. 1999 hatte das Internet bereits 150 Mio. Teilnehmer und Anfang 2000 waren 1 Mrd. Webseiten im Netz. Im WWW stellen private, institutionelle und geschäftliche Anbieter unterschiedlichste Dienste bereit. Auf die jeweiligen Websites der Anbieter kann i.d.R. jedermann kostenlos zugreifen, zunächst auf die als Startplattform dienende Homepage und von dort über Verbindungen (Links, auch: Hyperlinks) zu den einzelnen Angeboten des Anbieters oder auch zu denen anderer Anbieter (surfen).

Internet als Wirtschaftsfaktor

Seit Ende der 1990er-Jahre ruhen viele Hoffnungen auf der Nutzung des Internets als neuem Vertriebsweg für Unternehmen. Insbesondere Politiker werteten das Internet als aufstrebende Zukunftsbranche, die für Wirtschaftswachstum und Arbeitsplätze sorgen könnte. Auch der Internationale Währungsfonds rechnete 2000 damit, dass der elektronische Handel (↑E-Commerce) bis 2003 einen Umfang von 3000 Mrd. Dollar erreicht. In erster Linie wird E-Commerce von Unternehmen untereinander verwendet. Vorreiter des elektronischen Handels mit Privatkunden waren Buchversandunternehmen. Zunehmend wird das Internet auch zur elektronischen Erledigung von Bankgeschäften (Home-Banking) genutzt. Und auf Homepages und in Suchmaschinen wird mehr und mehr Werbung platziert.

Technische Möglichkeiten

Elektronische Unterschriften (digitale Signaturen) sollen die Rechtssicherheit im elektronischen Handel erhöhen und elektronisch übermittelten Dokumenten rechtliche Verbindlichkeit verleihen. Eine entsprechende Vereinbarung setzten die EU-Staaten 2000 in Form einer Richtli-

nie in Kraft. Das System digitaler Signaturen besteht aus einem öffentlichen und einem privaten Schlüssel. Der öffentliche Code wird von sog. Trust Centers verwaltet. Der private Schlüssel liegt, z.B. in Form einer Chipkarte, beim Anwender.
Zu Beginn des ersten Jahrzehnts des 21. Jh. wurden die Bemühungen verstärkt, das Internet für die immer stärker verbreiteten Mobilfunkgeräte nutzbar zu machen. Die ab 2002 weltweit geltende neue Mobilfunktechnik UMTS (Abk. für **U**niversal **M**obile **T**elecommunications **S**ystem) wird die erforderliche Übertragungsgeschwindigkeit dafür gewährleisten. Daneben laufen Bemühungen, neben dem Telefon- auch das normale Stromnetz zur Datenübertragung zu nutzen.

Perspektiven und Gefahren

Da das Internet mit großer Geschwindigkeit wächst, zeichnen sich Veränderungen in zahlreichen Lebensbereichen ab:

- Mit der Nutzung der vielen fachlichen und privaten Diskussions- und Gesprächsforen (Chatrooms, Newsgroups) nimmt die Kommunikation neue Formen an: Sie ist weltweit möglich (Entfernungen schrumpfen zur Dimension eines »globales Dorfes«), indirekt, freiwillig und häufig beliebig. Sie verändert Gruppenbeziehungen und schafft möglicherweise ein neues Gemeinschaftsgefühl unter den Nutzern des Internets.
- Der Umgang mit dem Medium Internet wird neben dem Lesen und Schreiben immer mehr als notwendige Kulturtechnik angesehen. Der Beherrschungsgrad entscheidet mit über den Zugang zu Ressourcen (Wirtschaftsgüter, Bildung) und die soziale Position. Ein Ausschluss (freiwillig oder wegen fehlender Möglichkeit, z.B. in Entwicklungsländern) wirkt sich für den Einzelnen wie für die Volkswirtschaft nachteilig aus.
- Die Dichte der Informationen verändert (erschwert) ihre Umsetzung in Erkenntnisse und Wissen und stellt die traditionellen Wissensvermittler (Eltern, Lehrer) vor die Aufgabe, neue Lernmethoden und Auswahlkriterien zu vermitteln.
- Mit Nutzung des Internets im politischen Bereich verbindet sich auch die Hoffnung auf eine größere Verbreitung demokratischer Spielregeln. Autoritär oder diktatorisch regierten Staaten wird es immer weniger gelingen, ihre Machtstellung durch Beschränkungen der Informationsfreiheit zu festigen. In demokratisch regierten Staaten könnten sich Willensbildungs- und Entscheidungsprozesse durch Umfragen und Abstimmungen im Internet transparenter gestalten und den Beteiligungsgrad erhöhen (E-Demokratie). Auch die Abhaltung von Wahlen im Internet wird diskutiert und z.T. auch schon durchgeführt (weltweit zuerst im Februar 2000 mit der Wahl zum Studentenparlament der

Internet

Internet-Nutzung in Deutschland

Angebot	Anteil in %
Private E-Mails	63,5
Surfen zum Vergnügen	58,7
Informationsmaterial anfordern	46,4
Geschäftliche E-Mails	38,4
Aktuelle Nachrichten	37,0
Datenbanken	34,7
Software herunterladen	32,7
Produktinformationen	30,4
Wirtschaftsinformationen	29,4
Online-Banking	27,1
Chat-Foren	23,8
Stellenangebote	21,9
Musik herunterladen	21,1
Sportnachrichten	20,5
Online-Shopping	20,3

Quelle: GfK-Online-Monitor
Stand: 2000

Universität Osnabrück). Allerdings zeigte sich z.B. an der Clinton-Lewinsky-Affäre 1998/99 in den USA, dass etwa durch die Publikation z.T. kompromittierender Dokumente im Internet staatlichen Organen geschadet und Meinungsbildung manipuliert werden kann.

- Angesichts der Verbreitung von Inhalten, die Gewalt verherrlichen bzw. Straftatbestände erfüllen, z.B. rechtsextremistische Propaganda und Kinderpornographie, stellt sich die Frage nach einer Regulierung des Angebots durch den Staat. Während einerseits freiwillige oder staatliche Beschränkungen gefordert werden, wird andererseits jeder staatliche Eingriff in das auf unbeschränkte Meinungsfreiheit ausgelegte Internet als Zensurversuch angesehen.
- Durch die Möglichkeit, über das Internet zu kommunizieren und Daten auszutauschen, entfällt teilweise die Pflicht zur Anwesenheit am Arbeitsplatz. Dies verändert z.B. innerbetriebliche Abläufe und hat Auswirkungen auf die Arbeitszeit, die flexibler gestaltet werden kann.
- Eine neue Erscheinung sind auch Versuche, sich interessant erscheinende Domain Names (z.B. Markennamen oder beschreibende Adressen) im Voraus zu sichern, um sie dann an Interessenten Gewinn bringend zu verkaufen. Die privatrechtlich organisierte DENIC z.B. vergibt Adressen nach dem Eingang der Bestellungen, ohne Überprüfung und unter Ausschluss eigener Haftung.
- Kritisiert wird ferner der (allerdings verbotene) unerwünschte Versand von Werbung per E-Mail. Auch Betrugsfälle im E-Commerce häufen sich.

■ Urteile und Regelungen

Gerichtsurteile schränken in Deutschland inzwischen die Möglichkeit des Adressenhandels ein: 1996 sprach das Landgericht Mannheim Internetadressen Namensfunktion zu; und 2000 erklärte das Oberlandesgericht Hamburg auch die Reservierung beschreibender Begriffe für sittenwidrig.

Aufsehen erregte 1998 die Verurteilung eines Providers durch einen deutschen Richter wegen der Nichtverhinderung des Zugangs u.a. zu Gewaltvideos. Das Urteil wurde 1999 aufgehoben, der Onlinedienst habe die erforderlichen Vorkehrungen getroffen.

Das deutsche Multimediagesetz von 1997 (↑Multimedia) regelt u.a. Verbraucher- und Datenschutz, Haftung und digitale Unterschriften. Mit Umsetzung einer EU-Richtlinie in Deutschland durch das deutsche Gesetz über Fernabsatzverträge und andere Fragen des Verbraucherschutzes vom April 2000 wurde der elektronische Handel mit herkömmlichen Verträgen gleichgestellt. Auch wurden Regeln für Werbung und Verbraucherschutz aufgestellt. ■

Informationen zu Domain-Namen in Deutschland liefert die Organisation DENIC (www.denic.de). Das deutsche Bundeswirtschafts- und das Bundesinnenministerium sowie das zuständige Bundesamt informieren über Sicherheit im Internet, z.B. über digitale Signaturen (www.sicherheit-im-internet.de).

BANDZAUNER, GERALD: *Internet. Grundlagen und Anwendungen.* Wien (Ueberreuter) 1996. ■ KLAU, PETER: *Das Internet. Der größte Information-Highway der Welt.* Bonn (International Thompson Publications) ³1998; mit CD-ROM. ■ STOLL, CLIFFORD: *Die Wüste Internet. Geisterfahrten auf der Datenautobahn.* Lizenzausgabe Frankfurt am Main (Fischer) 1998.

land den militanten Flügel der IRA; dieser kämpfte als Terrororganisation für die Loslösung Nordirlands von Großbritannien und verübte zahlreiche Anschläge und Morde.

IRA: Um die Vertreibung der Briten aus Nordirland zu erreichen, griff der militante Flügel der katholischen IRA seit den 1960er-Jahren zum Mittel des Terrors.

1993 erklärte sich die britische Regierung zur Aufnahme von Gesprächen mit allen nordirischen Parteien bereit, um eine friedliche Lösung des ↑Nordirlandkonflikts voranzutreiben. Ein von der IRA 1994 zugesicherter Waffenstillstand wurde 1996 nach schweren Bombenanschlägen wieder aufgehoben. Das Ausrufen eines neuen Waffenstillstandes durch die IRA zum 20. 7. 1997 ermöglichte die Weiterführung der politischen Verhandlungen mit Großbritannien. Im November 1999 trat in Nordirland erstmals ein Regionalparlament unter Beteiligung der **Sinn Féin,** des politischen Arms der IRA, zusammen.

Islamisten: ↑Fundamentalismus.

Islamunterricht: Unterricht in islamischer Religionskunde an deutschen Schulen. I. wird in Nordrhein-Westfalen seit dem Schuljahr 1995/96 nach einem eigens entwickelten Lehrplan erteilt. Im November 1998 sprach das Berliner Oberverwaltungsgericht der Islamischen Föderation das Recht zu, I. zu erteilen und dessen Inhalte zu bestimmen. Politiker und Vertreter islamischer Organisationen fordern die Einführung des I. als Pflichtfach auch in anderen Bundesländern, um den Einfluss fundamentalistischer Koranschulen (insgesamt: 56 000 Schüler) zu verringern und die Eingliederung muslimischer Bürger zu fördern.

Isolationismus: Bezeichnung für die Haltung eines Staates, der sich außenpolitisch von der internationalen Politik, insbesondere durch Vermeidung von Bündnissen, fernhält. Der I. war vor und, mit Einschränkungen, nach dem Ersten Weltkrieg ein Grundsatz der US-amerikanischen Außenpolitik.

IWF: ↑Internationaler Währungsfonds.

Jahreswirtschaftsbericht: der von der Bundesregierung jährlich aufgrund des § 2 des ↑Stabilitätsgesetzes vorzulegende Bericht. Er besteht aus einer Stellungnahme zu den Jahresberichten des ↑Sachverständigenrats zur Begutachtung der gesamtwirtschaftlichen Entwicklung und einer Darlegung der geplanten Wirtschafts- und Finanzpolitik.

J

Jobsharing ['dʒɔbʃeərɪŋ, engl.]: eine besondere Form der ↑Teilzeitarbeit, bei der sich zwei oder mehrere Beschäftigte einen Arbeitsplatz mit vereinbarten Anwesenheitszeiten teilen.

Jointventure [dʒɔɪnt'ventʃə, engl. »gemeinsame Unternehmung«]: vorübergehender oder längerfristiger Zusammenschluss von selbstständigen Unternehmen zur Durchführung gemeinsamer Projekte, im engeren Sinn die Bildung internationaler Gemeinschaftsunternehmen.

J

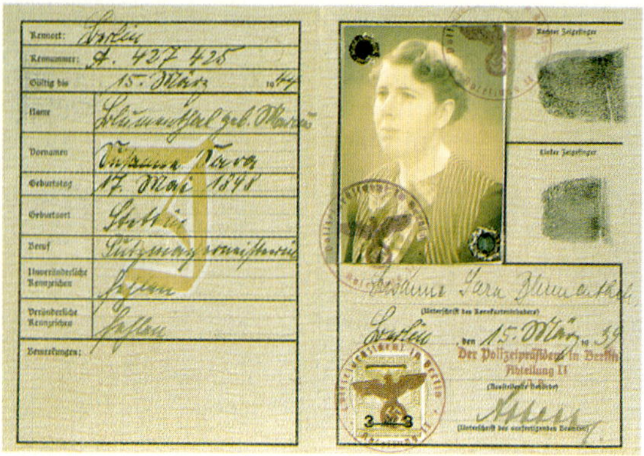

Judenverfolgung: Ab 1938 wurden in Deutschland Kennkarten und Pässe von Juden mit einem »J« gekennzeichnet; außerdem mussten Juden zwangsweise den zusätzlichen Vornamen »Sara(h)« oder »Israel« führen.

Judenverfolgung: Die Verfolgung der Juden begann im 5. Jh. v. Chr. mit der Zerstreuung des jüdischen Volkes in die Welt (Diaspora) und reicht bis in die jüngste Vergangenheit. Im Mittelalter fanden J. insbesondere z.Z. der Kreuzzüge (u.a. in Frankreich und im Heiligen Römischen Reich), nach der Aufklärung im 19. Jh. v.a. in Russland statt. Mit der physischen Vernichtung der europäischen Juden im nationalsozialistisch beherrschten Europa erreichte die J. ein bis dahin nie gekanntes Ausmaß.
Die J. ergab sich aus der nationalsozialistischen Rassenideologie (↑Antisemitismus, Nationalsozialismus) und verlief in verschiedenen Phasen. Nach der Ernennung A. HITLERS zum Reichskanzler (30. 1. 1933) kam es ab April 1933 zu Ausschreitungen gegen Juden und zum Boykott jüdischer Geschäfte sowie zu Berufsbeschränkungen für Juden (u.a. für Ärzte, Anwälte und Künstler), die bis 1937 auf fast alle Berufsgruppen ausgedehnt wurden. Die **Nürnberger Gesetze** vom 15. 9. 1935 bildeten die rechtliche Grundlage für die Verschärfung der J. So verloren die Juden durch das »Reichsbürger-Gesetz« wesentliche Grundrechte; das »Gesetz zum Schutze des deutschen Blutes und der deutschen Ehre« verbot u.a. die Ehe zwischen Ariern und Juden. Mit der **Reichspogromnacht** vom 9. zum 10. 11. 1938 begannen die direkten Aktionen gegen die jüdische Bevölkerung; dabei wurden viele Synagogen, jüdische Friedhöfe sowie über 7 000 jüdische Geschäftshäuser zerstört und mehr als 30 000 Juden verhaftet. Mit Beginn des Zweiten Weltkriegs 1939 wurde die J. auch auf die von Deutschland besetzten Gebiete ausgedehnt. Auf der **Wannseekonferenz** am 20. 1. 1942 erörterten Spitzenvertreter der obersten Reichs- und NSDAP-Dienststellen erstmals Maßnahmen für die seit 1941 geplante massenhafte Vernichtung der europäischen Juden. Infolge der Umsetzung dieser Pläne zur sog. »Endlösung der Judenfrage« wurde die jüdische Bevölkerung zwangsweise in bestimmte Territorien umgesiedelt bzw. in Arbeits- und Vernichtungslagern (↑Konzentrationslager) ausgebeutet und getötet (↑Holocaust). Der J. unter den Nationalsozialisten 1933–45 fielen etwa 6 Mio. europäische Juden zum Opfer.

Judikative: ↑rechtsprechende Gewalt.

Jugendamt: Behörde in kreisfreien Städten und Landkreisen, die für alle Angelegenheiten der öffentlichen ↑Jugendhilfe zuständig ist. Im überörtlichen Aufgabenbereich werden die Landesjugendämter tätig.

Jugendarbeitsschutz: Teil des ↑Jugendschutzes, in Deutschland geregelt durch das Gesetz vom 12. 4. 1976, das die Beschäftigung von Kindern verbietet. Kinder im Sinne des Gesetzes sind Personen unter 15 Jahren und vollzeitschulpflichtige Jugendliche. Ab dem 13. Lebensjahr dürfen Kinder mit Einwilligung der Erziehungsberechtigten kindgerechte Arbeiten in begrenzter Stundenzahl verrichten. Jugendliche (15–17 Jahre) dürfen nicht mehr als acht Stunden täglich und nicht mehr als 40 Stunden wöchentlich arbeiten; der Berufsschulunterricht wird auf die Arbeitszeit angerechnet.

Jugendbericht: Bericht über die Lage junger Menschen und die Bestrebungen und Leistungen der ↑Jugendhilfe, den die Bundesregierung gemäß Sozialgesetzbuch in jeder Legislaturperiode dem Bundestag und dem Bundesrat vorzulegen hat. Der J. dient u.a. der Auswertung jugendpolitischer Maßnahmen und ist eine Informationsquelle für die gesetzgebenden Körperschaften.

Jugendgerichtsbarkeit: Teil der ↑ordentlichen Gerichtsbarkeit, der sich mit den Straftaten von ↑Jugendlichen (14–17 Jahre) und Heranwachsenden (18–20 Jahre) befasst; die J. wird durch besondere Jugendgerichte ausgeübt. Grundlage der J. ist das Jugendgerichtsgesetz vom 11.12.1974.

Je nach der Schwere des Falles ist das Amtsgericht zuständig, und zwar der Strafrichter als Jugendrichter oder das Jugendschöffengericht (Besetzung: ein Jugendrichter, zwei Jugendschöffen) oder am Landgericht die Jugendkammer. Letztere besteht als kleine Jugendkammer (ein Jugendrichter, zwei Jugendschöffen; Berufungsinstanz gegen Urteile des Jugendrichters) oder als große Jugendkammer (zwei oder drei Jugendrichter und zwei Jugendschöffen; besonders als Berufungsinstanz gegen Urteile des Jugendschöffengerichts oder anstelle des Schwurgerichts erstinstanzlich bei schweren Delikten Jugendlicher).

Sind vor dem Jugendgericht in einem Verfahren ausschließlich Jugendliche angeklagt, so ist die Verhandlung nicht öffentlich. Im Jugendstrafverfahren wirkt die Jugendgerichtshilfe mit. Im Vor- und Hauptverfahren ist es möglich, von Strafverfolgung abzusehen und das Verfahren einzustellen, wenn eine Ahndung entbehrlich erscheint und andere Maßnahmen Erfolg versprechen.

Für Vollstreckung und Vollzug der ausgesprochenen Maßnahmen ist grundsätzlich der Jugendrichter als Vollstreckungsleiter zuständig. Ein rascher Vollzug der Maßnahmen soll den Jugendlichen den inneren Zusammenhang zwischen Tat, Urteil und Vollstreckung bewusst machen. Ziel des ↑Jugendstrafrechts ist es, den Jugendlichen zu ermöglichen, ein Leben ohne Strafen zu führen.

Jugendhilfe (Kinder- und Jugendhilfe): Maßnahmen zur sozialen Förderung von Kindern, Jugendlichen und jungen Erwachsenen, die von Jugendämtern und Landesjugendämtern sowie Verbänden und nicht staatlichen Organisationen erbracht werden. Die J. ist im Kinder- und Jugendhilfegesetz (zuerst 26. 6. 1990) geregelt, das als 8. Buch in das Sozialgesetzbuch (SGB VIII) eingefügt wurde. Die Leistungen der J. werden unterschieden in allgemeine Hilfen und Einrichtungen (Jugendarbeit, Sozialarbeit, erzieherischer Kinder- und Jugendschutz, Förderung der Erziehung in Familie und bei Alleinerziehenden, individuelle Erziehungshilfe, Hilfe bei Trennung und Sorgerechtsentscheidungen) und Hilfen für Einzelne (Erziehungsberatung, Erziehungsbeistände, Erziehung im Heim oder in fremder Familie). Andere Aufgaben sind die Inobhutnahme von Kindern und Jugendlichen in Notfällen, die Mitwirkung bei Vormundschafts-, Familiengerichts- und Jugendgerichtsverfahren).

Jugendkriminalität: die strafbaren Handlungen von Jugendlichen (14–17 Jahre) und Heranwachsenden (18–20 Jahre). Seit 1945 ist die J. in den meisten Industriestaaten, gemessen in absoluten

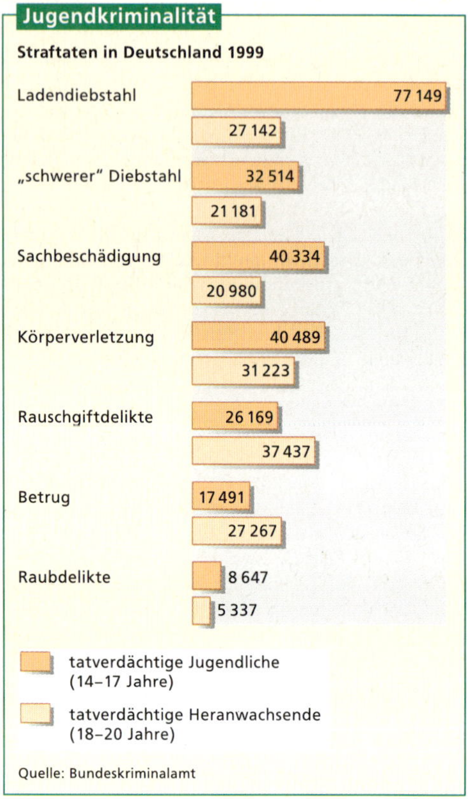

Zahlen, erheblich gestiegen, überproportional zur ↑Kriminalität der Erwachsenen. Eigentums- und Verkehrsdelikte herrschen vor, besonders zugenommen haben Delikte mit körperlicher Gewaltanwendung und Bandenkriminalität.

Die **Jugendkriminologie** erklärt die Zunahme der J. mit biologisch-psychologischen Veränderungen des Reifeprozesses und mit gesellschaftlichen Ursachen (Zunahme unvollständiger oder zerbrochener Familien, Wertewandel in Konsumgesellschaften, Sozialisierungsdefizite infolge mangelnder schulischer Qualifikation, kulturelle Entwurzelung, Jugendarbeitslosigkeit).

Jugendliche/r:

◆ Als J. wird eine Person vom 14. bis 17., manchmal auch bis zum 20. Lebensjahr (Heranwachsender), bezeichnet. In dieser Altersstufe vollzieht sich der Übergang vom Kind zum Erwachsenen.

◆ Nach dem deutschen Jugendgerichtsgesetz sind J. 14–17-Jährige, die im ↑Jugendstrafrecht nicht nach Erwachsenenrecht behandelt werden.

Jugendschutz: gesetzliche Vorschriften zum Schutz von Kindern und ↑Jugendlichen vor gesundheitlichen und sittlichen Gefahren. Sie umfassen den ↑Jugendarbeitsschutz und den J. in der Öffentlichkeit. Der **J. in der Öffentlichkeit,** d.h. der Schutz von Kindern (unter 14 Jahren) und Jugendlichen (14–17 Jahren) vor den sittlichen Gefahren außerhalb von Familie, Schule und Arbeitsstätte, ist durch das Gesetz vom 25. 2. 1985 geregelt. Danach sind Kinder und Jugendliche, die sich dort aufhalten, wo ihr körperliches, geistiges oder seelisches Wohl bedroht ist, zum Verlassen des Ortes anzuhalten und den Erziehungsberechtigten oder dem Jugendamt zu übergeben. Besuche von Kinos, Gaststätten, Spielhallen, Tanzveranstaltungen, Rauchen und der Genuss alkoholischer Getränke sind beschränkt und z. T. verboten. Für die Einhaltung der Regelungen sind die Veranstalter verantwortlich.

Jugendsekte: Bezeichnung für eine religiös-weltanschauliche Bewegung (↑Sekte), deren Anhänger fast ausschließlich die Altersgruppe der 16–25-

Jährigen umfasst (u.a. Hare-Krishna, Kinder Gottes, Scientology, Bhagwan). Ihnen ist gemeinsam eine zentrale Führergestalt, eine strenge Hierarchie, ein Elitebewusstsein sowie eine strenge Lebens- und Gütergemeinschaft. Als Gefahr, die von den J. ausgeht, wird die psychische Abhängigkeit, in die ihre Mitglieder geraten können, sowie ein erheblicher Realitätsverlust gesehen.

Jugendstrafrecht: besonderes, für Jugendliche (14–17-Jährige) und i.d.R. auch für Heranwachsende (18–20-Jährige) geltendes Strafrecht (↑Jugendgerichtsbarkeit). Das J. enthält vom allgemeinen Strafrecht abweichende, an der Persönlichkeit des Täters ausgerichtete Sanktionen.

Jugendvertretung: die Vertretung jugendlicher Arbeitnehmer im ↑Betriebsrat. Sie ist gemäß Betriebsverfassungsgesetz bei mindestens fünf Jugendlichen in einem Betrieb zu bilden. Die J. kümmert sich v.a. um Berufsbildungsprobleme.

Juli: ↑Junge Liberale.

Jungdemokraten: ↑Deutsche Jungdemokraten.

Junge Liberale, Abk. Juli: politische Jugendorganisation, gegründet 1980, seit 1982 Nachwuchsorganisation der ↑Freien Demokratischen Partei.

Junge Union Deutschlands, Abk. JU: Jugendorganisation der ↑Christlich-Demokratischen Union und der ↑Christlich-Sozialen Union in Bayern. Die Mitgliedschaft, die auch ohne Zugehörigkeit zu einer der Mutterparteien möglich ist, beschränkt sich auf die Altersgruppe der 16–40-Jährigen. 1945 regional entstanden, konstituierte sich die JU 1947 für die Westzonen.

Jungsozialisten, Abk. Jusos: Nachwuchsorganisation der ↑Sozialdemokratischen Partei Deutschlands (SPD); Mitglied kann sein, wer zwischen 14 und 35 Jahren alt ist. Gleichzeitige Mitgliedschaft in der SPD ist nicht notwendig. Besonders gegen Ende der 1960er- und in den 1970er-Jahren traten die Jusos als starke linke innerparteiliche Gruppierung auf, die den Parteikurs heftig kritisierte.

Junktim [von lat. iunctim »vereinigt«]: die Verknüpfung von Gesetzesvorlagen oder Verträgen, bei denen ein Teil nur dann als angenommen gilt, wenn auch der andere in Kraft tritt.

Junta ['xunta, span.]: in Spanien und Lateinamerika ein Gremium, das Regierungsaufgaben wahrnimmt; allgemein eine durch Staatsstreich an die Macht gekommene Gruppe von Offizieren **(Militärjunta)**, welche die Regierungsgewalt, z.T. als ↑Militärdiktatur, ausübt.

Jurisdiktion [lat. »Rechtsprechung«]: ↑Gerichtsbarkeit.

juristische Person: eine Personenvereinigung (↑Verein) oder Vermögenseinheit (↑Stiftung), der von der Rechtsordnung eine eigene Rechtsfähigkeit verliehen wurde. Eine j. P. kann wie eine natürliche Person Rechte und Pflichten, Vermögen und Schulden haben; sie handelt durch bestimmte Vertreter (z.B. Geschäftsführer). Man unterscheidet j. P. des Privatrechts, d.h. ohne hoheitliche Anordnungsbefugnisse (z.B. eine GmbH, eine AG), und solche des öffentlichen Rechts, d.h. mit Befugnissen zu hoheitlichen, verbindlichen Anordnungen, z.B. ↑Staat, ↑Gemeinde, ↑Gemeindeverband.

Jusos: ↑Jungsozialisten.

Justiz: im weiteren Sinne Bezeichnung für die ↑rechtsprechende Gewalt; im engeren Sinne fasst der Begriff J. die Rechtspflege und Justizverwaltung bzw. deren Organe zusammen: ↑Gerichtsbarkeit, ↑Staatsanwaltschaft, Justizministerien von Bund und Ländern sowie Straf- und Vollzugsbehörden.

Justizhoheit: ↑Gerichtsbarkeit.

K

Kabinett: im Staatsrecht die Gesamtheit der Minister einer Regierung, in Deutschland die Bundes- oder Lan-

K

desregierung. In Großbritannien und Frankreich gehört nur ein Teil der Minister zum eigentlichen Kabinett.
Die Bezeichnung K. kam im 17. Jh. für den engen Kreis persönlicher Berater (Geheimes Kabinett) auf, mit dem das Staatsoberhaupt sein monarchisches Selbstregiment gegenüber den Fachressorts sicherte **(Kabinettsystem).**

Kabinettprinzip: Organisationsprinzip einer Regierung, demzufolge die wichtigen politischen Entscheidungen von einer Ministerregierung kollegial gefällt werden. – Siehe auch ↑Bundesregierung.

Kabinettregierung: die Regierung durch ein Ministerkollegium, im Unterschied zu einer Regierung, in der der Kanzler eine Vorrangstellung einnimmt (↑Bundesregierung) und im Unterschied zum ↑Premierministersystem. Der Begriff wurde ursprünglich zur Kennzeichnung der führenden Rolle der Regierung (und nicht des Parlaments) im parlamentarischen Regierungssystem Großbritanniens gebraucht.

Kader:
- Bezeichnung für den Stammbestand einer Armee (besonders an Offizieren und Unteroffizieren).
- im kommunistischen Sprachgebrauch Bezeichnung für die Gesamtheit der Personen, die wichtige Funktionen in Partei, Verbänden, Staat und Wirtschaft haben (↑Funktionär).

Kaderpartei: ↑Partei.

Kalter Krieg: eine nichtkriegerische Konfrontation zwischen Staaten oder Staatenblöcken; seit 1947 geläufiger Ausdruck für eine Phase des ↑Ost-West-Konflikts. Der K. K. wurde ab den 1960er-Jahren durch die ↑Entspannungspolitik abgelöst und gilt seit der demokratischen Wende in Ostmitteleuropa 1989/1990 und der Auflösung des ↑Warschauer Pakts 1991 als überwunden.

Kammer: ↑Gerichtsbarkeit.

Kandidatenaufstellung: Die K. zu Kommunal-, Landtags- und Bundestagswahlen ist in Deutschland weitgehend ein Monopol der Parteien. Ihre Funktion bei der K. wird durch das Bundeswahlgesetz geregelt. Die K. für die Wahlkreise erfolgt in geheimen Abstimmungen durch Mitglieder- oder Vertreterversammlungen (Delegierte); die Auswahl des Kanzlerkandidaten für die Bundestagswahl 1994 nahmen bei der SPD die Mitglieder in direkter Abstimmung vor. Die K. für die Landeslisten bei der ↑Bundestagswahl wird vom Vorstand des Landesverbandes der Partei vorgenommen.

Kanton:
- allgemein: Distrikt oder kleiner Verwaltungsbezirk.
- Schweiz: ein Gliedstaat der föderalen schweizerischen Eidgenossenschaft. Die kantonalen Verfassungen müssen vom Bund einerseits gebilligt, andererseits gewährleistet werden. Ähnlich wie in Deutschland die Bundesländer haben die schweizerischen K. alle staatlichen Befugnisse soweit diese von der Verfassung her nicht Bundesbefugnisse sind oder dem Bund übertragen wurden. Die Bundesgesetze werden meist durch kantonale Organe unter Bundesaufsicht vollzogen (kantonale Vollzugsverwaltung). Die K. haben ein eigenes **Kantonsbürgerrecht,** aus dem sich erst für seinen Inhaber das Schweizer Bürgerrecht ergibt. Die K. besitzen eine erhebliche Autonomie bei der Bestimmung und Ausführung eigener Aufgaben, bei der Erhebung ihrer Einnahmen und der Gestaltung ihrer Organisation. – Siehe auch ↑Minderheit.
- Verwaltungsbezirk in Frankreich als Unterabteilung des Arrondissements; in Belgien ist der K. eine Unterabteilung des Distrikts.

Kanzler:
- ältere Bezeichnung für einen höheren Beamten (seit dem 4. Jh. bekannt); im Mittelalter Leiter der Reichskanzlei, bis 1806 eines der Erzämter (oberste Hof-

ämter) im Heiligen Römischen Reich deutscher Nation.

◆ in Deutschland und Österreich als verkürzte Form von ↑Bundeskanzler Bezeichnung für den Regierungschef.

◆ an einigen wissenschaftlichen Hochschulen der leitende Verwaltungsbeamte.

Kanzlerbonus: Begriff aus der Wahlforschung. Der K. bezeichnet die Sympathiewerte, die dem Regierungschef (↑Bundeskanzler) vonseiten der Wähler allein aufgrund der Tatsache zufließen, dass ihn eine Aura amtlicher Autorität umgibt.

Kanzlerdemokratie: im Zusammenhang mit K. ADENAUER, dem ersten ↑Bundeskanzler der BRD, geprägtes Schlagwort der politischen Diskussion der 1950er-Jahre. ADENAUER entwickelte aufgrund der durch das Grundgesetz (↑Richtlinienkompetenz, Art. 65) gegebenen starken Stellung des Kanzlers einen seiner Persönlichkeit entsprechenden autoritären Regierungsstil.

Kanzlerprinzip: Im Unterschied zum Kollegialprinzip (↑Kollegialsystem) und zum Ressortprinzip bezeichnet das K. ein Prinzip, bei dem der Regierungschef (Kanzler) eine hervorgehobene Stellung einnimmt (↑Bundesregierung).

Kapital: im allgemeinen Sprachgebrauch in der Bedeutung von Geld oder Vermögen; volkswirtschaftlich gesehen der Bestand an sachlichen Produktionsmitteln (Sach- und Realkapital, Kapitalgüter, Kapitalstock), Anlagen (Anlagekapital, fixes, gebundenes Kapital) und Vorräten (Lagerbestände an Roh-, Hilfs-, Betriebsstoffen, Betriebskapital sowie Halb- und Fertigwaren, umlaufendes, zirkulierendes Kapital) oder an menschlichen Fähigkeiten aufgrund von Anlagen, Erziehung und Ausbildung (↑Humankapital). K. ist ein Produktionsfaktor, der neben ↑Arbeit und ↑Boden zur Erzeugung des ↑Bruttoinlandsproduktes dient.

Kapitalismus: Wirtschaftsform, die durch Privateigentum an Produktionsmitteln und Steuerung des Wirtschaftsgeschehens über den Markt bei Maximierung des Gewinns gekennzeichnet ist.

Für K. MARX, der den Begriff prägte, ist der K. die Produktionsweise zwischen ↑Feudalismus und ↑Sozialismus (↑historischer Materialismus). Der von feudalen Fesseln und vom Eigentum an Produktionsmitteln freie Lohnarbeiter ist gezwungen, dem Eigentümer der Produktionsmittel, dem **Kapitalisten,** seine Arbeitskraft zu verkaufen. Der Tauschwert der Ware Arbeitskraft ist niedriger als der im Produktionsprozess erzeugte Wert. Den so erzeugten ↑Mehrwert eignen sich die einzelnen Kapitalisten als Profit (bzw. als Zins oder Rente) an. Wegen der Konkurrenz muss der größte Teil davon zur Erweiterung der Produktion eingesetzt werden. So erklärt MARX sowohl die Entfesselung der Produktivkräfte in der Industrialisierung als auch die zunehmende Spaltung der Gesellschaft in Kapitalisten und Lohnarbeiter (↑Klassenkampf).

Nach MARX verschärft sich der den K. kennzeichnende Grundwiderspruch zwischen gesellschaftlicher Produktion und privater Aneignung der Ergebnisse der Produktion bis zu seiner revolutionären Aufhebung im Sozialismus.

Außerhalb des ↑Marxismus wird der K. unterschiedlich definiert: Nach WERNER SOMBART (1863–1941) wird er durch das Erwerbsprinzip, Rationalität und Individualismus bestimmt, nach M. WEBER durch rationale Arbeitsorganisation zur Gewinnerzielung auf Basis eines formalisierten Rechnungskalküls, nach JOSEPH SCHUMPETER (1883–1950) durch die Dominanz freien Unternehmertums. Verbreitung fand SOMBARTS Periodisierung: **Frühkapitalismus** (16. bis 18. Jh.), **Hochkapitalismus** (industrieller Konkurrenzkapitalismus des 19. Jh) und **Spätkapitalismus** (entstanden nach 1918 mit wachsender Kapitalkonzentration und zunehmenden staatlichen Eingriffen).

K

Kapitol [engl.: Capitol]: das nach dem kleinsten der Sieben Hügel Roms (mit den Tempeln der Staatsgötter und der Burg) benannte US-amerikanische Parlamentsgebäude in Washington D.C. (erbaut 1793). Auch die Parlamentsgebäude in den US-Bundesstaaten heißen Kapitol.

Kapitulation: im ↑Kriegsrecht eine völkerrechtliche Vereinbarung zwischen den Befehlshabern gegnerischer Streitkräfte, die es den Truppen, die kapituliert haben, unmöglich macht, die Kampfhandlungen fortzusetzen. Es wird unterschieden zwischen der **K. mit Bedingungen** und der **bedingungslosen K.,** wie sie z.B. die K. der deutschen Wehrmacht am 8./9. 5. 1945 darstellt.

Kapitulation der deutschen Wehrmacht am 8./9. 5. 1945:

»[...] 1. Wir, die Unterzeichnenden, handelnd in Vollmacht für und im Namen des Oberkommandos der deutschen Wehrmacht, erklären hiermit die bedingungslose Kapitulation aller am gegenwärtigen Zeitpunkt unter deutschem Befehl stehenden oder von Deutschland beherrschten Streitkräfte auf dem Lande, auf der See und in der Luft, gleichzeitig gegenüber dem Obersten Befehlshaber der alliierten Expeditionsstreitkräfte und dem Oberkommando der Roten Armee. [...]«

Kardinaltugenden: ↑Tugend.

Kartell: Zusammenschluss rechtlich und wirtschaftlich selbstständig bleibender Unternehmen in einem Wirtschaftszweig mit dem Ziel, den Wettbewerb durch gemeinsames Handeln zu beschränken oder auszuschalten. Bei einem K. gibt es v.a. Absprachen über Preise, Absatzmengen und Absatzgebiete.

Kartellbehörden: Der Bundesminister für Wirtschaft, das ↑Bundeskartellamt und die zuständigen Landesbehörden (i.d.R. das jeweilige Wirtschaftsministerium) sind in Deutschland K. Auch auf europäischer Ebene gilt ein Kartellverbot, dessen Einhaltung von der EU kontrolliert wird (↑EU-Fusionskontrolle).

Kartellrecht: Nach dem Gesetz gegen Wettbewerbsbeschränkungen (Kartellgesetz; novellierte Fassung vom 26. 8. 1998) besteht in Deutschland grundsätzlich ein Verbot von ↑Kartellen (auch ↑EU-Fusionskontrolle). Für bestimmte Bereiche (Landwirtschaft, Kredit- und Versicherungswirtschaft, Urheberrechtsverwertungsgesellschaften, Sport) gelten Sonderregeln (§§ 28 ff.). **Preisbindungen der zweiten Hand** (Verpflichtung, beim Weiterverkauf einer Ware den vom Hersteller festgesetzten Preis einzuhalten und weitere Abnehmer ebenfalls zur Einhaltung bestimmter Preise zu verpflichten) sind nur für Verlagserzeugnisse zugelassen. Ausnahmen gibt es auch für leichtere Wettbewerbsbeschränkungen wie **Normenkartelle** (nur Anmeldung erforderlich). **Strukturkrisenkartelle** oder **Rationalisierungskartelle** brauchen eine behördliche Genehmigung. **Konditionen-** und **Kooperationskartelle** gelten, sofern die Behörden nicht innerhalb von drei Monaten widersprechen.

kassenärztliche Vereinigungen: ↑Ärzteverbände.

Kaste [von lat. castus »rein«]: eine abgeschlossene Gesellschaftsschicht mit eigener Lebensform, Sitte, Kult und Ordnung innerhalb einer hierarchischen Gesellschaftsordnung **(Kastenordnung).** Obwohl vom Staat gesetzlich aufgehoben, ist das Kastenwesen in Indien nach wie vor, v.a. auf dem Land, ein Bestandteil der hinduistischen Gesellschaft.

Kataster [von ital. catastro »Zins-, Steuerregister«]: amtliches Grundstücksverzeichnis, geführt von den Kataster-, Vermessungs- oder Grundbuchämtern. In Deutschland ist das gesamte Staatsgebiet vermessen und verzeichnet. Das K. dient in erster Linie als Unterlage zur

K

katholische Kirche: Obwohl das Engagement von Frauen in der katholischen Kirche eine lange Tradition hat, lehnt Papst Johannes Paul II. (Bild: 1994 mit Nonnen aus Jamaika) Frauen im Priesteramt strikt ab.

Bemessung der Grundsteuer (↑Steuern).

Katastrophenschutz: ↑Zivilschutz.

katholische Kirche: Selbstbezeichnung der vom Papst geleiteten, hierarchisch strukturierten und in Bistümer gegliederten, weltweiten christlichen Kirche; im Sinne einer Konfession wird sie als **römisch-katholische Kirche** bezeichnet. Theologisch versteht sich die k. K. als heilige (von JESUS CHRISTUS gestiftete), apostolische (in der Nachfolge der Apostel stehende) und katholische (weltumspannende) Kirche.

Die k. K. ist die größte christliche Kirche und zählt weltweit über 1 Mrd. Mitglieder, darunter über 14 Mio. in den unierten Ostkirchen. Zwei Drittel aller katholischen Christen leben in Afrika, Asien und Lateinamerika. In Deutschland gehören ihr knapp 27,4 Mio. Menschen an.

Organisation: Der Papst steht nach katholischem Verständnis in der direkten und ununterbrochenen Nachfolge des Apostel PETRUS. Er besitzt die letztinstanzliche Jurisdiktion und (seit 1870) die unfehlbare Lehrautorität in Glaubensfragen bei der Leitung der Gesamtkirche. Ihm stehen die Kardinäle (Kurie) und das Kollegium der Bischöfe zur Seite. Sie haben die kirchliche Lehr- und Jurisdiktionsgewalt über die Geistlichen und die Kirchenmitglieder ihrer Diözese inne. Die Bischöfe sorgen in ihrem Bezirk für die rechtmäßige Verwaltung der Sakramente und den geordneten Ablauf des kirchlichen Lebens in seinen verschiedenen Aufgabenfeldern wie »Liturgia« (Gottesdienst), »Martyria« (Verkündigung), »Diakonia« (Dienst am Nächsten), »Communio« (Gemeinschaft), »Missio« (Sendung). Organisatorisch sind i.d.R. mehrere Diözesen zu einer Kirchenprovinz zusammengefasst, die unter der Leitung eines Erzbischofs oder Patriarchen steht. Neben den Ortspfarreien mit dem i.d.R. auf Lebenszeit bestellten Pfarrer und gegebenenfalls Hilfsgeistlichen (Kaplan) kennt die k. K. für besondere Gruppen und Seelsorgeaufgaben sog. Personalpfarreien (z.B. Studentengemeinden).

www.katholische-kirche.de

katholische Soziallehre: ↑christliche Soziallehre.

Kernenergie (Atomenergie): der durch Kernreaktionen freisetzbare oder freigesetzte Anteil der Kernbindungsenergie.

Geschichte: Die Kernspaltung wurde 1938 von OTTO HAHN (1879–1968) und FRITZ STRASSMANN (1902–80) entdeckt. Nach Erkenntnisfortschritten anderer Forscher gelang am 2. 12. 1942 ENRICO FERMI (1901–54) in Chicago die Inbetriebnahme des ersten Kernreaktors. Die weitere Entwicklung wurde wesentlich durch die angestrebte militärische Nutzung der K. bestimmt. Am 16. 7. 1945 brachten die USA die erste Atombombe zur Explosion, bald gefolgt von der militärischen Anwendung in Hiroshima

K

(6. 8. 1945, Uranbombe) und Nagasaki (9. 8. 1945, Plutoniumbombe). Die erste Wasserstoffbombe, bei deren Explosion K. durch Kernfusion frei wird, wurde 1952 gezündet.

Die Forschung zur friedlichen Anwendung der K. setzte in größerem Umfang erst nach dem Zweiten Weltkrieg ein. Sie führte zur Entwicklung vieler Reaktortypen und zum Bau erster Kernreaktoren: 1954 Inbetriebnahme des ersten Leistungsreaktors in Obninsk bei Moskau, 1956 erstes Großkernkraftwerk in Calder Hall in Großbritannien; in Deutschland erster Reaktor 1957 in Garching, erstes Kernkraftwerk 1961 in Kahl am Main.

Die Nutzung der K. ist seit den 1970er-Jahren umstritten. Die Gegner der K. betonen v. a. die Freisetzung von Strahlung im Normalbetrieb, die ungelöste Frage der Entsorgung der radioaktiven Abfälle bzw. ihrer Wiederaufbereitung und das Risiko eines Reaktorunfalls, der sich wie 1986 im Kernkraftwerk Tschernobyl und 1979 in Three Mile Island bei Harrisburg (Pennsylvania, USA) zu einem sog. ↑GAU, einem größten anzunehmenden Unfall, ausweiten kann. Vor diesem Hintergrund und angesichts der Kosten für die Sicherheit von Kernkraftwerken schlossen in Deutschland Bundesregierung und Energiewirtschaft am 15. 6. 2000 eine Vereinbarung über einen ↑Atomausstieg. – Siehe auch ↑Energiepolitik, ↑regenerative Energien.

Kernenergie

Kernkraftwerke in Europa

Land	Anzahl	Anteil in %[1]
Belgien	7	58
Bulgarien	6	47
Deutschland	19	31
Finnland	4	33
Frankreich	57	75
Großbritannien	35	28
Niederlande	1	4
Rumänien	1	11
Schweden	11	47
Schweiz	5	36
Slowenien	1	36
Spanien	9	31
Tschechien	4	21
Ungarn	4	38

[1] Anteil an der nationalen Stromerzeugung

Quelle: IAEA
Stand: 1999

Kernreaktor (Atomreaktor): Anlage, in der eine sich selbst erhaltende Kettenreaktion zur Nutzung von ↑Kernenergie in Form von Wärme geregelt abläuft.

Die bei der Kernspaltung eines Kernbrennstoffs frei werdende Kernenergie wird in Leistungsreaktoren in elektrische Energie umgewandelt oder dient zur Erzeugung von mechanischer Antriebsenergie (Kernenergieantrieb). Die meist kleineren Forschungsreaktoren werden für Forschung, Ausbildung, Materialprüfung sowie zur Produktion von radioaktiven Nukliden verwendet. Der häufigste als **Leistungsreaktor** verwendete Typ ist der Leichtwasserreaktor (LWR). Wichtige andere Typen sind der **Hochtemperaturreaktor** (erzeugt mehr spaltbares Material als zur Energieerzeugung benötigt wird) und der **schnelle Brutreaktor** (100fach höhere Energieausbeute als bei Leichtwasserreaktoren). Weltweit sind heute über 1 000 K. in Betrieb; davon etwa 400 Forschungs-, Materialtest- und Ausbildungsreaktoren, über 400 in Kernkraftwerken, die Übrigen in Schiffen mit Kernenergieantrieb. Die K. sowjetischer Bauart in Ostmitteleuropa und der GUS gelten als unzureichend gegen Reaktorunfälle gesichert, darunter ältere Druckwasserreaktoren vom Typ WWER und graphitmoderierte Druckröhrenreaktoren vom Typ RBMK, wie sie auch in Tschernobyl (Ukraine), dem Ort des bislang schwersten Reaktorunfalls (1986), im Einsatz sind. Die Verbesserung der Reaktorsicherheit und erforderliche Umrüstung (nach den

Kernenergie: Das Kernkraftwerk Neckarwestheim (Baden-Württemberg) ist seit 1989 in Betrieb. Drei CASTOR-Spezialbehälter mit radioaktivem Abfall standen im Februar 1997 zum Abtransport bereit.

Standards eines internationalen Abkommens von 1994) wird von den westlichen Industriestaaten finanziell und technisch unterstützt.

Kernwaffen: ↑ABC-Waffen.

Kernwaffensperrvertrag: ↑Atomwaffensperrvertrag.

Keynesianismus [keinz-]: von dem britischen Volkswirtschaftler JOHN MAYNARD KEYNES (1883–1946) entwickelte Wirtschaftstheorie; der K. war lange Zeit Grundlage staatlicher ↑Wirtschaftspolitik.

Vertreter des K. sehen in der zu geringen Nachfrage nach Dienstleistungen und Sachgütern aufseiten der Produzenten und Konsumenten die Hauptursache für wirtschaftlichen Abschwung. Zur Überwindung der Krise soll der Staat die Nachfrage durch gezielte Maßnahmen der ↑Haushaltspolitik (u.a. Erhöhung der öffentlichen Ausgaben v.a. für Investitionen, Steuersenkungen) sowie der ↑Geld- und Kreditpolitik (Zinssenkung) erhöhen. Die Finanzierung dieser ↑nachfrageorientierten Wirtschaftspolitik erfolgt durch Auflösung staatlicher Rücklagen bei der Notenbank oder durch Staatsverschuldung (↑Deficit-Spending).

KFOR, Abk. für **K**osovo **For**ce: seit 10.6.1999 im Einsatz befindliche internationale Friedenstruppe zur militärischen Absicherung einer Friedensregelung im ↑Kosovo-Konflikt.

Kibbuz [von hebräisch quibûz »Versammlung«, »Gemeinschaft«]: ländliche Siedlung in Israel, in der kollektive Wirtschafts- und Lebensweise vorherrschen. Jedes Mitglied ist Arbeiter in einem Wirtschaftszweig des K. (heute auch Industrie und Dienstleistung). Die Einkünfte werden zentral entsprechend den Bedürfnissen des Betriebes und der Mitglieder ausgegeben. Der erste K. wurde 1909 im Jordantal gegründet.

Kind: der Mensch in der ersten Alters- und Entwicklungsphase. In der geistig-seelischen Entwicklung des K. unterscheidet man zwischen **Neugeborenem** (bis zum 10. Lebenstag), **Säugling** (im 1. Lebensjahr), **Kleinkind** (2.–6. Lebensjahr) und **Schulkind** (6.–14. Lebensjahr). Danach setzt das Jugendalter ein. Mit der Geburt beginnt die Rechtsfähigkeit. Das K. ist zunächst bis zum 7. Lebensjahr nicht, danach nur beschränkt geschäfts- und schuldfähig. Erst der ↑Jugendliche ist in gewissem Maße strafrechtlich verantwortlich. Vom 12. Lebensjahr an kann das K. über seine Religionszugehörigkeit mitentscheiden. Im Kindesalter vollzieht sich die für den späteren Erwachsenen entscheidende geistig-seelische und körperliche Entwicklung, auf welche die Eltern prägenden Einfluss haben (↑Sozialisation).

Kinderarbeit: Erwerbstätigkeit von Kindern. Im Jahr 2000 arbeiteten weltweit etwa 250 Mio. Kinder im Alter von 4–15 Jahren. Gemäß Jugendarbeitsschutzgesetz vom 12.4.1976 ist K. in

K

Deutschland verboten; ab dem 13. Lebensjahr dürfen Kinder mit Einwilligung der Sorgeberechtigten kindgerechte Arbeiten in täglich begrenzter Stundenzahl verrichten (↑Jugendarbeitsschutz). Die reine Erwerbstätigkeit Jugendlicher ist gemäß einer EU-Richtlinie seit 1994 grundsätzlich verboten.

Kindergarten: ↑Kindertageseinrichtungen.

Kindergeld: staatliche Maßnahme im Rahmen des Kinderlastenausgleichs zur finanziellen Entlastung von Eltern, getragen vom Bund. K. in Höhe von monatlich 270 DM für das erste und das zweite Kind, 300 DM für das dritte und für jedes weitere Kind 350 DM erhalten alle Eltern von Kindern unter 18 Jahren. Bei Kindern zwischen 18 und 27 Jahren entfällt das K., wenn die Einkünfte des Kindes eine bestimmte Grenze überschreiten.

Kinderhilfswerk: ↑UNICEF.

Kinderschutz: staatliche Maßnahmen zum Schutz der körperlichen und seelischen Gesundheit von Kindern unter 14 Jahren, v.a. der Schutz vor ↑Kinderarbeit sowie vor sittlichen Gefahren in der Öffentlichkeit (z.B. vor Alkohol- oder Tabakkonsum, vor den Inhalten bestimmter Filme oder Zeitschriften). Rechtliche Grundlage des K. bilden die Bestimmungen des ↑Jugendschutzes.

Kindersoldaten: der Einsatz von Kindern und Jugendlichen als Soldaten. 1989 wurde durch die UN-Kinderkonvention das Mindestalter für Kinder im Kampfeinsatz auf 15 Jahre festgelegt. Durch ein Zusatzprotokoll vom Juni 2000 soll das Mindestalter auf 18 Jahre erhöht werden, bislang jedoch ohne breite Zustimmung der insgesamt 189 Mitgliedstaaten.

Nach Schätzungen wurden Ende des 20. Jh. ca. 300 000 Kinder und Jugendliche unter 18 Jahren in bewaffneten Konflikten eingesetzt, u.a. in Sierra Leone und Sri Lanka. Auch in westlichen Industrienationen wie den USA, Großbritannien und Deutschland ist die Einberufung von Jugendlichen unter 18 Jahren zu den Streitkräften bislang erlaubt.

Kindertageseinrichtungen: Sammelbezeichnung für außerschulische pädagogische Einrichtungen, in denen Kinder verschiedener Altersstufen regelmäßig, z.T. ganztägig betreut werden. Zu den K. gehören **Kinderkrippen** (für Säuglinge), **Krabbelstuben** (für Kleinkinder im Alter von 1–3 Jahren), **Kindergärten** und Einrichtungen für schulpflichtige Kinder **(Kinderhorte).** In Deutschland wurden 1998 (je nach Bundesland unterschiedlich) zwischen 45% und 74% der Kinder bis sechs Jahren in Kindergärten betreut. Seit dem 1. 8. 1996 hat jedes drei- bis sechsjährige Kind einen Rechtsanspruch auf einen Kindergartenplatz.

Kinder- und Jugendbericht: ↑Jugendbericht.

Kinder- und Jugendhilfe: ↑Jugendhilfe.

Kirche: das der christlichen Verehrung Gottes geweihte Gebäude und Bezeichnung für die organisierte, in eigenen Verfassungsformen geordnete christliche Gemeinschaft mit besonderen Mitgliedschaftsmerkmalen (Taufe und andere Sakramente).

Man unterscheidet zwischen **Volks-** oder **Staatskirchen** (Mitglieder werden hineingeboren), **Freikirchen** (Mitgliedschaft wird frei gewählt) und ↑Sekten (Lehren werden nicht als biblisch begründet anerkannt). Der Begriff einer einheitlichen K. als einer einigen, heiligen, katholischen (allgemeinen) und apostolischen Gemeinschaft der Gläubigen unter Leitung CHRISTI als ihr Herr betont neben der rechtlichen Verfassung den spirituellen und eschatologischen (endzeitlichen) Charakter der K. Christi. Als solche ist die K. Gemeinschaft, Gesellschaft und Herrschaftsverband zugleich, die sich auf dem Wege (Pilgerschaft) zum Reich Gottes befindet.

Kirchensteuer: eine Steuer, bei der die Steuergläubiger als Körperschaften des öffentlichen Rechts anerkannte Religionsgemeinschaften sind. Die K. ist in Deutschland eine gemeinsame Angelegenheit von Kirche und Staat. Rechtsgrundlage ist Art. 140 GG in Verbindung mit Art. 137 Abs. 6 der Weimarer Reichsverfassung, Landesgesetzen, ↑ Konkordaten, Kirchensteuerordnungen u. Ä. Das Recht, K. zu fordern, liegt bei den Kirchen, die (hoheitliche) Eintreibung ist Angelegenheit der Länder. Der Steuerpflicht unterliegen nur Kirchenmitglieder. Erhoben wird die K. als Zuschlag zur Einkommen- bzw. Lohnsteuer in Höhe von (2000) 8% oder 9% (je nach Bundesland).

Kirchenvertrag: ↑ Konkordat.

Kirche und Staat: Von Anfang an fühlten sich die christlichen Gemeinden und Kirchen nicht nur als religiös-eschatologische, sondern auch als Organisationen des diesseitigen Lebens. Die Bedingungen der Kirchenorganisation wurden jedoch immer durch staatliche Bestimmungen grundlegend beeinflusst. Dabei können die Kirchen aufgrund ihres theologischen Charakters weder die kritische Distanz zum diesseits orientierten Staat aufgeben noch sich selbst an die Stelle des Staates stellen. Vom Römischen Imperium bis in die Gegenwart vollzog sich eine wechselvolle Geschichte des Verhältnisses von K. u. S. zwischen Verfolgung, Duldung, Förderung, Unterwerfung der Kirche unter den Staat im Staatskirchentum und Forderungen nach Herrschaft der Kirche über den Staat.

In Deutschland ist das Verhältnis von K. u. S. durch die Anerkennung der gegenseitigen Unabhängigkeit gekennzeichnet und durch die aus der ↑ Weimarer Reichsverfassung (Art. 136 ff.) in das Grundgesetz (Art. 140) übernommenen Weimarer Kirchenartikel abgesichert. Als gültiges Verfassungsrecht müssen sie so ausgelegt werden, dass sie mit den »elementaren Grundsätzen des Grundgesetzes, insbesondere den Grundrechten« vereinbar sind. So ist es dem Staat aufgrund des Gleichheitssatzes (↑ Gleichheit) sowie der ↑ Religionsfreiheit sowie der ↑ Glaubens- und Gewissensfreiheit untersagt, sich mit einem bestimmten Bekenntnis zu identifizieren oder es besonders zu begünstigen. Das Kirchenvertrags- und Konkordatsrecht **(Staatskirchenrecht),** das die Abkommen zwischen K. u. S. regelt, hat sich an diese Rahmen zu halten. Ebenso sind die Kirchen gehalten, nur innerhalb der gesetzlichen Regelungen ihre Aufgaben in Seelsorge, Verkündigung, Organisation und Sozialdienst zu verrichten (Art. 4 in Verbindung mit Art. 137 und 140 GG). Aufgrund ihres Status als Körperschaften des öffentlichen Rechts haben sie jedoch über das Recht privater Vereine hinausgehende Befugnisse, z.B. die öffentlich-rechtliche Dienstherrnfähigkeit, das Besteuerungsrecht (↑ Kirchensteuer) oder das Recht auf Mitsprache in bestimmten staatlichen Organen oder Verwaltungsträgern (wie z.B. dem Rundfunkrat). Da vom Grundgesetz keine strikte Trennung von K. u. S. vorgeschrieben ist, sind auch staatlich organisierte religiöse Veranstaltungen wie der Religionsunterricht, die Anstalts- und Militärseelsorge oder die theologischen Fakultäten an den Universitäten mit der Verfassung vereinbar. In anderen Staaten, z.B. Frankreich und in der Türkei, sind K. u. S. streng voneinander getrennt (↑ Laizismus).

Klage: im ↑ Gerichtsverfahren (mit Ausnahme des Strafprozesses) das Begehren um Rechtsschutz durch richterliche Entscheidung. Mit der K. beginnt i.d.R. das Verfahren.

Es gibt verschiedene Klagearten: Mit der **Leistungsklage** wird vom Beklagten eine bestimmte Leistung (auch Unterlassung), mit der (subsidiären) **Feststellungsklage** die Feststellung des Bestehens oder Nichtbestehens eines Rechts oder Rechtsverhältnisses begehrt (z.B. Echtheit einer Urkunde). Mit der **Gestaltungsklage** wird die Gestaltung

K

eines Rechtsverhältnisses, z.B. die Auflösung einer Ehe, angestrebt. Im Verwaltungsgerichtsverfahren kommen v.a. in Betracht die **Anfechtungsklage,** die sich gegen einen Verwaltungsakt (z.B. eine Polizeiverfügung) richtet, dessen Aufhebung gewünscht wird, und die **Verpflichtungsklage,** mit der eine Behörde zu einer Handlung gezwungen werden soll.
Ein Strafverfahren beginnt i.d.R. damit, dass die Staatsanwaltschaft **öffentliche Anklage** erhebt. Es gibt aber auch die Möglichkeit, ein Strafverfahren mit einer **Privatklage** anzustrengen. Eine Klagerücknahme während des Prozesses ist in den meisten Fällen möglich.

Klasse: in den Sozialwissenschaften eine Bevölkerungsgruppe, deren Angehörige durch eine gemeinsame ökonomische und soziale Lage (und damit verbundenen Interessen) gekennzeichnet sind. Der Begriff K. wird oft gleichbedeutend mit ↑Schicht gebraucht. Die Grenzen zwischen den K. können nicht so scharf gezogen werden wie bei der ↑Kaste oder dem ↑Stand.

Klassengesellschaft: Gesellschaftsform, bei der die Mitglieder in soziale Gruppen (↑Klassen) unterteilt werden können, die sich hinsichtlichlich ihrer wirtschaftlichen und sozialen Lage und ihrer Interessen auffällig unterscheiden. Während in der ständischen, vorindustriellen Gesellschaftsordnung die Geburt für die Zugehörigkeit zu einer bestimmten sozialen Schicht entscheidend war, ist die ↑Industriegesellschaft ab dem 19. Jh. v.a. durch die unterschiedlichen Zugriffsmöglichkeiten ihrer Mitglieder auf die modernen Produktionsmittel gekennzeichnet. Der Klasse der (besitzlosen) Arbeiter steht die Klasse der Bürger (Bourgeoisie) gegenüber.
Nach der von K. Marx entwickelten **Klassentheorie** sind alle Gesellschaften (außer der Urgesellschaft und der kommunistischen klassenlosen Gesellschaft) K. Diese sind durch die unterschiedliche wirtschaftliche und soziale Situation der Klassen sowie deren unterschiedliche Interessen an Beibehaltung bzw. Auflösung der gegenwärtigen Besitzverteilung gekennzeichnet. Der dadurch entstehende ↑Klassenkampf führt schließlich zur revolutionären Neuordnung der Gesellschaft.
Die heutigen westlichen Gesellschaften sind aufgrund ihrer zunehmenden sozialen Mobilität und Aufstiegschancen sowie der Angleichung der Lebensstile nicht mehr als reine K. zu betrachten. Vielmehr sind die modernen, pluralistische ↑Gesellschaften durch ein vielschichtigeres Gesellschafts- und Wertesystem gekennzeichnet.

Klassenjustiz:
- im Marxismus die Justiz in der kapitalistischen Klassengesellschaft, in der die Rechtsanwendung zwangsläufig die Klassengegensätze stabilisiere.
- in der Rechtssoziologie das Phänomen, dass bei richterlichen Entscheidungen die Interessen einer bestimmten sozialen Schicht größere Durchsetzungskraft besitzen.

Klassenkampf: nach marxistischer Geschichtsauffassung die politische Form der Auseinandersetzung zwischen den ↑Klassen. Im K. werden die Widersprüche einer Gesellschaft bis zur Lösung auf einer neuen gesellschaftlichen Entwicklungsstufe ausgetragen. Die Geschichte aller bisherigen Gesellschaften ist demnach die Geschichte von K. Für den Kapitalismus erwartete der Marxismus eine revolutionäre Verschärfung des K. zwischen ↑Bourgeoisie und ↑Arbeiterklasse. Nichtmarxistische Autoren verweisen auf die friedliche Austragung von Klassengegensätzen in der Demokratie, z.B. in Verhandlungen zwischen Vertretern von Arbeit (Gewerkschaft) und Kapital (Arbeitgeber) im Wirtschaftsbereich und als Parteienkonkurrenz in der Politik.

Klassenpartei: ↑Partei.

Kleinbürgertum: Das K. ist Teil des frühindustriellen städtischen Bürgertums und steht in ökonomischer Sicht zwischen Arbeiterschaft und wirtschaftlich und politisch einflussreichem Großbürgertum. Heute meint der Begriff einen mit Kleinbesitz und sozialen Vorurteilen verbundenen Lebensstil (»Spießbürger«).

Kleinfamilie: ↑ Familie.

Klerikalismus: Bezeichnung für eine Vorherrschaft der Priesterschaft (Klerus) gegenüber den Laien in der Kirche außerhalb der eigentlichen seelsorgerischen Tätigkeit und gegenüber dem Staat im politisch-sozialen Bereich.

Klimakatastrophe: umgangssprachlicher Ausdruck für die Veränderung der Erdatmosphäre durch Eingriffe des Menschen: einerseits die prognostizierte Erwärmung durch den ↑ Treibhauseffekt, andererseits die erwartete Zunahme der für den Menschen gefährlichen ultravioletten Strahlung als Folge des Abbaus der schützenden ↑ Ozonschicht.

Klimaschutz: Eine 20%-ige Verminderung des Kohlendioxid-Ausstoßes fordert dieses Mitglied einer südkoreanischen Umweltschutzgruppe bei einer Kundgebung im Dezember 1997 vor dem Gebäude im japanischen Kyōto, in dem eine Weltklimakonferenz stattfindet.

Klimaschutz: Maßnahmen zur Verhinderung bzw. Eindämmung einer ↑ Klimakatastrophe, die auf den Ausstoß von Treibhausgasen (v.a. Kohlendioxid, ↑ Fluorchlorkohlenwasserstoff) zurückgeführt werden können.
Der K. ist Gegenstand der **Weltklimakonferenzen** der UN (Stockholm, 1972; Rio de Janeiro, 1992; Berlin, 1995; Kyōto, 1997; Buenos Aires, 1998; Bonn, 1999). Auf dem sog. »Erdgipfel« in Rio de Janeiro unterzeichneten 159 Staaten die Klimarahmenkonvention, eine völkerrechtlich verbindliche Grundlage zum globalen K. Die Industrieländer erklärten sich bereit, im Jahr 2000 keinesfalls mehr Treibhausgase in die Atmosphäre gelangen zu lassen als 1990. Auf der Weltklimakonferenz in Kyōto einigten sich die Industrienationen darauf, den Ausstoß von Treibhausgasen bis 2012 gegenüber 1990 um durchschnittlich 5,2% (Japan 6%, USA 7%, EU 8%) zu senken, wobei sich Deutschland EU-intern auf eine 25%ige Verringerung verpflichtete.
Ende des 20. Jh. wurde der Treibhausgasausstoß lediglich in einigen europäischen Staaten (u.a. Deutschland, Frankreich, Großbritannien) verringert. Die Umsetzung der Maßnahmen zum K. erfolgt durch die Einzelstaaten (↑ lokale Agenda), z.B. durch Festschreibung bestimmter Emissionsmengen (Umweltauflagen) und durch Besteuerung schädlicher Emissionen **(Klimaschutzsteuer).**

klonen: Bezeichnung für das Herstellen einer größeren Anzahl genetisch identischer Nachkommen von einem Individuum **(Klon).** Das K. eines Säugers aus Somazellen (Körperzellen) eines erwachsenen Tieres gelang erstmals 1996 in einem schottischen Labor und ist 1997 der Öffentlichkeit in Gestalt eines sieben Monate alten Schafes (»Dolly«) vorgestellt worden. Durch die ↑ Gentechnologie ist auch das Herstellen menschlicher Klone technisch möglich. Den rechtlichen Rahmen für die Erforschung, Entwicklung, Nutzung und Förderung der wissenschaftlichen und technischen Möglichkeiten der Gen-

K

technologie gibt in Deutschland das Gentechnikgesetz vom 20. 6. 1990 vor.

Knesset [neuhebräisch »Versammlung«]: das Parlament im Staat Israel, bestehend aus 120 (auf fünf Jahre gewählten) Abgeordneten. Der K. obliegt die Gesetzgebung; sie wählt den Staatspräsidenten und kontrolliert die Regierung u.a. Behörden und Institutionen.

www.knesset.gov.il

klonen: Einem schottischen Wissenschaftlerteam unter Ian Wilmut gelang es mit dem Schafklon »Dolly« 1997 erstmals, die genetisch identische Kopie eines Säugetieres zu erzeugen.

Koalition: ein zweckgerichtetes, befristetes oder unbefristetes Bündnis unabhängiger Partner. Im Zeitalter der Nationalstaaten wurde v.a. eine ↑Allianz zwischen Staaten als K. bezeichnet.

Seit 1918 ist K. die Bezeichnung für eine enge Zusammenarbeit verschiedener politischer Parteien in der Regierung oder in einem Wahlbündnis. Eine K. wird v.a. dann notwendig, wenn eine einzelne Partei nicht über die absolute Mehrheit der Parlamentssitze verfügt und sich daher mit anderen Parteien verbünden muss **(Regierungskoalition).** Wenn besondere Umstände einen möglichst breiten Konsens für Entscheidungen des Parlaments erforderlich machen, wird ausnahmsweise eine ↑große Koalition angestrebt. – Siehe auch ↑Koalitionsfreiheit.

Koalitionsausschuss: aus führenden Mitgliedern der Koalitionsparteien bestehender Ausschuss, der während der Legislaturperiode einer Koalitionsregierung über Veränderungen der Koalitionsvereinbarungen entscheidet und politische Maßnahmen vorbereitet.

Koalitionsfreiheit: das nach Art. 9 Abs. 3 GG jedem zustehende Grundrecht, zur Wahrung und Förderung der Arbeits- und Wirtschaftsbedingungen Vereinigungen zu bilden. Zu diesen Vereinigungen, die als »Koalitionen« bezeichnet werden, gehören die ↑Gewerkschaften und die ↑Arbeitgeberverbände.

Die **individuelle K.** schützt das Recht des Einzelnen, sich einer Vereinigung anzuschließen **(positive K.)** oder ihr fern zu bleiben **(negative K.).** Außerdem schützt das Grundgesetz die Tätigkeit der Vereinigungen selbst **(kollektive K.).** Die K. entfaltet eine unmittelbare Rechtswirkung auch im Privatrechtsverkehr (sog. Drittwirkung der ↑Grundrechte), sie darf z.B. nicht durch private Arbeitsverträge eingeschränkt werden.

Koalitionsvertrag: der einer ↑Koalition zwischen zwei oder mehreren Staaten zugrunde liegende Vertrag, der v.a. Angaben zu Inhalt, Zweck und Dauer des Bündnisses enthält.

Vom K. zu unterscheiden ist die **Koalitionsvereinbarung**, die auf innerpolitischer Ebene von einer Koalition von Parteien zum Zwecke der Regierungsbildung getroffen wird.

Kodifikation: die Zusammenfassung des Stoffes eines oder mehrerer Rechtsgebiete zu einem systematisch geordneten Gesetzbuch (z.B. das Bürgerliche Gesetzbuch).

Koedukation: die gemeinsame Erziehung von Jungen und Mädchen in der Schule. Die K. wurde in Deutschland Ende der 1960er-Jahre eingeführt, um die Gleichbehandlung von Mädchen und die Chancengleichheit für Frauen zu fördern. Neueren Untersuchungen zufolge werden Mädchen durch die K. benachteiligt: Jungen ziehen stärkere Aufmerksamkeit der Lehrer auf sich (v.a. im naturwissenschaftlichen Unterricht). Aus diesem Grund wurde in jüngerer Zeit die Aufhebung der K. für bestimmte Fächer erwogen. Auch die Einrichtung von Frauenstudiengängen steht z.T. in diesem Zusammenhang.

Koexistenz: ↑friedliche Koexistenz.

Kohäsionsfonds: ↑EU-Strukturfonds.

Kollaboration [von frz. collaboration »Mitarbeit«]: Der Begriff entstand im Zweiten Weltkrieg in Frankreich und bezeichnet die freiwillige, gegen den eigenen Staat gerichtete Zusammenarbeit mit dem Feind oder der Besatzungsmacht.

Kollegialsystem: Organisations- und Entscheidungsform einer Regierung, bei der die Regierungsgewalt von einer Gruppe (Regierungskollegium) ausgeht, deren Mitglieder gleichberechtigt sind – im Unterschied zum Kanzlerprinzip (↑Bundesregierung).

Kollektiv [von lat. collectivus »angesammelt«]: Schar, Gemeinschaft, Team. In sozialistischen Staaten die Produktionsgemeinschaft, die von einer gemeinsamen Überzeugung getragen sein und solidarisch handeln soll. **Kollektivismus** bezeichnet eine Gesellschaftslehre, die dem gesellschaftlichen Ganzen seins-, sinn- und wertmäßig den Vorrang vor dem Individuum gibt und das Denken und Handeln des Individuums ausschließlich vom K. her zu bestimmen fordert.

kollektives Arbeitsrecht: ↑Arbeitsrecht.

kollektive Sicherheit: vertraglich vereinbarte internationale Ordnung, in der Gewaltanwendung untersagt und der Schutz jedes einzelnen Staates einer umfassenden oder regionalen Staatenorganisation übertragen ist (Rechtsgrundlage in Deutschland: Art. 24 Abs. 2 GG). Maßnahmen zur Schaffung eines Systems der k. S. zwischen allen Staaten oder einer Staatengruppe sind Nichtangriffsverträge, Rüstungskontrolle, internationale Schiedsgerichtsbarkeit, Neutralitätsabkommen, Konsultationen im Falle einer Friedensbedrohung und entmilitarisierte Zonen, aber auch die Aufstellung gemeinsamer Streitkräfte.

Kolonialismus: Politik eines Staates, die auf Erwerb, Erhaltung und Ausbeutung (meist) überseeischer Besitzungen in Verbindung mit der Beherrschung von Völkern anderer Kultur und Zivilisation ausgerichtet ist. Der K. der Neuzeit begann mit der Entdeckung Amerikas und erreichte seinen Höhepunkt im Zeitalter des ↑Imperialismus mit der Aufteilung der Welt. Dem K. lagen unterschiedliche Motive zugrunde: Gewinnung von Absatzmärkten, Rohstoffquellen, Kapitalanlage- und Auswanderungsmöglichkeiten sowie staatliche Prestigepolitik und strategische Interessen, häufig begleitet von zivilisatorischem Sendungsbewusstsein, dem die tatsächliche Politik in den Kolonien selten entsprach. Nach 1945 erfolgte schrittweise die ↑Entkolonisation. – Siehe auch ↑Neokolonialismus.

Kombattant: ↑Kriegsrecht.

Kombilohn: ein Einkommen, das sich aus Lohn und Sozialhilfe zusammensetzt; beim K. wird der Lohn aus einer gering bezahlten oder ↑geringfügigen Beschäftigung indirekt durch den Staat bezuschusst, indem der Lohn auf Leistungen des Staates nur teilweise angerechnet wird. Die Einführung des K. wie auch der ↑Negativsteuer werden als mögliche Maßnahmen zum Abbau von Langzeitarbeitslosigkeit diskutiert.

Kommission der Europäischen Gemeinschaften: ↑Europäische Kommission.

kommunale Betriebe: Wirtschaftsunternehmen der ↑Gemeinden und ↑Kreise, die im Unterschied zu nichtwirtschaftlichen Unternehmen und Einrichtungen einen Ertrag für den Haushalt der Gemeinde erwirtschaften sollen.

K

Nach der Rechtsform unterscheidet man **öffentlich-rechtliche k. B.**, darunter Regiebetriebe, Eigenbetriebe, die als Sondervermögen der Gemeinde verwaltet und geführt werden, und rechtlich selbstständige Anstalten mit eigener Rechtspersönlichkeit (z.B. Sparkassen) sowie **privatrechtliche k. B.** mit eigener Rechtspersönlichkeit und beschränkter Haftung der Kommunen (als AG oder GmbH, z.B. Wirtschaftsförderungsgesellschaft), bei alleiniger Trägerschaft der Gemeinde auch kommunale Eigengesellschaften genannt. Hinzu kommen die i.d.R. von kommunalen Gebietskörperschaften getragenen Zweckverbände.

kommunale Gebietsreform: Die räumliche Neugliederung der kommunalen Verwaltungseinheiten (Gebietsreform), die in der BRD von Ende der 1960er-Jahre bis Anfang der 1980er-Jahre in allen Bundesländern durchgeführt wurde und z.T. zu einer Veränderung der Aufgabenverteilung (Verwaltungsreform) führte. Ziel war die Schaffung größerer kommunaler Einheiten zur Steigerung der Leistungsfähigkeit der einzelnen Gemeindeverwaltungen. Durch Zusammenlegung bzw. Eingemeindung kleinerer Gebietseinheiten wurde die Zahl der ↑Gemeinden von (1969) 23 040 auf (1989) 8 506 reduziert, ebenso die Zahl der Kreise und der ↑kreisfreien Städte. In den neuen Bundesländern wurden nach 1990 Kreis- und Gemeindereformen durchgeführt. Gemeinden mit weniger als 2 000–3 000 Einwohnern wurden in Verwaltungsgemeinschaften zusammengefasst.

kommunale Spitzenverbände: freiwillige Zusammenschlüsse von Gemeinden oder Gemeindeverbänden (Landkreise), die der Interessenvertretung gegenüber den Ländern und dem Bund sowie dem Erfahrungsaustausch unter den Mitgliedern dienen. In Deutschland gibt es drei k. S.: den **Deutschen Städtetag,** dessen Mitglieder kreisfreie und kreisangehörige Städte und die drei Stadtstaaten sind, den **Deutschen Städte- und Gemeindebund,** der 1973 aus dem Zusammenschluss des Deutschen Gemeindetages und des Deutschen Städtebunds entstand, und den **Deutschen Landkreistag** als Vereinigung sämtlicher Landkreise Deutschland. Diese drei k. S. sind in der Bundesvereinigung der kommunalen Spitzenverbände zusammengefasst; federführend ist der Deutsche Städtetag.

Kommunalverfassung: ↑Gemeindeverfassung.

Kommune: ↑Gemeinde.

Kommunikation [lat. »Unterrredung«, »Mitteilung«]: Austausch von Informationen zwischen zwei oder mehreren Partnern durch Zeichen aller Art (Sprache, Schrift, Symbole u.Ä.). Bei menschlicher K. handelt es sich um einen wechselseitig stattfindenden Prozess der Bedeutungsvermittlung. Unterschieden wird K. zwischen Personen oder Personengruppen **(interpersonale K.),** K. zwischen Mitgliedern von Organisationen, Institutionen und Verbänden **(Gruppenkommunikation)** sowie K., die über Zwischenschaltung eines technischen Verbreitungsmittels (z.B. Zeitung, Fernsehen) erfolgt **(mediengebundene K.);** da Letztere meist an eine große Zahl von Empfängern gerichtet ist, wird sie auch als **Massenkommunikation** bezeichnet.

Bei jeder K. gibt es einen Sender (Kommunikator, Quelle der Information) und einen Empfänger (Adressat, Rezipient); Sender und Empfänger tauschen über einen Kanal (Übertragungsweg, z.B. Sprache, Schrift) Inhalte aus, die durch einen Code (z.B. Worte, Zeichen) sowie durch den Kontext der K. näher bestimmt werden. Im zeitlichen Ablauf von K. können drei Phasen unterschieden werden: 1) die Verschlüsselung (Codierung) der Inhalte durch den Sender (z.B. sprachliche Formulierung); 2) die Übermittlung der Inhalte mittels eines Zeichensystems; 3) die Entschlüsselung (Decodierung, Interpretation) durch den Empfänger. Erfolgreiche K. setzt voraus, dass das vom Sender genutzte Zeichensystem vom Empfänger verstanden werden kann.

Kommunismus: Nach der Oktoberrevolution in Russland 1917 wurde Lenin, Haupttheoretiker des Marxismus-Leninismus, Führer des ersten kommunistischen Herrschaftssystems. Das Plakat »Genosse Lenin säubert die Erde vom Unrat« von 1920 zeigt, wie Lenin Monarchen, Popen und »kapitalistische Geldsäcke« vom Globus fegt.

Kommunismus [von lat. communis »gemeinsam«]: um 1840 in Frankreich entstandener Begriff in mehreren Bedeutungen: 1) Bezeichnung für politische Theorien, die auf der Idee der sozialen Gleichheit und Freiheit aller Gesellschaftsmitglieder und des Gemeineigentums beruhen; 2) alle wirtschaftlichen und politischen Lehren, deren Ziel die Errichtung einer herrschaftsfreien und klassenlosen Gesellschaft ist und die sich wesentlich auf die Theorien von K. Marx, F. Engels und W. I. Lenin stützen; 3) politische Parteien, Bewegungen und Herrschaftssysteme mit dem Ziel, derartige Ideen in die Praxis umzusetzen. Die genaue Abgrenzung des K. vom ↑Sozialismus ist historisch nicht immer möglich und von der zugrunde gelegten kommunistischen Theorie abhängig.

Entwicklung: Kommunistische Ideen finden sich z.T. bereits in der Antike (z.B. bei Platon) und in utopischen Staatsromanen der Neuzeit (z.B. T. Morus: »Utopia«, 1516) sowie in dem der Französischen Revolution zugrunde liegenden Gedankengut. Ab der zweiten Hälfte des 19. Jh. waren fast alle kommunistischen Bewegungen wesentlich vom ↑Marxismus beeinflusst, der von Marx und Engels v.a. im »Kommunistischen Manifest« (1848) entwickelt und beschrieben wurde. Voraussetzung für die Schaffung einer klassenlosen Gesellschaft ist nach Marx und Engels u.a. die Revolution des Proletariats (Arbeiterklasse). Diese Gedanken beeinflussten die ab Mitte des 19. Jh. entstehende ↑Arbeiterbewegung und wurden von Lenin zum ↑Marxismus-Leninismus weiterentwickelt. Unter Lenins Führung gelang den »Bolschewiki« mit der Oktoberrevolution 1917 in Russland die Errichtung des ersten kommunistischen Herrschaftssystems, der Union der Sozialistischen Sowjetrepubliken (UdSSR, seit 1922; ↑Bolschewismus). Nach Lenins Tod 1924 wurde J.W. Stalin zum unumschränkten Machthaber (↑Stalinismus), dessen diktatorische Herrschaftsform das Bild des K. historisch entscheidend geprägt hat.

Nach dem Ende des Zweiten Weltkrieges errichtete die UdSSR in Staaten in Ost-, Südost- und Mitteleuropas (u.a. Polen, Ungarn) – z.T. gegen den Widerstand der dortigen Bevölkerung – kommunistische Herrschaftssysteme. Um sich von dieser Form des K. abzusetzen, entwickelten die kommunistischen Parteien Westeuropas ab Mitte der 1960er-Jahre eigenständige politische Konzepte (↑Eurokommunismus). Diese bilden seit dem Zusammenbruch der UdSSR (1989–91) die Grundlage der Diskussion um die

»kommunistische Utopie«, d.h. die Verwirklichung einer gerechten Gesellschaft. Anfang des 21. Jh. bestanden kommunistisch geführte Gesellschaftssysteme u.a. noch in der Volksrepublik China, in Nord-Korea, Vietnam und Kuba.

Kommunistische Partei Deutschlands, Abk. KPD: politische Partei, die 1918/19 aus verschiedenen linksradikalen Strömungen der ↑Arbeiterbewegung entstand und sich 1920 nach der Vereinigung mit dem linken Flügel der Unabhängigen Sozialdemokraten zur revolutionären Massenpartei entwickelte. Die »Stalinisierung« der KPD unter ERNST THÄLMANN (1886–1944) nach 1925 legte die Partei auf das sowjetische Vorbild fest (↑Bolschewismus). Nach der Machtergreifung der Nationalsozialisten 1933 wurde die KPD verboten; ihre Mitglieder wurden verfolgt. Nach ihrer Wiedergründung 1945 erzwang die KPD in der Sowjetischen Besatzungszone 1946 den Zusammenschluss mit der SPD zur ↑Sozialistischen Einheitspartei Deutschlands. In der BRD ging ihr Einfluss kontinuierlich zurück (Bundestagswahl 1953: 2,2%). 1956 wurde die KPD für verfassungswidrig erklärt (↑Parteiverbot).

Kommunitarismus [zu engl. community »Gemeinschaft«]: Bezeichnung für Theorieansätze, die bei der Untersuchung moderner Gesellschaften die Bedeutung der Gemeinschaft für den Einzelnen hervorheben. Der K. entwickelte sich aus der Kritik am ↑Liberalismus und an der zunehmenden Individualisierung in modernen pluralistischen Gesellschaften, v.a. an dem damit einhergehenden Verlust des Gemeinschaftsgefühls (Solidarität). Der K. wurde u.a. von AMITAI ETZIONI (*1929) begründet, der Mitte der 1980er-Jahre in den USA eine parteiübergreifende politische Bewegung ins Leben rief, welche den Gemeinsinn in den Mittelpunkt stellt. Auch in Großbritannien und Deutschland fand der K. etliche Anhänger; diskutiert wurde er v.a. unter den Schlagworten Werteerziehung und Bürgerengagement.

Konflikt [von lat. confligere, »zusammenstoßen«]: die aus Interessengegensätzen folgenden Auseinandersetzungen zwischen Individuen, Gruppen, Organisationen und Staaten, die in offenen oder verdeckten Kämpfen ausgetragen werden. Auch **soziale K.** können in geregelter, friedlicher Form, z.B. bei Tarifauseinandersetzungen, oder gewaltsam ausgetragen werden (↑Extremismus). Soziale K. können zu Störungen eines sozialen Systems, aber auch zu seiner Stabilisierung beitragen; sie sind daher Antrieb für sozialen Wandel.

Konföderation [von lat. confoederatio »Bündnis«]: eine auf Dauer angelegte völkerrechtliche Verbindung souveräner Staaten (↑Staatenbund) mit gemeinsamen Organen und Institutionen. Die verbundenen Staaten bleiben dabei Subjekte des Völkerrechts; im Gegensatz zum Bundesstaat besteht ein Austrittsrecht.

Kongress: Bezeichnung für die gesetzgebende Körperschaft der USA. Der K. besteht aus dem ↑Repräsentantenhaus und dem ↑Senat.

Konjunkturpolitik: Gesamtheit aller staatlichen Maßnahmen zur Beeinflussung von gesamtwirtschaftlichen Nachfrage- und Produktionsschwankungen (Konjunkturschwankungen); Hauptaufgabe der K. ist eine Stabilisierung der wirtschaftlichen Entwicklung im Sinne eines ↑gesamtwirtschaftlichen Gleichgewichts. Ziele und Mittel der K. sind in Deutschland im ↑Stabilitätsgesetz vom 8. 6. 1967 verankert. Ziele sind u.a. ein hoher Beschäftigungsstand, Stabilität der Preise und ein angemessenes Wirtschaftswachstum.

Konjunkturpolitische Maßnahmen können auf eine Steigerung der Nachfrage (↑nachfrageorientierte Wirtschaftspolitik, ↑Keynesianismus) oder auf eine Ausweitung des Angebots (↑angebotsorientierte Wirtschaftspolitik, ↑Monetarismus) abzielen.

Konkordanzdemokratie: Form der Demokratie, bei der das Mehrheitsprinzip nicht der zentrale Entscheidungsmechanismus ist, sondern bei der auch politische Minderheiten an der Entscheidungsfindung beteiligt werden. Die Schweiz hat Elemente einer K. bei der Besetzung des Bundesrats verwirklicht.

Konkordat [von lat. concordare »übereinstimmen«]: ein Abkommen zwischen dem Heiligen Stuhl (katholische Kirche) und einem Staat, in dem beide Seiten ihr Verhältnis zueinander umfassend regeln (↑Kirche und Staat). Für zusammenfassende Abkommen mit den evangelischen Kirchen hat sich der Begriff **Kirchenvertrag** durchgesetzt.
Gegenstand eines K. können Absprachen über den staatlichen Schutz der Kirchen, der Tätigkeit ihrer Geistlichen und des Kirchenvermögens, über Schul- und Hochschulfragen (Lehrerbildung, Religionsunterricht an öffentlichen Schulen, Errichtung staatlicher theologischer Fakultäten), die Ausbildung von Geistlichen, Krankenhaus- und Anstaltsseelsorge, Staatsleistungen, Kirchensteuer, Denkmalpflege u.a. sein. Zuständig für den Abschluss von K. sind nach dem Grundgesetz auf staatlicher Seite in erster Linie die Länder.
Das in Deutschland geltende Konkordatsrecht wird im Wesentlichen durch die Fortgeltung des **Reichskonkordats** von 1933 und der in der Weimarer Republik abgeschlossenen Länderkonkordate (Bayern 1924, Preußen 1931, Baden 1932) bestimmt.

Konkurrenz [von lat. concurrere »zusammentreffen«, »aufeinanderstoßen«]: allgemein der Wettstreit verschiedener Gruppen (z.B. Parteien) um das gleiche Ziel; in der Marktwirtschaft der ↑Wettbewerb.

Konkurrenzdemokratie: Form der Demokratie, bei der das Mehrheitsprinzip als zentraler Entscheidungsmechanismus dient. Nachteil der K. ist die fehlende Berücksichtigung politischer Minderheiten bei politischen Entscheidungen.

konkurrierende Gesetzgebung: in einem Bundesstaat der Bereich der ↑Gesetzgebung, für den der Gesamtstaat (Bund) und die Gliedstaaten (Länder) nebeneinander zuständig sind. Die Bereiche der k. G. in Deutschland nennen Art. 74 und 74a GG (u.a. bürgerliches Recht, Strafrecht, Arbeitsrecht). In diesen Bereichen haben die Länder die Befugnis zur k. G., wenn und soweit der Bund von seiner Gesetzgebungskompetenz keinen Gebrauch macht. Der Bund darf von dieser Befugnis nur Gebrauch machen, wenn eine Angelegenheit durch die Länder nicht wirksam geregelt werden kann, wenn die Regelung durch ein Land die Interessen anderer Länder beeinträchtigen könnte oder wenn eine bundeseinheitliche Regelung zur Wahrung der Rechts- und Wirtschaftseinheit des Gesamtstaates erforderlich ist.

Konsens [lat.]: Übereinstimmung der Meinungen und Standpunkte.
In einer Demokratie sind K. und Dissens (Nicht-Übereinstimmung) sowie ↑Konflikt und Kompromiss notwendige Elemente des Zusammenlebens. Als **Minimalkonsens** (Grundkonsens) wird die Übereinstimmung in grundlegenden Fragen (z.B. der in einer freiheitlich demokratischen Grundordnung geltenden Grundrechte) bezeichnet. Als **Konsensusdemokratie** wird das politische System bezeichnet, in dem Willensbildung und Entscheidungsfindung auf einem großen Maß an K. beruht.

Konservatismus [von lat. conservare »bewahren«] (Konservativismus): politische Haltung, welche die bestehende politische, wirtschaftliche und soziale Ordnung grundsätzlich zu erhalten strebt. Der K. wendet sich daher gegen radikale Reformen des Bestehenden; Billigung finden nur Veränderungen, mit deren Hilfe die bestehende Ordnung zum Wohle von Staat und Gesellschaft weiterentwickelt werden kann.

K

Der K. entwickelte sich im 19. Jh. aus der Gegenbewegung gegen liberale, demokratische und radikale Ansätze der Politik. Prägende Merkmale des K. sind: 1) das Festhalten an Traditionen und an bestehenden Institutionen **(Traditionalismus)**; 2) die Ablehnung des in liberalen Ansätzen geforderten Individualismus (d.h. Betonung der Rechte Einzelner gegenüber dem Staat); 3) die Ablehnung des in radikalen, v.a. kommunistischen, Ansätzen geforderten Kollektivismus (d.h. Betonung der Rechte der Gemeinschaft gegenüber dem Einzelnen); 4) die Hochschätzung der Werte des Christentums.

In Deutschland gibt es keine Partei, die ausschließlich Ziele des K. vertritt; am ehesten können CDU und CSU als konservative Parteien betrachtet werden.

konstruktives Misstrauensvotum: Im deutschen Bundestag scheiterte am 27.3.1972 das von der CDU/CSU-Opposition unter dem Fraktionsvorsitzenden Rainer Barzel angestrebte konstruktive Misstrauensvotum gegen Bundeskanzler Willy Brandt (Bild: während der Abstimmung).

Konstitution: ↑Verfassung.

Konstitutionalismus (konstitutionelles System): im weiteren Sinn eine Herrschaftsform, bei der die Staatsgewalt im Rahmen einer Verfassung oder grundlegender Gesetze ausgeübt wird. Im engeren Sinn ist K. eine verfassungspolitische Bewegung des 19. Jh., die die königliche Souveränität in einen verfassungsstaatlichen Rahmen einzubinden suchte (konstitutionelle Monarchie, ↑Monarchie). Sie geht zurück auf staatsrechtliche Theorien, die im 18. Jh. in Anlehnung an die Machtstellung des englischen Parlaments u.a. von J. LOCKE und MONTESQUIEU entwickelt worden waren (↑Gewaltenteilung).

In der Regierungszeit Kaiser WILHELMS II. entwickelte sich im Deutschen Reich ein besonderes Verständnis von K., das u.a. die Unabhängigkeit der monarchischen Regierung vom Parlament betonte. Vor diesem Hintergrund wurden K. und ↑Parlamentarismus zu Gegenbegriffen, im Unterschied zum heutigen Sprachgebrauch, der das ↑parlamentarische Regierungssystem und das ↑Präsidialsystem zu den konstitutionellen Staatsformen zählt.

konstitutionelle Monarchie: ↑Monarchie.

konstruktives Misstrauensvotum: nach Art. 67 GG das Recht des Bundestages, dem Bundeskanzler das Misstrauen dadurch auszusprechen, dass er mit der Mehrheit seiner Mitglieder einen Nachfolger wählt und den Bundespräsidenten ersucht, den Bundeskanzler zu entlassen. Im Gegensatz zum einfachen ↑Misstrauensvotum, das nur die Abwahl des Regierungschefs oder eines Ministers zum Ziel hat, ohne die Nachfolgefrage zu regeln, soll das k. M. nur dann zur Entlassung des Regierungschefs und damit zum Rücktritt der gesamten Regierung führen, wenn sich im Parlament eine neue Regierungsmehrheit findet. Das k. M. hat also den Schutz der Regierungsfähigkeit zur Folge und verhindert, dass parlamentarische Mehrheiten die Regierung abwählen, ohne bereit zu sein, an ihrer

Stelle die Regierung zu übernehmen. In Deutschland gab es am 27.4.1972 ein k. M. der CDU/CSU-Opposition unter R. BARZEL gegen Bundeskanzler W. BRANDT (SPD), das allerdings knapp scheiterte. Am 1.10.1982 markierte das k. M. den Koalitionswechsel der FDP von der SPD zur Union; H. KOHL (CDU) löste H. SCHMIDT (SPD) als Kanzler ab.

Konsul: ständiger Vertreter eines Staates in einem anderen zur Wahrnehmung der Interessen seines Staats auf den Gebieten des Handels, des Verkehrs und der Wirtschaft sowie in Visa- und Einwanderungsangelegenheiten auch gegenüber Personen, die nicht Staatsangehörige des Entsendestaates sind. Im Gegensatz zu den diplomatischen Vertretern (↑Gesandtschaftsrecht) haben K. keine politischen Aufgaben.

Konsum [von lat. consumere »verbrauchen«]: in der Wirtschaftstheorie jede Inanspruchnahme von ↑Gütern oder ↑Dienstleistungen durch private oder öffentliche Haushalte zur unmittelbaren Bedürfnisbefriedigung. Der K. ist Teil des ↑Bruttoinlandsprodukts. Das Verhältnis zwischen K. und Einkommen ist die durchschnittliche **Konsumquote**.

Konsumentenschutz: ↑Verbraucherschutz.

Konsumgesellschaft: Form der modernen westlichen Industriegesellschaft, in der wesentliche soziale Beziehungen durch den ↑Konsum bestimmt werden. Die K. ist gekennzeichnet durch hohe Massenkaufkraft und den materiellen Wohlstand breiter Bevölkerungskreise, durch die Massenproduktion von relativ preisgünstigen, leicht beschaffbaren Verbrauchs- und Gebrauchsgütern sowie durch die auf den Erwerb von Einkommen und damit auch auf Konsumchancen ausgerichtete ökonomische Orientierung vieler Menschen, z.T. auch durch Prestigekonsum.

Konvention:

- *Völkerrecht:* ein Vertrag zwischen mehreren Staaten zur Regelung rechtlicher, politischer, wirtschaftlicher und anderer Probleme (z.B. ↑Genfer Konventionen).
- *Sozialwissenschaften:* Bezeichnung für die aus den gesellschaftlichen Erwartungen abgeleiteten Verhaltensmuster (Brauch, ↑Sitte), deren Nichtbeachtung (im Gegensatz zur Rechtsverletzung) nur schwach (durch Missbilligung oder Prestigeentzug) geahndet wird.
- *Politik:* Verhaltensregeln, die z.B. im Parlament zwischen den Fraktionen vereinbart werden.

konventionelle Waffen: alle Waffen außer den ↑ABC-Waffen.

Konversion (Rüstungskonversion): die Umstellung militärisch genutzter Ressourcen auf zivile Nutzung; insbesondere die Umstellung der Rüstungsproduktion, der Forschungs- und Entwicklungskapazitäten auf zivile Zwecke. Darüber hinaus ist von einer Durchführung der K. die gesamte militärische Infrastruktur betroffen, sodass sich u.a. das Problem einer neuen Nutzung militärischer Liegenschaften (Übungsplätze) stellt, einschließlich der Sanierung von Altlasten.

Ein durch die K. aufgeworfenes wirtschaftliches Problem ist die Eingliederung der freigesetzten Militärangehörigen und der Zivilbeschäftigten in den zivilen Arbeitsmarkt, was in Deutschland durch staatliche Fördermaßnahmen für ehemalige Militärstandorte behoben werden soll. Zur K. zählt auch der zivile Gebrauch von Rüstungsgütern (u.a. Fahrzeuge und Ausrüstungen) und die direkte Produktkonversion wie beispielsweise der Umbau von Raketenlafetten zu Kranträgern oder von Helmen zu Küchensieben und Töpfen.

Konvertierbarkeit [von lat. convertere »umwenden«, »wechseln«] (Konvertibilität): die Möglichkeit zum freien und unbeschränkten Austausch von inländischen gesetzlichen Zahlungsmitteln gegen ausländische (Devisen), im Gegensatz zur Devisenbewirtschaftung.

Konzentration: im weiteren Sinn die

K

Zusammenballung wirtschaftlicher Macht, im engeren Sinn der Zusammenschluss von Unternehmen zu größeren Einheiten: entweder durch die Bildung eines ↑Kartells, eines ↑Konzerns oder durch eine ↑Fusion. Vorteile können die Entstehung leistungsfähigerer Unternehmen und die Erhöhung der gesamtwirtschaftlichen Produktivität sein. Allerdings kann eine weitgehende K. zur Marktbeherrschung führen; damit ist die Gefahr des Missbrauchs wirtschaftlicher Macht verbunden.

Konzentrationslager, Abk. KZ: Massenlager, die Elemente des Arbeits-, Internierungs- und Kriegsgefangenenlagers sowie des Gefängnisses und ↑Gettos vereinigen.

In Deutschland wurden nach der Notverordnung vom 28.2.1933 politische Gegner der Nationalsozialisten (Kommunisten, Sozialdemokraten u.a.) in ersten KZ in polizeiliche »Schutzhaft« genommen Ab 1935 wurde auch die Ausschaltung aller Personengruppen angestrebt, die aus ideologischen, rassischen und nationalistischen (Juden, Polen, Sinti und Roma, Emigranten) oder vorgeblich sozialen Gründen (»Arbeitsscheue«, »Gewohnheitsverbrecher«, Homosexuelle) zu »Volksschädlingen« deklariert worden waren.

Ab 1938 wurden die KZ für den Zwangsarbeitseinsatz der SS, später für die Rüstungsindustrie genutzt. Das Netz der Haupt- und Nebenlager wurde nach Kriegsbeginn ausgebaut; 1944 gab es 20 KZ mit 165 angeschlossenen Arbeitslagern. Die Mehrzahl der seit Kriegsausbruch Neuinhaftierten waren Angehörige besetzter Länder. Bis März 1942 stieg die Zahl der Häftlinge auf 100 000, bis Januar 1945 auf rd. 715 000, die von 40 000 SS-Leuten bewacht wurden. Besonders ab 1943 kam es zu Massenvernichtungen von körperlich und psychisch kranken Häftlingen (↑Euthanasie), Polen und sowjetischen Kriegsgefangenen. Ab 1941 wurden zur sog. »Endlösung der Judenfrage« **Vernichtungslager** eingerichtet (v.a. Auschwitz mit drei Hauptlagern und 39 Neben- und Außenlagern, wo von Februar 1942 bis November 1944 fabrikmäßig Gaskammern betrieben wurden; ↑Judenverfolgung). Dort und in den KZ wurden bis 1945 ca. 5–6 Mio. jüdische und 500 000 nichtjüdische Häftlinge getötet.

Eidesstattliche Erklärung von Franz Ferdinand Höß vom 5.4.1946:

»[...] Ich befehligte Auschwitz [ab 1.4.1940] bis zum 1. Dezember 1943 und schätze, dass mindestens 2 500 000 Opfer dort durch Vergasung und Verbrennen hingerichet und ausgerottet wurden; mindestens eine weitere halbe Million starben durch Hunger und Krankheit, was eine Gesamtzahl von ungefähr 3 000 000 Toten ausmacht. Diese Zahl stellt ungefähr 70 oder 80 Prozent aller Personen dar, die als Gefangene nach Auschwitz geschickt wurden; die übrigen wurden ausgesucht und für Sklavenarbeit in den Industrien des Konzentrationslagers verwendet. Unter den hingerichteten und verbrannten Personen befanden sich ungefähr 20 000 russische Kriegsgefangene [...]. Der Rest der Gesamtzahl der Opfer umfasste ungefähr 100 000 deutsche Juden und eine große Anzahl von Einwohnern, meistens Juden, aus Holland, Frankreich, Belgien, Polen, Ungarn, Tschechoslowakei, Griechenland oder anderen Ländern. Ungefähr 400 000 ungarische Juden wurden allein in Auschwitz im Sommer 1944 von uns hingerichtet. [...]«

In der Sowjetischen Besatzungszone bzw. DDR bestanden 1945–50 in den KZ Buchenwald und Sachsenhausen Sonderlager für deutsche Zivilpersonen. KZ wurden auch in der UdSSR (Zwangsarbeitslager; »GULAG«) sowie von den Militärjunten in Griechenland (1967–74) und Chile (1973–89) eingerichtet, ebenso im ↑Bosnischen Krieg 1992–95.

Konzern: die Zusammenfassung rechtlich selbstständiger Unternehmen unter eine einheitliche Leitung, z. B. eine Holding. Diese hält die Kapitalanteile der beteiligten Unternehmen, tritt selbst aber nicht als Produzent auf dem Markt auf. Die Konzernmitglieder können einander gleichgeordnet oder voneinander abhängig (untergeordnet) sein. Von einem K. zu unterscheiden sind das ↑ Kartell und der Unternehmenszusammenschluss durch ↑ Fusion.

konzertierte Aktion: nach § 3 ↑ Stabilitätsgesetz abgestimmtes Verhalten von Staat und ↑ Tarifpartnern zur Erreichung von Preisstabilität, hohem Beschäftigungsstand, außenwirtschaftlichem Gleichgewicht und Wirtschaftswachstum; auch Name des 1967 eingerichteten, seit Ende der 1970er-Jahre nicht mehr einberufenen und durch das ↑ Bündnis für Arbeit ersetzten wirtschaftspolitischen Gesprächsforums.

Kooperation [von lat. cooperari »zusammenarbeiten«]: allgemein das Zusammenwirken verschiedener Interessengruppen auf ein gemeinsames Ziel hin. In der Politik findet K. z. B. zwischen Parteien oder Verbänden statt. Auch zwischen Staaten sowie Betrieben und Unternehmen kann es K. geben.

kooperativer Föderalismus: eine moderne Form der Beziehungen zwischen Zentralstaat und Gliedstaaten in einem ↑ Bundesstaat (↑ Föderalismus), die nicht mehr auf einer strengen Funktionstrennung, sondern auf dem Prinzip der gemeinschaftlichen Aufgabenerledigung durch gemeinsame Planung und Finanzierung beruht. Kooperation kann sich sowohl zwischen den Gliedstaaten untereinander als auch zwischen ihnen und dem Bund (↑ Gemeinschaftsaufgaben) entwickeln.

Koreakrieg: Kampfhandlungen (1950–53) in Korea zwischen Streitkräften der Demokratischen Volksrepublik Korea (Nord-Korea) einerseits und Truppen der Republik Korea (Süd-Korea) sowie einer Streitmacht der UN andererseits; ausgelöst durch den Vorstoß nordkoreanischer Truppen in das Gebiet Süd-Koreas. Mit Zustimmung der UN begannen am 15. 9. 1950 die Militäraktionen der UN-Truppen unter Führung der USA. Nach wechselseitigen Vorstößen, wobei Nord-Korea von China unterstützt wurde, stabilisierte sich im Frühjahr 1953 die Front entlang der ursprünglichen Grenze zwischen Nord- und Süd-Korea (38. Breitengrad), die im Waffenstillstand von Panmunjom (27. 7. 1953) wieder Teilungslinie wurde. Der Versuch eines Friedensschlusses zwischen Nord- und Süd-Korea scheiterte 1954. Erst 1992 schlossen beide Staaten einen Vertrag über Aussöhnung und einen Nichtangriffspakt.

Körperschaft: eine rechtsfähige Vereinigung von Personen zu einem gemeinsamen Zweck. K. sind i. d. R. als ↑ juristische Personen Träger eigener Rechte und Pflichten, die von denen ihrer Mitglieder verschieden sind. Dadurch wird im Geschäftsverkehr eine Haftungsbegrenzung auf das Vermögen der K. erreicht.

K. des öffentlichen Rechts sind auf dem Gebiet des öffentlichen Rechts mit eigener Rechtsfähigkeit ausgestattete Institutionen. Die wichtigsten Körperschaften sind der Bund, die Bundesländer, Städte, Landkreise (↑ Gebietskörperschaften), Selbstverwaltungsverbände, Sozialversicherungsträger und Kirchen. Meist nehmen die K. des öffentlichen Rechts aufgrund von Gesetzen auch hoheitliche Befugnisse wahr.

Körperschaftsteuer: ↑ Steuern.

Korporatismus: gesellschaftspolitische Vorstellung, nach der in einem (berufs-)ständisch gegliederten Staat (↑ Ständestaat), Korporationen anstelle von politischen Parteien die gesellschaftlichen Interessen vertreten. Der Gedanke einer berufsständischen Repräsentation ist auch ein Grundelement der katholischen Soziallehre (↑ christliche Soziallehre).

Durch den Rückgriff des italienischen

K

↑Faschismus auf korporatistische Vorstellungen war der K. zunächst in Verruf geraten. Um die Entwicklung des K. in jüngerer Vergangenheit von älteren Ansätzen unterscheiden zu können, wurde der Begriff **Neokorporatismus** geprägt: K. wird nun als Teil des modernen Parteienstaates verstanden und ist seit den 1970er-Jahren die Bezeichnung für Formen der institutionalisierten Beteiligung von gesellschaftlichen Gruppen und ↑Interessenverbänden an der Politik. K. dient der kooperativen Konfliktregulierung durch die Zusammenarbeit von Verbänden und Regierung. Es entsteht ein Politikverbund von Regierung und Großverbänden. In der BRD war die ↑konzertierte Aktion ein Beispiel für den Korporatismus.

Korruption [von lat. corrumpere »verderben«, »bestechen«]: im weitesten Sinne jede Käuflichkeit auf illegale Weise; im engeren Sinne Käuflichkeit von Parlamentariern, Beamten und Richtern, die Entscheidungen zugunsten dessen treffen, der ihnen dafür Vorteile verspricht. K. ist, wenn z.B. ein Unternehmer einem Beamten offen oder versteckt Vorteile zukommen lässt und aufgrund dessen einen öffentlichen Auftrag erhält oder strafrechtlich nicht verfolgt wird. Um K. auszuschließen, ist Bestechung, d.h. sowohl die Annahme (passive Bestechung) wie die Gewährung (aktive Bestechung) von Geschenken und anderen Vorteilen strafbar. Seit 1999 werden auch die Bestechung ausländischer Amtsträger in Deutschland und Schmiergeldzahlungen von Deutschen im Ausland strafrechtlich verfolgt. Antikorruptionabkommen des Europarats und der OECD richten sich v.a. gegen K. im Geschäftsverkehr.

Kosovo-Konflikt: Auseinandersetzung um die Provinz Kosovo (rd. 2 Mio. Einwohner, davon mehr als 90% muslimische Albaner/Kosovaren); der Kosovo, der zum größten Teil der historischen Landschaft Amselfeld entspricht, gehört zu Serbien, das mit Montenegro die Bundesrepublik Jugoslawien bildet. Der K.-K. nahm in den 1980er-Jahren mit der Propagierung großserbischer Ideen seinen Anfang. Nach der in einem Referendum bestätigten Unabhängigkeitserklärung des Kosovo-Parlaments 1990 nahm die Zentralregierung in Belgrad der damals jugolawischen Provinz den

Kosovo-Konflikt: Der Krieg der serbischen Sicherheitskräfte gegen die Kosovaren führte seit Sommer 1998 zu einer Massenflucht von muslimischen Albanern. Im März 1999 begannen die Luftangriffe der NATO mit dem Ziel, weitere Übergriffe der Serben zu unterbinden.

Autonomiestatus und drängte die Albaner aus dem öffentlichen Leben. Der passive Widerstand der Albaner, der sich in der Bildung eines von Auslands-Albanern finanzierten »Schattenstaats« äußerte, wandelte sich ab 1996 zum bewaffneten Kampf der Albanischen Befreiungsarmee des Kosovo (UÇK) gegen serbische Sicherheitskräfte, der sich ab März 1998 zum Bürgerkrieg ausweitete. Im Oktober 1998 wurde ein Waffenstillstand vereinbart; der Präsident der Bundesrepublik Jugoslawien S. Milošević stimmte zu, unbewaffnete Beobachter der ↑OSZE im Kosovo zuzulassen.

Ende 1998 flammten die Kämpfe jedoch erneut auf. Von der Balkan-Kontaktgruppe (USA, Großbritannien, Frankreich, Italien, Russland, Deutschland) im Februar und März 1999 initiierte Verhandlungen zwischen Kosovaren und Serben in Rambouillet und Paris blieben ohne Ergebnis wegen der ablehnenden Haltung der serbischen Regierung. Nachdem ein Ultimatum verstrichen war, begann die NATO ohne die Legitimation durch ein UN-Mandat am 24. 3. 1999 mit Luftangriffen auf militärische Ziele und die serbische Infrastruktur, um die Vertreibung der Kosovaren zu beenden, was allerdings nicht gelang; bis Juni 1999 gab es rd. 1,1 Mio. Vertriebene und Flüchtlinge.

Am 3. 6. 1999 stimmte Milošević einem Friedensplan zu, der die jugoslawischen Truppen zum Abzug aus dem Kosovo verpflichtete. Die ↑NATO stellte am 10. 6. 1999 ihre Luftangriffe ein. Der Friedensplan, der zugleich die Grundlage für die Kosovo-Resolution des UN-Sicherheitsrates vom 10. 6. 1999 bildete, sah u. a. folgende Schritte vor: keine Teilung oder Unabhängigkeit des Kosovo, Einsetzung einer UN-Zivilverwaltung und Einmarsch einer internationalen Militärstreitmacht (KFOR, rd. 50 000 Soldaten).

Kosten: alle Aufwendungen und Nachteile, die der Versuch, einen bestimmten Zweck zu erreichen, mit sich bringt. Dabei handelt es sich nicht nur um Aufwendungen, die in voller Absicht um der Zweckerreichung willen gemacht worden sind, sondern auch um Nachteile, die erst später eintreten bzw. bemerkt werden **(Folgekosten),** und K., die andere als den Begünstigten treffen (»externe« K., die durch Kostenabwälzung entstehen). K., die etwa in der Bilanz eines Unternehmens nicht ausgewiesen werden, nennt man auch **gesellschaftliche K.** (z. B. für Luft- und Wasserreinigung); Gegensatz: ↑Verursacherprinzip.

Kostenpauschale: ↑Diäten.

KPD: ↑Kommunistische Partei Deutschlands.

KPdSU, Abk. für **K**ommunistische **P**artei **d**er **S**owjet**u**nion): 1917/18 bis zu ihrem Verbot 1991 Staats- und Regierungspartei in Sowjetrussland bzw. der UdSSR; hervorgegangen aus der 1898 gegründeten Sozialdemokratischen Arbeiterpartei Russlands (SDAPR), die sich 1903 in Menschewiki und Bolschewiki (B) spaltete (↑Bolschewismus). Letztere konstituierten sich 1912 als selbstständige Partei unter der Bezeichnung SDAPR (B). Nach der erfolgreichen sog. Oktoberrevolution nannte sie sich ab 1918 Kommunistische Partei Russlands, KPR (B); ab 1925 hieß sie KPdSU (B); der Zusatz (B) wurde 1952 aufgegeben.

Krankenkassen: Träger der gesetzlichen Krankenversicherung in Deutschland; die K. gliedern sich in Allgemeine Ortskrankenkassen (AOK), Betriebskrankenkassen (für größere Betriebe), Innungskrankenkassen (für handwerkliche Betriebe), Bundesknappschaft (für Bergleute), Seekrankenkassen (für Seeleute), Landwirtschaftskrankenkassen und Ersatzkassen. Seit 1997 gilt für die Versicherten die freie Wahl der K. Die Beiträge zur K. werden je zur Hälfte vom Arbeitgeber und vom Versicherten aufgebracht und in Prozenten vom Bruttoeinkommen durch jede Kasse festgesetzt. Die Einsparung von Kosten im ↑Gesundheitswesen, auch bei den K., war Anliegen der verschiedenen Gesundheitsreformen in den 1990er-Jahren.

Krankenversicherung: Die **gesetzliche K. (GKV)** ist in Deutschland ein Zweig der ↑Sozialversicherung, der bei Mutterschaft, Krankheit und Tod sowie zur Früherkennung von Krankheiten Leistungen erbringt. Gesetzliche Grundlage ist das 5. Buch des Sozialgesetzbuches (SGB V) und die mehrfach geänderte Reichsversicherungsordnung (RVO) vom 19. 7. 1911. Versicherungspflichtig sind alle gegen Entgelt beschäftigten Arbeiter und Angestellten, deren Einkommen die Versicherungspflichtgrenze (75% der Beitragsbemessungsgrenze in der Rentenversicherung, für 2000 liegt diese Grenze bei monatlich 6 450 DM in den alten und 5 325 DM in den neuen Bundesländern) nicht übersteigt. Der Versicherungspflicht unterliegen ferner Auszubildende, Studierende, Rentner, Arbeitslose und Behinderte, die an berufsfördernden Maßnahmen teilnehmen. Spezielle K. bestehen für landwirtschaftliche Unternehmer und deren mitarbeitende Familienangehörige (K. der Landwirte) sowie für selbstständige Künstler und Publizisten (Künstlersozialkasse). Beim Ausscheiden aus der versicherungspflichtigen Beschäftigung (z.B. bei Selbstständigkeit) ist unter bestimmten Bedingungen eine freiwillige Weiterversicherung in der gesetzlichen K. möglich. Versicherungsfrei sind Beamte und unter bestimmten Voraussetzungen geringfügig Beschäftigte (↑geringfügige Beschäftigung).

Neben der gesetzlichen gibt es die **private K.;** sie ist eine freiwillige Versicherung gegen das Krankheitsrisiko, die bei Nichtvorliegen der Versicherungspflicht abgeschlossen werden kann. Die Beiträge richten sich hier nicht nach dem

Krankenversicherung

Leistungsausgaben der gesetzlichen Krankenversicherung in Deutschland 1998

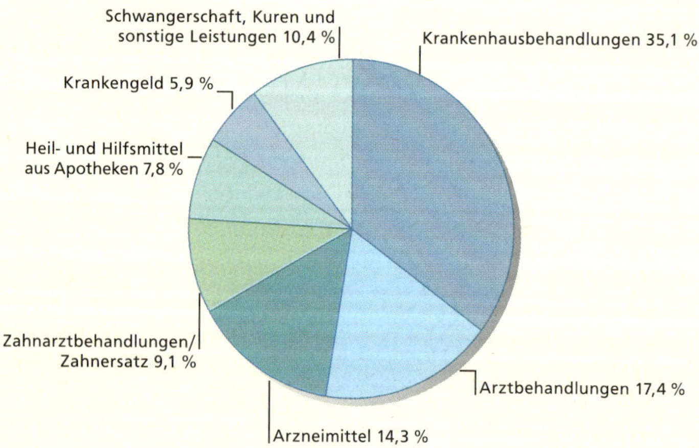

Quelle: Kassenärztliche Vereinigung

Einkommen, sondern nach dem Tarif, dem Eintrittsalter, Geschlecht und Gesundheitszustand der zu versichernden Person.

Kreis (Landkreis): in Deutschland öffentlich-rechtliche Gebietskörperschaft und Träger der öffentlichen Verwaltung zwischen Land und Kommunen, nicht in den Stadtstaaten und Berlin (1999: insgesamt 323). K. sind zum einen Bezirke der unteren Verwaltungsbehörde, zum anderen haben sie nach Art. 28 Abs. 2 GG ein im Vergleich zu den ↑Gemeinden abgeschwächtes Selbstverwaltungsrecht. In diesem Bereich übernehmen sie v.a. die Aufgaben, welche die Verwaltungs- und Finanzkraft der kreisangehörigen Gemeinden übersteigen (z.B. Gesundheitspflege, Schulwesen, Krankenhausbau). Organe der K. sind der **Kreistag** als gewählte Vertretung und Beschlussorgan, der **Kreisrat (Kreisausschuss)** und der ↑Landrat bzw. **Kreisdirektor** als Leiter der Exekutive.

kreisfreie Stadt: in Deutschland eine Stadt mit meist mehr als 100 000 Einwohnern, die neben den Aufgaben einer ↑Gemeinde auch Funktionen eines ↑Kreises ausübt (Anzahl 1999: 117).

Krieg: organisierter, mit Waffengewalt ausgetragener Machtkonflikt zwischen Völkerrechtssubjekten (Staaten, Bündnisse) oder zwischen Bevölkerungsgruppen innerhalb eines Staates (↑Bürgerkrieg) zur gewaltsamen Durchsetzung politischer, wirtschaftlicher, ideologischer oder militärischer Interessen. Völkerrechtlich tritt mit Beginn des Kriegszustandes (durch Abgabe einer Kriegserklärung bzw. durch Eröffnung des militärischen Kampfes) das bis dahin geltende Friedensvölkerrecht außer Kraft. Der Kriegszustand kann durch den Abschluss eines ↑Friedensvertrages, durch die endgültige und offiziell bekannt gemachte Einstellung der Kampfmaßnahmen oder durch den Untergang einer der Krieg führenden Parteien **(Debellation)** beendet werden. Während Europa in der ersten Hälfte des 20. Jh. durch den Ersten und Zweiten Weltkrieg (↑Weltkrieg) erschüttert wurde, konnte im Zeitalter der Nuklearwaffen im Zuge einer ↑Entspannungspolitik der ↑Kalte Krieg (↑Ost-West-Konflikt) überwunden werden. Der Schwerpunkt der kriegerischen Auseinandersetzungen verlagerte sich – mit Ausnahme etwa des ↑Nordirlandkonflikts und ↑Kosovo-Konflikts – nach Südasien, Südostasien und Afrika. – Siehe auch ↑Bosnischer Krieg, ↑Golfkrieg, ↑Koreakrieg, ↑Vietnamkrieg.

Kriegsdienstverweigerung (Wehrdienstverweigerung): die Weigerung, Kriegsdienst mit der Waffe zu leisten; in Deutschland ist die K. durch Art. 4 Abs. 3 Satz 1 GG als Grundrecht geschützt; danach darf niemand gegen sein Gewissen zum Kriegsdienst mit der Waffe gezwungen werden. Auf das Recht der K. kann sich nur berufen, wer eine Gewissensentscheidung gegen »das Töten im Krieg schlechthin« getroffen hat, eine nur situationsbedingte Verweigerung wird nicht anerkannt. Nach dem Kriegsdienstverweigerungsgesetz vom 28. 2. 1983 entscheidet das Bundesamt für ↑Zivildienst aufgrund eines schriftlichen Antrages des ungedienten Verweigerers. Ende der 1990er-Jahre nahm ein Drittel eines einzuberufenen Altersjahrgangs das Recht auf K. in Anspruch.

Kriegsentschädigung: ↑Reparationen.

Kriegsrecht: im Unterschied zum Friedensvölkerrecht die Rechtssätze des Völkerrechts, die während eines Krieges für die Krieg führenden Parteien untereinander wie gegenüber neutralen Staaten gelten (»Recht des bewaffneten Konflikts«), im Wesentlichen niedergelegt in der ↑Haager Landkriegsordnung und in den ↑Genfer Konventionen. Nach der Charta der UN ist ein Krieg nur noch zur Verteidigung zulässig (auch ↑Gewaltverzicht).

Durch die Unterscheidung zwischen Soldaten **(Kombattanten)** und Zivilbevölkerung (Nichtkombattanten) und

K

durch das Verbot des Gebrauchs bestimmter Kampfmittel oder der Anwendung bestimmter Kampfmethoden (Tötung von Wehrlosen und Kriegsgefangenen, Geiselerschießung) wurde versucht, auch im Krieg ein Minimum an Menschlichkeit aufrechtzuerhalten. Probleme des humanitären K. stellen sich v.a. aufgrund moderner Waffentechnik (z.B. Atomwaffen, Hightechwaffen) und der zahlreichen ↑Bürgerkriege.

Kriegsverbrechen: Handlungen von Angehörigen eines Krieg führenden Staates, durch die das Verbot des Angriffskrieges oder die Regeln des ↑Kriegsrechts verletzt werden und die nach den Vorschriften des ↑Völkerrechts strafrechtlich geahndet werden sollen wie etwa Grausamkeiten gegen die Zivilbevölkerung, Misshandlung und Tötung von Gefangenen, Plünderung. Nach dem Zweiten Weltkrieg und den Nürnberger Prozessen gegen die Hauptkriegsverbrecher 1945–49 wurde der Begriff K. ausgedehnt: K. sind demnach z.B. Völkermord, wirtschaftliche Ausbeutung besetzter Gebiete oder Zwangsarbeit fremder Staatsangehöriger.

Kriegsverbrechertribunale: internationale Strafgerichte zur Verfolgung von Verletzungen des humanitären Völkerrechts sowie von Verbrechen gegen die Menschlichkeit, von ↑Völkermord und ↑Kriegsverbrechen. 1993 wurde vom UN-Sicherheitsrat in Den Haag (Niederlande) das **Internationale Strafgericht für Verbrechen im ehemaligen Jugoslawien** eingerichtet. Es ist für Verbrechen gegen die Menschlichkeit, Völkermord und Kriegsverbrechen zuständig, die nach dem 1. 1. 1991 im ehemaligen Jugoslawien verübt wurden. Das 1995 ebenfalls vom Sicherheitsrat der UN eingesetzte **Internationale Strafgericht für Ruanda** in Arusha (Tansania) untersucht die Massenmorde von 1994, bei denen ca. 1 Mio. Menschen getötet wurden. Am 17. 7. 1998 wurde in Rom das Gründungsstatut eines ständigen ↑Internationalen Strafgerichtshofs verabschiedet.

www.un.org/icty

Kriegswaffenkontrollgesetz: Nach Art. 26 Abs. 2 GG dürfen in Deutschland Kriegswaffen nur mit Zustimmung der Bundesregierung hergestellt, befördert und in den Verkehr gebracht werden; hierauf fußt das K., das nähere Einzelheiten festlegt (zuerst 20. 4. 1961). In einer Kriegswaffenliste, einer Anlage zum K., werden alle unter die Genehmigungspflicht fallenden Waffen aufgeführt. Zur Kontrolle des Exports von Rüstungsgütern dient auch das Außenwirtschaftsgesetz (↑Außenwirtschaft).

Kriminalität: Gesamtheit der in einem bestimmten Gebiet verübten Straftaten. K. wird heute vorwiegend als eine besondere Form abweichenden Verhaltens von einer zu einer bestimmten Zeit existierenden gesellschaftlichen Norm verstanden, das mit gesetzlich festgelegten Sanktionen geahndet wird.

In fast allen Industriestaaten wurde nach dem Zweiten Weltkrieg ein erheblicher Anstieg der K. registriert. Auch in Deutschland, Österreich und der Schweiz nahm die K. deutlich zu; alle drei Länder weisen mit kleinen Abweichungen eine vergleichbare Struktur der K. auf: Bis zu zwei Drittel aller registrierten Straftaten richten sich gegen Eigentum und Vermögen. Rund 50% der Straftaten werden in Großstädten mit über 100 000 Einwohnern begangen. Die Tatverdächtigen sind überwiegend männlich. Der Anteil tatverdächtiger Frauen liegt seit längerem bei etwa 21%. In Deutschland wurden 1999 insgesamt 6,3 Mio. Straftaten registriert, 2,4% weniger als im Vorjahr. Die Aufklärungsquote lag bei 52,8%. Bei den Strafdelikten stand Diebstahl mit einem Anteil von rd. 50% an erster Stelle. Die Gewaltdelikte, hier v.a. gefährliche und schwere Körperverletzungen, steigerten sich 1999 um 0,2% auf 186 655 Fälle. Wird die Anzahl der bekannt gewordenen Straftaten zur Bevölkerung in Beziehung gesetzt, ergab sich in den 1990er-Jahren eine Häufigkeitsziffer von mehr als 8 000 angezeigten Straftaten auf 100 000 Einwohner (diese Ziffer lag für 1980 bei 6 200 und für 1970 bei 3 900).

Krise [von griech. krísis »Entscheidung«, »entscheidende Wendung«]:

- in der *Konjunkturtheorie* der plötzliche Umschwung von einer Phase der Hochkonjunktur in eine Phase wirtschaftlichen Niedergangs (↑ Wirtschaftskrise). – Siehe auch ↑ Schuldenkrise.
- in der *Innenpolitik* eine Regierungskrise.
- in der *Außenpolitik* starke Spannungen zwischen zwei oder mehreren Staaten.

Krisenreaktionskräfte: ein Teil der NATO-Streitkräfte (auch der ↑ Bundeswehr), der bereits im Frieden zu den präsenten Verbänden gehört. Die national und multinational gegliederten K. setzen sich aus mobilen Kräften der Land-, Luft- und Seestreitkräfte zusammen, sind innerhalb kürzester Zeit verlegbar und für einen schnellen Einsatz vorgesehen. Sie übernehmen Aufgaben im gesamten Spektrum der Verteidigung, sichern den Aufmarsch der Hauptverteidigungskräfte und stehen v.a. zur Konfliktverhütung, Krisenbewältigung sowie für internationale Friedensmissionen (z.B. der UN) zur Verfügung.

Kritik: das Infragestellen von Ansichten, Handlungen, Normen und ihren Begründungen (z.B. Ideologiekritik).

Auf eine Veränderung bestehender gesellschaftlicher Zustände zielte v.a. die sog. **kritische Theorie** der Frankfurter Schule, eine in den 1930er-Jahren von MAX HORKHEIMER (1895–1973), T. W. ADORNO, HERBERT MARCUSE (1898–1979), ERICH FROMM (1900–80) u.a. geprägte, marxistisch bestimmte, praxisbezogene kritische Gesellschaftstheorie und -analyse. Dagegen geht es dem von KARL RAIMUND POPPER (1902–94) begründeten **kritischen Rationalismus** um die kritische Überprüfung dogmatischer (Gesetzes-)Behauptungen überhaupt, aufgrund der Tatsache, dass auch kritische Theorien auf Prämissen beruhen, die ihrerseits von einem anderen Standpunkt wiederum der K. unterworfen werden können.

KSE-Verträge: Verträge über **k**onventionelle **S**treitkräfte in **E**uropa; der erste wurde am 19. 11. 1990 zwischen ↑ NATO und ↑ Warschauer Pakt abgeschlossen und betrifft die Verringerung der konventionellen Land- und Luftstreitkräfte in Europa. Er legt für das Gebiet zwischen Atlantik und Ural die Obergrenzen bestimmter Waffenpotenziale fest (Kampfpanzer, gepanzerte Kampffahrzeuge, Artilleriesysteme, Kampfflugzeuge und Angriffshubschrauber). 1992 unterzeichneten die Staaten der GUS (↑ Gemeinschaft Unabhängiger Staaten) den Vertrag. Verhandlungen über eine Senkung der Personalstärken der Land- und Luftstreitkräfte (KSE Ia) führten im gleichen Jahr zur Unterzeichnung einer abschließenden Akte durch 29 Staaten, jedoch nicht zu einem völkerrechtlich bindenden Vertrag. Wegen der Auflösung des Warschauer Pakts und der UdSSR sowie der Osterweiterung der NATO kam es am 19. 11. 1999 zur Unterzeichnung eines neuen Vertrages, der für 30 Staaten Obergrenzen für Waffensysteme festlegt.

KSZE: ↑ OSZE.

Ku-Klux-Klan: terroristischer, rassistischer Geheimbund in den Südstaaten der USA; gegründet 1866 als Zusammenschluss weißer Farmer zur Aufrechterhaltung ihrer gesellschaftlichen Vorrangstellung. 1869/71 aufgelöst, wurde er 1915 wiederbelebt. 1924/25 stand der K. mit 4–5 Mio. Mitgliedern auf dem Höhepunkt seines Einflusses. Seit 1928 nicht mehr Geheimbund, versuchte er vergeblich, die Durchsetzung der Bürgerrechte für Schwarze und die Rassenintegration zu verhindern.

K

Kultur [lat. »Bebauung«, »Ausbildung« (von Geist und Körper)]: im weiteren Sinn alles, was der Mensch geschaffen hat, im Unterschied zum Naturgegebenen. Zur K. gehören sowohl technische Leistungen und Fertigkeiten (↑Zivilisation), die das Überleben des Menschen sichern (z.B. Herstellung von Werkzeug und Kleidung, Nahrungsgewinnung), als auch geistige Fähigkeiten. Im engeren Sinne bezeichnet K. alle Bereiche der menschlichen Bildung, die auf Erkenntnis und die Vermittlung von Wissen und Werten abzielen. Daneben wird der Begriff K. auch bedeutungsgleich mit Kultiviertheit verwendet, z.B. zur Kennzeichnung zwischenmenschlicher Umgangsformen (Gesprächs-, Streitkultur).

Mit K. wurde ursprünglich die Bodenbewirtschaftung des sesshaften Bauerntums in den Agrargesellschaften bezeichnet. Als **Hochkulturen** gelten demgegenüber Gesellschaften, die einen höheren Entwicklungsstand erreicht haben, und über bestimmte Organisationsformen des Zusammenlebens verfügen (z.B. Spezialisierung im Bereich der Arbeit, Vorhandensein einer Schrift, Existenz eines Verwaltungs- und Steuersystems).

Mit der Erforschung und Darstellung des geistig-kulturellen Lebens im historischen Verlauf befasst sich die **Kulturgeschichte.** Die **Kultursoziologie** betrachtet K. als soziale Erscheinung und untersucht u.a. deren soziale Rahmenbedingungen und Grundlagen sowie die Rückwirkungen kultureller Errungenschaften auf gesamtgesellschaftliche Strukturen. Als **Kulturkritik** wird die Analyse und kritische Bewertung einzelner sozialer und technischer Errungenschaften bezeichnet. Häufig wird Kulturkritik in Phasen des gesellschaftlichen und politischen Umbruchs geäußert, z.B. im 18. Jh. als Reaktion auf die Industrialisierung oder im Zusammenhang mit den politischen und sozialen Umwälzungen des 20. Jh.

Kulturhoheit: Bezeichnung für die Zuständigkeit der Bundesländer für Gesetzgebung und Verwaltung (Gesetzgebungs- und Verwaltungshoheit) im kulturpolitischen Bereich, v.a. im Schul-, Hochschul- und sonstigen Erziehungswesen. Die K. der Länder ergibt sich aus den geringen Regelungsbefugnissen, die das Grundgesetz dem Bund einräumt (Art. 74 und 75) sowie aus der grundsätzlichen Zuweisung staatlicher Aufgaben an die Länder (Art. 30). Oberstes Organ der Kulturverwaltung ist das Kultusministerium des jeweiligen Landes. Seit 1948 besteht die ↑Kultusministerkonferenz, deren Ziel die gemeinsame Willensbildung, insbesondere auf dem Gebiet des Schul- und Hochschulwesens, ist. 1998 wurde unter Wahrung der K. der Länder das Amt des **Bundesbeauftragten für Kultur und Medien** geschaffen, dessen Inhaber dem Bundeskanzler direkt untersteht.

Kulturnation: ↑Nation.

Kulturpolitik: alle politischen Maßnahmen, die auf die Erhaltung und Förderung des Erziehungs- und Bildungswesen, der Wissenschaft, Forschung und Kunst, daneben auch auf den Natur- und Landschaftsschutz, die Denkmalpflege und den Sport abzielen. Träger der K. sind v.a. der Staat, die Kommunen, öffentlich-rechtliche Körperschaften, die Kirchen und Verbände sowie internationale Organisationen (z.B. ↑UNESCO).

Das Schul- und Hochschulwesen untersteht der Länderhoheit (↑Kulturhoheit). Die auswärtige K. Deutschlands wird vom Auswärtigen Amt betreut.

Kulturrevolution (Große Proletarische K.): Bezeichnung für die innenpolitischen Macht- und Richtungskämpfe in der Volksrepublik China 1966–69. Die K. wurde von MAO ZEDONG 1966 zur Festigung seiner Machtstellung eingeleitet. Die Kampagnen im Rahmen der K. richteten sich gegen Denk- und Lebensweisen westlicher und traditionell chinesischer Prägung. Sympathisierende Schüler und Studenten schlossen sich zu **Roten Garden** zusammen und terrorisierten die Kritiker MAOS (v.a. Wissenschaftler und Lehrer).

Kultusministerkonferenz, Abk. KMK: seit 1948 die »Ständige Konferenz der Kultusminister der Länder in der Bundesrepublik Deutschland« (Sitz des Sekretariats: Bonn).
Jedes Bundesland gestaltet aufgrund der ↑Kulturhoheit sein Schul- und Hochschulwesen selbstständig. Aus der Notwendigkeit einer Angleichung entstand die KMK, auf der sich die Kultusminister der Länder und die Schulsenatoren der Stadtstaaten zu Beratungen treffen. Ihre Empfehlungen und Beschlüsse sind nicht unmittelbar geltendes Recht, sondern müssen in den einzelnen Ländern erst durch Erlass oder Gesetz verkündet werden. Wichtige Beschlüsse waren u.a. die Vereinheitlichung des Schuljahrbeginns, die Einführung der Arbeitslehre, die gegenseitige Anerkennung von Reifezeugnissen und eine Vereinheitlichung der Prüfungsanforderungen im ↑Abitur. Die KMK ist ein Beispiel für ↑kooperativen Föderalismus.

kumulieren [lat. »anhäufen«]: im ↑Wahlrecht die Häufung mehrerer Stimmen auf einen (oder mehrere) Kandidaten, sofern der Stimmberechtigte aufgrund des Wahlsystems (z.B. bei Verhältniswahl) über mehrere Stimmen verfügt; in einigen deutschen Ländern bei Kommunalwahlen möglich. – Siehe auch ↑panaschieren.

Kündigung: die einseitige Auflösung von Dauerschuldverhältnissen. Die Voraussetzungen und die Fristen der K. sind bei den einzelnen Vertragstypen (z.B. Dienst-, Arbeits-, Miet-, Gesellschaftsvertrag) unterschiedlich geregelt und besonders ausgestaltet. Die **ordentliche K.** ist an bestimmte Fristen oder sonstige gesetzlich oder vertraglich vereinbarte Voraussetzungen gebunden. Die **außerordentliche K.** gibt das Recht, ein Vertragsverhältnis ohne Einhaltung einer Frist aus wichtigem Grund zu lösen. Die K. spielt v.a. beim Arbeitsverhältnis eine große Rolle. Das Kündigungsschutzgesetz vom 25. 8. 1969 (Fassung vom 1. 1. 1999) gilt für Arbeitnehmer (Ausnahme: leitende Angestellte), die mindestens sechs Monate ununterbrochen in demselben Betrieb mit i.d.R. mindestens fünf Beschäftigten ein Arbeitsverhältnis haben. Gegen eine unberechtigte K. kann der Arbeitnehmer Kündigungsschutzklage beim Arbeitsgericht einlegen.

Kulturrevolution: Angehörige der Roten Garden kamen zu Ehren Mao Zedongs seit 1966 in China zu Massenversammlungen zusammen. Sie demonstrierten mit roten Fahnen, Spruchbändern und der roten »Mao-Bibel«, die eine Auswahl von Maos Gedanken und Sprüchen enthielt.

Kunstfreiheit: das Grundrecht nach Art. 5 Abs. 3 GG, das Kunst und Wissenschaft, Forschung und Lehre für frei erklärt (↑Wissenschaftsfreiheit). Die Garantie der K. gilt für die künstlerische Betätigung (Werkbereich) als auch die Darbietung und Verbreitung des Kunstwerks (Wirkbereich), schützt also nicht nur den Künstler, sondern auch den Vermittler. Schwierig ist dabei die Bestimmung des Kunstbegriffs: Das Bundesverfassungsgericht hat Kunst als »Gestaltung eines seelisch-geistigen Ge-

K

halts durch eine eigenwertige Form nach bestimmten Gesetzen« gedeutet. Die K. verpflichtet den Staat zur Neutralität und Toleranz gegenüber allen Auffassungen, die ernsthaft den Anspruch erheben, Aufgaben der Kunst zu erfüllen. Der Staat darf daher nicht auf Methoden, Inhalt und Tendenzen der künstlerischen Tätigkeit einwirken oder allgemein verbindliche Regeln über den Schaffensprozess vorschreiben. Grenzen der K. ergeben sich u.a. bei Konflikten mit dem durch Art. 1 Abs. 1 GG geschützten Persönlichkeitsbereich oder mit den Bestimmungen des ↑Jugendschutzes.

künstliche Intelligenz, Abk. KI (engl. artificial intelligence, Abk. AI): Bezeichnung für Methoden und Verfahren der Informatik, bei denen bestimmte menschliche Erkenntnis- und Denkprozesse von Computersystemen geleistet werden. Zu den Anwendungsgebieten gehören u.a. Spracherkennung, Roboter, Expertensysteme (automatische Problemlösung für Spezialgebiete).

Kurzarbeit: eine vorübergehende Herabsetzung der betriebsüblichen Arbeitszeit für den ganzen Betrieb, einzelne Betriebsbereiche oder bestimmte Arbeitnehmergruppen bei entsprechender Kürzung des Arbeitsentgelts. Wirtschaftliche Umstände (Auftragsmangel), betrieblicher Strukturwandel (Umbau, Erzeugnisumstellung) oder unabwendbare Ereignisse (Naturkatastrophe) können zu K. führen. Die von K. betroffenen Arbeitnehmer erhalten unter bestimmten Voraussetzungen vom Arbeitsamt **Kurzarbeitergeld** als Teilausgleich der mit K. verbundenen Einkommenseinbußen.

Küstengewässer (Küstenmeer): die vor der Küste liegenden Meeresteile, die zum Hoheitsgebiet des Küstenstaates (Territorial-, Hoheitsgewässer) gehören. Die K. unterliegen in einer Breite von drei Seemeilen der vollen Souveränität des Küstenstaates (Ausdehnung auf zwölf Seemeilen erlaubt; ↑Seerechtskonvention), mit der völkerrechtlichen Einschränkung, dass allen Schiffen die friedliche Durchfahrt gestattet werden muss. Schifffahrt, Nutzung von Bodenschätzen und Fischerei in den K. bestimmen sich ausschließlich nach den Vorschriften des Küstenstaates.

KVAE: ↑Abrüstung.

L

Labour Party ['leibə pa:ti, engl. »Arbeiterpartei«]: Name politischer Parteien im Commonwealth of Nations, v.a. in ↑Großbritannien, Australien (dort Labor Party) und Neuseeland.

Ladenschluss: gesetzlich geregelter Zeitpunkt, zu dem Verkaufsstellen schließen. Das deutsche Ladenschlussgesetz vom 28.11.1956 wurde zum 1.11.1996 geändert. Demnach müssen Verkaufsstellen zu folgenden Zeiten geschlossen bleiben: an Sonn- und Feiertagen ganztägig, montags bis freitags bis 6 Uhr und ab 20 Uhr, samstags bis 6 Uhr und ab 16 Uhr, an den vier aufeinander folgenden Samstagen vor dem 24. Dezember bis 6 Uhr und ab 18 Uhr, an einem werktäglichen 24. Dezember bis 6 Uhr und ab 14 Uhr. Für Apotheken, Tankstellen u.a. gelten Ausnahmeregelungen. Die Länder strebten im August 2000 eine Ausweitung der Öffnungszeiten an, wochentags bis 22 Uhr und samstags bis 20 Uhr; daneben soll es vier verkaufsoffene Sonntage pro Jahr geben.

Laienrichter: ehrenamtlicher Richter, i.A. ein Nichtjurist (im Gegensatz zum Berufsrichter; ↑Richter). Die L. wirken in allen Zweigen der Gerichtsbarkeit mit. In der Strafgerichtsbarkeit heißen die L. **Schöffen** (die Bezeichnung Geschworener im Schwurgericht ist entfallen). Durch die Mitwirkung von L. soll das Volk an der Rechtsprechung beteiligt, besondere Sachkunde genutzt oder die Mitwirkung des betroffenen Berufsstandes sichergestellt werden. Die L. haben in der Verhandlung und Beratung die vollen Rechte und Pflichten wie Berufsrichter.

Laissez-faire-Prinzip [lɛseˈfɛːr, von frz. laisser-faire »gewähren lassen«]: Hauptkennzeichen eines Wirtschaftsliberalismus, der von der Selbstregulierung des Wirtschaftsgeschehens überzeugt ist und staatliche Eingriffe ablehnt.

Laizismus: im 19. Jh. in Frankreich aufgekommene Bezeichnung für eine grundsätzlich antiklerikale (nicht notwendig nichtchristliche) Haltung, die sich gegen jeglichen kirchlichen Einfluss auf staatliche Interessen und Belange wendet und die Trennung von ↑Kirche und Staat anstrebt.

Land (Bundesland): ↑Deutschland, ↑Föderalismus.

Länderfinanzausgleich: horizontaler ↑Finanzausgleich zwischen den deutschen Bundesländern, der ihre unterschiedliche Finanzkraft (Messgrößen: Steuereinnahmen, Einwohnerzahl) angemessen ausgleichen soll. Leistungsschwache Länder erhalten außerdem Ergänzungszuweisungen des Bundes.

Landeshauptmann: in ↑Österreich der Vorsitzende der Landesregierung; in Wien ist der L. der Bürgermeister.

Landesliste: ↑Bundestagswahl.

Landesmedienanstalten: die durch Landesgesetze errichteten Aufsichtsbehörden über die privatrechtlichen Rundfunkgesellschaften in Deutschland. Aufgabe der L. ist es, die Programmgestaltung der privaten Anbieter hinsichtlich der Einhaltung gesetzlicher Vorgaben zu überwachen, z.B. bezüglich Umfang und Gestaltung von Werbung und der Einhaltung der Jugendschutzbestimmungen.

Landesplanung: ↑Raumordnung.

Landesverrat: im Unterschied zum ↑Hochverrat bestimmte, gegen die äußere Sicherheit und Machtstellung des Staates gerichtete Straftaten (§§ 94 ff. StGB). L. begeht, wer ein Staatsgeheimnis einer fremden Macht mitteilt oder sonst an einen Unbefugten gelangen lässt. **Staatsgeheimnisse** sind Tatsachen, Gegenstände oder Erkenntnisse, die nur einem begrenzten Personenkreis zugänglich sind und vor einer fremden Macht geheim gehalten werden müssen, um die Gefahr eines schweren Nachteils für die äußere Sicherheit eines Staates abzuwenden.

Landesversicherungsanstalten: Träger der ↑Rentenversicherung der Arbeiter.

Landflucht: Abwanderung von Teilen der Landbevölkerung in Städte (↑Verstädterung) in der Hoffnung auf bessere ökonomische und soziale Chancen, verbunden mit Verschiebungen in der Erwerbsstruktur, wie er für die ↑Industrialisierung typisch ist. L. ist eines der Hauptprobleme der Entwicklungsländer.

Landgericht: ↑ordentliche Gerichtsbarkeit.

Landkreis: ↑Kreis.

Landminen: Ein britischer Soldat der internationalen Friedenstruppe SFOR klärt bosnische Kinder über die Gefährlichkeit von Landminen auf, die 1992–95 während des Krieges in Bosnien und Herzegowina verlegt wurden (Anzahl: ca. 3 Mio.).

Landminen: Sprengkörper unterschiedlicher Bauart und Form, die unter oder auf der Erde vielfach in Form groß-

L

flächiger Minenfeldern verlegt und i. A. durch Druckzünder ausgelöst werden.
L. werden in inner- und zwischenstaatlichen Konflikten v. a. als Mittel des Terrors gegen die Zivilbevölkerung eingesetzt **(Antipersonenminen).** Da einmal verlegte L. ihre Zerstörungskraft bis zu ihrer Räumung bzw. Entschärfung bewahren, können sie auch nach Ende eines Konflikts großen Schaden anrichten. Für eine Ächtung von L. und die Betreuung ihrer Opfer setzt sich u. a. der 1992 gegründete Dachverband »Internationale Kampagne zur Ächtung von L.« ein. Im Dezember 1997 unterzeichneten 121 Staaten in Ottawa den »Vertrag über die weltweite Ächtung von L.« (seit 1. 3. 1999 in Kraft), der Entwicklung, Herstellung, Lagerung und Export von Antipersonenminen verbietet.

Landrat: in den meisten deutschen Ländern der oberste Beamte eines ↑Kreises; der L. ist Vorsitzender des Kreistags und Leiter der Kreisverwaltung. Er wird entweder vom Volk oder vom Kreistag gewählt. Zu seinen Aufgaben gehört u. a. die Vorbereitung der Beschlussfassung des Kreistags. In Niedersachsen ist der L. der ehrenamtliche Vorsitzende des Kreistags, der vom Kreistag aus dessen Mitte gewählt wird; Leiter der Kreisverwaltung ist hier der Oberkreisdirektor.

Landratsamt: die unterste staatliche Behörde in der Innenverwaltung (↑Landrat), die neben staatlichen Vollzugsaufgaben auch Aufgaben der Selbstverwaltung eines Kreises wahrnimmt.

Landschaftsschutz: Teilbereich des ↑Naturschutzes mit weniger strengen Schutzbedingungen. L. dient der Erhaltung der ökologischen Vielfalt und des Erholungswerts einer Landschaft.

Landschaftsverband: regionaler Gemeindeverband und Gebietskörperschaft in Nordrhein-Westfalen. Die beiden L. Rheinland und Westfalen-Lippe sind in den Stadt- und Landkreisen ihres Gebietes u. a. zuständig für Sozialhilfe, Straßenbau und Landschaftspflege.

Landtag: in Deutschland die Volksvertretung in den Ländern (Bremen und Hamburg: **Bürgerschaft,** Berlin: **Abgeordnetenhaus**). Gemäß Art. 28 GG ist der L. die gewählte Volksvertretung der Länder (Landesparlament) mit entsprechenden Rechten und Aufgaben (z. B. Wahl und Kontrolle der Landesregierung, Gesetzgebung, Feststellung des Haushalts). Einzelheiten regeln die jeweilige Landesverfassung, Landesgesetze und Geschäftsordnungen. Im Gegensatz zum Bundestag besitzen einige L. ein Selbstauflösungsrecht; bei der Gesetzgebung sind z. T. Volksbegehren und Volksentscheid zugelassen.
Die L. sind seit 1919 die demokratisch gewählten Volksvertretungen der Länder; seit dem 16. Jh. wurden die Tagungen der Landstände und im 19. Jh. die Volksvertretungen in konstitutionellen Staaten als L. bezeichnet.
In *Österreich* sind die L. die gewählten Volksvertretungen der Bundesländer; in Wien ist L. der Gemeinderat.

Landwirtschaft: Nutzung des Bodens zur Gewinnung pflanzlicher und/oder tierischer Erzeugnisse; aus volkswirtschaftlicher Sicht auch als primärer Sektor bezeichnet, in Abgrenzung zum sekundären (Warenherstellung durch Handwerk und Industrie) und tertiären (Dienstleistungen) Sektor.
Bis in das 19. Jh. war die L. in Deutschland und anderen europäischen Staaten der wichtigste und größte Bereich der Volkswirtschaft. Seitdem sank in Deutschland der Anteil der Erwerbstätigen in der L. von 43,4 % (1882) auf 2,9 % (1998); die Zahl der landwirtschaftlichen Betriebe verringerte sich von (1949) 1,94 Mio. auf (1998) rd. 525 000.

Landwirtschaftskammer: berufsständische Vereinigung in der Rechtsform einer Körperschaft des öffentlichen Rechts, welche die Belange der Land- und Forstwirtschaft ihres Bezirks wahrnimmt. Die deutschen L. sind im Verband der L. (Sitz: Frankfurt am Main) zusammengeschlossen.

Langzeitarbeitslosigkeit: ↑Arbeitslosigkeit.

Lärmbekämpfung: Maßnahmen, die schädlichen Lärm von Menschen abhalten sollen.

L. kann entweder durch Ausschaltung der Lärmquelle erfolgen oder durch deren Abschirmung (z.B. Schalldämpfer, Schallschutzwälle, Verwendung eines Gehörschutzes an bestimmten Arbeitsplätzen). Lang andauernder Lärm kann u.a. zu Hörschädigungen sowie zu Herz- und Kreislaufbeschwerden führen. Zur L. sind in Deutschland daher besondere Vorschriften erlassen worden, z.B. die Bundesgesetze zum Schutz gegen Baulärm (1965) und zum Schutz gegen Fluglärm (1971) sowie die Rechtsverordnung des Bundes zur L. an neu zu erbauenden Straßen (1990). Als **Lärmschädigungsgrenzwerte** gelten in reinen Industriegebieten am Tag und in der Nacht 70 dB(A), in reinen Wohngebieten tagsüber 50 dB(A), nachts 35 dB(A).

Lastenausgleich: in der BRD nach dem Zweiten Weltkrieg der Vermögensausgleich zwischen den durch die Kriegs- und Nachkriegsereignisse (Vertreibung, Flucht, Evakuierung, Währungsreform) Geschädigten und denen, die ihren Besitzstand ganz oder überwiegend bewahrt hatten. Das Lastenausgleichsgesetz vom 14. 8. 1952 (neueste Fassung vom 2. 6. 1993, auch für Personen, die aus der DDR geflüchtet waren) sollte v.a. den Geschädigten die notwendige Hilfe für eine Eingliederung geben und die Verluste an land- und forstwirtschaftlichem Vermögen, Grund- und Betriebsvermögen, Sparguthaben, Wertpapieren, Beteiligungen usw. abgelten. Der L. gilt als die größte Vermögensumverteilung in der europäischen Geschichte.

Der L. teilt sich in **Ausgleichsabgaben** (Kreditgewinnabgabe, Vermögensabgabe, Hypothekengewinnabgabe; bis 1979) und **Ausgleichsleistungen** (z.B. Hauptentschädigung, Kriegsschadenrente). Zur Durchführung des L. wurden das Bundesausgleichsamt und die Ausgleichsämter der Stadt- und Landkreise errichtet. Seit 1980 werden Mittel aus dem Bundeshaushalt zur Finanzierung der Ausgleichsleistungen genommen.

Laufbahn:

- *allgemein:* Abfolge von Stellen eines Mitarbeiters innerhalb einer Organisation, meist auch stufenweise Aufstieg innerhalb einer Hierarchie.
- *Beamtenrecht:* die Zusammenfassung von Ämtern derselben Fachrichtung, die eine gleiche Vor- und Ausbildung voraussetzen. Man unterscheidet zwischen Laufbahngruppen des **einfachen Dienstes,** des **mittleren Dienstes,** des **gehobenen Dienstes** und des **höheren Dienstes.** Die näheren Vorschriften über die einzelnen Laufbahnvoraussetzungen, Probezeiten, Einstellungs- und Beförderungsbedingungen, Aufstieg in höhere L., dienstliche Beurteilungen usw. regeln die Beamtengesetze und die Laufbahnvorschriften des Bundes und der Länder.

Lauschangriff: Schlagwort für das geheime Abhören und Aufzeichnen des nicht öffentlich gesprochenen Wortes mit technischen Mitteln durch Ermittlungsbehörden. ↑Brief-, Post- und Fernmeldegeheimnis sind durch Art. 10 GG geschützt; ein Eingriff in diese Grundrechte ist für bestimmte Organe zur Abwehr drohender Gefahren für die freiheitliche demokratische Grundordnung zulässig (↑G-Zehn-Gesetz). Nach Änderung des Art. 13 GG (↑Unverletzlichkeit der Wohnung) 1998 ist es ferner zulässig, zur Verfolgung schwerer Verbrechen Gespräche in Wohnungen abzuhören **(großer L.).** Das Abhören ist zeitlich befristet und muss durch einen Ausschuss von drei Richtern (in Eilfällen durch einen Richter) angeordnet werden.

Lebenserwartung: die durchschnittliche Lebensdauer von Menschen in einer Gesellschaft, die von der Bevölkerungs-

statistik für Männer und Frauen getrennt in Sterbetafeln aufgelistet wird.
Die L. hat sich in den Industrieländern seit dem 19. Jh. etwa verdoppelt; sie betrug Ende des 19. Jh. in Deutschland rd. 35 Jahre und stieg bis Ende der 1990er-Jahre auf 73 Jahre (Männer) bzw. 79 Jahre (Frauen).

Lebenshaltungskosten

Preisindex für die Lebenshaltung in Deutschland[1)]

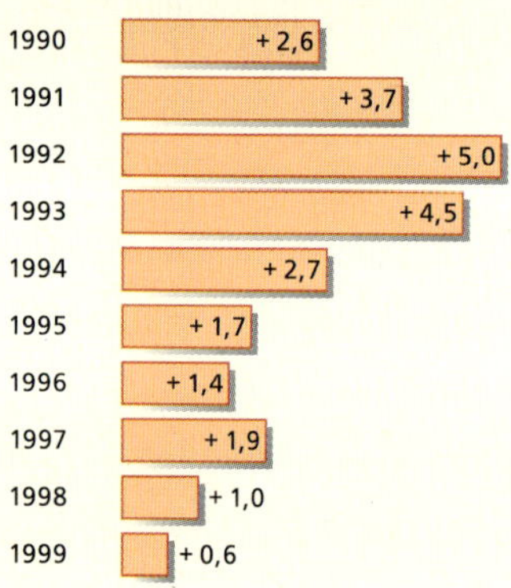

1) Veränderungen gegenüber Vorjahr in %; Angaben bis 1992 alte Bundesländer, ab 1992 Gesamtdeutschland

Quelle: Statistisches Bundesamt

Lebenshaltungskosten: die zum Lebensunterhalt notwendigen Aufwendungen (z.B. für Miete, Nahrung, Kleidung). Die L. sind je nach Land unterschiedlich und hängen u.a. von Einkommen, Verbrauchergewohnheiten und Schichtzugehörigkeit ab. Die L. werden in der amtlichen Statistik durch den **Lebenshaltungskostenindex** ausgedrückt; der Berechnung liegt ein ↑Warenkorb zugrunde, der die durchschnittlichen Ausgaben einer vierköpfigen Arbeitnehmerfamilie für Waren, Dienstleistungen und Nutzungen (z.B. Wohnungsmiete) in einem bestimmten Zeitraum (i.d.R. vier Wochen) erfasst. Dieser Durchschnittswert gilt als Messgröße für Preisveränderungen (↑Inflation) und wird alle fünf Jahre neu ermittelt.

Lebensqualität: Begriff für die Summe von Elementen, die die Lebensbedingungen in einer Gesellschaft beschreiben und das subjektive Empfinden des Einzelnen ausmachen.
Das v.a. am ↑Wirtschaftswachstum und an der Wirtschaftsleistung orientierte Wohlstandskonzept wird ergänzt um soziale Indikatoren (z.B. Arbeitsbedingungen, Bildung, Gesundheit, Freizeit, natürliche Umwelt), um zu einem qualitativen Wachstum zu gelangen. Auch subjektive Einschätzungen von Glück und Zufriedenheit und gesellschaftspolitische Ziele wie Freiheit und Solidarität werden dabei berücksichtigt.

Lebensstandard: Gesamtheit der Lebensbedingungen der Bevölkerung, einzelner Schichten oder Gruppen; im engeren Sinn der materielle ↑Wohlstand. Als bestimmend für den L. wird meist das Einkommen bzw. dessen Kaufkraft angesehen; andere Faktoren sind z.B. die soziale Sicherheit und Infrastruktur, aber auch die ↑Lebensqualität. Der L. ist den Änderungen des Anspruchsniveaus und der vorhandenen Möglichkeiten zur Bedarfsdeckung (z.B. durch technischen Fortschritt) unterworfen.

Legalität [von lat. legalis »gesetzlich«, »dem Gesetz gemäß«]: die Übereinstimmung von Handlungen oder Maßnahmen (des Staates oder von Privatpersonen) mit dem geltenden Recht, ohne Rücksicht darauf, ob es der Handelnde bejaht oder nicht und aus welchen Motiven sein Handeln erfolgt (im Unterschied zur ↑Legitimität).

Legalitätsprinzip: die gesetzliche Verpflichtung staatlicher Stellen, tätig zu werden. Das L. gilt insbesondere für Strafverfolgungsbehörden, die Ermittlungen aufnehmen müssen, wenn ihnen eine Straftat bekannt wird; Gegensatz: ↑Opportunitätsprinzip.

Legislative [von lat. legislatio »Gesetzgebung«]: im Rahmen der ↑Gewaltenteilung die gesetzgebende Gewalt oder eine gesetzgebende Körperschaft. Der Begriff L. wird vielfach als Bezeichnung für das Parlament verwandt, da diesem im parlamentarischen Regierungssystem die ↑Gesetzgebung zusteht.

Legislaturperiode: Zeitraum, für den ein Parlament gewählt ist (↑Wahlperiode) oder in dem es die verfassungsmäßige Aufgabe der Gesetzgebung wahrnehmen darf **(Gesetzgebungsperiode).**

Legitimation: allgemein die Beglaubigung, rechtfertigende Feststellung.

In der Politik die Rechtfertigung der Ausübung staatlicher Gewalt. Die Ausübung der Staatsgewalt in demokratischer Staaten erhält ihre L. durch den Volkswillen. Dies geschieht z.B. durch demokratische Wahl der Parlamente und durch Volksabstimmungen. Die L. der vollziehenden Gewalt (Exekutive) ergibt sich aus ihrer Bindung an die vom Parlament beschlossenen Gesetze und aus der parlamentarischen Verantwortlichkeit der Regierung. Die rechtsprechende Gewalt ist ebenfalls durch ihre Bindung an das Gesetz demokratisch legitimiert.

Legitimität: Rechtmäßigkeit; die Rechtfertigung des Staates, seiner Herrschaftsgewalt und seiner Anordnungen und Handlungen durch höhere Werte und Grundsätze, im Unterschied zur formellen Gesetzmäßigkeit (↑Legalität) und zur rein faktischen Machtausübung. Es gibt unterschiedliche Legitimitätsprinzipien, z.B. die Ableitung monarchischer Herrschaft von Gott (Gottesgnadentum) oder die demokratischer Herrschaft vom Volk (↑Volkssouveränität, L. durch Wahlen). Das Legitimitätsprinzip wurde zuerst vom französischen Politiker CHARLES MAURICE DE TALLEYRAND (1754–1838) 1815 auf dem Wiener Kongress zur Sicherung der Ansprüche der »legitimen« französischen Erbmonarchie ins Feld geführt.

Lehnspyramide: ↑Feudalismus.

Lehre: ↑berufliche Bildung.

Lehrfreiheit: die nach Art. 5 Abs. 3 GG gewährleistete Freiheit von Wissenschaft, Forschung und Lehre (↑Wissenschaftsfreiheit). Die L. umfasst insbesondere die Abhaltung von wissenschaftlichen Lehrveranstaltungen und deren inhaltliche und methodische Gestaltung sowie das Recht auf Äußerung von wissenschaftlichen Lehrmeinungen.

Lehrling: ↑Auszubildende/r.

Lehrstellenmarkt: Anzahl und Art der in einer Volkswirtschaft zur Verfügung stehenden Ausbildungsplätze.

Der L. war in Deutschland bis Ende der 1990er-Jahre durch einen Mangel an Ausbildungsplätzen gekennzeichnet, der zu einem Anstieg der Jugendarbeitslosigkeit führte. Im Ausbildungsjahr 1997/98 erhöhte sich die Zahl der abgeschlossenen Lehrverträge erstmals um 4,4%; die Zahl der nicht besetzten Lehrstellen überstieg dabei die Anzahl der Bewerber ohne Lehrstelle.

Staatliche Maßnahmen sollten zur Erhöhung der Lehrstellenzahl und zum Abbau der Jugendarbeitslosigkeit beitragen. So bestand neben dem Bund-Länder-Programm zur überbetrieblichen Ausbildung in Ostdeutschland ab November 1998 ein Sonderprogramm der Bundesregierung zum Abbau der Jugendarbeitslosigkeit in Höhe von 2 Mrd. DM. 1999 verpflichteten sich Arbeitgebervertreter im Rahmen des ↑Bündnisses für Arbeit zur Schaffung von rd. 10 000 zusätzlichen Ausbildungsplätzen.

Abb. siehe Seite 248.

Leiharbeit: Form des Arbeitsverhältnisses, bei dem ein Arbeitgeber (Verleiher) seinen Arbeitnehmer einem anderen Arbeitgeber (Entleiher) zur Arbeitsleistung in dessen Betrieb überlässt, ohne dass das Arbeitsverhältnis mit dem Verleiher gelöst wird. Die Überlassung ist nur mit Zustimmung des Arbeitnehmers möglich. Für die Dauer der L. unterliegt der Arbeitnehmer dem Weisungsrecht des Entleihers, erhält aber

L

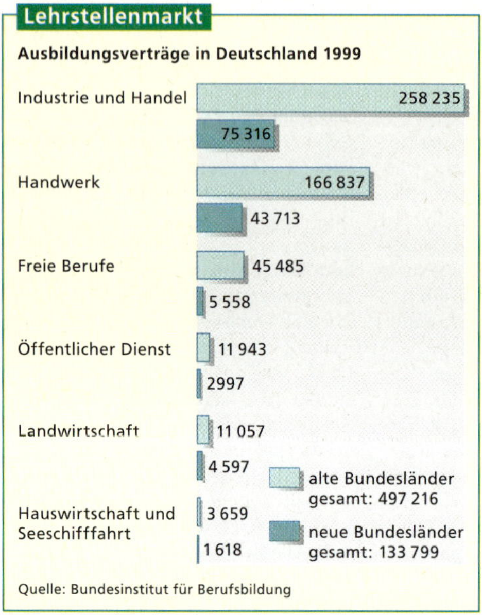

sein Arbeitsentgelt vom eigentlichen Arbeitgeber; sozialversicherungsrechtlich haften Ver- und Entleiher. Die gewerbliche Arbeitnehmerüberlassung (Personalleasing) bedarf der behördlichen Erlaubnis.

Leihmutter: Bezeichnung für eine Frau, die stellvertretend für eine andere Frau ein Kind austrägt und ihr das Kind nach der Geburt überlässt. Die Befruchtung erfolgt i. d. R. auf künstlichem Wege (↑In-vitro-Fertilisation). Nach deutschem Recht ist Mutter eines Kindes die Frau, die es geboren hat (§ 1591 BGB). Bei Leihmutterschaft (Ersatzmutterschaft) sind austragende und genetische Mutter nicht identisch. Das Adoptionsvermittlungs-Gesetz (Fassung vom 27. 11. 1989 stellt die Vermittlung einer L. unter Strafe und das Embryonenschutzgesetz vom 1. 1. 1992 verbietet die Leihmutterschaft.

Leistungsgesellschaft: eine ↑Gesellschaft, in der die materiellen und sozialen Chancen, die soziale Anerkennung und die soziale Position wesentlich von der vom Einzelnen erbrachten Leistung abhängen. Die moderne ↑Industriegesellschaft wird häufig als L. bezeichnet. Die Leistung als Verteilungs- und Bewertungsprinzip hängt eng mit der Entstehung der kapitalistischen Wirtschaftsweise zusammen. Die Anerkennung des **Leistungsprinzips** bahnte dem aufstrebenden Bürgertum gegenüber dem durch Geburt privilegierten ↑Adel den Weg und führte zur umfassenden Entfaltung der menschlichen Produktivkräfte und des Wohlstands; gleichzeitig aber übertrug es dem Einzelnen die Verantwortung für die bestehenden sozialen Ungleichheiten.

Die Kritik am Vorherrschen des Leistungsprinzips in modernen Industriegesellschaften zielt u.a. auf die Vernachlässigung der Leistungsinhalte und sinngebender Werte (z.B. Berufsethos) ab sowie auf mangelnde Berücksichtigung sozialer Ungleichheit und Probleme der Leistungsmessung in bestimmten Bereichen (z.B. soziale Berufe).

Leistungsverwaltung: im Gegensatz zur ↑Eingriffsverwaltung die Tätigkeit der öffentlichen Verwaltung, die durch die Bereitstellung von Einrichtungen (z.B. Gas-, Wasser- und Stromversorgung, Müllabfuhr, Kindergärten, Krankenhäuser) und Leistungen (z.B. Sozialhilfe, Subventionen) gekennzeichnet ist. Die L. handelt im öffentlichen Interesse für die Allgemeinheit, indem sie gesellschafts-, sozial-, wirtschafts- und kulturpolitische Aufgaben erfüllt.

Leitzinsen: ↑Zinspolitik.

Leninismus: ↑Marxismus-Leninismus.

Lernen: eine Verhaltensänderung aufgrund von Erfahrungen. Der Lernprozess wird durch biologische, individuelle und soziale Gegebenheiten beeinflusst und vollzieht sich in allen Altersstufen. Wichtig ist die Motivation (Lernfreudigkeit). L. und Gedächtnis stehen in engem Zusammenhang. In einer Gesellschaft, in der Wissen und Kenntnisse schnell überholt sind (↑ Wissensgesellschaft), ist das Ziel nicht ein bestimmter Besitzstand von Kenntnissen und Fähigkeiten, sondern das »Lernen des Lernens«. Über den Vorgang des L. gibt es zahlreiche Theorien, z.B. die Verknüpfung von Reiz und Reaktion, L. durch Einsicht, Nachahmung und Informationsverarbeitung.

Lernmittelfreiheit: Bei der L. werden Arbeitsmittel (z.B. Bücher) vom Schulträger gestellt. Form und Umfang der L. sind in den einzelnen Bundesländern unterschiedlich geregelt.

lesbische Sexualität: ↑ Homosexualität.

Lesung: Beratung und Abstimmung über eine Gesetzesvorlage oder einen Antrag im Parlament. Gesetzentwürfe müssen im Bundestag in drei L. (↑ Gesetzgebung), völkerrechtliche Verträge in zwei L. beraten werden.

Liberalisierung: die Befreiung von einschränkenden Vorschriften allgemein (z.B. L. eines politischen Systems) oder auf bestimmten Gebieten, z.B. im Strafrecht oder in der Wirtschaftspolitik (im Konzept der ↑ angebotsorientierten Wirtschaftspolitik gleichbedeutend mit ↑ Deregulierung).

Liberalismus [von lat. liberalis »die Freiheit betreffend«]: Staats-, Gesellschafts- und Wirtschaftsauffassung, die die Freiheit des Einzelnen als grundlegende Norm des menschlichen Zusammenlebens sieht und den Fortschritt in Kultur, Recht, Wirtschaft und Gesellschaft als Ergebnis geschichtlicher Entwicklung betrachtet.

Zu den Grundforderungen des L. zählen die Errichtung und der Ausbau eines Verfassungs- und Rechtsstaats, der die staatliche Macht nach dem Grundsatz der ↑ Gewaltenteilung begrenzt. Damit soll die Willkür des Staates ausgeschlossen und zugleich Rechtssicherheit als Voraussetzung individueller Freiheit geschaffen werden, die durch die ↑ Grundrechte gewährleistet werden soll. Der L. wendet sich gegen Privilegien in der Gesellschaft und fordert die Gleichheit vor dem Gesetz. Als Regierungsform strebt der L. die parlamentarische Demokratie an, an der der Bürger durch ein allgemeines, gleiches, geheimes und freies Wahlrecht politisch teilhat.

In wirtschaftlicher Hinsicht tritt der L. in seinen verschiedenen historischen und politischen Ausprägungen für die ↑ Marktwirtschaft ein, die von den Wirtschaftsteilnehmern, nicht dem Staat bestimmt wird. Basis der Wirtschaftstätigkeit sind das Privateigentum und der freie Wettbewerb. Das Gebot der Nichteinmischung des Staates gilt auch für das Verhältnis zwischen Arbeitnehmern und Arbeitgebern (↑ Tarifautonomie).

Entstehung: Die geistesgeschichtlichen Wurzeln des L. liegen im neuzeitlichen ↑ Naturrecht und ↑ Humanismus sowie in der ↑ Aufklärung, die das Menschen- und Gesellschaftsbild des L. prägte. Demnach ist der Mensch ein eigenständiges und vernunftbegabtes Wesen, dessen Freiheit die Grundlage für einen Fortschritt der Menschheit bildet. Der europäische L. entstand als Gegenbewegung zum ↑ Feudalismus und ↑ Absolutismus des 18. Jh. und brachte die Interessen des wirtschaftlich mächtigen, aber politisch machtlosen Bürgertums nach freier wirtschaftlicher Betätigung, gesellschaftlicher Emanzipation und Teilhabe an der Staatslenkung zum Ausdruck. Wichtige ideengeschichtliche Grundlagen bildet daher der wirtschaftliche L., wie er von ADAM SMITH (1723–90), DAVID RICARDO (1772–1823) und JAMES MILL (1773–1836) begründet wurde. Im 19. Jh. äußerte er sich in der Forderung nach Gewerbefreiheit, freiem Wettbewerb

L

und ↑Freihandel; Eingriffe des Staates (Produktionsbeschränkungen, Zölle) in das Wirtschaftsleben lehnt der L. ab.
Zur politischen Lehre des L. trugen u.a. bei: in England J. Locke und Jeremy Bentham (1748–1832); in Frankreich Montesquieu, J.-J. Rousseau, Emmanuel J. Sieyès (1748–1836); in Deutschland v.a. Immanuel Kant (1724–1804).

Aus dem Liberalen Manifest, beschlossen vom Bundesparteitag der FDP am 23./24. 2. 1995 in Saarbrücken:

»Wir Liberalen wollen eine Politik, die den Einzelnen in den Mittelpunkt von Staat, Wirtschaft und Gesellschaft stellt und die größtmögliche Freiheit jedes einzelnen Bürger verwirklicht. [...] Nur eine konsequente Politik für die Freiheit des Einzelnen sorgt auch für die Freiheit der vielen. [...] Aufgabe des Staates ist die Freiheitssicherung, vor allem die Sicherung demokratischer Regeln, der Chancengleichheit für alle, des Friedens und der inneren Ordnung. Er muss die soziale Grundsicherung derjenigen ermöglichen, die sich weder allein noch gemeinschaftlich helfen können.«

Im großen Umfang politisch wirksam wurde der L. zuerst in England (↑Bill of Rights, 1689), der Unabhängigkeitserklärung (1776) und Verfassung (1788) der USA sowie in der Französischen Revolution, z.B. in der Erklärung der Menschenrechte (1789). In der Folgezeit setzten sich Vertreter des L. v.a. für die Errichtung eines Rechts- und Verfassungsstaats und die Abschaffung ständischer Vorrechte ein. Das Gedankengut des L. bildete die Grundlage für die »bürgerlichen Revolutionen« (u.a. 1848) und nationalen Einigungsbewegungen (z.B. Deutschland, Italien). Ab Mitte des 19. Jh. kam es zur Spaltung des L. in einen national orientierten Flügel mit Annäherung an den ↑Konservatismus und einen linksliberalen Flügel mit demokratischer Orientierung. Liberale Parteien spielten in allen Parlamenten des 19. Jh. eine bedeutende Rolle.
Im 20. Jh. führte die Hinwendung vieler Wähler zu anderen politischen Konzepten (Kommunismus, Konservatismus) zu einer Krise des L. In Deutschland vertritt die 1948 gegründete ↑Freie Demokratische Partei (FDP) die Ideen des Liberalismus. Viele liberale Grundwerte sind inzwischen von anderen Parteien übernommen worden (u.a. Beachtung der Grundrechte, Rechtsstaatlichkeit, Förderung der Chancengleichheit). – Siehe auch ↑Neoliberalismus, ↑Ordoliberalismus.

Liberalität: eine menschliche Grundhaltung, die sich, von der freien Entfaltung der Persönlichkeit ausgehend, zur Humanität und zur bewussten Toleranz gegenüber Andersdenkenden bekennt.

Linksextremismus: Bezeichnung für Theorien oder auf sie bezogene politisch-soziale Bewegungen, die sich in Gegnerschaft oder Ablehnung des demokratischen Verfassungsstaates befinden und z.T. Gewalt zur Durchsetzung ihrer Ziele einsetzen. Den L. kennzeichnet oft ein radikales, egalitäres, dem Pluralismus entgegenstehendes Verständnis von Politik, das doktrinär verengt ist.
Als Linksextremisten galten im 19. Jh. Gegner der Monarchie, die sich für eine demokratische Staatsform einsetzten. Seit Beginn des 20. Jh. bezeichnet der Begriff Theorien und Bewegungen, die das kapitalistische System und die demokratische Ordnung durch ein kommunistisches bzw. sozialistisches System ersetzen wollen, sowie Bewegungen, die für die Abschaffung der staatlichen Herrschaft eintreten (↑Anarchismus). Nach Angaben des Bundesamts für Verfassungsschutz gab es in Deutschland Ende der 1990er-Jahre rd. 35 000 Angehörige linksextremistischer Gruppierungen; auch Teile der ↑Partei des Demokratischen Sozialismus (PDS) wurden dazugezählt. – Siehe auch ↑Rechtsextremismus.

L

Listenwahl: ↑ Wahlrecht.

Lizenz: die vertraglich in Umfang und Dauer geregelte Erlaubnis, das Recht eines anderen (z.B. eines Erfinders), meist gegen eine Lizenzgebühr und ohne grundsätzliche Übertragung dieses Rechtes zu nutzen. In der Politik spricht man von einer L., wenn die Einrichtung und Unterhaltung bestimmter Institutionen an eine staatliche Erlaubnis gebunden ist, z.B. die Bildung von Parteien und Herausgabe von Presseorganen in Deutschland während der Besatzungsherrschaft 1945–49.

Lobby [engl. »Vor-, Wandelhalle«]: Wandelhalle und -gänge im Parlament, in denen die Abgeordneten mit Außenstehenden verhandeln können. Übertragen wird der Begriff L. auf die Vertreter von ↑ Interessenverbänden angewandt, die Einfluss auf Parlament, Regierung und Verwaltung nehmen, um für ihre Interessen günstige Gesetze und Maßnahmen zu bewirken (Lobbyisten).

Lohn: im engeren Sinn das Arbeitseinkommen gewerblicher Arbeitnehmer (Arbeiter); im weiteren Sinn Bezeichnung für Einkommen aus unselbstständiger Arbeit, also auch für Bezüge von Angestellten und Beamten **(Gehalt)** und für den Unternehmerlohn als Entgelt für den Einsatz des Produktionsfaktors Arbeit. Die **Lohnquote** bezeichnet den Anteil der Bruttoeinkommen aus unselbstständiger Arbeit (L. und Gehalt) am ↑ Volkseinkommen.

Lohnfortzahlung (Entgeltfortzahlung): Verpflichtung des Arbeitgebers zur Fortzahlung des Lohns bzw. Gehalts an Feiertagen und bei unverschuldeter Arbeitsunfähigkeit des Arbeitnehmers infolge von Krankheit; gesetzlich geregelt im Entgeltfortzahlungsgesetz vom 26. 5. 1994.

Ein Anspruch auf L. besteht nach vierwöchiger, ununterbrochener Beschäftigung; seit dem 1. 1. 1999 beträgt die Höhe der L. im Krankheitsfall wieder 100% (davor 80%) des vorherigen Arbeitsentgelts. Der Anspruch auf L. ist auf sechs Wochen begrenzt; er erhöht sich

Lohnnebenkosten

Lohnnebenkosten in der Industrie 1998 (in DM)[1)]

Staat	Lohnkosten je Stunde		
	insgesamt	Direktentgeld	Lohnnebenkosten
Belgien	40,65	21,36	19,29
Deutschland (alte Bundesländer)	47,96	26,38	21,58
Deutschland (neue Bundesländer)	30,31	18,17	12,14
Frankreich	33,04	17,16	15,88
Großbritannien	31,09	22,02	9,07
Italien	30,61	15,08	15,53
Japan	33,16	19,47	13,69
Niederlande	38,21	21,22	16,99
Österreich	39,78	20,10	19,69
Spanien	25,59	14,02	11,57
Schweiz	43,93	28,81	15,12
USA	33,34	23,73	9,61

1) Umrechnung nach dem jahresdurchschnittlichen Devisenkurs

Quelle: Institut der deutschen Wirtschaft

L

bei wiederholten Erkrankungen infolge derselben Krankheit unter bestimmten Bedingungen um weitere sechs Wochen. Dauert die Krankheit länger als sechs Wochen, muss Krankengeld in Anspruch genommen werden, das auf 70% des Bruttoentgelts beschränkt ist und von den Krankenkassen geleistet wird.

Lohnnebenkosten: der Teil der Lohnkosten eines Arbeitgebers, der neben dem Arbeitsentgelt aufgrund von Gesetzen, Tarifverträgen oder Betriebsvereinbarungen an den Arbeitnehmer ausgezahlt wird. L. umfassen Sonderzahlungen (z.B. Urlaubsgeld), Vergütungen für arbeitsfreie Tage (z.B. Lohn- und Gehaltsfortzahlung bei Krankheit, Entlohnung für Urlaub und Feiertage), Vorsorgeaufwendungen (z.B. Sozialversicherungsbeiträge) und sonstige L. (z.B. Abfindungen, Fahrtkosten- und Verpflegungszuschüsse). Um die Lohnkosten und damit Produktionskosten zu senken, streben Arbeitgeber z.B. im Rahmen von Tarifverhandlungen eine Verringerung der L. an.
Abb. siehe Seite 251.

Lohn-Preis-Spirale: ↑Preis-Lohn-Spirale.

Lohnsteuer: ↑Steuern.

Lohntarifvertrag: ↑Tarifvertrag.

lokale Agẹnda: Bezeichnung für Aktionsprogramme der Kommunen zur Umsetzung der Agenda 21, die 1992 auf der UN-Weltklimakonferenz (Rio-Gipfel) verabschiedet wurde (↑Klimaschutz). Die kommunalen Aktionsprogramme entstehen in enger Zusammenarbeit mit verschiedenen gesellschaftlichen Gruppen, wie z.B. umweltorientierten Nichtregierungsorganisationen, Bürgerinitiativen, Gewerkschaften. Ziel ist die Förderung der ↑nachhaltigen Entwicklung im Bereich des Umweltschutzes und der Wirtschaft sowie in sozialen Fragen.

Lomé-Abkommen: ↑AKP-Staaten.

Lord Chancellor [lɔ:d 'tʃa:nsələ, engl. »Lordkanzler«]: in Großbritannien der Justizminister und Vorsitzende des ↑Oberhauses.

Loyalität: allgemein treues Verhalten gegenüber anderen. Politische L. meint Gesetzes- und Verfassungstreue. Sie wird von ↑Beamten verlangt, von den Bürgern erwartet.

Lufthoheit: die Hoheitsgewalt eines Staates im Luftraum über seinem Territorium; L. kann durch Einräumung von Überflug- und Landerechten eingeschränkt werden. Völkerrechtlich trennt die Luftgrenze die jeweiligen L. voneinander.

M

Maastrichter Vertrag: Vertrag über die Bildung der ↑Europäische Union, der den politischen und wirtschaftlichen Zusammenschluss der Mitgliedstaaten der EG begründete. Er wurde am 7.2.1992 in Maastricht (Niederlande) unterzeichnet und trat am 1.11.1993 in Kraft. Der M.V. ist nach der ↑Einheitlichen Europäischen Akte (1987) die zweite grundlegende Änderung der EG-Gründungsverträge.

Der M.V. definiert als Ziele der EU den Aufbau eines ↑Europäischen Wirtschaftsraumes ohne Binnengrenzen, die Errichtung einer ↑Europäischen Wirtschafts- und Währungsunion, eine ↑Gemeinsame Außen- und Sicherheitspolitik und den Aufbau eines einheitlichen institutionellen Rahmens. Die Befugnisse des ↑Europäischen Parlaments werden durch den Vertrag erweitert und ein ↑Ausschuss der Regionen geschaffen. Die EG/EU erhält neue Zuständigkeiten in den Bereichen Bildung, Kultur, Gesundheitswesen, Verbraucherschutz und Infrastruktur (sog. Transeuropäische Netze).

Die Einführung der EU-Bürgerschaft beinhaltet neben der bereits bestehenden Personenverkehrsfreiheit als Neuerung das ↑Ausländerwahlrecht für Angehörige der EU-Staaten an ihrem jeweiligen Wohnort für Kommunalparlamente und für das Europäische Parlament.

Machiavellismus [makjavɛll-]: Bezeichnung für die politischen Theorien N. MACHIAVELLIS und für eine Interessenpolitik, die sich über alle sittlichen Normen hinwegsetzt (↑Politik).

Macht: Summe von Einflussmöglichkeiten in politischer, wirtschaftlicher und sozialer Hinsicht; soziologisch gesehen die Chance, in einer sozialen Beziehung den eigenen Willen auch gegen Widerstreben durchzusetzen. Grundlagen von M. können sein: physische oder psychische Überlegenheit, Wissensvorsprung, bessere Organisationsfähigkeit, Ausnutzen von Herrschaftsstrukturen, Angst bei den Unterworfenen.

In allen auf Demokratie und bestimmte Grundrechte der Menschen ausgerichteten Gesellschaften wird die Machtausübung durch Recht, Gesetz, Verfassung und öffentliche Kontrolle zu institutionalisierter und damit anerkannter und kalkulierbarer ↑Herrschaft. Daneben findet man, v.a. in totalitären Systemen, Mechanismen der Beeinflussung (politische Propaganda; Manipulation), die oft als Machtausübung nicht mehr durchschaut werden können. Kein Gesellschaftssystem mit komplexer Sozialorganisation verzichtet auf Machtmittel staatlicher Gewalt (Gerichte, Polizei, Militär, Strafanstalten), um die innere Ordnung und die äußere Sicherheit des politisch-sozialen Systems zu gewährleisten (Gewaltmonopol). Neben den politischen und ökonomischen Machtstrukturen in Staat, Wirtschaft und Gesellschaft bestimmen Machtpositionen auch die zwischenmenschlichen Beziehungen in allen Lebensbereichen (Ehe, Familie, Beruf, Religion usw.).

MAD: ↑Nachrichtendienst.

Mädchenhandel: ↑Frauenhandel.

Mafia (ital. »Anmaßung«, »Überheblichkeit«): kriminelle Vereinigung, die Anfang des 19. Jh. auf Sizilien als Gegengewalt zur Staatsmacht entstand und ihren Ursprung in bewaffneten Gefolgschaften der Grundbesitzer hat. Nach der Gründung des italienischen Staates 1860 entwickelte sich die kriminelle Subkultur der M. zur international operierenden ↑organisierten Kriminalität.

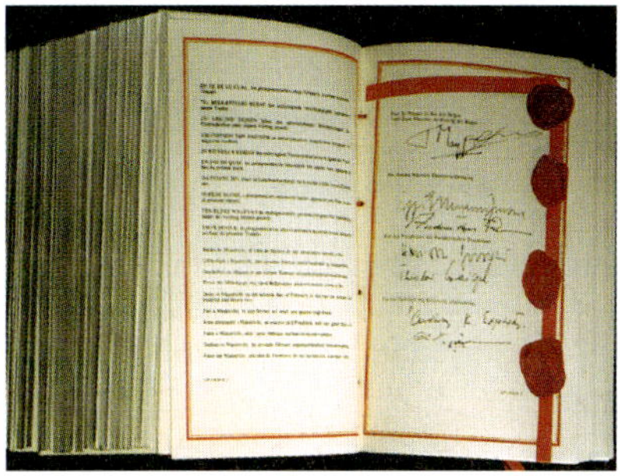

Maastrichter Vertrag: Den Vertrag über die Bildung der Europäischen Union unterschrieben am 7. 2. 1992 für Deutschland Außenminister Hans-Dietrich Genscher und Finanzminister Theo Waigel.

Maghreb-Union: durch den Vertrag von Marrakesch am 17. 2. 1989 gegründete Gemeinschaft der nordafrikanischen Staaten Algerien, Libyen, Marokko, Mauretanien und Tunesien zur Zusammenarbeit auf wirtschaftlichem, kulturellem und wissenschaftlichem Gebiet.

magisches Viereck: bildlicher Ausdruck für die vier konjunkturpolitischen Ziele des ↑Stabilitätsgesetzes von 1967, die möglichst gleichzeitig und in optimaler Weise erreicht werden sollen: Vollbeschäftigung, Geldwertstabilität, wirtschaftliches Wachstum und ausgeglichene Zahlungsbilanz.

Magistratsverfassung: ↑Gemeindeverfassung.

Magna Charta Libertatum [-k-; lat. »große Urkunde der Freiheiten«]: das wichtigste englische Grundgesetz. Am 15. 6. 1215 zwischen König JOHANN I. (OHNE LAND) einerseits und Vertretern der aufständischen englischen Barone sowie der Kirche andererseits abgeschlossener Vergleich in 63 Artikeln.

M

Jedem Freien wird in Art. 39 zugestanden, dass er nicht willkürlich verfolgt, sondern nur durch seine Standesgenossen und nach dem Gesetz des Landes abgeurteilt werden kann. Art. 61 bestellt zur Wahrung der verbrieften Freiheiten gegenüber dem König einen Kontrollausschuss von 25 Baronen und legalisiert damit das feudale ↑Widerstandsrecht. Ursprünglich ist die M. C. l. v.a. eine im Mittelalter übliche Satzung des Lehnsrechts gewesen. Im 17. Jh. wurde sie umgedeutet in eine Verbriefung der Freiheit aller Engländer. In diesem Zusammenhang wurde sie zum Ausgangspunkt für moderne Freiheitsbestrebungen überhaupt (↑Menschenrechte).

Maifeiertag: gesetzlicher Feiertag in zahlreichen Ländern der Welt, von der Zweiten Sozialistischen Internationale auf ihrem Gründungskongress (1889) als »Kampftag der Arbeit« begründet und 1890 mit Massendemonstrationen erstmals begangen. Seitdem gilt der 1. Mai als Demonstrations- und Feiertag der internationalen ↑Arbeiterbewegung.

Majorität: ↑Mehrheit.

Management ['mænɪdʒmənt, von engl. to manage »handhaben«, »leiten«]: Bezeichnung einerseits für die Führung von Institutionen jeder Art (z.B. Unternehmen, Verbände, Parteien), andererseits für die Gesamtheit der Personen, die diese Funktion erfüllen. Das M. grenzt sich vom selbstständigen ↑Unternehmer durch die Art des Beschäftigungsverhältnisses, nicht jedoch durch die Aufgabenstellung ab. Der abhängig beschäftigte **Manager** ist eine Art Unternehmer im Angestelltenverhältnis. Die Leitungsaufgabe des M. besteht in der Vorgabe von Zielen, deren Durchsetzung und Erfolgskontrolle, aber auch in anderen Aktivitäten (z.B. Vertretung des Unternehmens, Imagepflege, Öffentlichkeitsarbeit).

Mandat [von lat. mandatum »Auftrag«, »Weisung«]: Im Staatsrecht bezeichnet M. die Übertragung politischer Aufgaben und Rechte auf Abgeordnete **(Mandatsträger)** durch die Wähler. Das **Abgeordnetenmandat** ist im Grundgesetz als ↑freies M. festgelegt (Art. 38 GG). Es gibt dem gewählten Abgeordneten (im Unterschied zum ↑imperativen M.) das Recht, frei nach seinem Gewissen und Sachwissen zu entscheiden. Die Entscheidungsgewalt wird ihm auf Zeit übertragen. – Siehe auch ↑Bundestagswahl, ↑Überhangmandat.

Manifest: eine für die Öffentlichkeit bestimmte Grundsatzerklärung von Regierungen, politischen Parteien oder sonstigen Gruppierungen in der Gesellschaft.

Manipulation [zu frz. manipuler »handhaben«]: die Beeinflussung, Steuerung fremden Denkens, Fühlens und Verhaltens, meist ohne dass sich die Betroffenen der Steuerung bewusst werden.

Manipulationsmittel reichen von politischer Rhetorik, ↑Propaganda und ↑Agitation über die gezielte Platzierung von Informationen, taktische Verhandlungsführung, den verstärkten Einsatz von ↑Massenmedien u.a. bis hin zu gezielten Täuschungsmanövern.

Manteltarifvertrag: ↑Tarifvertrag.

Maoismus: die von MAO ZEDONG auf der Grundlage des ↑Marxismus-Leninismus entwickelte Strategie der sozialen Revolution, die auf die gesellschaftlichen Bedingungen der Entwicklungsländer, insbesondere Chinas, zugeschnitten ist. Sie umfasst eine eigene Theorie der ↑Revolution und eine vom Marxismus-Leninismus abweichende Perspektive der Entfaltung einer sozialistischen Gesellschaft. Träger der Revolution ist die unterdrückte Landbevölkerung, die über einen Volkskrieg die ↑Diktatur des Proletariats errichtet. In einer permanenten Revolution soll nach den Produktionsverhältnissen auch das Bewusstsein der Menschen verändert, traditionelles, modernes westliches und systemkritisches Gedankengut ausgeschaltet und die Etablierung privilegierter Bürokraten verhindert werden.

M

Maoismus: Mao Zedong entwickelte die chinesische Spielart des Marxismus-Leninismus, die er in mehreren grundlegenden Schriften formulierte.

Marburger Bund: ↑ Ärzteverbände.

Marktwirtschaft: eine Wirtschaftsordnung mit dezentraler Lenkung der Wirtschaftsprozesse, in der Art und Umfang der Produktion und die Verteilung der Produktionsergebnisse in erster Linie über Märkte gesteuert sind, wobei die Vielzahl der Angebots- und Nachfrageentscheidungen der Wirtschaftssubjekte über die Preisbildung koordiniert werden.

Im klassischen Idealmodell einer **freien M.** führt das auf eigenen Vorteil gerichtete ökonomische Verhalten der einzelnen Marktteilnehmer (z.B. das Gewinnstreben der Unternehmen, das Nutzenstreben der privaten Haushalte) über freie Konkurrenz zugleich zum höchsten Wohlstand für die Gesellschaft. Als Voraussetzungen einer freien M., nach WALTER EUCKEN (1891–1950) auch als freie Verkehrswirtschaft bezeichnet, gelten Gewerbe- und Vertragsfreiheit, freie Wahl des Berufs- und des Arbeitsplatzes, Privateigentum an Produktionsmitteln, Haftung, Geldwertstabilität, Konstanz der Wirtschaftspolitik und freier Wettbewerb (vollständige Konkurrenz, offene Märkte). Bereits im 19. Jh. jedoch zeigten sich neben den Stärken, wie wirtschaftlicher Effizienz und wachsendem Wohlstand, auch die Schwächen einer freien M., v.a. wirtschaftliche und politische Machtkonzentration, die den Wettbewerb und damit den grundlegenden Funktionsmechanismus der M. beeinträchtigte, aber auch ungerechte Einkommens- und Vermögensverteilung, Konjunkturschwankungen mit Inflation und Arbeitslosigkeit sowie unzureichende soziale Absicherung. Dies, wie auch die Erfahrungen mit der nationalsozialistischen Diktatur, der Kriegswirtschaft und der Mangelwirtschaft nach 1945, bilden den historischen Hintergrund für eine Variante des Neoliberalismus, den ↑ Ordoliberalismus, der die ↑ soziale M. in Deutschland mitprägte.

In der Praxis existieren verschiedene Formen der M., die sich durch Ausprägung der Eigentumsverhältnisse, Ausmaß und Form der staatlichen Eingriffe in den Wirtschaftsprozess sowie vorrangig verfolgte wirtschafts-, sozial- und gesellschaftspolitische Zielsetzungen in den einzelnen Ländern unterscheiden.

Marshallplan: ↑ European Recovery Programme.

Marxismus: zusammenfassende Bezeichnung für die von K. MARX und F. ENGELS entwickelten philosophischen, politisch-sozialen und ökonomischen Lehren, im weiteren Sinn auch deren Interpretation und Weiterentwicklung. Kernstück des M. ist der ↑ historische Materialismus, der sich v.a. auf die Philosophie von G.W.F. HEGEL und eines Teils seiner Schüler, der »Linkshegelianer«, stützt. Allerdings wurde HEGEL dabei »vom Kopf auf die Füße« gestellt, d.h. MARX interpretierte die idealistische Dialektik HEGELS, der die geschichtliche Entwicklung als Ausdruck der Veränderungen der Idee, des Weltgeistes sah, materialistisch. Der historische Prozess wird nach MARX und ENGELS vom Widerspruch zwischen Produktivkräften (menschliche Arbeitskraft bzw. Fertigkeiten, materielle Produktionsmittel) und Produktionsverhältnissen (soziale Organisationsformen, v.a. Rechts-, Eigentums- und

M

Herrschaftsverhältnisse) vorangetrieben. Zu diesem Widerspruch kommt es, weil die Produktivkräfte ständig fortentwickelt werden, um immer neu und erweitert entstehende Bedürfnisse befriedigen zu können. Wenn die Produktionsverhältnisse nicht mehr der Entwicklung der Produktivkräfte entsprechen, kommt es zu gesellschaftlichen Krisen, die letztendlich zur Revolution führen können. Die herrschende, d.h. die über die Produktionsmittel verfügende Klasse wird abgelöst, neue Produktionsverhältnisse entstehen.

Sowohl die Vieldeutigkeit der Lehren als auch die Notwendigkeit zur Umdeutung, da Vorhersagen von MARX nur z.T. eintraten, führten zu kontroversen Auslegungen des M., so z.B. zum **Revisionismus,** zu deterministischem Vertrauen auf das Wirken der Geschichtsgesetze (KARL KAUTSKY, 1854–1938) und zum **Austromarxismus.** Sehr lebhaft war die marxistische Diskussion in den 1920er-Jahren, wo insbesondere ERNST BLOCH (1885–1977), GEORG LUKÁCS (1885–1971) und KARL KORSCH (1886–1961) hervortraten. LEO TROTZKI, NIKOLAI BUCHARIN (1888–1938) und die verschiedenen Rätebewegungen wichen in ihren Auslegungen von der Generallinie in der Sowjetunion ab; diese Diskussion bildete die Wurzel des seit 1945 entstandenen **Neomarxismus** und des ↑Eurokommunismus. Die Hauptströmung des M. wurde jedoch der Marxismus-Leninismus. Dieser gründet sich auf die von W. I. LENIN vorgenommene Anpassung der Lehren von MARX und ENGELS an die sozialen und politischen Verhältnisse Russlands im frühen 20. Jh. Mit der Entstalinisierung (1956) traten in den kommunistischen Staaten zunehmend Systemkritiker hervor, die eine Liberalisierung und z.T. die Verwerfung des ↑Kommunismus und M. forderten. Ein eigenes Gesellschaftsmodell mit Leitung der Produktion durch Arbeiterräte wurde in Jugoslawien erprobt (**Titoismus,** benannt nach JOSIP BROZ TITO [1892–1980]). In China entwickelte MAO ZEDONG eine neue Theorie der proletarischen Revolution (↑Maoismus). Auch andere kommunistische Parteien gingen z.T. eigene Wege. Am Ende des 20. Jh. reduzierten sich die vom M. abgeleiteten Gesellschaftsmodelle durch den faktischen Zusammenbruch des marxistisch-leninistisch begründeten real existierenden ↑Sozialismus auf einzelne Ansätze des Neomarxismus sowie auf die Auseinandersetzung mit dem ↑Stalinismus und dem ideologisch dominierenden ↑Neoliberalismus.

Marxismus-Leninismus: Hauptströmung des ↑Marxismus im 20. Jh. Der M.-L. gründet sich auf die von W. I. LENIN vorgenommene Anpassung der Lehren von K. MARX und F. ENGELS an die sozialen und politischen Verhältnisse Russlands zu Beginn des 20. Jh.

Der M.-L. berücksichtigt über die Lehren des Marxismus hinaus den Eintritt des ↑Kapitalismus in das Stadium des ↑Imperialismus und vertritt die Lehre von der »ungleichmäßigen Entwicklung« der verschiedenen am kapitalistischen Weltmarkt teilnehmenden Gesellschaften. Der Imperialismus sei gekennzeichnet durch monopolistische Strukturen, die zur festen Aufteilung des Marktes und zur tendenziellen Aufhebung der Konkurrenz als bisherigem Grundprinzip des Kapitalismus führten. In dieser Monopolisierung sah LENIN bereits einen entscheidenden Schritt hin zu sozialistischen Strukturen. Er deutete die Lenkung der Wirtschaft durch Monopole als eine Vergesellschaftung der Produktion, wenn auch nicht im sozialistischen Sinne. Während MARX annahm, dass die proletarische Revolution von den hoch industrialisierten Staaten Mittel- und Westeuropas ausgehen würde, betrieb der M.-L. den revolutionären Durchbruch in einem relativ rückständigen, agrarischen Land. LENIN formulierte darüber hinaus die Lehre von der

»Partei neuen Typs«, die als »klassenbewusste Vorhut des Proletariats« die Führung und Erziehung der werktätigen Massen zu übernehmen hat. Durch die sowjetische Vormachtstellung in der Kommunistischen Internationale wurde die Organisationstheorie LENINS lange Zeit für alle kommunistischen Parteien verbindlich. Die Nachfolger LENINS, v.a. J. W. STALIN, bauten den M.-L. zu einer dogmatischen Weltanschauungslehre mit dem Anspruch auf Universalität und Wissenschaftlichkeit aus.

Masse: eine Vielzahl von Menschen, die miteinander verbunden sind, aber keine wirksame innere Organisation aufweisen.

Die ältere Massenpsychologie untersuchte M. als fast strukturlose Menschenmengen, die durch starke Erregbarkeit und Beeinflussbarkeit sowie durch ein typisches Verhalten der Beteiligten (z.B. nachlassende Urteilsfähigkeit und Verantwortung, zunehmende Impulsivität) gekennzeichnet sind.

Die neuere Sozialpsychologie und Soziologie beschreiben bestimmte strukturelle Merkmale von M. und unterscheiden zwischen **aktuellen M. (konkrete M.)** als Ansammlung von Menschen, die durch bestimmte Einstellungen oder Affekte verbunden sind (z.B. Demonstrationszüge), und **latenten M. (abstrakte M.)** als nicht unmittelbar verbundene Menschenmenge, die sich durch bestimmte Merkmale und Bedürfnisse abgrenzen (z.B. Fernsehzuschauer).

Massengesellschaft: ein meist abwertend gebrauchter Begriff für die moderne Industriegesellschaft als strukturlose Masse anonym lebender und entscheidungsunfähiger, darum auf führende Eliten und repräsentierende Organisationen angewiesener Menschen.

Massenkommunikation: ↑Kommunikation.

Massenmedien: Kommunikationsmittel, die es erlauben, Aussagen durch Bild, Schrift und/oder Ton öffentlich (d.h. allgemein zugänglich), indirekt und einseitig über technische Übertragungs- und Verbreitungsmittel an ein weit verstreutes (anonymes) Publikum zu verbreiten; unterschieden werden **auditive Medien** (z.B. ↑Hörfunk, CD), **audiovisuelle Medien** (z.B. Film, ↑Fernsehen, Video) und **Printmedien,** z.B. Buch, ↑Presse). Hinzu kommen die meist multimedialen neuen Medien wie das ↑Internet (↑Multimedia).

Für die meisten Menschen bilden die M. als Hauptquelle politischer und gesellschaftlicher Information die Grundlage für die Meinungsbildung; sie können aber auch zum Zweck der ↑Manipulation, ↑Agitation und ↑Propaganda missbraucht werden. Deshalb wird den M. eine große Bedeutung für die politische Kultur eines Landes beigemessen. Meinungsbildung über die M. ist als Gegenpol zu politischer Macht wichtig und unerlässlich für das Funktionieren demokratischer Entscheidungsprozesse (↑Mediendemokratie). In pluralistischen Demokratien besteht

Massenmedien

Medienangebot in Deutschland 1998

Medium	Anzahl	Nutzer (in Mio.)[1)]
Fernsehprogramme	ca. 94	33,5
Hörfunkprogramme	227	37,5
Tageszeitungen	402	30,1
Wochenzeitungen	25	2,2
Publikumszeitschriften	778	142,1
Fachzeitschriften	1029	25,4
Anzeigenblätter	1316	84,0

[1)] Erwachsene ab 14 Jahren; bei Printmedien bezieht sich die Angabe auf die Auflagenhöhe

Quelle: BR/BRW-Medienforschung

M

die Möglichkeit, sich aus allgemein zugänglichen Quellen zu informieren. Real kann es aber durch ↑Medienkonzentration oder durch starke politische Einflussnahme, insbesondere in den öffentlich-rechtlichen Rundfunkanstalten, zu Einschränkungen dieser Freiheit kommen. In demokratischen Staaten haben M. neben der Informations-, Bildungs- und Unterhaltungsfunktion auch eine Kritik-, Kontroll- und Sozialisationsfunktion. M. sind Teil des Alltagslebens, bieten Artikulationshilfen für die zwischenmenschliche ↑Kommunikation und dienen der sozialen Orientierung und Integration.

In den 1960er-Jahren zeichnete sich durch das Fernsehen eine grundlegende Veränderung bei den M. ab. Der kanadische Autor MARSHALL MACLUHAN (1911–80) entwickelte die Theorie »Das Medium ist die Botschaft«; danach liegt die Bedeutung der M., insbesondere der elektronischen M., nicht nur im Transportieren bestimmter Inhalte. Vielmehr beeinflussen sie durch ihre materielle, technisch bedingte Struktur die Art der Massenkommunikation. MACLUHAN warnte vor den gesellschaftlichen Veränderungen, die durch M. ausgelöst werden könnten, und ging davon aus, dass es in Zukunft keine Bücher mehr geben werde.

Mecklenburg-Vorpommern

Ministerpräsident	Amtszeit
Alfred Gomolka (CDU)	1990–92
Berndt Seite (CDU)	1992–98
Harald Ringsdorff (SPD)	seit 1998

Massenorganisation: Organisation, die einen großen Bevölkerungskreis vertritt. Im Zusammenhang mit der allgemeinen Demokratisierung des gesellschaftlichen Lebens im 19. Jh. entstanden die M. als neue Form politischer oder wirtschaftlicher Interessenorganisationen (Parteien, Verbände, Gewerkschaften). In kommunistischen Gesellschaften kam den M. v.a. die Aufgabe zu, die Ziele der politischen Führung in der Bevölkerung durchzusetzen.

massive Vergeltung: ↑Nuklearstrategie.

Materialismus [von lat. materia »Stoff«]: allgemein Bezeichnung für eine Einstellung, für die nur materielle Güter eine Rolle spielen. Der M. als philosophische Richtung und Weltanschauung sieht, im Gegensatz zum ↑Idealismus, in der Stofflichkeit das einzig Wirkliche. Nicht nur die materiellen Zustände und Veränderungen des Menschen und der Welt selbst, sondern auch das Leben und der Geist werden als Wirkung stofflicher Bewegungen, Teilungen und Verbindungen erklärt; die Existenz der Seele oder Gottes wird geleugnet. Der (atheistische) mechanistische M. bildete sich in der französischen Aufklärung zu seiner ersten Blüte heraus. Der naturwissenschaftliche M. des 19. Jh. wollte auf naturwissenschaftlichen Erkenntnissen eine wissenschaftsoptimistische materialistische Weltanschauung aufbauen. K. MARX und F. ENGELS entwickelten als materialistische Geschichtsauffassung den ↑historischen M. und als Methode den ↑dialektischen Materialismus.

Matriarchat [lat.-griech. »Mutterherrschaft«]: eine Gesellschaftsordnung, in der die Frau eine bevorzugte Stellung innehat; meist verbunden mit dem ↑Mutterrecht, in dem Abstammung und Erbgang der mütterlichen Linie folgen; Gegensatz ↑Patriarchat.

matrilineare Abstammung: ↑Mutterrecht.

MBFR: ↑Abrüstung.

MdB: Abk. für **M**itglied **d**es ↑**B**undestags.

MdL: Abk. für **M**itglied **d**es ↑**L**andtags.

Mecklenburg-Vorpommern: deutsches Bundesland (seit 3. 10. 1990) mit einer Fläche von 23 167 km^2 und 1,8 Mio. Einwohnern (1999); Hauptstadt: Schwerin.

Verfassung: Nach der am 23. 5. 1993 in Kraft getretenen Verfassung liegt die Legislative beim Landtag (71 Abgeordnete, für vier Jahre gewählt), die Exekutive bei der Landesregierung unter Vorsitz des vom Landtag gewählten Ministerpräsidenten.
Verwaltung: M.-V. ist seit 1994 in 12 Landkreise und sechs kreisfreie Städte (Schwerin, Greifswald, Rostock, Stralsund, Wismar und Neubrandenburg) gegliedert.
Geschichte: Das heutige M.-V. besteht aus dem ehemaligen Land Mecklenburg (1934 gebildet aus Mecklenburg-Strelitz und Mecklenburg-Schwerin) und dem westlich der Oder gelegenen Teil des früheren Pommern, die 1945 zum Land M.-V. zusammengelegt wurden. 1952 ging M.-V. in den DDR-Bezirken Neubrandenburg, Rostock und Schwerin auf. 1990 wurde M.-V. wieder als Land hergestellt. Nach der Landtagswahl vom 14. 10. 1990 bildeten CDU und FDP eine Koalitionsregierung, die 1998 durch die erste und bis 2000 bundesweit einzige Koalition aus SPD und PDS abgelöst wurde.
www.mecklenburg-vorpommern.de

Mecklenburg-Vorpommern

Landtagswahlen (Stimmenanteil in %)

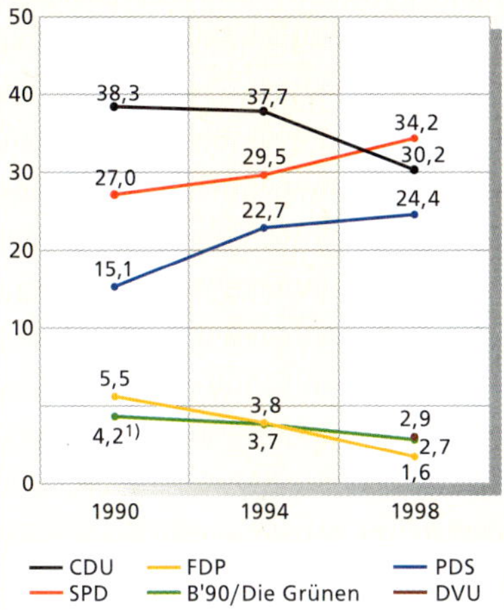

1) Bündnis 90 und Neues Forum

Mediation: Vermittlung im Streit zweier Staaten durch einen dritten, der versucht, gegensätzliche Positionen anzunähern, und eine Lösung vorschlägt. Heute ist M. häufig eine Aufgabe der ↑UN.
Medien: ↑Fernsehen, ↑Hörfunk, ↑Internet, ↑Massenmedien, ↑Multimedia, ↑Rundfunk.
Mediendemokratie: siehe Seite 260.
Mediendienstestaatsvertrag: ↑Multimedia.
Medienkompetenz: angemessen kritischer Umgang mit den ↑Massenmedien; die M. ist im Zeitalter der ↑Wissensgesellschaft nötig, um die Flut von Informationen, die über Medien transportiert werden, produktiv nutzen zu können. Die Vermittlung von M. ist ein Anliegen der Medienpädagogik, die auf der wissenschaftlichen Analyse der Wirkungen der Massenmedien aufbaut.
Medienkonzentration: Unternehmenskonzentration im Bereich der Medien. Dem betriebswirtschaftlich erstrebenswerten Aspekt der M. steht die Gefährdung der Informationsfreiheit durch den Rückgang der Angebotsvielfalt gegenüber. Unter die M. fällt die **Pressekonzentration,** d.h. die Zusammenfassung von Zeitungen und Zeitschriften in einigen wenigen Verlagen. Der Vorteil liegt in der Verbilligung der Herstellung bei Steigerung des auflagenabhängigen Anzeigenerlöses sowie der Vereinfachung des Vertriebes. Die Pressekonzentration birgt jedoch die Gefahr, dass sie den Wettbewerb um Preis und Qualität beschneidet, die Chancen zum Marktzutritt für Neulinge beschränkt und der Vernachlässigung der Interessen von Minderheiten Vorschub leistet.
Eine weitaus stärkere M. als bei der ↑Presse gibt es in Deutschland im privaten und digitalen ↑Fernsehen, dessen wichtigste Sender im Wesentlichen von zwei Konzernen, der Kirch-Gruppe

Der Begriff Mediendemokratie bezeichnet eine Form von Demokratie, in der sich die politische Meinungs- und Willensbildung im Wesentlichen über ↑Massenmedien (auch ↑Internet) vollzieht. Deutlich wird dies v.a. in Wahlkampfzeiten: So nennen Wähler in Deutschland und anderen europäischen Staaten nach mehreren Wahlen in den letzten Jahren das Fernsehen als die wichtigste Informationsquelle für ihre Wahlentscheidung.

Auf Pressekonferenzen werden die Medienvertreter über alle wichtigen Inhalte der Regierungspolitik unterrichtet. Bundeskanzler Gerhard Schröder und Außenminister Joschka Fischer stellten sich im Oktober 1998 den Fragen der Journalisten.

Themensetzung durch Medien

Meinungsbildung über Medien beinhaltet, dass die Medien durch die Auswahl und Ausgestaltung von Inhalten darüber bestimmen, was auf welche Weise zum öffentlichen Thema wird. Indem z.B. Zeitschriften oder Fernsehsendungen bestimmte Themen in der Berichterstattung durch häufige Erwähnung und gute Platzierung betonen, haben sie Einfluss darauf, welche Probleme von der Bevölkerung als besonders relevant angesehen werden. Schon mit der Auswahl der Themen wie auch mit ihrer Darstellung und Bewertung kann Berichterstattung zur Manipulation werden. Politikvermittlung durch Medien bedeutet darüber hinaus, dass sich die Politik bzw. die Politiker mediengerecht präsentieren, um Erfolg zu haben. Denn die Bevölkerung tendiert dazu, nur ihre Medienexistenz mit den dazugehörigen Images wahrzunehmen.
Die Medien sind demnach nicht nur Beobachter, Kritiker und Kontrolleure politischer Ereignisse und staatlicher Macht (vierte Gewalt). Sie stellen vielmehr einen Faktor dar, der politische Einstellungen und Stimmungen beeinflusst und ein bestimmtes Meinungsklima zugunsten oder zuungunsten einer Partei, einer Person oder einer politischen Forderung vermittelt. Medien bestimmen dadurch die Politik mit.

Wandel der Parteiendemokratie

Die in Deutschland vorherrschende Parteiendemokratie, in der den Parteien eine entscheidende Funktion bei der allgemeinen politischen Meinungs- und Willensbildung der Bevölkerung zukommt, ist in den letzten Jahrzehnten des 20. Jh. durch Züge einer Mediendemokratie erweitert worden.
Diesem Wandel unterliegen auch die Parteien selbst. Die Meinungsbildung in den Parteien orientiert sich einerseits in Sach- und Personalfragen immer mehr an dem, was in den Medien thematisiert wird; andererseits werden ihre politischen Schwerpunkte ebenso wie die Statements ihrer politischen Vertreter von der Frage geprägt, was sich in den Medien, besonders im Fernsehen, vermitteln lässt.
Mediendemokratie bedeutet jedoch nicht, dass nur die Medien selbst meinungsbestimmend sind, vielmehr liegt oft ein Zusammenspiel von Medien und Parteispitzen oder anderen Interessengruppen (z.B. der Wirtschaft) vor. Die Medien stoßen also nicht nur etwas an, sondern werden auch von anderen benutzt, um bestimmte Sichtweisen und Sprachregelungen zu verbreiten oder durchzusetzen (z.B. die Trendbegriffe

»Standort Deutschland« oder »neue Mitte«).

Politik und Massenkommunikation

Die Akzentverschiebung bei den meinungsbildenden Instanzen ist durch zwei Entwicklungen gekennzeichnet. Zum einen erhalten heute die meisten Menschen in den westlichen Industriestaaten ihre Informationen primär über die Massenmedien, während klassische Vermittler wie Kirchen, Parteien und Gewerkschaften an Einfluss verloren haben. Das Fernsehen, dessen Nutzung in Deutschland von 1980 bis 2000 um 50% auf durchschnittlich drei Stunden pro Tag anstieg, ist zu einer Instanz der politischen Sozialisation geworden. Zum anderen haben immer weniger Menschen persönliche Erfahrungen mit Politik. Denn seit den 1970er-Jahren hat in Deutschland nicht nur das Interesse an Politik, sondern auch die politische Beteiligung abgenommen, was u.a. am Mitgliederschwund der politischen Parteien und der abnehmenden Wahlbeteiligung messbar ist (↑Nichtwähler, ↑Politikverdrossenheit).

Die Medien sind die Haupterkenntnisquelle der Menschen über politische und gesellschaftliche Vorgänge und Zusammenhänge geworden, eine Quelle, über die auch infolge der Programmvielfalt im Fernsehen und der somit geringeren Wahrscheinlichkeit, dass im Kollegen- oder Bekanntenkreis jemand dieselbe Sendung gesehen hat, immer weniger diskutiert wird. Politische Wirklichkeit vermittelt sich den meisten also nur über die Medien; Politik ist für sie dargestellte Politik.

Inszenierung von Politik

Die Inszenierung von Politik wurde insbesondere in den USA, dem Prototyp einer Medien- und TV-Demokratie, entwickelt, wo Wahlen im Fernsehen gewonnen werden. (In Europa gelang dies SILVIO BERLUSCONI 1994 in Italien mit seinem Medienkonzern.) Ein US-amerikanischer Parteitag im Vorfeld von Wahlen ist in erster Linie ein Medienereignis, mit dem der von Medienberatern unterstützte Präsidentschaftskandidat für sich wirbt. Die programmatischen Ziele der Partei, für die er antritt, treten dahinter zurück. Im Vordergrund steht also weniger die Vermittlung inhaltlicher Konzepte als die Schaffung von Medien- und Pseudoereignissen sowie Emotionalisierung und Personalisierung. Auch im Bundestagswahlkampf 1998 wurde bei der Berichterstattung über die SPD die Frage, wer Kanzlerkandidat wird – OSKAR LAFONTAINE (*1943) oder G. SCHRÖDER –, zum beherrschenden Thema.

Wenn Personen und nicht politische Ideen oder Ziele im Mittelpunkt stehen, kann, besonders in Ländern mit angelsächsischer Tradition, auch die Privatsphäre von Politikern ins Blickfeld rücken: Eine eigentlich private Affäre (Clinton-Lewinsky-Affäre) kostete den US-Präsidenten B. CLINTON fast sein Amt. Mit genau kalkuliertem medialem Aufwand – per Internet wurde sogar ein den Präsidenten kompromittierender Bericht des Sonderermittlers verbreitet – betrieben die Gegner des Präsidenten seine Amtsenthebung, während er selbst und seine Anhänger die Öffentlichkeit medienwirksam für sich einzunehmen suchten. ■

Die Monatszeitschrift Media Perspektiven, die auch im Internet unter der Adresse www.ard-werbung.de/Media-Perspektiven/ abrufbar ist, bietet Analysen zu Themen wie gruppenspezifisches Fernsehverhalten, Imagebildung durch Medien, Informationsgehalt von Nachrichtenprogrammen u.a.

BUCHWALD, MANFRED: *Medien-Demokratie.* Berlin (Aufbau-Taschenbuch-Verlag) 1997. ■ MÜLLER, ALBRECHT: *Von der Parteiendemokratie zur Mediendemokratie.* Opladen (Leske und Budrich) 1999.

M

und Bertelsmann (Tochter: Ufa/CLT), beherrscht werden. Die weltgrößten Medienkonzerne operieren international und vereinen sowohl ↑Massenmedien als auch Multimedia unter einem Dach.

Mehrheit (Majorität): Prinzip zur Herbeiführung von Entscheidungen, an denen eine Mehrzahl von Personen beteiligt ist. Unterschieden wird relative und absolute M. Bei der **relativen M.** genügt es, wenn einer der zur Abstimmung stehenden Vorschläge mehr Stimmen als die anderen erzielt. Bei der **absoluten M.** ist es notwendig, dass ein Vorschlag über 50% der Stimmen erhält, um angenommen zu werden; weitere Qualifikationen (Zweidrittel-, Dreiviertelmehrheit, Kanzlermehrheit) sind gebräuchlich, wenn besonders wichtige Entscheidungen (z.B. Verfassungsänderung) anstehen **(qualifizierte M.).**

Das **Mehrheitsprinzip** wird damit gerechtfertigt, dass möglichst viele eine Entscheidung tragen sollen und dass es gerechter sei, wenn eine M. der ↑Minderheit ihren Willen aufzwinge als umgekehrt. Im Gegensatz dazu steht das ↑Einstimmigkeitsprinzip.

Mehrheitsdemokratie: der Grundsatz, dass in Personenverbänden, Vertretungskörperschaften und Kollegialorganen bei Abstimmungen und Wahlen die ↑Mehrheit (als Ausdruck des Gemeinwillens) entscheidet; wobei zwischen absoluter, qualifizierter und relativer Mehrheit unterschieden wird. Dem Schutz der bei der Abstimmung unterlegenen ↑Minderheit dienen oft besondere Minderheitenrechte.

Mehrheitswahlrecht: ↑Wahlrecht.

Mehrparteiensystem: ↑Parteiensystem.

Mehrwert: im ↑Marxismus die Differenz zwischen dem Verkaufserlös einer Ware und den Kosten, die von den die Waren unmittelbar produzierenden Arbeitern zur Wiederherstellung ihrer Arbeitskraft aufgewandt werden müssen (Arbeitslohn). Der M. wird u.a. zur Bezahlung nicht unmittelbar produzierender Mitarbeiter (z.B. Büropersonal) und zu Investitionen (z.B. Rohstoffkauf, Ersatz und Erweiterung des Maschinenparks) verwendet. Da nach der Arbeitswerttheorie des Marxismus nur produktive Arbeit Werte schafft, wird die Vorenthaltung des M. gegenüber den Arbeitern als deren ↑Ausbeutung aufgefasst.

Mehrwertsteuer: Bezeichnung für die am 1.1.1968 eingeführte Umsatzsteuer mit Vorsteuerabzug, bei der die jeweilige Wertschöpfung der einzelnen Produktions- oder Verteilungsstufe steuerlich erfasst wird. Seit 1.4.1998 beträgt die M. in Deutschland 16%, der ermäßigte Satz, z.B. für Bücher und Lebensmittel, 7%.

Meinungsforschung (Demoskopie): die Methode, durch Befragung von genau umrissenen Bevölkerungsgruppen deren Einstellungen zu aktuellen, besonders politischen, wirtschaftlichen und sozialen Fragen zu ermitteln. Auf dieser Grundlage können Aufschlüsse über die Meinungen und Lebensverhältnisse der Bevölkerung gewonnen werden; M. ist Teilbereich der ↑empirischen Sozialforschung.

Die M. beruht auf der Erfahrung, dass ein Querschnitt durch die Meinungen und Verhaltensweisen einer relativ kleinen Zahl von Menschen meist ein ziemlich genauer Spiegel der Gesamtmeinung oder des Gesamtverhaltens ist (öffentliche Meinung), sofern die Zusammensetzung der befragten Gruppe nach Merkmalen wie Alter, Geschlecht, Beruf, Einkommen, Wohnweise derjenigen der Gesamtgruppe entspricht (»repräsentative Stichprobe«, Quotenverfahren). Häufige Themen von M. sind die Marktsituation, Bedarfs- und Geschmacksrichtungen von Verbrauchern und Wirkungen von Werbemaßnahmen. Außerdem wird M. dazu genutzt, um politische Einstellungen innerhalb der Gesellschaft zu ermitteln und um Aussagen über das Wählerver-

halten machen zu können. Da die von der M. vermittelte Information auch meinungsbildend wirken kann, besteht die Möglichkeit der Meinungsbeeinflussung, z.B. vor Wahlen.
Die Anfänge der modernen M. liegen in den USA, wo nach 1920 die ersten Probeabstimmungen zur Vorhersage der Wahlergebnisse vorgenommen wurden und v.a. GEORGE HORACE GALLUP (1901–35) die M. weiterentwickelte. GALLUP war Sozialwissenschaftler und gründete 1935 mit Kollegen in Princeton (New Jersey) das Umfrageunternehmen American Institute of Public Opinion (AIPO; auch Gallup-Institut genannt). Er bewies die hohe Aussage- und Prognosequalität kleiner Stichproben (meist 1000–3000 Personen) gegenüber Massenbefragungen bei der Meinungsforschung.

Meinungsfreiheit: Die Meinungs- und ↑Informationsfreiheit ist durch Art. 5 GG geschützt. Sie umfasst sowohl die Meinungsbildung als auch die Äußerung und Verbreitung von Meinungen. Die Freiheit zur Meinungsäußerung verleiht dem Einzelnen das Recht, Meinungen, d.h. insbesondere Stellungnahmen, Beurteilungen, Kritiken und Wertungen, aber auch Nachrichten, die bestimmt sind, die Meinungsbildung zu ermöglichen oder zu beeinflussen, zu äußern und zu verbreiten. Die Form der Äußerung, ob in Wort, Schrift, Bild oder auf andere Weise, ist dabei gleichgültig. Die M. findet ihre Schranken in den Vorschriften der allgemeinen Gesetze, in Bestimmungen zum Jugendschutz und in dem Recht der persönlichen Ehre. Meinungsäußerungen beleidigender oder verleumderischer Art untersagt das Strafrecht.

Meinungsspirale (Schweigespirale): Theorie der Meinungsforscherin ELISABETH NOELLE-NEUMANN (*1916), die besagt, dass Menschen, deren Meinung nicht mit der von den Medien repräsentierten (angeblichen) Mehrheitsmeinung übereinstimmt, zum Schweigen motiviert werden und nicht mehr aktiv am Meinungsbildungsprozess teilnehmen. Auf diese Art entstehe eine schweigende Mehrheit.

Meistbegünstigung: Verpflichtung eines Landes, alle einem anderen Staat eingeräumten Vergünstigungen im ↑Außenhandel sämtlichen übrigen Handelspartnern, mit denen eine Meistbegünstigungsklausel vereinbart wurde, ebenfalls zu gewähren.

Meister: Handwerker, der seine Ausbildung mit der **Meisterprüfung** (Voraussetzung: Gesellenbrief und drei- bis fünfjährige Tätigkeit als ↑Geselle) abgeschlossen hat. Er ist berechtigt, einen Betrieb selbstständig zu leiten und Lehrlinge auszubilden. Der Titel M. kann aber auch von Nichtselbstständigen geführt werden.

Meister-BAFöG: staatliche finanzielle Ausbildungsförderung, die Nachwuchskräfte (ohne Altersbegrenzung) in Handwerk oder Industrie, welche die Meisterprüfung anstreben, nach dem Aufstiegsfortbildungsförderungsgesetz vom 23. 4. 1996 in Anspruch nehmen können.

Meldewesen: die gesetzlichen Bestimmungen über die **Meldepflicht** und die damit befassten Behörden. Das M. dient v.a. der Identitätsfeststellung, der Vorbereitung von Wahlen, statistischen Zwecken und der Sicherung der öffentlichen Ordnung (z.B. für Personalausweise, Lohnsteuerkarten, Feststellung der Wahlberechtigung, Ermittlung der Schul- und Wehrpflicht).
Das M. ist durch die Meldegesetze der Länder geregelt. Danach muss, wer eine Wohnung bezieht oder wer aus einer Wohnung auszieht, sich innerhalb einer Woche bei der zuständigen Meldebehörde an- bzw. abmelden. Verstöße gegen die Meldepflicht sind Ordnungswidrigkeiten, die mit einem Verwarnungsgeld oder mit einer Geldbuße geahndet werden können. Der ↑Datenschutz soll eine unbefugte Weitergabe gemeldeter Daten verhindern.

Memorandum [zu lat. memorare »in Erinnerung bringen«]: eine Denkschrift, ein ausführliches Schriftstück, v.a. des diplomatischen Verkehrs. Im Gegensatz zur diplomatischen Note ist das M. nicht an feste Formen gebunden.

Menschenbild: Vorstellung vom Menschen, die auf bestimmte Tatsachen, wissenschaftliche oder weltanschauliche Annahmen aufbaut; dieses M. kann selbst wiederum Grundlage für Weltanschauungen oder für wissenschaftliche Konzepte von Geschichte und Gesellschaft werden. Ob das M. pessimistisch oder optimistisch ist, hat große Bedeutung für die auf dieses M. aufbauenden Theorien. Wichtig ist in diesem Zusammenhang v.a. T. HOBBES, der die Menschen in einem gegebenen natürlichen Kriegszustand sah (homo homini lupus, »der Mensch ist des Menschen Wolf«) und ihre Unterwerfung unter eine für Ordnung sorgende Herrschaft für notwendig hielt. Das christliche M. sieht den Menschen als Geschöpf Gottes und Herrn der Welt (Kulturauftrag), der sich vor Gott verantworten muss. In der Neuzeit spielen optimistische M. eine wichtige Rolle (↑Humanismus, ↑Aufklärung, ↑Marxismus), die erfüllt waren vom Glauben an die Emanzipation des Menschen von jeglicher Autorität. – Siehe auch ↑politische Anthropologie.

Menschenhandel: Straftat, die begeht, wer auf eine andere Person seines Vermögensvorteils wegen einwirkt, 1) um sie in Kenntnis einer Zwangslage zur Aufnahme oder Fortsetzung der Prostitution zu bestimmen oder 2) um sie in Kenntnis der Hilflosigkeit, die mit ihrem Aufenthalt in einem fremden Land verbunden ist, zu sexuellen Handlungen zu bringen, die sie an oder vor einer dritten Person vornehmen oder von einer dritten Person an sich vornehmen lassen soll. M. ist in Deutschland gemäß §§ 180 b, 181 StGB mit Freiheitsstrafe bis zu fünf Jahren oder Geldstrafe bedroht.

Menschenrechte: siehe Seite 266.

Menschenrechtsbeauftragte/r: ein im Auftrag der UN tätiger Beobachter zur Begutachtung der tatsächlichen Lage der Menschenrechte in den einzelnen Staaten, wobei ihn verschiedene Kommissionen unterstützen. Das Amt eines Hochkommissars für Menschenrechte wurde 1993 von der UN geschaffen.

Menschenwürde: der Anspruch des Menschen, als Träger geistig-sittlicher Werte um seiner selbst willen geachtet zu werden. Die M. verbietet jede erniedrigende Behandlung oder die Behandlung eines Menschen als »bloßes Objekt«. Nach Art. 1 Abs. 1 GG ist sie unantastbar; sie zu achten und zu schützen ist Verpflichtung aller staatlichen Gewalt, also auch einer Verfassungsänderung entzogen. Der Staat muss auch Angriffe auf die M. durch Dritte verhindern. Die praktische Bedeutung dieser Verfassungsbestimmung tritt hinter den speziellen ↑Grundrechten zurück, die ihrerseits durch die M. geprägt sind.

Mercosur, Kunstwort für **Mer**cado **Co**mún del Cono **Sur** [span. »gemeinsamer Markt im südlichen Lateinamerika«]: regionale Wirtschaftsorganisation in Lateinamerika mit Sitz in Montevideo (Uruguay), gegründet am 26. 3. 1991 durch den Vertrag von Asunción, der am 1. 1. 1995 in Kraft trat. Dem Mercosur gehören Argentinien, Brasilien, Paraguay und Uruguay an. Assoziierungsabkommen (Abkommen über eine Teilnahme ohne Vollmitgliedschaft) bestehen mit Bolivien (seit 7. 12. 1995) und Chile (seit 25. 6. 1996). Ziel des Mercosur ist die Förderung des Wirtschaftswachstums und die Bildung eines gemeinsamen Marktes mit einheitlichen Außenzöllen.

www.mercosur.com

Methadon: ↑Drogenpolitik.

Metropole [lat.-griech. »Mutterstadt«]: die Hauptstadt eines Staates; im weiteren Sinn Bezeichnung für eine Großstadt, die den Mittelpunkt z.B. eines

M

wirtschaftlichen oder kulturellen Geschehens bildet.

Miete: Vertrag, mit dem sich der Vermieter verpflichtet, dem Mieter eine unbewegliche (z.B. Wohnung) oder bewegliche (z.B. Kraftfahrzeug) Sache während der Mietzeit gegen Entgelt (Mietzins) zum Gebrauch zu überlassen, grundsätzlich geregelt durch die Bestimmungen des BGB; für die Wohnraummiete bestehen daneben zahlreiche Sondervorschriften (soziales Mietrecht). Der Mietvertrag kann formlos abgeschlossen werden; Schriftform ist nur vorgeschrieben für M. von Grundstücken, Wohnungen, Geschäftsräumen u.Ä. auf längere Zeit als ein Jahr; hierzu werden i.d.R. Vertragsmuster benutzt (Einheitsmietverträge), die von Mieter- und Vermieterverbänden in unterschiedlichen Varianten herausgegeben werden. Die Höhe des Mietzinses muss dem für ähnliche Mietobjekte üblichen Mietentgelt entsprechen; als Grundlage dient der von der Gemeinde oder Mieter- und Vermieterverbänden anerkannte Mietspiegel.

Zur Sicherung eines angemessenen und familiengerechten Wohnens unterstützt der Staat einkommensschwache Personen und Familien z.B. im Rahmen des ↑sozialen Wohnungsbaus oder durch die Gewährung eines Zuschusses zum Mietzins (Wohngeld).

Migration [zu lat. »Wanderung«]: Bezeichnung für die Wanderungsprozesse von Individuen oder Gruppen innerhalb einer Gesellschaft oder zwischen Gesellschaften und ihren verschiedenen geographischen, wirtschaftlichen und kulturellen Lebensbereichen. Folgende Typen werden unterschieden: 1) Binnen- sowie Ein- und Auswanderung; 2) freiwillige oder erzwungene Wanderungen; 3) zeitlich begrenzte oder dauerhafte Wanderungen. Von besonderem Interesse für die Entwicklung und Veränderung der Sozialstruktur von Industriegesellschaften (↑Mobilität) sind Wanderungsbewegungen von Arbeitskräften sowie die M. zwischen Stadt und Land (↑Landflucht). – Siehe auch ↑Auswanderung, ↑Asylrecht, ↑Flüchtlinge, ↑Vertriebene, ↑Zuwanderung.

Mikrozensus: Erhebung einer repräsentativen Stichprobe, die eine ↑Volkszählung ergänzt. Beim M. wird i.d.R. 1% der Bevölkerung befragt, um eine Repräsentativstatistik der Bevölkerung und des Erwerbslebens zu erhalten. Rechtsgrundlage ist das Mikrozensusgesetz vom 17.1.1996.

Milieu [mi'liø, frz. »Mitte«]: das Umfeld, die Umgebung. Die Soziologie versteht unter M. die Gesamtheit der natürlichen, wirtschaftlichen, sozialen und kulturellen Gegebenheiten, die auf einen Menschen oder eine soziale Gruppe einwirken. Nach der **Milieutheorie** ist der Mensch in erster Linie Produkt seiner Umwelt, Erziehung und Lernprozesse.

Militär: zum einen die Gesamtheit der Streitkräfte eines Staates (z.B. ↑Bundeswehr); zum anderen die ständigen Mitglieder der Streitkräfte (Berufssoldaten). Die Militärverfassung (Wehrverfassung) eines Staates umfasst dessen militärische Einrichtungen sowie alle das M. betreffenden rechtlichen Bestimmungen (Wehrrecht); das Wehrrecht ist in Deutschland v.a. im Grundgesetz (u.a. Art. 12a, 87a und 87b) und in zahlreichen Gesetzen geregelt. Zur Aus- und Weiterbildung des militärischen Führungspersonals unterhält das M. Militärschulen und -akademien. In Deutschland können an den Schulen und Hochschulen der Bundeswehr verschiedene Berufe erlernt werden.

Unterschieden werden Heere mit allgemeiner oder beschränkter ↑Wehrpflicht und **Berufsheere**, deren Mitglieder freiwillig und auf der Basis eines beruflichen Vertragsverhältnisses Wehrdienst leisten. Das stehende Heer ist der im Frieden unter Waffen befindliche Teil des Heeres, der im Fall der Mobilmachung durch die Reservisten ergänzt wird; **Milizheere** (↑Miliz) kämpfen erst

Menschenrechte sind grundlegende Rechte, die allen Menschen gleichermaßen zustehen, unabhängig von Staatsangehörigkeit, gesellschaftlicher Stellung, Religionszugehörigkeit, Kultur, Hautfarbe und politischer Überzeugung. Zentraler Begriff dabei ist die Menschenwürde, der Anspruch des Menschen, um seiner selbst willen geachtet zu werden. Als Menschenrechte werden v.a. begriffen das Recht auf Gleichheit, Unversehrtheit, Eigentum, Widerstand gegen Unterdrückung sowie die Meinungs- und Glaubensfreiheit. Da die Menschenrechte als angeborene Rechte gelten, sind sie jeder Verfassung und Staatsordnung übergeordnet. Ein Staat kann Menschenrechte nicht verleihen, sondern sie lediglich anerkennen. In Verfassungen werden sie i.d.R. als ↑Grundrechte bezeichnet, die dem Einzelnen in ihrem Geltungsgebiet ohne Rücksicht auf seine Staatsangehörigkeit zustehen. Andere Grundrechte wiederum stehen nur den eigenen Staatsangehörigen zu (↑Bürgerrechte).

Historische Entwicklungsstationen

Bereits in der Antike war die Vorstellung verbreitet, dass bestimmte Rechte dem Menschen durch seine Natur zustehen (↑Naturrecht). Seit dem Mittelalter entwickelten sich v.a. in England die Grundlagen zur Durchsetzung kollektiver und individueller Rechte gegenüber staatlicher Macht. Stationen waren die ↑Magna Charta libertatum 1215, die ↑Petition of Right 1628, die ↑Habeas-Corpus-Akte 1679 und die ↑Bill of Rights 1689.

Als am 4.7.1776 die nordamerikanischen Kolonien ihre Unabhängigkeit von England erklärten, hatte dieser Akt zugleich große Bedeutung für die Entwicklung der Menschenrechte. Der Unabhängigkeitsvertrag erhob die Wahrung der unveräußerlichen Menschenrechte und die Gleichheit aller Menschen zu Gründungsprinzipien der Nation. Erstmals wurde ein Grundrechtekatalog erstellt.

1789 erkämpften die Franzosen mit der Französischen Revolution, dass in der »Erklärung der Menschen- und Bürgerrechte« die Gleichheit der Menschen sowie ihre Freiheit und Brüderlichkeit als Grundprinzipien menschlichen Zusammenlebens festgeschrieben wurden. Ab dem 19. Jh. wurden die Menschenrechte auch auf den sozialen Bereich ausgedehnt.

Die Paulskirchenverfassung von 1849 war die erste deutsche Verfassung, die einen ausführlichen Grundrechtekatalog enthielt. An diese Tradition knüpfte erst wieder die ↑Weimarer Reichsverfassung von 1919 an. Der Nationalsozialismus verwarf die Grundrechte als liberales Gedankengut, das seiner Ideologie entgegenstand, und hob sie nach dem Reichstagsbrand am 28.2.1933 auf. Das ↑Grundgesetz von 1949 bekennt sich in Art. 1 Abs. 2 zu »unverletzlichen und unveräußerlichen Menschenrechten als Grundlage jeder menschlichen Gemeinschaft«.

Menschenrechte international

Auf völkerrechtlicher und damit internationaler Ebene gewannen die Menschenrechte erst im 20. Jh. an Bedeutung. Am 10.12.1948 verkündeten die UN die Allgemeine Erklärung der Menschenrechte, die allerdings nur empfehlenden Charakter hat. Verbindlich sind dagegen weitere Initiativen wie der Internationale Pakt über bürgerliche und politische Rechte (in Kraft seit 23.3.1976) und der Internationale Pakt über wirtschaftliche, soziale und kulturelle Rechte (in Kraft seit 3.1.1976). Der Schutz der Menschenrechte weltweit ist eines der erklärten Ziele der UN. 1993 wurde das Amt des ↑UN-Hochkommissars für Menschenrechte geschaffen und 1998 die Einrichtung eines ↑Internationalen Strafgerichtshofs beschlossen, der u.a. für Verbrechen gegen die Menschlichkeit in einem Vertragsstaat zuständig sein soll, wenn dieser sie nicht selbstständig nach nationalem Recht ahndet.

Seit 1950 gilt die ↑Europäische Konvention zum Schutz der Menschenrechte und Grundfreiheiten. Verletzungen derselben können vor dem ↑Europäischen Gerichtshof für Menschenrechte eingeklagt werden. Für den besonderen Bereich der Menschenrechtsverletzungen während des Kriegs in Bosnien und Herzegowina wurde 1993 in Den Haag ein ↑Kriegsverbrechertribunal geschaffen.

Die Beachtung und Durchsetzung der Menschenrechte ist zwar Bestandteil der Außen- und Entwicklungspolitik, v.a. der USA und europäischer Staaten, sie wird jedoch von den Adressaten häufig mit Hinweisen auf soziale Konflikte, andere gesellschaftliche Traditionen o.Ä. zurückgewiesen oder als Bevormundung durch ehemalige Kolonialmächte verstanden. Kritiker der staatlichen Menschenrechtspolitik des Westens weisen darauf hin, dass sie nur selektiv und nach Opportunität betrieben werde: So würden die Forderungen nach Einhaltung von Menschenrechten häufig zugunsten wirtschaftlicher (China) und politisch-militärischer (Iran, Türkei) Interessen zurückgestellt.

Menschenrechte

Menschenrechtskonventionen

1948	UN: Allgemeine Erklärung der Menschenrechte	völkerrechtlich unverbindliche Empfehlung
1950	Europarat: Europäische Menschenrechtskonvention	in Kraft seit 1953
1961	Europarat: Europäische Sozialcharta	in Kraft seit 1965
1966	UN: Internationaler Pakt über bürgerliche und politische Rechte	in Kraft seit 1976
1966	UN: Internationaler Pakt über wirtschaftliche, soziale und kulturelle Rechte	in Kraft seit 1976
1969	OAS: Amerikanische Menschenrechtskonvention	in Kraft seit 1978
1982	OAU: Afrikanische Charta der Rechte der Menschen und Völker	in Kraft seit 1986

UN= United Nations
OAS= Organization of American States
OAU= Organization for African Unity

Menschenrechtsverletzungen

Trotz zahlreicher nationaler und internationaler Bemühungen zum Schutz der Menschenrechte stellen UN-Beobachter und die Menschenrechtsorganisation ↑Amnesty International jedes Jahr erneut weltweit unzählige Menschenrechtsverletzungen wie Folter, Mord in staatlichem Auftrag, Verhaftung, Verschleppung und Tötung von politisch unliebsamen Personen, Massenvergewaltigungen von Frauen und Mädchen im Rahmen von kriegerischen Auseinandersetzungen u.a. fest. Die US-amerikanische Menschenrechtsorganisation Human Rights Watch warf 1998 v.a. den Staaten Afghanistan, Irak, Libyen, Birma und Nord-Korea schwere Menschenrechtsverletzungen vor. Auch in Europa war Folter weitverbreitet, so z.B. in Jugoslawien, Weißrussland und in der Türkei. 1999 wurde laut Amnesty International in 63 Staaten die ↑Todesstrafe vollstreckt. Weltweit gehörten Diskriminierung von Minderheiten wegen ihrer Hautfarbe, Nationalität, Religion und ihres Geschlechts zum Alltag. ■

Amnesty International bietet auf seiner Homepage www.amnesty.org und in seinem Jahresbericht für 1999 einen aktuellen Überblick über Menschenrechtsverletzungen weltweit. Über die beim Kriegsverbrechertribunal anhängigen Verfahren informiert www.un.org/icty.

Jahrbuch Menschenrechte 2000, hg. von Gabriele von Arnim u.a. Frankfurt am Main (Suhrkamp) 1999.

M

im Kriegsfall, nach kurzer Ausbildung und Übungen in Friedenszeiten, meist mit geringer Truppenstärke.

Militärbündnis: ein vertraglich festgelegter Zusammenschluss von Staaten, die eine Zusammenarbeit auf militärischem Gebiet vereinbart haben (z.B. ↑NATO, ↑Warschauer Pakt; auch ↑Allianz).

Militärdiktatur: eine Form der ↑Diktatur, bei der die oberste Gewalt durch eine oder mehrere Militärpersonen ausgeübt wird. Die M. basiert auf der Verbindung des Oberbefehls über die Streitkräfte mit einer von gesetzlichen Bindungen weitgehend freigestellten Regierungsgewalt. Den Streitkräften wird die Aufgabe übertragen, die Ordnung aufrechtzuerhalten bzw. wieder herzustellen.

Militärischer Abschirmdienst, Abk. MAD: ↑Nachrichtendienst.

militärisch-industrieller Komplex: Bezeichnung für das Geflecht unkontrollierter und interessengebundener Beziehungen zwischen Militär und Rüstungsindustrie mit der Tendenz, in demokratisch nicht mehr kontrollierbarer Weise Einfluss auf die Gesellschaft und den Staat zu nehmen und diesen Einfluss auszudehnen. Den Begriff gebrauchte als Erster US-Präsident D. D. EISENHOWER, als er 1961 vor dem »wachsenden und gefahrvollen Einfluss des militärisch-industriellen Potenzials« warnte.

Militarismus: Denkweisen, die militärische Grundsätze, Ziele und Wertvorstellungen in der Politik überbetonen und auf zivile Bereiche übertragen.
Kennzeichnend für den M. sind die Verherrlichung des Krieges, der Vorrang der Rüstungs- und Verteidigungspolitik gegenüber anderen Politikbereichen, die Bevorzugung von Militärangehörigen für Positionen in Staat und Gesellschaft, die Übertragung hierarchischer, militärischer Strukturen und der Grundsätze von Befehl und Gehorsam auf zivile Bereiche bis hin zur Erziehung in militärischem Geist. Der Begriff wurde in Deutschland nach 1860 v.a. von Teilen des Liberalismus und von der Sozialdemokratie gebraucht, um das Übergewicht des Militärischen in Preußen bzw. im deutschen Kaiserreich zu kennzeichnen.

Militärjunta: ↑Junta.

Miliz:

◆ Bezeichnung für die Organisationsform der militärischen Streitkräfte eines Staates (Milizheere); Milizheere bestehen aus Mitgliedern, die in einem kurzen Grundwehrdienst und in zahlreichen darauf aufbauenden Wehrübungen ausgebildet werden und in Friedenszeiten eine zahlenmäßig schwache ständige Armee (aus wenigen Berufssoldaten) stellen. Eine Armee kann entweder fast vollständig (wie in der Schweiz) oder teilweise nach dem Milizprinzip aufgebaut sein; die Rekrutierung kann auf der Grundlage der ↑Wehrpflicht erfolgen oder auf freiwilliger Basis.

◆ Bezeichnung für besondere Polizeitruppen sowie für militärähnliche Kampftruppen bestimmter Bevölkerungsgruppen (»Volksmilizen«) und Kampfformationen extremistischer Parteien.

Milizheer: ↑Militär.

Minderheit (Minorität): der zahlenmäßig unterlegene Teil einer Gesamtgruppe.
Eine **parlamentarische M.** ist diejenige Gruppe von Abgeordneten, die in einer Abstimmung von den übrigen Abgeordneten überstimmt wird oder werden kann. Das Mehrheitsprinzip wird in demokratischen Staaten zum Schutz der M. durch besondere Minderheitenrechte ergänzt; in Deutschland z.B. durch das Erfordernis einer qualifizierenden Mehrheit für Verfassungsänderungen.
Zu **gesellschaftlichen M.** gehören Menschen, die sich hinsichtlich bestimmter Merkmale (z.B. Sprache, Religion, Herkunft) von der Mehrheit der Bevölkerung unterscheiden (Randgruppen). In Demokratien sind M. meist verfassungsrechtlich durch Individual-

rechte vor Benachteiligung und Verfolgung geschützt. In Deutschland ist der **Minderheitenschutz** in Art. 3 Abs. 1 (Gleichheitsgrundsatz) und Art. 3 Abs. 3 (Diskriminierungsverbot) GG verankert. Daneben soll das Verhältniswahlrecht (↑Wahlrecht) die Vertretung von M. im Parlament ermöglichen.

M. unterstehen auch völkerrechtlichem Schutz, z.B. durch den »Internationalen Pakt über bürgerliche und politische Rechte« und den »Internationalen Pakt über wirtschaftliche, soziale und kulturelle Rechte« der UN (1966) sowie der KSZE-Schlussakte (1975). Der Minderheitenschutz ist auch ein zentrales Anliegen des ↑Europarates; der u.a. die »Europäische Menschenrechtskonvention« vom 4. 11. 1950 und die »Minderheitenkonvention« vom 1. 2. 1995 verabschiedete. Alle diese Freiheits- und Schutzrechte erkennen M. nicht als Gruppen an. Gruppenrechte können nur durch zwischenstaatliche Verträge gewährt werden (z.B. für die Süd- und Nordschleswiger zwischen Deutschland und Dänemark, 1953).

In *Österreich* gelten ebenfalls Vorschriften zur rechtlichen Gleichstellung von M. mit den übrigen Staatsbürgern. In der *Schweiz* erfolgt der Schutz der M. u.a. durch qualifizierte Mehrheiten für die Abänderung der Bundesverfassung, durch die Garantie von Bestand und Territorium der Kantone sowie das Proporzwahlrecht bei der Bestellung des Nationalrats. Gemäß Art. 116 der Bundesverfassung wird neben Deutsch, Französisch und Italienisch auch das Bündnerromanisch als »Nationalsprache«, nicht aber als Amtssprache garantiert. In den mehrsprachigen Kantonen bestehen vielfach Schutzbestimmungen für M. (v.a. hinsichtlich Sprache und Wahlrecht).

Minderheitsregierung: in einem parlamentarischen Mehrparteiensystem eine Regierung, die nur von einer Minderheit (weniger als 50%) der Abgeordneten unterstützt wird. M. sind kaum regierungsfähig, da sie i.d.R. für ihre Gesetzesvorlagen keine Mehrheit finden, und politisch instabil bleiben, weil sie schnell durch ein Misstrauensvotum der Opposition gestürzt werden können.

Minderjährigkeit: Bezeichnung für die Altersstufe vor der ↑Volljährigkeit. Während der M. sind die Geschäftsfähigkeit und Strafmündigkeit eingeschränkt.

Mineralölsteuer: ↑Steuern.

Minimalkonsens: ↑Konsens.

Minister [lat. »Diener (des Staates)«]: Bezeichnung für die Mitglieder einer Regierung (z.B. ↑Bundesregierung). Neben Ministern mit einem bestimmten Geschäftsbereich (↑Bundesministerium, ↑Ministerium) gibt es auch andere (»ohne Portefeuille«), die nur an der Beratung der Regierung teilnehmen, sowie M. für Sonderaufgaben. In einigen Bundesländern (z.B. Bayern) wird der M. Staatsminister genannt. M. handeln innerhalb der vom Regierungschef festgelegten Richtlinien selbstständig in eigener Verantwortung (↑Ministerverantwortlichkeit).

Während M. früher aus fachlichen Gründen v.a. der Beamtenschaft entnommen wurden, kommen M. heute in parlamentarischen Regierungssystemen unter dem Gesichtspunkt der politischen Leitungsbefugnis und der ↑Ministerverantwortlichkeit meistens aus dem Parlament.

Ministeranklage: die Möglichkeit, ↑Minister wegen Verfassungsverletzungen vor Gericht zu stellen. Das Recht zur M. steht meist Parlamenten zu. Das Grundgesetz kennt keine Anklage des Bundeskanzlers oder eines Bundesministers. Dagegen sehen die Verfassungen einzelner Länder die M. bei bestimmten Voraussetzungen vor.

Ministerium: dem Geschäftsbereich eines ↑Ministers zugeordnete oberste Regierungs- und Verwaltungsbehörde.

Das Gesamtministerium (Staatsministerium, Ministerrat, Staatsregierung,

M

Reichs-, Bundes-, Landesregierung) wird vom Regierungschef geleitet (Premierminister, Staatskanzler, Ministerpräsident, Bundeskanzler), der in manchen Staaten gleichzeitig das Staatsoberhaupt ist (z.B. USA). Die **Fachministerien (Ressortministerien)** sind gegliedert in Abteilungen, mitunter auch Unterabteilungen, und Referate. An ihrer Spitze steht in Deutschland auf Bundes- und Länderebene unter dem Minister ein beamteter ↑Staatssekretär als Verwaltungschef. – Siehe auch ↑Bundesministerium.

Ministerpräsident: Bezeichnung für den Regierungschef, in Deutschland für den Leiter einer Landesregierung (außer in den Stadtstaaten Bremen und Hamburg sowie in Berlin).

Ministerpräsidentenkonferenz, Abk. MPK: das institutionalisierte Gremium des ↑kooperativen Föderalismus, in dem sich die Regierungschefs der deutschen Bundesländer zu einer Jahreskonferenz sowie zu Arbeitsbesprechungen treffen. Vorsitz und organisatorische Vorbereitung der MPK wechseln jährlich, wobei die Vorbereitung den Chefs der Staatskanzleien, Kommissionen und Arbeitskreisen sowie auf besonderen Auftrag den Fachministern der Länder obliegt.

In der MPK werden gemeinsame Interessen und Aufgaben der Bundesländer erörtert sowie Verhandlungspositionen gegenüber dem Bund festgelegt. Sachbeschlüsse der MPK müssen einstimmig gefasst und landesrechtlich umgesetzt werden.

Ministerrat:

- in vielen Staaten amtliche Bezeichnung für die Regierung (z.B. in Frankreich, Italien, der früheren DDR); auch ein Ministerausschuss für besondere Aufgaben.
- Kurzbezeichnung für ↑Rat der Europäischen Union.

Ministerverantwortlichkeit: die besondere (politische) Verantwortung, die ein ↑Minister für seine Amtsführung und die der ihm unterstellten Bediensteten gegenüber Staatsoberhaupt und Regierungschef (Art. 65 Abs. 2 GG), in parlamentarischen Regierungssystemen auch gegenüber dem Parlament trägt. Minister haben hier auf Aufforderung im Parlament zu erscheinen und Rede und Antwort zu stehen. Mittel, die M. geltend zu machen, sind das Misstrauensvotum und die Entlassung des Ministers.

Misstrauensvotum: in Staaten mit parlamentarischem Regierungssystem ein Mehrheitsbeschluss des Parlaments, der der Regierung, dem Regierungschef oder einem Minister das Vertrauen entzieht und damit den Rücktritt erzwingt. In Deutschland ist nur das ↑konstruktive Misstrauensvotum gegenüber dem Bundeskanzler vorgesehen.

Mitbestimmung: im weiteren Sinn die Beteiligung von Personengruppen an politischen oder wirtschaftlichen Planungen oder Entscheidungen (Partizipation); im engeren Sinn die Teilnahme der Arbeitnehmer am Willensbildungs- und Entscheidungsprozess in Betrieben oder Unternehmen.

Die **betriebliche M.** (↑Betriebsrat) ist auf Entscheidungen gerichtet, welche die soziale (Arbeitsbedingungen), personelle (z.B. Entlassung) und wirtschaftliche (z.B. Investitionen) Ordnung eines Betriebs betreffen; sie ist für die private Wirtschaft im Betriebsverfassungsgesetz von 1952 (Fassung vom 15.1.1972) geregelt; für Beamte, Angestellte und Arbeiter im öffentlichen Dienst gilt das Personalvertretungsgesetz vom 15.3.1974. Danach haben die Arbeitnehmer sowohl bloße Mitwirkungs- als auch Mitbestimmungsrechte, die sie durch gewählte Interessenvertreter (Betriebs- oder Personalräte) wahrnehmen.

M. in Unternehmen ist die Teilhabe der Belegschaft an der Leitung des Unternehmens durch Wahl von Arbeitnehmervertretern in die Aufsichtsgremien (z.B. Aufsichtsrat); sind darin Anteilseigner und Arbeitnehmer zahlenmäßig in gleicher Stärke vertreten, wird von **paritätischer M.** gesprochen, besteht hingegen ein Übergewicht der Anteilseigner, von **einfacher M.** Der **Montanmitbestimmung** (Gesetz vom 21. 5. 1951) unterliegen Aktiengesellschaften (AG) und Gesellschaften mit beschränkter Haftung (GmbH) mit mehr als 1 000 Arbeitnehmern, wenn sie überwiegend Kohle und Eisenerze fördern oder Unternehmen der Eisen und Stahl erzeugenden Industrie sind und im alliierten Entflechtungsgesetz vom 16. 5. 1950 namentlich aufgeführt sind oder als Montanunternehmen erst später gegründet wurden, aber dieselben Merkmale wie diese aufweisen.

Die M. in Unternehmen ist durch verschiedene Gesetze geregelt (u. a. Mitbestimmungsgesetz vom 4. 5. 1976). Demnach ist u. a. für Betriebe mit mehr als 500 Beschäftigten eine einfache M. der Arbeitnehmer vorgeschrieben.

In *Österreich* sind die zentralen Bestimmungen der M. im Arbeitsverfassungsgesetz von 1974 enthalten. Es unterscheidet je nach dem Inhalt allgemeine Befugnisse, die Mitwirkung in sozialen, in personellen sowie in wirtschaftlichen Angelegenheiten. Neben allgemeinen Informations- und Beratungsrechten erhält die Belegschaft die Gelegenheit, etwa auf die Geltung überbetrieblicher Rechtsvorschriften sowie v. a. auf das Arbeitsverhältnis Einfluss zu nehmen. Ein maßgeblicher Einfluss kommt der Belegschaft auch im Bereich der Beendigung von Arbeitsverhältnissen zu.

In der *Schweiz* trat am 1. 5. 1994 das Bundesgesetz über die Information und Mitsprache der Arbeitnehmer in den Betrieben (Mitwirkungsgesetz) vom 17. 12. 1993 in Kraft. In Betrieben mit mindestens 50 Arbeitnehmern haben diese das Recht, aus ihrer Mitte eine oder mehrere Vertretungen zu bestellen, denen Mitwirkungsrechte zustehen.

Mitläufereffekt: ↑Bandwaggon-Effekt.

mittelfristige Finanzplanung: der Versuch, die staatliche Haushaltspolitik vorauszuplanen und den Einsatz staatlicher Mittel besser zu lenken. Eine fünfjährige m. F. ist in Deutschland durch das ↑Stabilitätsgesetz vorgeschrieben.

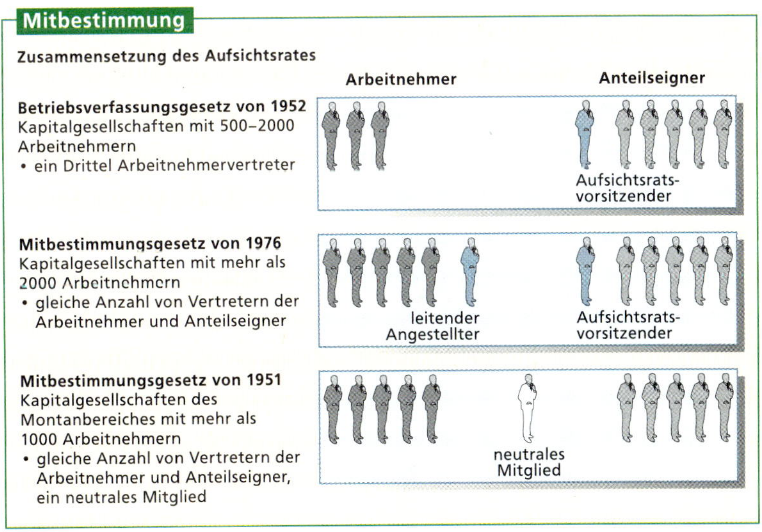

Sie wird von den Finanzministerien aufgestellt und von den Regierungen beschlossen; die Parlamente werden davon unterrichtet. Die m. F. ist jedes Jahr den veränderten Umständen anzupassen. Durch sie soll die Aufstellung des ↑Haushaltsplans rationalisiert, v.a. die Verteilung der Investitionsmittel auf die einzelnen Bereiche (Ministerien) verbessert werden. Zur Koordination der Finanzplanung von Bund, Ländern und Gemeinden besteht seit 1968 ein ↑Finanzplanungsrat.

Mittelschicht: ↑Schichtung.

Mittelstand: Bezeichnung für diejenigen Bevölkerungsgruppen, die aufgrund ihrer sozialen Lage und ihrer subjektiven Einstellungen, Wertvorstellungen und ihres Lebensstils zwischen den oberen und unteren sozialen Klassen bzw. Schichten stehen (↑Schichtung). Wegen dieser Zwischenstellung wurde dem M. immer wieder eine die gesellschaftlichen Spannungen mindernde und staatstragende Bedeutung zugeschrieben. Der **alte M.** umfasst die selbstständigen Inhaber gewerblicher, kaufmännischer und landwirtschaftlicher Mittel- und Kleinbetriebe sowie die freien Berufe (»mittelständische Wirtschaft«), auch große Teile des Beamtentums; dazu kommen als **neuer M.** die Angestellte und Facharbeiter.

Mobilität [von lat. mobilitas »Beweglichkeit«]: M. kann ein Kennzeichen eines Einzelnen, einer Gruppe oder einer Gesellschaft sein. Es wird unterschieden zwischen der räumlich-regionalen Bewegung von Menschen **(räumliche M.)**, und der Bewegung innerhalb der sozialen Ordnung einer Gesellschaft **(soziale M.)**. Zur räumlichen M. gehört z.B. die Binnen-, Aus- und Einwanderung von Personen, Gruppen, Schichten oder Klassen einer Gesellschaft (↑Migration, ↑Zuwanderung).

Eine Form der sozialen M. ist z.B. berufliche M.; als **horizontale M.** werden dabei Positionswechsel bezeichnet, die keine Veränderung des sozialen Status beinhalten (z.B. der bloße Wechsel der Arbeitsstelle); dagegen ist mit **vertikaler M.** ein sozialer Auf- oder Abstieg verbunden (z.B. beruflicher Aufstieg durch den Erwerb von Zusatzqualifikationen).

Hohe (räumliche und soziale) M. ist ein Merkmal moderner ↑Industriegesellschaften; dabei ist das Ausmaß der M. zum einen bestimmend für den gesamtwirtschaftlichen Erfolg einer Gesellschaft (z.B. als Voraussetzung für Anpassungsfähigkeit), zum anderen Ausdruck der in einer Gesellschaft verwirklichten ↑Chancengleichheit.

In den Wirtschaftswissenschaften wird auch von M. der Produktionsfaktoren (z.B. M. des Kapitals) gesprochen.

Mobilmachung: im engeren Sinn die Überführung der Streitkräfte in den Kriegszustand, im weiteren Sinn der Übergang der Staatsverwaltung und Volkswirtschaft vom Friedens- in den Kriegszustand.

Modernisierungstheorie: Bezeichnung für Ansätze zur Beschreibung, Erklärung und Förderung des Entwicklungsstandes von Gesellschaften (v.a. von ↑Entwicklungsländern); die M. betrachtet die soziale, wirtschaftliche und politische Entwicklung einer Gesellschaft als einen universell ablaufenden Prozess, der durch die Zerstörung der traditionellen Strukturen und den schrittweisen Aufbau moderner staatlicher und gesellschaftlicher Strukturen gekennzeichnet ist. Der Grad der Entwicklung (Modernisierung) wird an vielfältigen Faktoren wie ↑Mobilität, ↑Mitbestimmung, ↑Industrialisierung, Technisierung gemessen; als Merkmal der politischen Entwicklung gilt v.a. der Aufbau eines modernen ↑Nationalstaats.

Die verschiedenen Ansätze der M. werden seit den 1970er-Jahren zunehmend kritisiert, weil sich das ihnen zugrunde liegende Verständnis von Entwicklung v.a. an westlichen Industrienationen orientiert und die individuellen Aus-

Monarchie: Die britische Königin Elisabeth II. spricht in Anwesenheit ihres ältesten Sohnes und Thronfolgers, Prinz Charles (l.), und ihres Ehemannes, Prinz Philip (r.), vor dem Parlament (Bild: 1995). In Großbritannien hat die Monarchie nur noch repräsentative Funktionen.

gangsbedingungen der Entwicklungsländer zu wenig berücksichtigt werden. Insbesondere Anhänger der Dependenztheorie (↑Dependencia) wenden ein, dass die Rückständigkeit der Entwicklungsländer weniger auf interne Faktoren (z.B. Mangel an Bodenschätzen, entwicklungshemmende Sozialstrukturen), sondern auf weltpolitische und weltwirtschaftliche Zusammenhänge zurückzuführen sei.

Monarchie [griech. »Alleinherrschaft«]: Staatsform, in der eine besonders legitimierte Person, der **Monarch,** selbstständiges, dauerndes Staatsoberhaupt ist; Gegensatz: ↑Republik.

Entwicklung: Die M. beruhte ursprünglich auf der Vorstellung von einer besonderen Befähigung bestimmter Personen zur Leitung des Staates (Charisma, Gottesgnadentum). Diese Vorstellung knüpfte an die hervorragende Stellung eines adligen Geschlechtes (Dynastie, ↑Erbmonarchie) oder an die Leistungen der zur Herrschaft auserkorenen Person selbst (Wahlmonarchie) an. Im Gegensatz zur ↑Despotie, ↑Tyrannis oder ↑Diktatur ist die M. keine vom Recht gelöste Willkürherrschaft. Auch der Monarch im Absolutismus hatte bei der Gesetzgebung allgemeine Rechtsüberzeugungen (↑Naturrecht) und die erworbenen Rechte seiner Untertanen zu beachten. Im Ständestaat unterlag der Monarch, besonders bei der Auferlegung neuer Steuern, der Zustimmung der Stände (Adel, Geistlichkeit, Bürgertum, zuweilen auch Bauernschaft).

In der **konstitutionellen M.** wurde er von der Verfassung (Konstitution) an die Mitsprache des Parlaments gebunden, v.a. bei der Gesetzgebung und der Verfügung über die staatlichen Finanzen. Die ↑Prärogative sicherte ihm jedoch seinen Vorrang vor anderen Organen. Aus der konstitutionellen M. ging die **parlamentarische M.** hervor, bei der der Monarch sogar das Recht verlor, die Mitglieder seiner Regierung selbst zu bestimmen; die Regierung ist dem Parlament vielmehr verantwortlich und ist i.d.R. von ihm abrufbar. In den heutigen parlamentarischen M. in Europa (Großbritannien und Nordirland, Belgien, Dänemark, Norwegen, Niederlande, Schweden) haben die Monarchen nur

M

noch eine repräsentative Funktion und wirken als neutrales, über den Parteiinteressen stehendes Staatsoberhaupt ausgleichend nach innen.

Monetarismus: wirtschaftstheoretisches und wirtschaftspolitisches Modell, wonach die staatliche Geldpolitik (d.h. die Bestimmung der im Umlauf befindlichen Geldmenge) das wichtigste Instrument zur Steuerung der volkswirtschaftlichen Entwicklung ist.

Der M. wurde als Gegenentwurf zum ↑Keynesianismus u.a. von MILTON FRIEDMAN (*1912) und KARL BRUNNER (1916–89) entwickelt. Grundlage bildet die Vorstellung, dass konjunkturelle Schwankungen bei freiem Wettbewerb durch die Selbstheilungskräfte des Marktes ausgeglichen werden; staatliche Eingriffe sollen sich daher auf eine Geldpolitik beschränken, die einer Inflation durch Verringerung der im Umlauf befindlichen Geldmenge entgegenwirkt. In der praktischen Umsetzung wird dabei nach der These von einer nicht zu verringernden »natürlichen Arbeitslosenquote« auch auf eine Vollbeschäftigungspolitik verzichtet.

Der M. hat in Konzepten einer ↑angebotsorientierten Wirtschaftspolitik seinen Niederschlag gefunden; neben der Geldmengensteuerung stehen dabei die Stärkung des privaten Sektors und der Abbau konjunktur- und wirtschaftspolitischer Maßnahmen (↑Deregulierung) im Mittelpunkt.

monokratisches Prinzip: ↑Bürokratie.

Montanmitbestimmung: ↑Mitbestimmung.

Montanunion: ↑Europäische Union.

Moskauer Vertrag: ↑Ostverträge.

Müll: ↑Abfallentsorgung.

multikulturelle Gesellschaft: ↑Gesellschaft.

multilateral [lat. »vielseitig«]: im Gegensatz zu ↑bilateral alle Beziehungen zwischen mehr als zwei Partnern.

Multimedia: Medienanwendungen, bei denen digitalisierte Bilder, Töne und sonstige Daten zusammengeführt werden, sodass sie gleichzeitig verfügbar sind und der Benutzer Einfluss auf deren Abfolge hat; Bilder (»Video«), Töne (»Audio«) und »Daten« sind dabei als Einzelmedien zu betrachten, bei Kombination von zweien oder dreien spricht man von M. Je nach Einsatzbereich der Multimediaangebote lassen sich (lokale, nicht verteilte) Offlineanwendungen (z.B. CD-ROM) und (netzgestützte, verteilte) Onlineanwendungen (z.B. im ↑Internet) unterscheiden. Onlineanwendungen können entweder der Verteilung bestimmter Güter dienen (Distributionsmultimedia, z.B. Electronic Commerce, Teleshopping, Video-on-Demand, Pay-per-View) oder die Interaktion zwischen Teilnehmern ermöglichen (Komunikationsmultimedia, z.B. Bildtelefon, Video- und Computerkonferenzen).

Rechtliche Grundlagen bilden der am 1.8.1997 in Kraft getretene **Mediendienstestaatsvertrag** der Länder sowie das Informations- und Kommunikationsdienstegesetz (Abk. IuKDG) des Bundes vom 22.7.1997 **(Multimediagesetz).** Im Mediendienstestaatsvertrag einigten sich die Länder auf einheitliche Rahmenbedingungen für Angebot und Nutzung von Mediendiensten in Text, Ton oder Bild, die sich an die Allgemeinheit richten; er regelt u.a. Rechte und Pflichten der Anbieter, ↑Datenschutz und behördliche Aufsicht. Die Bestimmungen des Multimediagesetzes betreffen u.a. Angebot und Nutzung elektronischer Informations- und Kommunikationsdienste, wie Onlinebanking, Datendienste, Angebote zur Nutzung des Internets. Zu seinen Rahmenbedingungen gehören u.a. das Prinzip der uneingeschränkten Zugangsfreiheit zu den Diensten, die Verantwortlichkeit der Betreiber für selbst erstellte Inhalte sowie die Rechtsverbindlichkeit der digitalen Signatur. Die Regelungen des Mediendienstestaatsvertrags haben Vorrang vor den Bestimmungen des Multimediagesetzes.

Multiplikator [von lat. multiplicare »vervielfältigen«]: in der Soziologie Person, Gegenstand oder Einrichtung, die eine Verbreitung von Kenntnissen oder Meinungen anstreben, bewirken oder an ihr beteiligt sind (z.B. Lehrer, ↑Massenmedien, Bibliotheken).

Musterung: Verfahren zur Feststellung der Wehrdienstfähigkeit ungedienter Wehrpflichtiger, bei dem die geistige und körperliche Tauglichkeit untersucht wird. In Deutschland obliegt die M. den Kreiswehrersatzämtern.

Mutterrecht: Begriff aus der Völkerkunde; er dient zur Bezeichnung der Abstammung und Erbfolge in Sozialverbänden, in denen die Kinder der Verwandtschaftsgruppe der Mutter zugerechnet werden und mit ihrem biologischen Vater als nicht verwandt gelten **(matrilineare Abstammung).** Solche mutterrechtlichen Organisationsformen sind unter den ursprünglichen Bevölkerungen Ozeaniens, Afrikas und Amerikas verbreitet.

Mutterschutz: Maßnahmen zum Schutz der in einem Arbeitsverhältnis stehenden Frau während der Schwangerschaft und nach der Entbindung. Das Mutterschutzgesetz (gültig in der Fassung vom 17. 1. 1997) enthält u.a. ein Beschäftigungsverbot für sechs Wochen vor und acht (bei Früh- und Mehrlingsgeburten zwölf) Wochen nach der Entbindung sowie einen besonderen Kündigungsschutz.

N

nachfrageorientierte Wirtschaftspolitik: volkswirtschaftlicher Ansatz mit dem Ziel, die Steuerung der Wirtschaftsentwicklung durch Beeinflussung der gesamtwirtschaftlichen Nachfrage zu erreichen. Zur speziellen ↑Wirtschaftspolitik in diesem Zusammenhang gehören z.B. die Verhängung bzw. Aufhebung von Zöllen sowie die Erhöhung oder Senkung von Steuern.

nachhaltige Entwicklung (sustainable development): ökonomische, soziale und ökologische Entwicklung, die weltweit die Bedürfnisse der gegenwärtigen Generation befriedigt, ohne die Lebenschancen künftiger Generationen zu gefährden: Seit der UN-Konferenz über Umwelt und Entwicklung in Rio de Janeiro 1992 spielt die n. E. in der ↑Entwicklungspolitik und im ↑Umweltschutz eine herausragende Rolle. Sie soll die wechselseitigen Abhängigkeiten der ökonomischen, sozialen und ökologischen Entwicklungen einbeziehen (dauerhaft umweltgerechte Entwicklung), wobei die besondere Bedeutung der Natur für dieses Konzept wesentlich ist. Nachhaltigkeit betont qualitatives Wachstum und umfasst einen sozialen Wandlungsprozess, der zu neuen Wertvorstellungen und Konsumgewohnheiten führen soll.

nachindustrielle Gesellschaft: ↑postindustrielle Gesellschaft.

Nachrichtenagentur: publizistisches Unternehmen, das Nachrichten sammelt und gegen Entgelt oder aufgrund von Rechten durch Beteiligungen an Dritte vermittelt (Einrichtungen im Bereich Presse, Film, Rundfunk, Unternehmen, Verbände, Regierungsstellen). N. existieren als Staatsunternehmen oder als von Medienunternehmen getragene, genossenschaftliche und private Einrichtungen. Eine der führenden N. ist die Deutsche Presse-Agentur GmbH (dpa), deren Gesellschafter Presseverlage und Rundfunkanstalten sind.

Nachrichtendienst: Bezeichnung für einen staatlichen ↑Geheimdienst zur Beschaffung vorwiegend geheimer Informationen militärischer, politischer, wirtschaftlicher und wissenschaftlicher Natur im Rahmen der Spionage, zur Sabotage sowie zur Spionage- und Sabotageabwehr; unterschieden werden politische und militärische Nachrichtendienste.

Die deutschen N. sind **Bundesnachrichtendienst (BND,** Pullach; deut-

N

scher Auslandsgeheimdienst), **Verfassungsschutz** (darunter das **Bundesamt für Verfassungsschutz,** Köln, als Bundesoberbehörde des Bundesministers des Innern) und **Militärischer Abschirmdienst (MAD).** Sie unterliegen der Überwachung durch die ↑parlamentarische Kontrollkommission.

Nachtragshaushalt: Änderung eines schon verabschiedeten Haushaltsgesetzes oder -plans, wenn während einer Haushaltsperiode wesentlich höhere Ausgaben als im ↑Haushaltsplan ursprünglich vorgesehen entstehen. Der N. wird im Rahmen des üblichen Gesetzgebungsverfahrens beschlossen.

NAFTA: ↑Nordamerikanische Freihandelszone.

Nahostkonflikt: Nach der Unterzeichnung des ägyptisch-israelischen Friedensvertrages am 26. 3. 1979 in Washington reichten sich der ägyptische Präsident Mohammed Anwar as-Sadat (l.), der israelische Ministerpräsident Menachem Begin (r.) und der US-amerikanische Präsident Jimmy Carter die Hände.

Nahostkonflikt: Konflikt zwischen Israel und seinen arabischen Nachbarstaaten sowie der ↑Palästinensischen Befreiungsorganisation (PLO) um die staatliche Gestaltung des früheren britischen Mandatsgebietes Palästina, verbunden mit regionalen und weltpolitischen Interessenverflechtungen. Mit unterschiedlicher Intensität sind alle arabischen Staaten im N. engagiert. Der N. entstand mit dem Rückzug Großbritanniens aus Palästina (15. 5. 1948) und der Proklamation des Staates Israel (14. 5. 1949).

Zu ersten blutigen Konflikten zwischen arabischen Palästinensern und jüdischer Bevölkerung kam es schon vor dem Ersten Weltkrieg wegen zunehmender Einwanderung von europäischen Juden in das zum Osmanischen Reich gehörende Palästina. Diese Auseinandersetzungen hielten auch nach der Bildung des britischen Mandatsgebietes Palästina 1916 an. Am 29. 11. 1947 beschlossen die UN die Teilung des Mandatsgebietes in einen jüdischen und einen palästinensisch-arabischen Staat. Die Palästinenser lehnten diesen Plan ab. Im ersten israelisch-arabischen Krieg (**Palästinakrieg;** 15. 5. 1948 bis 15. 1. 1949) setzten sich die Israelis gegen verschiedene arabische Armeen durch und behaupteten und sicherten sich ein Staatsgebiet, das größer war als es der UN-Plan vorsah.

Nach 1949 kam es zu vier weiteren israelisch-arabischen Kriegen: 1) **Sinaifeldzug** (29. 10. bis 8. 11. 1956): Besetzung der Sinaihalbinsel und des Gazastreifens durch Israel mit Unterstützung von Frankreich und Großbritannien (von USA und UdSSR zum Rückzug gezwungen); 2) **Sechstagekrieg** (5.–10. 6. 1967): Präventivkrieg Israels gegen Ägypten, Jordanien, Syrien mit Besetzung des Sinai, Westjordaniens, Ost-Jerusalems, des Gazastreifens und der Golanhöhen; 3) **Jom-Kippur-Krieg** (6.–22./25. 10. 1973): Verluste Israels nach Angriff durch Ägypten und Syrien; die US-Vermittlung führte zu Truppenentflechtung und 1975 zur Eröffnung des seit 1967 gesperrten Suezkanals; 4) **Libanonfeldzug** (Juni 1982):

Der Einmarsch israelischer Truppen als Reaktion auf Überfälle von Palästinensern auf israelisches Gebiet vom Territorium des Libanons aus führte zur Vertreibung der PLO (Teilrückzug Israels seit 1985). 1987 brach in den besetzten Gebieten ein Aufstand los (↑ Intifada).

Ab 1973 brachten internationale Verhandlungen zwar deutliche Fortschritte (v.a. ab 1993 Errichtung der ↑ palästinensischen Autonomiegebiete und Friedensvertrag mit Jordanien), aber noch keine Lösung des N.: u.a. Genfer Nahostkonferenz (1973); Camp David (USA, 1978) und ägyptisch-israelischer Separatfriedensvertrag (1979), die bis 1982 zur Räumung des Sinai durch Israel führten; die Madrider Nahostfriedenskonferenz 1991/92 und das Abkommen von Wye (USA, 1998). Als Kernfragen des N. erwiesen sich die israelische Siedlungspolitik (Ansiedlung von jüdischen Siedlern in den besetzten Gebieten) und der Status von Ost-Jerusalem, das von beiden Seiten beansprucht wird; daran scheiterte auch die Konferenz zwischen Israel und den Palästinensern in Camp David (11.–25.07.2000). Im Oktober 2000 kam es zwischen Palästinensern und israelischen Arabern sowie israelischen Sicherheitskräften zu den schwersten Auseinandersetzungen seit der ↑ Intifada von 1987, was zu einer Verhärtung der Fronten führte.

Nation [von lat. natio »Geburt«, »Geschlecht«, »Art«, »Stamm«, »Volk« und von nasci »geboren werden«]: politische Gemeinschaft, die gekennzeichnet ist durch das Bewusstsein der politischen und/oder kulturellen Eigenständigkeit, durch das Bewusstsein einer als gemeinsam empfundenen Geschichte, Tradition, Religion, Kultur und Sprache oder eines gemeinsamen Wohngebietes sowie durch den Willen zur Zusammengehörigkeit. Seit dem 18. Jh. entwickelte sich die N. zu einem Kernbegriff des staatlich-politischen Denkens. Die westeuropäische (französische) Auffassung begreift seitdem Nation als eine historisch geformte Willensgemeinschaft, die in der Einheit des Staatswesens hervortritt **(Staatsnation).** In der Französischen Revolution verstand sich der dritte Stand als N., d.h. als legitimer Repräsentant der Bevölkerung; der Begriff war damit vorrangig eine innergesellschaftliche Abgrenzung.

Die Eigenart der deutschen Geschichte, die erst spät einen deutschen Nationalstaat hervorbrachte, hat sich in einer weniger eindeutigen Vorstellung von N. niedergeschlagen. Die deutschen Denker der klassischen und romantischen Epoche betonten die volkhaft-kulturelle, vorstaatliche N. **(Kulturnation).** Das Nationalstaatsprinzip beruht auf der Verbindung der Idee der N. mit den seit der Französischen Revolution lebendig gebliebenen politischen Grundsätzen der ↑ Volkssouveränität und der Selbstbestimmung.

Nationaldemokratische Partei Deutschlands:

◆ (NPD): 1964 gegründete Partei in der BRD, die aus der Fusion der Deutschen Reichspartei mit anderen kleineren rechtsorientierten Gruppen entstand. Die NPD wurde bald zum Sammelbecken rechtsradikaler und nationalistischer Kräfte. 1966–72 war die Partei zeitweilig in sieben westdeutschen Landesparlamenten vertreten. Die NPD bzw. ihre Jugendorganisation entwickelte sich zum Kristallisationspunkt rechtsextremistischer Gruppierungen und stand Ende der 1990er-Jahre im Verdacht, auch gewalttätige ↑ Skinheads und Neonazis zu unterstützen (↑ Rechtsextremismus), sodass die Bundesregierung Ende 2000 beschloss, beim Bundesverfassungsgericht einen Antrag auf ↑ Parteiverbot zu stellen.

◆ (NDPD): 1948 in der DDR gegründete ↑ Blockpartei, die bis 1990 bestand. Sie schloss sich im März 1990 dem Bund Freier Demokraten an und ging zusammen mit ihm in der ↑ Freien Demokratischen Partei auf.

N

Nationale Front:
- (N. F. der DDR): bis 1973 Nationale Front des Demokratischen Deutschland, gegründet 1949; umfasste unter der Führung der ↑Sozialistischen Einheitspartei Deutschlands alle Parteien (↑Blockparteien) und Massenorganisationen.
- (Front National): rechtsextreme Partei in ↑Frankreich.

Nationalflagge: ↑Bundesflagge.

Nationalhymne: patriotischer Gesang mit meist volkstümlicher Melodie; die N. wird als Ausdruck des National- und Staatsbewusstseins gesehen. Seit der Französischen Revolution, durch welche die ↑Nation zu einer zentralen politischen Idee wurde und die in der Marseillaise die erste massenwirksame N. hervorbrachte, entstanden N. in zahlreichen Staaten. N. werden bei feierlichen politischen und sportlichen Anlässen gespielt und gesungen.

Nationalisierung:
- das Überführen privater Produktionsmittel in Staatseigentum (↑Verstaatlichung).
- im Völkerrecht die Übernahme ausländischen Besitzes durch inländische Stellen.

Nationalismus: Strömung des politischen Denkens, in dessen Mittelpunkt der Begriff der ↑Nation und der souveräne Nationalstaat stehen. Zu den Merkmalen des N. zählen: 1) das Bewusstsein eines Anders- und Besondersseins v.a. aufgrund ethnischer, sprachlicher oder religiöser Einheit; 2) Gemeinsamkeit der soziokulturellen Einstellungen und historischen Erinnerungen; 3) Sendungsbewusstsein; 4) Streben nach historischer Legitimation der nationalen Idee.

Nationalbewusstsein und N. können soziale Großgruppen integrieren und voneinander abgrenzen, wobei der N. nach außen und nach innen militant auftreten kann. Der aggressive N., der die eigene Nation absolut setzt (↑Chauvinismus) und damit die Existenz anderer Nationen bedroht, war besonders für die Zeit zwischen den beiden Weltkriegen charakteristisch. Die nach 1945 in Europa als Folge v.a. der Weltkriegserfahrungen und der internationalen Bündnisbeziehungen zunächst relativierte politische Wirksamkeit des N. nahm seit 1989 v.a. durch die politischen Umbrüche in Ostmitteleuropa wieder zu. Der offene Ausbruch schwelender Nationalitätenfragen, die lange durch die kommunistischen Herrschaftssysteme und innerstaatliche Auswirkungen des ↑Ost-West-Konfliktes überlagert wurden, führten seit dem Zerfall der UdSSR und Jugoslawiens (1991) zu blutigen ethnischen Konflikten.

Nationalität: die Zugehörigkeit zu einer Nation. Die N. kann in Staaten mit verschiedenen N. zu Nationalitätenkonflikten führen; im Rechtssinn die Staatsangehörigkeit (↑Staatsbürgerschaft).

Nationalitätenkonflikt: ↑Bürgerkrieg.

Nationalitätenstaat: ↑Vielvölkerstaat.

National Missile Defense ['næʃənl'misail di'fenz, engl.]: ↑Raketenabwehr.

Nationalrat: ↑Österreich, ↑Schweiz.

Nationalsozialismus: völkisch-nationale, extrem chauvinistische, rassistische und antisemitische sowie antiparlamentarische Bewegung in der Weimarer Republik, die sich v.a. in der Nationalsozialistischen Deutschen Arbeiterpartei **(NSDAP)** unter der Führung von A. Hitler formierte. Die Machtübernahme durch die NSDAP am 30. 1. 1933 (Ernennung Hitlers zum Reichskanzler) führte zur Ausschaltung anderer Parteien und oppositioneller Kräfte, zum Aufbau der nationalsozialistischen Diktatur sowie zur Durchdringung aller gesellschaftlicher Bereiche mit nationalsozialistischen Vorstellungen (↑Totalitarismus); gestützt auf eine Rassenlehre verfolgte und terrorisierte sie Juden und andere Menschen und löste den Zweiten Weltkrieg aus.

Die geistigen Wurzeln des N. liegen im imperialistischen und rassistischen ↑Nationalismus (↑Rassismus) und dem Ende des 19. Jh. aufgekommenen ↑Antisemitismus. Seine Ausbreitung wurde begünstigt durch die tief greifende politi-

Nationalsozialismus: Kinder und Jugendliche wurden in der Hitler-Jugend, der Jugendorganisation der NSDAP, mit der nationalsozialistischen Ideologie vertraut gemacht. Seit 1939 bestand für die 10- bis 18-Jährigen Pflicht zur Mitgliedschaft.

sche, soziale und wirtschaftliche Erschütterung infolge des militärischen Zusammenbruchs des deutschen Kaiserreichs am Ende des Ersten Weltkriegs (Novemberrevolution, Errichtung der Republik, Aufstände, Inflation); der Versailler Vertrag (1919) wurde mit seinen rigorosen Entwaffnungsbestimmungen und der Festschreibung der alleinigen deutschen Kriegsschuld durch die ehemaligen Kriegsgegner als Demütigung empfunden. Ferner brachte die schwach ausgebildete demokratische Substanz der Weimarer Republik (»Demokratie ohne Demokraten«) sowie die wirtschaftliche Not der Bevölkerung (u.a. als Folge der Weltwirtschaftskrise zu Beginn der 1930er-Jahre) dem N. großen Zulauf.

Theorie und Praxis des N. gründeten auf der bedingungslosen Unterordnung unter einen nationalen Führer (↑Führerprinzip, ↑Faschismus), der Bekämpfung und physischen Vernichtung von Andersdenkenden und Minderheiten (↑Judenverfolgung) sowie auf der Unterwerfung der Völker Osteuropas. Großen Rückhalt verschafften der NSDAP auch Forderungen nach einer Revision des Versailler Vertrages, der Überwindung von Klassenunterschieden und der Bildung einer nationalen Volksgemeinschaft.

Nach der Besetzung Deutschlands durch die Alliierten, die der bedingungslosen Kapitulation der deutschen Wehrmacht 1945 folgte, wurden die NSDAP und ihre Organisationen verboten; nationalsozialistische Kriegsverbrecher wurden verurteilt. Durch Maßnahmen zur ↑Entnazifizierung sollten die Grundlagen für die Entstehung eines demokratischen Staates geschaffen werden.

Nationalstaat: Staat, dessen Bevölkerung ganz oder überwiegend zur selben ↑Nation gehört; im Unterschied zum homogenen N. leben in einem Nationalitätenstaat Angehörige verschiedener Nationen oder Volksgruppen (↑Vielvölkerstaat). Der N. ist eine der Zielvorstellungen des politischen ↑Nationalismus. In zahlreichen Ländern der Dritten Welt, in denen als Folge kolonialer Grenzziehungen zahlreiche unterschiedliche Volksgruppen, z.T. mit jeweils eigener Sprache, Kultur und Religion leben, wird versucht die überkommenen Unterschiede zugunsten einer neuen kollektiven Identität zu überwinden und einen N. zu schaffen, der nicht auf ethnischer Einheitlichkeit, sondern auf einer gemeinsamen politisch-ideologischen Grundlage aufbaut.

Nationalversammlung: in einigen Staaten, z.B. ↑Frankreich, Bezeichnung für die Volksvertretung (Parlament). Als N. wird v.a. die zur ↑Verfassungsgebung einberufene Volksvertretung bezeichnet

N

(z.B. die Frankfurter N. 1848 und die Weimarer N. 1919).

NATO, Abk. für engl. **N**orth **A**tlantic **T**reaty **O**rganization (Nordatlantikpakt): Verteidigungsbündnis auf der Grundlage des am 4. 4. 1949 geschlossenen Nordatlantikvertrages (Sitz: Brüssel); Gründungsmitglieder sind Belgien, Dänemark, Frankreich, Großbritannien, Island, Italien, Kanada, Luxemburg, die Niederlande, Norwegen, Portugal und die USA. Später kamen hinzu: 1952 Griechenland und Türkei; 1955 BRD; 1982 Spanien; 1999 Polen, Ungarn und Tschechische Republik. Island unterhält als einziger Bündnispartner keine Streitkräfte.

NATO: US-Präsident Bill Clinton unterzeichnete am 11. 2. 1998 im Beisein von Vizepräsident Al Gore (r.) das Protokoll für die NATO-Osterweiterung. Polen, die Tschechische Republik und Ungarn traten der Allianz im März 1999 formell bei.

Zielsetzung: Der Nordatlantikvertrag bekräftigt in der Präambel die Ziele und Grundsätze der UN-Satzung sowie den Wunsch, mit allen Völkern und Regierungen in Frieden zu leben. In Art. 1 verpflichten sich die Unterzeichner, bei Konflikten untereinander den friedlichen Ausgleich zu suchen. Art. 2 legt die politische und wirtschaftliche Zusammenarbeit fest, Art. 4 die Konsultationspflicht. Nach Art. 5 bedeutet ein bewaffneter Angriff auf ein oder mehrere Mitgliedsländer einen Angriff gegen alle Mitglieder; eine automatische Beistandspflicht besteht jedoch nicht. Das Vertragsgebiet nach Art. 6 umfasst die Hoheitsgebiete der Vertragspartner sowie die der Gebietshoheit eines Mitgliedstaates unterstehenden Inseln im nordatlantischen Gebiet nördlich des Wendekreises des Krebses. Die Festlegung in Art. 6 besagt nicht, dass nicht auch Ereignisse außerhalb des Vertragsgebietes (out of area) Thema der Konsultationen im Bündnis sein können, wenn die politische Gesamtlage Auswirkungen auf die Sicherheitslage des Bündnisses hat.

Entwicklung: Das Grundkonzept der NATO war seit ihrer Gründung, abschreckend und kriegsverhindernd zu wirken (auch Drohung mit dem abgestuften Einsatz atomarer Waffen; ↑Nuklearstrategie) und ein Gegengewicht zu den Streitkräften des ↑Warschauer Paktes zu bilden. Vor dem Hintergrund eines politischen und militärischen Gleichgewichts im ↑Ost-West-Konflikt versuchte die NATO ab Ende der 1960er-Jahre den Weg zu beidseitiger ↑Abrüstung zu ebnen. Eine politische Belastung nach innen und außen bildete 1979 der **NATO-Doppelbeschluss** über die Aufstellung neuer bodengestützter atomarer Mittelstreckenwaffen als Reaktion auf die Stationierung gleichartiger Waffen durch die UdSSR (SS-20) mit dem gleichzeitigen Angebot, über den Abbau dieser Waffen zu verhandeln. Nach Ende des Ost-West-Konflikts bekannten sich beide Militärbündnisse 1990 gemeinsam zu freiheitlichen und demokratischen Prinzipien bei der Schaffung einer europäischen Friedensordnung. Nach Auflösung des Warschauer Pakts 1991 verschwand die konkrete militärische

Bedrohung und die NATO-Strategie verlagerte sich in Richtung vorausschauende Konfliktverhütung sowie internationale Krisenbewältigung und ↑Friedenssicherung. Die ehemaligen Ostblockstaaten wurden in institutionellem Rahmen (**NATO-Kooperationsrat** ab 1991, **NATO-Russland-Rat** ab 1997) und mit dem Programm **Partnerschaft für Frieden** (ab 1994; ab 1997 **Euro-Atlantischer Partnerschaftsrat**) auf unterschiedlichen Ebenen und in unterschiedlicher Intensität zur politischen und militärischen Zusammenarbeit gewonnen. 1997 beschloss die NATO, abgestimmt mit der ↑EU-Erweiterung, das Bündnisgebiet in mehreren Schritten nach Osten zu erweitern. Ab 1992 trat die NATO mit steigendem militärischem Engagement außerhalb des Bündnisgebiets, in den Staaten des ehemaligen Jugoslawien, auf; ab 1995 bildete sie in Bosnien und Herzegowina den Kern der multinationalen Friedenstruppen IFOR und SFOR (↑Stabilization Force). In den ↑Kosovo-Konflikt griff die NATO 1999 mit mehrmonatigen Luftangriffen ein und beteiligte sich maßgeblich an der internationalen Ordnungsstreitmacht KFOR.

Organisation: Die NATO ist eine zwischenstaatliche Organisation ohne Hoheitsrechte, in der die Mitglieder ihre volle Souveränität behalten. Auf der Grundlage des Art. 9 wurde eine ständige politische und militärische Organisation des Bündnisses errichtet. Oberstes Gremium ist der aus Vertretern der Mitgliedstaaten bestehende **NATO-Rat.** Bei Entscheidungsfindung und Beschlussfassung gilt das Prinzip der Einstimmigkeit. Die Verteidigungsminister bilden den gleichrangigen **Ausschuss für Verteidigungsplanung (DPC),** höchstes Beratungsgremium in nuklearen Fragen ist die **Nukleare Planungsgruppe.** Die höchste militärische Instanz bildet der **Militärausschuss** mit den Stabschefs der Mitgliedsländer. An der Spitze des Generalsekretariats steht der **Generalsekretär** als politische Schalt- und Koordinierungsstelle.

Naturrecht: Bezeichnung für Rechtsgrundsätze, die über den staatlichen Normen (positives ↑Recht) stehen; das N. wird abgeleitet aus Annahmen über die allgemeine Natur des Menschen (z.B. seiner Bestimmung zur Freiheit, ↑Menschenrechte) bzw. aus einer ihm generell innewohnenden Vernunft **(Vernunftrecht)** oder dem Willen Gottes. Da sich die Ansichten über die natürlichen Rechte des Menschen wandeln, wird das N. häufig unterschiedlich ausgelegt und kann sowohl zur Rechtfertigung als auch zur Kritik bestehender Verhältnisse dienen.

In Deutschland stellte sich die Frage nach Bindung der staatlichen Gewalt an überpositives Recht v.a. im Zusammenhang mit dem Unrechtsregime der Nationalsozialisten. Im Art. 1 GG wurde deshalb die staatliche Gewalt ausdrücklich an unveräußerliche Rechtsprinzipien (↑Grundrechte) gebunden.

Naturschutz: Gesamtheit der Maßnahmen zur Erhaltung und Pflege von Naturlandschaften oder naturnahen Kulturlandschaften und Naturdenkmälern von seltenen und in ihrem Bestand gefährdeten Pflanzen- und Tierarten sowie deren Lebensräumen und ihr Schutz vor Zivilisationsschäden.

Die Rechtsgrundlage des N. bildet das Gesetz über Naturschutz und Landschaftspflege in der Fassung vom 21. 9. 1998, das als Rahmengesetz durch Landesrecht konkretisiert wird (einige im Gesetz bezeichnete Vorschriften gelten unmittelbar). Erfordernisse und Maßnahmen zur Verwirklichung von N. und Landschaftspflege werden unter Beachtung der Ziele der ↑Raumordnung und Landesplanung in einem Landschaftsprogramm (für ein Land) und in Rahmenplänen (für Teile eines Landes) dargestellt. Dem Schutz wild lebender Tiere und Pflanzen dient die

Bundesartenschutzverordnung (↑Artenschutz).

Es gibt verschiedene Arten von Schutzgebieten, z.B. **Naturschutzgebiete** (Schutz von Natur und Landschaft und von wild lebenden Pflanzen- und Tierarten), **Nationalparks** (Schutz eines artenreichen heimischen Tier- und Pflanzenbestandes), **Landschaftsschutzgebiete** (weniger geschützt als Naturschutzgebiete, z.B. ist landwirtschaftliche Nutzung im bisherigen Umfang erlaubt), **Naturparks** (dienen der Erholung und dem Fremdenverkehr).

Negativsteuer (Bürgersteuer): negative ↑Einkommensteuer in Form von staatlichen Zahlungen an Personen, deren Arbeitseinkommen das ↑Existenzminimum oder einen gesetzlich festgelegten Mindestlohn nicht erreicht. Bei steigendem Einkommen sinkt die Zuschusszahlung entsprechend bis zum Erreichen der Einkommensgrenze. Die N. stellt den Versuch dar, ein Konzept für einen Weg aus der Arbeitslosigkeit oder der Sozialhilfe zu entwickeln. Für Unternehmen böte sich durch die N. die Möglichkeit, niedrig bezahlte Arbeitsplätze einzurichten, die ansonsten nicht entstehen würden.

Neofaschismus: im engeren Sinn die von Anhängern des ↑Faschismus getragene politische Bewegung in Italien nach dem Zweiten Weltkrieg (Movimento Sociale Italiano, MSI; ab 1995 Nationale Allianz, AN); im weiteren Sinn Bezeichnung für rechtsextreme Bewegungen und Parteien (↑Rechtsextremismus), sofern sie an die Programmatik, Symbolik und die Aktionsformen des Faschismus und ↑Nationalsozialismus anknüpfen.

Neogaullismus [-go:l-]: ↑Gaullismus.

Neoimperialismus: ↑Imperialismus.

Neokolonialismus: kritischer, oft polemisch gebrauchter Begriff für die Politik der Industrieländer gegenüber ↑Entwicklungsländern. N. ist der Versuch auch nach der Beendigung der direkten Kolonialherrschaft (↑Kolonialismus), die wirtschaftliche und auf indirektem Wege die politische Abhängigkeit aufrecht zu erhalten. Als N. werden auch die durch die Verschuldung (↑Schuldenkrise) der Entwicklungsländer entstandenen Abhängigkeiten bezeichnet.

Neoliberalismus: nach 1945 entwickelte wirtschaftspolitische und sozialphilosophische Theorie; Vertreter des N. fordern eine marktwirtschaftlich organisierte Wirtschaftsordnung (↑Liberalismus) und billigen staatliche Eingriffe nur, wenn diese der Sicherung des freien Wettbewerbs dienen. In dem in Deutschland einflussreichen ↑Ordoliberalismus, einer Variante des N., kommt dem Staat daneben auch die Aufgabe zu, Konjunkturschwankungen auszugleichen und soziale Sicherheit zu gewährleisten (↑soziale Marktwirtschaft). Im Sinn von ungehindertem Spiel der Marktkräfte zulasten gesellschaftlich-wirtschaftlich Schwächerer wird der Begriff von seinen Kritikern verwendet.

Neomarxismus: ↑Marxismus.

Neonazis: ↑Rechtsextremismus.

neue Armut: ↑Armut.

neue Bundesländer: ↑Deutschland.

Neue Rechte: etwa 1968 in Frankreich entstandene politische Strömung, die sich gegen das Gleichheitspostulat und die Verbindlichkeit universaler Menschenrechte wendet. Der Humanismus der Marxisten, Christen und Liberalen wird abgelehnt. Sie fordert eine Gesellschaft, in der die Fähigsten herrschen sollen. Die Grenze zum Neokonservatismus und ↑Rechtsextremismus ist fließend. Verschiedene Parteien (Front National in Frankreich, Republikaner und NPD in Deutschland) greifen Ideen der N. R. auf, indem sie einen »Schlussstrich« unter die historische Erfahrung mit dem Nationalsozialismus ziehen und v.a. nationalistische und fremdenfeindliche Themen hervorheben.

Neugliederung des Bundesgebietes: die in Art. 29 Abs. 1 GG verankerte Möglichkeit, das Gebiet der BRD neu zu gliedern. Sie soll unter Berücksichtigung landsmannschaftlicher Verbundenheit, historisch-kultureller Zusammenhänge, wirtschaftlicher Zweckmäßigkeit und der Erfordernisse der ↑Raumordnung erfolgen und Länder schaffen, die nach Größe und Leistungsfähigkeit ihre Aufgaben wirksam erfüllen können. Die N. d. B. erscheint im Hinblick auf die Regionalisierung Europas nicht mehr vorrangig.

Neutralisierung: die einseitig erklärte oder vertraglich zugesicherte Verpflichtung eines Staates zur Neutralität oder zur ↑Entmilitarisierung. Die N. kleinerer Staaten (sog. »Pufferstaaten«) kann der Verhinderung eines militärischen Angriffs dienen, indem sie die Interessengebiete rivalisierender größerer Mächte trennt. Durch N. bzw. Entmilitarisierung bestimmter Zonen innerhalb eines Staates sollen militärische Auseinandersetzungen in dem jeweiligen Gebiet verhindert werden.

Neutralität: Bezeichnung für eine unparteiische Haltung, die die Einmischung in Angelegenheiten anderer ablehnt.

◆ im *Staatsrecht* der Grundsatz der Nichteinmischung des Staates in bestimmte Angelegenheiten seiner Bürger (↑Grundrechte);

◆ im *Völkerrecht* der Zustand der Unparteilichkeit eines Staates in bewaffneten Auseinandersetzungen zwischen anderen Staaten oder den Krieg führenden Parteien eines anderen Staates. Die N. eines Staates umfasst: 1) Das Prinzip der Achtung der territorialen Souveränität des neutralen Staates; 2) die Gleichbehandlung der Krieg führenden Parteien durch den neutralen Staat; 3) das Verbot der Waffenhilfe, der Truppenentsendung oder Lieferung von Kriegsmaterial durch die neutralen Staaten an die Krieg führenden Parteien.

NGO: ↑Non Governmental Organization.

nichteheliche Lebensgemeinschaft (eheähnliche Gemeinschaft): meist auf Dauer angelegtes Zusammenleben von Mann und Frau ohne formelle Eheschließung. Nach der Rechtsprechung ist die n. L. gekennzeichnet durch die familienähnliche innere Bindung der Partner, also durch eine über die Wohn- und Wirtschaftsgemeinschaft hinausgehende gemeinsame Planung und Gestaltung der Lebensführung. In Deutschland haben n. L. nicht die gleichen rechtlichen Wirkungen wie die ↑Ehe. Es entstehen keine Ansprüche bei Unterhalt, Versorgungsausgleich, Erbe. Anfang 1999 existierten in Deutschland 2,1 Mio. n. L. Eine Verbesserung ihrer rechtlichen und sozialen Stellung wird (auch für gleichgeschlechtliche n. L.) im Rahmen vorliegender Gesetzentwürfe diskutiert.

Nichteinmischung: völkerrechtlicher Grundsatz, mit dem die Einmischung fremder Mächte in die inneren Belange eines Staates abgelehnt wird. Er gilt auch für die UN, mit Ausnahme von ordnungsgemäß beschlossenen Maßnahmen bei Bedrohung des Friedens, bei Friedensbrüchen und Angriffshandlungen (↑Selbstbestimmungsrecht,↑Souveränität).

Nichtregierungsorganisation: ↑Non Governmental Organization.

Nichtsesshafte: ↑Obdachlose.

nichttarifäre Handelshemmnisse: Eingriffe in den internationalen Handel, die Ausmaß, Struktur und Richtung der Handelsströme im Gegensatz zum ungehinderten Handelsverkehr (↑Freihandel) verzerren. Es gibt preisbezogene und mengenbeschränkende n. H. wie Einfuhrzuschläge, Einfuhr- und Ausfuhrverbote, Einfuhr- und Ausfuhrkontingente, Mindestpreise, internationale ↑Kartelle. Die Beseitigung der n. H. ist Aufgabe der ↑World Trade Organization.

Nichtwähler: Wahlberechtigte, die an einer Wahl nicht teilnehmen. Gründe dafür können u.a. sein: grundsätzliche Ablehnung des gegebenen parlamentarischen Systems, Ablehnung des zur Wahl stehenden Parteienspektrums,

N

Ablehnung der Politik der bisher gewählten Partei, allgemeine Unzufriedenheit mit den gegebenen Zuständen als Basis für eine politisch eher indifferente Haltung (↑ Politikverdrossenheit). Seit dem Ende der 1980er-Jahre nahm die Gruppe der N. stetig zu. Unter ihnen sind jüngere Menschen und Personen aus unteren sozialen Schichten besonders stark vertreten.

Niederlassungsfreiheit: als Bestandteil der ↑ Freizügigkeit das Grundrecht jedes Deutschen, sich an jedem beliebigen Ort in Deutschland niederzulassen, Grundeigentum zu erwerben oder ein Gewerbe zu betreiben (Art. 11 GG). Das EU-Recht gewährt Bürgern eines EU-Staates die N. in anderen EU-Staaten.

Niedersachsen

Ministerpräsident	Amtszeit
Hinrich Wilhelm Kopf (SPD)	1946–55
Heinrich Hellwege (DP)	1955–59
Hinrich Wilhelm Kopf (SPD)	1959–61
Georg Diederichs (SPD)	1961–70
Alfred Kubel (SPD)	1970–76
Ernst Albrecht (SPD)	1976–90
Gerhard Schröder (SPD)	1990–98
Gerhard Glogowski (SPD)	1998/99
Sigmar Gabriel (SPD)	seit 1999

Niedersachsen: deutsches Bundesland mit einer Fläche von 47 613 km² und 7,88 Mio. Einwohnern (1999); Hauptstadt: Hannover.

Verfassung: Die Vorläufige Landesverfassung vom 13. 4. 1951 wurde nach der deutschen Vereinigung vom Landtag am 13. 5. 1993 in die Niedersächsische Landesverfassung umgewandelt. Die gesetzgebende Gewalt liegt beim Landtag (157 Mitglieder, für fünf Jahre gewählt). Die Landesregierung besteht aus dem Ministerpräsidenten, der vom Landtag gewählt wird, und den vom Ministerpräsidenten ernannten Ministern. Die gesamte Landesregierung muss vom Parlament bestätigt werden.

Verwaltung: N. gliedert sich in vier Regierungsbezirke (Braunschweig, Hannover, Lüneburg, Weser-Ems) mit insgesamt 38 Landkreisen und 1 026 Städten und Gemeinden; neun Städte sind kreisfrei.

Geschichte: N. wurde durch die britische Militärregierung am 1. 11. 1946 aus der preußischen Provinz Hannover und den Ländern Braunschweig, Oldenburg und Schaumburg-Lippe gebildet. 1947 kamen Teile des Landes Bremen hinzu. 1947–74 war die SPD stärkste Partei im Landtag (1970–74 absolute Mehrheit), 1977–78 und 1982–86 die CDU (seit 1982 absolute Mehrheit). Ab 1990 stellte erneut die SPD die Regierung (zunächst Koalition mit Bündnis 90/Die Grünen; seit 1998 hat sie die absolute Mehrheit).

www.niedersachsen.de

NMD: ↑ Raketenabwehr.

Non Governmental Organization [nɔn gʌvən'mentl ɔrgənai'zeiʃən, engl.], Abk. NGO (Nichtregierungsorganisation): Bezeichnung für die privaten Träger der ↑ Entwicklungshilfe; in Deutschland gibt es über 200 NGO, darunter Kirchen und politische Stiftungen. 85 Organisationen sind im Verband Entwicklungspolitik deutsche Nichtregierungsorganisationen e. V. seit 1995 zusammengeschlossen.

Nonproliferation: Bezeichnung für die Nichtverbreitung von Kernwaffen; Ziel des ↑ Atomwaffensperrvertrags.

Nordamerikanische Freihandelszone (engl. **N**orth **A**merican **F**ree-**T**rade **A**rea, Abk. NAFTA): Freihandelszone zwischen den USA, Kanada und Mexiko, die seit dem 1. 1. 1994 durch das Nordamerikanische Freihandelsabkommen (unterzeichnet am 18. 12. 1992) besteht; Grundlage bildete das Freihandelsabkommen zwischen Kanada und den USA von 1988. Durch Bildung der NAFTA wurden Handelshemmnisse (z.B. Zölle, Einfuhrgrenzen) für den Waren- und Dienstleistungsverkehr zwischen den Mitgliedstaaten für eine Dauer von 15 Jahre abgeschafft.

Nordatlantikpakt: ↑NATO.

Norddeutsche Ratsverfassung: ↑Gemeindeverfassung.

Nordirlandkonflikt: der Konflikt um den zu Großbritannien gehörenden Teil der irischen Insel.

Die Herrschaft der Briten im mehrheitlich von Katholiken bewohnten Irland wurde mit der Errichtung des Irischen Freistaats 1921 beendet. Allerdings waren die überwiegend protestantischen sechs nördlichen Grafschaften (Ulster) 1920 von dem späteren, 1937 gebildeten unabhängigen Staat Irland (Eire, ab 1949 Republik) abgetrennt worden. Nordirland erhielt im Rahmen der Union mit Großbritannien Autonomie. Wichtigste gesellschaftliche und politische Kraft waren die für eine enge Bindung an Großbritannien eintretenden Protestanten, die Regierung, Parlament, Polizei und Verwaltungsapparat dominierten; die sozial und wirtschaftlich benachteiligte katholische Minderheit dagegen favorisierte eine Vereinigung mit der Republik Irland. In den 1960er-Jahren organisierten katholische Bürgerrechtsorganisationen Massenaktionen, um grundlegende Reformen für eine Durchsetzung der Gleichberechtigung durchzusetzen. Die Fronten verhärteten sich, und es kam zu blutigen Zusammenstößen, die 1969 zur Entsendung von Militär durch die britische Regierung und 1972 zur Aufhebung der nordirischen Autonomie führten. Gegen britisches Militär, Polizei und extremistische Protestanten stand die bis Ende der 1960er-Jahre bedeutungslose Irish Republican Army (↑IRA). Sie weitete ihre Terroraktionen nach Großbritannien und auf das europäische Festland aus. Wiederholte Versuche, ein von beiden Konfliktparteien akzeptiertes nordirisches Parlament einzurichten, scheiterten. Am 10. 4. 1985 kam es zum Abschluss eines anglo-irischen Abkommens, das der Republik Irland Mitsprache in den Angelegenheiten Nordirlands einräumte. 1998 unterzeichneten Großbritannien, Irland und die sich im N. gegenüberstehenden protestantischen und katholischen Parteien ein Friedensabkommen, das 1999 zur Bil-

Niedersachsen

Landtagswahlen (Stimmenanteil in %)

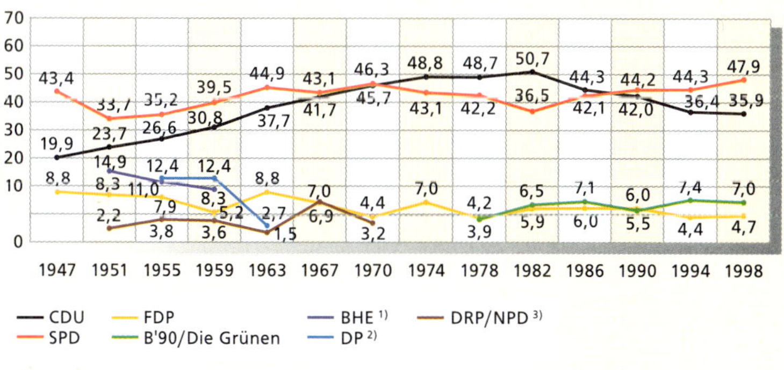

1) Bund der Heimatvertriebenen und Entrechteten
2) Deutsche Partei
3) Deutsche Reichspartei/Nationaldemokratische Partei Deutschlands, 1947 und nach 1970 unter 1% Stimmenanteil

N

dung einer nordirischen Regionalregierung führte. Zu ihren von der britischen Regierung übertragenen Aufgaben gehören alle Politikbereiche außer der Sicherheits-, Verteidigungs- und Außenpolitik.

Nordirlandkonflikt: Nach der Unterzeichnung des Friedensabkommens für Nordirland am 10.4.1998 in Belfast stellten sich der britische Premierminister Tony Blair (r.), der US-amerikanische Vermittler George Mitchell (Mitte) und der irische Premierminister Bertie Ahern den Fotografen.

Nordischer Rat: seit 1952 Beratungsorgan nordeuropäischer Staaten (Mitglieder 2000: Dänemark, Schweden, Norwegen, Island, Finnland) zur Vereinheitlichung der Gesetzgebung sowie zur wirtschaftlichen, ökologischen, sozialen und kulturellen Zusammenarbeit.

Nordrhein-Westfalen, Abk. NRW: bevölkerungsreichstes deutsches Bundesland mit einer Fläche von 34 080 km² und 17,86 Mio. Einwohnern (1999); Hauptstadt: Düsseldorf.

Verfassung: Nach der Verfassung vom 28.6.1950 liegt die gesetzgebende Gewalt beim Landtag (221 Abgeordnete, für fünf Jahre gewählt); er wählt den Ministerpräsidenten (Regierungschef), der seinerseits die Landesminister ernennt und entlässt, und kann ihn durch ein konstruktives Misstrauensvotum stürzen. Die Verfassung enthält einen Grundrechtekatalog und sieht die Möglichkeit des Eingriffs in die Gesetzgebung durch Volksbegehren und -entscheid vor.

Verwaltung: N.-W. ist in fünf Regierungsbezirke (Düsseldorf, Köln, Münster, Detmold, Arnsberg) gegliedert, die einer dreistufigen Landesverwaltung (obere, mittlere und kommunale Verwaltungsorgane) unterstehen; eine Besonderheit stellen die Kommunalverbände (z.B. die Landschaftsverbände Rheinland und Westfalen-Lippe) dar, die u.a. überregionale Aufgaben im Bereich der Kultur und der Landschaftspflege wahrnehmen. Die kommunale Verwaltung erfolgt seit 1993 nach dem Modell der Bürgermeisterverfassung (↑Gemeindeverfassung).

Geschichte: Das Land N.-W. wurde durch die britische Militärregierung am 23.8.1946 aus der preußischen Provinz Westfalen und dem nördlichen Teil der preußischen Rheinprovinz gebildet. Am 21.1.1947 wurde das Land Lippe-Detmold eingegliedert. CDU und SPD wechselten sich als stärkste Partei im Landtag ab; die CDU besaß 1958–62, die SPD 1980–95 die absolute Mehrheit im Landtag. Seit 1995 wird N.-W. durch eine rot-grüne Koalition regiert.

www.nrw.de

Nordrhein-Westfalen

Ministerpräsident	Amtszeit
Rudolf Amelunxen (parteilos)	1946/47
Karl Arnold (CDU)	1947–56
Fritz Steinhoff (SPD)	1956–58
Franz Meyers (CDU)	1958–66
Heinz Kühn (SPD)	1966–78
Johannes Rau (SPD)	1978–98
Wolfgang Clement (SPD)	seit 1998

Nord-Süd-Konflikt: Bezeichnung für den konflikthaften Gegensatz in der wirtschaftlichen, politischen und sozialen Entwicklung zwischen den Industriestaaten der nördlichen Erdhalbkugel und den ↑Entwicklungsländern Afrikas, Asiens und Lateinamerikas **(Nord-Süd-Gefälle);** der N.-S.-K. entstand nach dem Zweiten Weltkrieg, speziell im Gefolge der ↑Entkolonisation und v.a. als Konsequenz der Bevölkerungsexplosion, der Nahrungsmittelknappheit und der Ausbeutung der Ressourcen der Entwicklungsländer sowie der ungerechten Handelsbeziehungen. Seit den 1970er-Jahren bemühen sich die Staaten der Dritten Welt, im Rahmen des UN-Systems und auf zahlreichen Konferenzen um eine Entschärfung des N.-S.-K. **(Nord-Süd-Dialog).** Die 1977 gegründete **Nord-Süd-Kommission** (bestehend aus Vertetern von Industrie- und Entwicklungsländern), entwickelt Vorschläge über mögliche Änderungen der Handelsbeziehungen zur Schaffung einer gerechteren Weltwirtschaftsordnung. Trotz erster Erfolge (z.B. Lomé-Abkommen der ↑AKP-Staaten) bleibt der N.-S.-K. ein globales, sich verschärfendes Problem (↑Schuldenkrise). Mit dem Zusammenbruch der UdSSR und damit dem Wegfall der sog. »zweiten (sozialistischen) Welt« wurde deutlich erkennbar, dass auch das Pro-Kopf-Einkommen vieler Staaten Ostmitteleuropas sehr niedrig ist; ferner wird über neue Konzepte der Entwicklungshilfe beraten (↑nachhaltige Entwicklung).

Norm:

◆ *allgemein:* eine als verbindlich anerkannte Regel bzw. ein Maßstab des Handelns.

◆ *Gesellschaft:* Als **soziale N.** wird eine Verhaltensweise bezeichnet, die (z.B. aufgrund von ↑Sitten und Gebräuchen) in einer Gesellschaft erwartet wird und der man zu entsprechen hat, wenn keine ↑Sanktionen folgen sollen. Eine moralische N. ist eine ethische Handlungsorientierung, die der Einzelne als verbindlich erachtet.

◆ *Recht:* Unter einer **Rechtsnorm** wird eine Verhaltensregel verstanden, die von dazu berufenen Instanzen aufgestellt und für verbindlich erklärt wird (↑Gesetz, ↑Recht).

◆ *Technik:* ein allgemein gebräuchlicher, einheitlich festgelegter Standard (z.B. Maßeinheiten, **D**eutsche **I**ndustrie**n**orm, DIN).

Normalisierungsvertrag: ↑Ostverträge.

normativ-ontologische Theorie: in der Politikwissenschaft Bezeichnung für eine wissenschaftliche Richtung, die bei der Beschreibung von Merkmalen und Gesetzmäßigkeiten von Regierungssystemen bestimmte, allgemein gültige

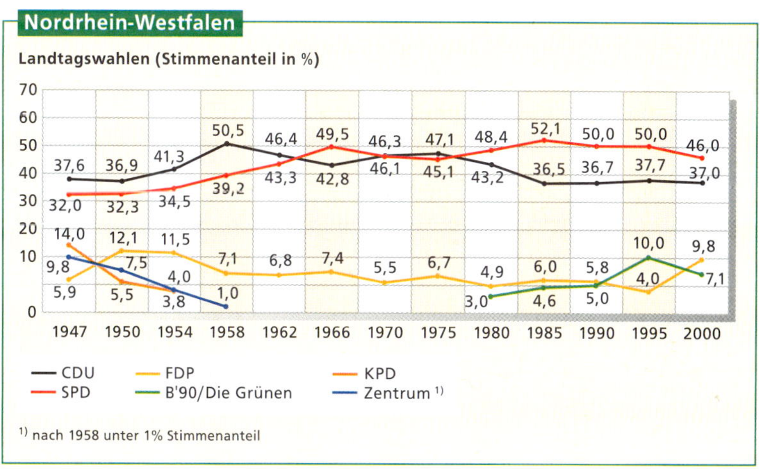

N

Werte zugrunde legt; Gegensatz: ↑empirisch-analytische Theorie.

Normenkontrollverfahren: gerichtliches Verfahren zur Prüfung der Vereinbarkeit einer Rechtsnorm mit einer Norm höheren Ranges (z.B. Bundesgesetz mit Grundgesetz).

Die **abstrakte Normenkontrolle** wird außerhalb eines konkreten Rechtsstreits vorgenommen, z.B. zur Prüfung der Vereinbarkeit eines Bundes- bzw. Landesgesetzes mit der Verfassung oder zur Prüfung der Vereinbarkeit von Landesrecht mit dem Bundesrecht (auf Antrag der Bundesregierung, einer Landesregierung oder eines Drittels der Bundestagsmitglieder). N. werden vom ↑Bundesverfassungsgericht und z.T. von den ↑Verfassungsgerichten der Länder durchgeführt; die Entscheidungen haben Gesetzeskraft.

Die **konkrete Normenkontrolle** ist die Prüfung einer Rechtsnorm innerhalb eines bestimmten Rechtsstreits. Das Gericht kann auf die Anwendung einer als rechtswidrig empfundenen Rechtsnorm verzichten, wenn diese vor dem In-Kraft-Treten des Grundgesetzes erlassen wurde. Normen, die mit dem Grundgesetz erlassen wurden, können nur vom Bundes- oder Landesverfassungsgericht für ungültig erklärt werden (Art. 100 GG).

Notenbank (Zentralbank, Zentralnotenbank): Kreditinstitut, das in einem Staat oder einer Staatengemeinschaft das alleinige Recht zur Notenausgabe hat und Träger der Währungspolitik (↑Geld- und Kreditpolitik) ist. Die N. Deutschlands war ab 1953 die ↑Deutsche Bundesbank; seit Beginn der dritten Stufe der ↑Europäischen Wirtschafts- und Währungsunion (1.1.1999) nimmt die ↑Europäische Zentralbank die Notenbankfunktionen der Teilnehmerländer wahr.

Notstand: ein Zustand unmittelbarer Gefahr für rechtlich geschützte Interessen, der nur durch Verletzung eines fremden Rechtsguts abgewendet werden kann. Ein N. rechtfertigt im Rahmen eines gerichtlichen Verfahrens ein an sich rechtswidriges Verhalten und schützt den Handelnden vor Bestrafung.

Notstandsgesetzgebung: Bezeichnung für die 1968 erfolgte Regelung des Staatsnotstandes in der BRD, die bis dahin den westlichen Besatzungsmächten vorbehalten gewesen war. Die N. führte zu einer Änderung des Grundgesetzes **(Notstandsverfassung)** sowie zur Verabschiedung mehrerer Notstandsgesetze. Neu geregelt wurden: 1) der ↑Verteidigungsfall, d.h. der Fall eines bewaffneten Angriffs von außen auf die BRD (Art. 115aff. GG); 2) der innere Notstand, d.h. die Gefährdung des Bestandes der BRD, ihrer Länder oder ihrer freiheitlich-demokratischen Grundordnung durch innere Kräfte (Art. 91 und 87a GG); 3) der Katastrophenfall, d.h. die Gefährdung durch Naturkatastrophen oder durch andere (z.B. atomare) Unglücksfälle (Art. 35 GG). Die N. regelt den Einsatz von Polizei, Bundesgrenzschutz und Bundeswehr und sieht besondere Machtbefugnisse der Regierung vor. Im Verteidigungsfall dürfen Notstandsmaßnahmen in bestimmtem Umfang schon vor Beginn eines Angriffs angeordnet werden (sog. Spannungsfall, Art. 80a GG). Vorbeugenden Charakter haben die Notstandsgesetze, die der Versorgung der Streitkräfte und der Versorgung bzw. dem Schutz der Zivilbevölkerung dienen (sog. Sicherstellungs- oder Schutzgesetze, z.B. Bestimmungen über den Luftschutzbau oder die Verpflichtung zu Leistungen im Rahmen des Zivilschutzes).

Bei der Regelung des Notstandes war man u.a. darum bemüht, einen Missbrauch der staatlichen Machtbefugnisse auszuschließen; diesem Zweck diente u.a. die Aufnahme des ↑Widerstandsrechts in das GG (Art. 20 Abs. 4 GG).

Notstandsparlament: ↑Gemeinsamer Ausschuss.

Notverordnung: Verordnung, die von einer Regierung in Notsituationen ohne

Einhaltung des üblichen Gesetzgebungsverfahrens erlassen wird. Besondere Bedeutung erlangten N. in der Weimarer Republik; das Grundgesetz sieht N. nicht vor.

Novelle [zu lat. novella (lex) »neues (Gesetz)«]: Ergänzung oder Änderung eines bereits bestehenden Gesetzes durch einen Nachtrag. Durch eine N. werden i. d. R. kleinere Korrekturen vorgenommen, falls sich Gesetzeslücken gezeigt haben oder Anpassungen an veränderte Verhältnisse notwendig geworden sind. Die völlige Neubearbeitung eines Gesetzes wird dagegen als **Neufassung,** die Neubearbeitung größerer Teile als **Gesetzesreform** bezeichnet.

NPD: ↑Nationaldemokratische Partei Deutschlands.

NSDAP: ↑Nationalsozialismus.

Nuklearmächte: ↑Atommächte.

Nuklearstrategie: Bestandteil der Militärstrategie eines Staates oder Bündnisses; die N. beruht auf dem Besitz einsatzfähiger Kernwaffen (↑ABC-Waffen). Angesichts des Vernichtungspotenzials und der Reichweite von Kernwaffen steht jede N. unter dem Anspruch, einen möglichen Angreifer abzuschrecken, einen Nuklearkrieg und überhaupt einen Krieg zu beginnen.

Zu Beginn des ↑Kalten Kriegs verfolgten die USA die Strategie der **massiven Vergeltung** (massive retaliation), wonach ein Angriff (auch wenn er mit konventionellen Mitteln geführt wird) mit einem vernichtenden atomaren Gegenschlag beantwortet werden sollte. Seit den 1960er-Jahren vertrat die NATO die Strategie der **flexiblen Reaktion** (flexible response); dabei sollte jede feindliche Aggression wirkungsvoll, aber angemessen (mit konventionellen Streitkräften, nuklearen Kurz- und Mittelstreckensystemen sowie interkontinentalen Nuklearwaffen) beantwortet werden. Nach dem Zerfall des Warschauer Paktes und dem Ende des Ost-West-Konflikts 1989/90 veränderte die NATO ihre Strategie. Im Vordergrund stehen nun Dialog, Zusammenarbeit und Krisenmanagement, was jedoch keinen Verzicht auf den Ersteinsatz von Kernwaffen im Konfliktfall bedeutet.

Nullifikation: völkerrechtlich verbindliche Erklärung eines Staates, dass er einen von ihm geschlossenen Vertrag für ungültig erklärt; in den USA die Auffassung, dass die Einzelstaaten kraft eigener Hoheitsgewalt (Souveränität) Bundesgesetze eigenmächtig für ungültig erklären können.

Nürnberger Gesetze: ↑Judenverfolgung.

Nutzen: der Wert, der einem Gut nach subjektiver Einschätzung bei der Bedürfnisbefriedigung zukommt (↑Güter). Da die Einschätzung des N. nach subjektiven Kriterien des jeweiligen Nutzers erfolgt, kann der N. nicht nach einem objektiven Maßstab (z. B. Geld) zahlenmäßig bestimmt, sondern nur im Verhältnis zum N. anderer Güter beschrieben werden **(ordinales Nutzenkonzept).** Das Nutzenstreben der privaten Haushalte gilt als grundlegendes Prinzip zur Erklärung von Art und Umfang des Konsumverhaltens (↑Konsum) und als wesentliche Grundlage des ↑Wettbewerbs in einer ↑Marktwirtschaft.

O

OAPEC: ↑OPEC.

OAS, Abk. für engl. **O**rganization of **A**merican **S**tates »Organisation Amerikanischer Staaten«: regionale Organisation, gegründet 1948 in Bogotá von 21 lateinamerikanischen Staaten und den USA, umfasst heute alle 35 amerikanischen Staaten; Sitz: Washington D. C. Ziel der OAS ist die Zusammenarbeit auf wirtschaftlichem, sozialen und kulturellen Gebiet, die Erhaltung des Friedens und die gemeinsame Abwehr fremder Einmischung.

OAU, Abk. für engl. **O**rganization of **A**frican **U**nity »Organisation der Afrika-

O

OAU: Sitz der OAU ist seit ihrer Gründung 1963 die äthiopische Hauptstadt Addis Abeba. Äthiopien hatte in der Zeit des Kolonialismus seine Unabhängigkeit wahren können und genoss daher bei den jungen afrikanischen Staaten hohes Ansehen.

nischen Einheit«: regionale Organisation, 1963 von 30 unabhängigen afrikanischen Staaten gegründet, mit heute 54 Mitgliedstaaten; Sitz: Addis Abeba (Äthiopien). Ziel der OAU ist die Beseitigung von Neokolonialismus und die Wahrung des territorialen Status quo. In der Charta der OAU sind die Grundsätze der Gleichheit und der Souveränität (Nichteinmischung in innere Angelegenheiten) verankert. Aus der OAU ging 1991 ein Wirtschaftsbündnis hervor, das zu einer Afrikanischen Wirtschaftsgemeinschaft ausgebaut werden soll. 1996 schlossen 49 OAU-Mitglieder den »Pelindaba-Vertrag« über die Bildung einer atomwaffenfreien Zone.

Obdachlose: Menschen ohne menschenwürdige Unterkunft; im Sinne des Sozialhilferechts gelten als O. alle Personen, die in Obdachlosenunterkünften oder sonstigen Notunterkünften ohne Mietvertrag leben. Von den O. werden **Nichtsesshafte** unterschieden, die ohne gesicherte Lebensgrundlage umherziehen und sich nur für begrenzte Zeit in Obdachlosenunterkünften aufhalten.

Weltweit leben rd. 500 Mio. Menschen in menschenunwürdigen Verhältnissen. Mitte der 1990er-Jahre wurde ihre Zahl in Deutschland auf rd. 1 Mio. geschätzt (davon ca. 930 000 in den alten Bundesländern); hinzu kamen rd. 700 000 verdeckte O., d. h. Personen, deren Wohnverhältnisse als unzumutbar anzusehen sind. Als Hauptursachen für Obdachlosigkeit gelten Massenarbeitslosigkeit und damit zusammenhängende familiäre Probleme sowie der Mangel an Wohnraum bzw. dessen Verteuerung. Daneben hat Obdachlosigkeit aber auch persönliche Gründe, wie mangelnde Bereitschaft oder Unfähigkeit, sich geltenden gesellschaftlichen Normen anzupassen. Wegen der Entspannung auf dem Wohnungsmarkt ging die Zahl der O. in Deutschland Ende der 1990er-Jahre zurück.

Oberbürgermeister: ↑Gemeindeverfassung.

Oberhaus: in Ländern mit ↑Zweikammersystem, die Kammer, die im Unterschied zum ↑Unterhaus nicht oder nur z. T. aus allgemeinen Wahlen hervorgeht; in ↑Großbritannien und Nordirland wird das O. als House of Lords bezeichnet (↑Peers).

Oberschicht: ↑Schichtung.

Oberstadtdirektor: ↑Gemeindeverfassung.

obligatorischer Volksentscheid: ↑Volksentscheid.

Obrigkeitsstaat: um 1900 geprägter Begriff für den monarchisch-autoritären und bürokratischen Staat, in dem der Bürger v.a. als Untertan gesehen wird.

Obstruktion [von lat. obstruere »versperren«]: eine Form der Opposition, mit der unerwünschte Maßnahmen durchkreuzt werden sollen; im engeren Sinn der Versuch einer parlamentarischen Minderheit, unerwünschte Mehrheitsentscheidungen im Parlament zu verhindern, z.B. durch missbräuchliche Ausnutzung der Geschäftsordnung (↑Filibuster).

Ochlokratie [zu griech. óchlos »Pöbel«]: die nicht an Verfassung und Gesetze gebundene Herrschaft des Pöbels bzw. der Masse. Die O. wurde in der altgriechischen Staatsphilosophie u.a. von ARISTOTELES als entartete Form der Demokratie beschrieben.

OECD, Abk. für engl. **O**rganization for **E**conomic **C**ooperation and **D**evelopment, »Organisation für wirtschaftliche Zusammenarbeit und Entwicklung«: Wirtschaftsorganisation der westlichen Industrieländer, die am 14. 12. 1960 durch das Pariser Übereinkommen (in Kraft seit 30. 9. 1961) gegründet wurde; Sitz: Paris. Zu den Aufgaben der OECD gehört v.a. die Koordinierung der Wirtschafts- und Währungspolitik, der Entwicklungshilfe und der Außenwirtschaftspolitik ihrer Mitglieder. Der OECD gehören alle Mitgliedstaaten der EU und der EFTA an sowie Australien, Japan, Kanada, Neuseeland, die Türkei und die USA, inzwischen auch Schwellenländer (Mexiko 1994; Süd-Korea 1997) und Staaten des ehemaligen Ostblocks (Tschechische Republik 1995, Ungarn und Polen 1996). Die OECD hat keine Rechtsetzungsbefugnisse, sondern erarbeitet in Ausschüssen und Arbeitsgruppen v.a. Analysen und Empfehlungen. Wichtige Ausschüsse sind v.a. der Wirtschaftspolitische Ausschuss, der Ausschuss für Kapitalverkehr und unsichtbare Transaktionen sowie der Ausschuss für Entwicklungshilfe. Leitendes Organ ist der **Rat** (mit Vertretern aller Mitgliedsländer); an der Spitze des **Internationalen Sekretariats** der OECD steht der **Generalsekretär.**

www.oecd.org

öffentliche Ausgaben (Staatsausgaben): Ausgaben des öffentlichen Sektors zur Erfüllung öffentlicher Aufgaben. Umfang und Verteilung der ö. A. werden im ↑Haushaltsplan festgelegt; dabei müssen sie durch ↑öffentliche Einnahmen gedeckt sein. Die ö. A. entfallen in Deutschland zu je einem Drittel auf den Bund und die ↑Sozialversicherung, zu einem Viertel auf die Länder sowie zu einem Zehntel auf die Kommunen. Mit den ö. A. beeinflusst der Staat die Wirtschaft (↑Finanzpolitik).

öffentliche Einnahmen (Staatseinnahmen): Einnahmen des öffentlichen Sektors. Die ö. E. setzen sich zusammen aus: 1) ↑Steuern; 2) Entgelteinnahmen (↑Gebühren und Beiträge, Einnahmen aus privatwirtschaftlicher Tätigkeit); 3) Zuschüsse und Zuweisungen aus dem ↑Finanzausgleich; 4) Kreditaufnahme; 5) außerordentliche Einnahmen. Wichtigste Einnahmequelle sind die Steuern (Deutschland 1999: 886,1 Mrd. DM); die ergiebigsten Steuern sind die Einkommen- und die Körperschaftssteuern sowie die Umsatzsteuer (↑Mehrwertsteuer).

öffentliche Gewalt: ↑Staatsgewalt.

öffentliche Hand: die Gesamtheit der ↑juristischen Personen des öffentlichen Rechts; zur ö. H. gehören v.a. die ↑Gebietskörperschaften sowie die ↑Anstalten des öffentlichen Rechts.

öffentliche Meinung: einerseits die vorherrschenden Meinungen, Einstellungen oder Verhaltensweisen der Bevölkerung zu Fragen und Sachverhalten von allgemeinem Interesse; andererseits die vorherrschenden Urteile in der aktuellen öffentlichen, meist politischen Diskussion. Die ö. M. wird v.a. durch staatliche Institutionen, Parteien und Interessenverbände sowie durch die ↑Massenmedien geprägt (↑Mediendemokratie). Die ö. M. ist ein wesentliches

O

Element der politischen Willens- und Meinungsbildung in einer Demokratie (↑Meinungsfreiheit, ↑Pressefreiheit) und Untersuchungsgegenstand der ↑Meinungsforschung.

öffentliche Ordnung: ↑öffentliche Sicherheit und Ordnung.

öffentlicher Dienst: der Dienst von ↑Beamten, Angestellen und Arbeitern bei Bund, Ländern und Gemeinden sowie sonstigen Körperschaften oder Anstalten des öffentlichen Rechts. Man unterscheidet den **unmittelbaren ö. D.** (bei Bund, Ländern, Gemeinden und Verbänden) und den **mittelbaren ö. D.** (u.a. bei Trägern der Sozialversicherung, der Bundesanstalt für Arbeit). Beamte und ↑Richter stehen zum Staat in einem besonderen Treueverhältnis. Dagegen erbringen Angestellte und Arbeiter ihre Dienste aufgrund eines privatrechtlichen Arbeitsvertrages und haben z.B. ein Streikrecht. Von den 4,35 Mio. Beschäftigten im ö. D. (1999) entfallen rd. 43 % auf die Länder, ca. 32 % auf die Gemeinden.

Bis Mitte 2001 soll ein modernes Dienstrecht erarbeitet werden. Geplant sind u.a. flexible Besoldungsstufen, Bezahlung nach Leistung sowie die Stärkung des Leistungsprinzips im Laufbahnrecht. Auch der Verwirklichung der Gleichstellung von Frauen und Männern wird besondere Priorität eingeräumt. Insgesamt soll staatliches Handeln auf seine Kernaufgaben konzentriert werden. Kooperation mit Privaten (Outsourcing, Public Private Partnership) soll das Leitbild des kooperativen Staats prägen.

In *Österreich* sind Bundes-, Landes- und Gemeindebeamte (aufgrund öffentlich-rechtlicher Ernennung) sowie die Vertragsbediensteten (aufgrund privatrechtlichen Vertrags) öffentlich Bedienstete. In der *Schweiz* sind Struktur und Regelungen des ö. D. mit den Gegebenheiten in Deutschland vergleichbar. Auf Bundesebene stehen die angestellten Beschäftigten im öffentlich-rechtlichen Vertragsverhältnis, während die Kantone ein gemischtes System unter Einschluss privatrechtlicher Vertragsgestaltungen kennen.

öffentliches Gut: ↑Güter.

öffentliche Sicherheit und Ordnung: Grundbegriff des Polizeirechts; die **öffentliche Sicherheit** umfasst den Bestand des Staates, seiner Einrichtungen und Symbole, das ungehinderte Funktionieren seiner Organe, die verfassungsmäßigen Rechtsnormen sowie Leben, Gesundheit, Freiheit, Ehre und Vermögen des Einzelnen; unter **öffentlicher Ordnung** versteht man jene allgemein anerkannten Regeln für das Verhalten des Einzelnen in der Öffentlichkeit, die als Voraussetzung für ein erträgliches und friedliches Zusammenlebens gelten. Eingriffe der Polizei zum Schutz der ö. S. u. O. sind nur zulässig, wenn ein Schaden bereits erfolgt ist oder mit großer Wahrscheinlichkeit bevorsteht.

öffentliches Recht: der Teil der staatlichen Rechtsordnung, der die Rechtsverhältnisse regelt, die durch das Wirken der staatlichen oder vom Staat abgeleiteten Hoheitsgewalt bestimmt sind. Das ö. R. zielt als »Sonderrecht des Staates« darauf ab, die staatliche Tätigkeit im Allgemeininteresse zu ermöglichen, aber auch den Schutz der Bürger vor Missbrauch der Staatsgewalt zu gewährleisten. Die Einteilung der Rechtsnormen (v.a. der Gesetze) und der darauf beruhenden Rechtsakte (Willenserklärungen, Verträge, Entscheidungen) in solche des ö. R. und des Privatrechts entspricht kontinentaleuropäischer Tradition.

Das ö. R. umfasst insbesondere das ↑Völkerrecht, ↑Staatsrecht, ↑Verwaltungsrecht und Kirchenrecht, im weiteren Sinne auch das ↑Strafrecht und ↑Prozessrecht. In Deutschland werden öffentlich-rechtliche Streitigkeiten vorwiegend von den ↑Verfassungsgerichten, der ↑Verwaltungsgerichtsbarkeit, der ↑Finanzgerichtsbarkeit und der ↑Sozialgerichtsbarkeit entschieden.

öffentliche Unternehmen (Staatsunternehmen): Unternehmen, die sich ganz oder überwiegend im Eigentum einer ↑Gebietskörperschaft befinden. Ihrer Zielsetzung nach gehören sie zum Bereich der öffentlichen Wirtschaft. Ihre Aufgabenstellung orientiert sich am öffentlichen Zweck. Der Staat übernimmt dabei v.a. Aufgaben in lebensnotwendigen Versorgungsbereichen, in denen die Ausnutzung wirtschaftlicher Macht durch Privatunternehmen unerwünscht ist (z.B. Wasserversorgung, kulturelle Einrichtungen). Man unterscheidet **Erwerbsbetriebe,** deren Ziel die Erwirtschaftung eines größtmöglichen Gewinns ist, **Kostendeckungsbetriebe,** deren Ausgaben durch ihre Gewinne gedeckt werden, sowie **Zuschussbetriebe,** die i.d.R. nur geringe Gewinne erwirtschaften und meist soziale Aufgaben erfüllen.

öffentliche Verwaltung: ↑Verwaltung.

Öffentlichkeit: Bezeichnung für die Zugänglichkeit von Informationen, Kommunikation und Beteiligungsmöglichkeiten für einen unbegrenzten Kreis von Personen, auch dieser Personenkreis selbst. Ö. gilt als ein demokratisches Grundprinzip; demnach sind staatliche bzw. die Allgemeinheit betreffende Fragen und Probleme so zu behandeln, dass den Betroffenen zumindest eine passive Teilnahme an der politischen Willensbildung gewährt wird. Daneben ist Ö. grundlegend für die politische Meinungsbildung, da sie stimmberechtigten Bürgern die Möglichkeit zur Beurteilung des Verhaltens der gewählten Amtsträger eröffnet. In diesem Sinne wurde Ö. erstmals im 18. Jh. durch die öffentliche Diskussion politischer Fragen durch besondere Institutionen (v.a. Parteien, Presse) gefordert und hergestellt. Das Prinzip fand v.a. Beachtung in der Rechtsprechung und bei Parlamentsdebatten.

Ö. steht in einem Spannungsverhältnis zum Prinzip der Wahrung der ↑Intimsphäre des Einzelnen bzw. der Geheimhaltung bestimmter Informationen des Staates. Ein Ausschluss der Ö. findet z.B. im Rechtswesen bei der Behandlung höchstpersönlicher Belange statt sowie bei solchen Angelegenheiten, bei denen der Schutz der Allgemeinheit oder des Einzelnen Geheimhaltung verlangt, z.B. bei Wahlen.

öffentlich-rechtliche Anstalt: ↑Anstalten des öffentlichen Rechts, ↑Privatisierung.

öffentlich-rechtliche Körperschaft: ↑Körperschaft.

öffentlich-rechtlicher Rundfunk: Rundfunk.

Öffnungsklausel: ↑Tarifvertrag.

Okkupation [lat. »Besetzung«]: im Völkerrecht die Ausübung der tatsächlichen Gewalt über ein fremdes Staatsgebiet, dessen Staatsgewalt für die Dauer der O. aufgehoben ist (Gegensatz: ↑Annexion); das Recht der **kriegerischen O.** wird u.a. durch die ↑Haager Landkriegsordnung von 1907 geregelt. – Siehe auch ↑Besatzungsherrschaft.

Ökologie: die Wissenschaft von den Wechselbeziehungen zwischen den Lebewesen und ihrer Umwelt, in der **Humanökologie** speziell zwischen dem Menschen und seiner Umwelt. Ziel der Humanökologie ist es, trotz aller Anforderungen der Wirtschaft und der damit einhergehenden Zerstörung der Umwelt, das ökologische Gleichgewicht und damit die Lebensgrundlagen der Menschheit zu erhalten (↑Umweltschutz).

Ökonomie: Bezeichnung für 1) Wirtschaftlichkeit, 2) Wirtschaft und deren Wissenschaft (↑Wirtschaftspolitik).

Ökosteuer (Ökologiesteuer): umweltpolitischer Begriff der 1990er-Jahre, der zusammenfassend für Energiesteuer und Umweltabgaben verwendet wird. Hauptziel der Ö. ist die Verteuerung von Energie, um einen Anreiz zu geben, den Energieverbrauch zu senken.

Zum 1.4.1999 trat in Deutschland die erste Stufe der Ö. in Kraft, mit der die Steuersätze auf Kraftstoffe, Heizöl und

O

Gas angehoben sowie gleichzeitig eine Steuer auf elektrischen Strom eingeführt wurde; für Unternehmen des produzierenden Gewerbes gelten dabei jedoch stark abgesenkte Steuersätze. Die zweite Stufe der Ö. vom 1.1.2000 erhöhte die Stromsteuer auf 2,5 Pfennig pro kWh und die Mineralölsteuer um weitere 6 Pfennig pro Liter. Die 1999/2000 durch die Ö. erwirtschafteten Staatseinnahmen flossen großteils in die gesetzliche ↑Rentenversicherung und führten dort zur Senkung der Beitragssätze um 1%.

Oligarchie [griech. »Herrschaft der Wenigen«]: eine Herrschaftsform, bei der die Regierungsgewalt bei einer kleinen Führungsgruppe liegt, deren Mitglieder aufgrund ihrer Herkunft, ihres Besitzes oder ihrer Zugehörigkeit zu einer bestimmten Gruppe zur Macht gelangen; in der altgriechischen Staatsformenlehre die entartete Form der ↑Aristokratie.

OPEC: Gespräche bei einem Treffen der Erdölminister 1976 in Katar.

Ombudsmann [schwed. »Treuhänder«]: i.d.R. eine von der Volksvertretung bestellte Person (auch Behörde), die ohne unmittelbare Eingriffsmöglichkeit die parlamentarische Kontrolle über bestimmte Verwaltungszweige im Interesse der Bürger verstärken soll. Das Amt des O. geht auf eine 1809 in die schwedische Verfassung aufgenommene Institution zurück; entsprechende Einrichtungen wurden in unterschiedlicher Ausformung von anderen Staaten übernommen (z.B. Parlamentary Commissioner in Großbritannien; Médiateur in Frankreich). In Deutschland sind vergleichbare Institutionen der ↑Wehrbeauftragte, der ↑Datenschutzbeauftragte und der ↑Ausländerbeauftragte. Innerhalb der EU vertritt der ↑Europäische Bürgerbeauftragte als O. die Interessen der EU-Bürger.

Onlinedienste ['ɔnlaɪn-]: Betreiber nationaler oder internationaler Netze, die dem Abonnenten neben einem eigenen Informations- und Serviceangebot auch den Zugang zum ↑Internet ermöglichen. Mittels Modem oder ISDN verschafft sich der Nutzer über einen Einwählknoten Zugang zum Netzwerk der O., wofür eine spezielle Anbietersoftware nötig ist. Die O. unterscheiden sich in der Anzahl der Einwählknoten, der Datenübertragungsrate und im Informationsangebot. Die bekanntesten O. in Deutschland sind AOL (America Online) und T-Online.

OPEC, Abk. für engl. **O**rganization of the **P**etroleum **E**xporting **C**ountries »Organisation Erdöl exportierender Länder«: gegründet 1960; Sitz (seit 1965): Wien; Mitglieder (1999): Algerien, Indonesien, Irak, Iran, Katar, Kuwait, Libyen, Nigeria, Saudi-Arabien, Venezuela, Vereinigte Arabische Emirate. Wichtigstes Organ ist die zweimal jährlich tagende Konferenz der Erdölminister.

Ziel der OPEC ist die Koordinierung ihrer Erdölpolitik und die Festigung der Weltmarktpreise für Erdöl. Sieben Mitgliedsländer sind zugleich Mitglieder der 1968 gegründeten Organisation der arabischen Erdöl exportierenden Staaten **(OAPEC),** die in umstrittener Weise wirtschaftliche und politische Interessen verquickt.

www.opec.org

Opportunitätsprinzip:

◆ *Strafrecht:* der Grundsatz, nach dem die Erhebung einer Anklage in das Ermessen der Anklagebehörde gestellt ist. Das O. steht im Gegensatz zum generell geltenden ↑Legalitätsprinzip, das einen Anklagezwang für Straftaten von Amts wegen vorsieht. Das O. erlaubt es v.a. bei Bagatelldelikten auf die Anklage zu verzichten.

◆ *Verwaltungsrecht:* Regelung, nach der eine Behörde nach ihrem ↑Ermessen handeln darf. Wichtigstes Entscheidungskriterium ist das öffentliche Interesse. Dies gilt v.a. im Bereich der Gefahrenabwehr, im Polizei- und Ordnungsrecht, wo die Polizei befugt, aber nicht gezwungen ist, gegen Störer einzugreifen.

Opposition [zu lat. opponere »entgegensetzen«]: im weiteren Sinn Bezeichnung für den Widerstand gegen die herrschende Schicht sowie für die Personen, die diesen Widerstand ausüben (↑außerparlamentarische O.); im engeren Sinn die **parlamentarische O.,** d.h. diejenigen Abgeordneten, die im Parlament den Abgeordneten der Regierung gegenüberstehen und die Regierungspolitik vollständig oder in Einzelfragen kritisieren und politische Alternativen entwickeln. Dabei kann sie die Zusammenarbeit mit der Regierung anstreben **(kooperative** oder **konstruktive O.),** die Regierungspolitik hemmen (**obstruktive O.,** ↑Obstruktion) oder aber dieselben Ziele verfolgen **(kompetitive O.).** Die O. spielt im ↑parlamentarischen Regierungssystem eine wichtige Rolle und ist Ausdruck der Parteienkonkurrenz in der Demokratie. Sie ist daher mit besonderen parlamentarischen Minderheitsrechten ausgestattet (z.B. ↑Interpellation, Einberufung von ↑Untersuchungsausschüssen).

ordentliche Gerichtsbarkeit: die ↑Gerichtsbarkeit, die durch die ordentlichen Gerichte ausgeübt wird; im Gegensatz zu den besonderen Gerichtsbarkeiten (Verwaltungs- Arbeits-, Sozial- Finanz-, Patent- und Disziplinargerichtsbarkeit). Die o. G. ist zuständig für alle bürgerlichen Rechtsstreitigkeiten und Strafsachen. Dazu gehören: 1) die streitige Gerichtsbarkeit (z.B. Zivilprozess, Zwangsvollstreckung, Insolvenz- und Vergleichsverfahren); 2) die freiwillige Gerichtsbarkeit; 3) die ↑Strafgerichtsbarkeit. Die Gerichte der o. G. sind durch einen Instanzenzug miteinander verknüpft, d.h. einander in Sachentscheidungen über- bzw. untergeordnet. Die erste Instanz bilden die Amts- und Landgerichte; Berufungsinstanzen sind die Landes- bzw. Oberlandesgerichte, Revisionsinstanzen das Oberlandesgericht bzw. der ↑Bundesgerichtshof.

Ordnungspolitik: alle Maßnahmen zur Gestaltung des rechtlichen Rahmens des Wirtschaftsprozesses. Hat sich ein Staat grundsätzlich für eine ↑Marktwirtschaft auf der Grundlage des Privateigentums an Produktionsmitteln entschieden, muss die O. diesen Rahmen v.a. durch Ausgestaltung von Wirtschaftsrecht und -verfassung präzisieren. Teilbereiche der O. sind Wettbewerbspolitik, Politik zur Gestaltung der Unternehmens- und der Eigentumsordnung, Verteilungs- und ↑Sozialpolitik sowie ↑Verbraucherschutz.

Ordoliberalismus: Form des ↑Neoliberalismus, die v.a. von dem Nationalökonom WALTER EUCKEN (1891–1950) vertreten wurde. Der O. steht im Gegensatz zu den wirtschaftlichen Anschauungen des älteren Liberalismus (↑Laissez-faire-Prinzip). Vertreter des O. sehen in der freien Marktwirtschaft keinen natürlichen Zustand, der sich nach seiner Befreiung aus den Fesseln des absolutistischen Staates und der Feudalgesellschaft von selbst erhält; die marktwirtschaftliche Ordnung muss vielmehr durch den Staat geschaffen und durch staatliche Eingriffe garantiert werden. Diese Maßnahmen sollen marktkonform sein,

O

d.h. das Marktgeschehen fördern (z.B. durch Wettbewerbsregeln), Konjunkturschwankungen ausgleichen, der sozialen Sicherung des Einzelnen und dem Bestand der freiheitlichen Gesellschaftsordnung dienen. Der O. bildet die Grundlage der ↑sozialen Marktwirtschaft.

Organ [griech. »Werkzeug«]: im Rechtswesen eine Person oder Personenmehrheit, die in Staat, Gemeinden, Körperschaften, Vereinen oder Gesellschaften bestimmte Aufgaben erfüllt. Nach einer aus der Biologie entlehnten Vorstellung übernehmen z.B. **staatliche O.** wesentliche Aufgaben der Gesamtheit, indem sie für diese verbindlich handeln und die Gesamtheit für ihr Handeln haftet, z.B. der Bundestag als ↑Verfassungsorgan des Bundes.

Organisation: die Ausrichtung und Gestaltung sozialer Gebilde auf bestimmte Funktionen (Organisationsziele) hin bzw. das auf diese Weise zielgerecht gegliederte Gebilde selbst. Die O. ist eine unerlässliche Voraussetzung rationaler Tätigkeit in Staat und Gesellschaft (z.B. O. von Behörden, Betrieben, Verbänden, Parteien, Parlamenten, Ministerien).

Organisation Amerikanischer Staaten: ↑OAS.

Organisation der Afrikanischen Einheit: ↑OAU.

Organisation Erdöl exportierender Länder: ↑OPEC.

Organisation für Sicherheit und Zusammenarbeit in Europa: ↑OSZE.

Organisation für wirtschaftliche Zusammenarbeit und Entwicklung: ↑OECD.

organisierte Kriminalität (organisiertes Verbrechen): von kriminellen Vereinigungen mit hohem Organisationsgrad geplante und begangene Straftaten mit z.T. international organisierter Verwertung der Tatbeute. Die Abgrenzung zu anderen Arten der ↑Kriminalität ist schwierig. In Europa entwickelte sich die O. in den einzelnen Staaten unterschiedlich. Größere Probleme mit der O. haben v.a. Italien, die Niederlande, Großbritannien, Deutschland und Polen sowie die Nachfolgestaaten der Sowjetunion. Schwerpunkte der O. sind Rauschgifthandel, Waffenhandel, Nuklearkriminalität (z.B. Plutoniumschmuggel), Kraftfahrzeugdiebstahl, Diebstahl von bzw. Handel mit gestohlenen Kunstgegenständen, Zuhälterei, Prostitution, ↑Menschenhandel, illegales Glücks- und Falschspiel, Schutzgelderpressung, unerlaubte Arbeitsvermittlung und Beschäftigung, illegale Einschleusung von Ausländern (↑Schlepperbanden), illegale Abfallentsorgung und illegaler Technologietransfer sowie ↑Geldwäsche.

Organstreit: Klage eines Organs oder Organteils einer ↑juristischen Person öffentlichen Rechts gegen ein anderes Organ dieser juristischen Person; am bedeutsamsten ist der O. auf Bundesebene zwischen ↑Verfassungsorganen oder anderen Beteiligten (↑Abgeordneter, ↑Fraktion). Über O. entscheiden die ↑Verfassungsgerichte.

Ostblock: im Zusammenhang mit dem ↑Ost-West-Konflikt im Westen aufgekommenes Schlagwort für die Sowjetunion und die von ihr abhängigen Staaten v.a. des östlichen Europa; die Staaten des O. waren durch den ↑Warschauer Pakt und den ↑COMECON miteinander verbunden. Nach der Auflösung des Warschauer Pakts als Militärbündnis 1991 zerfiel der Ostblock.

Österreich (amtlich: Republik Ö.): Staat in Mitteleuropa mit einer Fläche von 83 858 km² und 8,1 Mio. Einwohnern (1999). Hauptstadt: Wien.

Verfassung: Ö. ist eine parlamentarisch-demokratische Bundesrepublik. Die Verfassungsordnung basiert auf dem Bundesverfassungsgesetz von 1920 in der Fassung von 1929, das am 1. 5. 1945 wieder in Kraft gesetzt wurde. Das Zweikammersystem besteht aus dem Nationalrat und dem Bundesrat. Der Nationalrat setzt sich aus 183 Abgeordneten zusammen, die auf die Dauer von vier Jahren nach dem Verhältniswahlrecht gewählt werden. Vom Vertrauen des Nationalrats hängt die Bundesregierung ab, die aus Bundeskanzler, Vizekanzler und Ministern besteht. Staatsoberhaupt ist der Bundespräsident, der direkt vom Volk für jeweils sechs Jahre gewählt wird, wobei eine einmalige Wiederwahl möglich ist. Der Bundespräsident kann den Nationalrat auflösen. Er ernennt und entlässt im formellen Sinne die Bundesregierung.

Die Mitglieder des Bundesrates, der zweiten Kammer, werden von den Landtagen gewählt, wobei die Zahl der jeweils zu bestimmenden Abgeordneten von der Größe des Bundeslandes abhängt. I. A. kommt dem Bundesrat nur ein aufschiebendes Veto gegen Gesetzesvorhaben zu.

Parteien: Die wichtigsten Parteien in Ö. sind die Sozialdemokratische (1945–91: Sozialistische) Partei (SPÖ, gegründet 1889), die konservativ-christliche Österreichische Volkspartei (ÖVP, gegründet 1945), die rechtspopulistische Freiheitliche Partei (FPÖ, gegründet 1955/56) und die Grüne Alternative (GAL, gegründet 1986). Die korporativ organisierte ÖVP besteht aus drei Bünden: dem Österreichischen Arbeiter- und Angestelltenbund, dem Österreichischen Bauernbund und dem Österreichischen Wirtschaftsbund. Neben den Parteien spielen auch die Interessenverbände wie die Arbeiter-, Handels- und Landwirtschaftskammern, Gewerkschaften und die Vereinigung Österreichischer Industrieller eine bedeutende Rolle. Sie werden regelmäßig bei der Gesetzgebung von der Bundesregierung gutachterlich hinzugezogen.

Verwaltung: Ö. besteht aus den Bundesländern Wien, Niederösterreich, Oberösterreich, Salzburg, Kärnten, Steiermark, Tirol, Burgenland sowie Vorarlberg und gliedert sich in 99 Bezirke und 2353 Gemeinden. Die Regierungen der Länder werden von den Landesparlamenten bestimmt, doch entspricht die Vergabe der Regierungsämter der Stärke der Parlamentsfraktionen, d.h. sie werden nach ↑Proporz vergeben. An der Spitze der Länderregierungen steht der Landeshauptmann, der zugleich für die Ausführung der Bundesgesetze durch die Bundesländer verantwortlich ist. Die Länder selbst besitzen wenig Spielraum für eigene Gesetzesvorhaben. Sie sind weitgehend Vollzugsinstanzen für Anordnungen des Bundes. Trotzdem lässt sich ein gewisser Trend gegen diese Zentralisierung feststellen, da die Bundesländer wirtschaftlich an Kraft gewinnen.

Österreich

Staatsoberhäupter und Kanzler seit 1945

Bundespräsident	Amtszeit
Karl Renner (SPÖ)	1945–50
Theodor Körner (SPÖ)	1951–57
Adolf Schärf (SPÖ)	1957–65
Franz Jonas (SPÖ)	1965–74
Rudolf Kirchschläger (parteilos)	1974–86
Kurt Waldheim (ÖVP)	1986–92
Thomas Klestil (parteilos)	seit 1992
Bundeskanzler	**Amtszeit**
Karl Renner (SPÖ)	1945
Leopold Figl (ÖVP)	1945–53
Julius Raab (ÖVP)	1953–61
Alfons Gorbach (ÖVP)	1961–64
Josef Klaus (ÖVP)	1964–70
Bruno Kreisky (SPÖ)	1970–83
Fred Sinowatz (SPÖ)	1983–86
Franz Vranitzky (SPÖ)	1986–97
Viktor Klima (SPÖ)	1997–00
Wolfgang Schlüssel (ÖVP)	seit 2000

Geschichte seit 1945: Nachdem Ö. 1938 von Deutschland besetzt und eingegliedert worden war, wurde es nach dem Ende des Zweiten Weltkriegs als Staat wieder hergestellt und blieb bis 1955 unter alliierter Besatzung, aufgeteilt in Besatzungszonen wie Deutschland. Die Besatzungsherrschaft endete durch den Staatsvertrag vom 15. 5. 1955. Ö. verpflichtete

O

sich in diesem Vertrag zur Neutralität, die aufgrund der politischen Verschiebungen in Europa als Folge des Zerfalls des Ostblocks und der Sowjetunion Ende der 1980er-Jahre neu diskutiert wurde. Seit dem 1.1.1995 ist Ö. Mitglied der EU, seit Februar 1995 arbeitet Ö. im Rahmen der NATO-Partnerschaft für den Frieden mit.

Die ÖVP und SPÖ schlossen sich 1947–66 zu einer großen Koalition zusammen, wobei die ÖVP den Bundeskanzler (u.a. L. FIGL, J. RAAB), die SPÖ den Vizekanzler stellte. 1970–83 bildete die SPÖ unter Bundeskanzler B. KREISKY allein die Regierung. Zu heftigen Kontroversen kam es anlässlich der Wahl von K. WALDHEIM zum Bundespräsidenten (im Amt 1986–1992); die Auseinandersetzungen um seine Vergangenheit als Offizier der deutschen Wehrmacht führten auch zu außenpolitischen Belastungen. Nach dem Bruch der Koalition mit der FPÖ im 1986 bildete Bundeskanzler F. VRANITZKY (SPÖ) eine Koalition mit der ÖVP, die angesichts zunehmender Stimmengewinne der FPÖ unter dem Vorsitzenden JÖRG HAIDER (*1950)

Österreich

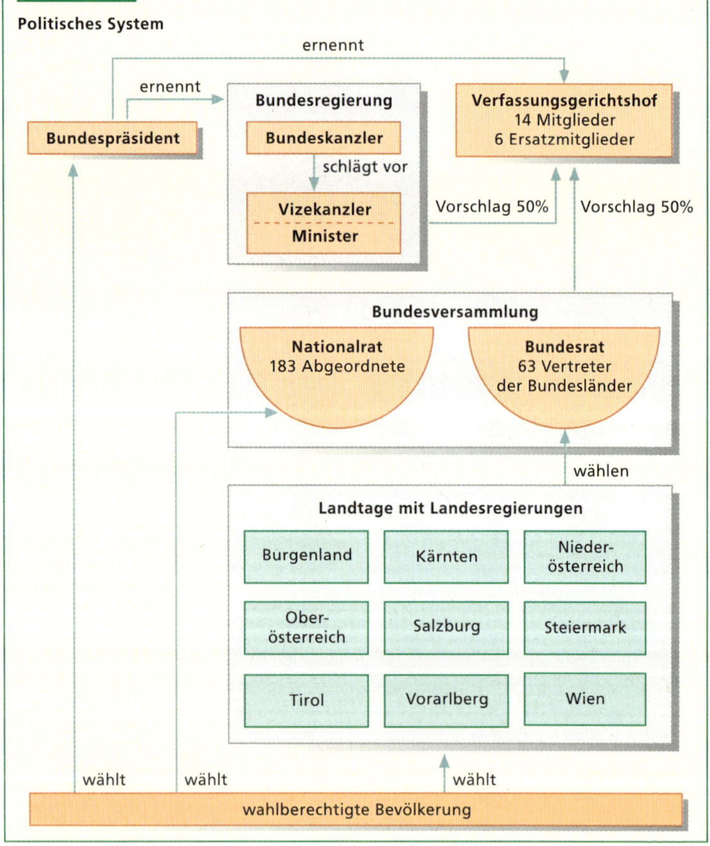

trotz eines zwischenzeitlichen Bruchs (vorgezogene Neuwahlen 1995) auch unter der Kanzlerschaft von VIKTOR KLIMA (*1947; im Amt ab 1997) bis zur Nationalratswahl 1999 andauerte; danach löste die FPÖ die ÖVP als zweitstärkste Partei ab. Am 4.2.2000 bildeten ÖVP und FPÖ eine Regierungskoalition unter Kanzler WOLFGANG SCHÜSSEL (*1945; ÖVP), die von den anderen EU-Mitgliedstaaten wegen Beteiligung der FPÖ zeitweise mit Sanktionen beantwortet wurde.

Österreichische Volkspartei: ↑Österreich.

Osteuropabank (engl. **E**uropean Bank for **R**econstruction and **D**evelopment, Abk. EBRD »Europäische Bank für Wiederaufbau und Entwicklung«): am 15.4.1991 gegründete Bank zur Unterstützung der Länder Ostmitteleuropas beim Übergang zur Marktwirtschaft; Sitz: London.

Warschauer Vertrag, Art. I:

»(1) Die Bundesrepublik Deutschland und die Volksrepublik Polen stellen übereinstimmend fest, dass die bestehende Grenzlinie, deren Verlauf im Kapitel IX der Beschlüsse der Potsdamer Konferenz vom 2. August 1945 [...] festgelegt worden ist, die westliche Staatsgrenze der Volksrepublik Polen bildet.
(2) Sie bekräftigen die Unverletzlichkeit ihrer bestehenden Grenzen jetzt und in der Zukunft und verpflichten sich gegenseitig zur uneingeschränkten Achtung ihrer territorialen Integrität.
(3) Sie erklären, dass sie gegeneinander keinerlei Gebietsansprüche haben und solche auch in Zukunft nicht erheben werden.«

Ostverträge: von den Bundesregierungen unter den Kanzlern W. BRANDT und H. SCHMIDT in den 1970er-Jahren geschlossene Verträge, v.a. mit der UdSSR (**Moskauer Vertrag** vom 12.8.1970 über Gewaltverzicht und Anerkennung der gegenwärtigen Grenze zur DDR), mit Polen (**Warschauer Vertrag** vom 7.12.1970 über die Anerkennung der deutsch-polnischen Grenze und den Verzicht aller Gebietsansprüche an Polen), mit der Tsche-

Ostverträge: Bundeskanzler Willy Brandt gedachte am 7.12. 1970 am Mahnmahl des Warschauer Gettos der Opfer der nationalsozialistischen Gewaltherrschaft. Der Kniefall, eine symbolische Versöhnungsgeste vor Unterzeichnung des Warschauer Vertrages, sorgte international für Aufsehen.

choslowakei (**Prager Vertrag** bzw. **Normalisierungsvertrag** 11.12.1973 über die Revision der im Münchener Abkommen vom 19.9.1938 festgelegten Abtretungen des sudetendeutschen Gebiets) und als Ausdruck der »neuen Ostpolitik« der ↑Grundlagenvertrag mit der DDR. Die O. zielten auf die Entspannung der politischen Situation in Europa vor dem Hintergrund der Kalten Krieges ab (↑Entspannungspolitik). Sie wurden nach der deutschen Vereinigung 1990 z.T. erneuert bzw. bekräftigt (↑Deutsch-Polnischer Grenzvertrag, ↑Zwei-plus-vier-Vertrag).

Ost-West-Konflikt: Bezeichnung für die nach dem Zweiten Weltkrieg aufbrechenden Gegensätze zwischen den östlichen Staaten mit einer kommunistischen Gesellschaftsordnung und einer ↑Zentralverwaltungswirtschaft (↑Ostblock) einerseits und den westlichen

O

Staaten mit parlamentarischen Regierungssystemen und einer marktwirtschaftlich-kapitalistischen Wirtschaftsordnung andererseits. Beide Seiten standen sich in den Militärbündnissen Warschauer Pakt und NATO gegenüber. Der O.-W.-K. führte zu der weltweiten politischen Spaltung in ein westliches Lager unter der Führung der USA und ein östliches Lager unter der Vorherrschaft der UdSSR.

1. Phase: Nachdem die Anti-Hitler-Koalition bereits gegen Ende des Zweiten Weltkriegs brüchig geworden war, brachen die Gegensätze zwischen der Sowjetunion und den USA nach Kriegsende offen auf. 1945–1947 kam es insbesondere um die Eingliederung der Tschechoslowakei in das sowjetische Herrschaftssystem, um ↑Deutschland (↑Berlin) und um die wirtschaftliche Wiederaufbauhilfe, das ↑European Recovery Programme, zu Auseinandersetzungen, die in der ideologischen und machtpolitischen Konkurrenz begründet waren (↑Containment, ↑Eiserner Vorhang). Am Ende dieser Phase stand 1953 der ↑Koreakrieg.

2. Phase: Nach einer kurzen Phase der Entspannung nach dem Tod Stalins (1953) eskalierte der O.-W.-K. (↑Kalter Krieg). Kennzeichen dieser Phase waren das fortschreitende Wettrüsten, die Entwicklung neuer Waffensysteme (»Sputnik-Schock«), die Errichtung der Berliner Mauer 1961 sowie der Verlauf des ↑Vietnamkriegs und der Kubakrise 1962, die den O.-W.-K. an den Rand eines (Atom-)Krieges führten.

3. Phase: Vor diesem Hintergrund setzte 1963 eine ↑Entspannungspolitik ein (sowjetisch-amerikanisches Atomteststoppabkommen, ↑Atomwaffensperrvertrag, SALT). Auch der sowjetisch-chinesische Konflikt und die stärkere internationale Rolle der Entwicklungsländer veränderten den O.-W.-K. Ab etwa 1968 verhärteten sich die Fronten erneut (↑Breschnew-Doktrin), der Westen verfolgte eine Doppelstrategie der Verteidigung und Entspannung (↑Nuklearstrategie). Die Schlussakte von Helsinki von 1975 (↑OSZE), von der neue Impulse für den Entspannungsprozess ausgingen, bildete den Höhe- und Schlusspunkt der Entspannungsphase.

4. Phase: Mit dem Amtsantritt des sowjetischen Generalsekretärs M. Gorbatschow 1985 (↑Glasnost, ↑Perestroika) entspannte sich der O.-W.-K. und verlor schließlich mit dem Zerfall der UdSSR 1991 seine politische Grundlage (↑Abrüstung). Drängende Probleme sind seitdem v.a. die großen wirtschaftlichen Unterschiede zwischen Westeuropa und den ehemaligen Ostblockstaaten sowie die ethnischen Konflikte in den Staaten des ehemaligen Jugoslawien und der weiter bestehende ↑Nord-Süd-Konflikt.

Ost-West-Konflikt: Die 1961 auf Veranlassung der Regierung der DDR errichtete Berliner Mauer (Bild: am Brandenburger Tor) blieb fast vier Jahrzehnte sichtbarer Ausdruck der unüberbrückbaren Gegensätze zwischen Ost und West. In Zusammenhang mit den politischen Umwälzungen in der DDR öffnete deren Regierung am 9. 11. 1989 die Berliner Mauer; bis 1990 wurde sie fast vollständig abgebaut.

OSZE, Abk. für **O**rganisation für **S**icherheit und **Z**usammenarbeit in **E**uropa:

Staatenverbindung mit 55 Vollmitgliedern (Stand: 2000; die Mitgliedschaft der Bundesrepublik Jugoslawien wurde 1992–2000 suspendiert); hervorgegangen (mit Wirkung zum 1.1.1995) aus der **KSZE (Konferenz über Sicherheit und Zusammenarbeit in Europa).** Die KSZE, eine internationale Staatenzusammenkunft von 33 europäischen Staaten, den USA und Kanada, arbeitete seit 1973 und verabschiedete 1975 die »Schlussakte von Helsinki«, eine politische Selbstverpflichtung in drei »Körben« (I. Prinzipien der Beziehungen der Staaten untereinander, darunter Achtung der Menschenrechte und Grundfreiheiten; II. Zusammenarbeit in Wirtschaft, Handel, Wissenschaft, Technik, Umwelt; III. menschliche Kontakte, Informationszugang, Kulturaustausch). Die Folgetreffen zur Überprüfung der KSZE-Beschlüsse waren wichtige Foren in Fragen der ↑Abrüstung und Fortführung des Entspannungsprozesses.

Die OSZE versteht sich als eine »regionale Abmachung der UN« und ist eines der Hauptinstrumente zur Frühwarnung, Konfliktverhütung und Krisenbewältigung sowie der friedlichen Beilegung regionaler Konflikte in Europa (↑Friedenssicherung). Die OSZE ist mit Militärbeobachtern z.B. im Kaukasus und Moldawien, sowie regelmäßig bei der Überwachung von Wahlen vertreten. Sie berät beim Aufbau demokratischer Institutionen und engagiert sich beim Schutz nationaler Minderheiten.

Entscheidungsfindung und Beschlussfassung der OSZE beruhen auf dem Einstimmigkeitsprinzip. Beschlüsse, Verpflichtungen und Vereinbarungen sind für die Teilnehmerstaaten nur politisch, nicht aber völkerrechtlich bindend. Alle zwei Jahre findet an wechselnden Orten ein Gipfeltreffen der Staats- und Regierungschefs statt. Einmal jährlich treffen sich die Außenminister im **Ministerrat.** Die politischen Direktoren treten mindestens dreimal jährlich in Prag als **Hoher Rat** und einmal in einem Wirtschaftsforum zusammen. In Wien tagt wöchentlich der **Ständige Rat** für politische Konsultationen, das **Forum für Sicherheitskooperation** und die **Gemeinsame Beratungsgruppe** zur Implementierung der ↑KSE-Verträge. Die **Parlamentarische Versammlung** (Sekretariat in Kopenhagen) tritt jährlich zusammen, um für die OSZE relevante Fragen zu erörtern.

Der Amtierende Vorsitzende – der Vorsitz wechselt jährlich – wird in seiner Tätigkeit durch seinen Amtsvorgänger und seinen Amtsnachfolger unterstützt; zu dritt bilden sie eine »Troika«. Der **Generalsekretär,** dessen Amtszeit drei Jahre beträgt, fungiert als Vertreter des Vorsitzenden. Das Sekretariat in Wien unterstützt mit vier Abteilungen und einem Außenbüro in Prag die Arbeit der OSZE.

www.osce.org

Output: ↑Input-Output-Modell.

ÖVP: ↑Österreich.

Ozonschicht: Schicht der Stratosphäre in etwa 20–30 km Höhe. In der O. bildet sich unter dem Einfluss der kurzwelligen UV-Strahlung der Sonne aus molekularem Sauerstoff Ozon; es zerfällt zwar durch Absorption von UV-Strahlung sofort wieder, doch lagert sich der dabei frei werdende atomare Sauerstoff erneut an molekularen Sauerstoff an, sodass in der O. ein Gleichgewicht zwischen Auf- und Abbau von Ozon besteht. Diese O. hält den größten Teil der UV-Strahlung von der Erdoberfläche zurück. In geringen Mengen ist die UV-Strahlung lebensnotwendig, in größeren Mengen schadet sie jedoch (Sonnenbrand, Hautkrebs u.a.). Verschiedene vom Menschen produzierte Gase bauen das Ozon in der O. ab, z.B. ↑Fluorchlorkohlenwasserstoffe. Dadurch gelangt zu viel UV-Licht bis zur Erdoberfläche. Seit 1968 nimmt die Dichte der O. besonders über den Polargebieten der Erde beständig ab **(Ozonloch).**

P

P

palästinensische Autonomiegebiete: Gebiete unter palästinensischer Selbstverwaltung (rd. 2,9 Mio. Einwohner), die durch die Übergabe der Regierungsbefugnisse durch die israelische Militär- und Zivilverwaltung an palästinensische Behörden entstanden sind.
Über Umfang und Zahl der einzelnen p. A. sowie über die Verwaltungsbefugnisse innerhalb der Gebiete einigten sich Israel und die Palästinensische Befreiungsorganisation (PLO) im Gaza-Jericho-Abkommen (13. 9. 1993), in dem sie sich erstmals gegenseitig anerkannten, im Abkommen über die palästinensische Teilautonomie (auch Kairoer Abkommen, 4. 5. 1994) sowie im Interimsabkommen (auch Taba-Abkommen, 24. 9. 1995). Daraufhin begann der Abzug der israelischen Truppen aus dem Gazastreifen, aus dem Gebiet von Jericho sowie aus verschiedenen Orten und Städten des Westjordanlandes. Die Abkommen von Hebron (17. 1. 1997) und Wye (23. 10. 1998) regelten den weiteren Rückzug der israelischen Truppen, der jedoch durch Israel u. a. aus Rücksicht auf die 175 000 jüdischen Siedler immer wieder verzögert wurde. Nach dem Abkommen von Sharm-el-Sheik (4. 9. 1999) sollten innerhalb eines Jahres Status und Grenzen der p. A. endgültig festgelegt sein.
Die Verwaltungsbefugnisse der Palästinenser beschränken sich auf die Bereiche Zoll, Steuern, Industrie, Landwirtschaft und Tourismus; für die Außen- und Sicherheitspolitik in den p. A. ist bis zu einer noch ausstehenden endgültigen Regelung Israel zuständig. Präsident des 1996 erstmals gewählten Autonomierats (Legislative, 88 Mitglieder) und Vorsitzender der Autonomiebehörde wurde PLO-Führer J. Arafat.

Palästinensische Befreiungsorganisation (engl. **P**alestine **L**iberation **O**rganization, Abk. PLO): Dachverband arabischer Befreiungsbewegungen, die für einen unabhängigen arabischen Staat Palästina kämpfen; gegründet am 28. 5./1. 6. 1964, seit 1969 unter der Führung von J. Arafat; Hauptquartier (seit 1994) in Gaza. Die PLO wurde 1974 von allen arabischen Staaten als einzige rechtmäßige Vertreterin des palästinensischen Volkes anerkannt und zur UN zugelassen. Die PLO-Charta von 1964 verpflichtete alle Mitglieder zum bewaffneten

palästinensische Autonomiegebiete: Am 13. 9. 1993 wurde in Washington das Gaza-Jericho-Abkommen unterzeichnet. Der anschließende Händedruck zwischen PLO-Chef Jasir Arafat (r.) und dem israelischen Ministerpräsidenten Itzhak Rabin (l.) drückt symbolisch den Willen zur Versöhnung aus.

Kampf gegen Israel (Verzicht: 1996) und legte den Anspruch der Palästinenser auf das gesamte frühere Palästina fest. Nach ihrer gegenseitigen Anerkennung im August/September 1993 unterzeichneten Israel und die PLO am 13. 9. 1993 in Washington einen Rahmenplan zur langfristigen Verwirklichung des Selbstbestimmungsrechts der Palästinenser (Gaza-Jericho-Abkommen).

panaschieren: beim Verhältniswahlrecht (↑ Wahlrecht) bestehende Möglichkeit, Kandidaten aus verschiedenen Wahlvorschlägen (Listen) zu wählen; in einigen Bundesländern bei Kommunalwahlen praktiziert (↑ kumulieren).

Paraphierung [-'fi-]: bei diplomatischen Verhandlungen die vorläufige, rechtlich unverbindliche Festlegung des Textes eines Vertrags, den die bevollmächtigten Vertreter mit ihrem Namenszug **(Paraphe)** unterzeichnen.

Parastaat: Bezeichnung für einen Staat, in dem nichtstaatliche Organisationen, v.a. ↑ Interessenverbände, großen Einfluss auf die Entwicklung und Umsetzung staatlicher Programme haben und aufgrund ihrer (parastaatlichen) Organisationsform auch Verwaltungsaufgaben übernehmen, die sonst von staatlichen Organen erfüllt werden. Elemente eines P. hat z.B. die Schweiz, in der enge Verflechtungen zwischen Staat und Verbänden bestehen.

Pariser Verträge: Vertragswerk, das am 23. 10. 1954 von den USA und den westeuopäischen Staaten unterzeichnet wurde (in Kraft seit dem 5. 5. 1955) und durch das die BRD außenpolitische Souveränität gewann. Durch die P. V. wurde das ↑ Besatzungsstatut aufgehoben und der Status des ↑ Saarlandes festgelegt; daneben regelte das Vertragswerk den Beitritt der BRD zur ↑ NATO sowie zum Brüsseler Vertrag vom 17. 3. 1948 und damit zur ↑ Westeuropäischen Union. Die P. V. bildeten bis zum In-Kraft-Treten des ↑ Zwei-plus-vier-Vertrages die völkerrechtliche Grundlage für die Außenbeziehungen der BRD.

paritätische Mitbestimmung: ↑ Mitbestimmung.

Parlament [zu frz. parler »sprechen«]: Volksvertretung, die aus einer oder zwei Kammern (↑ Einkammersystem, ↑ Zweikammersystem) besteht. Dem P. obliegt meist die ↑ Gesetzgebung (↑ Legislative), die Aufstellung des ↑ Haushaltsplans und die Kontrolle von Regierung und Verwaltung. Hat das P. entscheidenden Einfluss auf die Regierungsbildung, so spricht man von einem ↑ parlamentarischen Regierungssystem. Die ↑ Parlamentsauflösung ist unterschiedlich geregelt.

Das P. erledigt seine Aufgaben selbstständig und nach eigener Geschäftsordnung **(Parlamentsrecht).** Die Mitglieder des P. (↑ Abgeordneter) besitzen als Repräsentanten des Volkes eine besondere Rechtsstellung. In P. werden politische Streitfragen von Regierung und ↑ Opposition öffentlich diskutiert. P. besitzen daher auch eine wichtige Interessenvermittlungs- und Informationsfunktion. Das P. in Deutschland ist der ↑ Bundestag. Die Volksvertretungen der Länder heißen ↑ Landtag, Abgeordnetenhaus (Berlin) oder Bürgerschaft (Bremen, Hamburg). Der ↑ Bundesrat ist kein P., sondern ein Vertretungsorgan der Länder.

Geschichte: Bereits im 13. Jh. wurde die beratende Versammlung am englischen Königshof als »parliament« bezeichnet. Erst seit Mitte des 19. Jh. werden repräsentative, i.d.R. gewählte Körperschaften, P. genannt. P. gab es in Süddeutschland seit 1815 und in Preußen seit 1848. Eine deutsche Nationalrepräsentation wurde erstmals 1848 mit der Frankfurter Nationalversammlung verwirklicht. Der auf allgemeinem, gleichen Wahlrecht beruhende Deutsche Reichstag von 1871 hatte als nationales P. die Gesetzgebungskompetenz und das Haushaltsrecht. Einfluss auf die Regierungsbildung erhielt das P. erst in der Weimarer Republik (↑ Weimarer Reichsverfassung).

parlamentarische Anfrage: ↑ Anfrage.

P

parlamentarische Demokratie: ↑Demokratie.

parlamentarische Kontrollkommission: ein vom Bundestag aus dem Kreis seiner Mitglieder gewählter ↑Parlamentsausschuss, der mindestens einmal im Vierteljahr zusammentritt. Die p. K. kontrolliert die Bundesregierung hinsichtlich der Tätigkeit des Bundesamtes für Verfassungsschutz, des Militärischen Abschirmdienstes und des Bundesnachrichtendienstes (↑Nachrichtendienst).

parlamentarische Monarchie: ↑Monarchie.

Parlamentarischer Rat: Versammlung, die am 1. 8. 1948 in Bonn zur Beratung und Formulierung des ↑Grundgesetzes (↑Verfassungsgebung) zusammentrat. Der P. R. bestand aus 65 Abgeordneten, die von den elf Landtagen der westlichen Besatzungszonen gewählten worden waren, und setzte sich aus je 27 Vertretern von CDU/CSU und SPD sowie fünf Vertretern der FDP und je zwei Vertretern der Deutschen Partei (DP), KPD und des Zentrums zusammen; Berlin entsandte fünf Vertreter mit beratender Stimme. Präsident des P. R. war K. ADENAUER.

parlamentarische/r Staatssekretär/in: nichtbeamtete/r ↑Staatssekretär/in, der/die zugleich Mitglied des Bundestages sein muss und der/die einen Bundesminister bei dessen Regierungsaufgaben – v.a. gegenüber Parlament, Fraktion und Öffentlichkeit – unterstützt.

parlamentarisches Regierungssystem: Regierungsform, in der die Regierung (und besonders der Regierungschef) in ihrer Amtsführung vom Vertrauen des ↑Parlaments abhängig ist (↑Vertrauensfrage); darüber hinaus werden beim p. R. die Mitglieder der Regierung aus den Reihen des Parlaments bestimmt.

Das p. R. entstand in England im 18. Jh. und setzte sich seit dem 19. Jh. auch in anderen Staaten durch. Im p.R. regiert das Parlament nicht selbst, auch nicht durch parlamentarische Ausschüsse (wie in der Französischen Revolution 1993/94); vielmehr bleibt die vom Parlament bestimmte Regierung selbstständig und besitzt in den meisten p.R. (als Gegengewicht zur Vertrauensfrage des Parlaments) das Recht zur ↑Parlamentsauflösung.

Die Regierungsbildung ist in Staaten mit einem meist stabilen ↑Zweiparteiensystem relativ einfach. Dagegen müssen in Mehrparteiensystemen meist ↑Koalitionen zwischen Parteien geschlossen werden, um eine von der parlamentarischen Mehrheit getragene Regierung zu bilden (↑Parteiensystem). Ein Problem von Mehrparteiensystemen kann darin bestehen, dass sich im Parlament nur negative Mehrheiten finden, die zwar bereit sind, eine Regierung zu stürzen, aber nicht, eine neue zu bilden (↑konstruktives Misstrauensvotum). Ein p. R., das auf dem Wechselspiel von zwei Parteien beruht, besteht z.B. in Großbritannien und den USA; Mehrparteiensysteme finden sich z.B. in Italien, in Frankreich (v.a. in der Dritten und Vierten Republik) und in Deutschland (besonders ausgeprägt in der Weimarer Republik).

Die Bedeutung des p. R. liegt in der Unterscheidung von Regierungsmehrheit und ↑Opposition sowie in der Chance der Opposition, durch Wahlen selbst zur Mehrheit zu werden und die Regierung zu übernehmen.

Parlamentarismus: im weiteren Sinne Bezeichnung für alle Regierungsformen, in denen das ↑Parlament als gewählte Volksvertretung die Gesetzgebungs- und Budgethoheit besitzt und die staatlichen Organe kontrolliert; in dieser Sicht umfasst der Begriff P. auch das ↑Präsidialsystem. Im engeren Sinn bezeichnet P. das ↑parlamentarische Regierungssystem.

Nach der Idee des P. sollen in der Volksvertretung unterschiedliche Interessen durch die im Parlament vertretenen ↑Parteien dargelegt und vermittelt werden. Da die Erörterung komplexer Fragen meist viel Zeit in Anspruch nimmt

und Fachwissen voraussetzt, werden politische Entscheidungen von ↑Parlamentsausschüssen sowie von der Regierung und der ihr unterstellten Ministerialbürokratie vorbereitet; das Parlament (↑Plenum) ist dann der Ort der formellen Beschlussfassung und der öffentlichen Austragung unterschiedlicher Ansichten zwischen der Parlamentsmehrheit und der Opposition.
Seit der Entstehung des modernen ↑Parteiensystems gliedern sich die Parlamente in ↑Fraktionen; problematisch ist diese Fraktionsbildung insofern, als dabei die ↑Gewaltenteilung zwischen Legislative und Exekutive eingeschränkt wird, da die Fraktionen der Regierungsparteien die Regierung stellen und zugleich deren Politik parlamentarisch absichern. Die Parlamentsminderheit ist nicht mit der Regierung verschränkt; als ↑Opposition kommt ihr daher eine »systemtragende« Rolle zu: Sie hat im Wesentlichen anstelle des Gesamtparlaments die Kontrolle der Regierung übernommen.

Parlamentsauflösung: die automatische Auflösung der Volksvertretung nach Ablauf einer ↑Wahlperiode; auch die vorzeitige Auflösung des Parlaments vor Ablauf der Wahlperiode durch ein dazu befugtes Staatsorgan.
Bezüglich der Befugnis zur P. gibt es zwischen den verschiedenen demokratischen Regierungssystemen große Unterschiede. In Deutschland liegt das Recht zur P. beim Bundespräsidenten, der dazu befugt ist, wenn die Wahl eines Bundeskanzlers mehrfach scheitert (Art. 63 GG) oder wenn der Bundeskanzler bei der Abstimmung über die ↑Vertrauensfrage keine Mehrheit erlangt (Art. 68 GG). Im Gegensatz zu den meisten Länderparlamenten (z.B. Berlin, Hessen, Niedersachsen) und dem österreichischen Nationalrat hat der Bundestag kein Recht, eine P. selbst zu beschließen (Selbstauflösungsrecht).

Parlamentsausschuss: aus Abgeordneten zusammengesetztes Organ der Volksvertretung. Im P. wird die wesentliche Sacharbeit des Parlaments geleistet (v.a. Beratung und Vorbereitung von Gesetzesvorlagen); seine Beratungen sind i.d.R. nicht öffentlich.
In Deutschland schreibt das Grundgesetz für bestimmte Bereiche das Bestehen von Ausschüssen des Bundestages zwingend vor (ständige Ausschüsse; nach Art. 45a und 45c GG: Ausschuss für auswärtige Angelegenheiten, Verteidigungs- und Petitionsausschuss); für andere Bereiche ist die Möglichkeit der Bildung von P. vorgesehen (Art. 44 GG: ↑Untersuchungsausschuss). Zum größten Teil ist die Bildung von P. jedoch in der Geschäftsordnung des Bundestags geregelt, die auch Aufgaben und Verfahren der Ausschüsse nennt. Die Zahl der Mitglieder der P. bestimmt das Parlament; die Zusammensetzung sowie die Ansprüche auf einen Ausschussvorsitz regeln sich nach dem Stärkeverhältnis der Fraktionen; letztere benennen die Mitglieder.
Abb. siehe Seite 306.

Partei (politische P.): ein permanent organisierter Zusammenschluss von Bürgern mit gemeinsamen sozialen Interessen und politischen Vorstellungen über die Gestaltung der staatlichen, gesellschaftlichen und wirtschaftlichen Ordnung, die nach Einfluss und Macht streben, um die politische Willensbildung mitzubestimmen und politische Vorstellungen zu verwirklichen.
Entwicklung: Politische P. gibt es bereits seit der Antike, das moderne Parteiwesen entwickelte sich jedoch erst mit der Durchsetzung des ↑Parlamentarismus. Die ersten P. in den USA und in Europa (v.a. Großbritannien), die sich im 18. und 19. Jh. entwickelten, waren (bei eingeschränktem Wahlrecht) bürgerliche ↑Honoratiorenparteien oder ↑Repräsentationsparteien (Patronageparteien), die sich als Wählervereinigungen aus Anlass politischer Wahlen bildeten. Im letzten Drittel des 19. Jh. entstanden mit fortschreitender Erweiterung des Kreises

P

der Wahlberechtigten, mit dem Übergang zum allgemeinen Wahlrecht, **Massenparteien** mit einer großen Zahl von Mitgliedern, einer Vielzahl von Gremien zur Artikulierung der Parteiziele (z.B. Parteitage) sowie mit bürokratischen Parteiorganisationen auf kommunaler, regionaler und nationaler Ebene und einer kleinen Führungsgruppe aus Berufspolitikern (↑Funktionär). Diese P. entwickelten sich nach dem Ersten Weltkrieg zu demokratischen oder totalitären ↑Integrationsparteien, die nicht nur einen großen Teil ihrer Anhängerschaft als Mitglieder mobilisierten **(Mitgliederparteien),** sondern auch deren private Lebensbereiche erheblich (im Falle totalitärer P. vollständig) zu bestimmen suchten **(Weltanschauungsparteien).** Dagegen werden in **Kaderparteien** wie den kommunistischen P. nur diejenigen als Mitglieder ausgewählt, die sich zu einer besonders aktiven Unterstützung der Parteiziele verpflichtet haben.

Seit dem Zweiten Weltkrieg besteht in den westlichen Staaten eine starke Tendenz zur Herausbildung von **Volksparteien,** die mit einem parteiinternen wirtschaftlichen und sozialen Interessenausgleich und einer deutlichen Entideologisierung einherging (↑Parteiensystem). Volksparteien bemühen sich, durch breit gestreute Programme und Wahlplattformen möglichst viele Wähler zu gewinnen, die ihnen zu einer regierungsfähigen Mehrheit verhelfen sollen (z.B. CDU, SPD). Daneben gewannen die sich auf regionale bzw. kommunale Bereiche beschränkenden **Rathausparteien** (z.B. Freie ↑Wähler-

Parlamentsausschuss

Die ständigen Ausschüsse des 14. Deutschen Bundestages

	Mitglieder
Ausschuss für Wahlprüfung, Immunität und Geschäftsordnung	15
Petitionsausschuss	29
Auswärtiger Ausschuss	40
Innenausschuss	40
Sportausschuss	15
Rechtsausschuss	31
Finanzausschuss	40
Haushaltsausschuss	41
Ausschuss für Wirtschaft und Technologie	40
Ausschuss für Ernährung, Landwirtschaft und Forsten	26
Ausschuss für Arbeit und Sozialordnung	40
Verteidigungsausschuss	38
Ausschuss für Familie, Senioren, Frauen und Jugend	31
Ausschuss für Gesundheit	31
Ausschuss für Verkehr, Bau- und Wohnungswesen	42
Ausschuss für Umwelt, Naturschutz und Reaktorsicherheit	38
Ausschuss für Angelegenheiten der Neuen Länder	15
Ausschuss für Menschenrechte und humanitäre Hilfe	15
Ausschuss für Bildung, Forschung und Technikfolgeabschätzung	38
Ausschuss für wirtschaftliche Zusammenarbeit und Entwicklung	26
Ausschuss für Tourismus	15
Ausschuss für Angelegenheiten der Europäischen Union	36
Ausschuss für Kultur und Medien	15

vereinigungen) zunehmend an Bedeutung.
Bereits im Vormärz bildeten sich die wichtigsten parteipolitischen Richtungen von ↑Konservatismus, ↑Liberalismus und ↑Sozialismus aus, die sich in und nach den europäischen Revolutionen von 1848/49 endgültig als P. der Rechten, der Mitte beziehungsweise des Zentrums und der Linken formierten. Die Entwicklung der ↑Arbeiterbewegung führte zur Bildung proletarischer Arbeiterparteien **(Klassenparteien).** Aus religiös-konfessionellem Gegensatz und aus dem Widerspruch zwischen liberalem Staat und Kirche entstanden **Religions- und konfessionelle P.** In multinationalen Staaten formierten sich P. nach ethnischen, sprachlichen oder regionalen Gesichtspunkten.
Organisation: Mit Ausnahme der P. in den USA, die keine förmliche Mitgliedschaft kennen **(offene P.),** sind P. heute geschlossene Verbände mit förmlichem Beitritt, regelmäßigen Aktivitäten, Mitgliedsbeiträgen, oft auch Abgaben für Mandatsträger **(geschlossene P.).** Sie verpflichten ihre Mitglieder oft auf ein Parteiprogramm. Basisorganisationsformen sind meist Komitees und Ortsvereine; diese sind überregional zusammengefasst. Das wichtigste Parteiorgan ist der Parteitag. Die laufenden Geschäfte werden von einem Parteivorstand geführt. Die Struktur der Parteiorganisation ist jeweils in einer Satzung vorgeschrieben.

Partei des Demokratischen Sozialismus, Abk. PDS: politische Partei, hervorgegangen Ende 1989 aus der ↑Sozialistischen Einheitspartei Deutschlands (SED) mit 95 000 Mitgliedern (Stand: Ende 1999). Geprägt von einer Vielfalt von innerparteilichen Gruppierungen und Plattformen versucht sich die PDS im gesamtdeutschen Parteienspektrum als linke sozialistische und pazifistische Oppositionspartei mit besonderem Blick auf die Probleme der neuen Bundesländer darzustellen. Ihr Wählerpotenzial hat die PDS fast ausschließlich in den ostdeutschen Ländern und Berlin (Ost), wo sie in den 1990er-Jahren zweit- bzw. drittstärkste politische Kraft war. Seit der ersten gesamtdeutschen Wahl 1990 ist die PDS im Bundestag vertreten (ab 1998: 37 Abgeordnete). In Mecklenburg-Vorpommern beteiligte sie sich 1998 erstmals in einem Bundesland an der Regierung (mit der SPD). Vorsitzender der PDS war von Dezember 1989 bis Januar 1993 GREGOR GYSI (*1948, bis Oktober 2000 Vorsitzender der Bundestagsgruppe bzw. -fraktion), dann LOTHAR BISKY (*1941), dem im Oktober 2000 seine Stellvertreterin G. ZIMMER folgte.
www.pds-online.de

Parteiendemokratie: ↑Demokratie, ↑Parteiensystem.

Parteienfinanzierung: finanzielle Zuwendungen an politische Parteien zur Deckung ihrer laufenden Kosten und im Rahmen der staatlichen ↑Wahlkampfkostenerstattung. Nach Herkunft der Mittel werden Eigenfinanzierung (Mitgliederbeiträge, Fraktionsbeiträge von Amtsträgern, Einkünfte aus parteieigenen Unternehmen) und Fremdfinanzierung (Spenden, staatliche Wahlkampf- und Fraktionszuschüsse, Kredite) unterschieden.
Gesetzliche Regelungen zur P. in Deutschland enthalten das Grundgesetz sowie das Parteiengesetz. Nach Art. 21 Abs. 1 GG müssen Parteien über die Herkunft und die Verwendung ihrer Mittel öffentlich Rechenschaft ablegen. Im Parteiengesetz (Fassung vom 31. 1. 1994) wurde die Obergrenze für den Anteil der staatlichen P. am Etat einer Partei auf 50 % ihrer Gesamteinnahmen festgelegt; zudem darf der Umfang der staatlichen P. eine bestimmte Obergrenze nicht überschreiten (ab 1. 1. 1998 245 Mio. DM); Spender, deren Beitrag mehr als 20 000 DM im Jahr beträgt, müssen namentlich genannt werden (Offenlegungspflicht).

P

Eine P. allein durch Staatszuschüsse und Mitgliederbeiträge ist angesichts der hohen Ausgaben für Wahlkämpfe und des modernen Dienstleistungsapparats nicht möglich; für Spenden an Parteien hat der Staat daher Anreize geschaffen (z.B. steuerliche Abzugsfähigkeit von Spenden); mit der Spendenfinanzierung steigt jedoch die Gefahr der politischen Einflussnahme bestimmter Interessengruppen; dem soll v.a. durch die Offenlegungspflicht entgegengewirkt werden. Wegen falscher Rechenschaft (u.a. illegale P. über Finanztransaktionen ins Ausland, nicht offen gelegte Parteispenden) verhängte Bundestagspräsident WOLFGANG THIERSE (*1943) am 15. 2. 2000 gegen die CDU eine Buße von 41,3 Mio. DM.

Parteienprivileg: ↑Parteiverbot.

Parteiensystem: siehe Seite 310.

Parteienverdrossenheit: ↑Nichtwähler, ↑Politikverdrossenheit.

Parteiordnungsverfahren: Gesamtheit der Regelungen zum Schutz der Grundsätze und zur Wahrung der Ordnung einer politischen Partei; das P. muss gemäß den Vorschriften des Parteiengesetzes in der Satzung einer Partei geregelt sein. Das P. umfasst u.a. Bestimmungen über zulässige Ordnungmaßnahmen (z.B. Parteiausschluss) und nennt die Gründe, aus denen diese verhängt werden können, sowie die dafür zuständigen Organe (z.B. Parteischiedsgerichte).

Parteiverbot: Verbot einer politischen Partei aufgrund der gerichtlichen Feststellung ihrer Verfassungswidrigkeit. Verfassungswidrig sind nach Art. 21 GG Parteien, die nach ihren Zielen und nach dem Verhalten ihrer Anhänger darauf ausgehen, die freiheitlich-demokratische Grundordnung zu beeinträchtigen oder zu beseitigen oder den Bestand der BRD zu gefährden. Das P. kann nur vom Bundesverfassungsgericht verfügt werden **(Parteienprivileg).** Voraussetzung ist ein Antrag der Bundesregierung, des Bundestags oder des Bundesrats. Bis 2000 wurden in der BRD nur zwei Parteien verboten und aufgelöst: die neofaschistische Sozialistische Reichspartei (SRP) 1952 und die ↑Kommunistische Partei Deutschlands 1956. Ende 2000 beschloss die rot-grüne Bundesregierung, einen Antrag auf Verbot der rechtsextremen ↑Nationaldemokratischen Partei Deutschlands zu stellen.

Parti Communiste Française [par'ti kɔmy'nist frɑ̃'sɛ:z]: ↑Frankreich.

Partikularismus: Bezeichnung für Bestrebungen zur Durchsetzung politischer, wirtschaftlicher und/oder kultureller Sonderinteressen von bestimmten Bevölkerungsgruppen oder Teilgebieten eines Staates; P. kann im Extremfall zu ↑Separatismus führen.

Parti Socialiste [par'ti sɔsja'list]: ↑Frankreich.

Partizipation [zu lat. participare »teilhaben lassen«]: die Teilnahme bzw. der Grad der Mitwirkungsmöglichkeiten der Bürger am politischen Willensbildungs- und Entscheidungsprozess. Wichtigste Partizipationsmöglichkeit in ↑parlamentarischen Regierungssystemen ist die Wahl des Parlaments; daneben findet P. z.B. über die Mitgliedschaft in politischen ↑Parteien, ↑Interessenverbänden oder ↑Bürgerinitiativen, die Wahrnehmung des Versammlungs- und Demonstrationsrechts sowie durch ↑Volksentscheide statt; auch zählt zur P. die Nutzung von Informationsquellen (v.a. ↑Massenmedien) zur politischen Meinungsbildung.

Nach traditionellem Demokratieverständnis erfolgt P. v.a. in Form von ↑Wahlen zur Legitimation der politischen Repräsentanten (↑repräsentative Demokratie). Da dabei den Bürgern nur wenig Einfluss bei politischen Einzelentscheidungen zukommt, fordern Anhänger eines partizipatorischen Demokratieverständnisses darüber hinaus eine breite, über Wahlen hinausgehende P.; verantwortliche P. ist nach diesem Verständnis eine »Form der Entfaltung und

Betätigung menschlicher Möglichkeiten überhaupt«. Grundsätzlich ist der moderne Sozialstaat bei der Umsetzung politischer Maßnahmen auf größtmögliche Mitwirkung der Bürger angewiesen ist. Einer Ausweitung der P. stehen jedoch v.a. die Zahl und Komplexität der anstehenden Entscheidungen gegenüber sowie die i.d.R. beschränkte Zeit der Bürger, sich mit ihnen zu befassen. Tatsächlich ist empirischen Untersuchungen zufolge nur eine Minderheit der Bürger politisch aktiv; dabei steigt die **Partizipationsrate** mit dem sozioökonomischen Status. Männer beteiligen sich mehr als Frauen; Bürger, die im politischen Bereich aktiv sind, nehmen außerdem mehr an sozialen Aktivitäten teil als politisch Passive (kumulative Beteiligung).

passiver Widerstand: ↑gewaltloser Widerstand.

passives Wahlrecht: ↑Wählbarkeit.

Paternalismus [zu lat. paternalis »väterlich«]: eine Herrschaftsordnung, die durch die Bevormundung der Beherrschten durch den Herrscher gekennzeichnet ist.

Patriarchat [griech. »Vaterherrschaft«]: im engeren Sinn Bezeichnung für eine Gesellschaftsordnung, in der dem Mann (als Vater, als Sippenältester) die alleinige Entscheidungsgewalt zukommt; im weiteren Sinn die Vorrangstellung des Mannes in Gesellschaft, Politik, Wirtschaft, Kultur, Kirche; Gegensatz: ↑Matriarchat.

Patriotismus (Vaterlandsliebe): die Verehrung, Hingabe und gefühlsmäßige Bindung an Werk, Traditionen und die Gemeinschaft des eigenen Volkes bzw. der Nation. Der P. äußert sich z.B. in der Achtung vor bestimmten Symbolen (Fahnen, Hymnen), historisch bedeutsamen Ereignissen, Institutionen und Personen. P. kann in die Extremformen des ↑Nationalismus und ↑Chauvinismus übergehen.

Patronage [-ʒə, frz.]: ↑Ämterpatronage.

Patronagepartei [-ʒə, frz.]: ↑Partei.

Pazifismus: Grundhaltung und Bewegung, die aus ethischen Gründen Gewaltanwendung sowie militärische Vorbereitung eines Krieges ablehnt und kompromisslose Friedensbereitschaft fordert. Der moderne P. hat sich im 19. Jh. in den Friedensgesellschaften entwickelt, deren Zentrale das 1891 gegründete **Internationale Friedensbüro** (Sitz: Bern) ist. Pazifistische Ziele verfolgen auch die UN, wobei jedoch militärische Eingriffe als letztes Mittel zur Friedenserhaltung und -wiederherstellung gebilligt werden. Unter dem Eindruck des Wettrüstens erhielt der P. starken Auftrieb, z.B. in den 1980er-Jahren in der ↑Friedensbewegung.

PCF: ↑Frankreich.

PDS: ↑Partei des Demokratischen Sozialismus.

Peers [ˈpɪəz, engl.]: in Großbritannien Angehörige des Hochadels (Adelstitel: Lord), die als solche z.T. Mitglied des britischen ↑Oberhauses (House of Lords) sind. Unterschieden werden **Erblords,** welche die Peerwürde von ihren Vorfahren ererbt haben, und auf Lebenszeit ernannte **Life Peers.** Im Zuge politischer Reformen verloren die Erblords 1999 das Recht auf Sitz und Stimme im Oberhaus; für eine Übergangszeit verblieben neben 488 Life Peers auch 92 Erblords im Oberhaus.

Pension [pã-, pɛn-] (Ruhegehalt): lebenslanger Versorgungsbezug, der ↑Beamten, ↑Richtern und Berufssoldaten bei Dienstunfähigkeit oder als Altersversorgung durch den Dienstherrn zusteht. Diskutiert werden angesichts der drastisch ansteigenden Zahl pensionierter Beamten, Richter und Berufssoldaten **Pensionsfonds,** wonach Beamte einen Teil ihrer Bezüge in einen Versorgungsfonds einzahlen, und, alternativ dazu, ein Besoldungsabschlag. Umstritten ist v.a. die unterschiedliche Besteuerung von P. und ↑Renten. Eine Entscheidung des Bundesverfassungsgerichts steht dazu noch aus.

Pentagon: Bezeichnung für das Gebäu-

Als Parteiensystem wird die Gesamtheit der ↑Parteien innerhalb eines politischen Systems verstanden, die in ihrem Zusammenwirken und in ihrem Wettbewerb miteinander betrachtet werden.

Parteienkonkurrenz oder Einheitspartei

Liegt, wie etwa in der ehemaligen Sowjetunion mit der KPdSU (Kommunistische Partei der Sowjetunion) als einziger zugelassener Partei, ein ↑Einparteiensystem vor, findet ein Wettbewerb um die politische Führung eines Landes naturgemäß nicht statt. Alle anderen Parteiensysteme beruhen zumindest theoretisch auf dem Prinzip der Parteienkonkurrenz, wobei zwischen **Zweiparteiensystemen** mit klarer Alternative zwischen Regierung und ↑Opposition (z.B. in den USA) auf der einen sowie **Vielparteiensystemen (Mehrparteiensystemen)** mit dem Zwang zur Bildung von Regierungskoalitionen auf der anderen Seite unterschieden wird. Staaten, die den Führungsanspruch einer Partei – im Falle der ehemaligen DDR den der SED (↑Sozialistische Einheitspartei Deutschlands) – in ihrer Verfassung verankert haben und Wahlen nach einer ↑Einheitsliste durchführen, gelten trotz der Existenz mehrerer Parteien als verborgene Einparteiensysteme.

Einfluss in Staat und Gesellschaft

Moderne Demokratien sind **Parteiendemokratien.** In ihnen haben Parteien entscheidenden Einfluss auf die Organisation und Arbeitsweise von Parlament und Regierung (↑parlamentarisches Regierungssystem). In Deutschland ist die staatsrechtliche Stellung der Parteien durch das Grundgesetz geregelt; Art. 21 bestimmt, dass die Parteien bei der »politischen Willensbildung des Volkes« mitwirken. Näheres über ihre innere Ordnung, die Feststellung der eventuellen Verfassungswidrigkeit einer Gruppierung und die ↑Parteienfinanzierung ist im Parteiengesetz geregelt. Auch wenn die Parteien in der schweizerischen und österreichischen Verfassung nicht genannt sind bzw. ihre staatsrechtliche Stellung nicht formell bestimmt ist, haben sie faktisch eine ähnliche Bedeutung wie in Deutschland. Eine Besonderheit des Parteiensystems der ↑Schweiz liegt darin, dass seit 1959 ohne Unterbrechung die vier großen Parteien die Regierung stellen.
Parteien bestimmen nicht nur das Handeln von Regierung und Parlament, sie beeinflussen auch die öffentliche Verwaltung und weite Bereiche des gesellschaftlichen Lebens (z.B. Rundfunkanstalten). In Österreich ist die Vergabe öffentlicher Ämter nach einem Proporzsystem zwischen den beiden großen Volksparteien SPÖ und ÖVP, die über Jahrzehnte in einer großen Koalition die Regierung bildeten, seit langem Gegenstand der Kritik. In Deutschland wird der Vorwurf des »Parteienfilzes« insbesondere in Bundesländern erhoben, wo eine Partei seit langem die Regierung stellt. Die Kritik zielt auf eine unzulässige Ausweitung des Einflussbereichs der Regierungspartei(en), etwa bei der Vergabe öffentlicher Aufträge oder Posten, den damit einhergehenden Mangel an politischer Kontrolle sowie auf die Gefahr der Verquickung politischer und privater Interessen. Zahlreiche Affären in den Ländern sowie der illegale Umgang mit Parteispenden, der in der Flick-Affäre der 1980er-Jahre und im 1999/2000 aufgedeckten Spendenskandal CDU zu Tage trat, beschädigten das Ansehen der Parteiendemokratie.

Historische Lehren in Deutschland

Die Entwicklung der Parteien und des Parteiensystems ist abhängig vom jeweiligen Wahl- und Regierungssystem eines Landes. Während ein Mehrheitswahlrecht den großen Parteien zugute kommt und die Regierungsbildung erleichtert, begünstigt das Verhältniswahlrecht das Aufkommen kleinerer Parteien

(↑ Wahlrecht). Je mehr Parteien im Parlament vertreten sind, desto komplizierter wird die Regierungsbildung. Nach der Erfahrung der ersten deutschen Demokratie, der Weimarer Republik, mit schwierigen Koalitionsbildungen, häufigen Regierungswechseln und der zunehmenden Handlungsunfähigkeit der in mehrere Parteien zersplitterten politischen Mitte – eine der Ursachen für das Aufkommen und den Erfolg des Nationalsozialismus – wurde 1953 in der BRD die Fünfprozentklausel eingeführt. Sie verwehrt ↑ Splitterparteien mit einem Stimmenanteil von unter 5 % den Einzug ins Parlament. Aus der Erfahrung der Parteien, dass sie im Nationalsozialismus als Kräfte der Opposition verboten wurden, ist das ↑ Parteiverbot in Deutschland an das Kriterium der ↑ Verfassungsfeindlichkeit geknüpft.

Die im Wesentlichen schon vor der Konstitution der beiden deutschen Staaten (1949) neu gegründeten Parteien knüpften an das historisch gewachsene Parteiensystem an und entsprechend den politischen Hauptströmungen – christlich-konservativ, liberal, sozialdemokratisch und kommunistisch – konstituierten sich die vier großen Parteien CDU/CSU, FDP, SPD und KPD (↑ Kommunistische Partei Deutschlands). Während die KPD in der Sowjetischen Besatzungszone, aus der später die DDR hervorging, bereits 1946 mit der SPD zur Einheitspartei SED zwangsvereinigt wurde, verlor sie in den Westzonen an Bedeutung; bereits 1953 erhielt sie nur noch 2,2 % der Stimmen, 1956 wurde sie unter dem Vorwurf der Verfassungsfeindlichkeit verboten.

Wesentliche Neuerungen des bundesdeutschen Parteiensystems im Vergleich zu Weimar bestehen darin, dass es mit der FDP nur noch eine liberale Partei gibt und dass CDU und CSU, anders als die katholisch gebundene Zentrumspartei, einen überkonfessionellen, christlich

Parteiensystem

Mitgliederzahlen der Bundestagsparteien (in 1000)

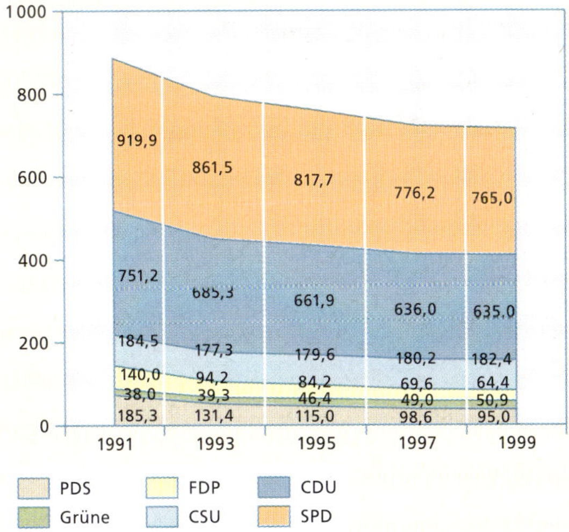

Quelle: Statistiken der Parteien

orientierten Konservatismus vertreten. Die Unionsparteien wurden damit zum Prototyp der modernen Volkspartei, die durch eine breit gestreute, unterschiedliche Schichten ansprechende Programmatik möglichst viele Wähler und damit eine regierungsfähige Mehrheit zu gewinnen sucht. Den Schritt von der Weltanschauungs- zur Volkspartei vollzog die SPD 1959 mit ihrem ↑Godesberger Grundsatzprogramm.

Parteiensystem

Regierungskoalitionen im Deutschen Bundestag

Parteien	Zeitraum
CDU, CSU, FDP, DP	1949–53
CDU, CSU, FDP, DP, GB/BHE	1953–56
CDU, CSU, FVP, DP	1956/57
CDU, CSU, DP	1957–60
CDU, CSU	1960/61
CDU, CSU, FDP	1961–66
CDU, CSU, SPD	1966–69
SPD, FDP	1969–82
CDU, CSU, FDP	1982–98
SPD, Bündnis 90/Die Grünen	seit 1998

DP= Deutsche Partei; GB/BHE= Gesamtdeutscher Block/ Bund der Heimatvertriebenen und Entrechteten; FVP= Freie Volkspartei

Vom zersplitterten Parteiensystem zum gemäßigtem Parteienpluralismus

Zersplittertes Parteiensystem: In einer ersten Phase war die bundesdeutsche Parteienlandschaft von einer starken Zersplitterung geprägt. Dem ersten, 1949 gewählten Bundestag gehörten Vertreter von zwölf Parteien und zwei Unabhängige an. Die Wählergunst konzentrierte sich aber schon bei der zweiten Bundestagswahl 1953 auf fünf und nach der Wahl von 1957 auf vier Parteien.

Konzentration der Wählerstimmen: Ab 1961 waren nur noch CDU, CSU, SPD und FDP im Parlament vertreten. Auch auf Länder- und kommunaler Ebene setzte sich die Konzentration auf diese drei Parteien weitgehend durch. Während bis dahin v.a. die CDU von der Konzentration der Wählerstimmen profitiert hatte, vollzog sich in den 1960er-Jahren ein tief greifender Wandel: Mit ihrer programmatischen Öffnung konnte die SPD das Ungleichgewicht gegenüber den bürgerlichen Parteien abbauen. Während zuvor nur eine Koalition von CDU/CSU und Liberalen denkbar schien, waren nun alle Konstellationen zwischen den drei Parteien möglich.

Tatsächlich kam es 1966 zur Bildung einer großen Koalition aus CDU/CSU und SPD. Eine außer-, teils auch antiparlamentarische Opposition sowie das kurzfristige Erstarken extremistischer Parteien waren die Folge. Die 1968 als Nachfolgerin der verbotenen KPD gegründete DKP (Deutsche Kommunistische Partei) blieb zwar bei Wahlen bedeutungslos, doch die rechtsextreme NPD (↑Nationaldemokratische Partei Deutschlands) verfehlte bei den Bundestagswahlen 1969 nur knapp den Einzug ins Parlament.

Die dritte Koalitionsmöglichkeit innerhalb des Drei-Parteien-Oligopols wurde 1969 durch die Bildung einer SPD/FDP-Regierung verwirklicht; W. Brandt wurde als erster Sozialdemokrat Bundeskanzler. Dieser Wechsel der Führungsrolle unter den großen Volksparteien entsprach einem verbreiteten, auch innerhalb der ↑außerparlamentarischen Opposition artikulierten Bedürfnis nach einer neuen Kräftekonstellation und bedeutete eine Stärkung des vom Stillstand bedrohten parteipolitischen Systems der BRD.

Es erwies sich auch in der Folgezeit als außerordentlich stabil: 13 Jahre wurde das Land sozialliberal regiert, bis die FDP 1982 innerhalb der Legislaturperiode das politische Lager wechselte. Bundeskanzler H. Schmidt (SPD) wurde durch ein ↑konstruktives Misstrauensvotum gestürzt und H. Kohl (CDU) zum neuen Regierungschef gekürt. Die Wähler bestätigten diese Wende in der vorgezogenen Bundestagswahl 1983, bei der die Regierungsparteien CDU/CSU und FDP eindrucksvolle Erfolge erzielten (vgl. Grafik bei ↑Bundestagswahl).

Vorsichtige Pluralisierung: 1983 wurde mit dem Einzug der Grünen (↑Bündnis 90/Die Grünen) in den Bundestag auch das seit 22 Jahren bestehende Drei-Parteien-Oligopol gebrochen. Die aus der Umweltbewegung hervorgegangene, erst 1980 als bundesweite Organisation gegründete Partei konzentrierte sich in den ersten Jahren auf die Politikfelder Umweltschutz, Friedenssicherung und Basisdemokratie und verstand sich u.a. durch die ständige Kontrolle der Funktionsträger durch die Parteibasis als Alternative zu den etablierten Parteien. Auf Landesebene wurden die Grünen in Hessen erstmals Regierungspartner der SPD. Seit 1998 sind sie als Bündnisgrüne unter dem SPD-Bundeskanzler G. Schröder an der Bundesregierung beteiligt.

Die deutsche Einheit und die Parteien

Der friedliche Protest der DDR-Bürger gegen ihre Staatsführung führte Ende 1989 auch zum Zusammenbruch des bisherigen Parteiensystems mit fünf offiziell zugelassenen, unter der Führung der SED in der ↑Nationalen Front verbundenen Parteien. Der Führungsanspruch der SED wurde am 1.12.1989 von der Volkskammer aus der Verfassung gestrichen, die ↑Blockparteien lösten sich von der Bindung an die Staatspartei. Sie verschmolzen im Zuge der deutschen Vereinigung mit ihren bundesdeutschen Schwesterparteien, wie auch die 1989 gegründete SDP (Sozialdemokratische Partei der DDR) in der bundesdeutschen SPD aufging. Neugründungen von Parteien in der DDR hatten über die deutsche Einheit am 3.10.1990 hinaus kaum Bestand; das aus der Bürgerrechtsbewegung hervorgegangene Bündnis 90 vereinigte sich 1993 mit den westdeutschen Grünen zu Bündnis 90/Die Grünen.

Allein die linkssozialistische PDS (↑Partei des Demokratischen Sozialismus), die im Winter 1989/1990 aus der entmachteten SED hervorging, konnte sich nach der Vereinigung im deutschen Parteiensystem behaupten. Die Partei ist seit der ersten gesamtdeutschen Bundestagswahl 1990 im Bundestag vertreten. Während sie bislang im Westen eine Splitterpartei blieb, hat sich die PDS in den neuen Ländern als dritt- oder gar zweitstärkste Partei neben CDU und SPD etabliert. Seit 1998 ist sie in Mecklenburg-Vorpommern in Koalition mit der SPD an der Landesregierung beteiligt.

Die Zukunft des Parteiensystems

Die zunehmende Lösung von Stammwählern von ihren Parteien, die wachsende Zahl von ↑Nichtwählern, der bei fast allen Parteien zu beobachtende Mitgliederschwund, Defizite in der innerparteilichen Demokratie und die Tendenz zur programmatischen Austauschbarkeit werten Politikwissenschaftler als Anzeichen für eine Krise des Parteiensystems. Auch artikuliert sich Politik in der modernen ↑Mediendemokratie zunehmend außerhalb der Parteigremien über die Massenmedien. Entscheidend für den Wahlerfolg sind nicht mehr langfristige Programmarbeit und motivierte Mitglieder, sondern die Mobilisierung der ↑Wechselwähler zu den Wahlterminen (↑Volatilität). ■

Die meisten politischen Parteien in Deutschland haben Orts- bzw. Bezirksverbände, die umfangreiches Material zu Programm, Struktur und der personellen Besetzung zur Verfügung stellen.

Alemann, Ulrich von: *Das Parteiensystem der Bundesrepublik Deutschland.* Leverkusen 2000 ■ Olzog, Günter und Liese, Hans J.: *Die politischen Parteien in Deutschland.* München [24]1999 ■ Birke, Adolf M.: *Die Bundesrepublik Deutschland. Verfassung, Parlament, Parteien.* München 1997.

P

de des US-Verteidigungsministeriums in Arlington (Virginia) sowie das Ministerium selbst; das P. wurde 1941/42 auf fünfeckigem Grundriss errichtet.

Perestroika [russ. »Umgestaltung«]: Schlagwort für politische und wirtschaftliche Reformen in der Sowjetunion, die von M. GORBATSCHOW nach seinem Amtsantritt als Generalsekretär der KPdSU (1985) eingeleitet wurden. Ziel war die gesellschaftliche Modernisierung unter Aufrechterhaltung der Führungsrolle der KPdSU (erst 1990 aufgegeben). Seit Ende der 1980er-Jahre geriet die von einer breiten öffentlichen Diskussion (↑Glasnost) begleitete P. in eine tiefe Krise. Machtkämpfe und Unabhängigkeitsbestrebungen der Unionsrepubliken führten zum Scheitern der P. und schließlich zum Zerfall der UdSSR 1991.

permanente Revolution: Grundannahme des ↑Trotzkismus; nach der von L. TROTZKI 1904–06 entwickelten Theorie der p. R. muss die bürgerliche ↑Revolution unmittelbar durch die proletarische Revolution fortgesetzt und ausgedehnt werden, da der Sieg der Revolution nur in Form der ↑Diktatur des Proletariats denkbar ist; zur Sicherung der revolutionären Errungenschaften sei die Ausweitung der Revolution zur Weltrevolution nötig. In der von MAO ZEDONG entwickelten Lehre (↑Maoismus) bezeichnet der Begriff p.R. einen langfristigen Prozess, der sich gegen eine Bürokratisierung richtet und das revolutionäre Bewusstsein fördert.

personalisierte Verhältniswahl: ↑Wahlrecht.

Personalitätsprinzip: Grundsatz, dass sich die rechtlichen Verhältnisse einer Person nach dem Heimatrecht und nicht nach dem Recht des jeweiligen Aufenthaltsstaates richten. Das P. gilt v.a. für den Bereich des Privatrechts; dagegen gilt für das Strafrecht seit 1975 im Wesentlichen das ↑Territorialitätsprinzip.

Personalrat: ↑Personalvertretung.

Personalunion: ↑Union.

Personalvertretung: Bezeichnung für die Organe, welche die Interessen der im ↑öffentlichen Dienst Beschäftigten gegenüber den Dienststellenleitern vertreten. Rechtsgrundlage bildet das Bundespersonalvertretungsgesetz vom 15.3.1974, das zugleich Rahmengesetz für die entsprechenden gesetzlichen Bestimmungen der Länder ist. Das Gesetz sieht in allen öffentlichen Dienststellen die Bildung von P. vor, die sich aus Arbeitern, Angestellten und Beamten zusammensetzen. Gesetzlich geregelt ist v.a. die P. durch den **Personalrat,** der in jeder Dienststelle mit mindestens fünf Beschäftigten für vier Jahre gewählt wird. In größeren Dienststellen gibt es Gesamt-, Bezirks- und Landespersonalräte. Die Aufgaben des Personalrats entsprechen im Wesentlichen denen des ↑Betriebsrats. Die Mitglieder des Personalrats genießen einen besonderen Kündigungsschutz. Über personalvertretungsrechtliche Streitigkeiten entscheiden die Verwaltungsgerichte.

Persona non grata [lat. »unerwünschte Person«] (Persona ingrata): Bezeichnung für den Vertreter eines Staates, dessen Aufenthalt und diplomatische Tätigkeit im Empfangsstaat unerwünscht sind.

Personenkult: politisches Schlagwort für die Überbewertung der Rolle einer bestimmten Person in Politik, Gesellschaft und Geschichte. Der P. ist gekennzeichnet durch Verehrung bestimmter Führer (Führerkult) sowie durch unkontrollierte Machtanhäufung in einer Hand, etwa im Nationalsozialismus und Stalinismus.

Persönlichkeitsschutz: aus Art. 1 und 2 GG abgeleitete ↑Grundrechte **(Persönlichkeitsrecht),** insbesondere das Recht des Einzelnen auf Achtung und freie Entfaltung seiner individuellen Persönlichkeit **(Freiheit der Person)** gegenüber dem Staat und im privaten Rechtsverkehr sowie die Garantie der ↑Menschenwürde. Der P. umfasst auch

P

die ↑Intimsphäre, das Namensrecht, das Recht am eigenen Bild, das ↑Urheberrecht und den Schutz personenbezogener Daten (↑Datenschutz).
Da der Einzelne zugleich Teil einer Gemeinschaft ist, findet der P. seine Grenzen dort, wo die Rechte Dritter, die verfassungsmäßige oder die sittliche Ordnung beeinträchtigt werden. Bei rechtswidriger und schuldhafter Verletzung des Persönlichkeitsrechts hat der Geschädigte Anspruch auf Unterlassung, Beseitigung (Widerruf, Gegendarstellung) und/oder auf Schadensersatz.

Persönlichkeitswahl: ↑Wahlrecht.

Petition of Right [pɪ'tɪʃn ɔv 'raɪt, engl. »Bittschrift zur Herstellung des Rechts«]: 1628 vom englischen König KARL I. (1600–49) bewilligte Bittschrift des Parlaments zur Gewährung folgender Rechte: u.a. keine zusätzlich Besteuerung ohne Zustimmung des Parlaments, keine Verhaftungen ohne Angabe des Grundes, Garantie eines ordentlichen Gerichtsverfahrens.
Die P. o. R. war Ausdruck des wachsenden Selbstbewusstseins des Bürgertums und galt in der Folge als Garantie der bürgerlichen Freiheit; an ihrer Auslegung entzündete sich u.a. 1642 der englische Bürgerkrieg. Die in der Bittschrift enthaltenen Freiheitsrechte bilden u.a. den Ursprung der modernen ↑Grundrechte.

Petitionsrecht: ursprünglich das Recht bestimmter Stände (später auch der Volksvertretung), ihre Bitten und Vorschläge beim Herrscher einzubringen, im modernen Rechtsstaat ist das P. ein ↑Grundrecht. In Deutschland hat nach Art. 17 GG jedermann das Recht, »sich einzeln oder in Gemeinschaft mit anderen schriftlich mit Bitten und Beschwerden an die zuständigen Stellen und an die Volksvertretung zu wenden«. Die Stelle, an die sich die Bitt- bzw Beschwerdeschrift **(Petition)** richtet, ist dazu verpflichtet, die Petition entgegenzunehmen, sich mit ihrem Inhalt sachlich auseinanderzusetzen und sie zu beantworten. Ein Instanzenzug muss vom Einreicher (Petent) nicht eingehalten werden, z.B. kann eine Beschwerde direkt an den Ministerpräsidenten gerichtet werden. Die P. muss in schriftlicher Form eingebracht werden und mit einer Unterschrift bzw. einem beglaubigtem Handzeichen versehen sein. Beamte und Soldaten haben aufgrund ihres besonderen Dienst- und Treueverhältnisses ein eingeschränktes P.
Für die an den Bundestag gerichteten Bitten und Beschwerden ist nach Art. 45 c GG der **Petitionsausschuss** zuständig; dieser kann zur Bearbeitung der Petitionen Amtshilfe von staatlichen Organen (z.B. Gerichten und Verwaltungseinrichtungen) verlangen und muss dem Bundestag in bestimmten Abständen einen Tätigkeitsbericht vorlegen. Für Beschwerden und Bitten der Bürger von EU-Staaten wurde der **Petitionsausschuss der EU** eingerichtet.
Beim Petitionsausschuss des Bundestages gingen 1999 über 18 000 Eingaben ein (Anstieg gegenüber 1998: rd. 6%). Bei der Verteilung auf die Bundesministerien kommen auf das Bundesministerium für Arbeit und Sozialordnung über ein Drittel der Petitionen. Auch die Zahl der Massenpetitionen, z.B. Postkartenaktionen zu den Themen Kosovo-Konflikt, Asylrecht, stieg an.

Pflegeversicherung: seit 1. 4. 1995 bestehender Zweig der Sozialversicherung, der unter dem Dach der gesetzlichen ↑Krankenversicherung (GKV) Leistungen bei Pflegebedürftigkeit erbringt **(gesetzliche P.).** Die Finanzierung der P. ist problematisch und hoch defizitär; sie erfolgt über Beiträge, die Versicherte und Arbeitgeber je zur Hälfte tragen; seit dem 1. 9. 1996 beträgt der Beitragssatz 1,7%. Versicherungspflichtig sind alle Mitglieder der GKV. Mitglieder privater Krankenversicherungen können zwischen der gesetzlichen P. und einer privaten P. wählen.
Die gesetzliche P. umfasst Sach- und Geldleistungen bei häuslicher und sta-

P

tionärer Pflege, deckt aber nicht die tatsächlichen Kosten einer Pflege ab. Pflegebedürftigkeit liegt vor (Prüfung durch die Krankenkassen), wenn eine Person wegen Krankheit oder Behinderung für die alltäglichen Verrichtungen dauerhaft erhebliche Hilfe benötigt.

Photovoltaik: ↑ regenerative Energien.

Planwirtschaft: ↑ Zentralverwaltungswirtschaft.

Plebiszit: ↑ Volksabstimmung.

plebiszitäre Demokratie: ↑ direkte Demokratie.

Plenum: die Vollversammlung eines Kollegiums, insbesondere der Mitglieder einer Volksvertretung (↑ Parlament). Das P. ist zuständig für die ↑ Gesetzgebung; wesentliche Vorarbeit leisten dabei die ↑ Parlamentsausschüsse.

PLO: ↑ Palästinensische Befreiungsorganisation.

Pluralismus: allgemein die Vielheit und gleichberechtigte Geltung verschiedener Standpunkte oder Normensysteme, im Unterschied zum Monismus (Einheit) und Dualismus (Zweiheit). Als pluralistisch gelten Gesellschaften, die über eine Vielzahl frei gebildeter, konkurrierender politischer, wirtschaftlicher, religiöser, ethnischer u.a. Interessengruppen verfügen, und die dem einzelnen Bürger und den Interessenverbänden ein hohes Maß an Autonomie und politischer Beteiligung gewähren. Der Pluralismustheorie liegt die Annahme zugrunde, dass es in pluralistischen Ordnungen aufgrund der Konkurrenz von Interessen und Ideen zu Kompromissen kommt, die für alle Teile zufriedenstellend sind.

P. ist zugleich Strukturmerkmal und zentrale Forderung in modernen Gesellschaften, sowohl hinsichtlich der Staatsform (pluralistische Demokratie) als auch der politischen Willensbildung und der Möglichkeit politischer Einflussnahme. Dabei werden die staatlichen Organe als Repräsentanten der verschiedenen Interessen betrachtet, der politische Wille und die Entscheidungen des Staates als das Ergebnis von Konkurrenz und Kompromiss.

Der P. in Deutschland wirkt in drei Bereichen: 1) **Verbändepluralismus** (z.B. Gewerkschaften), durch den einzelne Interessenverbände ihren Forderungen

Pflegeversicherung

Leistungen der Pflegeversicherung 1999 (Anteile in %)

Gesamtzahl der Leistungsbezieher: 1,8 Mio.
Gesamte Leistungsausgaben: 30,41 Mrd. DM

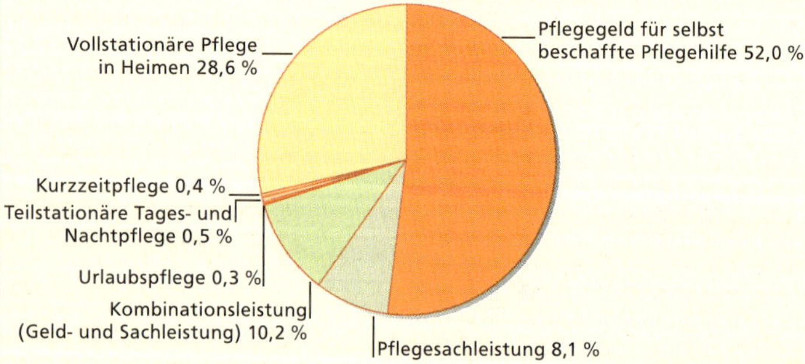

Quelle: Bundesgesundheitsministerium

Ausdruck verleihen können; 2) **Parteienpluralismus** zur politischen Interessenvertretung verschiedener Gruppen (↑ Parteiensystem); 3) **konfessioneller P.,** der sich im Nebeneinander verschiedener religiöser Glaubensrichtungen und der konfessionellen und weltanschaulichen Neutralität des Staates zeigt. Die konservative Pluralismuskritik sieht durch die starke Einflussnahme von Interessenverbänden die Entscheidungs- und Handlungsfreiheit des Staates gefährdet. Die radikal-demokratische Pluralismuskritik hebt zum einen darauf ab, dass die sozialen Gruppen in einer Gesellschaft nicht gleich stark sind und daher unterschiedliche Chancen haben, ihre Interessen durchzusetzen (z. B. Industrieverbände gegenüber Konsumentenvereinigungen); zum anderen gebe es Interessen, die keine entsprechende Vertretung finden (z. B. Kinder, Alte).

Plutokratie [griech. »Geldherrschaft«]: Staatsform, in der die Macht von Gruppen ausgeht, deren Einfluss v. a. auf ihrem wirtschaftlichen Reichtum beruht. Eine P. kann z. B. durch das ↑ Zensuswahlrecht verankert werden.

Pogrom: allgemein Bezeichnung für eine Ausschreitung gegen Mitglieder nationaler, religiöser oder rassischer Minderheiten, im Besonderen die mit Plünderung und Mord verbundene ↑ Judenverfolgung, z. B. im zaristischen Russland oder im Nationalsozialismus.

Policy ['pɔləsı]: aus dem Englischen ins Deutsche übertragener Fachausdruck für die inhaltliche Seite von ↑ Politik; im Unterschied zu Begriffen, die den Ablauf von Politik und politischen Entscheidungen (↑ Politics) oder die formalen bzw. institutionellen Aspekte (↑ Polity) in den Vordergrund stellen. Für die Beschreibung der materiellen Seite der Politik gibt es im Deutschen nur konkrete Einzelbegriffe wie z. B. Energiepolitik und Umweltpolitik.

Politbüro, Kurzwort für **Politi**sches **Büro:** Das oberste politische Führungsorgan kommunistischer Parteien; seine Mitglieder werden vom ↑ Zentralkomitee gewählt und entscheiden alle Grundsatzfragen der Politik.

Political Correctness [pɔlıtıkl kə'rektnıs, engl. »politische Korrektheit«], Abk. PC: Anfang der 1990er-Jahre an den Universitäten der USA geprägter Begriff für eine »richtige« weltanschauliche Einstellung, die alle Handlungen, Ausdrucksweisen und Begriffe ablehnt, durch die Personen aufgrund ihrer Rasse, ihres Geschlechts, ihrer Zugehörigkeit zu einer bestimmten sozialen Schicht, ihrer körperlichen oder geistigen Behinderung oder ihrer sexueller Neigung diskriminiert werden könnten. Wegen der Unschärfe des Begriffs und seiner Inhalte wird PC von Kritikern als Zensur abgelehnt.

Politics ['pɔlətiks]: Fachausdruck für den prozessualen Charakter der Politik, für den keine deutsche Bezeichnung existiert; im Unterschied zur inhaltlichen (↑ Policy) oder formalen (↑ Polity) Seite. P. umfasst die Konflikte, die den unterschiedlich gelagerten Interessen der Beteiligten entspringen, außerdem die einzelnen Konflikte und schließlich die Herbeiführung eines Interessenausgleichs durch Verhandlungen.

Politik [von griech. politiké téchne »Kunst der Staatsverwaltung«]: vielschichtiger Begriff zur Bezeichnung von Verhaltensweisen und Handlungen von Individuen oder Organisationen, die auf die Gestaltung des staatlichen Bereichs und des öffentlichen Lebens gerichtet sind. P. ist Untersuchungsgegenstand der ↑ Politikwissenschaft, die P. – in Anlehnung an den englischen Politikbegriff – in ↑ Polity (Form), ↑ Politics (Prozess) und Policy (Inhalt) unterteilt.

Ihre Legitimation findet P. in demokratischen Systemen in der Zustimmung der Mehrheit der Betroffenen. Nach dem Bereich des politischen Handelns unterscheidet man z. B. ↑ Außenpolitik, ↑ Verteidigungspolitik, ↑ Sozialpolitik, ↑ Wirtschaftspolitik, ↑ Finanzpolitik, nach der jeweiligen Ebene z. B. Bundes-

P

und Landespolitik, nach dem Handlungs- bzw. Interessenträger z.B. Parteipolitik und Verbandspolitik, nach den Grundsätzen des politischen Handelns z.B. Macht-, Friedens- und Realpolitik. *Entwicklung:* In Antike und Mittelalter wurde P. als Lehre von der rechten Ordnung des Gemeinschaftswesens verstanden. Nach Zahl der Machthaber und der Qualität der Herrschaftspraxis unterschied ARISTOTELES zwischen ↑Monarchie, (↑Tyrannis), ↑Aristokratie (↑Oligarchie) und ↑Demokratie (↑Ochlokratie). Seinen Schülern und v.a. POLYBIOS erschien die ↑gemischte Verfassung als die beste. Dagegen betrachtete N. MACHIAVELLI (»Il Principe«, 1513) Erwerb und Gebrauch von Macht durch den Fürsten als Hauptinhalt der P., auch wenn dadurch moralisch-ethische Gedanken außer Acht gelassen würden (Machiavellismus). Von hier aus entwickelte sich die Lehre von der ↑Staatsräson, die den Machtgewinn als wichtigstes Ziel der P. sieht. Mit der Aufklärung bildeten sich Vertragstheorien (↑Gesellschaftsvertrag) und Lehren der ↑Volkssouveränität heraus, die die Frage nach der Legitimierung politischen Handelns neu beantworteten. M. WEBER begriff P. als Kampf um ↑Macht. Der Marxismus bestimmt P. wesentlich als ↑Klassenkampf. Neuere Ansätze verweisen auf die gesellschaftliche Ordnung als Wirkungsbereich politischen und sozialen Handelns.

Politikverdrossenheit: generelle Unzufriedenheit mit der Politik, v.a. mit Parteien und Politikern. P. kann sich auf die Akzeptanz der politischen Ordnung insgesamt auswirken und ihre ↑Legitimität untergraben. Als Auslöser von P. gelten u.a. Affären von Politikern, politische Skandale, die Konsensunfähigkeit von Regierung und Opposition, die die Umsetzung politischer Vorhaben be- oder verhindert.

Politikverflechtung: spezifische Struktur politischer Entscheidungsfindung in Deutschland, die auf dem bundesstaatlichen Aufbau beruht (↑Föderalismus). Bei der **horizontalen P.** sind die Länder bei der Lösung politischer Probleme und bei der Erledigung von Aufgaben aufeinander angewiesen (z.B. ↑Kultusministerkonferenz). Bei der **vertikalen P.** sind Bund und Länder zur Zusammenarbeit verpflichtet; Städte und Gemeinden werden dabei z.T. mit einbezogen. Die P. gilt z.B. für die unterschiedlichen Bereiche der ↑Gesetzgebung oder der staatlichen Einnahmen und Ausgaben.

Politikwissenschaft (politische Wissenschaft, Politologie): Bezeichnung für die Wissenschaft von den institutionellen Formen, Prozessen, Inhalten und normativen Grundlagen der ↑Politik. Es lassen sich drei Hauptrichtungen unterscheiden: die ↑empirisch-analytische Theorie, die ↑normativ-ontologische Theorie und die dialektisch-kritische Theorie, die einen gesellschaftskritischen Ansatz in der Tradition von ↑Marxismus und der kritischen Theorie (↑Kritik) vertritt.

Die P. untersucht hauptsächlich die Geschichte der politischen Ideen und Politiktheorien, die internationalen Beziehungen der Staaten sowie die Struktur und Dynamik politischer Systeme und Prozesse einschließlich ihres Vergleichs. Darüber hinaus analysiert die P. im Einzelnen Macht- und Herrschaftsverhältnisse sowie die politische Organisierung und Interessenvermittlung (z.B. Parteien, Wahlverhalten, politische Beteiligung). Dabei betrachtet sie (traditionelle) politische Theorien und empirisch-analytische Methoden als Arbeitsfeld und thematisiert kritisch die sozialen und ökonomischen Rahmenbedingungen von Politik.

politische Anthropologie: Teilgebiet der Anthropologie (Wissenschaft vom Menschen und von den menschlichen Verhaltensweisen in den Auseinandersetzungen mit der Umwelt), insoweit sie für die Bildung von gesellschaftlichen und politischen Systemen von Bedeutung ist. Freiheitliche Ordnungen be-

P

trachten den Menschen als vernunftbegabtes Wesen, das in der Lage ist, sein Handeln so auszurichten, dass es mit dem ↑Gemeinwohl vereinbar ist. Der ↑Marxismus hält das menschliche Wesen im Kern für ein von den gesellschaftlichen Bedingungen produziertes. Die im Menschen angelegten Möglichkeiten ließen sich erst in einer Gesellschaft, die keinen Zwang und keinen Mangel kennt, also im ↑Kommunismus, entfalten.

politische Beteiligung: ↑Partizipation.

politische Bildung: die Gesamtheit der pädagogischen Bemühungen, Jugendliche und Erwachsene an die politische Urteilsfähigkeit, die Mitverantwortung und die kritisch-aktive Teilnahme am politischen Geschehen heranzuführen. In den Schulen ist p.B. Unterrichtsprinzip in verschiedenen Fächern (z.B. Geschichtsunterricht, Gemeinschafts- oder Sozialkunde). An den Hochschulen etablierte sich die ↑Politikwissenschaft als Studienfach; außerdem wurden u.a. ↑politische Stiftungen und Vereinigungen sowie die ↑Bundeszentrale und Landeszentralen für p.B. geschaffen.

politische Ethik: ↑Ethik.

politische Kultur: Bezeichnung für die Gesamtheit der Einstellungen der Bevölkerung gegenüber politischen Institutionen; im weiteren Sinn auch das Verhalten und die Funktionsweise politischer Institutionen. Man unterscheidet drei Grundtypen der p. K.: 1) Kulturen mit schwach ausgebildeter politischer Orientierung **(parochiale Kultur);** 2) **Untertanenkultur,** in der sich die Bürger als Objekt staatlichen Handelns sehen; 3) **partizipative Kultur,** die auf die Mitwirkungs- und Mitbestimmungsmöglichkeiten der Bürger abhebt. Die p. K. wird v.a. durch ↑Meinungsforschung ermittelt.

politische Ökonomie: im weitesten Sinne die Lehre vom Verhältnis zwischen Wirtschaft und politischen Bedingungen. Im Marxismus ist die p. Ö. zugleich Gesellschafts-, Wirtschafts- und Staatstheorie; im Mittelpunkt steht die Untersuchung der Abhängigkeit der wirtschaftlichen Verhältnisse vom jeweiligen politischen System einer Gesellschaftsordnung. In den westlichen Demokratien mit marktwirtschaftlicher Ordnung steht die Untersuchung des Einflusses der ↑Wirtschaftspolitik auf die Wirtschaft im Mittelpunkt der p. Ö. Die **neue p. Ö.** (seit 1960) überträgt wirtschaftswissenschaftliche Denkweisen auf die Politik; dabei werden politische Instanzen als Akteure verstanden, die (wie die übrigen Wirtschaftssubjekte auch) nach individuellen Vorteilen streben.

politische Partei: ↑Partei.

politische Polizei (Geheimpolizei): Bezeichnung für besondere Polizeiorgane, die mit der Verhinderung und Verfolgung politischer Straftaten befasst sind. Die p. P. kam in der absolutistischen Monarchie auf und gewann besondere Bedeutung in Diktaturen und totalitären Systemen, wo sie mit weit reichenden Vollmachten ausgestattet ist und z.T. willkürliche, rechtswidrige Maßnahmen ergreift. Zur p. P. zählte die Geheime Staatspolizei (Gestapo) im Nationalsozialismus, der ↑Staatssicherheitsdienst der DDR und das Staatssicherheitskomitee (KGB) in der ehemaligen UdSSR. In Deutschland stehen den Verfassungsschutzämtern des Bundes und der Länder keine polizeilichen Befugnisse zu.

politische Beamte: ↑Beamte auf Lebenszeit, die bei der Ausübung ihres Amtes in fortdauernder Übereinstimmung mit den grundsätzlichen politischen Ansichten und den Zielen der Regierung stehen müssen und die deshalb jederzeit in den einstweiligen Ruhestand versetzt werden können. P. B. sind nach dem Beamtenrechtsrahmengesetz z.B. ↑Staatssekretäre.

politischer Flüchtling: ↑Flüchtlinge.

politische/r Gefangene/r: Inhaftierte/r, der/die vom Staat wegen friedlicher oder gewaltsamer oppositioneller

P

Tätigkeit zu einer Freiheitsstrafe verurteilt wird (↑Menschenrechte). Die Verfolgung p. G. dient dem Machterhalt des jeweiligen Staates und richtet sich auch gegen religiöse, rassische oder nationale Minderheiten. In vielen Staaten werden p. G. gefoltert oder zwangsweise in Nervenheilanstalten eingewiesen. Für den Schutz und die Rechte von p. G. setzt sich die Gefangenenhilfsorganisation ↑Amnesty International weltweit ein.

politisches System: Grundbegriff der Politikwissenschaft; das p. S. umfasst alle Institutionen, Personen und Vorgänge, die an der politischen Willensbildung und -durchsetzung beteiligt sind, sowie ihre Beziehungen zueinander. Zum p. S. gehören Staatsorgane wie ↑Parlament und ↑Regierung, ↑Parteien, ↑Interessenverbände, aber auch Vorgänge der ↑Gesetzgebung sowie allgemein alle Formen der politischen Einflussnahme.

politische Stiftung: den Parteien nahe stehende Einrichtung, die mit politischer Bildungsarbeit, Wissenschaftsförderung, Politikberatung u.a. beauftragt ist. Zu den wichtigsten deutschen P. zählen die **Friedrich-Ebert-Stiftung** (SPD), **Friedrich-Naumann-Stiftung** (FDP), **Hanns-Seidel-Stiftung** (CSU), **Heinrich-Böll-Stiftung** (Bündnis 90/Die Grünen), **Konrad-Adenauer-Stiftung** (CDU).

politische Wissenschaft: ↑Politikwissenschaft.

politisch Verfolgte/r: ein Mensch, der wegen seiner Rasse, Religion, Nationalität, Zugehörigkeit zu einer sozialen Gruppe oder wegen seiner politischen Überzeugung verfolgt oder bedroht wird. P.V. können in Deutschland nach Art. 16a GG Asyl beantragen (↑Asylrecht).

Politologie: ↑Politikwissenschaft.

Polity ['pɔlətɪ]: aus dem Englischen übernommene Bezeichnung für die institutionelle Ordnung der ↑Politik einschließlich ihrer normativen Grundlagen; im Unterschied zur inhaltlichen (↑Policy) und prozessualen (↑Politics) Seite. Diese Ordnung ist in Gestalt der ↑Verfassung Ergebnis historischer Entwicklungen und legt weitgehend die Form der politischen Auseinandersetzungen fest.

Polizei [zu griech. politeía »Staatsverwaltung«]: im weiteren Sinn die gesamte Tätigkeit von Verwaltungsbehörden (z.B. Bau- und Gewerbeaufsicht) und Vollzugsorganen (uniformierte P.) zur Abwehr von Gefahren für die ↑öffentliche Sicherheit und Ordnung sowie zur Beseitigung bereits eingetretener Störungen; im engeren Sinn die im Vollzugsdienst tätigen Dienstkräfte, d.h. die uniformierten Polizeikräfte und die Kriminalpolizei.

Organisation: Die Organisation der P. ist in Deutschland grundsätzlich Angelegenheit der Länder (Polizeihoheit der Länder). Die allgemeine Vollzugspolizei ist in allen Ländern für den gesamten polizeilichen Vollzugsdienst zuständig, sofern dieser nicht in den Zuständigkeitsbereich von Sonderpolizeibehörden (z.B. Wasserschutzpolizei) fällt; daneben gibt es die Kriminalpolizei, die Landeskriminalbehörden und die Polizeischulen. Nach Art. 73 Nr. 10 GG unterstehen bestimmte Polizeibehörden dem Bund (z.B. ↑Bundeskriminalamt, ↑Bundesgrenzschutz).

Aufgaben: Hauptaufgabe der P. ist die Gefahrenabwehr; darüber hinaus gehört zur polizeilichen Tätigkeit die Mitwirkung bei der Verfolgung strafbarer Handlungen und Ordnungswidrigkeiten. Grundlage für die Gefahrenabwehr ist die polizeiliche Generalklausel der allgemeinen Polizeigesetze. Demnach ist Voraussetzung für ein Einschreiten der P. das Vorhandensein einer Gefahr, durch die die öffentliche Sicherheit oder Ordnung für die Allgemeinheit oder einen Einzelnen bedroht wird. Die Maßnahmen unterliegen dem ↑Verhältnismäßigkeitsgrundsatz und müssen sich im Rahmen der erlaubten Grundrechtsbeschränkungen bewegen.

Formen polizeilichen Handelns: **Polizei-**

verordnungen enthalten allgemeine Gebote und Verbote, die der Gefahrenabwehr dienen. Eine **polizeiliche Erlaubnis** ist v.a. dort erforderlich, wo eine Betätigung mit Gefahr verbunden ist. **Polizeiverfügungen** beziehen sich auf Einzelfälle, sind an bestimmte Personen oder Personenkreise gerichtet und können mit Zwang durchgesetzt werden. Zu den Zwangsmitteln gehören u.a. die Festsetzung eines Zwangsgeldes und die Einwirkung auf Personen oder Sachen durch körperliche Gewalt und Waffen.

In *Österreich* dient die (örtliche und allgemeine) Sicherheitspolizei der Abwehr der allgemeinen Gefahren für Leben, Gesundheit und Sicherheit sowie der Aufrechterhaltung von Ruhe und Ordnung im Inneren. Die Verwaltungspolizei ist für den Schutz von spezifischen Ordnungsinteressen zuständig (z.B. Gewerbepolizei). In der *Schweiz* sind primär die Kantone zuständig für den Erlass polizeilicher Vorschriften. Sie verfügen über stehende Polizeitruppen u.a. Kontrollorgane. Der Bund hat nur eine beschränkte Gesetzgebungskompetenz auf dem Gebiet der Gewerbepolizei, des Straßenverkehrs und des Gesundheitsschutzes.

Polizeistaat: ursprünglich Bezeichnung für den Staat im ↑Absolutismus, der das gesamte gesellschaftliche Leben seinen Interessen unterordnete. Als P. wird heute ein Staat bezeichnet, in dem die staatliche Herrschaft durch die Polizei sichergestellt wird und in dem die Bürger (im Gegensatz zum ↑Rechtsstaat) keinen rechtlichen Schutz genießen.

Populismus [zu lat. populus »Volk«]: Bezeichnung für einen Politikstil, der mit den Mitteln der Vereinfachung und Dramatisierung von politischen Sachverhalten sowie dem Aufgreifen von Vorurteilen die Zustimmung breiter, v.a. einfacher Bevölkerungskreise anstrebt. Es wird zwischen einem **Linkspopulismus** (z.B. in Argentinien unter Präsident JUAN DOMINGO PERÓN [1895–1974], in Brasilien unter Präsident GETÚLIO VARGAS [1883–1954]) und **Rechtspopulismus** (z.B. die Freiheitliche Partei Österreichs unter JÖRG HAIDER (*1950), die norwegische Fortschrittspartei unter CARL I. HAGEN) unterschieden.

Portefeuille [pɔrtˈføːj, frz.]: in der Politik der Geschäftsbereich eines ↑Ministers. **Minister ohne P.** ist ein Minister ohne eigenen Geschäftsbereich, jedoch mit vollem Stimmrecht im Kabinett.

positives Recht: ↑Recht.

Positivismus: in den Sozialwissenschaften Bezeichnung für eine Forschungsrichtung, die sich bei ihrer Arbeit jeglicher Wertung und Orientierung an Normen zu enthalten versucht. Kennzeichnend ist das Bestreben, von Tatsachen auszugehen, und die Ablehnung jeder Metaphysik. Der P. in der ↑empirischen Sozialforschung will nach naturwissenschaftlichem Vorbild Aussagen gewinnen, die es erlauben, bei eindeutig beschreibbaren Ausgangsbedingungen das Eintreten gewisser Ereignisse, Zustände und Verhaltensweisen zu erklären und voraussagbar zu machen. Gegen den P. wird u.a. eingewandt, dass sein Exaktheitsbegriff mit einer Verengung des Untersuchungsgegenstandes einhergeht und dass die Übertragung naturwissenschaftlicher Denkformen auf Sozialwissenschaften problematisch sei.

In der Rechtswissenschaft prägte der P. eine Richtung, die vom gesetzten (positiven) ↑Recht ausgeht und aus dem ↑Naturrecht abgeleitete Gerechtigkeitsideale ablehnt.

Post: ↑Deutsche Post.

Postgeheimnis: ↑Brief-, Post- und Fernmeldegeheimnis.

postindustrielle Gesellschaft (nachindustrielle Gesellschaft): Bezeichnung für den Übergang der westlichen ↑Industriegesellschaften zu einer neuen Gesellschaftsform. Diese ist v.a. gekennzeichnet durch Verschiebungen in der Produktions- und Erwerbsstruktur hin zum Dienstleistungsbereich (↑Dienstleistungsgesellschaft) und der zunehmenden Bedeutung von Information und Kommunikation (↑Wissensgesellschaft).

Postmoderne: zentraler Begriff der Kulturtheorie, der seit Ende der 1960er-Jahre gebräuchlich ist für Wandlungen und Umbrüche v.a. in Architektur und Kunst. Der Name steht für die Vielfalt von Konzeptionen, die z.T. als Reaktion auf die gesellschaftlichen und technischen Veränderungen im 20.Jh. gesehen werden kann. Postmoderne Gesellschaften sind durch Individualisierung (der Lebensformen, Werte, Meinungen) einerseits, sowie durch ↑Globalisierung andererseits gekennzeichnet.

Potsdamer Abkommen: die am 2.8.1945 auf der Potsdamer Konferenz von den USA, der UdSSR und Großbritannien als Siegermächten des Zweiten Weltkriegs gefassten Beschlüsse zur Regelung der Nachkriegsprobleme, denen auch (das nicht eingeladene) Frankreich mit Vorbehalt am 7.8.1945 zustimmte. Das P. A. legte u.a. die politischen und wirtschaftlichen Grundsätze für die Behandlung des besiegten Nazi-Deutschland fest und regelte die militärische Besetzung (u.a. ↑Alliierter Kontrollrat, ↑Entnazifizierung, Verfolgung der Kriegsverbrecher). Daneben wurden Beschlüsse über Reparationen, über den Grenzverlauf zu Polen und die Ausweisung Deutscher aus der Tschechoslowakei, aus Polen und Ungarn gefasst (↑Vertriebene). Das P. A. war die zentrale Regelung für die Nachkriegsordnung in Deutschland.

Präambel: feierliche Erklärung als Einleitung, v.a. bei Staatsverträgen oder Verfassungsurkunden, in der Bedeutung, Zielsetzung und Motive der jeweiligen Urkunde erläutert werden.

Prager Vertrag: ↑Ostverträge.

Prärogative [lat.]: früher im staatsrechtlichen Sinn das dem Monarchen zustehende Vorrecht, das er unabhängig von der Mitwirkung einer Volksvertretung ausüben konnte, so etwa den Oberbefehl über das Heer, die Ernennung und Entlassung von Ministern, Begnadigungen sowie Einberufung und Auflösung der parlamentarischen Kammern. Die P. und ihre Wahrnehmung durch den Monarchen in uneingeschränkter Form ist besonders für den frühen ↑Absolutismus typisch. In der konstitutionellen ↑Monarchie wurde die P. verfassungsrechtlich beschränkt.

Präsident [zu lat. praesidere »leiten«]: Bezeichnung für das republikanische

Potsdamer Abkommen: Der britische Premierminister Winston Churchill (v.l.), der US-amerikanische Präsident Harry S. Truman und der sowjetische Generalissimus Josef Stalin stellten sich während der Potsdamer Konferenz im Sommer 1945 den Fotografen.

↑Staatsoberhaupt (z.B. ↑Bundespräsident), für den Vorsitzenden von Parlamenten (z.B. Bundestagspräsident), den Leiter von Gerichten (z.B. des Bundesgerichtshofes), Verwaltungsbehörden, Berufskammern und Hochschulen. Der Stellvertreter des P. heißt häufig **Vizepräsident.**

präsidentielles Regierungssystem: ↑Präsidialsystem.

Präsidialkabinett: in Deutschland Bezeichnung für die Regierung in der Endphase der Weimarer Republik (1930–33); die P. der Reichskanzler HEINRICH BRÜNING (1885–1970), FRANZ VON PAPEN (1879–1969) und KURT VON SCHLEICHER (1882–1934) hatten keine Mehrheit im ↑Reichstag und regierten mit ↑Notverordnungen des Reichspräsidenten.

Präsidialsystem (präsidentielles Regierungssystem): Form der ↑repräsentativen Demokratie, bei der die Spitze der Exekutive (Präsident) nicht vom Parlament (Legislative) bestimmt wird und von diesem unabhängig ist (im Unterschied zum ↑parlamentarischen Regierungssystem). Der Präsident (↑Staatsoberhaupt) wird vom Volk direkt gewählt und kann nicht vom Parlament abgewählt werden; zugleich steht dem Präsidenten nicht das Recht zu, das Parlament aufzulösen. Der Präsident besitzt kein Recht zur Gesetzesinitiative, er kann lediglich ein suspensives (aufschiebendes) Veto gegen Gesetzesbeschlüsse einlegen. Die Regierungsmitglieder sind allein ihm verantwortlich. Durch das P. soll ein hohes Maß an Gewaltenteilung gesichert werden. Beispielhaft ausgeprägt ist das P. in den USA; Elemente des P. finden sich auch in der ↑Weimarer Reichsverfassung und in der Verfassung der Fünften Republik in ↑Frankreich (↑semipräsidentielles Regierungssystem).

Präventivkrieg: ein Krieg, der eröffnet wird, um einem tatsächlich oder vermeintlich drohenden feindlichen Angriff zuvorzukommen; wird der P. wegen eines tatsächlich unmittelbar bevorstehenden feindlichen Angriffs geführt, so gilt er als Verteidigungskrieg, ansonsten wird er als (völkerrechtlich unzulässiger) ↑Angriffskrieg gewertet.

Preis: in Geldeinheiten ausgedrückter Tauschwert eines Gutes (↑Güter) auf dem Markt; im weiteren Sinn auch die Tauschwerte für die Produktionsfaktoren ↑Arbeit, ↑Boden und ↑Kapital, nämlich Lohn, Grundrente und Zins, ebenso der Kurs einer Währung (↑Wechselkurs).

Die Preisbildung ist v.a. davon abhängig, wie viele Anbieter und Nachfrager vorhanden sind. Monopole auf der Anbieter- oder der Nachfrageseite können zu einem Preisdiktat führen. Die Preisbildung ist ein wichtiges Steuerungsmittel der ↑Marktwirtschaft, da sie zwischen der Produktion und der Befriedigung bestehender Bedürfnisse vermittelt. Die Wirtschaftspolitik, v.a. die Wettbewerbspolitik, versucht, durch die Bekämpfung von Monopolen und privaten Preisabsprachen eine Preisbildung unter Konkurrenzbedingungen zu sichern (↑Wettbewerbsrecht). Staatliche Eingriffe in den Preisbildungsmechanismus sind auch in marktwirtschaftlichen Systemen üblich; sie können der Begünstigung bestimmten sozialer Gruppen dienen (z.B. in Form von staatlich verordneten Höchstpreisen für Grundnahrungsmittel oder der Erhaltung eines Wirtschaftszweigen (z.B. durch Preisfestlegung für landwirtschaftliche Produkte).

Preisindex: Messziffer aus Mittelwerten; der P. spiegelt den durchschnittlichen Preis für eine konstante Menge bestimmter Waren und Dienstleistungen. Durch Vergleich mit früher gebildeten P. erhält man Aufschlüsse über die Preisentwicklung.

In der amtlichen Statistik ist der P. eine Kurzbezeichnung für diejenigen Indexzahlen, die die Preisentwicklung in wichtigen Bereichen erfassen. P. werden u.a. berechnet für die Erzeugerpreise industrieller und landwirtschaftlicher Produkte, für Ein- und Ausfuhrpreise, Einzelhandels- und Großhandelspreise, für Aktienkurse **(Aktienindex)** sowie insbesondere für die ↑Lebenshaltungskosten. Der P. misst den Einfluss der ↑Inflation auf die Kaufkraft und ist für Fragen der Einkommensverteilung wichtig.

Presse: In der Zeitungslandschaft dominiert die Lokal- und Regionalpresse. Konkurrenz erwächst den Presseerzeugnissen seit Ende der 1990er-Jahre durch das Internet.

Preis-Lohn-Spirale: Schlagwort, das die Wechselbeziehung zwischen Preissteigerung und Lohnerhöhungen zum Ausdruck bringt. Bei der P.-L.-S. führen Preissteigerungen durch die damit einhergehende Geldentwertung zu einer Senkung der Reallöhne (↑Inflation). Dies zieht Forderungen der Gewerkschaften nach sich, die niedrigeren Reallöhne durch Lohnerhöhungen auszugleichen, was wiederum die Unternehmer veranlasst, aufgrund der dadurch gestiegenen Produktionskosten die Preise zu erhöhen. Der Begriff **Lohn-Preis-Spirale** beschreibt denselben Prozess, wobei aber die Lohnerhöhungen als Anstoß für Preissteigerungen gesehen werden.

Premierminister [prəˈmje-, frz.]: erster bzw. oberster Minister; in vielen Staaten der (parlamentarisch gewählte) Regierungschef, z.B. in Frankreich und in Großbritannien und Nordirland (Prime Minister).

Premierministersystem (Premiersystem): Form der ↑repräsentativen Demokratie, in der die Führung der Regierung und der parlamentarischen Regierungsmehrheit beim Regierungschef (↑Premierminister) liegt.

Presse: im weiteren Sinn und v.a. bis Mitte des 19. Jh. Bezeichnung für alle mit Hilfe von Druckerpressen hergestellten Druckschriften, (Buch, Flugblatt, Flugschrift, Plakat, Zeitschrift, Zeitung); heute häufig synonym gebrauchte Bezeichnung für alle gedruckten Medien **(Printmedien),** v.a. für die periodisch erscheinenden ↑Massenmedien Zeitung und Zeitschrift. Die P. war das erste Medium, das Informationen, Meinungen, Belehrung und Unterhaltung an eine prinzipiell unbegrenzte Öffentlichkeit vermitteln konnte. Durch die P. erlangten die Medien Einfluss auf die öffentliche Meinung, die politische Willensbildung, die Integration und das Selbstverständnis von Gruppen und Gesamtgesellschaft, indem sie an der Verbreitung innovativer oder gar revolutionärer Ideen mitwirkten.

Geschichte: Die Entwicklung der P. ist eng mit der Entfaltung der bürgerlichen Freiheiten verknüpft, besonders mit der Pressefreiheit. Die ersten Presseerzeugnisse wurden Ende des 15. Jh. verbreitet (Einblattdrucke und Flugschriften). Die ersten Zeitungen entstanden Anfang des 17. Jh. in Europa, die erste Tageszeitung 1650 in Leipzig. Zu einer Trennung von Zeitung und Zeitschrift kam es im 18. Jh. Der Beruf des Journalisten kam im 19. Jh. auf. Die Akquisition von Anzeigen (Anzeigengeschäft) bildet bereits seit dem 18. Jh. eine wesentliche Einnahmequelle für Presseverlage. Mit der Weiterentwicklung der Nachrichtenübermittlung durch ↑Nachrichtenagenturen und der Auflagensteigerung durch Rotations- und Setzmaschinen setzte sich im letzten Drittel des 19. Jh. in Deutschland nach französischen und anglo-amerikanischen Vorbildern die **Massenpresse** durch. Die hohe Auflage begünstigte die Entstehung von publizistischen Großunternehmen, die als Mehrzeitungsverlage oder Mediengruppen Konzerne bildeten, die im Pressewesen auch heute marktbestimmend sind (v.a. Springer). In der Regional- und Lokalpresse gibt es innerhalb des Verbreitungsgebiets mehrheitlich nur noch eine Zeitung, während sich bei rückläufiger Gesamtauflage das Zeitschriftenangebot weiter auffächert. Die Inhalte der P. werden häufig parallel in täglich aktualisierten, über das ↑Internet zugänglichen Onlineausgaben, meist verbunden mit zusätzlichen Serviceleistungen, vermarktet.

Pressefreiheit: durch Art. 5 GG geschütztes Grundrecht, das die freie Meinungsverbreitung durch Presse, Rundfunk und Film sowie das Pressewesen selbst und die Informationsbeschaffung schützt. Die P. ist auch in Art. 10 der Europäischen Konvention zum Schutz der Menschenrechte und in Art. 19 der Allgemeinen Erklärung der Menschenrechte der UN verankert.

Die P. umfasst u.a. die Freiheit der Berichterstattung, das Recht auf das Äußern und Verbreiten von Nachrichten **(aktive P.)** sowie das **Informationsrecht,** nach dem der Presse ein Anspruch auf Auskunftserteilung durch die Behörden zusteht. Dem Schutz der P. dienen auch die eingeschränkten Möglichkeiten zur Beschlagnahme von Presseerzeugnissen in Strafprozessen sowie ein (eingeschränktes) Zeugnisverweigerungsrecht von Presseangehörigen vor Gericht. Um den Inhalt von Presseerzeugnissen von Einwirkungen des Betriebsrats oder der Gewerkschaften freizuhalten, wurde deren Mitbestimmung bei Presseverlagen (↑Tendenzbetrieb) im Betriebsverfassungsgesetz eingeschränkt (Tendenzschutz). Strittig ist, ob durch die P. auch das Weisungsrecht von Besitzern und Herausgebern gegenüber Redakteuren eingeschränkt ist **(innere P.).**

Ihre Schranken findet die P. nach Art. 5 Abs. 2 GG »in den Vorschriften der allgemeinen Gesetze, den gesetzlichen Bestimmungen zum Schutze der Jugend und in dem Recht der persönlichen Ehre«.

Presse- und Informationsamt der Bundesregierung (**B**undes**p**resse**a**mt, Abk. BPA): oberste Bundesbehörde, die von einem Sprecher der Bundesregierung geleitet wird und dem Bundeskanzler unmittelbar unterstellt ist; gegründet 1949, Sitz seit 1999: Berlin und Bonn.

Aufgaben des BPA sind u.a. Unterrichtung des Bundespräsidenten und der Bundesregierung über die allgemeine Nachrichtenlage, Erforschung und Darstellung der öffentlichen Meinung, Information der Bürger und der Medien über die Politik der Bundesregierung, Nachrichtenaustausch mit dem Ausland. Für die Berichterstattung des BPA bestehen verfassungsrechtliche Grenzen, insofern sie für die Regierungspolitik wirbt.

Pressuregroup ['preʃəgru:p, engl. »Druckgruppe«]: ↑Interessenverband.

primärer Sektor: ↑Wirtschaftsstruktur.

Primaries ['praiməris, engl., von primary »ursprünglich«] (Vorwahlen): in den USA ein Verfahren der Parteien, das den Wählern die Möglichkeit gibt, an der Kandidatenaufstellung (z.B. zur Präsidentschaftswahl) mitzuwirken; die P. sind durch Gesetze der Einzelstaaten unterschiedlich geregelt. Bei den P. bestimmen die Wähler den offiziellen Kandidaten der jeweiligen Partei. Bei der **gebundenen Vorwahl** ist für die Teilnahme an den P. die Mitgliedschaft in der Partei oder die erklärte Anhängerschaft erforderlich; an der **offenen Vorwahl** kann jeder Wahlberechtigte teilnehmen.

Primat der Politik: aus der von CARL VON CLAUSEWITZ (1780–1831) stammenden Definition »Der Krieg ist die Fortsetzung der Politik mit anderen Mitteln« abgeleitete Unterordnung des Militärs unter die Politik und deren

P

Zielsetzungen. CLAUSEWITZ' unvollendetes Werk »Vom Kriege«, eine philosophische Abhandlung über das Wesen des Krieges, machte ihn zum Begründer der modernen Kriegslehre. CLAUSEWITZ erkannte als Erster den politischen Instrumentalcharakter des Krieges in seiner Beziehung zur Politik.

Printmedien: ↑Presse.

Privatfernsehen: privatwirtschaftlich organisiertes ↑Fernsehen. Im Gegensatz zum öffentlich-rechtlichen ↑Rundfunk ist das P. (mit Ausnahme des Pay-TV oder Zahlfernsehens) in Deutschland ausschließlich durch Werbeeinnahmen finanziert. Da die Kulturhoheit Ländersache ist, ist die Struktur des P. je nach Bundesland unterschiedlich geregelt; zuständige Aufsichtsorgane sind die Landesmedienanstalten. Gesellschafter der Unternehmen des P. sind v.a. Medienkonzerne. Eine zu starke Konzentration im P. (↑Medienkonzentration) soll das seit 1997 angewendete sog. Marktanteilsmodell verhindern, wonach ein Unternehmen Beteiligungen an mehreren Sendern erwerben darf, sofern sein Marktanteil, gemessen an der durchschnittlichen jährlichen Zuschauerquote, 30% nicht überschreitet. Größte private Fernsehanbieter in Deutschland sind RTL und die 2000 gebildete Sendegruppe aus SAT.1, ProSieben, Kabel 1 und dem Nachrichtenkanal N 24.

Privathochschule: Hochschule in nichtstaatlicher Trägerschaft; erste wissenschaftliche P. in Deutschland war die Universität Witten/Herdecke. Sie erhielt 1982 die Erlaubnis zur Aufnahme des Lehrbetriebs (zunächst nur in Medizin). Trotz der privaten Trägerschaft konnte sich die Universität Witten/Herdecke auf Dauer nicht selbst finanzieren und ist von staatlichen Zuschüssen abhängig. Nach dem Vorbild dieser Hochschule sind seit den 1980er-Jahren zahlreiche P. entstanden, die meist von der Wirtschaft finanziert werden und wirtschaftsnahe, praxisbezogene Ausbildungsgänge anbieten.

Privatisierung: im engeren Sinn die Überführung von Staatseigentum (v.a. Eigentum an ↑öffentlichen Unternehmen) in Privateigentum. Die P. erfolgt durch Verkauf von Beteiligungen (z.B. Volkswagen, Preussag) über die Börse, durch Nichtbeteiligung des Staates an Kapitalerhöhungen, durch direkte Eigentumsübertragung an einen privaten Käufer oder bei der P. des Volkseigentums in der DDR über eine ↑Treuhandanstalt.

Im Falle der P. von einst durch ↑Verstaatlichung entstandenem öffentlichen Eigentum wird von **Reprivatisierung** gesprochen. Im weiteren Sinn versteht man unter P. auch die Übertragung von bisher durch den öffentlichen Sektor erstellten Leistungen (z.B. Abfallbeseitigung, Krankenhäuser, Schulen) oder von für den Eigenbedarf der öffentlichen Verwaltung benötigten Hilfsdiensten (z.B. Gebäudereinigung) auf private Anbieter **(Leistungsprivatisierung).** So sollen bisher defizitäre Betriebe und Unternehmen Gewinne abwerfen und der öffentliche Haushalt entlastet werden (z.B. ↑Bahn AG, ↑Telekom, ↑Deutsche Post). Die P. öffentlich-rechtlicher Kreditinstitute (Sparkassen) sowie eine marktkonforme Ausrichtung des ↑Gesundheitswesens sind allerdings umstritten.

Privatrecht (Zivilrecht): Teil der Rechtsordnung, der die Rechtsbeziehungen der Bürger untereinander und der privatrechtlichen Verbände und Gesellschaften regelt. Das P. umfasst v.a. das bürgerliche Recht (↑Bürgerliches Gesetzbuch), das für Kaufleute geltende Handelsrecht und Teile des ↑Arbeitsrechts; Nebengebiete sind u.a. das Aktienrecht und das GmbH-Recht. Die durch das P. geregelten Rechtsverhältnisse beruhen auf privaten Willenserklärungen (z.B. Vertrag). Für Streitigkeiten, die in den Bereich des P. fallen, sind Zivilgerichte (↑ordentliche Gerichtsbarkeit) zuständig.

Privatschule: ↑Schule.

Privatsphäre: ↑Intimsphäre.

Produktionsfaktoren: Güter und Leistungen, die zur Erstellung anderer Güter und Leistungen eingesetzt werden. Nach der klassischen Volkswirtschaftslehre sind dies ↑Arbeit, ↑Boden und ↑Kapital.

Produktionsmittel: im weiteren Sinn die ↑Produktionsfaktoren, im engeren Sinn das ↑Kapital.

Produktionsverhältnisse: Grundbegriff des ↑Marxismus; die P. umfassen die Gesamtheit der Verhältnisse (v.a. Rechts- und Eigentumsverhältnisse), die in einer Gesellschaft im Prozess der Produktion, des Austauschs und der Verteilung materieller Güter bestehen. Im historischen Verlauf werden fünf Grundtypen von P. unterschieden: Urgemeinschaft (gekennzeichnet durch gegenseitige Hilfe), Sklaverei, ↑Feudalismus, ↑Kapitalismus (Ausbeutung und Unterdrückung der Werktätigen durch die Besitzenden) sowie als qualitativ höchste Stufen ↑Sozialismus bzw. ↑Kommunismus.

Produktivkräfte: Grundbegriff des ↑Marxismus; die P. umfassen die Gesamtheit der menschlichen und gegenständlichen Faktoren, die im gesellschaftlichen Produktionsprozess Ablauf, Rahmen und Ausmaß der Güterproduktion bestimmen; dazu gehören die (geistige und körperliche) Arbeitskraft des Menschen, die Produktionsmittel (↑Kapital), die Wissenschaft und ihre Erkenntnisse sowie die vom Menschen genutzten Naturkräfte. Widersprüche zwischen P. und Produktionsverhältnissen gelten als Ursache gesellschaftlicher und sozialer Umwälzungen (Revolution).

produzierendes Gewerbe: ↑Industrie.

Progression: Anstieg der (prozentualen) Steuerbelastung bei Zunahme der Einkommens oder Vermögens; v.a. für ↑Einkommensteuer und Erbschaftsteuer angewendet (↑Steuern).

Proklamation:

- amtliche, öffentliche Verkündigung einer Regierung zu wichtigen Staatsangelegenheiten;
- im Völkerrecht die Verlautbarung mehrerer Staaten über gemeinsame Absichten.

Proletariat [zu lat. proletarius »Bürger der untersten Klasse«]: die Klasse der Lohnarbeiter, die (seit Aufhebung der Sklaverei und der Leibeigenschaft) zwar frei sind, aber über keine eigenen Produktionsmittel verfügen und daher ihre Arbeitskraft auf dem Arbeitsmarkt verkaufen müssen, um ihren Lebensunterhalt zu sichern. Die Klasse der Lohnarbeiter entstand zuerst in England (seit etwa 1770), etwas später in Deutschland und Frankreich (seit etwa 1800) im Verlauf der ↑industriellen Revolution; ↑Landflucht, Ausbau des Fabrikwesens und Rückgang der Zahl selbstständiger Handwerker führten im 19. Jh. zu einem Anwachsen der ↑Arbeiterklasse. Entgegen der vom ↑Marxismus vorhergesagten ↑Verelendung des P. verbesserte sich die Lage der Arbeiterschaft mit fortschreitender ↑Industrialisierung; es kam zu sozialer Differenzierung mit unterschiedlichem Leistungs- und Verdienstniveau (z.B. ↑Facharbeiter, ↑Angestellte). Die Entwicklung von der Industrie- zur ↑Dienstleistungsgesellschaft führte zu einem stetigen Rückgang der Zahl der Industriearbeiter.

Propaganda: die gezielte Verbreitung politischer, religiöser, wirtschaftlicher, künstlerischer und humanitärer Ideen durch bestimmte Mittel (u.a. Zeitung, Plakate, Aufmärsche), und Methoden (z.B. ↑Agitation, ↑Indoktrination; auch die Beeinflussung durch Werbe- und Wahlkampagnen). Besonders totalitäre Systeme versuchen, durch P. das politische Einverständnis der Massen herbeizuführen (so z.B. das Propagandaministerium im Dritten Reich oder der Bereich »Agitation und Propaganda« der SED in der ehemaligen DDR).

Proporz [Kurzwort aus Proportionalwahl]: Verteilung von Sitzen und Ämtern nach dem Stärkeverhältnis z.B. von

P

Parteien; unter **Proporzwahl** versteht man die Verhältniswahl (↑ Wahlrecht).

Proporzdemokratie: (auch abwertende) Bezeichnung für Demokratien, in denen wichtige politische Ämter (v.a. auch Regierungsämter) an Repräsentanten der verschiedenen gesellschaftlichen Interessengruppen gemäß ihrem Stärkeverhältnis vergeben werden. Die P. (z.B. in der Schweiz als ↑ Konkordanzdemokratie, in Österreich die aus ÖVP und SPÖ gebildete große Koalition) steht damit im Gegensatz zur ↑ Konkurrenzdemokratie, in der die jeweilige Mehrheit die Minderheit für eine bestimmte Zeit von der Regierung ausschließt. Die P. kann v.a. in Staaten mit ethnischen oder religiösen Konflikten sinnvoll sein.

Protektionismus: ↑ Wirtschaftspolitik, die den Binnenmarkt bzw. einzelne Wirtschaftsbereiche durch Handelshemmnisse (Schutzzölle, Einfuhrkontingente oder -verbote) vor ausländischer Konkurrenz schützt. Der P. zielt auf den Schutz der inländischen Industrie und auf weitgehende Unabhängigkeit von Importen ab; er steht im Gegensatz zum ↑ Freihandel. Im Rahmen des GATT (↑ General Agreement on Tariffs and Trade) wird seit 1948 versucht, den P. abzubauen (↑ World Trade Organization). – Siehe auch ↑ Globalisierung.

Protektorat [lat.]: im Völkerrecht die vertraglich begründete Schutzherrschaft eines Staates über einen anderen Staat; beim P. bleibt der geschützte Staat Völkerrechtssubjekt, überlässt aber der Schutzmacht **(Protektor)** i.d.R. die Führung seiner Außenvertretung und den militärischen Schutz. Das P. war v.a. ein Mittel europäischer Kolonialpolitik (z.B. das britische P. über Ägypten 1914–22).

Protokoll:

- in der *Politik* die Niederschrift über Verlauf und Ergebnis zwischenstaatlicher Verhandlungen (Verhandlungs- oder Schlussprotokoll). Eine **Protokollnotiz** ist ein Vertragszusatz, der das gemeinsame Verständnis der Vertragsteilnehmer festhält. **Zusatzprotokolle** sind selbstständige Festschreibungen, die ein Hauptvertragswerk ergänzen (z.B. Zusatzprotokolle zu den ↑ Genfer Konventionen);
- im *diplomatischen Verkehr* Höflichkeits- und Verhaltensregeln, über deren Einhaltung in Deutschland die Protokollabteilung des Auswärtigen Amtes wacht.

Prozessrecht (Verfahrensrecht): rechtliche Bestimmungen, die den Verlauf eines Gerichtsverfahrens (Prozess) regeln; das P. ist Teil des ↑ öffentlichen Rechts und meist in Prozessordnungen enthalten. Man unterscheidet **Zivilprozessrecht** (Bürger gegen Bürger), **Strafprozessrecht** (Staat gegen Bürger) und **Verwaltungsprozessrecht** (Bürger gegen Staat); für Verfahren vor Arbeits-, Finanz- und Sozialgerichten sowie vor dem Bundesverfassungsgericht und den Verfassungsgerichten der Länder bestehen eigene Prozessordnungen. Durch das P. wird die Durchführung von Prozessen durch die zuständigen staatlichen Organe vereinheitlicht, insbesondere das Verfahren zur Rechtsfeststellung (↑ Klage, Beweis, ↑ Urteil) und zur Rechtsdurchsetzung (Zwangsvollstreckung, ↑ Strafvollzug).

PS: ↑ Frankreich.

Putsch: Umsturz oder Umsturzversuch zur Übernahme der Staatsgewalt, durchgeführt von (meist militärischen) Gruppen, die (im Unterschied zum ↑ Staatsstreich) vorher nicht an der Staatsgewalt beteiligt waren.

Q

Quai d'Orsay [kedɔr'sɛ, frz.]: Sitz des französischen Außenministeriums am linken Ufer der Seine in Paris; auch Bezeichnung für das französische Außenministerium als Institution.

qualifizierte Mehrheit: ↑ Mehrheit.

Quasi Governmental Organization [kwa:zi gʌvən'məntl ɔrgənai'zeiʃən, engl.], Abk. QUAGO: Bezeichnung für eine private Organisation, die nicht nach den Prinzipien staatlicher Institutionen aufgebaut ist (z.B. öffentliches Unternehmen, Parteistiftung, Entwicklungshilfeorganisation), die aber staatliche Funktionen und Aufgaben übernimmt und finanziert.

Quorum: die Anzahl von Mitgliedern eines Gremiums, die für die Beschlussfähigkeit erforderlich ist; bei Wahlen und Abstimmungen die Mindestzahl der beteiligten Stimmberechtigten. Durch ein Q. kann z.B. bestimmt werden, dass die einfache Mehrheit für eine Entscheidung ausreicht, sofern sich mindestens die Hälfte aller Stimmberechtigten an der Abstimmung beteiligen. Die Festlegung eines Q. dient u.a. dazu, Zufallsmehrheiten (infolge geringer Wahlbeteiligung) zu verhindern.

Quote: Anteil, der bei der Aufteilung eines Ganzen auf den Einzelnen oder eine Einheit entfällt; in der Statistik eine Beziehungsgröße, z.B. die Erwerbsquote als Anteil der Erwerbstätigen an der Gesamtbevölkerung.

Quotenregelung: ein Verfahren, mit dessen Hilfe eine bestimmte Zusammensetzung von Gremien eines Vereins, einer Partei o.Ä. erreicht werden soll. – Siehe auch ↑Frauenquote, ↑Gleichberechtigung.

R

Radikalenerlass: ↑Extremistenbeschluss.

Radikalismus [von lat. radix »Wurzel«]: unscharfe Bezeichnung für Theorien oder auf sie bezogene politisch-soziale Bewegungen, die, teils gewaltsam, bestehende politische, soziale und wirtschaftliche Verhältnisse grundsätzlich verändern wollen. Die Abgrenzung zwischen R. und ↑Extremismus ist problematisch; in der politischen Alltagssprache werden die Begriffe oft synonym verwendet. R. gibt es sowohl bei der politischen Rechten (↑Faschismus, ↑Nationalsozialismus, ↑Rechtsextremismus) als auch bei der Linken (beim ↑Anarchismus, ↑Kommunismus, ↑Linksextremismus). Im 19. Jh. nannten sich ursprünglich die entschiedenen Verfechter demokratischer Vorstellungen gegen Absolutismus und Aristokratie Radikale.

radioaktiver Abfall: ↑Entsorgung.

RAF, Abk. für **R**ote-**A**rmee-**F**raktion: linksextremistische terroristische Vereinigung, die Ende der 1960er-Jahre aus der Gruppe um Andreas Baader (1943–77) und Ulrike Meinhof (1934–76) hervorging. Die RAF versuchte, durch Anschläge auf Institutionen und Personen des öffentlichen Lebens die Grundordnung der BRD umzustoßen und sozialrevolutionäre Ziele durchzusetzen. Nach der Verhaftung führender Mitglieder 1972 wurden Anschläge und Entführungen (z.B. 1977 Hanns-Martin Schleyer, anschließend ermordet) dazu benutzt, die Freilassung inhaftierter Terroristen zu erpressen. In den 1980er-Jahren unterstützte die DDR-Führung das Untertauchen von RAF-Mitgliedern, die nach dem Zusammenbruch der DDR verhaftet wurden. 1998 gab die RAF ihre Selbstauflösung bekannt.

Rahmengesetzgebung: Erlass von Gesetzen allgemeinen Charakters, die von einer weiteren Instanz wie den Ländern durch spezielle Regelungen ergänzt werden. Die **Rahmenkompetenz** bei der ↑Gesetzgebung (Art. 75 GG) besitzt der Bund u.a. für die allgemeinen Grundsätze des Hochschulwesens (↑Hochschulrahmengesetz), der ↑Presse oder der ↑Raumordnung.

Raketenabwehr: Maßnahmen zur Abwehr im Flug befindlicher gegnerischer Raketenwaffen, v.a. durch spezielle Boden-Luft-Raketen, auf Schiffen durch Rohrwaffensysteme. Der Abwehr strategischer Interkontinentalraketen (über 5 500 km Reichweite) dient z.B. das bodengestützte ABM-System (Abk. für **A**nti-**B**allistic-**M**issile; Abkommen zwischen USA und UdSSR über die Begrenzung von R. vom 3. 10. 1972). 1993 verzichteten die USA auf die Fortführung des 1983 eingeleiteten Forschungsprogramms zur Entwicklung einer R. im Weltraum (SDI, Abk. für **S**trategic **D**efense **I**nitiative, »Initiative zur strategischen Verteidigung«).

Jüngste Bestrebungen der USA zur Errichtung einer R. galten dem Schutz des eigenen Territoriums (NMD, Abk. für **N**ational **M**issile **D**efense) und dem Schutz der US-Truppen im Ausland (TMD, Abk. für **T**heater **M**issile **D**efense) gegen Angriffe mit Mittelstreckenwaffen (bis 5 500 km Reichweite) von Staaten wie Irak, Iran und Nord-Korea. Die Pläne stießen auf Vorbehalte der europäischen NATO-Verbündeten – sie befürchteten ein neues Wettrüsten – und auf den Widerstand Russlands (trotz des US-Angebots, sich an einer R. zu beteiligen) und Chinas, deren Kernwaffen bei einer wirksamen R. an Wert verlieren würden.

Randgruppe: eine ↑ Gruppe von Menschen, die in eine Gesellschaft nur unvollständig integriert ist, weil sie von der Kerngesellschaft aufgrund von abweichenden Merkmalen (z. B. Sprache, Kultur, Sexualverhalten) ausgeschlossen werden oder weil sie sich von der Kerngesellschaft bewusst abwenden. R. bilden z. B. Drogenabhängige, Strafgefangene, ↑ Obdachlose und ↑ Ausländer. – Siehe auch ↑ Minderheit.

Rang: Position einer Person oder Gruppe innerhalb einer sozialen ↑ Hierarchie (↑ Status).

Rassemblement pour la République [rasãblə'mã pur la repy'blik]: ↑ Frankreich.

Rassentrennung: ↑ Segregation.

Rassismus: eine Weltanschauung, die in den verschiedenen menschlichen Rassen nicht nur nach biologisch-physischen Merkmalen unterschiedene Gruppen sieht, sondern auch die Ursache kultureller oder psychischer Unterschiede zwischen den Menschen.

Der R. liefert innenpolitisch die Begründung für Diskriminierung und Unterdrückung ethnischer Gruppen und Minderheiten, die als Vertreter anderer Rassen bezeichnet werden. Außenpolitisch wird der R. zur Rechtfertigung von ↑ Imperialismus und ↑ Kolonialismus. In Anlehnung an CHARLES DARWIN (1809–82) wurde im 19. Jh. die kulturelle Überlegenheit bestimmter Rassen, v. a. der »weißen Rasse«, aus den Gesetzen der Evolution abgeleitet (↑ Sozialdarwinismus). JOSEPH ARTHUR GRAF VON GOBINEAU (1816–82) entwickelte die Lehre von der Ungleichheit innerhalb der weißen Rasse, deren reiner Kern die »arische« sei. Im 20. Jh. verschmolzen nationalistische und rassentheoretische Gedankengänge zu rassistischen Ideologien, v. a. im ↑ Antisemitismus während des ↑ Nationalsozialismus, aber auch in der ↑ Apartheid in Südafrika.

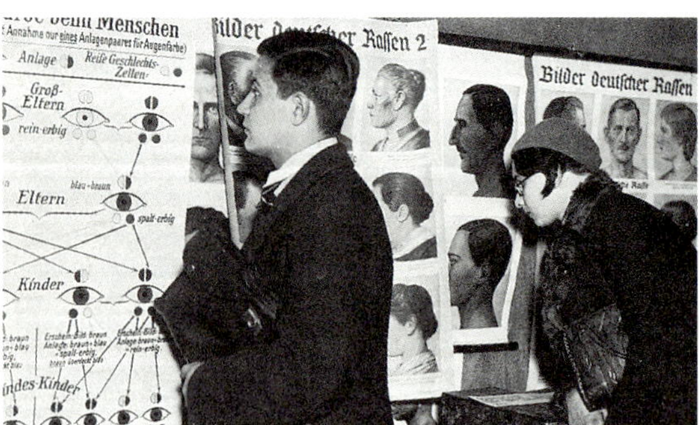

Rassismus: Gleich nach der Machtübernahme 1933 begann das nationalsozialisistische Regime, seine Ideologie von der »Reinhaltung der deutschen Rasse« zu propagieren (Bild: Berliner Ausstellung von 1934).

Rat der Europäischen Union (Europäischer Ministerrat): Organ der Europäischen Union, in dem die Regierungen der Mitgliedstaaten durch je ein Mitglied entsprechend den zu beratenden Themen (Landwirtschaftsminister, Außenminister usw.) vertreten sind. Der Rat ist das wichtigste Entscheidungs- und Rechtsetzungsorgan der EU. Der Vorsitz wird von den Mitgliedstaaten in alphabetischer Reihenfolge halbjährlich im Wechsel wahrgenommen. Der Rat hat seinen Sitz in Brüssel (Belgien), tagt aber in den Monaten April, Juni und Oktober in Luxemburg. Er entscheidet auf der Grundlage der Vorschläge der ↑Europäischen Kommission über die gemeinsame Politik in Form von ↑EU-Richtlinien und ↑EU-Verordnungen, kann aber auch seinerseits die Kommission zu Vorschlägen auffordern. Ihr gegenüber kommt dem Rat eine gewisse Kontrollfunktion zu, da er dem Parlament die Entlastung der Kommission empfiehlt, und unter bestimmten Voraussetzungen beim Europäischen Gerichtshof ein Amtsenthebungsverfahren beantragen kann.
Seit 1986 wurden die Möglichkeiten des als **Rat der Europäischen Gemeinschaften** gegründeten Organs ausgeweitet, Entscheidungen mit qualifizierter Mehrheit zu fassen. In diesem Verfahren werden die Stimmen der Mitglieder gewichtet, sodass für einen Mehrheitsbeschluss 62 von 87 Stimmen (seit 1995) erforderlich sind. Durch den ↑Maastrichter Vertrag 1993 und den ↑Amsterdamer Vertrag 1997 wurden die Kompetenzen des Rates auf die ↑Gemeinsame Außen- und Sicherheitspolitik und die Bereiche Justiz und Inneres ausgeweitet und das gleichberechtigte Zusammenwirken mit dem ↑Europäischen Parlament zur sog. Mitentscheidung aufgewertet, z.B. bei der Aufstellung des EU-Haushalts.

Rätedemokratie: Herrschaftssystem, bei dem die staatliche Macht von Räten ausgeübt wird. Die R. ist eine Form der ↑direkten Demokratie; das Volk wählt die Mitglieder des Rats auf lokaler Ebene (Gemeinde- oder Stadtrat), der wiederum die Ratsmitglieder der nächsthöheren Ebene bestimmt usw.; an der Spitze des Staates steht der **Zentralrat.** Zur Durchführung politischer Entscheidungen wird meist ein Vollzugs- oder Exekutivrat aus Volkskommissaren oder -beauftragten gebildet. Die einzelnen Räte entscheiden in allen Belangen der jeweiligen staatlichen Ebene; eine ↑Gewaltenteilung findet nicht statt. Sie sind jedoch an Weisungen und Aufträge ihrer Wähler gebunden (↑imperatives Mandat) und können jederzeit abberufen werden.
Die politische Theorie einer R. wurde von PIERRE-JOSEPH PROUDHON (1809–65) und K. MARX sowie von W. I. LENIN entwickelt; als Vorbild galt die Pariser Kommune, die 1871 für kurze Zeit eine R. verwirklichte. Nach dem Ersten Weltkrieg bildeten sich in mehreren europäischen Staaten (Deutschland, Ungarn, Russland u.a.) sog. **Arbeiter-und-Soldaten-Räte,** um die Grundlagen für die Entstehung einer R. zu schaffen. Während in den meisten Staaten die Räte im Zuge der Bildung neuer Regierungssysteme ihre politische Macht verloren, entstand in Russland auf der Basis des Rätesystems Sowjet-Russland bzw. 1922 die Union der Sozialistischen Sowjetrepubliken (Sowjet, russ. »Rat«). Diese war bis zu ihrem Zusammenbruch nach der Verfassung eine R., wobei jedoch in der Praxis die Räte der herrschenden kommunistischen Partei unterworfen waren, die alle grundlegenden politischen, wirtschaftlichen und sozialen Entscheidungen traf.

Rat für gegenseitige Wirtschaftshilfe: ↑COMECON.

Rathauspartei: ↑Partei.

Ratifikation [zu lat. ratificatio »Bestätigung«, »Genehmigung«]: Bestätigung eines von Regierungen abgeschlossenen völkerrechtlichen Vertrags durch Unterschrift des Staatsoberhaupts, meist nach vorheriger Zustimmung des Parlaments. Erst die R. macht Verträge wirksam.

Rationalisierung: in der Betriebswirtschaft die zweckmäßige Gestaltung von Arbeitsabläufen mit dem Ziel, das Verhältnis von Aufwand und Nutzen zu verbessern, v.a. durch den effektiven Einsatz von Arbeitskraft und Sachmitteln. R. kann durch organisatorische Maßnahmen, mittels Wertanalyse (Verringerung des Rohstoff-, Material- und Energieeinsatzes) und v.a. durch Mechanisierung bis hin zur ↑Automatisierung erfolgen. Mit Maßnahmen der R. streben Unternehmen die Steigerung der Produktivität und damit die Erhaltung der Konkurrenzfähigkeit an. Negative Folgen sind u.a. die Entwertung erworbener Qualifikationen und der Verlust von Arbeitsplätzen.

Raumordnung (Raumordnungspolitik): die Gestaltung bestimmter geographischer Gebiete eines Staates sowie die Gesamtheit der zugrunde liegenden staatlichen Pläne und Maßnahmen (Raumplanung). Die R. zielt in Deutschland gemäß Raumordnungsgesetz vom 18. 8. 1997 eine auf nachhaltige Raumentwicklung, die soziale und wirtschaftliche Ansprüche mit den natürlichen Gegebenheiten des jeweiligen Gebietes in Einklang bringt (↑nachhaltige Entwicklung). Über ihre raumordnungspolitischen Pläne und Maßnahmen muss die Bundesregierung alle vier Jahre einen Raumordnungsbericht vorlegen.

Die R. wird durch die Nationalplanung der Bundesregierung und die Landes- und Regionalplanung der Bundesländer bestimmt. Zur **Landesplanung** gehören insbesondere Maßnahmen zur Beseitigung vorhandener (meist historisch entstandener) Schäden und Nachteile der bestehenden R. Im Rahmen des Raumordnungsprogramms sowie der Ministerkonferenz für R. werden die raumordnungspolitischen Maßnahmen von Bund und Ländern gemeinsam festgelegt und aufeinander abgestimmt.

Reaktion: politisches Schlagwort für das Streben, zu überholten, veralteten Anschauungen und Einrichtungen oder gesellschaftlichen Zuständen zurückzukehren. Vertreter der Reaktion (»Reaktionäre«) gelten als fortschrittsfeindlich (↑Restauration).

Realismus: eine Einstellung, die der Realität, d.h. dem Wirklichen, im Gegensatz zum Möglichen und Utopischen, besondere Beachtung schenkt, sie bei den eigenen Handlungen berücksichtigt, sogar das Gegebene hinnimmt. In der Philosophie wird unter R. v.a. eine Auffassung verstanden, die von der Bewusstseinsunabhängigkeit der Welt ausgeht, im Gegensatz zum ↑Idealismus. In der Politikwissenschaft kennzeichnet R. die Auffassung, dass Politik von Interessen bestimmt wird und sich v.a. im Kampf um die Verteilung von ↑Macht äußert.

Realpolitik: Politik, die sich in ihren Maßnahmen und Zielen an den tatsächlichen Gegebenheiten und Möglichkeiten orientiert und nicht auf abstrakten Ideen und Wertvorstellungen beruht. Der Begriff wurde im 19. Jh. geprägt und u.a. auf die Politik O. VON BISMARCKS angewandt.

Realschule: ↑Schule.

Realunion: ↑Union.

Rebellion [lat. »Auflehnung«, »Aufstand«]: bewaffnete Erhebung gegen die Staatsgewalt oder unbewaffnete Auflehnung gegen Herrschende bzw. bestimmte Formen der Herrschaft. – Siehe auch ↑Revolte.

Rechnungshof: Finanzkontrollbehörde für die Haushalte der öffentlichen Verwaltungen in der EU (↑Europäischer Rechnungshof), im Bund (↑Bundesrechnungshof) und in den Ländern. R. überprüfen die Haushaltsrechnung (↑Haushaltsplan) und überwachen die Wirtschaftlichkeit und Ordnungsmäßigkeit der öffentlichen Haushalts- und Wirtschaftsführung.

Recht: im weiteren Sinne jede Handlungsnorm, die zwischen »richtigem«

R

(gebotenem, erlaubtem) und »unrechtem« (verbotenem) Verhalten unterscheidet; im engeren Sinn ein System von ↑Normen, deren Nichtbeachtung zu staatlichen (gerichtlichen, polizeilichen) Sanktionen (z.B. ↑Strafe) führt. Die Rechtsnormen können aus dem ↑Gewohnheitsrecht stammen und durch ↑Gesetz entstehen. Die Gesamtheit aller in einem Staat geltenden Rechtsnormen heißt **positives R.** Die Frage nach den Maßstäben seiner »Richtigkeit« bzw. nach der ↑Gerechtigkeit führt zur Annahme allgemeiner Rechtsgrundsätze (z.B. durch das ↑Naturrecht), die vom Rechtspositivismus jedoch abgelehnt werden.

Innerhalb des positiven Rechts wird unterschieden zwischen inhaltlichen Regelungen **(materielles R.)** und Normen zu deren (gerichtlicher) Durchsetzung **(formelles** oder **Verfahrensrecht),** zwischen den allgemeinen Regelungen von Sachverhalten **(objektives R.)** und daraus abgeleiteten subjektiven Ansprüchen und Verpflichtungen **(subjektives R.)** sowie zwischen dem ↑öffentlichen Recht (↑Staatsrecht, ↑Verwaltungsrecht, ↑Prozessrecht, ↑Strafrecht) und dem ↑Privatrecht (z.B. bürgerliches R., ↑Arbeitsrecht).

Innerhalb des positiven R. gibt es eine Rangordnung der Rechtsnormen **(Rechtsordnung):** 1) unabänderliche Verfassungsgrundsätze (Art. 79 Abs. 3 GG); 2) das nur in einem erschwerten Verfahren abänderbare Verfassungsrecht (Art. 79 Abs. 2 GG); 3) einfache Gesetze, die mit der Verfassung übereinstimmen müssen; 4) Verordnungen, Satzungen und Verwaltungsakte der Exekutive sowie Gerichtsurteile, die sich an das Gesetz halten müssen (Art. 20 Abs. 3 GG). Im Bundesstaat gehen die Rechtsnormen des Bundes denen der Länder im Allgemeinen vor (»Bundesrecht bricht Landesrecht«).

Das R. steht nicht nur in der Spannung unterschiedlicher Rechtsüberzeugungen und einem dadurch hervorgerufenen ständigen Wandel, sondern auch in der von Billigkeit (Beurteilung eines Rechtsfalles nach dem natürlichen Gerechtigkeitsempfinden) und der ↑Rechtssicherheit. Zwischen beiden Prinzipien hat der ↑Rechtsstaat zu vermitteln.

rechtliches Gehör: in Art. 103 GG (auch in Art. 6 der ↑Europäischen Konvention zum Schutz der Menschenrechte) garantierter Anspruch eines jeden von einem Gerichtsverfahren unmittelbar Betroffenen, innerhalb angemessener Fristen mit seinen tatsächlichen und rechtlichen Ausführungen und Anträgen vor einer Entscheidung angehört zu werden. In *Österreich* (hier gilt Art. 6 unmittelbar) und der *Schweiz* (Art. 4 Bundesverfassung) gilt Entsprechendes.

Rechtsaufsicht: ↑Staatsaufsicht.

Rechtsextremismus: Bezeichnung für Ideologien oder auf sie bezogene politische Bewegungen und Parteien in Deutschland und anderen Staaten, die einen Umsturz der Gesellschaft auf nationalistischer und rassistischer Basis anstreben und eine an der Vergangenheit orientierte, meist den ↑Nationalsozialismus (Neonazismus) und ↑Faschismus (↑Neofaschismus) verherrlichende Ordnung – unter Anwendung von Gewalt gegen Sachen und Personen – wieder herstellen wollen. Dabei knüpft der R. an deren Programmatik, Symbolik und Aktionsformen an und bezieht das ↑Internet mit ein, um seine Ideen zu verbreiten, sich zu organisieren und politische Gegner zu verfolgen. Der R. ist antidemokratisch und strebt einen autoritären Staat an; er lehnt den demokratischen Pluralismus ab und wendet sich, geprägt von ↑Ausländerfeindlichkeit, ↑Fremdenfeindlichkeit und ↑Antisemitismus, gegen Minderheiten.

Nach dem Zweiten Weltkrieg formierten sich in Deutschland erneut Parteien mit rechtsextremistischen bzw. neonazistischen Ideen (1949 die Sozialistische Reichspartei [SRP], die 1952 als Nachfolgeorganisation der NSDAP verboten wurde, ↑Parteiverbot). Ab 1986 gelang es rechtsextremen oder rechtspopulistischen Parteien, wie der ↑Nationaldemokratischen Partei Deutschlands (NPD), der ↑Deutschen Volksunion (DVU) und den ↑Republikanern, in Stadträte und Landtage einzuziehen.

Auf außerparlamentarischer Ebene treten rechtsextreme Gruppierungen im subkulturellen Milieu von Jugendgruppierungen (↑Skinheads) in Erscheinung, die sich als »Kameradschaften« organisieren. Vor dem Hintergrund der Zunahme des gewaltsamen R. in den alten und besonders in den neuen Bundesländern zu Anfang der 1990er-Jahre und nach kurzzeitigem Abflauen wieder Ende der 1990er-Jahre – für 1999 wies der Verfassungsschutzbericht 10 000 rechtsextremistische Straftaten auf Ausländer,

Rechtsextremismus: Waffen, neonazistisches Propagandamaterial und Hakenkreuzfahnen stellte die Polizei bei Funktionären der Freiheitlichen Deutschen Arbeiterpartei (FAP) sicher, die am 24. 2. 1995 als verfassungswidrige Vereinigung verboten wurde.

Obdachlose und Behinderte aus – wurden 2000 politische und gesellschaftliche Maßnahmen diskutiert, die vom Verbot der NPD, über das Verbot rechtsextremistischer Websites bis zu einer Verschärfung des Jugendstrafrechts reichten.

Die Verbreitung rechtsextremistischen Gedankenguts wurde in Europa auch durch die rechtsintellektuelle ↑Neue Rechte seit Ende der 1960er-Jahre gefördert und in breiteren Bevölkerungskreisen durch rechtspopulistische Politik (↑Populismus) zustimmungsfähig gemacht. Größere Parteien mit rechtsextremistischen bzw. rechtspopulistischem Gedankengut sind außerhalb Deutschlands u.a. die Nationale Front (Frankreich), die Nationale Allianz (ehemalige Neofaschisten, Italien); die Freiheitliche Partei Österreichs (FPÖ) entwickelte sich unter JÖRG HAIDER (*1950) zu einer rechtspopulistischen Partei.

Rechtsordnung: ↑Recht.

Rechtspopulismus: ↑Populismus.

rechtsprechende Gewalt (Judikative): nach dem Grundsatz der Gewaltenteilung neben der ↑Legislative und ↑Exekutive der dritte Teilbereich der Staatsgewalt. Nach Art. 92 GG ist die r. G. den nach der Rechtsordnung persönlich und sachlich unabhängigen ↑Richtern anvertraut. Sie sind frei von Weisungen und beruflichen Rücksichten und können allein aufgrund der Rechtslage entscheiden. – Siehe auch ↑Gerichtsbarkeit.

Rechtssicherheit: Beständigkeit und Vorhersehbarkeit der für ein bestimmtes Verhalten eintretenden Rechtsfolgen. R. ist ein wesentliches Kennzeichen und ein Grundwert des Rechtsstaates.

R. bedeutet für den Bürger gegenüber dem Gesetzgeber Schutz seines Vertrauens darauf, dass Gesetze nicht rückwirkend in schon abgewickelte Tatbestände eingreifen (**Rückwirkungsverbot,** z.B. keine rückwirkende Steuererhöhung und keine Bestrafung ohne vor der Tat erfolgte Ermächtigung dazu durch Gesetz). Der Grundsatz der R. kann auch dazu führen, dass rechtswidrige Verwaltungsakte, die jemanden begünstigen (z.B. eine fehlerhafte Baugenehmigung), aus Gründen des Vertrauensschutzes nicht zurückgenommen werden dürfen.

Rechtsstaat: ein Staat, dessen Staatstätigkeit einerseits auf die Verwirklichung von Recht ausgerichtet sowie andererseits durch die Rechtsordnung begrenzt ist und in dem die Rechtsstellung des Einzelnen durch garantierte Rechte (z.B. ↑Grundrechte) gesichert ist. Formell bedeutet R. die Bindung der Staatsgewalt an Recht und Gesetz sowie die Überprüfbarkeit staatlicher Maßnahmen durch unabhängige Gerichte.

Bereits PLATON und ARISTOTELES hatten gefordert, dass nicht Menschen, sondern Gesetze (nomoi) den Staat beherrschen sollen. Auch im Mittelalter waren Staat und Herrscher abhängig vom Recht, das sie zu wahren und zu schützen hatten (↑Friedenssicherung). Der R. oder **Verfassungsstaat** wurde in Deutschland zu Beginn des 19. Jh. zum zentralen Kampfbegriff in der Auseinandersetzung der bürgerlichen Gesellschaft mit dem absolutistischen Staat. Darin ist die Forderung an den Staat enthalten, dem Recht den Vorrang einzuräumen und seine Staatsgewalt zugunsten der Freiheit seiner Bürger einzuschränken. Diese wird v.a. durch die Anerkennung von Grundrechten gesichert, in die nur aufgrund eines formellen, d.h. vom Parlament beschlossenen, Gesetzes eingegriffen werden darf. Alle staatlichen Handlungen stehen ferner unter dem Gebot der ↑Rechtssicherheit. Geschützt wird der R. durch die ↑Gewaltenteilung und die Garantie der Unabhängigkeit der Richter.

In Deutschland gewährt das Grundgesetz einen umfassenden gerichtlichen Rechtsschutz gegen Maßnahmen der öffentlichen Gewalt. Gesetze können auf ihre Übereinstimmung mit der Verfassung von ↑Verfassungsgerichten überprüft werden (↑Normenkontrollverfahren). Die formalen Garantien des R. finden ihre Ergänzung in den Prinzipien des ↑Sozialstaats. Der **soziale Rechtsstaat** (Art. 28 GG) zielt auf Existenzsicherung, Wohlstandsförderung und soziale Gerechtigkeit.

Rechtsverordnung: allgemeine, von Regierungen erlassene Rechtsvorschrift. Im ↑Rechtsstaat darf eine R. von einer Regierung nur dann erlassen werden, wenn sie vom Parlament dazu ermächtigt worden ist (↑Delegation). In Deutschland ist die Möglichkeit des Bundestags, seine gesetzgeberische Befugnis auf die Bundesregierung zu übertragen, durch das Grundgesetz stark eingeschränkt, damit sich das Parlament nicht seiner Verpflichtung zur Gesetzgebung entzieht (Art. 80 GG).

Rechtsweg: die Möglichkeit, bei Gerichten (↑Gerichtsbarkeit) um Rechtsschutz nachzusuchen. Die **Rechtsweggarantie** ist das in Art. 19 Abs. 4 GG enthaltene Recht, dass jeder die Gerichte anrufen kann, der durch die öffentliche Gewalt in seinen Rechten verletzt ist.

Recycling [riːˈsaɪklɪŋ, engl.]: Wiederverwendung von Abfällen, Nebenprodukten oder (verbrauchten) Endprodukten der Konsumgüterindustrie als Rohstoffe für die Herstellung neuer Produkte **(Wertstoffkreislauf).** Ziel des R. ist es, den Rohstoffverbrauch und die zu entsorgenden Abfallmengen zu reduzieren. Neben dem R. von Industrieabfällen rückte in den 1990er-Jahren in Deutschland das R. von Hausmüll mit Einführung des ↑dualen Systems in den Mittelpunkt.

Redefreiheit: ↑Meinungsfreiheit.

Redistribution: ↑Umverteilung.

Referendum: ↑Volksentscheid.

Referendumsdemokratie [lat.]: direkte Beteiligung der Bevölkerung an grundlegenden politischen Entscheidungen durch ↑Volksentscheide, z.B. in der ↑Schweiz.

Reform [zu lat. reformare »umgestalten«, »umbilden«, »neugestalten«]: Umgestaltung, Neuordnung, planmäßige und schrittweise Veränderung bzw. Verbesserung gesellschaftlicher Verhältnisse. **Reformpolitik** reagiert auf den Wandel wirtschaftlicher, sozialer, politischer und kultureller Verhältnisse mit

R., wobei sie in Demokratien auf Kompromissbildung angelegt ist (↑Evolution).

Reformstaaten: ↑Transformationsstaaten.

regenerative Energien: siehe Seite 338.

Regierender Bürgermeister: ↑Bürgermeister.

Regierung [zu lat. regere »lenken«, »herrschen«]:

◆ Staatsorgan, das die richtunggebenden und leitenden Funktionen in einem politischen System ausübt; im modernen Verfassungsstaat ist die R. die Spitze der ↑Exekutive.

◆ Verwaltungsbehörde eines Regierungsbezirks.

Regierungsbezirk: in Bundesländern mit dreistufigem Verwaltungsaufbau der auf der Mittelstufe angesiedelte Verwaltungsbezirk der allgemeinen Landesverwaltung. Die Verwaltungsbehörde des R. führt die Bezeichnung **Regierungspräsidium** (Baden-Württemberg, Sachsen, Sachsen-Anhalt), **Regierung** (Bayern), **Bezirksregierung** (Niedersachsen, Rheinland-Pfalz) oder **Regierungspräsident** (Hessen, Nordrhein-Westfalen). In Thüringen nimmt die Aufgaben der R. ein **Landesverwaltungsamt** wahr.

Regierungschef: nichtoffizielle Bezeichnung für den verantwortlichen Leiter einer Regierung; in Deutschland und Österreich ist der R. der ↑Bundeskanzler. In Staaten, deren Regierungssystem zwischen ↑Staatsoberhaupt und R. unterscheidet, ist der Titel des R. u.a. ↑Ministerpräsident oder ↑Premierminister. In Präsidialsystemen ist der R. zugleich Staatsoberhaupt. In Deutschland wird der R. eines Bundeslandes Ministerpräsident (Berlin: Regierender ↑Bürgermeister; Bremen und Hamburg: Erster Bürgermeister), in Österreich ↑Landeshauptmann genannt (Wien: Bürgermeister).

Regierungserklärung: Erklärung des Regierungschefs zu Beginn seiner Amtszeit vor dem Parlament, in der er die politischen Vorhaben der Regierung vorstellt; während der Legislaturperiode auch aus Anlass aktueller politischer Themen.

Regierungskoalition: ↑Koalition.

Regierungsrat:

◆ Eingangsamt des höheren Verwaltungsdienstes in Deutschland;

◆ in der ↑Schweiz die in zahlreichen Kantonen auf bestimmte Zeit unmittelbar durch das Volk gewählte Regierung (Staatsrat, Kleiner Rat).

Regierungssystem: Bezeichnung für die staatlichen Institutionen und ihre Beziehung zueinander. Demokratien werden u.a. unterteilt in präsidententielles R. oder ↑Präsidialsystem (z.B. USA), ↑semipräsidentielles R. (Frankreich) und ↑parlamentarisches R. (z.B. Großbritannien und Nordirland).

Regime [re'ʒim, frz.]: meist abwertende Bezeichnung für die einem bestimmten politischen System entsprechende Herrschafts- bzw. Regierungsform.

Regionalismus: Bezeichnung für das Bestreben der Einwohner einer Region, ihre Eigenart innerhalb des übergreifenden politischen Verbandes zu bewahren oder stärker zur Geltung zu bringen. R. kann auch in ↑Separatismus und Bestrebungen nach ↑Autonomie übergehen. Regionalistische Bewegungen treten an der Peripherie etablierter Nationalstaaten auf (in Europa z.B. Frankreich: Bretagne, Elsass, Korsika; Großbritannien: Schottland, Wales; Spanien: Baskenland, Katalonien; Belgien: Wallonien, Flandern; Italien: Südtirol, Lombardei, Sardinien). Die kulturelle und sprachliche Identität sowie die wirtschaftlichen, sozialen und politischen, häufig historisch oder geographisch begründeten Anliegen von Landesteilen finden in föderalistisch organisierten Staatswesen häufig stärkere Berücksichtigung als in zentralistisch regierten Staaten In der EU sind im ↑Ausschuss der Regionen regionale Interessen vertreten. Ob ein »Europa der Regionen« entstehen wird, ist noch offen, in Ansätzen (Niederrhein, Elsass/Pfalz) aber erkennbar.

Regionalpolitik: staatliches Handeln im Rahmen der ↑Wirtschaftspolitik mit dem Ziel, die regionalen Unterschiede in der wirtschaftlichen Leistungsfähigkeit zu verringern und zur Einheitlichkeit der Lebensverhältnisse beizutragen. R. ist in Deutschland Aufgabe von Bund und Ländern (v.a. aufgrund des Gesetzes über die Gemeinschaftsaufgabe zur »Verbesserung der regionalen Wirtschaftsstruktur« vom 6. 10. 1969). Die R. muss mit den Grundsätzen der allgemeinen Wirtschaftspolitik sowie mit den Zielen der ↑Raumordnung übereinstimmen und hat auf gesamtdeutsche Belange sowie auf die Erfordernisse der EU Rücksicht zu nehmen.
Schwerpunkte sind Investitionsanreize und Subventionen, Ausbau der Infrastruktur, Ausbildung, Fortbildung und Umschulung von Arbeitskräften. R. wird auch über die ↑EU-Strukturfonds betrieben.

Regulierungsbehörde für Telekommunikation und Post: seit 1. 1. 1998 bestehende, dem Geschäftsbereich des Bundesministeriums für Wirtschaft zugeordnete Bundesoberbehörde; Sitz: Bonn. Die zentrale Aufgabe der Behörde besteht darin, die Markstellung dominanter Anbieter zu kontrollieren und neu auf den Markt tretenden Wettbewerbern zu chancengleichen Bedingungen zu verhelfen. Darüber hinaus hat die R. die flächendeckende Grundversorgung mit Telekommunikations- und Postdienstleistungen sicherzustellen.

Rehabilitierung (Rehabilitation): Wiederherstellung des Ansehens einer Person oder Gruppe, Wiedereinsetzung in frühere Rechte, Beseitigung des Vorwurfs einer Straftat (besonders nach einem politischen Systemwechsel). Maßnahmen zur R. sind u.a. Freispruch, Wiederverleihung von aberkannten Fähigkeiten und Rechten, Tilgung im Strafregister.
In den neuen Bundesländern ist R. durch Aufhebung von rechtsstaatswidrigen Strafurteilen aus der Zeit vom 8. 5. 1945 bis 2. 10. 1990 und durch die Gewährung von Ausgleichsleistungen (300 DM/Monat) vorgesehen. Entschädigt werden neben Justizopfern Opfer von rechtswidrigen Verwaltungsentscheidungen (z.B. Zwangsumsiedlungen) und Menschen, die wegen politischer Verfolgung berufliche und wirtschaftliche Nachteile erlitten haben und sich in schwieriger wirtschaftlicher Lage befinden (↑Wiedergutmachung). Rechtsgrundlagen für die R. wurden ab 1990 mit verschiedenen Gesetzen geschaffen, zuletzt durch die »Gesetze zur Verbesserung rehabilitationsrechtlicher Vorschriften für Opfer der politischen Verfolgung in der ehemaligen DDR« vom 1. 7. 1997 und 17. 12. 1999.

Reichskonkordat: ↑Konkordat.

Reichspogromnacht: ↑Judenverfolgung.

Reichstag: Name für das ↑Parlament oder eine Kammer (heute in Dänemark, Finnland, Japan und Schweden).
◆ im Heiligen Römischen Reich bis 1806 die neben dem König/Kaiser stehende ständische Körperschaft. Seit 1663 war der R. ein ständiger Gesandtenkongress mit Sitz in Regensburg **(Immerwährender Reichstag).**
◆ im Norddeutschen Bund (ab 1867), Deutschen Reich (1871–1918) und in der Weimarer Republik (1919–33) die Vertretung des Volkes. Der R. ging aus allgemeinen, gleichen und unmittelbaren Wahlen mit geheimer Abstimmung hervor. In der Zeit des Nationalsozialismus war der R. ein von der NSDAP beherrschtes Einparteienparlament (letzte Sitzung 1942).

Reifeprüfung: ↑Abitur.

relative Mehrheit: ↑Mehrheit.

Religionsfreiheit: das nach den Religionskriegen der frühen Neuzeit und durch die Aufklärung durchgesetzte Recht des Einzelnen auf ↑Glaubens- und Gewissensfreiheit sowie die Freiheit des religiösen und weltanschauli-

Der Begriff regenerative Energien (auch alternative oder erneuerbare Energien genannt) bezeichnet Energieformen, die im Unterschied zu fossilen Energieträgern (Kohle, Erdöl, Erdgas) unerschöpflich bzw. wieder verwertbar sind. Dabei ist die energetische Verwertung von Abfall, Biomasse (biogene Energieträger, z.B. Restholz, Stroh, Klärschlamm) Erdwärme (Geothermie), Gezeiten- und Wellenenergie der Meere, Sonnenenergie, Umweltwärme, Wasser- und Windkraft und ihre Umwandlung in Sekundärenergie (z.B. Wärme und Strom) häufig mit geringeren Umweltbelastungen verbunden. Ihr Einsatz dient daher dem ↑Klimaschutz, der seit Anfang der 1990er-Jahre wesentlicher Teil der globalen Umweltpolitik ist. So haben die EU-Staaten 1998 beschlossen, den CO_2-Ausstoß in der EU bis 2012 um 8,1% zu reduzieren (Quote für Deutschland: –21%) und 12% des Energieverbrauchs durch regenerative Quellen zu decken. Deren Stellenwert erhöhte sich in Deutschland, seitdem die rot-grüne Regierungskoalition mit dem Erneuerbare-Energien-Gesetz (EEG) vom 1.4.2000 den regenerativen Energien Vorrang einräumte (Förderung v.a. von »Ökostrom«) und sie mit der Energiewirtschaft einen ↑Atomausstieg vereinbarte.

Öffentliche Förderung

Das umweltpolitische Ziel, die regenerativen Energien auszubauen, geht in den westlichen Industriestaaten meist mit vielfältig geförderten Maßnahmen zur Energieeinsparung (z.B. Wärmeschutz) und Subventionen einher: direkte Kaufbeihilfen für Kleinanlagen, Steuererleichterungen bzw. -befreiung für bestimmte Formen und Größenordnungen der Erzeugung sowie Abnahme- und Preisgarantien für die Einspeisung ins öffentliche Stromnetz (in Deutschland seit 1991). Die rot-grüne Bundesregierung forcierte 1999/2000 diese Politik:

- Subventionierung der Energiegewinnung aus Kraft-Wärme-Kopplung 2000–04 mit anfangs 3 Pf/kWh (jährlich reduziert um 0,5 Pf);
- auf Antrag nicht rückzahlbare Zuschüsse für Sonnenkollektoren, Photovoltaikanlagen (auch über das Programm »Sonne in der Schule«), kleine Biomasseanlagen und Wärmepumpen (Nutzung von Umgebungswärme zu Heizzwecken);
- im Rahmen des sog. 100 000-Dächer-Programms (ab 1999) zinslose Darlehen für Hauseigentümer, die Photovoltaikanlagen installieren;
- durch das EEG wird die Vergütung für die Einspeisung von Strom aus Wind- und Wasserkraft, Deponie- und Klärgas, Sonnenenergie sowie erstmals aus Geothermie und Biomasse in das öffentliche Stromnetz preislich und zeitlich gestaffelt sowie abhängig von Größe und Alter mit Festpreisen von 12,1–99 Pf/kWh vergütet. Die Mehrkosten der Stromerzeugung werden auf den gesamten Stromverbrauch unabhängig von der Erzeugungsform verteilt (vorher gab es regionale Höchstkontingente). Entscheidend ist die Entkopplung der Vergütung von den allgemeinen Strompreisen. Infolge der Liberalisierung der Energiemärkte Ende der 1990er-Jahre waren diese wegen Überkapazitäten der Energieversorgung gefallen, stiegen aber seit Mitte 2000 wieder, u.a. wegen der Belastungen durch die ↑Ökosteuer (v.a. Mineralöl und Strom aus fossilen Energieträgern).

Rahmenbedingungen und Prognose

Nach Untersuchung des Internationalen Wirtschaftsforums Regenerative Energien (IWR) erzeugten die erneuerbaren Energien 1999 ein Fünftel des weltweiten Stroms; von diesen 2 800 Mrd. kWh entfielen 2 700 Mrd. kWh auf die Wasserkraft. Trotz geplanten Ausbaus (v.a. Wind- und Sonnenenergie) auf 3 500 Mrd. kWh wird der Anteil der regenerativen Energien auch 2010 ohne zusätzliche Förderung voraussichtlich bei

etwa 20–22 % bleiben. Ursache ist der wachsende Energiebedarf, der sich nach Schätzung des Weltenergierates bis 2050 verdoppeln wird. Für Deutschland wird allerdings auch bei Wirtschaftswachstum mit sinkendem Energieverbrauch gerechnet (Esso-Studie: –5 % bis 2020).
Die Chancen der erneuerbaren Energien steigen nach allgemeiner Erwartung mit der Erhöhung des technischen Nutzungsgrads (Verhältnis zwischen eingesetztem Energieträger und erzielter Energieausbeute); dadurch reduzieren sich die Kosten für den Einsatz heute noch teurer Technologien (z.B. Photovoltaik). Umgekehrt führt ein verstärkter Ausbau erneuerbarer Energien zur Effizienzsteigerung. Andererseits wird sich in Zukunft aber auch die Verfügbarkeit fossiler Energieträger erhöhen, weil das Volumen gesicherter und nutzbarer Reserven, v.a. von Erdöl und Erdgas, infolge sich ständig verbessernder Erkundungs- und Fördertechnik stetig ansteigt.

■ Formen regenerativer Energien

Biomasse: Aus Hausmüll, Klärschlämmen und Tierexkrementen wird Biogas (Faulgas) gewonnen (z.B. für Motoren mit Abwärmenutzung). Der energetischen Verwertung von Altholz wird das größte Potenzial zugeschrieben; von geschätzten 8 Mio. t pro Jahr wurden in Deutschland nur 1,5 Mio. t zur Energiegewinnung genutzt. Chancen zu einem schadstoffarmen Ausbau bestehen in der Industrie v.a. dann, wenn neue technische Verfahren (Wirbelschichtverfeuerung) und die Kopplung von Strom- und Wärmeproduktion die Kosten reduzieren.
Wasserkraft: In Europa und Nordamerika ist Wasserkraft der bei weitem bedeutendste regenerative Energieträger; die gewinnbaren Wasserreserven werden dort zu 60–90 % genutzt, in Afrika, Asien und Lateinamerika nur zu 10 %. Wasserkraftanlagen erlauben meist eine kontinuierliche Nutzung, haben eine lange Lebensdauer und verursachen nur niedrige Betriebskosten. Der Bau großer Kraftwerke (z.B. Drei-Schluchten-Projekt in China) macht aber hohe Investitionen notwendig, belastet die Umwelt durch Landschaftsverbrauch und ist mit sozialen Kosten verbunden (Umsiedlung der Bevölkerung).

regenerative Energien

Stromerzeugung aus regenerativen Energien in Deutschland 1998

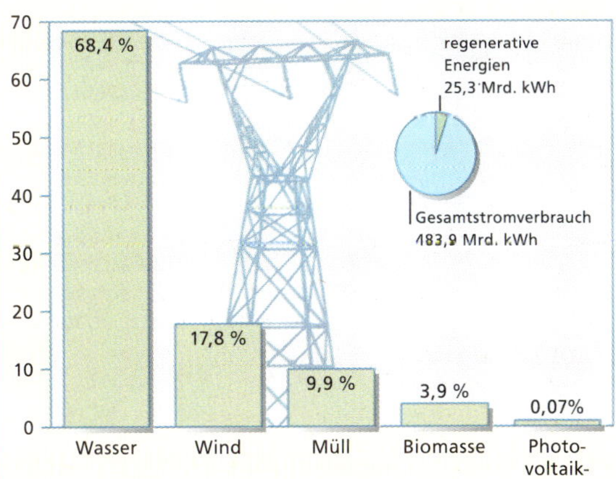

Quelle: Vereinigung Deutscher Elektrizitätswerke

Erdwärme: Bei der Geothermie wird die natürliche Wärme des Erdinneren genutzt, in Kraftwerken v.a. in Regionen mit günstigen geologischen Bedingungen (d.h. Temperaturen von mindestens 150–180 °C in geringer Tiefe, z.B. Island, Philippinen). In Mitteleuropa dient Erdwärme fast ausschließlich zur Deckung des lokalen Heizbedarfs (z.B. für Schwimmbäder, Wohnsiedlungen). Da sie zeitlich unabhängig, ständig verfügbar ist und keine zusätzlichen Speicher und Transportwege benötigt werden, gilt Erdwärme als Energieträger mit großem Potenzial.

Sonnenenergie: Sonnenkollektoren dienen v.a. der lokalen Warmwasseraufbereitung. Solarkraftwerke, die kommerziell nur in sonnenreichen Regionen der Erde eingesetzt werden, z.B. in Kalifornien, bündeln die Leistung vieler Kollektoren

Der 16 m hohe Solartum ist das technische »Herz« der Solarsiedlung »Am Ohrberg« in Hameln. In seinem Innern ist auf sechs Ebenen die gesamte Technik untergebracht, die das Nahwärmenetz der rd. 70 Häuser steuern soll.

und wandeln die in Öl oder Salzgemischen gespeicherte Wärme über Dampfturbinen in elektrische Energie um. Solarzellen, die auf chemischem Weg Sonnen- in elektrische Energie umwandeln (Photovoltaik), können weltweit dezentral (Dächer, Fassaden, Freiflächen) eingesetzt werden, insbesondere in Entwicklungsländern, die kein landesweites Stromnetz besitzen. Die Stromerzeugungskosten auf Basis der Photovoltaik waren zu Anfang des 21. Jh. noch am höchsten unter den regenerativen Energien (im Vergleich zur Windenergie um das 20fache). Das Gleiche gilt für den Energieaufwand (zur Herstellung von Solarzellen) im Verhältnis zur Energieausbeute. Größter Vorteil der Sonnenenergie ist, dass durch ihre Nutzung keine Schadstoffe entstehen.

Windenergie: Windkraftwerke wandeln einen Teil der Energie der Luftbewegung in mechanische und schließlich in elektrische Energie um. Die meisten Anlagen waren Ende der 1990er-Jahre in Küstengebieten (auch Offshore) installiert (häufig in Windparks), wo die Windgeschwindigkeit eine bessere Energieausbeute erlaubte als im Landesinneren. Mit etwa 4 000 MW Ende 1999 lag Deutschland vor den USA (2 500 MW) auf Platz eins bei der Gesamtleistung (Steigerung gegenüber 1998: 55 %; Anteil an gesamter deutscher Stromerzeugung: 1,2 %). An günstigen Standorten installiert, gelten Windkraftanlagen gegenüber Kraftwerken, die mit fossilen Energieträgern betrieben werden, bei den Stromerzeugungskosten als konkurrenzfähig. ■

Übersichtlich gegliederte Internet-Links zum Thema Energie sowie zu einzelnen Verbänden und Initiativen bietet www.energielinks.de. Ansprechpartner zu Förderprogrammen sind die örtlichen Energieversorger und das Bundesamt für Wirtschaft, Referat II 4 (solar@bawi.de).

SCHEER, HERMANN: *Solare Weltwirtschaft.* München (Antje Kunstmann) 1999. ■ WEIZSÄCKER, ERNST-ULRICH VON: *Faktor Vier.* München (Droemer Knaur) 1995.

chen Bekenntnisses. Art. 4 GG erklärt diese Freiheit für unverletzlich und gewährleistet die ungestörte Religionsausübung.

Religionsgemeinschaft (Religionsgesellschaft): eine Vereinigung von Angehörigen desselben Glaubensbekenntnisses zur Ausübung ihrer religiösen Kult- und Versammlungsformen. Im Unterschied zu den ↑evangelischen Kirchen und der ↑katholischen Kirche, die in Deutschland eine öffentlich-rechtliche Stellung einnehmen und daher ↑Kirchensteuer erheben dürfen sowie besonderen staatlichen Schutz genießen, ist anderen R. nur ein privatrechtlicher Status eingeräumt. Sie unterstehen dem Vereinsrecht und genießen wie die Vereinigungen zur »gemeinschaftlichen Pflege einer Weltanschauung« den Schutz des Art. 140 GG.

In *Österreich* garantiert Art. 15 des Staatsgrundgesetzes von 1867 den gesetzlich anerkannten Kirchen und R. das Recht der gemeinsamen öffentlichen Religionsausübung und die selbstständige Ordnung und Verwaltung ihrer inneren Angelegenheiten im Rahmen der allgemeinen Staatsgesetze. In der *Schweiz* gewährleistet Art. 49 der Bundesverfassung die Freiheit auf Eintritt in bzw. Austritt aus **Religionsgenossenschaften.** Diese können sich im Rahmen der privatrechtlichen Ordnung frei zusammenschließen und organisieren. Nach kantonalem Recht haben bestimmte R. öffentlich-rechtlichen Status.

Rente:

- regelmäßige Geldeinnahme, die ein »Rentier« aus seinem Vermögen bezieht (z.B. Zinsen, Dividenden).
- Geldleistungen aus der ↑Rentenversicherung, z.B. **Altersrente.**

Abb. siehe Seite 342.

Rentenformel: Verfahren zur Ermittlung des individuellen Anspruchs aus der gesetzlichen Rentenversicherung. Die R. beruht auf dem Grundsatz, dass sich die Rente v.a. nach dem persönlichen monatlichen Einkommen richtet, für das Beiträge gezahlt worden sind. Der monatliche Rentenbetrag (MR) wird nach der R. (ab 1992) MR = PEP x RAF x AR berechnet (PEP = persönliche Entgeltpunkte, RAF = Rentenartfaktor, AR = aktueller Rentenwert). Die PEP berücksichtigen je Versicherungsjahr das Versicherteneinkommen im Vergleich zum Durchschnittseinkommen aller Versicherten.

Rentenversicherung: zum einen als gesetzliche R. ein Teil der Sozialversicherung, zum anderen als **private R.** eine besondere Form der Lebensversicherung. Das Recht der gesetzlichen R. wurde in Deutschland durch das Rentenreformgesetz 1992 vom 18. 12. 1989, gültig ab 1. 1. 1992, weiterentwickelt und als 6. Buch in das Sozialgesetzbuch (SGB VI) eingefügt.

Die **gesetzliche R.** ist eine Pflichtversicherung für Arbeiter, Angestellte, Auszubildende, Wehr- und Zivildienstleistende, Behinderte in anerkannten Werkstätten sowie für Beschäftigte in knappschaftlichen Betrieben (Bundesknappschaft); in der Landwirtschaft Tätige sind in der Alterssicherung der Landwirte pflichtversichert. Pflichtversichert sind auch Pflegepersonen und Bezieher von Lohnersatzleistungen sowie über die Anerkennung von Kindererziehungszeiten auch Mütter und Väter. Die nicht pflichtversicherten Selbstständigen können auf Antrag in die R. einbezogen werden. Versicherungsfrei sind ↑Beamte, Richter und vergleichbare Beschäftigte (Versorgung), Bezieher einer vollen Altersrente und Pensionäre. Träger der R. für Arbeiter sind die Landesversicherungsanstalten (daneben die Bahnversicherungsanstalt und die Seekasse), für Angestellte die ↑Bundesversicherungsanstalt für Angestellte und für die im Bergbau Beschäftigten die Bundesknappschaft.

Die Finanzierung der R. beruht auf Rentenversicherungsbeiträgen der Versicherten (ab 1. 1. 2000: 19,3 % des Brut-

R

bis 1830 (vom Ende des Wiener Kongresses bis zur französischen Julirevolution), als in allen europäischen Staaten versucht wurde, die politischen Verhältnisse der Zeit vor der Französischen Revolution wieder herzustellen.

Restzahlverfahren: ↑Hare-Niemeyer-Verfahren.

Revanchismus [-vãʃ-, zu frz. revanche »Vergeltung«]: politische Einstellung, deren Ziel die Vergeltung für politische oder militärische Niederlagen, ggf. die Rückgewinnung verlorener Staatsgebiete (z.B. Elsass-Lothringen nach dem für Frankreich verlorenen Deutsch-Französischen Krieg 1870/71) bzw. die Annullierung aufgezwungener Verträge (z.B. Versailler Vertrag 1919 durch Deutschland nach der Niederlage im Ersten Weltkrieg) ist.

Revisionismus: ↑Marxismus.

Revolte: spontaner, i.d.R. örtlich begrenzter Aufruhr, der sich gegen Missstände (z.B. Hungerrevolte), Personen, Regierungen oder Regierungssysteme richtet. R., begrifflich oft synonym mit Aufstand und ↑Rebellion verwendet, steht häufig am Anfang einer Revolution.

Revolution: im politisch-sozialen Sinn der teils gewaltsam herbeigeführte Umsturz eines Herrschaftssystems mit dem Ziel, eine neue Gesellschaftsordnung zu errichten (im Unterschied zur ↑Reform und ↑Evolution). R. sind mit einem radikalen Bruch überkommener Traditionen und der Zerschlagung der bestehenden Rechts- und Sozialordnung verbunden. Im marxistischen ↑historischen Materialismus treiben R. die Geschichte voran. Der ↑Marxismus-Leninismus wies der die proletarische Klasse führenden Kaderpartei eine besondere Rolle zu. Im ↑Maoismus und Trotzkismus (↑permanente R.) wurde das Revolutionskonzept weiterentwickelt. Von R. abzugrenzen sind ↑Staatstreich und ↑Putsch.

Die Ursachen einer R. resultieren meist aus politischen, sozialen und wirtschaftlichen Spannungen; einem Ausbruch »von unten« kann durch eine kontrollierte »R. von oben« seitens der Herrschenden zuvorgekommen werden. Der Versuch, eine begonnene oder bereits erfolgreich verlaufene R. rückgängig zu machen, wird **Konterrevolution** genannt.

Revolution: Der Umbruch in der Tschechoslowakei ging wegen seines friedlichen Verlaufs (Bild: Prager Demonstration der 500 000 Rosen im Dezember 1989) als »samtene Revolution« in die Geschichte ein.

R. sind nicht nur soziale oder Klassenrevolutionen, sondern auch nationale R., die mit der Abschüttelung einer Fremdherrschaft zur Konstituierung einer Nation führen (z.B. die Amerikanische R. 1775–83). Als R. bezeichnet wurden u.a. die Glorious Revolution 1688/89 in England, die Französische R. 1789–99, die russische Oktoberrevolution 1917 und die deutsche Novemberrevolution 1918. Als weitgehend »friedliche R.« verlief die ↑Demokratisierung in ehemals kommunistisch regierten Staaten Ostmitteleuropas 1989/90.

Rezeption [zu lat. recipere »(auf-)nehmen«]: die Übernahme fremden Kulturgutes, z.B. Vorstellungen, Techniken oder Verhaltensmuster (↑ Akkulturation). Im interkulturellen Austausch finden stets **Diffusion** (Verbreitung einer Kultur) und R. statt. Meist besteht R. nicht in einer einfachen Übernahme des Fremden, sondern in seiner Angleichung an die eigene Tradition und gegenwärtige Situation.

Rezession [zu lat. recessio »das Zurückgehen«]: die konjunkturelle Abschwungphase, gekennzeichnet i. A. durch den Rückgang der wirtschaftlichen Aktivität; im Besonderen durch abnehmende Kapazitätsauslastung des Produktionspotenzials und zunehmende Arbeitslosigkeit.

RGW: ↑ COMECON.

Rheinland-Pfalz: deutsches Bundesland mit einer Fläche von 19 853 km² und 4,05 Mio. Einwohnern (1999); Hauptstadt: Mainz.

Verfassung: Nach der Verfassung vom 18. 5. 1947 liegt die gesetzgebende Gewalt (Legislative) beim Landtag, dessen 101 Abgeordnete auf fünf Jahre gewählt werden. Volksentscheide sind möglich. Exekutive ist die Landesregierung, die aus dem Ministerpräsidenten und den Ministern besteht. Der Ministerpräsident, der die Minister seiner Regierung ernennt, wird vom Landtag gewählt. Der Landtag kann Ministern oder der gesamten Regierung das Vertrauen entziehen.

Verwaltung: R.-P. ist in die drei Regierungsbezirke Koblenz, Rheinhessen-Pfalz und Trier gegliedert.

Geschichte: Das Land wurde auf Anweisung der französischen Militärregierung vom 30. 8. 1946 gebildet aus der zuvor zu Bayern gehörenden Pfalz, den preußischen Regierungsbezirken Koblenz und Trier, vier Kreisen der preußischen Provinz Hessen-Nassau (als Regierungsbezirk Montabaur) und dem linksrheinischen Teil Hessens (Rheinhessen). Wilhelm Boden (CDU) wurde 1946 von der Militärregierung als Ministerpräsidenten eingesetzt. 1947–91 war die CDU stärkste Partei im Landtag. 1971–87 regierte sie allein, 1987–91 in Koalition mit der FDP. Seit 1991 regiert eine Koalition aus SPD und FDP.

www.rheinland-pfalz.de

Abb. siehe Seite 346.

Rheinland-Pfalz

Ministerpräsident	Amtszeit
Wilhelm Boden (CDU)	1946/47
Peter Altmeier (CDU)	1947–69
Helmut Kohl (CDU)	1969–76
Bernhard Vogel (CDU)	1976–88
Carl-Ludwig Wagner (CDU)	1988–91
Rudolf Scharping (SPD)	1991–96
Kurt Beck (SPD)	seit 1996

Richter/in: zur Entscheidung von Rechtsstreitigkeiten berufenes staatliches Organ, dem in Deutschland nach Art. 92 GG die ↑ rechtsprechende Gewalt (Judikative) anvertraut ist. Die Rechtsverhältnisse der R. werden durch das Deutsche Richtergesetz und Landesgesetze geregelt. Man unterscheidet Berufs- und ehrenamtliche R. **Berufsrichter** ist, wer zum Richteramt befähigt ist (Jurist) und durch Ernennung in das Richterverhältnis berufen worden ist. **Ehrenamtlicher R.** ist, wer, ohne Berufsrichter zu sein, die rechtsprechende Gewalt ausübt (↑ Laienrichter). Nach Art. 97 und 98 GG sind R. persönlich und sachlich unabhängig (d. h. unabsetzbar, unversetzbar) sowie nur an Gesetz und Recht gebunden (d. h. keinerlei Weisungsbefugnis unterworfen).

In *Österreich* sichert die Bundesverfassung den R. bei Ausübung ihres Richteramtes Unabhängigkeit, Unabsetzbarkeit und Unversetzbarkeit zu. Die beamteten Berufsrichter werden vom Bundespräsidenten auf Vorschlag der Bundesregierung oder vom zuständigen Bundesminister ernannt. In der *Schweiz* werden die R. der kantonalen Gerichte (dort neben vollamtlichen R. auch Laienrichter) vom Volk oder vom Kantonsparlament, die R.

der eidgenössischen Gerichte von der Bundesversammlung gewählt.

Richterwahlausschuss: in Deutschland ein Gremium zur Wahl der Richter der obersten Bundesgerichte, die nach Zustimmung des zuständigen Bundesministers vom Bundespräsidenten ernannt werden. Die Wahl der Richter des ↑Bundesverfassungsgerichts erfolgt in einem besonderen Verfahren. Einige Bundesländer sehen für die Anstellung der Richter ebenfalls Richterwahlen vor.

Richtlinienkompetenz: ↑Bundeskanzler.

Richtungsgewerkschaft: ↑Gewerkschaft.

Rinderwahnsinn: ↑BSE.

Risikogesellschaft: vom deutschen Soziologen Ulrich Beck (*1944) geprägter Begriff für die moderne ↑Industriegesellschaft, in der die durch den Fortschritt hervorgerufenen sozialen, politischen, ökologischen, wirtschaftlichen und individuellen Risiken sich den herkömmlichen Kontroll- und Sicherungsvorkehrungen dieser Gesellschaft entziehen; als Beispiele werden die Risiken der ↑Kernenergie, der ↑Gentechnologie und die globalen Umweltprobleme genannt.

Rolle (soziale Rolle): alle typischen, mehr oder weniger verbindlichen (normierten) Verhaltenserwartungen, die einem Einzelnen aufgrund seines ↑Status vonseiten einer ↑Gruppe entgegengebracht werden und denen er gerecht wird oder werden muss. Die **Rollenerwartungen** (Anforderungen) bestehen zunächst unabhängig vom Inhaber des Status und können mehrere R. umfassen. So werden z.B. dem Lehrer seitens der Schüler, Eltern oder Kollegen verschiedene Rollenerwartungen entgegengebracht. Der Inhalt der Erwartungen und der Grad ihrer Verbindlichkeit werden im Verlauf der ↑Sozialisation vermittelt und vom Individuum übernommen, sodass äußere ↑Sanktionen wie auch eigene Ansprüche und Vorstellungen zu einem der R. entsprechenden Verhalten führen. Der individuelle Wunsch, autonom und abweichend auf die Rollenerwartungen zu reagieren, äußert sich in der **Rollendistanz.**
Der Begriff der sozialen R. dient zur Beschreibung und Analyse von ↑Sozialstruktur, individuellem Verhalten und

Rheinland-Pfalz

Landtagswahlen (Stimmenanteil in %)

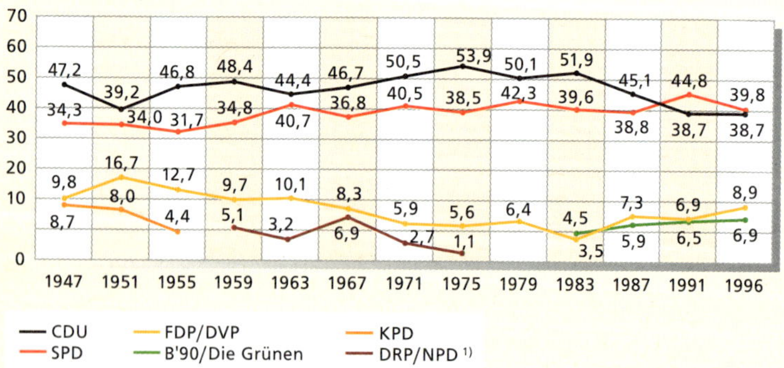

1) Deutsche Reichspartei/Nationaldemokratische Partei Deutschlands, nach 1975 unter 1% Stimmenanteil

R

↑Interaktion auf allen Ebenen (Partner, Gruppen, Organisationen, Gesellschaft) und in allen institutionellen Bereichen (privat, öffentlich, Beruf, Familie). Die Soziologie untersucht dabei die Rollenvielfalt in den unterschiedlichen Gesellschaften, v.a. die **Rollenkonflikte.**

Römische Verträge: die Verträge zur Gründung der Europäischen Atomgemeinschaft (EURATOM) und der Europäischen Wirtschaftsgemeinschaft (EWG), unterzeichnet am 25.3.1957 in Rom (↑Europäische Gemeinschaften).

römisch-katholische Kirche: ↑katholische Kirche.

Rotationsprinzip: Prinzip, nach dem ein politisches Amt vom Amtsinhaber nach einer bestimmten, festgelegten Zeit an einen Nachfolger abgegeben werden muss. Das R. soll Machtkonzentration bei politischen Funktionsträgern, Bestechlichkeit oder eine Verfestigung bürokratischer Strukturen verhindern. Es wurde in der BRD bis 1991 v.a. von der Partei der Grünen praktiziert, indem alle Parteiämter sowie Landtags- und Bundestagssitze in regelmäßigem Wechsel neu besetzt wurden.

Rote-Armee-Fraktion: ↑RAF.

Rote Garden: ↑Kulturrevolution.

Rotes Kreuz: internationales Hilfswerk auf Grundlage nationaler Gesellschaften zur Milderung der Leiden des Krieges, Betreuung von Kriegsgefangenen, Hilfe in Katastrophenfällen u.a. Die Tätigkeit des R. K. begann 1863 auf Anregung des Schweizers HENRY DUNANT (1828–1910). 1864 wurde das ausschließlich aus Schweizern bestehende **Internationale Komitee vom Roten Kreuz (IKRK)** in Genf geschaffen, das als Völkerrechtssubjekt international gleichberechtigt mit souveränen Staaten agieren kann (↑Genfer Konventionen). Neben dem IKRK bestehen ferner die freiwilligen nationalen **Rotkreuzgesellschaften,** die in der dem IKRK gleichberechtigten **Internationalen Föderation der Liga der Rotkreuz- und Rothalbmondgesellschaften** zusammengeschlossen sind. IKRK, Liga und nationale Gesellschaften bilden das **Internationale Rote Kreuz.**

www.ifrc.org, www.drk.de

RPR: ↑Frankreich.

Rückwirkungsverbot: ↑Rechtssicherheit.

Ruhegehalt: ↑Pension.

runder Tisch: Form des demokratischen Zusammenwirkens, v.a. zwischen ↑Opposition und ↑Regierung, bei der alle Teilnehmer gleichberechtigt zusammenarbeiten. Gespräche am r.T. fanden 1989 in Polen statt, dann in Ungarn, in der DDR, in der Tschechoslowakei, in Rumänien und in Bulgarien, um in den damals sozialistisch regierten Staaten eine demokratische Entwicklung einzuleiten.

Abb. siehe Seite 348.

Rundfunk: Übertragung von Sprache, Musik und Bild (↑Hörfunk, ↑Fernsehen) mittels elektromagnetischer Wellen, entweder ungerichtet und drahtlos, über Kabel oder Satellit. R. wird in Deutschland durch öffentlich-rechtliche Sendeanstalten (↑ARD, ↑ZDF) und Privatunternehmen (↑Privatfernsehen) ausgestrahlt.

Entscheidung des Bundesverfassungsgerichts vom 28.2.1961 (Leitsatz):

»Art. 5 GG fordert Gesetze, durch die die Veranstalter von Rundfunkdarbietungen so organisiert werden, dass alle in Betracht kommenden Kräfte in ihren Organen Einfluss haben und im Gesamtprogramm zu Wort kommen können, und die für den Inhalt des Gesamtprogramms Leitgrundsätze verbindlich machen, die ein Mindestmaß von inhaltlicher Ausgewogenheit, Sachlichkeit und gegenseitiger Achtung gewährleisten.«

Die Schaffung von **öffentlich-rechtlichen Rundfunkanstalten** mit dem Recht auf Selbstverwaltung gründet sich auf die verfassungsrechtliche Entscheidung zur Freiheit der Berichterstattung, die durch Art. 5 Abs. 1 Satz 2 GG ge-

R

runder Tisch: Die Beratungen von Vertretern der polnischen Regierung und Opposition am runden Tisch in Warschau (Bild: erstes Treffen am 6. 2. 1998) wurden zum Modell und Sinnbild für den friedlichen Systemwechsel in anderen kommunistischen Staaten.

währleistet ist. Die Programmgestaltung des R. ist daher dem staatlichen Einfluss weitgehend entzogen. Vor dem Hintergrund der Einführung des Privatfernsehens und der damit einhergehenden Veränderung der Programmlandschaft entschied das Bundesverfassungsgericht 1986 (4. Fernsehurteil), dass die öffentlich-rechtlichen Medien die »Grundversorgung« sicherzustellen und für eine inhaltlich ausgewogene, umfassende und pluralistische Berichterstattung zu sorgen haben, während die privaten Programme als zusätzliche Angebote nicht den gleichen Anforderungen unterliegen.

Die gesetzliche Grundlage der öffentlich-rechtlichen Sendeanstalten bildet das deutsche Rundfunkrecht, das in Bundes- und Landesgesetzen sowie Verträgen enthalten ist. Nach den Rundfunkgesetzen der Länder stehen an der Spitze der einzelnen Rundfunkanstalten jeweils drei Leitungsorgane. Der **Rundfunkrat,** der sich aus Vertretern gesellschaftlich relevanter Kräfte (u.a. Gewerkschaften, Kirchen, Parlamentarier) zusammensetzt, ist zuständig für die Programmgestaltung sowie die Haushalts- und Wirtschaftsführung. Der **Intendant** trägt die Verantwortung für die inhaltliche Gestaltung. Er wird in seiner Geschäftsführung vom **Verwaltungsrat,** gewählten Mitgliedern des Rundfunkrats, kontrolliert. Über Fernsehrichtlinien, die u.a. Regelungen über Umfang von Werbung und Sponsoring sowie Bestimmungen zum Jugendschutz beinhalten, nimmt auch das EU-Recht wesentlichen Einfluss auf das Rundfunkrecht. Da die Länder die Kulturhoheit besitzen, ist die Struktur des Privatfernsehens unterschiedlich geregelt; zuständige Aufsichtsorgane sind die ↑Landesmedienanstalten.

In *Österreich* ist das Rundfunksystem ein rein öffentlich-rechtliches, in der *Schweiz* eine Mischform aus öffentlich-rechtlichem und privatem Rundfunk.

Rüstung: alle Güter und Dienstleistungen, die militärischen Zwecken dienen bzw. von militärischen Auftraggebern eines Staates oder Militärbündnisses nachgefragt werden; im engeren Sinn die militärische Beschaffung und Materialerhaltung einschließlich der militärischen Forschung. Bei Gütern und Anlagen, die sowohl militärisch als auch zivil genutzt (z.B. Lastkraftwagen, Beobachtungssatelliten oder Pestizidfabriken) oder in denen sowohl zivile (Insektenbekämpfungsmittel) als auch militärische Produkte (biologische Waffen) hergestellt werden können, wird von »dual use« gesprochen

Zu den **Rüstungsausgaben** zählen nach Definition der NATO alle Ausgaben für die regulären Streitkräfte (einschließlich der Pensionen für ehemaliges Militärpersonal), Ausgaben für die Stationierung fremder Truppen, Kosten für die NATO-Infrastruktur und zivile Bedienstete sowie die Militärhilfe an andere Nationen (einschließlich Ausrüstung und Ausbildung). Die weltweiten Ausgaben für R. und militärisches Personal liegen bei 6% des Weltbruttosozialprodukts (NATO: ca. 4%). Mit dem Ende des Ost-West-Konflikts fielen die Ausgaben 1990 erstmals seit langer Zeit, stiegen 1999 jedoch wieder an.

Rüstungsexporte: Gesamtheit der Güter und Dienstleistungen, die militärischen Zwecken dienen und von einer Volkswirtschaft ausgeführt werden.

In Deutschland dürfen nach Art. 26 Abs. 2 GG »zur Kriegsführung bestimmte Waffen nur mit Genehmigung der Bundesregierung hergestellt, befördert und in Verkehr gebracht werden«. Nähere gesetzliche Bestimmungen enthalten das Außenwirtschaftsgesetz sowie das Kriegswaffenkontrollgesetz; demnach sind R. aus Deutschland in Spannungsgebiete sowie der Handel mit einigen Waffen verboten, sofern keine besondere Genehmigung vorliegt. Die Durchbrechung bzw. Umgehung dieser Vorschriften im Zuge des Zweiten Golfkriegs führte 1992 zu einer Verschärfung der gesetzlichen Bestimmungen und zur Gründung des Bundesausfuhramtes am 1. 4. 1992 (Sitz: Eschborn), das Herstellung, Transport und Verkauf von Rüstungsgütern überwacht. Problematisch bleibt jedoch die Kontrolle solcher Güter, die sowohl zum militärischen als auch zum zivilen Gebrauch geeignet sind (Dualuse-Güter).

Rüstungskontrolle: ↑Abrüstung.

Rüstungskonversion: ↑Konversion.

S

Saarland: deutsches Bundesland mit einer Fläche von 2 570 km² und 1,07 Mio. Einwohnern (1999); Hauptstadt: Saarbrücken.

Verfassung: Nach der Verfassung vom 15. 12. 1947 liegt die gesetzgebende Gewalt beim Landtag (51 Abgeordnete, für fünf Jahre gewählt); der Landtag wählt den Ministerpräsidenten, der mit Zustimmung des Parlaments die Minister ernennt. Die Verfassung sieht die Möglichkeit von Volksbegehren und -entscheiden vor. Durch eine Verfassungsänderung (20. 12. 1956) wurden alle Bestimmungen getilgt, die Ansprüche Frankreichs an das S. begründeten.

Saarland

Ministerpräsident	Amtszeit
Johannes Hoffmann (CVP[1])	1947–55
Heinrich Welsch (parteilos)	1955
Hubert Ney (CDU)	1956/57
Egon Reinert (CDU)	1957–59
Franz-Josef Röder (CDU)	1959–79
Werner Zeyer (CDU)	1979–85
Oskar Lafontaine (SPD)	1985–98
Reinhard Klimmt (SPD)	1998/99
Peter Müller (CDU)	seit 1999

[1] Christliche Volkspartei des Saarlandes

Verwaltung: Das S. ist in den Stadtverband Saarbrücken und in fünf Landkreise (mit 52 Gemeinden) gegliedert.

Geschichte: Durch den Versailler Vertrag wurden die südlichen Teile der ehemali-

S

gen preußischen Rheinprovinz und die westlichen Teile der bayerischen Pfalz auf 15 Jahre (ab 10. 1. 1920) der Verwaltung des Völkerbunds unterstellt. 1935 kam dieses **Saargebiet** nach Volksabstimmung an das Deutsche Reich zurück. Nach dem Zweiten Weltkrieg übernahm die französische Besatzungsmacht die Verwaltung des S. (seit 2. 1. 1946). Im Rahmen der ↑Pariser Verträge (23. 10. 1954) vereinbarten die BRD und Frankreich ein **Saarstatut** (europäischer Status des S. im Rahmen der ↑Westeuropäischen Union), das am 23. 10. 1955 von der Bevölkerung jedoch abgelehnt wurde. Aufgrund des **Saarabkommens** (27. 10. 1956) wurde das S. am 1. 1. 1957 ein deutsches Bundesland. 1955–80 war die CDU, 1980–99 die SPD stärkste Partei; seit den Landtagswahlen am 5. 9. 1999 stellt die CDU die Regierung.

www.saarland.de

Sachsen: deutsches Bundesland (seit 3. 10. 1990) mit einer Fläche von 18 412 km² und 4,507 Mio. Einwohnern (1999), darunter rd. 40 000 Sorben; Hauptstadt: Dresden.

Verfassung: Nach der Verfassung vom 27. 5. 1992 liegt die gesetzgebende Gewalt beim Landtag (120 Abgeordnete, auf fünf Jahre gewählt); der Landtag wählt den Ministerpräsidenten, der die Minister (»Staatsminister«) ernennt; diese bilden die Staatsregierung. Die Verfassung sieht die Möglichkeit von Volksbegehren und -entscheiden vor.

Verwaltung: Landkreise (22), kreisfreie Städte (7) sowie rd. 780 Städte und Gemeinden unterstehen drei Regierungsbezirken (Chemnitz, Dresden, Leipzig).

Sachsen

Ministerpräsident	Amtszeit
Kurt Biedenkopf (CDU)	seit 1990

Geschichte: Aufgrund des industriellen Aufschwungs in der 2. Hälfte des 19. Jh. wurden die Sozialdemokraten 1903 stärkste politische Partei (»rotes Sachsen«) im Königreich S. Arbeiter-und-Soldaten-Räte riefen am 10. 11. 1918 in Dresden die Republik S. aus, die mit der Verfassung vom 1. 11. 1920 zum Freistaat innerhalb der Weimarer Republik wurde.

Saarland

Landtagswahlen (Stimmenanteil in %)

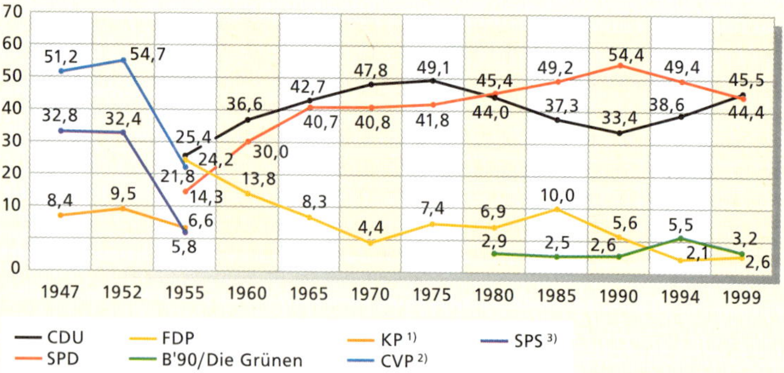

1) Kommunistische Partei
2) Christliche Volkspartei des Saarlandes
3) Sozialdemokratische Partei des Saarlandes

Sachsen

Landtagswahlen (Stimmenanteil in %)

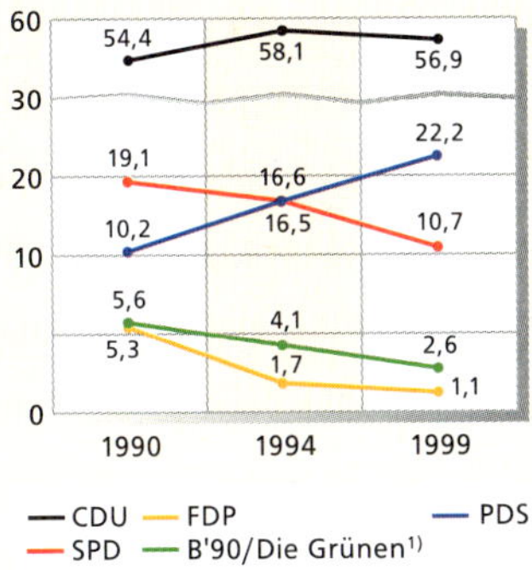

[1)] Listenvereinigung „Neues Forum-Bündnis-Grüne"

Nach dem Ende des Zweiten Weltkrieges gehörte S. zur Sowjetischen Besatzungszone, danach zur daraus hervorgegangenen DDR. Die am 28.2.1947 vom sächsischen Landtag gebildete Verfassung unterlag praktisch der politischen Auslegung der Sozialistischen Einheitspartei Deutschlands (SED). Am 25.7.1952 wurde S. in die Bezirke Leipzig, Dresden und Karl-Marx-Stadt (1953–90 Chemnitz) aufgeteilt und am 3.10.1990 als Freistaat wieder errichtet. Bei den Landtagswahlen vom 14.10.1990, 11.9.1994 und 19.9.1999 errang die CDU die absolute Mehrheit und stellt seitdem den Ministerpräsidenten (KURT BIEDENKOPF, *1930).

www.sachsen.de

Sachsen-Anhalt: deutsches Bundesland (seit 3.10.1990) mit einer Fläche von 20 447 km² und 2,65 Mio. Einwohnern (1999); Hauptstadt: Magdeburg.

Verfassung: Nach der Verfassung vom 16.7.1992 liegt die gesetzgebende Gewalt beim Landtag (116 Angeordnete, auf vier Jahre gewählt). Der Landtag bestimmt den Ministerpräsidenten, der die Minister ernennt. Die Verfassung sieht die Möglichkeit von Volksinitiative, -begehren und -entscheid vor.

Verwaltung: Kreisfreie Städte, Städte und Gemeinden unterstehen einer zweistufigen Verwaltung, die von der Landesregierung bzw. den Landkreisen getragen wird. Die Anzahl der Kreise wurde im Zuge der kommunalen Gebietsreform auf drei kreisfreie Städte und 21 Landkreise verringert.

Geschichte: Nach dem Ende des Zweiten Weltkrieges besetzten sowjetische Truppen das Gebiet des heutigen S.-A. Die preußischen Provinzen Magdeburg, Halle-Merseburg, der Freistaat Anhalt sowie Teile des ehemaligen Landes Braunschweig wurden am 9.7.1945 zur Provinz Sachsen zusammengefasst; diese wurde 1946 zur Provinz S.-A. und 1947 zum Land S.-A. (Hauptstadt: Halle/Saale). Am 25.7.1952 wurde S.-A. in die DDR-Bezirke Magdeburg und Halle aufgelöst. Aus diesen Bezirken sowie aus dem (ehemaligen) Kreis Jessen wurde im Oktober 1990 das Land S.-A. errichtet. Nach der Landtagswahl vom 14.10.1990 stellte die Koalition aus CDU und FDP die Regierung. 1994–98 bildeten SPD und Bündnis 90/Die Grünen eine von der PDS tolerierte Minderheitsregierung,

Sachsen-Anhalt

Landtagswahlen (Stimmenanteil in %)

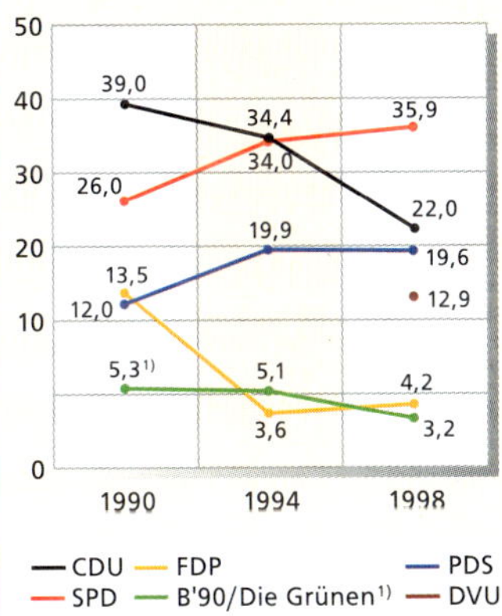

[1)] Listenverbindung „Grüne Liste/Neues Forum"

S

Sachsen-Anhalt

Ministerpräsident	Amtszeit
Gerd Gies (CDU)	1990–91
Werner Münch (CDU)	1991–93
Christoph Bergner (CDU)	1993–94
Reinhard Höppner (SPD)	seit 1994

die seit dem 26. 5. 1998 von der SPD allein fortgesetzt wird.
www.sachsen-anhalt.de

Sachverständigenrat zur Begutachtung der gesamtwirtschaftlichen Entwicklung: Expertengremium aus fünf Wirtschaftswissenschaftlern (»fünf Weise«), das jährlich von der Bundesregierung bestellt wird und ein Gutachten über die gesamtwirtschaftliche Entwicklung zu erstellen hat. Dabei soll untersucht werden, wie die im ↑Stabilitätsgesetz genannten wirtschaftspolitischen Ziele erreicht werden können.

Säkularisierung: Bezeichnung für den Prozess der »Verweltlichung«, der in der europäischen Neuzeit zu einer Ablösung des Denkens und der Wertvorstellungen von religiösen Leitbildern führte und in dessen Verlauf wissenschaftliche Betrachtungsweisen an Bedeutung gewannen; die S. ging v.a. auf den Einfluss des ↑Humanismus und der ↑Aufklärung zurück, welche die Selbstbestimmungsfähigkeit des Menschen aufgrund seiner Vernunft betonten.

SALT [sɔlt, engl.], Abk. für **S**trategic **A**rms **L**imitation **T**alks: ↑Abrüstung.

Sanktion [lat. »feierliche Bestätigung«]:
◆ *Recht:* zum einen die Inkraftsetzung oder Bestätigung einer rechtlichen Norm; zum anderen der Rechtsnachteil (z.B. Strafe), der bei einem Verstoß gegen das Gesetz zu entstehen droht. Im Völkerrecht wirtschaftliche (↑Wirtschaftssanktionen) oder politische Maßnahmen eines Staates oder einer Staatengruppe gegenüber einem anderen Staat zur Unterbindung von Völkerrechtsverletzungen oder zur Durchsetzung von Wiedergutmachungsansprüchen. Nach der UN-Charta zieht z.B. der militärische Angriff eines Staats S. nach sich.
◆ *Soziologie:* Maßnahmen, die von der Gesellschaft oder von einzelnen Gruppen getroffen oder in Aussicht gestellt werden, um das Verhalten von Einzelnen oder Gruppen zu korrigieren oder (positiv) zu bestätigen. **Positive S.** (Belohnung, Vorteile) erfolgen auf normgerechtes (konformes) Verhalten, **negative S.** (Tadel, Bestrafung, Nachteile) erfolgen auf normabweichendes (nichtkonformes) Verhalten. Im Verlauf der ↑Sozialisation werden gesellschaftliche Normen meist so stark verinnerlicht, dass ihre Einhaltung i.d.R. nicht durch Androhung äußerer S. erzwungen werden muss und Missachtungen vom Betreffenden selbst mit Schuldgefühlen **(innere S.)** beantwortet werden.

Satzung (Statut): allgemein das schriftlich niedergelegte Recht einer Organisation, die auf gemeinsame Beschlussfassung ausgerichtet ist. Im Privatrecht wird unter S. die Grundordnung eines rechtlichen Zusammenschlusses (z.B. ↑Verein) verstanden, die dessen Zweck und die wichtigsten Befugnisse seiner Organe regelt (z.B. Vereinssatzung). Im öffentlichen Recht sind S. Rechtsvorschriften, die ein dem Staat eingeordneter selbstständiger Verband (z.B. Gemeinde) zur Regelung eigener Angelegenheiten erlässt. Die S. steht im Rang unter dem formellen Gesetz (↑Gesetzesvorrang), sie gilt aber als Gesetz im materiellen Sinn. Als S. wird auch die selbstgesetzte Ordnung einer ↑Anstalt des öffentlichen Rechts sowie des Parlaments und der Regierung bezeichnet.

Schattenkabinett: im parlamentarischen System die Führungsgruppe der Opposition (oft nur eine Namensliste), die bei Ablösung der amtierenden Regierung das neue Kabinett bilden soll.

Schattenwirtschaft: Wirtschaftstätigkeit, die zur gesamtwirtschaftlichen Wertschöpfung beiträgt, sich jedoch nicht über offizielle Märkte vollzieht und in der amtlichen Statistik (z.B. ↑Bruttoinlandsprodukt) nicht aufgeführt wird. Zur S. gehören zum einen Tätigkeiten im Rahmen der hauswirtschaftlichen Selbstversorgung (z.B. Hausarbeit und Familienarbeit) sowie Leistungen im sozialen und kulturellen Bereich; zum anderen (illegale) wirtschaftliche Tätigkeiten, die dazu dienen, Steuern oder Sozialabgaben zu hinterziehen bzw. staatliche Bestimmungen zu umgehen (↑Schwarzarbeit). Die S. in Form von Eigenproduktion, Eigenarbeit und Selbstversorgung bildet die entscheidende Existenzbasis in vielen Entwicklungsländern und wird hier meist ↑informeller Sektor genannt.

Scheidung (Ehescheidung): ↑Ehe, ↑Ehe- und Familienrecht.

Scheinselbstständige: gemäß der Änderung des Sozialgesetzbuchs (seit 1.1.1999 in Kraft) gelten als S. Personen, die als ↑Selbstständige erwerbsmäßig tätig sind und dabei 1) keine versicherungspflichtigen Arbeitnehmer (außer Familienangehörige) beschäftigen, 2) im Wesentlichen nur für einen Auftraggeber arbeiten, 3) für unselbstständig Beschäftigte typische Arbeitsleistungen erbringen, weisungsgebunden und in die Arbeitsorganisation des Auftraggebers eingegliedert sind, 4) nicht als Unternehmer auf dem Markt auftreten. Mindestens zwei der genannten Kriterien müssen erfüllt sein, um als S. eingestuft werden zu können. Der Beschäftigte, auf den der Tatbestand zutrifft, wird sozialversicherungspflichtig und der Auftraggeber hat als Arbeitgeber den halben Versicherungsbeitrag zu zahlen.

Schengener Abkommen: internationales Abkommen über den schrittweisen Abbau der Grenzkontrollen sowie über eine gemeinsame Sicherheits- und Asylpolitik; das S. A. (»Schengen I«) wurde am 14. 6. 1985 in Schengen (Luxemburg) von Belgien, Deutschland, Frankreich, Luxemburg und den Niederlanden geschlossen; dem Schengener Durchführungsübereinkommen (»Schengen II«) vom 19. 6. 1990 (in Kraft seit 26. 3. 1995) traten Griechenland, Italien, Österreich, Portugal, Schweden und Spanien bei. Das Übereinkommen enthält u.a. nähere Bestimmungen zur Verbrechensbekämpfung (z.B. Einrichtung eines gemeinsamen polizeilichen Fahndungs- und Informationssystems). Die Regelungen des S. A. gingen mit Abschluss des ↑Amsterdamer Vertrags in das Vertragswerk über die EU ein.

Schengener Abkommen: Mit In-Kraft-Treten des Vertrages über die Abschaffung von Kontrollen an den Binnengrenzen im März 1995 entfallen auf deutschen Flughäfen (Bild:Düsseldorfer Flughafen) die Passkontrollen für EU-Bürger.

Schicht (soziale S.): eine Gruppe von Menschen, die nach bestimmten sozialen Merkmalen (z.B. Ausbildung, Einkommen) als ungefähr gleich eingeschätzt werden können.

Schichtung (soziale S.): in der Soziologie allgemein die vertikale Sozialgliederung (z.B. in Stände, Klassen) einer Gesellschaft in Einheiten mit gleichem sozialen ↑Status; im Besonderen die vertikale Gliederung der Industriegesell-

S

schaft in soziale Schichten (z.B. Ober-, Mittel-, Unterschicht). In modernen ↑Leistungsgesellschaften hat der Einzelne Einfluss auf seine Stellung innerhalb der sozialen S. (↑Mobilität). Im funktionalistischen Schichtungsmodell ist soziale S. das Ergebnis der ↑Arbeitsteilung. Die allgemeine Problematik der **Schichtenanalyse** liegt im Auffinden geeigneter Klassifizierungsfaktoren, mit deren Hilfe der Einzelne einer bestimmten sozialen Schicht zugeordnet werden kann. Dabei gilt: Je größer die soziale Mobilität in einer Gesellschaft, desto komplexer die Klassifizierung. In der Ständegesellschaft wurde die ökonomische, soziale und rechtliche Stellung des Einzelnen v.a. durch dessen Herkunft (Geburt) bestimmt; allerdings gab es auch dort Gruppen, die keinem ↑Stand zugeordnet werden konnten (sog. »unterständische Schichten«), z.B. verarmte Adelige, deren Status unter dem eines reichen Bürgers liegen konnte. Schwieriger ist die Schichtenanalyse moderner Industriegesellschaften, da der gesellschaftliche Status bzw. die Auf- und Abstiegsmöglichkeiten durch eine Fülle von Faktoren bestimmt werden. Je nach Erkenntnisinteresse kann ein einzelnes Merkmal (z.B. Einkommen, Beruf, Bildung) zugrunde gelegt werden, wobei die Möglichkeit besteht, dass dieselbe Person unter einem anderen Gesichtspunkt einer höheren oder niedereren Schicht angehören kann. Alternativ wird versucht, durch Kombination mehrerer, unterschiedlich gewichteter Merkmale eine umfassende Schichtbestimmung vorzunehmen. Damit wird eine große Differenzierung erreicht, aber die einzelnen Gruppen sind aufgrund fließender Übergänge zwischen den Schichten schwer voneinander abzugrenzen.

schlanker Staat: Bezeichnung für ein politisches Konzept, das auf die Senkung der Staatsausgaben für die öffentliche Verwaltung sowie auf eine Modernisierung der Ministerien und Behörden abzielt (↑Bürokratie). Bestrebungen zur Kostensenkung bestehen parteiübergreifend v.a. seit der deutschen Vereinigung, die zu einem Anwachsen des Personalbestands in der öffentlichen Verwaltung um 27% führte. Im Rahmen eines Aktionsprogramms der Bundesregierung konnte der Personalbestand bis 1998 gegenüber 1993 um 17% verringert werden; die Ministerialbürokratie wurde 1993–98 um 16% der Stellen verkleinert, die Zahl der Bundesbehörden sank gegenüber 1991 um 25%. Mit dem Stellen- und Behördenabbau wird z.T. auch eine »Entbürokratisierung« angestrebt (↑Deregulierung).

Schlepperbande: Bezeichnung für eine organisierte Gruppe, die Ausländer zur unberechtigten Einreise in einen Staat und zum unberechtigten Aufenthalt dort verhilft; als Gegenleistung verlangt die S. entweder Geld oder sie sichert sich die Arbeitskraft der Ausländer. Mitglieder derartiger S. können gemäß §§ 92 a, b Ausländergesetz oder §§ 84, 84 a Asylverfahrensgesetz strafrechtlich belangt werden. Die weltweit agierende **Schleuserkriminalität** ist ein Zweig der ↑organisierten Kriminalität; Flüchtlinge werden häufig aus politischen Krisengebieten in die westlichen Industriestaaten verbracht.

Schleswig-Holstein: nördlichstes deutschen Bundesland mit einer Fläche von 15 770 km² und 2,77 Mio. Einwohnern (1999); Hauptstadt: Kiel.

Verfassung: Innenpolitische Reformbestrebungen sowie die deutsche Einigung führten zu Abänderungen der Landessatzung vom 13. 12. 1949 und zur Verabschiedung einer Landesverfassung am 30. 5. 1990. Die gesetzgebende Gewalt liegt beim Landtag (89 Abgeordnete, auf fünf Jahre gewählt); der Landtag hat das Selbstauflösungsrecht und kann den von ihm gewählten Ministerpräsidenten durch ein ↑konstruktives Misstrauensvotum stürzen. Die neue Verfassung sieht auch die Möglichkeit von Volksinitiative, -begehren und -entscheid vor.

Verwaltung: S.-H. hat vier kreisfreie Städte, elf Kreise, die in 119 Ämter mit zusammen 1131 Gemeinden gegliedert sind.

Für größere Städte gilt die Magistratsverfassung, ansonsten die Bürgermeisterverfassung (↑Gemeindeverfassung). Die Verwaltungskraft der zahlreichen Gemeinden unter 500 Einwohnern wird durch Gemeindeverbände gestützt.

Geschichte: 1946 bildete die britische Militärregierung aus der ehemaligen preußischen Provinz das Land S.-H. Nach den ersten Landtagswahlen 1947 regierte die SPD mit absoluter Mehrheit. 1950–87 war die CDU stärkste Partei (seit 1971 mit absoluter Mehrheit). Zwar gewann der CDU-Politiker UWE BARSCHEL (1944–87) 1987 erneut die Landtagswahl, musste aber im Oktober des Jahres wegen der »Barschel-Affäre«, einer Kampagne gegen den Spitzenkandidaten der SPD, BJÖRN ENGHOLM (*1939), zurücktreten. Nach Neuwahlen im Mai 1988 bildete die SPD eine Alleinregierung unter ENGHOLM, der im Mai 1993 im Zusammenhang mit der Barschel-Affäre zurücktrat. Nachfolgerin wurde HEIDE SIMONIS (*1943); sie führt seit 1996 auch die Koalitionsregierung aus SPD und Bündnis 90/Die Grünen.

Eine Besonderheit ist der von der Fünfprozentklausel befreite Südschleswigsche Wählerverband (SSW), der die Rechte der dänischen Minderheit vertritt (seit 1962 mit einem Abgeordneten im Landtag).

Schleswig-Holstein

Ministerpräsident	Amtszeit
Theodor Steltzer (CDU)	1946/47
Hermann Lüdemann (SPD)	1947–49
Bruno Diekmann (SPD)	1949/50
Walter Bartram (CDU)	1950/51
Friedrich-Wilhelm Lübke (CDU)	1951–54
Kai-Uwe von Hassel (CDU)	1954–63
Helmut Lemke (CDU)	1963–71
Gerhard Stoltenberg (CDU)	1971–82
Uwe Barschel (CDU)	1982–88[1]
Björn Engholm (SPD)	1988–96
Heide Simonis (SPD)	seit 1996

[1] ab 1.10.1987 (Rücktritt Barschels) Henning Schwarz geschäftsführend

www.schleswig-holstein.de

Schleuserkriminalität: ↑Schlepperbande.

Schlichtung: im ↑Arbeitsrecht die Hil-

Schleswig-Holstein

Landtagswahlen (Stimmenanteil in %)

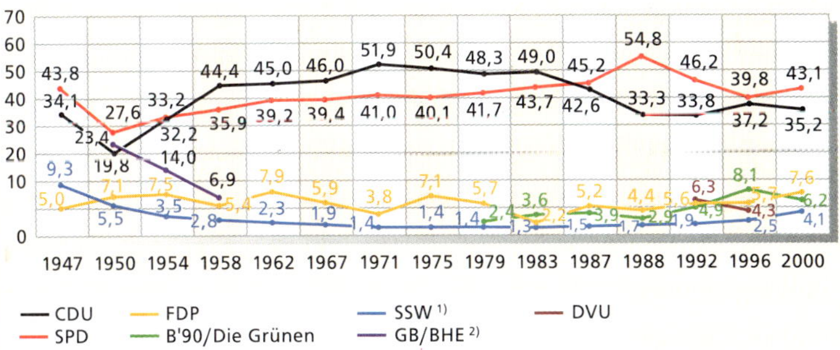

[1] Südschleswigscher Wählerverband (dänische Minderheit)
[2] Gesamtdeutscher Block/Bund der Heimatvertriebenen und Entrechteten

feleistung Dritter zur Beendigung von Streitigkeiten zwischen ↑Arbeitgeberverbänden und Arbeitnehmervertretern (v.a. ↑Gewerkschaften) durch Abschluss eines ↑Tarifvertrags oder einer ↑Betriebsvereinbarung.

Das Schlichtungsverfahren soll Regelungen herbeiführen, um ↑Arbeitskämpfe (v.a. Streiks) zu verhindern oder zu beenden. Die S. beruht meist auf besonderen Schlichtungsabkommen der Tarifparteien; diese werden von **Schlichtungsstellen** entwickelt, die aus Arbeitnehmer- und Arbeitgebervertretern sowie einem unparteiischen Vorsitzenden bestehen. Ein Arbeitskampf ist erst zulässig, wenn die S. ergebnislos geblieben ist. Eine staatliche Zwangsschlichtung gibt es in Deutschland nicht. Bei innerbetrieblichen Auseinandersetzungen zwischen Arbeitgeber und ↑Betriebsrat übernimmt eine **Einigungsstelle** die Schlichtung.

Schlüsselqualifikation: Kenntnisse und Fähigkeiten, die nicht auf eine bestimmte Tätigkeit bezogen sind, sondern die Grundlage (den »Schlüssel«) für das Erlernen und die Ausübung verschiedenster Tätigkeiten darstellen. Zu den S. gehören v.a. Lernfähigkeit, Methodenkompetenz, Team- und Kommunikationsfähigkeit sowie vernetztes Denken (↑Wissensgesellschaft).

schnelle Eingreiftruppe: rasch verfügbare militärische Verbände in der Stärke von rd. 100 000 Soldaten, deren Aufstellung 1991 von der ↑NATO beschlossen wurde. Innerhalb der s. E. stehen alle Teilstreitkräfte (Heer, Luftwaffe, Marine) für Einsätze zur Verfügung.

Schöffe/in: ↑Laienrichter.

Schuldenkrise: Bezeichnung für die krisenhafte Entwicklung im internationalen Finanzsystem, die darauf zurückgeht, dass eine Reihe von ↑Entwicklungsländern nicht in der Lage ist, ihre bei Industriestaaten aufgenommenen Kredite (i.d.R. öffentliche Auslandsschulden) vereinbarungsgemäß zu tilgen und die fälligen Zinsen zu zahlen; die S. setzte 1982 mit der Zahlungsunfähigkeit Mexikos ein. Das Hauptproblem der S. war für die Entwicklungsländer die Tatsache, dass die von ihnen aufzubringenden Zins- und Tilgungsraten einen immer höheren Anteil ihrer Exporteinnahmen beanspruchten und somit wirtschaftliche Entwicklung behinderten und die sozialen Probleme verschärften. Um einem Zusammenbruch des Weltfinanzsystems entgegenzuwirken, war eine Überwindung der S. auch im Interesse der Gläubigerländer. Ursachen der S. waren u.a. die großzügige Kreditvergabe der Industriestaaten, Fehlentwicklungen in den Schuldnerländern, der Anstieg des Zinsniveaus und der Verfall der Rohstoffpreise auf dem Weltmarkt.

Die von den Industriestaaten eingeleiteten Maßnahmen (1989/90 Brady-Plan, 1991 und 1994 Regelungen der G-7-Staaten) zur Schuldenverringerung (z.B. durch Umschuldung) sowie Schuldennachlässe konnten die S. jedoch nicht entschärfen. 1995 erarbeiteten die ↑Weltbank und der ↑Internationale Währungsfonds ein Hilfsprogramm für die 41 weltweit am höchsten verschuldeten, ärmsten Länder. Dabei darf eine Schuldenreduzierung von bis zu 80% gewährt werden, sofern das betreffende Land Anpassungsprogramme zur Steigerung der Wirtschafts- und Finanzkraft durchführt. 1999 beschlossen die Staaten der ↑G-8 einen vollständigen Erlass, sofern der Schuldenstand des Landes 150% des jährlichen Exporterlöses übersteigt.

Schule: öffentliche oder private **(Privatschule)** Einrichtung mit der Aufgabe, Kindern und Jugendlichen sowie z.T. auch Erwachsenen durch planmäßigen Unterricht Wissen und Urteilsfähigkeit zu vermitteln (sog. Qualifikationsfunktion von S.); aus sozialwissenschaftlicher Sicht sind S. eine wichtige Instanz im Prozess der ↑Sozialisation, der daneben eine Selektionsfunktion (Auslese über Prüfungen,

Zensuren und Schularten) und Legitimationsfunktion (Rechtfertigung und Festigung der bestehenden Gesellschaftsordnung) zukommt.

Recht: Bundeseinheitlich geltende Bestimmungen enthält das Grundgesetz. Dazu gehören die staatliche Schulaufsicht (meist ausgeübt durch die Oberschulämter), das Recht auf Errichtung von Privatschulen, die Garantie des Religionsunterrichts (Art. 7 GG) sowie das Recht der Eltern auf freie Wahl der Schulart (Art. 6 Abs. 2 GG). Die Schulgesetzgebung liegt aufgrund der ↑Kulturhoheit der Länder bei den einzelnen Bundesländern. Dies führte zu teilweise sehr unterschiedlichen Schulgesetzen und damit zu unterschiedlicher Ausgestaltung des Schulwesens. Über Abkommen der ↑Kultusministerkonferenz (KMK) wird eine gewisse Einheitlichkeit und die gegenseitige Anerkennung der verschiedenen Schularten gewährleistet. Die Pflicht zu einem Mindestschulbesuch **(Schulpflicht)** besteht vom vollendeten 6. bis zum vollendeten 18. Lebensjahr, wobei der Besuch einer **Berufsschule** eingerechnet wird. Der Besuch dieser berufsbegleitenden S., die meist nach Fachrichtungen (kaufmännische, gewerbliche, haus- und landwirtschaftliche Berufsschule) gegliedert ist, dauert i.d.R. drei Jahre (↑berufliche Bildung).

Schulsystem: In der Primarstufe (1.–4. Schuljahr) besuchen alle Kinder die **Grundschule.** Der Übergang zu den weiterführenden Schulen ist länderspezifisch geregelt. Zu diesen zählen die Haupt-, Realschulen und Gymnasien (dreigliedriges Schulsystem) sowie die Gesamtschulen, die alle drei Schulformen beinhalten und den Übergang zwischen den verschiedenen Schultypen erleichtern sollen. Das 5.–9. bzw. 10. Schuljahr (Sekundarstufe I) kann an allen weiterführenden Schulen absolviert werden, wobei die Jahrgangsstufen 5 und 6 als **Orientierungsstufe** aufgefasst werden. In Sachsen sind Haupt- und Realschule zur **Mittelschule** verschmolzen; auch andere Länder bieten neben Haupt- und Realschulen besondere Klassen an, die von Haupt- und Realschülern gemeinsam besucht werden können.

Die **Hauptschule** endet (je nach Bundesland) mit dem 9. oder 10. Schuljahr; sie soll Grundlagen der Allgemeinbildung vermitteln und die Schüler auf den Einstieg ins Berufsleben vorbereiten. Wird nach Abschluss der Hauptschule keine Ausbildung aufgenommen, schließt ein Berufsgrundbildungsjahr an. Die **Realschule** endet mit dem 10. Schuljahr und vermittelt eine gehobene Allgemeinbildung und gleichzeitig praktische Fertigkeiten. Mit dem Abschlusszeugnis, das durch eine Prüfung erworben wird, erhält man die Fachschulreife. Diese ist Voraussetzung für eine Reihe beruflicher Bildungsgänge und berechtigt zum Besuch bestimmter Bildungseinrichtungen (z.B. zum Erwerb der Fachhochschulreife). Das **Gymnasium** endet mit dem 12. bzw. 13. Schuljahr und führt zur allgemeinen Hochschulreife, die durch eine Prüfung (↑Abitur) erworben wird. Die Klassen 5–10 der Gymnasien zählen zur Sekundarstufe I, die Klassen 11–13 (gymnasiale Oberstufe) zur Sekundarstufe II. Letztere kann auch in anderen Bildungseinrichtungen absolviert werden, z.B. Kollegs, Abendschulen, Fachoberschulen, Berufsfachschulen.

Entwicklung seit 1945: Das Schulsystem hat sich nach dem Ende des Zweiten Weltkrieges aufgrund der Teilung Deutschlands unterschiedlich entwickelt. In der DDR wurde ein zentralstaatliches Einheitsschulwesen eingerichtet, dessen Kern seit 1959 die zehnklassige allgemeinbildende **Polytechnische Oberschule** (POS) bildete. In der BRD entstand das staatliche, dreigliedrige Schulsystem, dessen Ausgestaltung weitgehend durch die Bundesländer erfolgt.

Seit Ende der 1960er-Jahre führte die steigende Dauer der Schulausbildung in

Westdeutschland zu Veränderungen und Reformen. Veränderungen ergaben sich u.a. aus der Kritik am dreigliedrigen Schulsystem und der damit verbundenen frühen Schullaufbahnentscheidung. Dies führte u.a. zur Einrichtung von integrierten **Gesamtschulen,** welche die vertikale Gliederung der Bildungsgänge durch eine horizontale Gliederung ersetzen: In den Kernfächern werden leistungsmäßig unterschiedliche Schüler gemeinsam unterrichtet, während in den Intensiv- und Neigungskursen Gruppen mit unterschiedlichem Schwierigkeitsgrad gebildet werden. Bildungspolitische Reformbestrebungen waren v.a. auf die gymnasiale Oberstufe gerichtet, deren Inhalte und Organisation 1977–78 im Zuge einer Oberstufenreform tief greifend verändert wurden. Maßnahmen wie die Einrichtung des Kurssystems (Leistungs- und Grundkurse) und die Beschränkung der Zahl der Pflichtfächer sollten eine individuellere Förderung der Schüler gewährleisten. Daneben wurden Gymnasien mit fachlichen Schwerpunkten (z.B. Wirtschafts- oder technische Gymnasien) eingerichtet.
Die Kritik an der Oberstufenreform vonseiten der Universitäten und der Wirtschaft richtete sich v.a. auf einen Rückgang der Allgemeinbildung durch die vielseitigen Abwahl- und Kombinationsmöglichkeiten; dies führte ab 1982 zu einer teilweisen Rücknahme bestimmter Regelungen (u.a. geringere Abwahlmöglichkeiten, Verstärkung des Gewichts der Grundkurse). 1999 einigte sich die Kultusministerkonferenz auf die Zulassung größerer Gestaltungsmöglichkeiten der Länder bei der Organisation der Oberstufe (z.B. Zahl der Leistungskurse, Verkürzung, vorzeitiges Abitur). – Siehe auch ↑Bildungspolitik.
In *Österreich* schließt sich der vierjährigen Volksschule, die alle Kinder ab dem 7. Lebensjahr besuchen, die Hauptschule (vier Jahre) an. Daneben gibt es die Neue Mittelschule und die Unterstufe der allgemein bildenden höheren S. (vier verschiedene Typen von Gymnasium mit vierjähriger Oberstufe). Weiterführende S. sind auch die mittleren und höheren berufsbildenden S. Schüler, die keine weiterführende S. besuchen, nehmen am Polytechnischen Lehrgang teil.
Die *Schweiz* hat verschiedene kantonale Schulsysteme. Einer Primarstufe von vier, fünf oder sechs Jahren und einer Sekundarstufe I von drei bis fünf Jahren schließen sich in der Sekundarstufe II Diplommittelschulen (2–3 Jahre), Lehrerseminare (fünf Jahre), Maturitätsschule (vier Jahre, Matura als Reifezeugnis) sowie verschiedene berufliche Schulen (2–6 Jahre) an.

Schülermitverwaltung (Schülermitverantwortung), Abk. SMV: Beteiligung der Schüler an der Verwaltung und Gestaltung einer Schule, z.B. durch Wahl von Klassen- und Schulsprechern sowie Schülerausschüssen, Schülerzeitschriften, Arbeitsgemeinschaften. Das Recht auf SMV wurde nach 1945 (nach angelsächsischen Vorbild) in den Schulgesetzen und in manchen Ländern (z.B. Baden-Württemberg) auch in der Landesverfassung verankert. Ziel der SMV ist die Erziehung zur Selbstständigkeit, zu Verantwortungsbewusstsein und zu demokratischem Verhalten. Die gewählten Vertreter und Organe der SMV haben je nach Schulart und Alter unterschiedliche Rechte, die sich in Anhörungs-, Vorschlags-, Vertretungs- und Beschwerderechte aufteilen. Neben der SMV gibt es schulübergreifende und überregionale Arbeitskreise.

Schutzzölle: Einfuhrzölle zum Schutz inländischer Produktion vor ausländischer Konkurrenz (↑Protektionismus). Zu den S. zählen z.B. Abwehrzölle, durch die einheimische Erzeugnisse gegen ausländische Waren mit niedrigerem Preis geschützt werden sollen.

Schwangerschaftsabbruch (Abtreibung): gynäkologischer Eingriff zum Abbruch einer intakten Schwangerschaft.

Der S. muss von einem Gynäkologen durchgeführt werden; er kann durch Absaugen des Gebärmutterinhalts bzw. durch Ausschabung erfolgen, oder mittels bestimmter Hormone, die zu einer Ausstoßung der Frucht führen.

Recht: Der Einigungsvertrag vom 31. 8. 1990 verpflichtete den Gesetzgeber u.a. zu einer rechtlichen Neuregelung des S. Dies führte zu Änderungen im Bereich des Strafrechts sowie schließlich zur Verabschiedung des Schwangeren- und Familienhilfeänderungsgesetzes vom 21. 8. 1995. Nach §218 StBG ist der S. grundsätzlich rechtswidrig; der S. bleibt jedoch nach §218 Abs. 1 bis 3 in folgenden Fällen straffrei: 1) Wenn die Schwangere innerhalb von zwölf Wochen seit der Empfängnis den S. verlangt **(Fristenregelung),** der Eingriff von einem Arzt durchgeführt wird und die Schwangere dem Arzt durch eine Bescheinigung nachgewiesen hat, dass sie mindestens drei Tage vor dem Eingriff an einer Schwangerschaftskonfliktberatung teilgenommen hat; 2) wenn der S. dazu dient, eine Gefahr für den körperlichen oder seelischen Gesundheitszustand der Schwangeren abzuwehren und die Gefahr nicht auf andere für sie zumutbare Weise abgewendet werden kann **(medizinisch-soziale Indikation);** 3) wenn die Schwangerschaft auf ein Sexualdelikt zurückgeführt werden kann **(kriminologische Indikation).**

Die **Schwangerschaftskonfliktberatung** ist ergebnisoffen durchzuführen; sie dient aber dem Schutz des ungeborenen Lebens und hat sich von dem Bemühen leiten zu lassen, die Frau zur Fortsetzung der Schwangerschaft zu ermutigen und ihr Möglichkeiten für ein Leben mit dem Kind aufzuzeigen. Die Kosten für einen nicht strafbaren S. werden unter bestimmten Bedingungen von den Krankenversicherungen getragen.

In *Österreich* ist der S. nicht strafbar, wenn er mit Zustimmung der Schwangeren und nach ärztlicher Beratung innerhalb der ersten drei Monate nach Beginn der Schwangerschaft vorgenommen wird, wenn eine medizinische oder eugenische Indikation vorliegt oder die Schwangere unter 14 Jahre alt ist.

In der *Schweiz* wird S. grundsätzlich bestraft; zulässig ist er jedoch im Falle einer medizinischen Indikation durch einen Arzt nach vorheriger Einholung eines Gutachtens (kantonal unterschiedlich gehandhabt).

Schwarzarbeit: Erbringung bzw. Nutzung von Arbeitsleistungen ohne diese zu versteuern bzw. entsprechende Beiträge zur ↑ Sozialversicherung zu leisten. S. gilt nach dem Gesetz zur Bekämpfung der S. (gültig in der Fassung vom 6. 2. 1995) als Ordnungswidrigkeit, die mit einem Bußgeld von bis zu 100 000 DM geahndet werden kann. Für die Bekämpfung der S. sind u.a. die Bundesanstalt für Arbeit, die Berufsgenossenschaften, die Gewerbeaufsichtsämter und die Finanz- und Ausländerbehörden zuständig. S. verursacht erheblichen volkswirtschaftlichen Schaden und ist Teil der ↑ Schattenwirtschaft.

Schwarzmarkt: illegaler Markt, der i.d.R. in Zeiten von Warenknappheit und staatlicher Preisfestsetzung entsteht und auf einen Nachfrageüberhang nach bestimmten Gütern zurückgeht; auf dem S. werden diese Güter zu stark überhöhten Preisen verkauft.

Schweiz (amtlich: Schweizerische Eidgenossenschaft, Confédération Suisse, Confederazione Svizzera, lat. Confoederatio Helvetica): Bundesstaat in Mitteleuropa mit einer Fläche von 41 285 km² und 7,3 Mio. Einwohnern (1999). Hauptstadt: Bern.

Verfassung: Nach der Verfassung von 1874 ist die S. eine föderative, demokratische Republik, bestehend aus 20 Kantonen und sechs Halbkantonen. Den Bundesorganen stehen nur die ihnen von den Kantonen übertragenen Rechte zu. Staatsoberhaupt ist der Bundespräsident, der jährlich aus den Reihen des Bundesrates gewählt wird und gegenüber seinen Re-

S

gierungskollegen nur unbedeutende Vorrechte besitzt (Vorsitz in den Bundesratssitzungen, Vertretung der S. nach außen). Die Exekutive liegt beim Bundesrat, dessen sieben Mitglieder (Bundesräte) dem Parlament nicht verantwortlich sind und eine permanente »große Koalition« (ohne expliziten Koalitionsvertrag) bilden. Die Bundesräte verstehen sich in erster Linie als Chefs ihrer Ministerien (Departements) und erst danach als Mitglieder eines Kollegialorgans, das jedoch in allen wichtigen Regierungsangelegenheiten formelle Entscheidungsinstanz bleibt. Während der Legislaturperiode des Nationalrats ist es der Bundesversammlung formell verwehrt, einen Bundesrat oder die Regierung abzusetzen.

Schweiz

Bundespräsidenten seit 1972

Name	Amtszeit
Nello Celio (FDP)	1972
Roger Bonvin (CVP)	1973
Ernst Brugger (FDP)	1974
Pierre Graber (SPS)	1975
Rudolf Gnägi (SVP)	1976
Kurt Furgler (CVP)	1977, 81, 85
Willy Ritschard (SPS)	1978
Hans Hürlimann (CVP)	1979
Georges-André Chevallaz (FDP)	1980
Fritz Honegger (FDP)	1982
Pierre Aubert (SPS)	1983, 1987
Leon Schlumpf (SVP)	1984
Alphons Egli (CVP)	1986
Otto Stich (SPS)	1988, 1994
Jean-Pascal Delamuraz (FDP)	1989, 1996
Arnold Koller (CVP)	1990, 1997
Flavio Cotti (CVP)	1991, 1998
René Felber (SPS)	1992
Adolf Ogi (SVP)	1993, 2000
Kaspar Villinger (FDP)	1995
Ruth Dreifuss (SPS)	1999

Die Legislative liegt bei der Bundesversammlung, die aus zwei gleichberechtigten Kammern besteht, dem Nationalrat und dem Ständerat. Die 200 Abgeordneten des Nationalrats werden in kantonalen Wahlkreisen nach dem Verhältniswahlrecht auf vier Jahre gewählt. Die Mandate werden unter den Kantonen entsprechend ihrer Bevölkerungszahl verteilt. In den Ständerat (46 Mitglieder) entsendet jeder Kanton zwei, jeder Halbkanton einen Vertreter. Die Bundesversammlung wählt den Bundesrat, den Bundespräsidenten, das Bundesgericht, das Versicherungsgericht, den Bundeskanzler (Leiter der Bundeskanzlei), den General der eidgenössischen Armee und entscheidet über Begnadigungsgesuche und Kompetenzstreitigkeiten zwischen Bundesbehörden. Der Bundesversammlung obliegen neben der Gesetzgebung u.a. die Verwaltungskontrolle, das Budget, Bündnisse und Verträge mit dem Ausland und die Entscheidung über Krieg und Frieden.

Die dominierende Stellung des Bundesrates im politischen System der S. hat ein gewisses Gegengewicht in der Referendumsdemokratie der S., d.h. den direktdemokratischen Rechten der Bürger (↑Volksbegehren, ↑Volksentscheid).

Parteien: Die vier größten, seit 1959/60 im Bundesrat vertretenen Parteien (»Zauberformel«) sind die liberale Freisinnig-Demokratische Partei (FDP), die Sozialdemokratische Partei (SPS), die bürgerlich-konservative Christlichdemokratische Volkspartei (CVP) und die bäuerlich-mittelständische Schweizerische Volkspartei (SVP). Die oppositionelle Grüne Partei der S. (GPS) erhielt bei den Parlamentswahlen 1995 und 1999 rd. 5% der Stimmen.

Verwaltung: Der Charakter der S. als Bundesstaat bedingt eine weitgehende Aufteilung der Gesetzgebungszuständigkeit zwischen Bund und ↑Kantonen. Die Kantone sind im Rahmen der von der Bundesverfassung gezogenen Grenzen autonom. Sie verfügen über eigene Verfassungen und staatliche Behörden. Gesetzgebendes Organ ist ein vom Volk gewählter Großer Rat (auch Kantonsrat oder Landrat), Exekutivorgan ist ein vom Volk oder der Landsgemeinde gewählter Regierungsrat (auch Kleiner Rat oder Staatsrat).

Geschichte nach 1945: Nach dem Zweiten Weltkrieg setzte die S. ihre Neutralitätspolitik fort; sie schloss sich u.a. Sonderorganisationen der UN (z.B. 1946 FAO, 1949 UNESCO) an, entschied sich aber 1986 in einem Referendum gegen den Beitritt zur UN. 1948 trat sie der OEEC bzw. 1960 der Nachfolgeorganisation OECD sowie 1960 der Europäischen Freihandelsassoziation (EFTA) und 1963 dem Europarat bei. Ab den 1970er-Jahren erweiterte die S. ihren Spielraum in der Außen- und Außenwirtschaftspolitik (1973 Freihandelsabkommen mit der EWG, 1992 Mitgliedschaft in Internationalem Währungsfonds und Weltbank, 1997 Unterzeichnung des Rahmendokuments für die »NATO-Partnerschaft für den Frieden«). Den Beitritt zum Europäischen Wirtschaftsraum lehnten die Schweizer 1992 jedoch ab. Innenpolitisch wurde 1971 das Frauenwahlrecht im Bund eingeführt, 1990 in Appenzell-Innerrhoden als letztem Kanton. Wegen des Konflikts zwischen deutsch- und französischsprachiger Bevölkerung im Jura wurde 1979 der Kanton Jura gebildet. Mit dem Stimmenzuwachs der rechtspopulistischen SVP bei den Parlamentswahlen 1999 verschärfte sich das innenpolitische Klima und polarisierte die Parteienlandschaft.

Schweizerische Volkspartei (SVP): ↑Schweiz.

Schwellenländer: Bezeichnung für Staaten der Dritten Welt, die aufgrund ihrer wirtschaftlichen Entwicklung auf der Schwelle zum Industriestaat stehen. Kriterien für die Einstufung von ↑Entwicklungsländern als S. sind die Höhe des Bruttosozialprodukts je Einwohner (gemäß Weltbank mindestens 3126 US-Dollar), dessen Wachstum sowie der

Schweiz

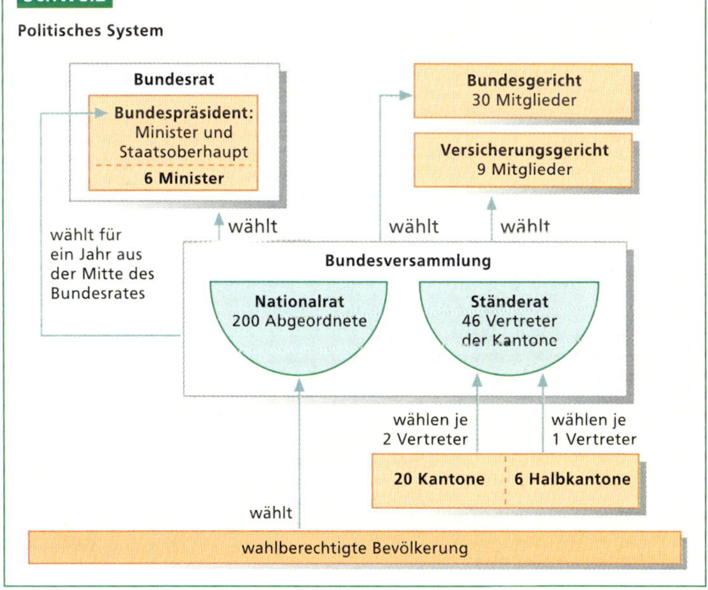

S

Anteil der Industrie am Bruttoinlandsprodukt. Bei zahlreichen S. besteht ein Missverhältnis zwischen Wirtschaftswachstum und sozialer bzw. politischer Entwicklung sowie dem Ausbau der Infrastruktur. International existiert keine verbindliche Liste von S., sodass die Zahl der zu den S. zu rechnenden Staaten je nach zugrunde gelegten Indikatoren unterschiedlich ausfällt. Zu den wachstumsstärksten S. gehören Indonesien, Philippinen, Singapur, Süd-Korea, Taiwan, Thailand und Hongkong (↑Tigerstaaten). Darüber hinaus werden die arabischen Erdöl exportierenden Länder (Saudi-Arabien, Kuwait, Vereinigte Arabische Emirate) ebenso wie Israel, Südafrika, Argentinien, Brasilien, Mexiko, Chile und Venezuela zu den S. gerechnet.

Schwule: ↑Homosexualität.

SDI [esdi:'ai, engl.]: ↑Raketenabwehr.

SED: ↑Sozialistische Einheitspartei Deutschlands.

Seerechtskonvention: Vereinbarung zum völkerrechtlichen Seerecht. Nach der **Seerechtskonferenz der UN** (»United Nations Conference on the Law of the Sea«, UNCLOS), die am 10. 12. 1982 von 119 Staaten unterzeichnet wurde und am 16. 12. 1994 nach Ratifizierung durch 60 Staaten in Kraft trat, wird der Grundsatz der Freiheit der Meere bestätigt; sie normiert aber zugleich Pflichten der Staaten, die das Meer zu den verschiedenen Zwecken (Schifffahrt, Fischerei, Meeresbergbau, Abfallbeseitigung) nutzen oder Teile als Staatsgebiet besitzen. Die Breite der Küstengewässer ist mit höchstens zwölf Seemeilen festgesetzt. Für die Beilegung von Streitigkeiten, die aus der S. entstehen, wurde in Hamburg der ↑Internationale Seegerichtshof errichtet.

Segregation [lat. »Absonderung«]: die räumliche und soziale Trennung von Personen und Gesellschaftsgruppen zur Verhinderung von Kontakten mit anderen Gruppen; auch Bezeichnung für einen Prozess, der zur Trennung führt. S. kann z.B. durch diskriminierende Maßnahmen der ↑Apartheid erzwungen werden. Im engeren Sinne bezeichnet S. die **Rassentrennung** in den USA, die Mitte der 1950er-Jahre vom Obersten Gerichtshof verboten wurde.

Sejm [poln. »Versammlung«]: Teil des polnischen Parlaments; zunächst 1919–22 und ab 1947 als Einkammerparlament errichtet; 1922–39 und ab 1989 bilden S. und Senat zusammen das Parlament.

Sekte: ursprünglich neutrale Bezeichnung für eine philosophische, religiöse oder politische Richtung; in der Theologie eine von der Mutterreligion abgespaltene religiöse Gruppe. Heute meist abwertende Bezeichnung für eine religiöse Gemeinschaft, die sich u.a. durch kompromissloses Festhalten am eigenen religiösen bzw. ideologischen Lehrsystem (Fanatismus) und Intoleranz gegenüber Andersdenkenden und ehemaligen Sektenmitgliedern auszeichnet (↑Jugendsekte).

Sekundäranalphabet: ↑Analphabetismus.

sekundärer Sektor: ↑Wirtschaftsstruktur.

Selbstbestimmungsrecht:

◆ im *Staatsrecht* das Recht des Einzelnen auf frei gewählte, eigenverantwortliche Daseinsgestaltung. Art. 2 Abs. 1 GG garantiert das Recht eines jeden Menschen »auf die freie Entfaltung seiner Persönlichkeit, soweit er nicht die Rechte anderer verletzt und nicht gegen die verfassungsmäßige Ordnung oder das Sittengesetz verstößt«. Mithilfe dieser Formel versucht das Grundgesetz, wie jede andere freiheitlich-rechtsstaatliche Verfassung, die Spannung zwischen individueller Autonomie und äußeren Bindungen zu lösen. Das Ringen um diese Problemlösung steht aber schon seit dem 19. Jh. nicht mehr unter dem Zeichen eines individuellen S., sondern unter dem des ↑Persönlichkeitsschutzes. Erst in jüngster Zeit ist der Begriff des S. wieder im Bereich der individuellen Grundrechte verwendet worden, und zwar im Begriff des Rechts auf **informationelle Selbstbestimmung,** d.h. das Recht des Einzelnen, grundsätzlich selbst über Preisgabe und Verwendung seiner persönlichen Daten zu bestimmen (↑Datenschutz).

◆ im *Völkerrecht* das Recht der Völker und Volksgruppen, frei über ihren politischen Status zu bestimmen und frei ihre wirtschaftliche, gesellschaftliche und kulturelle Entwicklung zu verfolgen. Die Verwirklichung des S. schließt die Errichtung eines souveränen und unabhängigen Staates, die freie Vereinigung oder Verschmelzung mit einem unabhängigen Staat oder den Übergang zu einem anderen, vom Volk frei bestimmten politischen Status ein. Das S. kann jedoch nicht in ein Recht auf Sezession (Abspaltung) münden, solange in einem Vielvölkerstaat das S. der Völker beachtet wird und das Verlangen eines Volkes nach Autonomie oder Selbstregierung im Rahmen eines ↑Föderalismus oder ↑Regionalismus nicht gewaltsam unterdrückt oder aber eine gewährte Autonomie von der Zentralregierung nicht unterlaufen wird. Die Charta der UN bezeichnet das S. der Völker als eine Grundlage der Beziehungen zwischen den Staaten.

Selbstständige: Erwerbstätige, die einen Betrieb oder eine Arbeitsstätte als Eigentümer oder Pächter führen (z.B. Landwirte, Handwerker, Unternehmer, ↑freie Berufe), im Gegensatz zu ↑Arbeitern, ↑Angestellten und ↑Beamten. In Deutschland sind rd. 10% aller ↑Erwerbstätigen Selbstständige. – Siehe auch ↑Scheinselbstständige.

Selbstverwaltung: allgemein die (meist ehrenamtliche) Mitwirkung der Bürger bei der Wahrnehmung öffentlicher Aufgaben; im juristischen Sinne die eigenverantwortliche Verwaltung durch öffentlich-rechtliche ↑Körperschaften **(Selbstverwaltungskörperschaften),** insbesondere durch ↑Gemeinden und Gemeindeverbände, denen das Recht auf S. im eigenen Wirkungskreis verfassungsrechtlich (Art. 28 Abs. 2 GG) garantiert ist. Weitere Selbstverwaltungskörperschaften sind z.B. die Universitäten (↑Hochschule), die Sozialversicherungsträger, bestimmte Berufskammern (z.B. Ärztekammer [↑Ärzteverbände], ↑Industrie- und Handelskammer, ↑Handwerkskammer). Selbstverwaltungskörperschaften haben eine eigene Vertreterversammlung zur Willensbildung (z.B. Gemeinderat) und eine eigene Exekutive (z.B. Bürgermeister, Gemeindeverwaltung). Das Gesetz unterscheidet i.d.R. zwischen freiwilligen Selbstverwaltungsangelegenheiten, deren Erledigung von den Selbstverwaltungskörperschaften freiwillig übernommen wird, sowie staatlich verordneten Pflichtaufgaben. Selbstverwaltungskörperschaften können auch über eigene Finanzierungsquellen verfügen (z.B. Gemeindesteuern).

Die S. erfolgt im Rahmen der allgemeinen Rechtsordnung des Staates und ist an deren Gesetze gebunden. Um eine gesetzmäßige und einheitliche S. durch die Selbstverwaltungskörperschaften zu gewährleisten, steht dem Staat ihnen gegenüber die Rechtsaufsicht (Überprüfung der Gesetzmäßigkeit von Maßnahmen) zu, sowie in bestimmten Bereichen eine Fachaufsicht (Überprüfung der Zweckmäßigkeit von Maßnahmen). Die Bedeutung der S. liegt v.a. in der größeren Sach-, Orts- und Bürgernahe sowie der Dezentralisierung der Verwaltung, was eine unmittelbare Bürgerbeteiligung ermöglicht.

semipräsidentielles Regierungssystem: ↑Regierungssystem, das gekennzeichnet ist durch die verfassungsmäßigen Grundelemente der direkten Wahl eines Präsidenten mit weitgehenden Kompetenzen einerseits und der Abhängigkeit der Regierung vom Parlament andererseits. Die Bezeichnung wird besonders für das politische System der Fünften Republik ↑Frankreichs verwendet.

S

Senat [zu lat. senatus »Rat der Alten«]: ◆ allgemein Bezeichnung für politische Versammlungen insbesondere älterer, erfahrener Bürger bzw. (ehemaliger) hoher Funktionsträger in Staat und Gesellschaft (z.B. der S. in der Römischen Republik).
◆ in einigen Staaten mit ↑Zweikammersystem eine Kammer des Parlaments (z.B. USA, Frankreich, Italien, Belgien);
◆ Name der Landesregierung in Berlin, Bremen und Hamburg.
◆ das Richterkollegium höherer Gerichte, z.B. Bundesverfassungsgericht, Bundesgerichtshof (↑Gerichtsbarkeit).

Senioritätsprinzip [zu lat. senior »älter«]: Prinzip, das das Alter zum Kriterium für die Beförderung und Rangstufe erhebt; bedeutungsgleich mit ↑Anciennitätsprinzip.

Separatismus: Bezeichnung für Bestrebungen nach Loslösung von einer vorgegebenen Institution oder Abspaltung eines bestimmten Gebiets aus einem bestehenden Staatsverband. Der Grund für die Entstehung separatistischer Bewegungen liegt häufig in der mangelnden politischen Rücksichtnahme auf soziokulturelle, religiöse, sprachliche oder historische Besonderheiten oder ihrer bewussten Unterdrückung.

Sexismus: Bezeichnung für jede Art der Diskriminierung von Menschen aufgrund ihres Geschlechts sowie für die diesen Erscheinungen zugrunde liegende Ideologie. S. ist auch ein Begriff aus der Frauenbewegung zur Bezeichnung von Denkweisen, die auf die Benachteiligung der Frau abzielen.

SFOR: ↑Stabilization Force.

Sicherheit: das Freisein von Bedrohung sowohl im privaten als auch im gesellschaftlichen, rechtlichen, staatlichen und wirtschaftlichen Bereich. – Siehe auch ↑Frieden, ↑Grundrechte, ↑innere Sicherheit, ↑öffentliche Sicherheit und Ordnung, ↑Rechtssicherheit, ↑soziale Sicherheit, ↑Sozialstaat.

Sicherheitspolitik: alle Maßnahmen und Konzepte eines Staates oder einer Staatengruppe, um die territoriale Unversehrtheit und politische Selbstbestimmung (Souveränität) zu bewahren sowie gewaltsame grenzübergreifende Konflikte zu vermeiden, einzudämmen oder zu beenden. – Siehe auch ↑Friedenssicherung, ↑Gemeinsame Europäische Sicherheits- und Verteidigungspolitik, ↑Verteidigungspolitik.

Signatarstaat: Staat, der ein internationales Abkommen unterzeichnet hat.

Sinn Féin [ʃɪn fɛɪn, irisch »Wir selbst«]: ↑IRA, ↑Nordirlandkonflikt.

Sitte: Bündel sozialer Verhaltensweisen, die sich an ↑Normen und Werten einer Gesellschaft orientieren und für deren Mitglieder verpflichtend sind (Mussnorm); auch die einzelnen dazu zählenden Verhaltensweisen selbst (z.B. Tischsitten). S. sind kulturabhängig; ihre Befolgung setzt einen langen Prozess der Verinnerlichung herrschender Normen in der ↑Sozialisation voraus. Die Verletzung der S. wird durch soziale ↑Sanktionen bestraft, z.B. durch Ausschluss aus der Gesellschaft, im Gegensatz zum Rechtsbruch, der durch öffentliche Organe verfolgt und geahndet wird. Wegen ihrer tiefen Verankerung im sog. sittlichen Bewusstsein einer Gesellschaft übt die S. oft einen stärkeren Zwang auf das Handeln aus als Rechtsvorschriften.

Skinhead ['skɪnhed, engl. »Hautkopf«]: meist jugendlicher Angehöriger einer Subkultur, der durch geschorene Haare bzw. Glatze, militärische Kleidung (Stiefel) und militantes Auftreten auffällt. S. zeichnen sich v.a. durch hohe Gewaltbereitschaft und ↑Fremdenfeindlichkeit aus und haben vielfach neofaschistische Vorstellungen. Die steigende Zahl der von S. verübten Straftaten (v.a. Übergriffe auf Ausländer) haben vielfältige Ursachen, u.a. Langeweile, fehlender Rückhalt in der Familie, mangelnde Ausbildungs- bzw. Beschäftigungsmöglichkeiten und spezifische Hintergründe in den alten und neuen Bundesländern. – Siehe auch ↑Rechtsextremismus.

Sklaverei: die völlige rechtliche und wirtschaftliche Abhängigkeit eines Menschen **(Sklave)** als Eigentum eines anderen **(Sklavenhalter).** Die S. bildete v.a. im Altertum die Wirtschaftsgrundlage; einen neuen Höhepunkt erreichte sie im 16.–18. Jh u.a. durch einen umfangreichen Sklavenhandel.

Im Rahmen der Antisklavereibewegung wurde die S. im 19. Jh. in vielen Ländern abgeschafft (Abolition). Die internationale Zusammenarbeit zur Bekämpfung der S. wurde vom Völkerbund durch die Antisklavereiakte vom 25. 9. 1926 verstärkt; die Ächtung der S. ist auch Bestandteil der UN-Menschenrechtskonvention von 1948. Dennoch wird S. nach Angaben der UN in Teilen Afrikas, Südamerikas und Asiens immer noch geduldet. Als moderne Form der S. kann Zwangsarbeit gelten.

Slum [slʌm, engl.]: Bezeichnung für Elendsquartiere, die an den Rändern von Großstädten oder in heruntergekommenen Stadtvierteln liegen und in denen die untersten Bevölkerungsschichten in Notunterkünften leben. S. sind durch primitive Behausungen, mangelnde öffentliche Versorgung und Hygiene (keine Kanalisation, keine Abfallbeseitigung), hohe Kriminalität sowie durch soziale Isolation ihrer Bewohner gekennzeichnet. In Ländern der Dritten Welt entstehen S. meist durch planlose Ansiedlung von Menschen, die aus ländlichen Gegenden in die Städte ziehen (↑ Landflucht).

SMV: ↑ Schülermitverwaltung.

Solarenergie: ↑ regenerative Energien.

Solidargemeinschaft: Grundprinzip der gesetzlichen ↑ Sozialversicherung. Die S. beruht auf einer gesamtgesellschaftlichen ↑ Solidarität, die dem einzelnen Versicherten Absicherung im Alter, in der Not und im Krankheitsfall gewährt. Die S. findet sich in allen modernen westlichen Gesellschaften als Organisationsprinzip von Sicherungssystemen, wie sie als Reaktion auf die Folgen der Industrialisierung entstanden sind.

Solidarität: das Zusammengehörigkeitsgefühl von Individuen oder Gruppen in einem Sozialgefüge, das sich in gegenseitiger Hilfe und Unterstützung äußert; im weiteren Sinn die Verbundenheit zwischen Staaten in Bündnissen.

S. kann auf einer gemeinsamen Gesinnung bzw. Haltung beruhen; dagegen entsteht **Interessensolidarität** durch Interessengleichheit und endet nach Erreichen der gemeinsamen Ziele.

Solidarność [-nɔɕtɕ, poln. »Solidarität«]: 1980 gegründeter unabhängiger polnischer Gewerkschaftsverband (Vorsitz bis 1990: L. Wałęsa), der schon kurz nach seiner Entstehung rd. 10 Mio.

Solidarność: Als Sprecher der Streikenden auf der Danziger Leninwerft wurde der Werftarbeiter Lech Wałęsa im August 1980 zur Symbolfigur der polnischen Opposition.

S

Mitglieder hatte. Unter dem Kriegsrecht (ab 13.12.1981) verboten, arbeitete S. illegal weiter. 1989 war S. maßgeblich an Gesprächen zwischen kommunistischer Regierung und Opposition beteiligt (↑ runder Tisch), wurde im April 1989 wieder legalisiert und gewann im Juni 1989 die Parlamentswahlen. Ab 1990 gingen aus der S. verschiedene Parteien hervor, z.B. die 1997 gebildete Wahlaktion S. (AWS), die im gleichen Jahr stärkste Partei im ↑ Sejm wurde.

Sonderziehungsrechte: ↑ Internationaler Währungsfonds.

Sonnenenergie: ↑ regenerative Energien.

Sorben: früher auch als Wenden bezeichnetes, westslawisches Volk (sorb. Serbja, Serby) in der Ober- und Niederlausitz (Bundesländer Sachsen und Brandenburg). Die S. gelten als Nachkommen der die deutsche Ostsiedlung überdauernden slawischen Bevölkerung, deren Zahl heute bei etwa 60 000 liegt, davon 40 000 in Sachsen und 20 000 in Brandenburg. Zentren sind Bautzen und Cottbus; mehrheitlich sind die S. protestantisch, etwa ein Viertel sind Katholiken. Die S. haben eine eigenständige Sprache, Kultur und Volkskunst. Ihr Dachverband ist die Domowina.

Sorgerecht: Recht und Pflicht der ↑ Eltern, für die Person und das Vermögen ihrer minderjährigen Kinder zu sorgen (§§ 1626 ff. BGB); die elterliche Sorge, (z.T. neu geregelt im Kindschaftsrechtsreformgesetz, 16.12.1997) steht den verheirateten Elternteilen gleichermaßen zu (ähnlich in Österreich und der Schweiz) Gleiches gilt für unverheiratete Eltern, wenn sie eine Sorgeerklärung abgeben. Sonst hat die Mutter das Sorgerecht.

Souveränität [zu-]: die höchste, nicht abgeleitete, nach innen und außen unbeschränkte Hoheitsgewalt in einem Staat; der Begriff wurde J. BODIN entwickelt. Träger der S. ist in ↑ Monarchien das Staatsoberhaupt, in demokratischen Ordnungen das Volk (↑ Volkssouveränität). Im ↑ Staatenbund sind die Einzelstaaten, im ↑ Bundesstaat ist der Gesamtstaat souverän. Die **innere S.** bezieht sich auf die Frage nach dem Träger der höchsten Gewalt innerhalb eines Staates, die **äußere S.** auf die Handlungsfähigkeit und Unabhängigkeit eines Staates. Im Völkerrecht (Charta der ↑ UN) gilt der Grundsatz der souveränen Gleichheit aller Staaten. Internationale Verflechtungen und gegenseitige Abhängigkeit führen zu Einschränkungen der S. So können in Deutschland nach Art. 24 bzw. 23 GG Hoheitsrechte an zwischenstaatliche Einrichtungen (z.B. ↑ Europäische Union) übertragen werden.

Sowjet [russ. »Rat«]: ursprünglich Bezeichnung für die Arbeiter- und Soldatenräte (↑ Rätedemokratie) in Russland, später für die staatlichen und gesellschaftlichen Organe aller Ebenen und Sachgebiete in der ehemaligen UdSSR.

Sozialabgaben: ↑ Sozialversicherung.

Sozialamt: staatliche Behörde, die für Aufgaben der ↑ Sozialhilfe zuständig ist.

Sozialbindung (Sozialpflichtigkeit): mit dem Recht auf ↑ Eigentum verbundene Verpflichtung; nach Art. 14 Abs. 2 GG soll der Gebrauch des Eigentums »zugleich dem Wohle der Allgemeinheit dienen«. In modernen Sozialordnungen sind viele Eigentumsbegrenzungen wirksam, z.B. im Mietrecht, im Städtebau, in der Wirtschaft in Form von Mitbestimmungsrechten sowie durch Regelungen zum Natur- und Umweltschutz.

Sozialcharta [-k-]: ↑ Europäische Sozialcharta.

Sozialdarwinismus: Sammelbegriff für sozialwissenschaftliche Theorien, die CHARLES DARWINS (1809–82) Lehre von der natürlichen Auslese (Selektion) auf die Entwicklung von menschlichen Gesellschaften übertragen; aus dem Kampf zwischen gesellschaftlichen Gruppen (»Kampf ums Dasein«) gehen demnach die Stärkeren und Anpassungsfähigen als Sieger hervor. Der S. begründete die rücksichtslose Durchsetzung von Herrschaftsansprüchen als natürliche Selbstbehauptung und diente als Rechtfertigung für gesellschaftliche Ungleichheiten und rassistische Theorien (↑ Rassismus).

Sozialdemokratie: politische Bewegung der Arbeiter bzw. Arbeitnehmer. Das Wort tauchte erstmals 1848 auf. Die S. strebte im Gegensatz zum ↑ Liberalismus danach, nicht nur Freiheitsrechte, sondern auch soziale Reformen (v.a. die Lösung der ↑ sozialen Frage) mit dem allgemeinen und gleichen Wahlrecht und der Gleichheit vor dem Gesetz zu verbinden. Die S. wurde v.a. von der Arbeiterschaft (↑ Arbeiterbewegung) getragen und breitete sich bald über ganz Europa aus; Ziele der S. vertritt in Deutschland seit Ende des 19. Jh. die ↑ Sozialdemokratische Partei Deutschlands, in Österreich die SPÖ, in Großbritannien die Labour Party; auch in den skandinavischen Ländern ist die S. stark vertreten.

Sozialdemokratische Partei der Schweiz: ↑ Schweiz.

Sozialdemokratische Partei Deutschlands, Abk. SPD: älteste politische Partei Deutschlands mit (1999) 765 000 Mitgliedern; Nachwuchsorganisationen: die Falken, die Jungsozialisten (SPD-Mitglieder bis zu 35 Jahren). An der Spitze der Partei steht der vom Parteitag gewählte Bundesvorsitzende: 1946–52 K. SCHUMACHER, 1952–63 ERICH OLLENHAUER (1901–63), 1963–87 W. BRANDT, 1987–91 HANS-JOCHEN VOGEL (*1926), 1991–93 BJÖRN ENGHOLM (*1939), Mai bis Juni 1993 J. RAU, 1993–95 RUDOLF SCHARPING (*1947), 1995 bis April 1999 OSKAR LAFONTAINE (*1943), seither G. SCHRÖDER.

Programm: Trotz starker Traditionsverbundenheit hat die SPD seit ihrer Entstehung grundlegende Wandlungen in ihrer Konzeption vollzogen. Dazu gehört v.a. die Umorientierung von einer Arbeiterpartei mit sozialrevolutionärer Prägung zu einer Partei der Reformen innerhalb des parlamentarisch-demokratischen Systems in den 1920er-Jahren (Revisionismus). Mit dem ↑ Godesberger Grundsatzprogramm von 1959 unternahm die SPD unter endgültiger Aufgabe marxistischer Positionen den Schritt zur linken Volkspartei (Anerkennung der Marktwirtschaft und der vorrangigen Westorientierung der BRD). Im Berliner Programm (Federführung: OSKAR LAFONTAINE) von 1989 forderte die SPD u.a. den ökologischen Umbau der Industriegesellschaft und stärkere Mitbestimmungsrechte im Verfassungsleben.

Geschichte: Die historischen Wurzeln der SPD liegen in der ↑ Arbeiterbewegung; der 1863 gegründete **Allgemeine Deutsche Arbeiterverein** schloss sich 1875 mit der **Sozialdemokratischen Arbeiterpartei** zur **Sozialistischen Arbeiterpartei** zusammen, die sich 1890 den Namen SPD gab. Bei den Reichstagswahlen desselben Jahrzehnts war die SPD stärkste Partei. In der Novemberrevolution 1918 übernahm sie mit den abgespaltenen **Unabhängigen Sozialdemokraten** die politische Führung und stellte als wählerstärkste Partei mit F. EBERT den ersten Reichspräsidenten. Die SPD war eine der Stützen der Weimarer Republik als erster deutscher Demokratie. Aufgrund des Parteiverbots und der Verfolgung der SPD-Mitglieder im nationalsozialistischen Deutschland amtierte der Parteivorstand 1933–45 im Exil.

Nach dem Ende des Zweiten Weltkrieges nahm die Entwicklung der im Juni 1945 wieder gegründeten SPD in den westlichen Besatzungszonen einerseits und in der Sowjetischen Besatzungszone (SBZ) andererseits einen gegensätzlichen Verlauf. In der SBZ wurde sie unter Mitwirkung der Besatzungsmacht mit der ↑ Kommunistischen Partei Deutschlands zur ↑ Sozialistischen Einheitspartei Deutschlands (SED) verei-

nigt. In Westdeutschland formierte sich die SPD unter Führung von K. SCHUHMACHER neu und stellte 1949–66 im Bundestag die Opposition. 1966–69 bildete die SPD eine große Koalition mit der CDU/CSU und 1969–82 eine sozialliberale Koalition mit der FDP, mit der sie eine Neuorientierung der Deutschland- und Ostpolitik (↑Ostverträge) vornahm und innere Reformen einleitete (1969–74 unter Bundeskanzler W. BRANDT, 1974–82 unter H. SCHMIDT); 1982 ging die SPD in die Opposition. Im September 1990 erfolgte die Vereinigung mit der Sozialdemokratischen Partei der DDR (gegründet am 7. 10. 1989). 1998 übernahm die SPD unter Bundeskanzler G. SCHRÖDER wieder Regierungsverantwortung (in Koalition mit Bündnis 90/Die Grünen).
www.spd.de

Sozialdemokratische Partei Österreichs: ↑Österreich.

soziale Frage: schlagwortartige, im 19. Jh. geprägte Bezeichnung für die Gesamtheit der sozialpolitischen Probleme, unter denen die Arbeiterfamilien im Gefolge der ↑Industrialisierung litten (Kinderarbeit, lange Arbeitszeit, elende Wohnverhältnisse u.a.). Mit der s. F. unmittelbar verknüpft ist die Entstehung der ↑Arbeiterbewegung und der Beginn staatlicher ↑Sozialpolitik, in Deutschland unter der Kanzlerschaft O. VON BISMARCKS.

soziale Gerechtigkeit: ↑Verteilungsgerechtigkeit.

soziale Marktwirtschaft: von ALFRED MÜLLER-ARMACK (1901–78), Staatssekretär im Bundesministerium für Wirtschaft 1958–63, geprägter Begriff für ein Wirtschaftssystem, das die Prinzipien der freien ↑Marktwirtschaft (↑Neoliberalismus) mit Grundsätzen des ↑Sozialstaats zu verbinden sucht. Dabei sollen durch staatliche Eingriffe die sozial unerwünschten Folgen einer rein marktwirtschaftlichen Ordnung korrigiert werden. Die s. M. wurde durch L. ERHARD (1949–63 Bundeswirtschaftsminister) zum Wirtschaftssystem der BRD.

In der s. M. kommen dem Staat insbesondere folgende Aufgaben zu: 1) Die Schaffung von Rahmenbedingungen für einen funktionierenden Wettbewerb sowie die Gewährleistung von Chancengleichheit auf dem Markt; u. a. sollen dabei kleine und mittlere Unternehmen gegen Monopolisierungstendenzen geschützt sowie wettbewerbsschwache Unternehmen durch Steuerbegünstigung und Subventionen unterstützt werden; 2) Korrektur der Einkommens- und Vermögensverhältnisse zugunsten der sozial schwachen Wirtschaftsteilnehmer, z.B. durch Aufbau eines sozialen Netzes (u.a. durch Arbeitslosenversicherung, Sozialhilfe, Kinder- und Erziehungsgeld) sowie durch Bereitstellung bestimmter Güter (z.B. öffentliche Bildungseinrichtungen); 3) Verhinderung extremer konjuktureller Schwankungen, um wirtschaftliches Wachstum, Preisstabilität, eine ausgeglichene Handelsbilanz und einen hohen Beschäftigungsstand zu sichern.

Zu den Erfolgen der s. M. zählen das kontinuierliche Wachstum der Wirtschaft und des Wohlstands sowie die Gewährleistung sozialer Sicherheit; bestimmte Probleme (z.B. Umweltschutz, ungleiche Vermögensverteilung, Arbeitslosigkeit) konnten im Rahmen der s. M. bisher jedoch nicht gelöst werden.

soziale Mobilität: ↑Mobilität.

sozialer Konflikt: ↑Konflikt.

sozialer Wandel: zum einen Bezeichnung für grundlegende Veränderungen der gesamten ↑Sozialstruktur einer Gesellschaft (z.B. Übergang von der Stände- zur Klassengesellschaft); zum anderen Veränderungen innerhalb einer bestehenden Struktur (z.B. hinsichtlich der Werte und Normen) oder in Teilbereichen (z.B. in der Wirtschaft durch die ↑Industrialisierung) einer Gesellschaft. Der Begriff s.W. wurde von WILLIAM F. OGBURN (1896–1959) geprägt.

Als Ursachen von s.W. werden innere

Faktoren (z.B. innergesellschaftliche Konflikte) und äußere Faktoren (z.B. Umweltveränderungen, Erfindungen) unterschieden; s.W. kann kontinuierlich (↑Reform) oder abrupt (↑Revolution) erfolgen. Hinsichtlich der Erklärung und Bewertung von s.W. lassen sich zwei Ansätze unterscheiden: ältere Entwicklungstheorien deuten die Geschichte der menschlichen Gesellschaft im Sinne eines allgemeinen und zielgerichteten ↑Fortschritts; dagegen versuchen neuere ↑Modernisierungstheorien den unterschiedlichen Arten und Voraussetzungen des s. W. in verschiedenen Kulturen gerecht zu werden.

sozialer Wohnungsbau: Förderung des Baus von Miet- und Eigentumswohnungen durch öffentliche und nichtöffentliche Mittel mit dem Ziel, billigen Wohnraum (sog. **Sozialwohnungen**) für einkommensschwache Mitglieder der Gesellschaft verfügbar zu machen; Rechtsgrundlagen bilden das 2. Wohnungsbaugesetz in der Fassung vom 19. 8. 1994 und die Wohnungsbauförderungsbestimmungen der Länder. Die für den s. W. vom Bund bereitgestellten Mittel werden aufgrund eines Schlüssels an die Länder verteilt und von den Landeswohnungs- und Siedlungsbehörden an die Bauherren weitergeleitet. Voraussetzung für die Vergabe öffentlicher Mittel im Rahmen des s. W. bzw. für die Inanspruchnahme einer Sozialwohnung ist v.a. die Einkommenslage des Eigentümers bzw. Mieters.

soziale Sicherheit (soziale Sicherung): Sammelbezeichnung für Maßnahmen zum Schutz der Existenzgrundlagen des Einzelnen in einer Gesellschaft. Die Forderung nach s. S. ist Bestandteil der »Erklärung der Menschenrechte« der UN vom 12. 12. 1948 und steht in der Tradition der klassischen ↑Sozialpolitik. Zur Gewährleistung der s. S. hat sich die BRD als moderner Sozialstaat durch verschiedene internationale Verträge (u.a. ↑Europäische Sozialcharta vom 18. 10. 1962) verpflichtet.

Rechtliche Grundlage der s. S. in Deutschland sind das Grundgesetz (Art. 1–3, 20, 74, 87, 96 und 120) und eine Fülle von Einzelgesetzen, die zusammen das System der s. S. **(soziales Netz)** bilden. Es beruht auf den Prinzipien der Versicherung (↑Sozialversicherung), der Versorgung und der Fürsorge (↑Sozialhilfe). Der s. S. dienen 1) Leistungen zum Ausgleich von Einkommenslosigkeit oder -belastungen z.B. infolge von Erwerbsunfähigkeit, Alter, Krankheit, Mutterschaft oder Arbeitslosigkeit; 2) staatliche Hilfen in besonderen Notlagen im Sinne des Sozialrechts, z.B. für Ernährung, Kleidung, Wohnung; 3) Entschädigungen zum Ausgleich solcher Nachteile, die von der Allgemeinheit verantwortet werden, z.B. Kriegsfolgen; 4) soziale, öffentliche und öffentlich subventionierte Einrichtungen wie Krankenhäuser, Kindergärten, Bildungseinrichtungen. Die Kosten für solche Leistungen werden von den öffentlichen Haushalten (v.a. aus Steuermitteln) und durch Eigenbeteiligung (z.B. im Rahmen der Sozialversicherung) erbracht.

soziales Jahr: ↑freiwilliges soziales Jahr.

soziales Netz: ↑soziale Sicherheit, ↑Sozialstaat.

Sozialeudämonismus: ↑Utilitarismus.

Sozialgerichtsbarkeit: Zweig der ↑Verwaltungsgerichtsbarkeit, der für Entscheidungen öffentlich-rechtlicher Streitigkeiten im Bereich des ↑Sozialrechts zuständig ist. Gesetzliche Grundlagen sind das Sozialgerichtsgesetz (Abk. SGG) in der Fassung vom 23. 9. 1975 und das Sozialgesetzbuch. Die Gerichte der S. entscheiden in Angelegenheiten der Sozialversicherung (Kranken-, Pflege-, Unfall- und Rentenversicherung), der Arbeitslosenversicherung und der übrigen Aufgaben der Bundesanstalt für Arbeit sowie der Kriegsopferversorgung, der Soldatenversorgung und des Kassenarztrechts. Im Rahmen der S. kann gegen Leistungs- und Beitragsbe-

S

scheide geklagt werden, gegen die Widerspruch eingelegt wurde.
Struktur: Die S. ist dreistufig gegliedert in Sozialgerichte (erste Instanz), Landessozialgerichte (Berufungsinstanz) und das ↑Bundessozialgericht (Revisionsinstanz). Als Spruchkörper entscheiden bei den Sozialgerichten Fachkammern, bei den Landessozialgerichten und beim Bundessozialgericht Fachsenate. Die Kammern setzen sich aus einem Berufs- und zwei ehrenamtlichen Richtern zusammen, die Senate aus drei Berufs- und zwei ehrenamtlichen Richtern. Die ehrenamtlichen Richter werden wie in der ↑Arbeitsgerichtsbarkeit von den jeweiligen Sozialpartnern gestellt.
Das Sozialgerichtsverfahren ist für die individuellen Parteien (Versicherte, Kassenärzte usw.) kostenfrei. Dies führt u.a. zu einer Vielzahl unbegründeter Klagen, zu einer Überlastung der Gerichte und zu einer verlängerten Prozessdauer.

Sozialgesetzgebung: ↑Sozialpolitik.

Sozialhilfe: Gesamtheit der im Bundessozialhilfegesetz (BSHG) geregelten Hilfen, die einem Menschen in einer Notlage von öffentlicher Seite gewährt werden. Die S. soll dem Empfänger die Führung eines menschenwürdigen Lebens erlauben; sie ist neben der Sozialversicherung und der Altersversorgung ein wichtiger Bestandteil der ↑sozialen Sicherheit. Ein Anspruch auf S. besteht nur, wenn der Bedürftige sich nicht selbst helfen kann und auch kein Hilfe durch Verwandte erhält (Nachrang der staatlichen S.). Die S. wird allen hilfsbedürftigen Menschen sowohl in Form von Geld- und Sachleistungen als auch in Form individueller Betreuung gewährt.
Das BSHG unterscheidet 1) die **Hilfe zum Lebensunterhalt,** die ein Existenzminimum ohne Rücksicht auf die Ursache der Bedürftigkeit garantiert (Ausgaben 1999: rd. 17,3 Mrd. DM) sowie 2) die **Hilfe in besonderen Lebenslagen;** diese umfasst z.B. Hilfen zum Aufbau oder zur Sicherung der Lebensgrundlage, Eingliederungshilfe für Behinderte, Altenhilfe, Mutterschaftshilfe (1999: 22,6 Mrd. DM). Träger der S. sind die kreisfreien Städte und die Landkreise sowie überregionale Träger, die vom Bund bestimmt werden (z.B.

Sozialhilfe

Empfänger von Sozialhilfe 1965 und 1997 (Anteile an der jeweiligen Bevölkerung in %)

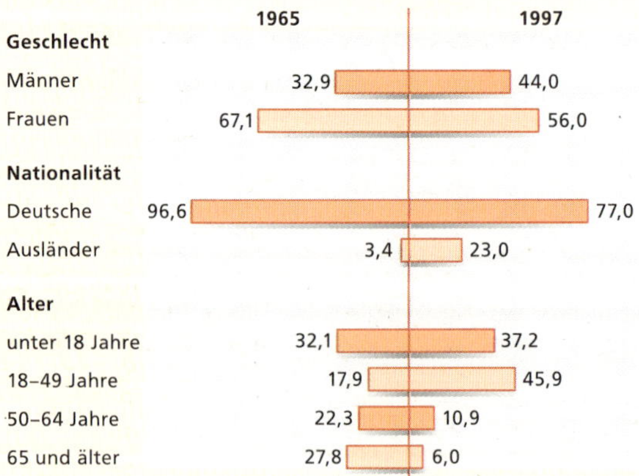

Quelle: Statistisches Bundesamt

Landeswohlfahrtsverbände oder die Bundesländer selbst). Ende 1998 bezogen rd. 2,91 Mio. Menschen in 1,51 Mio. Haushalten Sozialhilfe.

Sozialisation: Prozess sowie Ergebnis des Hineinwachsens des Menschen in seine soziale Umwelt und deren ↑Normen und Gebräuche. Durch S. formt das Individuum seine Persönlichkeitsmerkmale aus und erlernt soziales Verhalten und gesellschaftlich verbindliche Normen. S. ist ein lebenslanger Prozess. Im Zusammenhang mit S. werden zwei Phasen unterschieden: In der frühkindlichen Sozialisationsphase **(primäre S.)** werden die Grundstrukturen der Persönlichkeit (Sprache, Denken, Empfinden) herausgebildet und grundlegende Muster für soziales Verhalten entwickelt. Dieser Prozess wird geleitet von der Erziehung durch Eltern oder andere Pflegepersonen. In der nächsten Phase erfolgen Weiterentwicklung und Variation von Verhaltensmustern **(sekundäre S.),** wobei Personen außerhalb der Familie an Bedeutung gewinnen.

Sozialisierung (Vergesellschaftung): Überführung des Privateigentums an Produktionsmitteln und sonstiger vermögenswerter Güter in die Hand des Staates (↑Verstaatlichung) mit dem Ziel einer am Gemeinwohl orientierten Nutzung. Die S. führt zur Entstehung von ↑Gemeineigentum und ist eine Grundforderung des ↑Sozialismus.

Nach Art. 15 GG ist in Deutschland die S. von Grund und Boden, Naturschätzen und Produktionsmitteln gegen Entschädigung erlaubt; von dieser Ermächtigung ist jedoch noch nie Gebrauch gemacht worden. Durch S. sollen alle oder bestimmte Güter oder Dienstleistungen (z.B. Strom- und Wasserversorgung, Post, Bahn) für alle Bürger verfügbar bzw. bezahlbar gemacht werden. Strittig ist jedoch, unter welchen Bedingungen und in welchem Umfang die S. zur Verbesserung der wirtschaftlichen und sozialen Verhältnisse beiträgt.

Sozialismus: als Gegenmodell zum ↑Kapitalismus entwickelte politische Lehre, welche die bestehenden gesellschaftlichen Verhältnisse mit dem Ziel sozialer Gleichheit und Gerechtigkeit verändern will. Darüber hinaus bezeichnet der Begriff auch eine nach diesen Prinzipien organisierte Gesellschaftsordnung, politische Bewegungen und Organisationen, die diese Gesellschaftsordnung anstreben, und im ↑Marxismus das Übergangsstadium von der kapitalistischen zur kommunistischen Gesellschaftsordnung.

Entstehung: Die Lehre des S. verbreitete sich v.a. seit Beginn des 19. Jh. vor dem Hintergrund der ↑Industrialisierung, der Entwicklung des kapitalistischen Wirtschaftssystems und auf der Grundlage des ↑Liberalismus. Der S. betont u.a. die Bedeutung der Solidarität der Gemeinschaft, strebt die Gewährleistung sozialer Sicherheit an und will eine staatliche Ordnung verwirklichen, die durch Freiheits- und Gleichheitsrechte gekennzeichnet ist.

Formen: Die Vordenker des S. (z.B. FRANÇOIS N. BABEUF, 1760–97, CLAUDE HENRI DE SAINT-SIMON, 1760–1825) formulierten ihre Ideen zunächst ohne Rücksicht auf deren Durchführbarkeit **(utopischer S., Frühsozialismus).** Dagegen steht im Marxismus die wissenschaftliche Begründung des S. im Mittelpunkt; der ↑Marxismus-Leninismus bildete die Grundlage für den sog. **real existierenden S.** (nach 1917 in der Sowjetunion sowie nach 1945 in Ost-, Südost- und Mitteleuropa), der u.a. durch gesellschaftliches Eigentum an Produktionsmitteln sowie durch eine ↑Zentralverwaltungswirtschaft gekennzeichnet war. In Abgrenzung zum real existierenden S. entstand der **freiheitliche S.** bzw. ↑demokratische S., der v.a. auf die freie Entfaltung des Einzelnen, die Gewährleistung von Grundrechten und die demokratische Mitwirkung aller Gesellschaftsmitglieder am sozialen und politischen Leben abzielt. Mit

S

der Demokratisierung der sozialistisch regierten Staaten nach 1989 benannten sich die ehemaligen Einheitsparteien meist in sozialdemokratische Parteien um.

Sozialistische Einheitspartei Deutschlands, Abk. SED: Staatspartei der ↑Deutschen Demokratischen Republik, gegründet am 21.4.1946 durch den (z.T. unter starkem Druck der sowjetischen Besatzungsmacht vorgenommenen) Zusammenschluss von ↑Kommunistischer Partei Deutschlands und ↑Sozialdemokratischer Partei Deutschlands in der SBZ. Die SED wurde bis 1955 nach dem Vorbild der ↑KPdSU in eine marxistisch-leninistische Kaderpartei umgewandelt. Als formell oberstes Organ fungierte der Parteitag, zwischen den Parteitagen das von ihm gewählte Zentralkomitee (ZK), dessen ständige Organe Politbüro und Sekretariat unter dem Generalsekretär (1953–76 Erster Sekretär genannt; 1950–71 W. Ulbricht, 1971–89 E. Honecker, Oktober bis Dezember 1989 Egon Krenz [*1937]) die eigentliche Machtzentrale bildeten. Nach dem Sturz der SED-Herrschaft beschloss ein außerordentlicher Parteitag (8./9. und 16./17.12. 1989) Veränderungen in der Parteistruktur, wählte am 8.12. Gregor Gysi (*1948) zum Vorsitzenden und änderte den Namen zunächst in SED–Partei des Demokratischen Sozialismus (SED-PDS); im Februar 1990 umbenannt in ↑Partei des Demokratischen Sozialismus.

Sozialistische Internationale, Abk. SI: internationale Vereinigung sozialistischer bzw. sozialdemokratischer Parteien, gegründet 1951 in Frankfurt a. M. von 34 Parteien; Präsident (seit 1992): Pierre Mauroy (*1928). Die SI ging u.a. aus der Ersten (1864–72) bzw. Zweiten Internationale (1889–1914 und 1923–40) hervor.

Sozialleistungen: alle Geld- und Sachleistungen, die privaten Haushalten oder Personen vom Staat bzw. öffentlich-rechtlichen Körperschaften oder von Unternehmen zur Deckung bestimmter sozialer Risiken und Bedürfnisse gewährt werden. Sie dienen der ↑sozialen Sicherheit und sozialpolitischen Aufgaben, z.B. der Familienförderung. S. werden inbesondere durch Beiträge zur ↑Sozialversicherung, durch Arbeitgeber und den Staat finanziert. Als **Sozialleistungsquote** wird der Anteil der staatlichen Aufwendungen für S. am ↑Bruttoinlandsprodukt bezeichnet; die S. ist eine Form der ↑Staatsquote.

Sozialpartnerschaft: Beziehung zwischen den Sozialpartnern (↑Tarifpartner), d.h. zwischen Arbeitnehmern bzw. ↑Gewerkschaften und Arbeitgebern bzw. ↑Arbeitgeberverbänden. Der Begriff S. soll z.B. im Rahmen von Tarifverhandlungen zum Ausdruck bringen, dass Arbeitgeber und Arbeitnehmer gleichberechtigte und aufeinander angewiesene Partner sind.

Sozialpflichtigkeit: ↑Sozialbindung.

Sozialplan: im ↑Arbeitsrecht die schriftliche Einigung zwischen Arbeitgeber und ↑Betriebsrat über den Ausgleich oder die Milderung wirtschaftlicher Nachteile, die Arbeitnehmern infolge einer (geplanten) Betriebsänderung oder Betriebsstilllegung entstehen. Im S. sind die Zahlung von Abfindungen zum Ausgleich des Arbeitsplatzverlustes sowie die Sicherung von Sozialleistungen (z.B. Alterszusatzversorgung) geregelt. Für junge Arbeitnehmer sehen S. durchweg auch Versetzungen und Umschulungen vor. In Betrieben mit i.d.R. mehr als 20 Arbeitnehmern sind S. bei Betriebsänderung grundsätzlich durch den Betriebsrat erzwingbar. Der S. hat die Wirkung einer ↑Betriebsvereinbarung und begründet unmittelbare Ansprüche der Arbeitnehmer an den Arbeitgeber.

Sozialpolitik: alle politischen Maßnahmen zur Verbesserung der Arbeits- und Lebensbedingungen der Mitglieder einer Gesellschaft. Vorrangiges Ziel jeder S. ist die Gewährleistung ↑sozialer Sicherheit. Träger der S. sind v.a. der Staat und seine Körperschaften, daneben auch nichtstaatliche Organisationen (wie Gewerkschaften, Kirchen) sowie private oder öffentlichen Fürsorgeeinrichtungen. Zu den Mitteln staatlicher S. gehören v.a.: 1) gesetzliche Maßnahmen (z.B. Arbeitsrecht); 2) die Bereitstellung öffentlicher Güter und Einrichtungen (z.B. Bildungseinrichtungen, Verkehrsmittel); 3) Steuererleichterungen und finanzielle Zuwendungen (z.B. Sozialhilfe, Kinder-, Wohngeld); 4) Maßnahmen der Sozialversicherung und der Versorgung.

Otto von Bismarck, Rede im Deutschen Reichstag vom 15. 3. 1884:

»[...] Der dritte Zweig der Reformen, die wir erstreben, liegt in der direkten Fürsorge für die Arbeiter. [...] Der eigentliche Beschwerdepunkt des Arbeiters ist die Unsicherheit seiner Existenz. Er ist nicht sicher, dass er immer Arbeit haben wird, er ist nicht sicher, dass er immer gesund ist, und er sieht voraus, dass er einmal alt und arbeitsunfähig sein wird. Verfällt er aber der Armut auch nur durch eine längere Krankheit, so ist er darin nach eigenen Kräften vollständig hilflos, und die Gesellschaft erkennt ihm gegenüber bisher eine eigentliche Verpflichtung außer der ordinären Armenpflege nicht an, auch wenn er noch so treu und fleißig die Zeit vorher gearbeitet hat. [...]«

Als **Sozialgesetzgebung** wird die sozialpolitische Tätigkeit des Parlaments bezeichnet. Sie findet ihren Niederschlag im Sozialgesetzbuch (SGB), das die wesentlichen Sozialgesetze enthält (↑Sozialrecht). Weitere rechtliche Bestimmungen enthält das Bundessozialhilfegesetz. Die S. in modernen Sozialstaaten soll durch internationale Abkommen (z.B. ↑Europäische Sozialcharta von 1961) und Konferenzen (»Weltsozialgipfel 1995«) vereinheitlicht werden.

Geschichte: Die Grundpfeiler der Sozialgesetzgebung wurden in Deutschland schon im 19. Jh. gesetzt: Krankenversicherung 1883, Unfallversicherung 1884, Invaliden- und Altersversicherung 1889. Charakteristisch hierfür war eine von den Eliten getragene S. »von oben«, d.h. seitens des Obrigkeitsstaates, die einige soziale Forderungen der Arbeiterbewegung aufgriff, primär aber darauf abzielte, deren weiter reichende politische Forderungen abzuwehren. Ausbau, Vertiefung und Erweiterung der S. erfolgten noch im wilhelminischen Kaiserreich, dann v.a. in der Weimarer Republik und in raschem Tempo und mit weit reichendem sozialem Schutz in der BRD. Der bisherige Abschluss dieses Prozesses ist die 1995 eingeführte Pflegeversicherung.

Sozialprodukt: ↑Bruttoinlandsprodukt.

Sozialrecht: das Recht der öffentlichrechtlichen Leistungen und Hilfen; zum S. gehören u.a. Ausbildungs- und Arbeitsförderung, ↑Sozialversicherung, ↑Lastenausgleich, ↑Kindergeld, Wohngeld, ↑Jugendhilfe sowie ↑Sozialhilfe. Ein Großteil des S. ist im Sozialgesetzbuch geregelt. Für Rechtsstreitigkeiten ist die ↑Sozialgerichtsbarkeit zuständig.

Sozialstaat: ein Staat, der (gemäß seiner Verfassung) bei der Gestaltung seiner gesellschaftlichen, politischen und wirtschaftlichen Ordnung die Verwirklichung ↑sozialer Sicherheit, ↑Gleichheit und ↑Gerechtigkeit anstrebt **(Sozialstaatsprinzip).** Der Begriff S. geht u.a. auf HERMANN HELLERS (1891–1933) Lehre vom »sozialen Rechtsstaat« zurück. Der S. als demokratischer und auf soziale Staatsziele verpflichteter Verfassungsstaat versucht, die Nachteile der kapitalistischen Wirtschaftweise durch politische, wirtschaftliche und soziale Reformen zu überwinden.

Das Bekenntnis zum S. kommt in Art. 20 Abs. 1 GG (Sozialstaatsklausel) zum Ausdruck; nach Art. 28 Abs. 1 GG muss auch die verfassungsmäßige Ordnung der Länder den Grundsätzen des »sozia-

S

len Rechtsstaats« entsprechen. ↑Rechtsstaat und S. stehen dabei in einem Konkurrenzverhältnis: Während das Rechtsstaatsprinzip auf die Gewährleistung der Freiheitsrechte des Einzelnen gegenüber der Gemeinschaft gerichtet ist, ergibt sich aus dem Sozialstaatsprinzip die Forderung nach staatlichen Eingriffen in die gesellschaftliche und wirtschaftliche Ordnung.

Konkrete Ausformung erfährt der S. insbesondere in der ↑Sozialpolitik, der ↑Wirtschaftspolitik und ↑Finanzpolitik sowie in der ↑Bildungspolitik. Zu den Aufgaben des S. gehören neben der Gewährleistung sozialer Sicherheit z.B. auch Bemühungen um einen hohen Beschäftigungsstand und den Ausgleich sozialer Gegensätze im Bereich der Einkommens- und Vermögensverteilung durch eine staatliche Steuer- und Subventionspolitik (↑Verteilungsgerechtigkeit) sowie die Förderung der ↑Chancengleichheit. Da eine Aufhebung der sozialen Ungleichheit bisher nicht erreicht wurde, bringt der Begriff S. v.a. eine politische Forderung zum Ausdruck (Sozialstaatpostulat).

Sozialstruktur: dauerhafte Wirkungszusammenhänge, die den Aufbau einer ↑Gesellschaft bestimmen. Wichtigste Aspekte sind die soziale ↑Schichtung der Bevölkerung, die Vernetzung sozialen Handelns (Familie), Institutionen (Schulen, Betriebe, Parteien, Medien, Verwaltung) und die ihnen übergeordneten Systeme (Bildungs-, Wirtschafts-, Rechtssystem).

Sozialversicherung: Bezeichnung für die Gesamtheit gesetzlicher Pflichtversicherungen, in Deutschland die ↑Arbeitslosenversicherung, ↑Krankenversicherung, ↑Pflegeversicherung, ↑Rentenversicherung und ↑Unfallversicherung. Die S. deckt Schäden ab, die die soziale Existenz der Versicherungs-

Sozialversicherung

Sozialversicherungsbeiträge in Deutschland (in % des Bruttoarbeitsentgeltes)

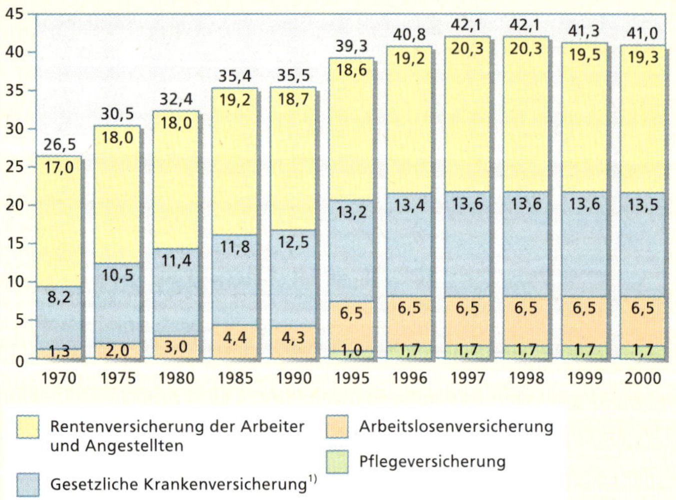

[1] durchschnittliche Beitragssätze

Quelle: Bundesministerium für Arbeit und Sozialordnung

mitglieder beeinträchtigen. Sie ist organisiert als ↑Solidargemeinschaft auf der Basis eines gesellschaftsweiten Solidaritätsprinzips (↑Generationenvertrag), im Gegensatz zur freiwilligen Individualversicherung.

Schutz durch S. wird v.a. denjenigen gewährt, die in einem Arbeits-, Dienst- oder Lehrverhältnis stehen, häufig auch für deren Familienangehörige, sowie für wirtschaftlich gefährdete Selbstständige, z.B. Landwirte. Nicht der S. unterliegen ↑Beamte und ein Teil der ↑Selbstständigen. Im Gegensatz zum Fürsorgeprinzip (Prüfung der individuellen Bedürftigkeit z.B. bei der ↑Sozialhilfe) wie auch zum Versorgungsprinzip (Vergabe einer standardisierten Sozialleistung nach gesetzlich fixiertem Versorgungsfall) gründet der Anspruch aus der S. auf Zahlung von Versicherungsbeiträgen, die von Arbeitnehmern und Arbeitgebern (in Deutschland je zur Hälfte) getragen werden. Die Höhe dieser **Sozialabgaben** war in den 1990er-Jahren Gegenstand von Kontroversen, weil sie den Faktor Arbeit (↑Lohnnebenkosten) sowie deutsche Produkte und Leistungen im internationalen Wettbewerb verteuerten; 2000 lag die Quote in Westdeutschland bei 41,0%, in Ostdeutschland bei 41,4% des Bruttoverdienstes. – Siehe auch ↑Sozialpolitik.

Sozialwahlen: alle sechs Jahre stattfindende Wahlen, bei denen die Versicherten über die Besetzung der höchsten Selbstverwaltungsorgane der deutschen Sozialversicherungsträger, der sog. **Vertreterversammlungen** (je zur Hälfte Vertreter der Arbeitnehmer und Arbeitgeber), entscheiden; die S. sollen den Versicherten die Mitbestimmung über die Arbeit der ↑Sozialversicherung ermöglichen.

Sozialwissenschaften (Gesellschaftswissenschaften): die Wissenschaften, die das Verhältnis von Mensch und Gesellschaft zum Gegenstand haben, im Gegensatz zu den Naturwissenschaften sowie z.T. zu den Geisteswissenschaften. Zu den S. gehören u.a. Soziologie, ↑Politikwissenschaft, Wirtschafts- und Rechtswissenschaft sowie bestimmte Bereich der Anthropologie, Ethnologie, Psychologie, Pädagogik, Geschichte und Philosophie.

Soziologie: Wissenschaft, die Bedingungen und Formen menschlichen Zusammenlebens in der geschichtlichen Entwicklung und in der Gegenwart systematisch untersucht und beschreibt, um den Menschen bei Verständnis, Planung und Steuerung ihrer Gesellschaft zu helfen. Zum Gegenstandsbereich der S. gehören u.a.: soziales Handeln (z.B. soziale Normen, Rollen und Handlungsmuster, Einstellungen), soziale Prozesse (sozialer Wandel, Mobilität, Konflikte), soziale Klassen und Schichten, soziale Gebilde (Gruppen, Organisationen) und Institutionen (z.B. in Wirtschaft, Politik, Kultur, Recht). Zwei Ansätze können grundsätzlich unterschieden werden: 1) Die S. als historisch orientierte Wissenschaft von der Gesellschaft, die eine ganzheitliche Erklärung und Deutung gesellschaftlicher Entwicklung anstrebt; 2) Die S. als streng empirisch ausgerichtete Wissenschaft, die gesellschaftliche Teilbereiche (z.B. Familien-, Alters-, Betriebssoziologie) erforschen und erklären will.

Die S. entstand vor dem Hintergrund des sozialen Wandels im Zuge der Industrialisierung. Als Begründer der S. gilt Auguste Comte (1798–1857), der menschliche Bedürfnisse und Probleme nicht durch Sinnfragen, sondern v.a. aus ihrem tatsächlichen gesellschaftlichen Zusammenhang heraus erklären wollte.

Spätaussiedler: ↑Aussiedler.

Spätkapitalismus: ↑Kapitalismus.

SPD: ↑Sozialdemokratische Partei Deutschlands.

Speaker ['spi:kə, engl. »Sprecher«]: in angelsächsischen Ländern Bezeichnung für den Parlamentsvorsitzenden; in Großbritannien der Vorsitzende des Oberhauses (↑Lord Chancellor) und der Präsident des ↑Unterhauses; in den

S

USA der Präsident des ↑Repräsentantenhauses.

Splitterpartei: eine ↑Partei, die nur eine geringe Anzahl der Wählerstimmen auf sich vereinigt. S. können die Mehrheitsbildung im Parlament, v.a. die Bildung einer stabilen Regierung erschweren; um dies zu verhindern werden Vorkehrungen getroffen (z.B. Einführung der Fünfprozentklausel), durch die S. bei der Sitzverteilung nicht berücksichtigt werden.

SPÖ: ↑Österreich.

Sponsoring ['spɔnsərɪŋ, engl.]: Zuwendung von Finanzmitteln, Sach- und Dienstleistungen durch ein Unternehmen an Einzelpersonen, Gruppen, Organisationen oder Institutionen gegen Gewährung von wirtschaftlichen Rechten zur Nutzung von Person beziehungsweise Institution und/oder Aktivitäten des Gesponserten für Zwecke des Marketing auf der Basis einer vertraglichen Vereinbarung. Mit dem Prinzip des Geschäfts auf Gegenseitigkeit grenzt sich S. vom Mäzenatentum und vom Spendenwesen ab. In Deutschland betreiben zwei Drittel der Unternehmen Sponsoring.

SPS: ↑Schweiz.

SSW: ↑Schleswig-Holstein.

Staat: Vereinigung vieler Menschen innerhalb eines abgegrenzten geographischen Raumes unter einer souveränen Herrschaftsgewalt. Zum S. gehören: das Staatsvolk, dessen Mitglieder entweder dieselbe Staatsangehörigkeit haben (↑Nationalstaat) oder verschiedenen Nationen angehören (Nationalitätenstaat; ↑Vielvölkerstaat), ferner das ↑Staatsgebiet sowie die ↑Staatsgewalt, die durch die Staatsorgane ausgeübt wird. Durch die Staatsgewalt bzw. -organe werden Gebiet und Bevölkerung eines S. zu einer organisierten Einheit zusammengefasst. Eng verknüpft damit ist die Vorstellung der ↑Souveränität, der Unabhängigkeit und Unumschränktheit der Staatsgewalt. Die Staatsgewalt kann durch ↑Grundrechte des Einzelnen beschränkt werden und auf verschiedene Entscheidungsträger verteilt sein (↑Gewaltenteilung).

Der Staatszweck wird je nach politischer bzw. weltanschaulicher Auffassung unterschiedlich beurteilt: Er kann sich, wie beim frühen Liberalismus, auf die Aufrechterhaltung der äußeren polizeilichen Ordnung beschränken **(Nachtwächterstaat)** oder, wie beim ↑Wohlfahrtsstaat, auf möglichst viele bzw. alle Lebensbereiche der Bürger bezogen sein. Gerechtfertigt wird die Errichtung einer staatlichen Herrschaftsordnung im Allgemeinen mit der Aufrechterhaltung des äußeren Friedens und der inneren Sicherheit und Ordnung sowie mit bestimmten (Kultur-) Leistungen, die allen zugute kommen sollen (↑Gemeinwohl) und nur innerhalb eines S. entwickelt werden können.

Für das Verhältnis der S. zueinander ist deren je-

Sponsoring

Die wichtigsten Sponsoringarten in Deutschland 2000 (in %)[1]

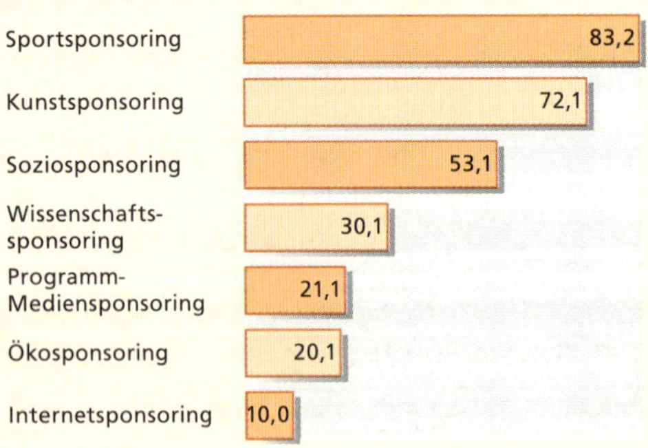

[1] Umfrage unter 2500 Unternehmen, Mehrfachnennungen möglich

Quelle: Sponsor Partners

weilige Größe (Gebiet, Bevölkerung, Wirtschafskraft) von Bedeutung, da ↑Großmächte vielfach eine bestimmende Stellung über andere S. erringen (Hegemonie). Diese können im Extremfall zu Satellitenstaaten oder förmlich untergeordneten Schutzgebieten (↑Protektoraten) werden.

Einteilung: Im Mittelalter war die Herrschaftsgewalt eng an die Person des Herrschers geknüpft; privates und öffentliches Recht waren noch nicht getrennt, vielmehr wurden die Ämter einer Person und deren Stellung in der Hierarchie als rechtlich garantiert und Eigentum angesehen. Diese mittelalterliche Form wird **Personenverbandsstaat** im Gegensatz zum modernen **Flächenstaat** genannt. Bei den Herrschaftsformen unterscheidet man ↑Monarchie, ↑Aristokratie und ↑Demokratie. Von grundlegender Bedeutung ist dabei die Frage, ob die Staatsgewalt über dem Volk thront (↑Obrigkeitsstaat) oder vom ihm ausgeht (↑Volkssouveränität), bzw. ob die Staatsgewalt dem Wohle des Volkes oder den persönlichen Interessen des jeweiligen Herrschers dient (↑Despotie). Heute ist die Unterscheidung von rechtsstaatlicher Demokratie und ↑Diktatur geläufig, wobei vielfach weiter aufgefächert wird in demokratische, autoritäre und totalitäre Staaten.

Nach der Ausübung staatlicher Hoheitsgewalt unterscheidet man die Regierungsformen ↑Absolutismus, ↑Feudalismus, ↑Ständestaat, das ↑parlamentarische Regierungssystem, das ↑Präsidialsystem und die ↑Rätedemokratie. Modernen westlichen Demokratien gemeinsam ist die Einbeziehung von Parteien (↑Parteiensystem) bei der Repräsentation **(Parteienstaaten)**, darunter Mehrparteienstaaten (z.B. Deutschland), Zweiparteienstaaten (z.B. USA) und Einparteienstaaten, in denen nur eine Partei zugelassen ist bzw. die anderen der Herrschaftsgewalt der führenden Partei unterstehen. Ferner werden **Zentralstaaten** und **föderative Staaten** (↑Föderalismus) unterschieden: Bei ersteren werden alle Entscheidungen von den obersten Staatsorganen in der Hauptstadt getroffen; in föderativen S. dagegen werden nur bestimmte Aufgaben (z.B. Außen- und Sicherheitspolitik) von der Regierung des Gesamtstaates wahrgenommen, während andere Aufgaben von den Regierungen der Gliedstaaten (Länder) selbstständig erfüllt und von den Landesparlamenten kontrolliert werden. Im 19. Jh. kam der Begriff des ↑Rechtsstaats, im Laufe der 20. Jh. der Begriff des ↑Sozialstaats auf.

Geschichte: S. entstehen durch Begründung einer (neuen) Herrschaftsordnung, z.B. durch Eroberung oder Zusammenschluss bzw. durch Abspaltung (Sezession) und Auflösung schon vorhandener S. Der moderne S. hat sich historisch zu Beginn der Neuzeit durch eine Konzentration der öffentlichen Gewalt in einem bürokratischen Apparat mit monarchischer Spitze herausgebildet; in der Hand des Monarchen waren Rechtsetzung (Gesetzgebung) und Gewaltausübung (staatliche Heere und Polizei) vereinigt. Gegen die damit verbundene Konzentration der Gewalt in der Hand eines Herrschers (Absolutismus) wandte sich seit dem 18. Jh. der ↑Liberalismus. Dessen Vertreter konnten in der Folge die Beschränkung der Machtausübung sowie Möglichkeiten zur politischen Teilhabe in Form einer Verfassung durchsetzen. Die weitere Entwicklung ist durch die Entstehung des modernen ↑Nationalstaats, die fortschreitende Demokratisierung (Einführung des allgemeinen Wahlrechts) und die Wendung zum Sozialstaat gekennzeichnet. Die westlichen Demokratien halten an den Grundsätzen der Beschränkung der Staatsgewalt und der Gewaltenteilung fest; hier soll durch das Konkurrenzverhältnis der Parteien und Interessenverbände die erneute Konzentration der Staatsgewalt verhindert werden. Dagegen bekannten sich die sozialistischen S. zur Konzentration der Staatsgewalt und zur politischen Führung einer (d.h. der kommunistischen) Partei sowie zu einem umfassenden staatlichen Einfluss auf Wirtschaft und Kultur.

Staatenbund: eine lose Staatenverbindung (z.B. der Deutsche Bund, 1815–66), in der die einzelnen Staaten ihre ↑Staatsgewalt behalten und nach außen (z.B. in auswärtigen Beziehungen) selbstständig handeln; der S. besitzt überhaupt kein oder nur ein schwach ausgebildetes Exekutivorgan; Gegensatz: ↑Bundesstaat.

Staatenlosigkeit: Verlust der Staatsangehörigkeit (z.B. infolge von Flucht, ↑Ausbürgerung oder Vertreibung). In ihrem jeweiligen Aufenthaltsland unterliegen **Staatenlose** meist dem Ausländerrecht. In Deutschland bestehen besondere Rechte für Staatenlose in Bezug auf Aufenthalt und Sozialhilfe.

Staatsakt:

- hoheitliche und rechtsgestaltende Entscheidung oberster Staatsorgane; auch völkerrechtliche Akte wie Vertragsabschluss.
- eine vom Staatsoberhaupt angeordnete feierliche öffentliche Veranstaltung, z.B. ein Staatsbegräbnis für eine politisch oder kulturell bedeutende Persönlichkeit.

Staatsanwaltschaft: selbstständiges, vom Gericht unabhängiges Rechtspflege- und Strafverfolgungsorgan bei ordentlichen Gerichten. Die S. führt das Ermittlungsverfahren und vertritt die Anklage (Anklagemonopol) im Strafprozess. Am ↑Bundesgerichtshof üben der **Generalbundesstaatsanwalt** und Bundesanwälte das Amt der S. aus.

Staatsaufsicht: Kontrolle staatlicher Organe durch vorgesetzte Behörden. Die S. kann sich auf die Überwachung der Gesetzesmäßigkeit **(Rechtsaufsicht)** beschränken oder auch die Kontrolle der Zweckmäßigkeit einer Maßnahme **(Fachaufsicht)** umfassen. Der S. unterstehen z.B. Gemeinden und Gemeindeverbände.

Staatsausgaben: ↑öffentliche Ausgaben.

Staatsbürger in Uniform: ↑innere Führung.

Staatsbürgerschaft: rechtliche Mitgliedschaft einer natürlichen Person (Staatsbürger) in einem Staat, aus der Rechte (z.B. Wahlrecht) und Pflichten (z.B. Wehrpflicht) folgen. Für den Erwerb der S. gilt entweder das **Abstammungsprinzip** (z.B. Deutschland, Österreich, Schweiz), wonach die Nationalität der Eltern für die S. maßgeblich ist, oder das **Territorialitätsprinzip,** wobei der Geburtsort entscheidet (z.B. Frankreich) Zur **doppelten S.** oder mehrfachen S. kann es kommen, wenn die Voraussetzungen für die S. in mehreren Staaten erfüllt sind. Personen, die die Voraussetzungen für die S. in keinem Staat erfüllen, sind Staatenlose (↑Staatenlosigkeit).

In *Deutschland* ist das Recht der S. im Reichs- und Staatsangehörigkeitsgesetz vom 22.7.1913 (1999 reformiert) geregelt. Danach wird die deutsche S. durch Geburt, wenn ein Elternteil die deutsche S. besitzt, durch die Annahme als Kind oder durch Einbürgerung erworben, nicht aber durch Heirat mit einem deutschen Staatsbürger (wie etwa in den USA). Der Verlust der deutschen S. tritt ein durch Entlassung aus der S. auf Antrag des Betroffenen, durch Verzicht, Erwerb einer ausländischen S. oder Annahme als Kind durch einen Ausländer. Eine ↑Ausbürgerung ist verboten.

Ab 1.1.2000 gilt, dass ein Kind ausländischer Eltern die deutsche S. durch Geburt in Deutschland erwirbt, wenn sich der Vater oder die Mutter seit acht Jahren rechtmäßig in Deutschland aufhält und eine Aufenthaltsberechtigung oder seit drei Jahren eine unbefristete Aufenthaltserlaubnis besitzt (↑Aufenthaltsgenehmigung). Haben Kinder nach dieser Regelung eine doppelte S., müssen sie sich nach Vollendung des 18. Lebensjahres binnen fünf Jahren zwischen den S. entscheiden.

Anspruch auf **Einbürgerung,** d.h. auf Verleihung der S. durch staatlichen Ho-

Staatsbürgerschaft: Bereits 1993 demonstrierten in Hamburg Türken für die Einführung der doppelten Staatsbürgerschaft. Das Staatsbürgerschaftsrecht wurde 1999 reformiert und erleichtert die Einbürgerung.

heitsakt, hat ein Ausländer (inkl. Ehegatten und minderjährige Kinder), wenn er seit acht Jahren (vor dem 1.1.2000: 15 Jahre) rechtmäßig in Deutschland lebt, keine Straftat begangen hat, seinen Lebensunterhalt sichern kann (d.h. nicht selbstverschuldet Sozialhilfe oder Arbeitslosenunterstützung bezieht) und ausreichende Deutschkenntnisse hat.
In *Österreich* sind Erwerb und Verlust der S. im Staatsbürgerschaftsgesetz 1985 ähnlich dem deutschen Recht geregelt. In der *Schweiz* setzt sich die S. aus dem Schweizer Bürgerrecht, dem Bürgerrecht des ↑Kantons und der Gemeinde zusammen. – Siehe auch ↑Zuwanderung.

Staatsduma: ↑Duma.

Staatseinnahmen: ↑öffentliche Einnahmen.

Staatsfinanzen (öffentlicher Haushalt, Staatshaushalt): öffentliche Finanzwirtschaft mit den ↑öffentlichen Einnahmen, ↑öffentlichen Ausgaben und der ↑Staatsverschuldung. Die geplanten finanzwirtschaftlichen Aktivitäten werden im ↑Haushaltsplan **(Soll-Etat)** und in der ↑mittelfristigen Finanzplanung, die in der abgelaufenen Periode tatsächlich entstandenen Ausgaben und Einnahmen in der Haushaltsrechnung **(Ist-Etat)** erfasst. Erwerbswirtschaftliche Unternehmen und Sondervermögen des Bundes (z.B. ↑Erblastentilgungsfonds, ↑Fonds Deutsche Einheit) werden im Staatshaushalt nur mit ihren Zuführungen oder Ablieferungen aufgeführt.

Staatsgebiet (Territorium): der geographische Raum, der rechtlich der Hoheitsgewalt eines ↑Staates unterliegt. Zum S. gehören auch die Binnengewässer, vom S. eingeschlossene Meeresteile sowie das Küstenmeer, der Luftraum und der beherrschbare unterirdische Raum.

Staatsgeheimnis: ↑Landesverrat.

Staatsgerichtshof: ↑Verfassungsgericht.

Staatsgewalt (öffentliche Gewalt): Herrschaftsmacht des ↑Staates über sein Gebiet und die auf ihm befindlichen Personen **(Gebietshoheit)** sowie über die eigenen Staatsangehörigen **(Personalhoheit).** In Demokratien geht alle S. vom Volk aus (↑Volkssouveränität) und wird durch gewählte Repräsentanten des Volkes und durch besondere Organe der ↑rechtsprechenden Gewalt, der ↑Exekutive und der ↑Legislative ausgeübt. Die Staatsbürger verzichten auf private Gewaltausübung zugunsten des Staates; dieser hat für die Durchsetzung der geltenden Rechtsordnung das Gewaltmonopol zur Anwendung körperlicher ↑Gewalt. Die S. darf nicht willkürlich und unbegrenzt gebraucht werden. Vielmehr soll sie zur Erfüllung der Staatszwecke nach dem ↑Verhältnismäßigkeitsgrundsatz angewandt werden. Daneben ergeben sich Grenzen der S.

S

nach außen durch das Völkerrecht oder internationale Verträge, nach innen durch die ↑Grundrechte.

Staatshaushalt: ↑Staatsfinanzen.

Staatsinterventionismus: ↑Interventionsstaat.

Staatskanzlei: in den meisten deutschen Bundesländern Bezeichnung für das Büro des Ministerpräsidenten; in der *Schweiz* die der Bundeskanzlei (dem Bundespräsidenten unterstellte Kanzlei von Bundesrat und Bundesversammlung) entsprechende Behörde des ↑Kantons.

Staatskapitalismus: in der Theorie des ↑Marxismus-Leninismus die letzte Phase des Kapitalismus; im S. ist der Staat vorwiegend oder ausschließlich Eigentümer der Produktionsmittel und bedient sich wirtschaftlicher Unternehmen, um bestimmte Ziele der staatlichen Willensbildung zu verwirklichen. Ziele des S. sind z.B. Veränderung oder Beeinflussung der Wirtschaftsordnung, auch Verstärkung des staatlichen Einflusses (z.B. über ↑Subventionen, Steuerpolitik, ↑Verstaatlichung). Als Vorstufe des S. wird oft der **staatsmonopolistische Kapitalismus (Stamokap)** angesehen, in dem einige Großkonzerne und Monopole eng mit dem Staat zusammenarbeiten (im Gegensatz zum Konkurrenzkapitalismus mit vielen Anbietern auf den Markt).

Staatskirchenrecht: ↑Kirche und Staat.

Staatsminister: in einigen Bundesländern die offizielle Bezeichnung für die ↑Minister der Landesregierung; auf Bundesebene seit 1973 regulärer Amtstitel für einzelne ↑parlamentarische Staatssekretäre in Bundesministerien, z.B. im Auswärtigen Amt.

Staatsmonopol: vom Staat unter Ausschluss privater Unternehmen beanspruchtes ausschließliches Recht (Monopol), bestimmte Güter herzustellen und zu vertreiben; unterschieden werden **Finanzmonopole** (v.a. zur Erzielung von Einnahmen, z.B. Branntweinmonopol) und **Verwaltungsmonopole** (zur Erfüllung öffentlicher Aufgaben, z.B. Überwachung und Regulierung von Märkten).

staatsmonopolistischer Kapitalismus: ↑Staatskapitalismus.

Staatsnotstand: ↑Ausnahmezustand, ↑Notstandsgesetzgebung.

Staatsoberhaupt: oberster Repräsentant eines Staates, der den jeweiligen Staat auch völkerrechtlich vertritt; in Deutschland und Österreich ist dies der ↑Bundespräsident. Der Name **Staatspräsident** ist in verschiedenen Ländern auch offizielle Amtsbezeichnung für das S. einer Republik, das direkt vom Volk, vom Parlament oder einer sonstigen Wahlkörperschaft gewählt wird.

Staatsquote: Verhältniszahl zur Kennzeichnung staatlicher Aktivität (Staatsanteil) im Rahmen der Gesamtwirtschaft auf Basis der Einnahmen und Ausgaben. Die Staatsausgabenquote **(allgemeine S.)** ist das Verhältnis der gesamten Staatsausgaben zu einer Sozialproduktgröße (meist ↑Bruttoinlandsprodukt). Das Verhältnis bestimmter Ausgabenbereiche (Sozial-, Gesundheits-, Bildungs-, Verteidigungsausgaben) zur Wirtschaftsleistung wird als **spezielle S.** bezeichnet.

Staatsräson [-rɛˈzɔ̃, frz.]: der politische Grundsatz, dass die Verwirklichung des »Wohls des Staates« (Sicherung seiner Existenzbedingungen, Erhaltung und Erweiterung seiner Macht) erste Aufgabe der politischen Führung und der sie tragenden Kräfte sei; als Idee zuerst von N. MACHIAVELLI in dessen Schrift »Der Fürst« (1532) formuliert.

Aus der Idee der S. folgt, dass der Staat zur Wahrnehmung seiner Interessen gegen allgemein gültige moralische und ethische Normen verstoßen kann bzw. muss. Gerechtfertigt wird ein solches Vorgehen dadurch, dass die S. eine den individuellen Interessen übergeordnete Zielsetzung verfolgt, die die Grundlage des individuellen Wohls bildet.

Staatsrat: Kollegialorgan auf der obersten Ebene eines Staates mit unterschiedlichen Aufgaben und Kompetenzen; der S. entwickelte sich aus der mittelalterlichen Institution des Consilium status (»Staatsrat«) als oberste Regierungsbehörde und bestand seit dem 19. Jh. nur noch in einzelnen Ländern mit vorwiegend beratenden Funktionen fort, in ↑Großbritannien und Nordirland bis heute (Privy Council).

◆ in der ↑Schweiz Bezeichnung für die Regierung in verschiedenen Kantonen; in den skandinavischen Ländern Bezeichnung für das Ministerkollegium.

◆ (Conseil d'Etat): in ↑Frankreich Beratungsorgan der Regierung und zugleich oberstes Verwaltungsgericht;

◆ 1960–90 bildete der S. der ↑Deutschen Demokratischen Republik das kollektive Staatsoberhaupt.

Staatsrecht: der Teil des ↑öffentlichen Rechts, der die rechtliche Grundordnung eines ↑Staates zum Gegenstand hat. Das S. regelt insbesondere Organisation des Staates, Aufbau und Befugnisse der ↑Verfassungsorgane und das Grundverhältnis zwischen Staat und Bürgern. Es ist weitgehend mit dem **Verfassungsrecht** identisch, da die ↑Verfassung die Rechtsgrundlage eines Staates darstellt.

Staatssekretär/in: seit 1919 Bezeichnung für den beamteten Verwaltungschef eines Ministeriums. Als ↑politischer Beamter ist der S. dem Minister direkt unterstellt und kann bei einem Regierungswechsel in den einstweiligen Ruhestand versetzt werden. Seit 1967 gibt es das Amt des ↑parlamentarischen Staatssekretärs.

Staatssicherheitsdienst, Abk. Stasi: Bezeichnung für das Ministerium für Staatssicherheit (MfS) der DDR. Der S., 1950 gegründet und 1957–89 unter der Leitung von ERICH MIELKE (1907–2000), war eines der wichtigsten Herrschaftsinstrumente der ↑Sozialistischen Einheitspartei Deutschlands (SED). Er sicherte die Parteiherrschaft nach innen, bündelte Aufgaben einer ↑politischen Polizei mit exekutiven Befugnissen einer Untersuchungsbehörde für politische Strafsachen und mit geheimdienstlicher Nachrichtenbeschaffung (↑Geheimdienst). Der S. war ein weit verzweigtes Unterdrückungsinstrument zur umfassenden Überwachung der Bevölkerung und ihrer Ausrichtung auf die Ziele von Partei und Staat. Seit Anfang der 1970er-Jahre stark ausgebaut, hatte der S. 1989 rd. 85 000 hauptamtliche und ca. 100 000 inoffizielle Mitarbeiter. Stasioffiziere im besonderen Einsatz waren u.a. in Ministerien, Außenhandelseinrichtungen, Bezirken und Kreisen tätig.

1989/90 wurde der S. unter Kontrolle von Bürgerkomitees und (seit Juni 1990) eines Sonderausschusses der Volkskammer aufgelöst. Am 3. 10. 1990 übernahmen der Sonderbeauftragte der Bundesregierung für die Verwaltung der Stasiakten (JOACHIM GAUCK, *1940) und seine Behörde (↑Gauck-Behörde) die Verantwortung für die Aufbewahrung und Sicherung der hinterlassenen Unterlagen und Dateien.

Staatsstreich: ein gewaltsamer, verfassungswidriger Regierungsumsturz, vorgenommen vom Inhaber der Regierungsgewalt oder von einem anderen Träger oberster staatlicher Funktionen (im Unterschied zum ↑Putsch).

Staatsunternehmen: ↑öffentliche Unternehmen.

Staatsverschuldung: Verschuldung der öffentlichen Haushalte, die durch die Kreditaufnahme im In- oder Ausland zur Finanzierung von Defiziten entsteht. Die Differenz zwischen der Aufnahme öffentlicher Kredite (Bruttoneuverschuldung) und Schuldentilgungen einer Periode wird als **Nettokreditaufnahme** (Nettoneuverschuldung) bezeichnet. In Deutschland ist die **Bundesschuldenverwaltung** (selbstständige Bundesbehörde) zuständig für die Beurkundung, Verwaltung und Bedienung (Zins-, Tilgungszahlungen) der Bundesschulden. Die Schulden der Gebietskörperschaften der BRD stiegen von 125,9 Mrd. DM (1970) auf 1 048 Mrd. DM (1990); für Gesamtdeutschland hat sich der Schuldenstand auf 2 343,9 Mrd. DM (1999) erhöht (61,1% des ↑Bruttoinlandsprodukts).

Staatsvertrag:

◆ *Staatsrecht:* **innerstaatlicher S.,** Abkommen zwischen Gliedstaaten eines Bundesstaats, in Deutschland z.B. im Rahmen des Schul- und Rundfunkrechts. Er bedarf i.d.R. der Zustimmung des Parlaments.

◆ *Völkerrecht:* **internationaler Vertrag,** Vereinbarung zwischen Staaten oder mit internationalen Organisationen (z.B. UN) über völkerrechtliche Rechte und Pflichten und zur Regelung der internationalen Beziehungen und Zusammenarbeit. S. sind die wichtigste Quelle des Völkerrechts.

Staatsziel: Ziel, dessen Erfüllung der Staat aufgrund von Verfassungsnormen verfolgen muss. S. sind i.d.R. nicht unmittelbar einklagbar, sie wenden sich v.a. an den Gesetzgeber, der bei der Erfüllung des Auftrags weiten Spielraum hat. Prototyp eines S. im Grundgesetz ist die Sozialstaatsklausel (Art. 20 Abs. 1; ↑Sozialstaat). Als Bestimmung eines S. durch das Grundgesetz wird ferner u.a. die Pflicht zur Förderung des ↑gesamtwirtschaftlichen Gleichgewichts (Art. 109 Abs. 2) angesehen.

Stabex-System: ↑AKP-Staaten.

Stabilitätsgesetz: Kurzbezeichnung für das Gesetz zur Förderung der Stabilität und des Wachstums der Wirtschaft vom 8. 6. 1967. Das S. bildet in Deutschland die rechtliche Grundlage für eine ↑antizyklische Wirtschaftspolitik und schreibt die grundsätzlichen Aufgaben und Ziele für die Wirtschafts- und Finanzpolitik von Bund und Ländern fest. Nach dem S. sollen Wirtschafts- und finanzpolitische Maßnahmen unter Beachtung des ↑gesamtwirtschaftlichen Gleichgewichts gleichzeitig einen hohen Beschäftigungsstand, Preisstabilität, stetiges und angemessenes Wirtschaftswachstum und außenwirtschaftliches Gleichgewicht garantieren (↑magisches Viereck). Zur Abwehr von Störungen ist

Staatsverschuldung

Schulden der öffentlichen Haushalte in Deutschland (in Mrd. DM)

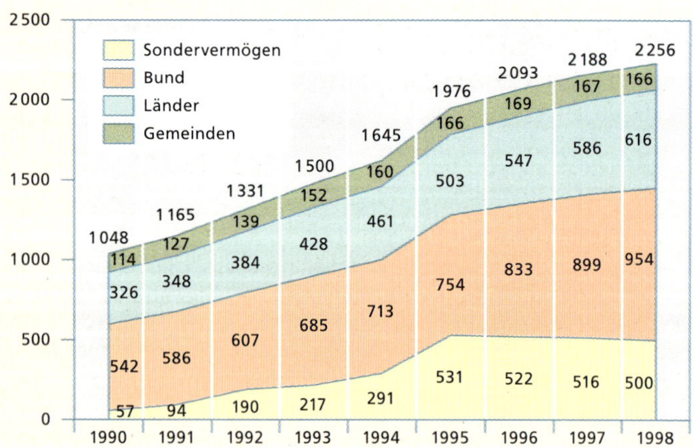

Quelle: Bundesministerium für Wirtschaft und Technologie

die Bundesregierung berechtigt, mit Zustimmung des Bundesrates Maßnahmen der ↑Konjunkturpolitik (u.a. steuerliche und haushaltspolitische Maßnahmen) zu ergreifen. Außerdem muss die Bundesregierung dem Bundestag und Bundesrat jährlich den Jahreswirtschaftsbericht vorlegen, die ↑mittelfristige Finanzplanung aufstellen und einen Konjunkturrat bilden. Ferner hat sie bei der Gefährdung eines der im S. genannten Ziele Orientierungsdaten für eine konzertierte Aktion zur Verfügung zu stellen.

Stabilization Force [engl. »Stabilisierungstruppe«], Abk. SFOR: internationale Friedenstruppe in Bosnien und Herzegowina (↑Bosnischer Krieg), gebildet auf der Grundlage des Abkommens von Dayton vom 21. 11. 1995 und der Resolutionen des ↑UN-Sicherheitsrats vom 12. 12. 1996 (zunächst auf 18 Monate befristet) und vom 15. 6. 1998 über die **SFOR-Folgeoperation.**

Stadt: Siedlung mit meist nichtlandwirtschaftlichen Funktionen, die u.a. durch eine gewisse Größe, Geschlossenheit der Ortsform, hohe Bebauungsdichte sowie zentrale Funktionen in Handel, Kultur und Verwaltung gekennzeichnet ist. In **Großstädten** führt die Differenzierung nach Nutzung zur Bildung von Stadtvierteln (City, Wohnviertel, Industriegebiete) und Satellitenstädten, aber auch von ↑Slums, besonders am Rande von ↑Metropolen. Die statistische Definition der S. geht, unabhängig vom Stadtrecht, nur von einer bestimmten Einwohnerzahl aus; als internationaler Maßstab für eine S. gilt i.d.R. eine Mindesteinwohnerzahl von 20 000. In Deutschland werden unterschieden: **Kleinstädte** (5 000–20 000), **Mittelstädte** (20 000–100 000) und **Großstädte** (über 100 000 Einwohner). – Siehe auch ↑Verstädterung.

Stadtdirektor: ↑Gemeindedirektor.

Stadtkreis: ↑kreisfreie Stadt.

Stabilization Force: Soldaten einer Einheit der internationalen Friedenstruppe, die 1996 zur Absicherung des Abkommens von Dayton in Bosnien und Herzegowina eingesetzt wurden, hissen eine SFOR-Flagge.

Stadtstaat: eine Stadt, die ein selbstständiges Staatswesen mit einem auf die nähere Umgebung beschränkten Herrschaftsbereich bildet; in Deutschland sind ↑Berlin, ↑Bremen und ↑Hamburg Stadtstaaten.

Stadtverordnete/r: ↑Gemeindeverfassung.

Stalinismus: Bezeichnung für die von J. W. STALIN geprägte theoretische Interpretation des ↑Marxismus sowie für die damit verbundenen autoritär-bürokratischen Methoden und Herrschaftsformen. Die totalitäre Diktatur STALINS in der UdSSR 1924–1953 beruhte auf der Beseitigung jeglicher politischen Freiheit in Gesellschaft, Staat und Partei. Sie führte zu einer Konzentration der Macht in der Spitze der ↑KPdSU (↑Personenkult), zu Terror (Internierung, Liquidation, Schauprozesse) gegen vermeintliche und tatsächliche Gegner des Regimes, zur Unterdrückung nichtrussischer Nationalitäten und zur Dominanz der UdSSR in der kommunistischen Internationale (Komintern).

S

Gerechtfertigt wurde diese Politik mit der Theorie der Verschärfung des Klassenkampfes beim Übergang zum Sozialismus, der drohenden Einkreisung der UdSSR durch die kapitalistischen Mächte und mit der Notwendigkeit einer umfassenden planwirtschaftlichen Industrialisierung der UdSSR (Fünfjahrespläne).

Mit der Kritik von N. S. Chruschtschow auf dem XX. Parteitag der KPdSU 1956 begann die Phase der **Entstalinisierung**, d.h. der teilweisen Abkehr von Richtlinien und Methoden des S. (»Tauwetter«).

Stammwähler/in: ↑Wechselwähler.

Stamokap: ↑Staatskapitalismus.

Stand: Bezeichnung für eine Gesellschaftsgruppe innerhalb einer geschlossenen Gesellschaft, in der die Abstammung über die Zugehörigkeit bestimmt **(Geburtsstand)** und der Auf- und Abstieg (soziale ↑Mobilität) durch strenge Schranken erschwert ist. Die Mitglieder eines S. gleichen sich in ihren Arbeits- und Lebensformen und verfügen über gleiche Rechte und Pflichten. Eine **Ständegesellschaft** gab es in Europa seit dem Mittelalter bis zu Französischen Revolution. Danach setzte sich das Bürgertum (»dritter Stand«) gegen Adel und Geistlichkeit durch und der »vierte Stand«, die Arbeiterschaft, kam auf.

Ständerat: ↑Schweiz.

Ständestaat: ein Staat, in dem bestimmte ↑Stände als staatstragende Gruppen verfassungsmäßig anerkannt sind und v.a. bei Gesetzgebung und Verwaltung durch ihre Vertretungen mitwirken. Der S. war in Europa vom 13. bis 18. Jh. die vorherrschende Staatsform. Im ↑Absolutismus wurde die Macht der Stände abgebaut, mit der ↑Industrialisierung ging der S. unter. Im 19. und 20. Jh. wurden verschiedene Versuche zur Errichtung eines Ständestaates auf berufsständischer Grundlage unternommen, so im Faschismus, von den diktatorischen Regierungssystemen in Portugal und Spanien und 1934 in Österreich (an der katholischen Soziallehre orientiert).

START, Abk. für engl. **St**rategic **A**rms **R**eduction **T**alks »Gespräche über den Abbau strategischer Rüstungen«: Verhandlungen zwischen den USA und der UdSSR (ab 1982) über die Verringerung strategischer Nuklearwaffen (über 5 500 km Reichweite), die am 31.7.1991 zur Unterzeichnung des **START-I-Vertrages** führten (↑Abrüstung). Gegenstand der Übereinkunft war die Reduzierung der nuklearen Trägersysteme (land- und seegestützte Raketen, strategische Bomber) auf eine Obergrenze von je 1 600 und der strategischen Gefechtsköpfe von über 10 000 auf je 6 000 innerhalb von sieben Jahren nach In-Kraft-Treten des Vertrages. Am 3.1.1993 wurde in Moskau der **START-II-Vertrag** zwischen den USA und Russland unterzeichnet (ratifiziert 27.1.1997 bzw. 14.4.2000). Er sieht u.a. vor, bis 2003 die strategischen Gefechtsköpfe auf 3 500 (USA) bzw. 3 000 (Russland) zu senken und die entsprechenden Trägersysteme (Russland: bis 2007) zu zerstören; außerdem verbietet er alle landgestützten Interkontinentalraketen mit Mehrfachsprengköpfen. Im August 1999 begannen, wie zwischen den USA und Russland 1997 verabredet, Verhandlungen über eine weitere Reduzierung der nuklearen Sprengköpfe auf je 2000–2500 **(START III).**

Stasi: Kurzwort für den ↑Staatssicherheitsdienst der DDR.

State Department ['steɪt dɪ'pa:tmənt, engl.]: das Außenministerium der USA. Das S. D. ist in »regional bureaus« gegliedert, die jeweils für bestimmte Erdteile zuständig sind; es entstand 1789 aus dem »Department of Foreign Affairs«.

Statistik: mathematisches Verfahren, mit dessen Hilfe bestimmte (z.B. gesellschaftliche) Erscheinungen zahlenmäßig erfasst und Aussagen über Zusammenhänge gemacht werden können. Neben Größenordnungen werden Mittelwerte, Trends und Abhängigkeiten (Korrelationen) von Erscheinungen untersucht. Als S. bezeichnet man auch die Darstellung des Untersuchungsergebnisses in Tabellen und Grafiken.

Die S. für Bundeszwecke wird in Deutschland vom Statistischen Bundesamt (Wiesbaden, seit 1953) betrieben, das seine Daten in den Statistischen Jahrbüchern veröffentlicht.

www.statistik-bund.de

Status [lat. »Stand«, »Zustand«]: in der Soziologie die Stellung (Position) eines Menschen innerhalb der Rangordnung einer Gruppe oder der Gesellschaft sowie die damit verbundene Wertschätzung. Der S. wird z. T. durch persönliche Eigenschaften (z.B. Begabungen) bestimmt, meist jedoch durch Merkmale wie Einkommen, Herkunft, Bildung, Beruf sowie durch Statussymbole (Besitzgegenstände, Titel). Man unterscheidet zwischen **zugeschriebenem S.,** der aufgrund nichtveränderbarer Merkmale (z.B. Alter, Geschlecht) eingenommen wird, und **erworbenem S.,** der von individuellen Fähigkeiten und Leistungen (z.B. Ausbildung, berufliche Stellung) abhängig ist. Der Gesamtstatus des Einzelnen entscheidet über dessen Stellung in der Schichtungshierarchie und die Zuordnung zu einer sozialen ↑Schicht.

Statut [zu lat. statutum »Bestimmung«]: ↑Satzung.

Sterbehilfe: zusammenfassende Bezeichnung für Handlungen, die von der Hilfe und Unterstützung im Sterben bis hin zur aktiven Tötung Sterbender oder Schwerstkranker reichen. Aus rechtlicher Sicht werden unterschieden: **passive S.** (Unterlassen lebensverlängernder Maßnahmen), **indirekte aktive S.** (Gabe schmerzlindernder Mittel unter Inkaufnahme möglicher Lebensverkürzung) sowie **direkte aktive S.** (gezieltes Herbeiführen des Todes). Passive und indirekte aktive S. gelten in Deutschland als zulässig, direkte aktive S. ist unzulässig und als Tötungsakt strafbar. Die Bezeichnung ↑Euthanasie wird in Deutschland wegen des Missbrauchs während des Nationalsozialismus vermieden.

Steuern: Abgaben, die der Staat oder öffentliche Körperschaften von natürlichen und juristischen Personen zwangsweise und (im Unterschied zu ↑Gebühren) ohne Anspruch auf eine bestimmte Gegenleistung erhebt. Die **Steuerpflicht** ist an einen bestimmten Besteuerungstatbestand gebunden (z.B. das Halten eines Kraftfahrzeugs bei der Kraftfahrzeugsteuer). Das Recht des Staates bzw. der öffentlichen Körperschaften, S. zu erheben **(Steuerhoheit),** die Regelung der Befugnisse zwischen verschiedenen öffentlichen Körperschaften und die Verteilung des Steueraufkommens zwischen ihnen (↑Finanzausgleich) sind Gegenstand der ↑Finanzverfassung.

Steuerarten: Bei den **direkten S.** sind Steuerschuldner und Steuerzahler identisch, d.h. die S. werden von demjenigen wirtschaftlich getragen, bei dem sie erhoben werden; die Steuerpflicht ergibt sich aus den Besitzverhältnissen einer Person (Subjekt- oder Personensteuern) oder aus dem Ertrag bestimmter Objekte (Objekt- oder Realsteuer). Zu den **Personensteuern** zählen: 1) die Einkommen- bzw. Lohnsteuer, die von Selbstständigen bzw. von Arbeitnehmern erhoben wird; 2) die Körperschaftsteuer, die auf Einkünfte juristischer Personen abzielt; 3) die Vermögensteuer, d.h. die Besteuerung des Vermögens natürlicher und juristischer Personen (ab 1997 in Deutschland nicht mehr erhoben). Bei den **Realsteuern** werden unterschieden: 1) die Gewerbesteuer, die auf den Ertrag eines Gewerbes sowie auf das Gewerbekapital gerichtet ist (ab 1998 in Deutschland abgeschafft); 2) die Grundsteuer, die auf den Besitz von Grund erhoben wird; 3) die Erbschaftsteuer, die bei Antritt eines Erbes zu leisten ist.

Indirekte S. treffen den Steuerträger mittelbar, d.h. im Wege der Überwäl-

S

zung. Die Steuerpflicht entsteht aus dem Handel mit Gütern und Leistungen (**Verkehrsteuern,** z.B. Umsatz- und ↑Mehrwertsteuer); zu den indirekten S. gehören auch S., die beim Kauf bestimmter Güter im Preis enthalten sind (**Verbrauchsteuern,** z.B. Mineralölsteuer, Tabaksteuer).

Bedeutung: S. sind die wichtigste öffentliche Einnahmequelle. Die aufkommensstärksten Steuerarten sind in Deutschland die Einkommensteuer und die Umsatzsteuer, während andere S. weniger als 0,1% des Steueraufkommens ausmachen. Als **Steuerquote** wird der Anteil der Steuereinnahmen am Sozialprodukt bezeichnet; sie setzt sich aus Steuereinnahmen des Bundes, der Länder, der Gemeinden sowie aus den Gemeinschaftssteuern zusammen.

Mit ihrer Steuerpolitik kann Regierungspolitik einzelne Wirtschaftsbereiche fördern (z.B. durch Steuervergünstigung) und im Rahmen der ↑Konjunkturpolitik wird sie zur Steuerung konjunktureller Schwankungen eingesetzt. Daneben hat die Steuerpolitik das Rechtsstaats- und das Sozialstaatsprinzip zu berücksichtigen (Steuergerechtigkeit). Daraus ergeben sich der Besteuerungsgrundsatz der Gleichmäßigkeit (gleiche Besteuerung der jeweiligen Steuerpflichten) sowie der Grundsatz der Besteuerung nach der Leistungsfähigkeit (unterschiedliche Besteuerung einkommensschwacher bzw. -starker Gesellschaftsschichten). Das jeweilige Steuersystem eines Staates ist das Ergebnis historischer Entwicklungen und politischer Kompromisse.

Steuern

Aufteilung des Steueraufkommens in Deutschland

Gemeinschaftssteuern (Anteil in %)

Steuerart	Bund	Länder	Gemeinden
Lohn- und Einkommensteuer	42,5	42,5	15
Körperschaftsteuer	50	50	–
Kapitalertragsteuer	50	50	–
Umsatzsteuer	50,25	49,75	–

Bundessteuern	Ländersteuern	Gemeindesteuern
Mineralölsteuer	Erbschaftsteuer	Gewerbesteuer[2)]
Tabaksteuer	Grunderwerbsteuer	Grundsteuer
Branntweinsteuer	Kraftfahrzeugsteuer	kleinere eigene Steuern (u.a. Hundesteuer, Getränkesteuer, Vergnügungssteuer, Jagd- und Fischereisteuer
sonstige Verbrauchsteuern (soweit nicht an die Länder)	sonstige Verkehrsteuern (soweit nicht an den Bund)	
Ergänzungsabgabe (Solidaritätszuschlag)[1)]	Biersteuer	
Zölle (an EU)	Abgaben von Spielbanken	

[1)] erhoben von Mitte 1991 bis Mitte 1992 und erneut ab Anfang 1995
[2)] Die Gemeinden führen Teile der Gewerbesteuer in Form der Gewerbesteuerumlage an Bund und Länder ab.

Stand: 2000

Stichwahl: ↑Wahlrecht.

Stiftung: das von einem Stifter zu einem bestimmten Zweck (z.B. Forschungsförderung) bereitgestellte Vermögen. Seit 2000 werden nach dem neuen Stiftungsrecht gemeinnützige S. steuerlich stärker gefördert. Neben der – steuermindernden – einmaligen Spende von 40000 DM soll v.a. die erbschaftsteuerfreie Weitergabe von Erbvermögen an eine S. die Bürger hierzu motivieren, die mit ihrer Zustiftung z.B. Wissenschaft und Kunst fördern und in sozialen Bereichen helfen wollen. – Siehe auch ↑politische Stiftung.

Stiftung Warentest: unabhängiges Warentestinstitut in der Rechtsform einer Stiftung (Stifterin ist die BRD, vertreten durch den Bundesminister für Wirtschaft); gegründet 1964 mit Sitz in Berlin. Die S.W. informiert Verbraucher u.a. über den Nutz- und Gebrauchswert von Waren.

www.stiftung-warentest.de

Stimmensplitting [von engl. to split »teilen«]: aufgrund des Mischwahlsystems (↑Wahlrecht) bestehende Möglichkeit, dass ein Wähler innerhalb eines Wahlvorgangs seine Stimme unterschiedlichen Parteien gibt; in Deutschland ist S. seit 1953 bei ↑Bundestagswahlen möglich. Der Begriff stammt aus den USA, wo z.B. bei der Wahl von ↑Senat und ↑Repräsentantenhaus die Möglichkeit zum S. besteht.

Stimmrecht: die Befugnis, bei einer Abstimmung oder ↑Wahl mitzubestimmen (↑Wahlrecht). Ein S. hat z.B. der Aktionär in der Hauptversammlung oder ein Bürger beim ↑Volksentscheid.

Strafe: aus rechtlicher Sicht eine Zwangsmaßnahme (↑Sanktion), die der schuldhaften Verletzung von Gesetzen oder anderen Normen folgt. Unterschieden werden Vertrags-, Ordnungs-, Disziplinar- und Kriminalstrafen. Die **Kriminalstrafe** wird ausschließlich vom Staat durch richterliches Urteil oder richterlichen Haftbefehl wegen einer ↑Straftat verhängt. Hauptstrafen des Strafgesetzbuches (StGB) sind die Freiheitsstrafe und die Geldstrafe. Nicht als S. im Sinne des Strafrechts gelten Maßnahmen, die der Besserung und Sicherung dienen, sowie bei Ordnungwidrigkeiten verhängte Geldbußen.

Strafgerichtsbarkeit: Teil der ↑ordentlichen Gerichtsbarkeit; die S. befasst sich mit der Aburteilung von ↑Straftaten im Strafprozess.

Strafmündigkeit: Fähigkeit, für das Unrecht einer strafbaren Handlung einzustehen. S. besteht nach deutschem Recht ab dem 18. Lebensjahr. Kinder unter 14 Jahren sind strafunmündig, 14- bis 17-jährige Jugendliche sind bedingt strafmündig (↑Jugendstrafrecht).

Strafrecht: der Teil der Rechtsordnung, der die Merkmale strafbaren Handels sowie die damit verbunden Rechtsfolgen (z.B. ↑Strafen, Maßregeln der Besserung und Sicherung) festlegt. Den Kernbereich des S. regelt das Strafgesetzbuch (StGB); weitere Vorschriften enthalten das Jugendgerichtsgesetz, das Wehrstrafgesetz und das Wirtschaftsgesetz. Zum S. im formellen Sinn gehören auch die Normen, die den Ablauf des Strafverfahrens (Strafprozess) regeln. Das deutsche S. gilt für Taten, die im Inland begangen wurden (Territorialitätsprinzip) sowie in bestimmten Fällen auch für im Ausland begangene Taten. Aufgabe des S. ist es, Rechte und Interessen des Einzelnen und der Allgemeinheit (Rechtsgüter) zu schützen. Dies geschieht durch Androhung von Strafe, ihre Verhängung und Vollstreckung. Weil durch die Bestrafung Rechtsgüter des Betroffenen (z.B. persönliche Freiheit) eingeschränkt werden, umfasst das S. nur solche Fälle, bei denen ein geordnetes Zusammenleben mit den Mitteln des öffentlichen und des bürgerlichen Rechts nicht gewährleistet werden kann.

Straftat: eine rechtswidriges und schuldhaftes Verhalten, das den Straftatbestand eines Strafgesetzes (z.B. Diebstahl) erfüllt. S. werden nach der

Schwere der angedrohten ↑Strafe in **Verbrechen** (Mindestfreiheitsstrafe: 12 Monate) und **Vergehen** (geringere Freiheitsstrafe oder Geldstrafe) unterteilt. Ist der Straftatbestand eines Strafgesetzes erfüllt, folgt daraus i. d. R. die Schuldhaftigkeit und Rechtswidrigkeit der S., sofern keine Rechtfertigungsgründe (z.B. Notwehr) bzw. Schuldausschließungsgründe (z.B. Schuldunfähigkeit aufgrund fehlender Zurechnungsfähigkeit) vorliegen.

Strafvollzug: die Durchführung einer Freiheitsstrafe vom Strafantritt an sowie der Vollzug freiheitsentziehender Maßregeln der Sicherung und Besserung; geregelt im Strafvollzugsgesetz vom 16. 3. 1976. Vorrangiges Ziel des S. ist es, den Strafgefangenen zu befähigen, künftig in sozialer Verantwortung ein Leben ohne Straftaten zu führen; daneben dient die Verwahrung von Straftätern in Strafvollzugsanstalten dem Schutz der Allgemeinheit vor weiteren Straftaten.

strategische Verteidigungsinitiative: ↑Raketenabwehr.

Streik: Zahlreiche Warnstreiks begleiteten 1994 die Tarifauseinandersetzungen im öffentlichen Dienst (Bild: Kundgebung in Hannover).

Streik: allgemein die zeitweilige Verweigerung eines bestimmten Verhaltens zur Durchsetzung einer Forderung oder als Ausdruck des Protests; im Arbeitsrecht die kollektive Arbeitsniederlegung **(Ausstand).** Der S. kann wirtschaftlichen Zielen (z.B. Lohnerhöhung), sozialen (z.B. Verbesserung der Arbeitsbedingungen) und politischen Zielen (z.B. bessere Sozialgesetzgebung) dienen.

Recht: Generalstreiks, bei denen ein Großteil der Arbeitnehmer in den Ausstand treten, und **politische Massenstreiks** zur Erzwingung einer bestimmten Entscheidung der Regierung sind in Deutschland nur im Sinne des Widerstandsrechts nach Art. 20 Abs. 4 GG erlaubt. Dagegen ist der S. als Mittel des ↑Arbeitskampfes nach Art. 9 Abs. 3 GG ein politisches Grundrecht.

Nach dem Arbeitsrecht sind S. nur dann zulässig, wenn sie: 1) von einer tariffähigen Vereinigung (z.B. Gewerkschaft) geführt werden **(organisierte S.);** 2) ein durch Tarifverträge regelbares Ziel verfolgen; 3) den Gegner nicht unangemessen schädigen. Nicht von Gewerkschaften geführte Streiks **(spontane** oder **wilde S.)** sind unzulässig. **Warn-** oder **Demonstrationsstreiks** während laufender Tarifverhandlungen sind erlaubt, sofern keine ↑Friedenspflicht besteht. Beamte besitzen kein Streikrecht. Eine mögliche Reaktion der Arbeitgeber auf S. ist die ↑Aussperrung.

Formen: Man unterscheidet **Voll-** oder **Flächenstreiks,** bei denen alle Betriebe eines Tarifgebietes erfasst werden, sowie **Schwerpunktstreiks,** die nur in bestimmten Betrieben oder Abteilungen stattfinden. Wachsende Bedeutung erlangte der S. gegen Ende des 19. Jh. im Zuge der Arbeiterbewegung mit dem Aufkommen der Gewerkschaften.

Streitkräfte: die zur Führung eines Krieges errichteten (bewaffneten) Verbände eines Staates oder Staatenbündnisses; in Deutschland die ↑Bundeswehr. Unterschieden werden Landstreitkräfte (Heer), Luftstreitkräfte (Luftwaffe) und Seestreitkräfte (Marine).

strukturelle Arbeitslosigkeit: ↑Arbeitslosigkeit.

strukturelle Gewalt: ↑Gewalt.

Strukturpolitik: alle wirtschaftspolitischen Maßnahmen des Staates, die der Verbesserung oder Veränderung der ↑Wirtschaftsstruktur dienen. **Regionale S.** dient der Wachstumsförderung in unterentwickelten Gebieten, z.B. durch Verbesserung der ↑Infrastruktur oder durch Ansiedlung von Unternehmen. **Sektorale S.** zielt auf die Förderung bestimmter Wirtschaftszweige (Sektoren) ab, z.B. durch Subventionen für den Einsatz moderner Technologien; sie kann als staatliche Einflussnahme auf den Strukturwandel angesehen werden, die dessen negative Folgen »sozial abfedern« und die Bedingungen für Wirtschaftswachstum verbessern soll.

Strukturwandel: Teil des ↑sozialen Wandels, der zu Veränderungen im Bereich der Wirtschaft eines Landes führt. S. ist Folge des wirtschaftlichen Wachstums und umfasst v.a. die stetigen Veränderungen in der Produktion, in der regionalen Verteilung und in der Aufteilung der Arbeitskräfte nach Alter, Geschlecht und Ausbildung (Erwerbs- oder Beschäftigungsstruktur). Keinen S. stellen konjunkturelle oder saisonbedingte Schwankungen dar. Zu den Ursachen des S. gehören: 1) Änderungen im Bereich von Nachfrage und Angebot; 2) technischer Fortschritt; 3) Änderungen in der verfügbaren Menge an Produktionsfaktoren (z.B. Rohstoffe).
Ausdruck eines grundlegenden S. ist die Abnahme der Bedeutung der Landwirtschaft in Industrie- und ↑Dienstleistungsgesellschaften.

Studentenbewegung: Sammelbezeichnung für Unruhen unter Studenten in verschiedenen Ländern von etwa 1960 bis zu Beginn der 1970er-Jahre. Die S. richtete sich anfangs v.a. gegen schlechte Studienbedingungen, später auch gegen die politischen und sozialen Verhältnisse in der jeweiligen Gesellschaft. Ihren Höhepunkt erreichte die S. 1968 u.a. mit ihrem Protest gegen den Vietnamkrieg. In Deutschland entwickelte sich ab 1966 aus der S. eine Protestbewegung, die sog. ↑außerparlamentarische Opposition.
Abb. siehe Seite 390.

Studiengebühren: Geldleistungen, die von Studenten für die Inanspruchnahme von Hochschuleinrichtungen zu entrichten sind. Über die Erhebung von S. und deren Höhe entscheiden in Deutschland die Bundesländer. Nach dem Beschluss der Kultusministerkonferenz vom 24./25. 5. 2000 soll das Erststudium gebührenfrei bleiben; jedoch können nach deutlicher Überschreitung der Regelstudienzeit (i.d.R. ab dem 14. Semester) S. erhoben werden (so bereits in Bayern, Baden-Württemberg). Eine bundesweit einheitliche Regelung besteht bisher nicht.

Subkultur: relativ eigenständige Kultur einer kleinen Gruppe innerhalb eines größeren Kulturganzen; S. sind v.a. durch eine erhöhte Gruppensolidarität und durch ein eigenes Normen- und Wertesystem gekennzeichnet. S. können durch gesellschaftliche Ausgrenzung (z.B. Obdachlose, Drogenabhängige) entstehen oder durch den bewussten Wunsch, eine den herrschenden Auffassungen entgegengesetzte Lebensform zu pflegen **(Gegenkultur).** Die Jugendkultur wird manchmal als S. bezeichnet, weil sie eigene, für Jugendliche typische Gewohnheiten und Verhaltensweisen zeigt.

Subsidiaritätsprinzip: der Grundsatz, dass eine gesellschaftliche oder staatliche Aufgabe soweit möglich von der jeweils unteren (kleineren) Einheit wahrgenommen wird. Durch das S. sollen die Sach- und Personennähe sowie Effektivität von Maßnahmen gesteigert und eine unnötige Regelungsdichte verhindert werden.

Es liegt z.B. dem Verhältnis von Staat und Gemeinden zugrunde und besagt hier, dass dem Staat nur in den Bereichen Regelungskompetenzen zukommen, die von den Gemeinden allein nicht bewältigt werden können. Innerhalb der EU bestimmt das S. die Verteilung der Regelungsbefugnisse zwischen EU-Organen einerseits und den Mitgliedstaaten andererseits (Art. 5 EG-Vertrag). Es dient seit dem Maastrichter Vertrag ausdrücklich als Schranke für die Gemeinschaftskompetenzen der Union und soll verhindern, dass konkurrierende Zuständigkeiten von der EU statt von den Mitgliedstaaten wahrgenommen werden, es sei denn, diese wären dazu nicht in der Lage.

Subvention: zweckgebundene Geldleistung oder geldwerte Leistung öffentlicher Körperschaften an Unternehmen und Wirtschaftszweige, im weiteren Sinn auch an private Haushalte (z.B. durch Sparförderung) ohne marktübliche Gegenleistung. Zu den **direkten (offenen) S.** gehören Finanzhilfen und zinsgünstige Darlehen; **indirekte (versteckte) S.** werden in Form von Steuervergünstigungen o.Ä. gewährt. S. dienen als Instrument der Wirtschaftspolitik, v.a. der ↑Strukturpolitik und der ↑Konjunkturpolitik, z.B. zur Investitionsförderung oder zum Abbau von Arbeitslosigkeit.

S. sind in einer Marktwirtschaft umstritten, da sie Wettbewerbsbedingungen verfälschen und unrentable Unternehmen oder Produktionszweige begünstigen. Hauptempfänger von S. sind in Deutschland Landwirtschaft, Kohlebergbau, Werften sowie Verkehrswesen und Wohnungsbau. Wegen ihres Umfangs und ihrer teilweise umstrittenen Wirkung werden immer wieder Forderungen nach Subventionsabbau erhoben.

Süddeutsche Ratsverfassung: ↑Gemeindeverfassung.

Südschleswigscher Wählerverband: ↑Schleswig-Holstein.

Suffragette [von engl. suffrage »Stimmrecht«]: radikales Mitglied der ↑Frauenbewegung in Großbritannien und den USA zu Beginn des 20. Jh. Die S. kämpften für die gesellschaftliche und politische Gleichberechtigung von

Studentenbewegung: Aus Protest gegen die gesellschaftlichen und politischen Verhältnisse in der BRD gingen die Studenten in 1960er-Jahren auf die Straße (Bild: Demonstration gegen die Notstandsgesetze, Mai 1968).

Frauen, v.a. für das ↑Frauenwahlrecht. Bekannteste Vertreterin war EMMELINE PANKHURST (1858–1928).

Supermacht: ↑Weltmacht.

supranationale Organisation: ↑internationale Organisation.

Supreme Court [sjʊ'priːm kɔːt, engl.]: oberster Gerichtshof in den USA (seit 1789) sowie Bezeichnung für den Obersten Gerichtshof in den US-Staaten und anderen angloamerikanischen Staaten, z.B. in Kanada. Aufgabe des S.C. ist die Interpretation der Verfassung und des Bundesrechts.

Suffragette: Die radikalen Mitglieder und Aktivistinnen der britischen Frauenbewegung kämpften Anfang des 20. Jh. für das Wahlrecht der Frauen (Bild: um 1905).

Suspendierung: zeitweilige Aufhebung von Rechten (z.B. im ↑Ausnahmezustand); auch die vorläufige **Dienstenthebung** eines ↑Beamten z.B. im Rahmen eines Disziplinarverfahrens.

sustainable development [sə'steɪnəbl dɪ'veləpment, engl.]: ↑nachhaltige Entwicklung.

SVP: ↑Schweiz.

Syndikalismus: Bezeichnung für eine Ende des 19. Jh. entstandene Richtung in der revolutionären ↑Arbeiterbewegung. Der S. fordert durch »direkte Aktion« auf, den Klassenkampf unmittelbar im ökonomischen Bereich zu führen, und lehnt politische Parteien ab; er ist mit dem Anarchismus eng verbunden (↑Anarchosyndikalismus). Die Produktionsmittel sollen vergesellschaftet und durch demokratische Leitungsorgane der Arbeiter **(Syndikate)** gelenkt werden. Überbetriebliche Aufgaben sollen durch Gewerkschaften gelöst werden. Der S. geht u.a. auf PIERRE-JOSEPH PROUDHON (1809–65) zurück; er entwickelte sich zuerst in Frankreich und fand v.a. in Italien, Spanien und Südamerika Verbreitung.

System [griech. »gegliedertes Ganzes«]: allgemein ein ganzheitlicher Zusammenhang von Dingen, Vorgängen, Teilen, der entweder in der Natur gegeben oder vom Menschen hergestellt ist (z.B. ↑politisches System). In der Soziologie umfasst der Begriff S. das aufeinander bezogene Handeln von Individuen, Gruppen und Organisationen. Das umfassendste soziale S. ist die ↑Gesellschaft, die wiederum durch Teilsysteme (z.B. politisches S. oder Wirtschaftssystem) geprägt wird, welche in einzelne Untereinheiten (Subsysteme; z.B. Parteien, Institutionen) gegliedert sind.

T

Tabu [polynes.]: ursprünglich in der polynesischen Religion das unbedingte Verbot, Orte zu betreten, Gegenstände, Tiere und Personen zu berühren, Wörter aus- und Personen anzusprechen, die Sitz bzw. Träger der zum Guten (bei Einhaltung) bzw. Bösen (bei Übertretung) wirkenden übernatürlichen Macht sind. Im weiteren Sinn auch in anderen Religionen ein religiös, magisch oder rituell begründetes Verbot, z.B.

T

den Gottesnamen auszusprechen, bestimmte Speisen zu essen, sexuellen Verkehr auszuüben oder »unreine« Personen zu berühren. Moderne Gesellschaften sind durch vielfältige **Enttabuisierungen** gekennzeichnet, da in ihnen die Begründungen von T. und die diesen zugrunde liegenden Werte an Verbindlichkeit verloren haben.

Tarifautonomie: die Freiheit der Tarifpartner, ohne staatliche Einwirkung Verträge über Arbeitsentgelte und -bedingungen abzuschließen; sie handeln ↑Tarifverträge aus, die ihre jeweiligen Mitglieder verpflichten. T. ist ein wesentlicher Bestandteil der ↑Koalitionsfreiheit.

Tarifpartner (Sozialpartner): die zum Abschluss eines ↑Tarifvertrages fähigen Zusammenschlüsse von Arbeitgebern (↑Arbeitgeberverbände) und Arbeitnehmern (↑Gewerkschaften).

Tarifvertrag: schriftlicher Vertrag zwischen Arbeitgebern und Gewerkschaften zur Regelung arbeitsvertraglicher Bedingungen (Inhalt, Abschluss und Beendigung von Arbeitsverhältnissen), von Rechten und Pflichten der ↑Tarifpartner sowie zur Regelung von betrieblichen und betriebsverfassungsrechtlichen Fragen und gemeinsamen Einrichtungen der Vertragsparteien. Maßgeblich dafür ist das Tarifvertragsgesetz vom 25. 8. 1969, das seit 1. 7. 1990 auch in den neuen Bundesländern in Kraft ist.

Das Recht zum Abschluss eines T. folgt aus der in Art. 9 Abs. 3 GG garantierten ↑Tarifautonomie. T. können nur zwischen tariffähigen Parteien vereinbart werden und bedürfen der Schriftform. Tariffähig sind ↑Gewerkschaften, einzelne ↑Arbeitgeber, ↑Arbeitgeberverbände, ↑Innungen des Handwerks sowie Spitzenorganisationen. Tritt ein T. außer Kraft, besitzt er für die tarifgebundenen Arbeitgeber und Arbeitnehmer jedoch Nachwirkung, bis ein neuer T. den beendeten ablöst. Inhaltlich unterscheidet man **Manteltarifvertrag** (Rahmentarifvertrag) und **Lohntarifvertrag.** Jeder T. enthält zwei wesentliche Teile: die Regelungen der Rechtsbeziehungen der Vertragsparteien zueinander (die Einwirkungspflicht, die gebietet, zur Wahrung der T. anzuhalten und diese durchzuführen) sowie die zentralen Regelungen der arbeitsvertraglichen Rechte und Pflichten. Die Geltung des T. ist unmittelbar und zwingend, wenn beide Vertragsparteien organisiert sind (Bindung kraft Organisationszugehörigkeit); für Nichtorganisierte gilt der T. nicht. Mit den **Flächentarifverträgen** ist sichergestellt, dass gleiche Mindestbedingungen in den verschiedenen Betrieben einer Branche und eines Tarifgebiets gelten. Die Vereinbarungen eines T. sind Mindestregelungen, von denen nur zugunsten eines Arbeitnehmers abgewichen werden kann (Günstigkeitsprinzip), im Übrigen nur bei entsprechenden **Öffnungsklauseln,** die ein Abweichen z.B. durch Betriebsvereinbarungen zulassen.

Technikfolgenabschätzung: Versuch, technologische Entwicklungen vorausschauend zu analysieren, deren Folgen für Umwelt und Gesellschaft abzuschätzen und Handlungsempfehlungen für Politik und Wirtschaft zu geben. Im Vordergrund stehen dabei keine wirtschaftlichen Überlegungen, sondern die Untersuchung unbeabsichtigter, zunächst nicht ohne weiteres erkennbarer Folgen ökologischer, sozialer und politischer, aber auch ökonomischer Art. Das Konzept der T. geht auf eine Initiative des US-amerikanischen Kongresses in den 1960er-Jahren zurück. In der BRD wurde T. Anfang der 1980er-Jahre v.a. durch die Einsetzung von ↑Enquete-Kommissionen des Bundestages (z.B. zur T. selbst, zur Kernenergie, Gentechnologie oder zur Klimaproblematik) betrieben. Seit 1991 wird der Bundesminister für Forschung und Technologie durch ein Institut für T. beraten.

Technokratie [griech.]: zumeist kritisch gebrauchte Bezeichnung für eine Gesellschaft, deren Handeln zur Förderung des (technischen) Fortschritts von technischer Effizienz bestimmt ist und deren Eliten (idealtypisch) durch Experten **(Technokraten)** gebildet werden. Technokratische Strukturen finden sich in allen hochindustrialisierten Gesellschaften. Im Zentrum der Kritik technokratischen Denkens und Handelns steht besonders eine Betrachtungsweise von Gesellschaft, die diese als ein quasitechnisches System ansieht, dessen Probleme grundsätzlich auch technisch (sachbezogen-wertfrei) zu lösen seien. Demokratische Strukturen und Kontrollmechanismen sowie übergeordnete soziale Wertorientierungen werden dabei häufig als »störend«, z.T. auch als »entbehrlich« empfunden.

Teilzeitarbeit: eine regelmäßige Wochenarbeitszeit, die kürzer ist als diejenige vergleichbarer vollzeitbeschäftigter Arbeitnehmer eines Betriebes; ist eine regelmäßige Wochenarbeitszeit nicht vereinbart, so ist die regelmäßige ↑Arbeitszeit maßgebend, die im Jahresdurchschnitt auf eine Woche entfällt. Die Reduzierung kann sich auf alle Tage beziehen oder ganze Arbeitstage betreffen; häufig ist die **Halbtagsarbeit,** bei der die Hälfte der betrieblichen Arbeitszeit gleichbleibend vor- oder nachmittags erbracht wird. Unterformen der T. sind die Anpassung der Arbeitszeit an den Arbeitsanfall, die Arbeitsplatzteilung, das Abgelten der über mehrere Jahre geleisteten Mehrarbeit in einem einjährigen Urlaub sowie die ↑Altersteilzeit und die ↑geringfügige Beschäftigung. 1999 arbeiteten rd. 21% der abhängig Beschäftigten in Deutschland Teilzeit (davon 87% Frauen).

Telearbeit: Erwerbstätigkeit, die ganz oder teilweise an einem externen Arbeitsplatz ausgeübt wird, der mit dem Unternehmen durch elektronische Kommunikationsnetze verbunden ist. Unterschieden werden reine **Teleheimarbeit** (Arbeitnehmer arbeitet ausschließlich in seiner Wohnung), **mobile T.** von Außendienstmitarbeitern, **abwechselnde T.** mit regelmäßiger Anwesenheit im Unternehmen und Arbeit in **Telezentren,** Satelliten- oder Nachbarschaftsbüros, die verschiedenen Unternehmen offen stehen. Vorteile der T. sind der Wegfall von Fahrtwegen, Flexibilisierung der ↑Arbeitszeit, Minimierung der Kosten für Büroräume und Stärkung von Eigenverantwortung. Kritiker befürchten das Entstehen neuer, ungeschützter Beschäftigungsverhältnisse, soziale Isolation der Arbeitnehmer und Selbstausbeutung. In Deutschland waren Ende der 1990er-Jahre rd. 6% aller Erwerbstätigen an Telearbeitplätzen beschäftigt.

Telekom: Kurzbezeichnung für Deutsche Telekom AG; im Zuge der Umstrukturierung des Post- und Fernmeldewesens 1989 aus der Deutschen Bundespost hervorgegangenes, 1999 größtes europäisches Unternehmen der Telekommunikation; seit 1.1.1995 Aktiengesellschaft; Sitz: Bonn. Die T. entwickelt und betreibt die technischen Netze, die für den Betrieb von Informations- und Kommunikationsdiensten wie Mobilfunk, Satellitenkommunikation, Kabelfernsehen, ↑Multimedia erforderlich sind.

Telekommunikation: Sammelbegriff für alle Formen der Informationsübertragung mit Anlagen der Nachrichtentechnik und die dazu notwendigen organisatorischen Einrichtungen. Technische Basis der T. sind die Telekommunikationsnetze; sie umfassen alle Übertragungswege für Sprache, Text, Bild und Daten. Es gibt Netze, die der zweiseitigen Individualkommunikation (z.B. öffentliches Fernsprechnetz) dienen, und solche, die der Massenkommunikation zur Verfügung stehen, wobei Informationen nur in eine Richtung und an eine Vielzahl von Teilnehmern verteilt werden (↑Rundfunk, ↑Internet). Kabelgebundene Netze werden heute auf Kupfer- oder (mit höherer Kapazität) Glasfaserbasis (Ausbau in Deutschland

T

2000 abgeschlossen) für digitale T. und ständig steigende Datenübertragungsraten verlegt (ab 1999 auch Internet-Telefonie); nicht kabelgebundene Fernmeldenetze sind z.B. Mobilfunknetze **(Mobilfunk).**

Rechtlicher Rahmen der T. ist das Telekommunikationsgesetz vom 25. 7. 1996, das durch Regulierung im Bereich der T. den Wettbewerb fördern, flächendeckend angemessene und ausreichende Dienstleistungen gewährleisten sowie eine Frequenzordnung festlegen soll. Das Telekommunikationsgesetz enthält u.a. Regelungen über Universaldienstleistungen, Entgelte, offenen Netzzugang, Kundenschutz, Nummerierung und Benutzung von Verkehrswegen. Zur Wahrnehmung der aus dem Telekommunikationsgesetz folgenden Aufgaben wurde zum 1. 1. 1998 die ↑Regulierungsbehörde für T. und Post geschaffen.

Tendenzbetrieb: Kennzeichnung für solche Betriebe, die auf politische, koalitionspolitische, konfessionelle, karitative, erzieherische, wissenschaftliche oder künstlerische Bestimmungen und Ziele sowie auf Zwecke der Berichterstattung und Meinungsäußerung ausgerichtet sind; hierunter fallen z.B. Einrichtungen der verschiedenen politischen Parteien und Gewerkschaften, aber auch private Presse- und Verlagsunternehmen. Für diese Betriebe, denen **Tendenzschutz** gewährt wird, gilt das ↑Betriebsverfassungsgesetz nur teilweise (§ 118); für Religionsgemeinschaften und ihre Einrichtungen gilt es gar nicht.

Terminbörse: ↑Börse.

territoriales Asyl: ↑Asylrecht.

Territorialprinzip: Grundsatz der Unterwerfung aller im Gebiet eines Staates befindlichen Personen, auch der Ausländer, unter dessen Rechtsordnung; Gegensatz: ↑Personalitätsprinzip.

Territorium: ↑Staatsgebiet.

Terrorismus: politisch motivierte Gewaltanwendung durch revolutionäre oder extremistische Gruppen und Einzelpersonen. Terroristen wollen wegen ihrer zahlenmäßigen Unterlegenheit gegenüber dem herrschenden Staatsapparat mit gezielten Anschlägen (z.B. gegen herausragende Vertreter des herrschenden Systems) eine revolutionäre Situation schaffen. T. unterscheidet sich vom staatlich angeordneten oder tolerierten **Terror,** der von Staatsorganen oder von durch diese gedeckten privaten Gruppen durchgeführt wird.

Neben linksextremistischen Terrorbewegungen (z.B. der ↑RAF in Deutschland) sind insbesondere seit den 1980er-Jahren die Entstehung von rechtsradikalen terroristischen Gruppen und vermehrt neonazistische Terroraktionen zu verzeichnen. Mit dem Angriff auf hoch empfindliche und daher verwundbare Schaltstellen der heutigen Industriegesellschaft erreichte der internationale T. in den 1990er-Jahren eine bis dahin unbekannte Dimension. Er zielt mit seinen Anschlägen v.a. in Ballungszentren auf eine größtmögliche Zahl von Opfern auf engstem Raum.

Recht: In der BRD wurde zur Bekämpfung des T. das Antiterrorgesetz vom 18. 8. 1976 erlassen, das die Bildung von terroristischen Vereinigungen als neuen Straftatbestand (§ 129 a) in das StGB einfügte (Erweiterung und Verschärfung durch das Gesetz zur Bekämpfung des T. vom 19. 12. 1986). Daneben gibt es auf internationaler Ebene das Europäische Übereinkommen zur Bekämpfung des T. vom 27. 1. 1977. – Siehe auch ↑Guerilla, ↑organisierte Kriminalität.

tertiärer Sektor: ↑Wirtschaftsstruktur.

Theokratie [griech. »Gottesherrschaft«]: politische Herrschaftsform, in der die religiöse und staatliche Ordnung eine Einheit bilden **(Gottesstaat);** dabei kann es sich entweder um eine Autokratie oder Monarchie handeln, in welcher der Monarch als Gott oder Gottstellvertreter angesehen wird, oder um einen Staat, in dem die Priesterschaft die Staatsgewalt ausübt. T. gab es besonders in frühen Herrschaftssystemen (so in

Mesopotamien, Israel und Ägypten, in Amerika die Staaten der Azteken und Inkas). Das am weitesten durchgebildete theokratische System bildet heute der Islam (↑ Fundamentalismus).

Theorie [griech. »Betrachtung«, »Anschauung«]: allgemein die ordnende Verknüpfung von Beobachtungen über Gegenstände, Sachverhalte, Vorgänge und Handlungen. T. werden häufig als Gegensatz zur Praxis verstanden, weil sie deren Komplexität manchmal bewusst vereinfachen, um grundsätzliche Zusammenhänge darzulegen (Modelle). In der Wissenschaft wird T. als System von Aussagen über eine zunächst nur angenommene gesetzmäßige Ordnung begriffen (z.B. über gesellschaftliche Zustände, Ereignisse und Verhaltensweisen), das einer empirischen Überprüfung zugänglich sein muss. T. sind notwendig, um bereits Geschehenes zu erklären oder um künftige Ereignisse voraussagen zu können.

Thüringen: deutsches Bundesland mit einer Fläche von 16 172 km² und 2,46 Mio. Einwohnern (1999); Hauptstadt: Erfurt.

Verfassung: Nach der am 25. 10. 1993 verabschiedeten Verfassung ist der alle fünf Jahre neu gewählte Landtag (88 Mitglieder) das oberste Organ der demokratischen Willensbildung. Er übt die gesetzgebende Gewalt aus, wählt den Ministerpräsidenten, der die Minister ernennt) und kontrolliert die Exekutive.

Verwaltung: T. hat sechs kreisfreie Städte und gliedert sich in 17 Landkreise mit 1019 Gemeinden.

Geschichte: T. entstand 1920 aus dem Zusammenschluss von acht kleineren thüringischen Staaten. Der preußische Regierungsbezirk Erfurt und der Kreis Schmalkalden kamen 1944 hinzu. Im April 1945 zunächst US-amerikanisch besetzt, kam das Land im Juli 1945 zur Sowjetischen Besatzungszone. Als Hauptstadt wurde Weimar 1948 von Erfurt abgelöst. Ab 1952 traten drei DDR-Bezirke an die Stelle des Landes: Gera, Suhl, Erfurt. 1990 entstand T. neu, erweitert um die Kreise Altenburg, Artern und Schmölln. Nach den ersten freien Landtagswahlen 1990 bildete die CDU eine Koalition mit der FDP. Nach den Landtagswahlen 1994 kam es zu einer großen Koalition zwischen CDU und SPD. Seit den Wahlen 1999 kann die CDU unter Ministerpräsident BERNHARD VOGEL (*1932) mit einer absoluten Mehrheit allein regieren.

www.thueringen.de

Tigerstaaten: Bezeichnung für asiatische ↑ Schwellenländer; ursprünglich nur verwendet für Süd-Korea, Taiwan,

Thüringen

Landtagswahlen (Stimmenanteil in %)

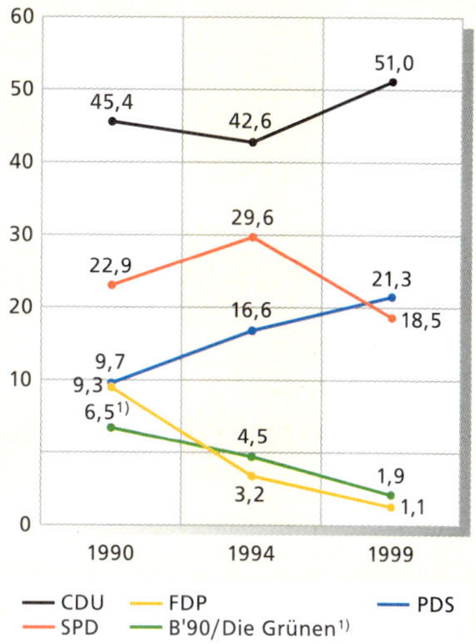

1) Listenvereinigung „Neues Forum-Grüne-Demokratie Jetzt"

Thüringen

Ministerpräsident	Amtszeit
Josef Duchač (CDU)	1990–92
Bernhard Vogel (CDU)	seit 1992

T

Hongkong und Singapur, später auch für Thailand, Malaysia, Indonesien und die Philippinen. Die T. waren 1997/98 von einer schweren Finanz- und Wirtschaftskrise (Währungsverfall, Banken- und Firmenzusammenbrüche, Inflation) betroffen (sog. Asienkrise).

Timokratie: Staatsverfassung, in der staatsbürgerliche Rechte nach Vermögensverhältnissen oder Einkommen festgelegt werden (so in der Antike in Athen und Rom). Der Philosoph ARISTOTELES bezeichnete die T. als eine Form der ↑Aristokratie. Die von SOLON (ca. 640 v. Chr.) geschaffene Verfassung Athens z.B. teilte die Bürgerschaft nach Einkommen in vier Klassen mit abgestuften Rechten und Pflichten.

Titoismus: ↑Marxismus.

Tocqueville-Effekt [tɔk'vil-]: nach dem politischen Theoretiker ALEXIS DE TOCQUEVILLE (1805–59) benannter Widerspruch, wonach als Folge des Abbaus von Ungleichheiten die Sensibilität für weiter bestehende Ungleichheit zunimmt.

Todesstrafe: schwerste Kriminalstrafe, deren Berechtigung und Zweckmäßigkeit bis zum 18. Jh. nicht bezweifelt wurde. Seit dem 17. Jh. wurde die T. durch die Freiheitsstrafe allmählich zurückgedrängt. Der Kampf gegen die T. begann mit der Aufklärung. Im Deutschen Reich wurde die T. in das Strafgesetzbuch (StGB) von 1871 aufgenommen (nur für Mord). In der BRD wurde die T. 1949 durch Art. 102 GG abgeschafft.

In *Österreich* wurde die T. 1968 abgeschafft. In der *Schweiz* hat das StGB von 1937 die bis dahin in einigen Kantonen zulässige T. beseitigt. Die T. bzw. ihre Vollstreckung (1999 nach Angaben von ↑Amnesty International in 88 Staaten), auch in demokratischen Staaten wie den USA, wird weltweit von Menschenrechtsorganisationen bekämpft.

Toleranz [lat.]: das Geltenlassen anderer Anschauungen, Normen, Werte und Handlungen, besonders in religiösen, politischen, ethisch-sozialen und wissenschaftlich-philosophischen Fragen (Gegensatz: ↑Intoleranz). Als Gedanken-, ↑Glaubens- und Gewissensfreiheit hat die T. seit der ↑Aufklärung im Staatsrecht, in den Grund- und Menschen-

Todesstrafe

Weltweit registrierte Hinrichtungen

Jahr	Gesamtzahl der registrierten Hinrichtungen	Zahl der Staaten, die Todesurteile vollstrecken	Zahl der Staaten mit mehr als 100 Hinrichtungen (Anteil an der Gesamtzahl in %)
1990	2029	26	4 (84 %)
1991	2086	32	2 (89 %)
1992	1708	35	2 (82 %)
1993	1831	32	1 (77 %)
1994	2331	37	3 (87 %)
1995	3276	41	3 (85 %)
1996	4272	39	4 (92 %)
1997	2607	40	3 (82 %)
1998	2258	37	2 (72 %)
1999	1813	31	4 (80 %)

Quelle: Amnesty International

rechten zunehmend Rechtsverbindlichkeit erlangt.

Tories ['tɔ:rɪz]: ↑ Großbritannien und Nordirland.

Totalitarismus: Prinzip politischer Herrschaft; die totalitäre Herrschaft stellt einen uneingeschränkten Verfügungsanspruch über die ihr Unterworfenen und dehnt ihn über die öffentlich-gesellschaftliche Sphäre hinaus aus auf den Bereich des Persönlich-Privaten. Ziel totalitärer Herrschaft ist die Durchsetzung eines umfassenden neuen Wertesystems; Merkmale des T. sind: 1) politische Diktatur (Verbot der freien Bildung von Parteien, keine freien Wahlen, keine Gewaltenteilung, Missachtung der Menschenrechte, Fehlen richterlicher Unabhängigkeit); Medienmonopol der/des Herrschenden (Partei, Bewegung); 2) geistige Manipulation der Bevölkerung; 3) Terror gegen Staatsbürger, die sich dem umfassenden Herrschaftsanspruch nicht unterwerfen; 4) Politisierung der Privatsphäre.

Der Begriff »totalitär« wurde nach dem Ersten Weltkrieg zunächst in Italien geprägt. B. Mussolini verwendete ihn für das von ihm geschaffene faschistische Herrschaftssystem **(totalitärer Staat).** Bald benutzte man T. jedoch auch als Bezeichnung, um gleichartige Strukturen von ↑ Faschismus, ↑ Nationalsozialismus einerseits und Kommunismus (speziell ↑ Stalinismus) andererseits aufzuzeigen.

Tourismus: Reiseverhalten größerer Bevölkerungsgruppen moderner Industriegesellschaften in der ↑ Freizeit. Gefördert wurde der T. durch den technischen Fortschritt der Verkehrsmittel und durch die Ausdehnung von Freizeit, Lebensalter, Bildung, Konsum sowie durch organisierte Reiseangebote. Die individuellen Motive für die Beteiligung am T. sind individueller (z.B. Erholung), interpersonaler (Geselligkeit), kultureller oder sozialpsychologischer (Prestige) Natur. Der T. als Massenphänomen (**Massentourismus;** 1999: rd. 657 Mio. Auslandsreisen) wird zunehmend kritisch gesehen. Besonders in Ländern mit sozialer Armut kann T. soziale Spannungen schüren und unerfüllbare Bedürfnisse wecken. **Sextourismus** bringt außer Prostitution auch Kriminalität. Die durch den T. verursachte Umweltbelastung hat die Idee eines **sanften (nachhaltigen) T.** entstehen lassen, der sich durch zurückhaltende Nutzung von Ressourcen, Abfallvermeidung, Achtung der Menschenwürde und der kulturellen Besonderheiten der einheimischen Bevölkerung auszeichnet.

Tradition: Übernahme und Weitergabe von Kenntnissen und Fertigkeiten, von Kulturbesitz sowie von Brauch und ↑ Sitte durch mündliche oder schriftliche Überlieferung. Die historische Entwicklung seit dem 18. Jh. ist durch abnehmende Traditionsverbundenheit infolge immer schnellerer wirtschaftlicher, sozialer und politischer Veränderungen gekennzeichnet.

Traditionalismus: ↑ Konservatismus.

Transformationsstaaten (Reformstaaten): alle Staaten, die bis zum Beginn der 1990er-Jahre dem ehemaligen ↑ Ostblock angehörten. Die Lage dieser Staaten ist gekennzeichnet durch den Umwandlungsprozess der ehemaligen staatssozialistischen ↑ Zentralverwaltungswirtschaften zur ↑ Marktwirtschaft mit entsprechender Rechts- und Verfassungsordnung. Die ostmitteleuropäischen T. müssen den staatlichen, gesellschaftlichen und wirtschaftlichen Umbau (v.a. die Privatisierung ehemals staatlicher Unternehmen und den Aufbau von Systemen sozialer Sicherung) vor dem Hintergrund des sich verschärfenden internationalen Wettbewerbs und im Hinblick auf den angestrebten EU-Beitritt (↑ EU-Erweiterung) bewältigen. Damit stehen sie im Vergleich zu den westeuropäischen Staaten unter mehrfachem Reformdruck.

transgene Lebewesen: Pflanzen oder Tiere, deren Erbanlagen ein Gen aus einem anderen Organismus enthalten

T

(↑ Gentechnologie). Die Züchtung von t. L. ist umstritten, da befürchtet wird, dass sie sich unkontrolliert verbreiten und das ökologische Gleichgewicht stören könnten. Ziel der Züchtung von t. L. ist die Änderung bestimmter Eigenschaften des betreffenden Organismus zum Nutzen des Menschen.

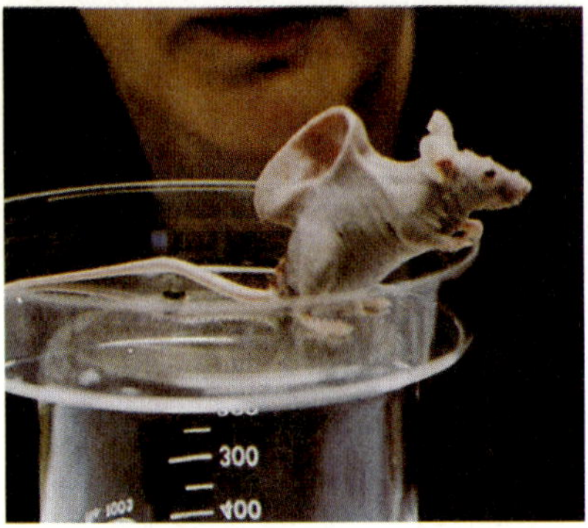

transgene Lebewesen: Eine gentechnisch veränderte Maus, auf deren Rücken aufgepflanzt ein menschliches Ohr nachgebildet wurde, erregte Ende 1995 Aufsehen.

Transit: die Durchreise von Personen und Durchfuhr von Waren von einem Staat in einen anderen durch das Hoheitsgebiet eines dritten Staates (↑ Außenhandel).

transnationale Politik: eine Politik, die Staatsgrenzen überschreitet und vornehmlich von nichtstaatlichen Akteuren (z.B. Kirchen, großen Konzernen, internationalen Umweltschutzorganisationen) oder supranationalen Organisationen (z.B. Europäischer Union) getragen wird.

Transparenz: Durchsichtigkeit von Vorgängen. In Demokratien verbindet sich die Forderung nach T. staatlicher Entscheidungen mit der nach ihrer ↑ Öffentlichkeit. Dazu gehört, dass sie für jeden Bürger zugänglich, verständlich und nachvollziehbar sind.

Treibhauseffekt: in Treibhäusern zur Temperaturerhöhung ausgenutzte Erscheinung, bei der Glas zwar die energiereiche UV-Strahlung der Sonne passieren lässt, nicht jedoch die Wärmestrahlung (Infrarotstrahlung). Die in Wärmeenergie umgewandelte UV-Strahlung erhöht deshalb die Raumtemperatur, auch weil keine Abstrahlung möglich ist.

In der Erdatmosphäre bewirken Kohlendioxid, Methan u.a. Spurengase einen vergleichbaren Temperaturanstieg. Sie behindern die Rückstrahlung der eingestrahlten Sonnenenergie in den Weltraum (ohne den T. würde die mittlere Temperatur auf der Erde bei ca. -18 °C liegen). Dieser natürliche T. ist Voraussetzung für Entstehung und Erhaltung des Lebens. Bedenklich ist dagegen der zusätzliche vom Menschen verursachte T., der auf die Zunahme der Spurengase zurückzuführen ist. Ursachen für die steigende Emission sind v.a. die Verbrennung fossiler Energieträger (Erdöl, Erdgas, Kohle), Abgase aus Industrie, Verkehr und Landwirtschaft sowie die Vernichtung von Wald (v.a. Tropenwald).

Als Folge des T. wird eine stärkere Erwärmung der Erdatmosphäre erwartet (Zunahme 1900–92: über 0,5 °C). Weitere Hinweise auf einen schon vorhandenen T. sind u.a. der Anstieg des Meeresspiegels in den letzten 100 Jahren um 10–15 cm, das Abschmelzen von Gletschern und Polkappen, die Steigerung der mittleren Windgeschwindigkeiten in allen Breiten in den letzten 20 Jahren und die Zunahme der relativen Sturmhäufigkeit. Den T. zu verringern ist Ziel des ↑ Klimaschutzes.

Treuhand: Ausübung fremder Rechte z.B. im Auftrag Dritter; völkerrechtlich u.a. die Verwaltung der deutschen Kolonien nach 1918 durch andere Staaten im Namen des Völkerbundes und ab 1946 im Auftrag der UN **(Treuhandgebiete).** Zum 1. 11. 1994 wurde die Arbeit des UN-Treuhandschaftsrats beendet.

Treuhandanstalt: Anstalt des öffentlichen Rechts zur treuhänderischen

T

Verwaltung des volkseigenen Vermögens der DDR. Die T. wurde am 1. 3. 1990 gegründet und bestand bis zum 31. 12. 1994. Sie sollte die unternehmerische Tätigkeit des Staates durch Privatisierung rasch und weitgehend zurückführen, Wettbewerbsfähigkeit möglichst vieler Unternehmen herstellen sowie Grund und Boden für wirtschaftliche Zwecke bereitstellen. Aus ihren Maßnahmen zur Sanierung, Privatisierung, Ablösung der Altschulden und Abwicklung hinterließ die T. ca. 230 Mrd. DM aufgelaufene Schulden, die zum 1. 1. 1995 auf den ↑Erblastentilgungsfonds übertragen wurden. Verbliebene Aufgaben wurden ab Ende 1994 von Nachfolgeorganisationen bearbeitet, v.a. der ↑Bundesanstalt für vereinigungsbedingte Sonderaufgaben (Auflösung 2001).

Trizone: ↑Besatzungszone.

Trotzkismus: Bezeichnung für die von dem russischen Revolutionär L. D. Trotzki entwickelte Theorie über die Durchführung der Revolution in Russland sowie über die Rolle der russischen Revolution innerhalb der sozialistischen Weltrevolution. Der T. geht davon aus, dass die proletarische Revolution weltweit ausgedehnt werden müsse (↑permanente Revolution) und lehnte die Auffassung des ↑Stalinismus vom »Aufbau des Sozialismus in einem Lande« ab. 1938 wurde auf Veranlassung Trotzkis als Organisation des T. die Vierte Internationale gegründet.

Truman-Doktrin ['tru:mən-]: außenpolitische Leitlinie der USA im ↑Kalten Krieg, wonach diese bereit waren, anderen Völkern militärische und wirtschaftliche Hilfe gegen eine Gefährdung ihrer Freiheit durch totalitär-kommunistische Regierungssysteme zu leisten (↑Containment). Die Doktrin wurde von US-Präsident H. S. Truman in einer Rede vor dem Kongress am 12. 3. 1947 formuliert, als er ihn um die Zustimmung zu einer Militär- und Wirtschaftshilfe für die Türkei und für die antikommunistischen Kräfte im griechischen Bürgerkrieg ersuchte.

Botschaft von US-Präsident Harry S. Truman an den Kongress am 12. 3. 1947:

»[...] Ich glaube, dass unser Beistand in erster Linie in Form von wirtschaftlicher und finanzieller Hilfe gewährt werden sollte, eine Hilfe, die wesentlich ist für die wirtschaftliche Stabilität und ordnungsgemäße politische Entwicklung. Die Welt ist nicht statisch und der Status quo ist nicht heilig, aber wir können keine Veränderung des Status quo unter Verletzung der Charta der Vereinten Nationen durch Methoden des Zwangs oder auf dem Umweg der politischen Durchdringung zulassen. [...]«

Tugend: Fähigkeit des Menschen zu einem im sittlichen Sinne guten Verhalten (↑Ethik). Neben den auf Gott bezogenen T. Glaube, Hoffnung und Liebe spielen in der christlich-philosophischen Tradition die vier **Kardinaltugenden** Klugheit (Weisheit), Besonnenheit (Mäßigung), Tapferkeit und Gerechtigkeit eine besondere Rolle. Diese und andere T. fanden auch Eingang in das gesellschaftliche Zusammenleben, das nicht nur auf der Einhaltung von ↑Recht, sondern auch auf dem sittlichen Verhalten aller zueinander beruht **(politische T.).**

Mit der Lehre von der ↑Staatsräson traten zunehmend Nützlichkeits- und reine Machtüberlegungen in den Vordergrund. Die Französische Revolution orientierte sich an den Werten der ↑Freiheit, ↑Gleichheit und Brüderlichkeit. Brüderlichkeit und ↑Solidarität sind zentrale T. des ↑Sozialismus.

Mit dem ↑Liberalismus im 19. Jh. wurde das Prinzip der »selfishness« (Selbstsucht) betont. Er ließ sich von der Annahme leiten, dass der Egoismus des Einzelnen zum gesellschaftlichen Fortschritt und Wohlstand sowie zur Harmonie der gesellschaftlichen Beziehungen führen würde.

T

Tyrannis: im antiken Griechenland die unumschränkte Herrschaft eines Einzelnen, der, gestützt auf die breite Volksmasse (den Demos) oder auf Söldnertruppen, meist gewaltsam zur Macht gelangte. Von der **älteren T.** (7. und 6. Jh. v. Chr.), welche die Demokratie des 5. Jh. vorbereitete und die Städte vielfach zu kultureller und wirtschaftlicher Blüte führte, wird die **jüngere T.** (4. und 3. Jh. v. Chr., z. B. in Syrakus) unterschieden. Nach ARISTOTELES ist die T. als entartete ↑Monarchie zu sehen.

U

Überbau: ↑Basis-Überbau-Theorie.

Überhangmandat: zusätzlicher Sitz im Parlament, den eine Partei dann erhält, wenn die Zahl der Direktmandate über die Anzahl der Sitze hinausgeht, die der jeweiligen Partei nach dem Verhältniswahlrecht anteilmäßig zustehen (↑Wahlrecht). Zu Ü. kommt es z. B. bei den deutschen ↑Bundestagswahlen aufgrund der Kombination von Mehrheits- und Verhältniswahlsystem.

Übermaßverbot: ↑Verhältnismäßigkeitsgrundsatz.

UDF: ↑Frankreich.

Ultimatum [zu lat. ultimus »der Letzte«]: im Völkerrecht die mit einer Frist verbundene Aufforderung eines Staates an einen anderen zu bestimmten Handlungen oder Unterlassungen.

Umsatzsteuer: ↑Mehrwertsteuer.

Umverteilung (Redistribution): die nachträgliche Änderung der Primärverteilung von ↑Einkommen und ↑Vermögen durch ↑Finanzpolitik und ↑Sozialpolitik. Die U. strebt einen sozialen Ausgleich zwischen den im Produktionsprozess unterschiedlich begünstigten Wirtschaftssubjekten an.

Umweltkriminalität: Straftaten gegen den Umweltschutz, die durch die Gesetze zur Bekämpfung der U. vom 28. 3. 1980 und vom 27. 6. 1994 in das StGB eingefügt wurden (§§ 324 ff.). Diese Regelungen stehen überwiegend in Abhängigkeit von verwaltungsrecht-

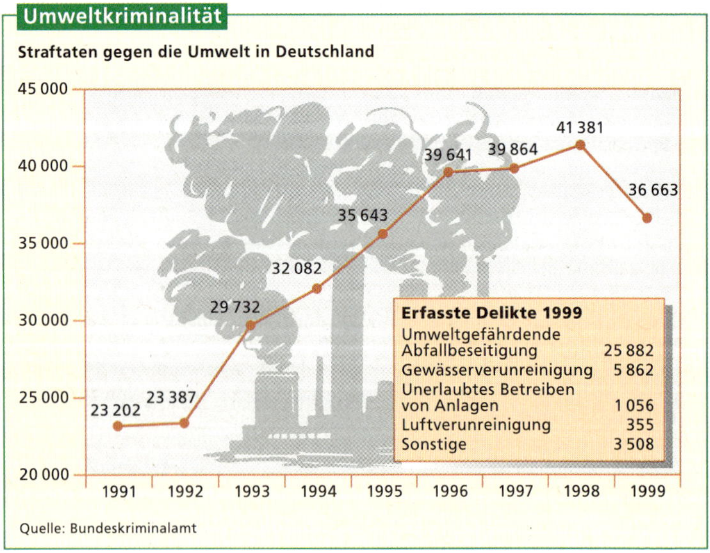

lichen Genehmigungen und Verboten. Die Ermittlung der Verantwortlichen (↑Verursacherprinzip) ist häufig durch großen Verfahrensaufwand erschwert.

Umweltschutz: Maßnahmen und Bestrebungen, die dazu dienen, die natürlichen Lebensgrundlagen von Pflanzen, Tier und Mensch zu erhalten bzw. ein ökologisches Gleichgewicht zu bewahren oder gegebenenfalls wieder herzustellen. Der U. umfasst insbesondere den ↑Immissionsschutz, Maßnahmen zur ↑Lärmbekämpfung, den ↑Gewässerschutz, ↑Bodenschutz, Strahlenschutz sowie den ↑Naturschutz.

Ziel der staatlichen Maßnahmen und Pläne zum U. **(Umweltpolitik)** ist v.a. die Vermeidung bzw. die Verringerung von Umweltbelastungen, -schädigungen und -zerstörungen, die von der industriellen Produktion ausgehen. Zu den Mitteln der Umweltpolitik gehören v.a.: 1) Investitionen und finanzielle Impulse der öffentlichen Hand zur Beseitigung und Verhinderung von Umweltschäden (z.B. ↑Ökosteuer); 2) das Verbot bestimmter schädlicher Einwirkungen auf die Umwelt; 3) die Berücksichtigung der Belange des U. bei behördlichen Entscheidungen (Umweltverträglichkeitsprüfung).

In Deutschland sind Teilaspekte des U. in zahlreichen Gesetzen, Rechtsverordnungen und Verwaltungsvorschriften des Bundes und der Länder geregelt. Wichtige Bundesgesetze sind u.a. das Kreislaufwirtschafts- und Abfallgesetz vom 27.9.1994 sowie das Bundesnaturschutzgesetz in der Fassung vom 21.9.1998. 1994 wurde der U. als ↑Staatsziel in das Grundgesetz aufgenommen (Art. 20a). Wesentliche Anstöße und Vorgaben erhält die Umweltpolitik durch internationale Abkommen (z.B. Umweltinformationsgesetz der EU, Vereinbarungen der UN zum ↑Klimaschutz). Bei der Umsetzung umweltpolitischer Maßnahmen arbeiten Bund, Länder und Kommunen sowie Interessenvertreter verschiedener gesellschaftlicher Gruppen z.T. eng zusammen (↑lokale Agenda).

UN, Abk. für engl. **U**nited **N**ations »Vereinte Nationen«, Abk. VN (UNO, Abk. für **U**nited **N**ations **O**rganization »Organisation der Vereinten Nationen«): Staatenverbindung zur Sicherung des Weltfriedens und zur Förderung der internationalen Zusammenarbeit; gegründet am 24.10.1945 als Nachfolgeorganisation des ↑Völkerbundes mit Hauptsitz in New York; UN-Zentren für Europa sind Genf und Wien, für Afrika Nairobi. Den UN gehören (2000) 189 Mitgliedstaaten an. Die Aufnahme in die UN steht allen Staaten offen (Universalitätsprinzip), die nach dem Urteil der Generalversammlung fähig und willens sind, die Pflichten der Satzung anzuerkennen. Neben der Vollmitgliedschaft besteht die Möglichkeit zur Mitgliedschaft in den Spezialorganen oder Sonderorganisationen der UN.

Umweltschutz: Seit 1978 werden in Deutschland Produkte mit vergleichsweise günstigen Umwelteigenschaften mit dem »Umweltengel« gekennzeichnet.

Nach der **UN-Charta** vom 26.6.1945 gehören zu den Zielen der UN die Erhaltung des Weltfriedens, die friedliche Schlichtung aller Streitigkeiten und die freundschaftliche Zusammenarbeit der Mitglieder (↑Friedenssicherung); besondere Aufmerksamkeit widmen die UN dem Schutz der Menschenrechte, der Lage von Flüchtlingen (↑UNHCR) und der Verfolgung von Kriegsverbrechen (↑Kriegsverbrechertribunale). Die UN bekennen sich zu den Grundsätzen Gleichheit der Staaten, Vertragstreue, Verzicht von Gewaltanwendung in internationalen Beziehungen sowie zum ↑Selbstbestimmungsrecht der Völ-

U

ker. In innerstaatliche Belange der Mitglieder darf die UN nicht eingreifen.
Hauptorgane: Zu den Hauptorganen gehören seit 1994 (Auflösung des Treuhandrates) die Generalversammlung, der Wirtschafts- und Sozialrat, das Sekretariat sowie der ↑UN-Sicherheitsrat und der ↑Internationale Gerichtshof.
In der **Generalversammlung (Vollversammlung)** treten alle Mitglieder mindestes einmal im Jahr zusammen; jeder Mitgliedstaat hat eine Stimme. Die Generalversammlung berät über alle Gegenstände, die durch die Charta erfasst werden. Abstimmungen in »wichtigen Fragen« (u.a. Aufrechterhaltung von Frieden und Sicherheit, die Wahl der nichtständigen Mitglieder des Sicherheitsrates, Aufnahme und Ausschluss von UN-Mitgliedern) bedürfen der Zweidrittelmehrheit der Anwesenden; in anderen Fragen genügt die einfache Mehrheit. Nach außen gerichtete Beschlüsse haben den Charakter nichtbindender Empfehlungen.
Der **Wirtschafts- und Sozialrat (ECOSOC)** soll den wirtschaftlichen und sozialen Fortschritt fördern. Er besteht aus 54 von der Generalversammlung gewählten Mitgliedern. Das **Sekretariat** ist das Verwaltungsorgan der UN und steht unter der Leitung des **Generalsekretärs,** der von der Generalversammlung für fünf Jahre gewählt wird; er verfügt u.a. über eigene diplomatische Handlungsmöglichkeiten

UN

Hauptorgane der Vereinten Nationen

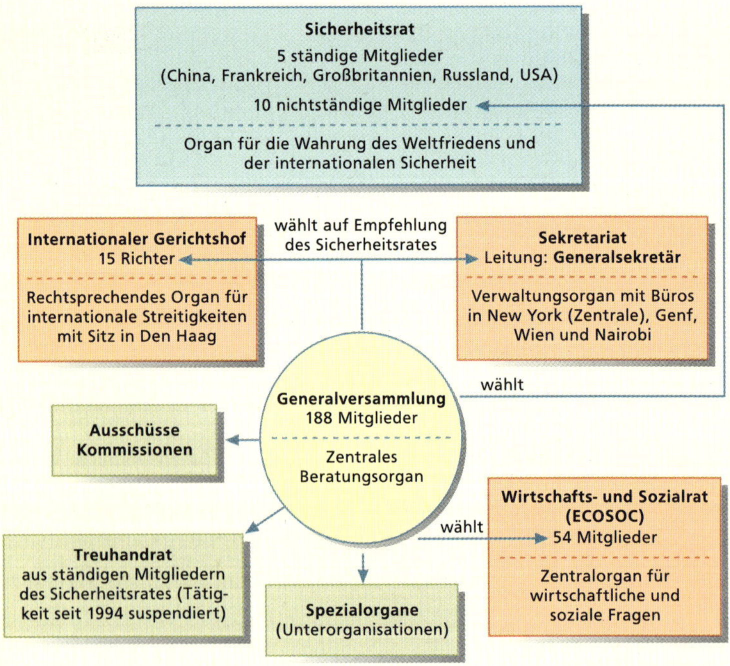

und kann Fälle vor den Sicherheitsrat bringen.
Zu den **Spezialorganen** der UN gehören u.a. das Kinderhilfswerk UNICEF und das Umweltprogramm UNEP. Die Sonderorganisationen (z.B. ↑World Trade Organization, ↑World Health Organization, ↑FAO, ↑Weltbank und ↑Internationaler Währungsfonds) sind als eigenständige internationale Organisationen durch Abkommen mit den UN verbunden.
Entwicklung: Infolge des ↑Ost-West-Konflikts (gegenseitige Blockade der beiden Weltmächte USA und UdSSR im UN-Sicherheitsrat) war die Tätigkeit der UN im Wesentlichen auf Vermittlungsaufgaben beschränkt (u.a. Nahost, Kongo, Zypern, Kaschmir, Angola, Namibia). Seit dessen Ende 1989/90 stellen sich vermehrt Aufgaben der militärischen Friedenssicherung, bei der die UN, da sie über keine eigene Streitmacht verfügen, auf Truppenkontingente ihrer Mitglieder (v.a. der NATO) angewiesen sind. Der Einsatz von ↑UN-Friedenstruppen ist meist nur wirksam, wenn sich die gegnerischen Parteien auf Regeln zur Konfliktbeilegung einigen können (z.B. Absicherung von Wahlen in Kambodscha 1993). Bei dem UN-Einsatz in dem vom Bürgerkrieg zerrissenen Somalia 1993/94 gelang es zeitweise nicht, die Zivilbevölkerung mit Lebensmitteln zu versorgen, in Bosnien und Herzegowina konnten die UN-Soldaten 1995 die für die Zivilbevölkerung eingerichteten Schutzzonen nicht verteidigen, und bei diesem wie anderen Einsätzen erschienen UN-Soldaten wirkungslos, da sie sich nicht ihrer eigenen Geiselnahme durch eine Bürgerkriegspartei (z.B. im Bosnischen Krieg 1995, in Sierra Leone 2000) entziehen konnten. Dennoch sind sie in vielen Regionen unverzichtbar. Sie nehmen wichtige Aufgaben wahr, indem sie v.a. Konfliktparteien trennen, Wahlen sichern und den zivilen Aufbau nach Beendigung eines Krieges begleiten (z.B. ↑Stabilization Force).
Gescheiterte Missionen und Strukturschwächen haben zu Forderungen geführt, die neben einer stärkeren Professionalisierung und einer erweiterten Definition des militärischen Handlungsspielraums den Ausbau des Konzepts des Peace-Keeping im Vorfeld von Gewaltausbrüchen bzw. die Konfliktprävention in den Mittelpunkt stellen. Aber auch das Interventionsdilemma, das durch den vom UN-Sicherheitsrat nicht gebilligten Einsatz der NATO im ↑Kosovo-Konflikt entstand, und die in den 1990er-Jahren häufig verhängten, aber oft wirkungslos gebliebenen Sanktionen (z.B. im Irak) bedürfen einer Klärung. Auf institutionelle Änderungen zielt die Kritik an der Besetzung des UN-Sicherheitsrats (gleichmäßigere Verteilung der nichtständigen Mitglieder auf die Weltregionen), an dem Prinzip »ein Staat – eine Stimme« der Generalvollversammlung und an der seit Jahren bestehenden Finanzkrise der UN ab.

www.un.org

Unabhängigkeitserklärung der USA vom 4. 7. 1776:

»[...] Im Namen und in Vollmacht des guten Volkes dieser Kolonien geben wir feierlich bekannt und erklären, dass die Vereinigten Kolonien freie und unabhängige Staaten sind und von Rechts wegen sein sollen, dass sie von jeder Untertanenpflicht gegen die britische Krone befreit sind, und dass jeder politische Zusammenhang zwischen ihnen und dem Staate Großbritannien völlig losgelöst ist und sein soll, und dass sie als freie und unabhängige Staaten die volle Macht besitzen, [...] Dinge vorzunehmen, die unabhängige Staaten von Rechts wegen tun dürfen. [...]«

Unabhängigkeitserklärung: im Völkerrecht eine Erklärung über die Gründung eines Staates durch Loslösung von einem anderen Staat. Folge einer U. kann ein kriegerischer Konflikt sein **(Unabhängigkeitskrieg).**

U

Am bekanntesten ist die U., mit der sich 13 Kolonien am 4. 7. 1776 als Vereinigte Staaten von Amerika von Großbritannien lösten; die U. der USA schrieb u. a. die Freiheit und Gleichheit aller Menschen sowie das Prinzip der Volkssouveränität fest.

UNCTAD, Abk. für engl. **U**nited **N**ations **C**onference on **T**rade and **D**evelopment »UN-Konferenz für Handel und Entwicklung«: 1964 gegründete Unterorganisation der UN (Sitz: Genf). Die UNCTAD bemüht sich um die Förderung der Interessen der Entwicklungsländer, v. a. um die Belebung der wirtschaftlichen Beziehungen zwischen Industrie- und Entwicklungsländern. Ihre Gründung wurde ausgelöst durch die Unzufriedenheit der in der ↑Gruppe der 77 zusammengeschlossenen Entwicklungsländer mit den bestehenden internationalen Wirtschaftsorganisationen (v. a. GATT und Internationaler Währungsfonds).

www.unctad.org

Underdog-Effekt ['ʌndədɔg-, engl. underdog »Verlierer«] (Außenseitereffekt):

◆ *allgemein/Soziologie:* ein Wirkungsmechanismus innerhalb einer ↑Hierarchie, bei dem die jeweils Höherstehenden negative Effekte auf Personen abwälzen, die ihnen unterstellt sind oder als Verlierer betrachtet werden.

◆ *Wahlforschung:* Bezeichnung für die Schwächung der Stellung einer Partei, die darauf zurückgeht, dass ein Kandidat als Verlierer wahrgenommen wird; Gegensatz: ↑Bandwaggon-Effekt.

UNDP, Abk. für engl. **U**nited **N**ations **D**evelopment **P**rogramme »Entwicklungsprogramm der Vereinten Nationen«: 1965 gegründetes UN-Spezialorgan zur Finanzierung und Abstimmung der Zusammenarbeit von Staaten im Rahmen der Entwicklungshilfe; Sitz: New York.

www.undp.org

UNEP, Abk. für engl. **U**nited **N**ations **E**nvironmental **P**rogramme »Umweltprogramm der Vereinten Nationen«: 1972 gegründetes UN-Spezialorgan zur Abstimmung der Umweltschutzmaßnahmen der UN; Sitz: Nairobi.

www.unep.org

UNESCO, Abk. für engl. **U**nited **N**ations **E**ducational, **S**cientific, and **C**ultural **O**rganization »Organisation der UN für Erziehung, Wissenschaft und Kultur«: Sonderorganisation der UN (Sitz: Paris) mit 188 Mitgliedstaaten (1999) zur Förderung von Bildung, Kulturaustausch und internationalen Forschungsvorhaben.

www.unesco.org

Unfallversicherung: in der Reichsversicherungsordnung (RVO) gesetzlich geregelter Zweig der ↑Sozialversicherung. Die U. soll den Arbeitnehmer vor dem Unfallrisiko bei der Ausübung seines Berufs schützen. Tritt ein Schaden ein, so ist der Arbeitgeber zur Schadensanzeige verpflichtet und der Geschädigte hat, falls der Unfall von ihm nicht vorsätzlich oder grob fahrlässig verursacht wurde, einen Rechtsanspruch auf Entschädigung. Die U. schließt Unfälle auf dem Arbeitsweg und Berufskrankheiten mit ein. Träger der U. sind in der Wirtschaft gewerbliche Berufsgenossenschaften, im öffentlichen Dienst gemeindliche Unfallversicherungsträger sowie staatliche und kommunale Ausführungsbehörden, die für ihre Mitglieder gegenüber dem Arbeitnehmer haften. Die Ausgaben werden durch ein Umlageverfahren finanziert. Im Gegensatz zur ↑Rentenversicherung und ↑Krankenversicherung tragen bei der U. allein die Arbeitgeber die Kosten.

UN-Friedenstruppen: multinational zusammengesetzte Truppenkontingente **(Blauhelme),** die auf Ersuchen des UN-Sicherheitsrates zur Aufrechterhaltung des Weltfriedens und der internationalen Sicherheit von UN-Mitgliedstaaten freiwillig zur Verfügung gestellt werden. UN-F. wurden in Konfliktgebieten eingesetzt, u. a. am östlichen Mittelmeer, im Persischen Golf, an der indisch-pakistanischen Grenze, in Kroa-

UN-Friedenstruppen: Während des Bosnischen Krieges überwachten dänische Blauhelme im Februar 1993 in der Nähe von Sarajevo die Zusammenstellung von Konvois mit Hilfsgütern.

tien, Bosnien und Herzegowina, Mittelamerika, Afrika und Kambodscha. 1988 erhielten sie den Friedensnobelpreis.

UNHCR, Abk. für engl. **U**nited **N**ations **H**igh **C**ommissioner for **R**efugees »Hoher Flüchtlingskommissar der Vereinten Nationen«: 1951 errichtete UN-Hilfsorganisation zum Schutz der Flüchtlinge und Staatenlosen; Sitz: Genf. Das Amt untersteht der Generalversammlung der UN, die auch sein Mandat um jeweils fünf Jahre verlängert. Grundlage und Rahmen der Arbeit des UNHCR (Büros in rd. 120 Staaten) ist v.a. die ↑Genfer Flüchtlingskonvention. Vorläufer des UNHCR waren das vom Völkerbund errichtete Amt eines Hohen Kommissars für Flüchtlinge sowie die von den UN geschaffene Internationale Flüchtlingsorganisation (1946–51). 1954 und 1981 erhielt der UNHCR den Friedensnobelpreis.

www.unhchr.ch

UN-Hochkommissar für Menschenrechte (engl. **U**nited **N**ations **H**igh **C**ommissioner for **H**uman **R**ights, Abk. UNHCHR): 1993 geschaffenes Amt der UN; Sitz: Genf. Der Hochkommissar setzt sich u.a. für den weltweiten Schutz der ↑Menschenrechte ein.

www.unchr.ch

UNICEF, Abk. für engl. **U**nited **N**ations (**I**nternational) **C**hildren's (**E**mergency) **F**und »Kinderhilfsfonds der UN« (Weltkinderhilfswerk): 1946 gegründete Unterorganisation der UN (Sitz: New York); UNICEF ist in 160 Entwicklungsländern tätig und hilft dort Kindern und Frauen in den Bereichen Gesundheitswesen, Familienplanung, Ernährung, Hygiene, Bildung und Nothilfe. Seit der Verabschiedung der UN-Konvention über die Rechte des Kindes vom 12.11.1989 setzt sich UNICEF verstärkt auch für den Schutz der Kinder vor sexueller Ausbeutung, für die Bekämpfung von ↑Kinderarbeit sowie das Verbot von ↑Landminen ein. Auch unterstützt UNICEF die Regierungen bei der Umsetzung der Konvention über die Rechte des Kindes.

www.unicef.org

Abb. siehe Seite 406.

UNIDO, Abk. für engl. **U**nited **N**ations **I**ndustrial **D**evelopment **O**rganization »Organisation der UN für industrielle Entwicklung«: Am 17.11.1966 gegründete Sonderorganisation (seit 1986) der UN mit 168 Mitgliedstaaten (1999), Sitz: Wien.

Die UNIDO fördert die industrielle und technologische Entwicklung der ↑Entwicklungsländer und ostmitteleuropäischen ↑Transformationsstaaten durch industriepolitische Beratung, Ausbildung von Fachkräften sowie durch internationale Kooperation.

www.unido.org

Unilaterismus [lat. »Einseitigkeit«]: allgemein Bezeichnung für eine Haltung

U

UNICEF: Das Weltkinderhilfswerk wurde 1946 gegründet, um den vom Zweiten Weltkrieg betroffenen Kindern zu helfen. Seit 1950 kümmert sich UNICEF besonders um die Kinder in den Entwicklungsländern (Plakat von Christoph Blumich, 1974).

innerhalb eines Konfliktes, die auf Kompromisslosigkeit und einseitigen Lösungsvorschlägen beruht; im engeren Sinn ein Fachbegriff aus der Abrüstungspolitik, der dadurch gekennzeichnet ist, dass einer der beiden Verhandlungspartner vom anderen die Verringerung seines Waffenbestandes fordert, ohne selbst zur Abrüstung bereit zu sein; den Gegensatz bilden Strategien, die auf eine gemeinsame schrittweise Reduzierung des Waffenpotenzials abzielen (↑Abrüstung).

Union: im Staatsrecht Bezeichnung für auf Dauer angelegte Bündnisse zwischen Staaten durch ein gemeinsames Staatsoberhaupt **(Personalunion)** oder durch weitere gemeinsame Institutionen **(Realunion);** auch Bezeichnung für staatenübergreifende Einrichtungen zur Erreichung eines gemeinsamen politischen Zieles (z.B. Montanunion, ↑Europäische Union).

Union pour la Démocratie Française [yn'jɔ̃ pu:r la demɔkra'si frɑ̃sɛ:z]: ↑Frankreich.

Unitarismus [zu lat. unitas »Einheit«]: das Streben nach Vereinheitlichung, meist zugleich auch nach Stärkung der Zentralgewalt in einem ↑Staatenbund oder ↑Bundesstaat; Gegensatz: ↑Föderalismus, ↑Partikularismus.

United Nations [ju:'naɪtɪd 'neɪʃnz]: ↑UN.

Universität: ↑Hochschule.

UNO: ↑UN.

UN-Sicherheitsrat (Weltsicherheitsrat): Organ der ↑UN, dem die USA, Russland, Großbritannien, Frankreich und die Volksrepublik China als ständige Mitglieder sowie zehn nichtständige Mitglieder angehören, die im zweijährigen Wechsel von der UN-Generalversammlung gewählt werden. Der UN-S. trägt die Hauptverantwortung für die Einleitung und Durchführung von Maßnahmen zur Beilegung von internationalen Konflikten bzw. für die friedliche Herbeiführung politischer Veränderungen. Außer in Fällen der Friedensgefährdung oder einer bereits eingetretenen Verletzung der Friedenspflicht gibt der UN-S. nur Empfehlungen. Da die von der UN-Charta vorgesehene internationale Streitmacht für Fälle des Friedensbruchs bisher nicht aufgestellt wurde, können nur von den UN-Mitgliedern bereitgestellte ↑UN-Friedenstruppen militärisch zur ↑Friedenssicherung bzw. -erhaltung eingreifen oder zivile Kommissionen entsendet werden. Gemäß der UN-Charta sind die UN-Mitglieder den Entscheidungen des UN-S. unterworfen. Jedes Ratsmitglied hat jeweils eine Stimme; die ständigen Mitglieder haben ein Vetorecht und können so Entscheidungen des UN-S. blockieren.

Unterentwicklung: Rückständigkeit in einem bestimmten Entwicklungsprozess, die i.d.R. mit Mangelzuständen verbunden ist; der Begriff wird meist in Bezug auf die Rückständigkeit der

U

↑Entwicklungsländer (z.T. auch der Staaten Ostmitteleuropas) gegenüber den Industrieländern verwendet. U. umfasst dabei zum einen die Rückständigkeit im wirtschaftlichen Bereich, zum anderen auch die gesellschaftlichen und politischen Strukturen, die eine Entwicklung verhindern. Zur Erklärung von U. bestehen verschiedene Ansätze (↑Modernisierungstheorie, ↑Dependencia).

Unterhaus: in Staaten mit einem Zweikammersystem diejenige Kammer, die im Unterschied zum ↑Oberhaus aus allgemeinen Wahlen hervorgeht. In ↑Großbritannien ist das U. (House of Commons) seit den Parlamentsreformen von 1911 und 1949 das Zentrum politischer Auseinandersetzungen. Vorsitzender des U. ist der ↑Speaker.

www.parliament.uk

Unternehmen: dauerhafte organisatorische Einheit, in der wirtschaftliche Aufgaben (Produktion von Sachgütern, Bereitstellung von Dienstleistungen) zum Zweck des Gewinns erfüllt werden. Dies geschieht durch planvoll kombinierten wirtschaftlichen Einsatz der Produktionsfaktoren (Arbeit, Betriebsmittel, Werkstoffe u.a.). In einer ↑Zentralverwaltungswirtschaft sind U. ausführende Organe zentraler Wirtschaftsbehörden, in der ↑Marktwirtschaft dagegen werden die Produktionsentscheidungen des einzelnen U. unabhängig und am Markt orientiert gefällt. Ein U. kann mehrere ↑Betriebe gleicher oder unterschiedlicher Form umfassen und in unterschiedlichen Rechtsformen organisiert sein (Einzelunternehmen, Personen- oder Kapitalgesellschaft). – Siehe auch ↑öffentliche Unternehmen.

Unternehmer: Person, die ein ↑Unternehmen selbstständig und eigenverantwortlich leitet und umfassende Entscheidungsbefugnis hat.

Der **selbstständige U.** ist Inhaber des von ihm geleiteten Unternehmens, hat die Verfügungsgewalt über den erwirtschafteten Gewinn, trägt aber auch das finanzielle Risiko. Demgegenüber hat der **angestellte U.** (↑Management) i.d.R. keinen rechtlichen Anteil am Unternehmenskapital, jedoch besitzt er darüber weitgehende Verfügungsgewalt und Entscheidungsbefugnis.

Unternehmerverbände: neben den

UN-Sicherheitsrat: Der aus fünf ständigen und zehn nichtständigen Mitgliedern bestehende Weltsicherheitsrat (Bild: Sitzung im Dezember 1992) trägt die Hauptverantwortung für Verfahren zur Beilegung internationaler Konflikte.

Berufsverbänden und ↑ Arbeitgeberverbänden die dritte Hauptart der Wirtschaftsverbände. Die Aufgaben der U. liegen in der Förderung der Zusammenarbeit zwischen den einzelnen Unternehmen eines Wirtschaftszweiges und in der Wahrnehmung ihrer fachlichen und wirtschaftspolitischen Interessen. Bei den U. wird unterschieden zwischen den **Fachverbänden** (z.B. Verband Deutscher Drogisten), **Branchenverbänden** (z.B. Gesamtverband der Deutschen Versicherungswirtschaft) und den reinen **Regionalverbänden** wie den ↑ Industrie- und Handelskammern.

Unterschicht: ↑ Schichtung.

Untersuchungsausschuss: ↑ Parlamentsausschuss, der neben der Beschaffung von Materialien zur Vorbereitung eines Gesetzes (Enquete) v.a. der Aufklärung von Sachverhalten dient, die auf Missstände, besonders in der Exekutive, hinweisen. Der U. ist v.a. eine politische Waffe der ↑ Opposition.

Nach Art. 44 GG hat der Bundestag das Recht und auf Antrag eines Viertels seiner Mitglieder die Pflicht, einen U. einzusetzen. Dieser kann Beweise nach den Vorschriften der StPO erheben und Rechts- und Amtshilfe in Anspruch nehmen. Die Rechte eines U. hat auch der Ausschuss für Verteidigung (Art. 45 a Abs. 2 GG). Entsprechendes gilt für die U. der Länder nach deren Verfassungen.

Unverletzlichkeit der Wohnung: Grundrecht nach Art. 13 GG, das den räumlichen Privatbereich vor staatlichen Eingriffen schützt. Demnach bedarf das Eindringen in Wohn-, Neben, Geschäfts- und Betriebsräume der Einwilligung des Wohnungsinhabers; Durchsuchungen der Wohnung dürfen nur durch den Richter angeordnet werden **(Durchsuchungsbefehl).** Das Recht auf U. d. W. verbietet auch das Erfassen von Vorgängen innerhalb der Wohnung durch bestimmte Geräte (Abhöranlagen), sofern es nicht der Verfolgung schwerer Verbrechen dient (↑ Lauschangriff).

Unverletzlichkeitsrechte: ↑ Grundrechte.

Urabstimmung: In geheimer Abstimmung entscheiden die Gewerkschaftsmitglieder (Bild: 1993 bei der IG Metall in Bayern) über die Einleitung eines Arbeitskampfes. Meist sind 75% Ja-Stimmen erforderlich.

Urabstimmung: direkte Entscheidung der Mitglieder einer ↑ Gewerkschaft nach dem Scheitern der Tarifverhandlungen über die Einleitung, Durchführung, Fortsetzung (nach Ablehnung des Einigungsvorschlags) und Beendigung eines ↑ Streiks. Meist sind 75% der Stimmen erforderlich.

Urheberrecht: das Recht des Schöpfers eines Werks der Literatur, Musik, Kunst, Fotografie oder von Computerprogrammen an seinem Werk **(geistiges Eigentum).** Das U. ist in Deutschland im Urheberrechtsgesetz vom 9. 9. 1965 geregelt; es umfasst den Inhalt, die Verbreitung und die wirtschaftliche Nutzung eines Werks (Verwertungsrecht). Erfolgt die Nutzung eines Werks ohne Einwilligung des Urhebers, kann dieser auf Unterlassung oder Schadensersatz

klagen. Das U. erlischt i.d.R. nach 70 Jahren.
Durch das U. geschützt sind auch Datenbanken auf CD-ROM und im Internet, deren Erstellung eine schöpferische Leistung darstellt; ein Leistungsschutzrecht genießen die Urheber von Faktendatenbanken (z.B. Adressenverzeichnisse).

Urteil: Entscheidung eines ↑Gerichts über einen Rechtsstreit (↑Gerichtsverfahren). Das U. muss schriftlich abgefasst werden und besteht aus dem Rubrum (Urteilskopf), dem Tenor oder der Urteilsformel, dem Tatbestand und den Entscheidungsgründen. Bei U. der Verwaltungs-, Finanz- und Sozialgerichte wird noch eine Rechtsmittelbelehrung hinzugefügt. Die Form der U. ist in den einzelnen Prozessordnungen (↑Prozessrecht) geregelt.

USA (amtlich: **U**nited **S**tates of **A**merica »Vereinigte Staaten von Amerika«): Staat in Nordamerika und im Pazifik mit einer Fläche von 9 809 155 km² und 276,2 Mio. Einwohnern (1999); Hauptstadt: Washington D.C. (Abk. für **D**istrict of **C**olumbia).

Verfassung: Die USA sind eine präsidiale Republik mit bundesstaatlicher Ordnung. Die Verfassung von 1787 wurde seit ihrem Inkrafttreten am 22. 6. 1788 um 26 Verfassungszusätze (↑Amendments) ergänzt; sie enthält einen Grundrechtskatalog (↑Bill of Rights) und sieht ↑Gewaltenteilung nach dem Prinzip der Gewaltentrennung und -verschränkung (»checks and balances«) vor. Die vertikale Gewaltenteilung kommt in den auf wenige Bereiche (Steuer-, Wirtschafts-, Zoll- und Verteidigungspolitik) beschränkten Bundeskompetenzen zum Ausdruck.

Die Exekutive liegt beim Präsidenten, der zugleich Staatsoberhaupt, Regierungschef und Oberbefehlshaber der Streitkräfte ist und auf vier Jahre (einmalige Wiederwahl möglich) gewählt wird. Das Wahlverfahren ist mehrstufig: In Vorwahlen (↑Primaries) werden innerhalb der Parteien zunächst die jeweiligen Kandidaten ermittelt, bevor die eigentliche nationale Präsidentschaftswahl stattfindet. Die Stimmabgabe erfolgt in beiden Stufen mittelbar über ↑Wahlmänner, die durch Wahlen in den Einzelstaaten bestimmt werden und dann für ihren Kandidaten votieren.

Der Präsident ernennt mit Zustimmung des Senats die Mitglieder der Regierung sowie der obersten Bundesbehörden. Dem Präsidenten unmittelbar unterstellt ist das Executive Office of the President, das aus mehreren selbstständigen Einheiten besteht, so das Büro des Weißen Hauses (u.a. mit Beratern des Präsidenten und Stabschef), das Haushaltsbüro und der Nationale Sicherheitsrat. Der Präsident kann nur auf dem Wege des Impeachment (↑Amtsenthebung) abgesetzt werden. Wichtigste Funktion des Vizepräsidenten (neben dem Vorsitz im Senat und der Vertretung des Präsidenten bei Missionen im Ausland) ist die Amtsnachfolge im Falle des Todes, Rücktritts oder der Amtsenthebung des Präsidenten.

USA

Präsidenten seit 1945

Name	Amtszeit
Harry S. Truman	1945–53
Dwight D. Eisenhower	1953–61
John F. Kennedy	1961–63
Lyndon B. Johnson	1963–69
Richard M. Nixon	1969–74
Gerald R. Ford	1974–77
James E. Carter	1977–81
Ronald W. Reagan	1981–89
George H. W. Bush	1989–93
William J. Clinton	1993–2001

Die gesetzgebende Gewalt liegt beim Kongress, bestehend aus Senat und Repräsentantenhaus (Zweikammerparlament). Dabei ist der Senat (100 Vertreter, auf sechs Jahre gewählt; Drittelerneuerung alle zwei Jahre) die eigentliche Vertretung der Einzelstaaten auf Bundesebene. Unabhängig von Größe und Bevölkerungszahl entsendet jeder Bundesstaat zwei Senatoren. Die 435 Abgeordneten des Repräsentantenhauses werden für zwei Jahre in allgemeinen und direkten Wahlen nach dem Mehrheitswahlsystem gewählt; die Anzahl der Abgeordneten, die ein Einzelstaat entsendet, richtet sich nach der Einwohnerzahl. Die Verabschiedung eines Gesetzes durch den Kongress bedarf der Zustimmung der Präsidenten; verweigert er die Zustimmung, muss die Gesetzesvorlage durch den Kongress mit einer Zweidrittelmehrheit erneut beschlossen werden (suspensives Vetorecht des Präsidenten). Der Präsident hat keine Gesetzgebungsbefugnis (horizontale Gewaltenteilung), kann dem Kongress aber gesetzliche Maßnahmen zur Beratung empfehlen.

Parteien: Das Zweiparteiensystem der USA wird bestimmt von der Demokratischen Partei (Democratic Party) und der Republikanischen Partei (Republican Party). Während sich die Demokraten stärker als freiheitlich-fortschrittliche Volkspartei präsentieren, gelten die Republikaner als eher konservativ-elitär und den »uramerikanischen« Werten (z.B. Individualismus, Pioniergeist, Familiensinn) verbunden.

Bundesstaaten: Die USA bestehen aus 50 Bundesstaaten sowie dem District of Columbia. Die Regierungsgewalt in den Einzelstaaten liegt bei den Gouverneuren, der in allgemeinen und direkten Wahlen vom Volk gewählt werden; die gesetzgebende Gewalt bilden wie im Bund Zweikammerparlamente. Bund

USA

Politisches System

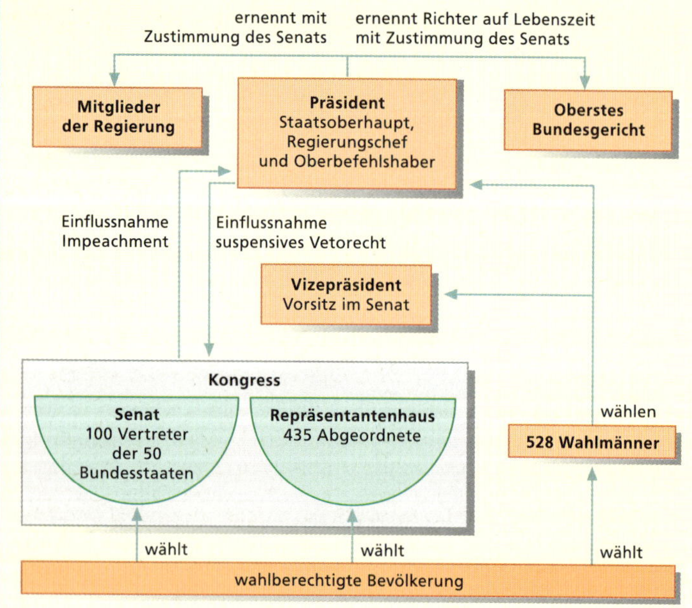

und Einzelstaaten (mit jeweils eigenen Organen und Behörden) haben nach Sachgebieten abgegrenzte Kompetenzen, die sich einander ergänzen (kooperativer Föderalismus). Gesetze des Bundes gehen denjenigen der Einzelstaaten vor.
Geschichte seit 1945: Seit Beginn des 20. Jh. konnten die USA ihre politische und wirtschaftliche Vormachtstellung unter den westlichen Industriestaaten ausbauen. Nach dem Ende des Zweiten Weltkrieges wurden sie neben der Sowjetunion ↑Weltmacht und Führungsmacht des Westens bzw. dessen Militärallianz ↑NATO. Ihre weltpolitische Aufgabe sahen die USA zunächst in der politischen, militärischen und wirtschaftlichen Eindämmung des sowjetischen Einflusses (↑Containment, ↑Truman-Doktrin). Es folgte angesichts des atomaren Patts eine Politik der Abgrenzung der Interessensphären im Zuge der ↑Entspannungspolitik seit Mitte der 1960er-Jahre und einer Beibehaltung eines strategischen Gleichgewichts (↑Abrüstung). Nach Auflösung der Sowjetunion (1989–91) und dem Ende der Blockkonfrontation blieben die USA einzige Supermacht.
Die Innenpolitik war geprägt von dem Antikommunismus der 1940/50er-Jahre, der forcierten Raumfahrt unter Präsident J. F. KENNEDY infolge des »Sputnik-Schocks« und dem Widerstand gegen die militärische Verstrickung der USA in den ↑Vietnamkrieg ab Mitte der 1960er-Jahre. Daneben nahmen der Kampf um die Gleichberechtigung der Schwarzen (↑Bürgerrechtsbewegung unter M.L. KING) und Maßnahmen zur Beseitigung von Armut und sozialer Ungleichheit großen Raum ein. Die Watergate-Affäre, in deren Verlauf sich Präsident R. NIXON 1974 zum Rücktritt gezwungen sah, offenbarte seitens der Exekutive v.a. rücksichtsloses Machtstreben und führte zu einer Vertrauenskrise. Akzente setzte in den 1980er-Jahren die ↑angebotsorientierte Wirtschaftspolitik R. REAGANS (»Reaganomics«), die v.a. mit den Mitteln der Steuersenkung, Deregulierung und Senkung der Sozialausgaben die Wachstumsschwäche und Strukturkrise der 1970er-Jahre zu überwinden suchte. In der Amtszeit B. CLINTONS konnte das enorme Haushaltsdefizit durch ein anhaltendes Wirtschaftswachstum abgebaut werden.

Utilitarismus [zu lat. utilis »nützlich«]: philosophische Lehre, nach der nur als sittlich gut gilt, was in seiner Auswirkung nützlich ist. Für den U. verbürgt das Glücksstreben des Einzelnen den bestmöglichen Zustand für alle. Sein Ziel ist das höchste Maß an Glück für eine größtmögliche Zahl von Menschen **(Sozialeudämonismus).**

Utopie [griech. »Nirgendland«]: ein dem Kunstwort »Utopia« im Titel von THOMAS MORES (1477 oder 1478 bis 1535) Staatsroman »De optimo rei publicae statu deque nova insula Utopia« (1516) nachgebildeter Begriff. U. bezeichnet eine in Gedanken entwickelte Gesellschaftsform, die als Idealform entworfen wird. U. wurden von Denkern mit unterschiedlicher gesellschaftspolitischer Auffassung entworfen (z.B. religiöse und kommunistische U.). Sie können auch Schreckbilder von Gewalt und Unterdrückung beinhalten **(negative U.),** z.B. in »Schöne neue Welt« (1932) von ALDOUS HUXLEY (1894–1963). **Konkrete U.** bezeichnen gegenwärtig nicht realisierbare, aber von ihren Vertretern als grundsätzlich verwirklichbar bewertete Projekte.

V

Verantwortungsethik: eine von dem Soziologen M. WEBER eingeführte Bezeichnung für eine Ethik, die im Unterschied zur ↑Gesinnungsethik nicht bedingungslos an einem politischen Programm oder einer Ideologie festhält, sondern diese gegen die wahrscheinlichen Folgen einer Handlung abwägt. Der Verantwortungsethiker ist dabei

V

bestrebt, die Sittlichkeit in der konkreten Situation zu verwirklichen. Die Abwägung unterschiedlicher, ethisch wertvoller Gesichtspunkte in der Politik führt häufig zum Kompromiss.

Verband: ↑ Interessenverband.

Verbändestaat: abwertende Bezeichnung für einen Staat, in dem ↑ Interessenverbände einen übermäßigen Einfluss auf Politik, Wirtschaft und Gesellschaft haben und in dem dadurch eine am Gemeinwohl orientierte Regierungstätigkeit nicht mehr möglich ist; kritisiert wird z. B., wenn Interessen von breiten Bevölkerungskreisen unberücksichtigt bleiben, da sie sich nur schwer verbandsmäßig organisieren lassen (z. B. Verbraucherinteressen).

Verbandsgemeinde: ↑ Gemeindeverband zur Rationalisierung der Kommunalverwaltung. Die Organe der V. werden von den Mitgliedsgemeinden bestimmt.

Verbrauch: ↑ Konsum.

Verbraucherschutz: Gesamtheit der rechtlichen Vorschriften, die den Verbraucher vor Benachteiligungen im Wirtschaftsleben schützen. V. soll eine möglichst umfassende Information des Verbrauchers als Grundlage seiner Kaufentscheidung sichern (z. B. lebensmittelrechtliche Bestimmungen, Preisauszeichnungspflicht) und den Verbraucher in bestimmten Rechtsgeschäften schützen (z. B. Verbraucherkreditgesetz). V. beinhaltet auch Aufklärung durch **Verbraucherzentralen** in den einzelnen Bundesländern oder die ↑ Stiftung Warentest.

www.agv.de

Verbrauchsteuern: ↑ Steuern.

Verbrechen: ↑ Straftat.

Verein: dauernde Verbindung von Personen unter einem Gesamtnamen zur Verfolgung eines gemeinsamen, nicht nur vorübergehenden Zwecks, mit einer Satzung, die Zweck und Willensbildung regelt. V. sind in bestimmter Weise organisiert (Mitgliederversammlungen, gewählter Vorstand u. a.) und vom Wechsel ihrer Mitglieder unabhängig. Das Vereinsrecht unterscheidet zwischen der öffentlichen (Vereinigungsfreiheit) und der privaten Seite des V. Das private Vereinsrecht ist grundsätzlich durch das Bürgerliche Gesetzbuch geregelt, für größere Wirtschaftsvereine (AG, GmbH, ↑ Genossenschaft u. a.) gelten Sondergesetze. Rechtsfähige V., die z. B. ein Vereinsvermögen haben oder als V. vor Gericht auftreten können, werden in ein Vereinsregister beim zuständigen Amtsgericht als e.V. (eingetragener V.) eingetragen.

Vereinigungsfreiheit: die Freiheit von Bürgern ↑ Vereine, Gesellschaften oder sonstige Zusammenschlüsse zu bilden und sich in ihnen zu betätigen. In Deutschland ist die V. ein Grundrecht aller Deutschen (Art. 9 Abs. 1 GG). Sie umfasst neben dem Recht, bestehenden Vereinigungen beizutreten, neue zu gründen und diese zu entfalten **(positive Vereinigungsfreiheit)** auch das Recht, privatrechtlichen Vereinigungen fernzubleiben **(negative Vereinigungsfreiheit).** Dagegen schützt Art. 9 GG den Einzelnen nicht vor einer gesetzlich angeordneten Eingliederung in eine öffentlich-rechtliche Körperschaft, sofern diese legitime öffentliche Aufgaben wahrnimmt (z. B. Ärzte-, Rechtsanwalts-, ↑ Landwirtschaftskammer, ↑ Industrie- und Handelskammer). Das Recht, zur Wahrung und Förderung der Arbeits- und Wirtschaftsbedingungen Vereinigungen (↑ Arbeitgeberverbände, ↑ Gewerkschaften) zu bilden (↑ Koalitionsfreiheit), ist durch Art. 9 Abs. 3 GG geschützt. Nicht unter die V. fallen politische ↑ Parteien sowie Religions- und Weltanschauungsgemeinschaften.

Vereinte Nationen: ↑ UN.

Verelendungstheorie: Die marxistische V. geht davon aus, dass infolge der Verbesserung der maschinellen Produktionsmittel der Bedarf an Arbeitskräften zurückgeht. Immer mehr Waren werden von immer weniger und schlechter qualifizierten Arbeitern produziert. Der

Lohn sinkt, es kommt zu Arbeitslosigkeit, die Arbeiter »verelenden« und werden sich am Ende durch eine Revolution aus ihrer Lage befreien. Gegenüber dieser **absoluten V.** behauptet die **relative V.,** dass trotz der Zunahme des Arbeitslohns die Einkünfte der Arbeiter (relativ) gegenüber denen der Kapitalisten zurückbleiben.

Verfahrensrecht: ↑Prozessrecht.

Verfassung (Konstitution): die Grundordnung einer juristischen Person, besonders die eines Staates (in Deutschland: ↑Grundgesetz). Die V. eines Staates ist der Inbegriff der geschriebenen oder ungeschriebenen grundlegenden Rechtssätze über Organisation und Funktionsweise der Staatsgewalt und die Rechtsstellung des Einzelnen.

Geschriebene V. entstanden seit dem 18. Jh. aus politischen Kämpfen als Instrument zur Begrenzung der Staatsgewalt und zur Sicherung der ↑Grundrechte. Der ↑Liberalismus forderte als Inhalt einer freiheitlichen und rechtsstaatlichen V. ↑Gewaltenteilung, das Mitbestimmungsrecht des Volkes bei der ↑Gesetzgebung (Parlament) und die Garantie von ↑Menschenrechten **(Verfassungsstaat).** Es gibt aber auch Staaten, die diesen Prinzipien folgen, ohne sie schriftlich in einer Urkunde festgehalten zu haben (z.B. Großbritannien). Geschriebene V. gelten i.d.R. als das höchste staatliche Gesetz, nach dem sich auch der Gesetzgeber zu richten hat. Sie werden vom Träger der verfassunggebenden Gewalt, meist einer besonderen verfassunggebenden Nationalversammlung, erlassen (z.B. in Frankreich 1791, in Deutschland 1848/49 und 1919). Damit setzte sich der Gedanke der verfassunggebenden Gewalt des Volkes und der demokratischen Legitimation der V. gegen die monarchische Souveränität und Legitimation zur Verfassungsgebung **(oktroyierte V.)** durch.

Die Einhaltung der V. wird häufig von ↑Verfassungsgerichten überwacht, Verfassungsänderungen sind nur in einem bestimmten formalen Verfahren möglich. Da V. aber nicht einfach die politischen Verhältnisse in einem Staat wiedergeben, kann es zu Widersprüchen zwischen dem Verfassungstext und der ↑Verfassungswirklichkeit kommen.

Verfassungsänderung: Die V. geschieht i.d.R. durch einen Akt der ↑Gesetzgebung, für den jedoch erschwerte Bedingungen (Zweidrittelmehrheit) im Vergleich zur einfachen Gesetzgebung gelten **(verfassungsänderndes Gesetz).**

Für die Änderung des ↑Grundgesetzes ist z.B. ein mit zwei Dritteln der Mitglieder des Deutschen Bundestages und zwei Dritteln der Stimmen des Bundesrates beschlossenes Gesetz erforderlich, das den Wortlaut des Grundgesetzes ausdrücklich ändert oder ergänzt (Verbot der sog. »stillschweigenden« V. durch ein verfassungdurchbrechendes Gesetz). Einige Prinzipien der verfassungsmäßigen Ordnung des Bundes (z.B. Achtung der ↑Menschenwürde, ↑Rechtsstaat, ↑Volkssouveränität, ↑Gewaltenteilung, Aufbau der BRD als ↑Bundesstaat, Mitwirkung der Länder bei der Gesetzgebung) dürfen nicht berührt werden (Art. 79 GG).

In *Österreich* ist für eine V. die Zweidrittelmehrheit des Nationalrats bei Anwesenheit mindestens der Hälfte der Abgeordneten notwendig. Wird die Zuständigkeit des Länder in Gesetzgebung und -vollzug eingeschränkt, muss der Bundesrat zustimmen. Bei Verlangen eines Drittels der Mitglieder von Nationalrat oder Bundesrat muss das Volk über eine V. abstimmen. In der *Schweiz* obliegt jede V. dem ↑Volksentscheid.

Verfassungsbeschwerde: in Art. 93 Abs. 1 Nr. 4a GG vorgesehene Beschwerde, die jeder, der sich durch die öffentliche Gewalt (Gesetz, Verwaltungsanordnung, Gerichtsurteil) in seinen ↑Grundrechten verletzt fühlt, beim Bundesverfassungsgericht einlegen kann. Die V. kann ohne Inanspruchnahme eines Rechtsanwalts schriftlich vorgetragen werden. Das Verfahren ist kostenfrei. Eine V. darf erst erhoben werden, wenn der Rechtsweg bei den zunächst zuständigen Gerichten ausgeschöpft worden ist. Von den eingelegten V. haben nur etwas über 1% Erfolg.

Verfassungseid: Form des Amtseides, der von bestimmten Trägern eines staatlichen ↑Amtes (in Deutschland z.B. vom Bundespräsidenten und vom Bundeskanzler) vor Amtsantritt geleistet werden muss; der V. enthält das Gelöbnis zur Achtung, Wahrung und Verteidigung der Verfassung bzw. der verfassungsmäßigen Ordnung des jeweiligen Staates.

Verfassungsfeindlichkeit: allgemein Einstellung oder Verhalten von Gruppierungen, die Gegner der verfassungsmäßigen Ordnung eines Staates sind, im engeren Sinn Merkmal von Straftaten, die den ↑Rechtsstaat gefährden. Demgegenüber bezeichnet der Begriff **Verfassungswidrigkeit** die Unvereinbarkeit von Gesetzen oder einzelner Normen mit dem Grundgesetz; die V. einer Norm wird v.a. durch die ↑Normenkontrolle überprüft. Über die V. von Parteien entscheidet das Bundesverfassungsgericht (↑Parteiverbot.).

Verfassungsgebung: Prozess der Ausarbeitung einer ↑Verfassung, der zu deren Inkrafttreten führt. Nach modernem Verständnis liegt die verfassungsgebende Gewalt beim Volk (↑Volkssouveränität). In repräsentativen Demokratien überträgt das Volk sein Recht zur V. an gewählte Repräsentanten **(verfassungsgebende Versammlung),** die entweder die Verfassung selbst ausarbeiten oder einen engeren Kreis von Abgeordneten zur Ausarbeitung eines Verfassungsentwurfs bestimmen (so z.B. der ↑Parlamentarische Rat). Voraussetzung für das Inkrafttreten des Verfassungsentwurfs kann dessen Billigung durch das Volk (Verfassungsplebiszit) oder in Bundesstaaten durch die Landesparlamente – so beim ↑Grundgesetz – sein (↑Legitimität).

Verfassungsbeschwerde

Der Weg zur Verfassungsbeschwerde

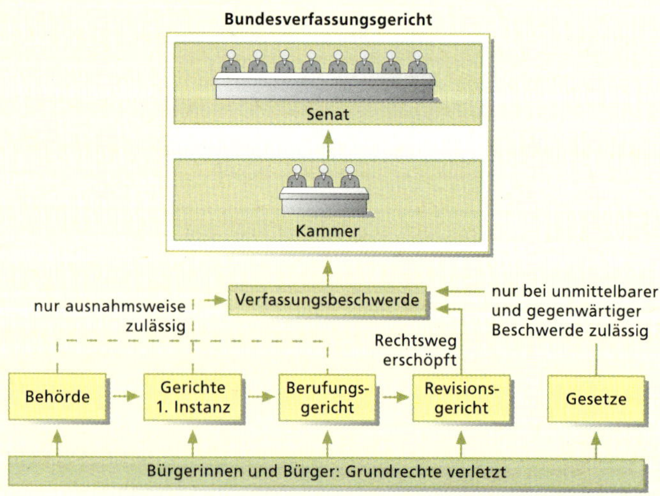

Verfassungsgericht: besonderes Gericht zur Entscheidung verfassungsrechtlicher Streitfragen, in den USA der ↑Supreme Court. In Deutschland gibt es außer dem ↑Bundesverfassungsgericht auch V. in den Ländern, teils Verfassungsgerichtshof oder Staatsgerichtshof genannt. Sie haben über die Einhaltung der jeweiligen Landesverfassung zu wachen und sind keine ständig tagenden Gerichte mit hauptamtlichen Richtern. Ihre Zuständigkeiten sind jedoch denen des Bundesverfassungsgerichts ähnlich.

Verfassungsorgan: Staatsorgan, das unmittelbar durch die Verfassung eingesetzt wird und in seiner Tätigkeit keiner Weisungsgewalt unterworfen ist. Zu den V. zählen in Deutschland: Bundestag und Bundesrat (einschließlich der Ausschüsse, z.B. Gemeinsamer Ausschuss), Bundespräsident, Bundesversammlung, Bundesregierung, Bundesverfassungsgericht, Bundesrechnungshof.

Verfassungspatriotismus: Form der Vaterlandsliebe (↑Patriotismus), die sich v.a. auf die in der Verfassung verankerten Grundwerte stützt. Der Begriff wurde in den 1970er-Jahren von DOLF STERNBERGER (1907–89) u.a. vor dem Hintergrund des Missbrauchs von Begriffen wie »Heimat« und »Vaterland« durch den Nationalsozialismus geprägt.

Verfassungsrat (frz. Conseil Constitutionnel): im politischen System ↑Frankreichs das Verfassungsorgan, das für die Prüfung der Verfassungsmäßigkeit von (Grund-)Gesetzen zuständig ist. Dem V. gehören neun Mitglieder an, die vom Staatspräsidenten sowie von den Präsidenten des Senats und der Nationalversammlung bestimmt werden, ferner (auf Lebenszeit) die ehemaligen Präsidenten der Republik.

Verfassungsrecht: ↑Staatsrecht.

Verfassungsschutz: ↑Nachrichtendienst.

Verfassungsstaat: ↑Rechtsstaat.

Verfassungstreue: die Beachtung der Verfassung als Pflicht jeden Staatsbürgers. In besonderem Maß wird V. von Beamten (↑Amt) und den Beschäftigten im öffentlichen Dienst verlangt (↑Verfassungseid).

Verfassungsvorbehalt: ↑Grundrechte.

Verfassungswidrigkeit: ↑Verfassungsfeindlichkeit.

Verfassungswirklichkeit: das Funktionieren der durch die ↑Verfassung gegebenen Ordnung in einem Staat, wie sie in der Politik und den Machtverhältnissen zum Ausdruck kommen. Die V. kann das Verfassungsrecht ergänzen, aber diesem auch widersprechen, so in Diktaturen, die ihr Handeln mit rechtsstaatlichen Grundsätzen umkleiden. Im demokratischen Rechtsstaat überwachen die ↑Verfassungsgerichte die prinzipielle Übereinstimmung von Verfassung und Verfassungswirklichkeit.

Vergehen: ↑Straftat.

Vergesellschaftung: ↑Sozialisierung.

Verhältnismäßigkeitsgrundsatz (Übermaßverbot): aus dem Rechtsstaatsprinzip abgeleiteter Grundsatz, der sich aus den Geboten der Eignung, Erforderlichkeit und Verhältnismäßigkeit im engeren Sinne zusammensetzt: Eingriffe des Staates müssen geeignet sein, das angestrebte Ziel zu erreichen oder zu fördern; sie sind dabei nur erforderlich, wenn hierfür kein milderes Mittel zur Verfügung steht; ein geeigneter und erforderlicher Eingriff darf dennoch nicht erfolgen, wenn der damit verbundene Schaden in grobem Missverhältnis zu dem angestrebten Zweck steht. Staatliche Maßnahmen, die gegen den V. verstoßen, sind rechtswidrig.

Verhältniswahlrecht: ↑Wahlrecht.

Verkehrspolitik: Gesamtheit der rechtlichen Rahmenbedingungen sowie der technischen und organisatorischen Maßnahmen zum Bau und Unterhalt der Infrastruktur in den Bereichen Binnenschifffahrt, Eisenbahn-, Straßen- und Luftverkehr, Seeschifffahrt und Nachrichtenübermittlung. V. ist vielfach mit Wirtschafts-, Finanz- (z.B. Straßen-

V

benutzungsgebühren, Ökosteuer), Forschungs- und Umweltpolitik (z.B. Abgasgrenzwerte, Nachtflugverbote, Verkehrsleitsysteme) verschränkt.
Ziel der V. ist die Koordinierung der unterschiedlichen Verkehrsträger zum

Verkehrspolitik: ein Prototyp der deutschen Magnetschwebebahn Transrapid 08 auf der Versuchsstrecke im Emsland.

Nutzen der Allgemeinheit und die Abwehr von negativen Auswirkungen, insbesondere des Individualverkehrs, auf Mensch und Umwelt (z.B. Verkehrsunfälle, Lärm, Umweltschäden). Die V. ist gekennzeichnet durch eine vielfältige Interessenstruktur, die verkehrspolitische Entscheidungen häufig erst nach langer politischer Vorbereitung und Vermittlung möglich macht (z.B. Ausbau von Flughäfen). Zielkonflikte und Interessenkollisionen ergeben sich z.B. durch die gesellschaftliche und wirtschaftliche Forderung nach Mobilität, durch grenzüberschreitenden Bedarf an Gütern und Dienstleistungen, die einen Ausbau der Straßen- und Luftverkehrswege notwendig machen, und durch Forderungen von Umwelt- und Klimaschutz, Lärm, Abgase und Naturverbrauch zu reduzieren.
Nach Art. 74 GG hat der Bund im Bereich der Eisenbahn- und Luftverkehrspolitik die ausschließliche Gesetzgebungskompetenz; alle anderen Bereiche der V. werden von Bund und Ländern gemeinsam geregelt. Als eigenständiger Politikbereich liegt die V. der Regierung in der Verantwortung des Bundesministers für Verkehr. Dieser erstellt den Bundesverkehrswegeplan, der über verkehrspolitische Maßnahmen informiert und vom Bundestag bewilligt werden muss. Von zunehmender Bedeutung sind daneben auch die verkehrspolitischen Richtlinien und Verordnungen der EU. Seit 1993 gibt es den Gemeinsamen Verkehrsmarkt, der den Transport von Gütern ohne Grenzbehinderung ermöglicht.
Wie in den meisten europäischen Ländern waren die Bahn und die Post auch in Deutschland lange Zeit in staatlicher Hand (↑Bahn AG, ↑Deutsche Post). Die Privatisierung dieser Unternehmen in der ersten Hälfte der 1990er-Jahre war u.a. Ausdruck einer veränderten Haltung des Staates im Bereich der Wirtschafts- und V. (↑Deregulierung). Die Frage über die Bedeutung staatlicher Einflussnahme im Bereich der V. stellte sich z.B. im Rahmen der Diskussion um den Transrapid, einer in Deutschland entwickelten Magnetschwebebahn; aus dem Projekt zog sich der Bund zu Beginn 2000 wegen Zweifeln an der Wirtschaftlichkeit zurück. Die Einflussnahme des Staates beschränkt sich zunehmend auf die Entwicklung der erforderlichen Infrastruktur, so die Schaffung von Verkehrsverbünden zur Stärkung des öffentlichen Personennahverkehrs oder Ausbau und Erneuerung des Straßenverkehrsnetzes in Ostdeutschland (Investitionen des Bundes für Verkehrsinfrastruktur bis 2002: rd. 67,35 Mrd. DM, davon die Hälfte für den Straße). In die Zuständigkeit der Kommunen fällt die innerstädtische V. (Verkehrsberuhigung und -führung, Radwege, Nahverkehr).

Vermittlungsausschuss:
- in Deutschland der gemäß Art. 77 GG gebildete Ausschuss zur Beilegung von Meinungsverschiedenheiten zwischen Bundestag und Bundesrat über Gesetzesvorlagen (↑Gesetzgebung). Der V. ist paritätisch aus je 16 Mitgliedern beider Organe zusammengesetzt. Wenn der Bundestag ein Gesetz beschlossen hat, gegen das der Bundesrat Einspruch einlegen will (↑Einspruchsgesetz), so muss dieser vorher den V. anrufen. Bei Gesetzen, die der Zustimmung des Bundesrates bedürfen (↑Zustimmungsgesetz), können auch Bundestag und Bundesregierung den V. anrufen. Schlägt der V. eine Änderung der Gesetzesvorlage vor, so muss der Bundestag erneut beschließen.
- in der EU ein aus den Mitgliedern des ↑Rates der Europäischen Union oder deren Vertretern und einer gleich großen Anzahl von Vertretern des ↑Europäischen Parlaments bestehendes Gremium, das im Rechtsetzungsverfahren eine Einigung über den Entwurf eines Rechtsaktes herbeiführen soll (Art. 251 EG-Vertrag).

Vermögen: die Summe der in Geldeinheiten messbaren wirtschaftlichen Werte, die einer natürlichen oder juristischen Person zu einem bestimmten Zeitpunkt gehören **(Bruttovermögen).** Zieht man von dieser Größe die Verbindlichkeiten (Schulden) ab, erhält man das **Netto-** oder **Reinvermögen.** Im weiteren Sinn lässt sich der Begriff V. auch auf immaterielle, nicht in Geld erfassbare Werte ausdehnen (↑Humankapital).

Vermögensgesetz: Kurzbezeichnung für das Gesetz zur Regelung offener Vermögensfragen (VermG), das seine ursprüngliche Fassung durch das Vermögensgesetz vom 23. 9. 1990 der DDR-Volkskammer erhielt und nach Änderungen in der Fassung vom 21. 12. 1998 vorliegt. Das V. regelt die vermögensrechtlichen Ansprüche an Vermögenswerten, die in der DDR entschädigungslos enteignet bzw. in Volkseigentum überführt wurden. Das Gesetz gilt nicht für Enteignungen nach Besatzungsrecht (v.a. im Zuge der sog. Bodenreform in der SBZ).
Das V. stellt den Grundsatz auf, dass die Vermögenswerte auf Antrag der früheren Eigentümer oder ihrer Rechtsnachfolger zurückzuübertragen sind. Entschädigt wird, wenn eine Rückübertragung des Eigentums ausgeschlossen oder nicht mehr möglich ist oder wenn der Alteigentümer diese Alternative gewählt hat.
Die Bestimmungen des V. waren in vielen Einzelheiten und in Zusammenwirken mit anderen Bestimmungen zur ↑Wiedergutmachung des DDR-Unrechts umstritten und Gegenstand von Verfahren vor dem Bundesverfassungsgericht.

Vermögenspolitik: Gesamtheit aller staatlichen Maßnahmen zur Beeinflussung der Vermögensbildung und zur Veränderung der Vermögensverteilung (meist durch Umverteilung des Vermögenszuwachses). Die V. ist Teil der ↑Sozialpolitik; ihre Notwendigkeit ergibt sich aus der ungleichmäßigen Verteilung von Geld- und Sachvermögen in kapitalistischen Wirtschaftssystemen.
Wichtigste Maßnahme der V. in Deutschland ist die Förderung der Vermögensbildung der Arbeitnehmer durch staatliche Sparförderung. Nach dem 3. Vermögensbeteiligungsgesetz vom 7. 9. 1998 sind Arbeitgeber zur Zahlung sog. **vermögenswirksamer Leistungen** verpflichtet (z.B. für Bausparverträge); daneben gewährt der Staat seit 1999 Arbeitnehmern auch für Beteiligungen am Produktivkapital eine **Arbeitnehmer-Sparzulage** (vom Finanzamt ausgezahlt).

Verpflichtungsklage: ↑Klage.

Versammlungsfreiheit: das Recht der Staatsbürger, sich gemeinsam zum Zweck der Meinungs- und Willensbildung oder einer Kundgebung zu versammeln. Die V. ist ein wesentliches Grundrecht jedes freiheitlichen Staates

V

und in Deutschland durch Art. 8 Abs. 1 GG garantiert. Demnach haben alle Deutschen das Recht, »sich ohne Anmeldung oder Erlaubnis friedlich und ohne Waffen zu versammeln«. Beschränkungen der V. bestehen für bestimmte Schutzbereiche (↑Bannmeile) sowie aufgrund des Versammlungsgesetzes vom 15.11.1978. Versammlungen, die die ↑öffentliche Sicherheit und Ordnung gefährden, können aufgelöst werden; das Tragen von Waffen und Uniformen ist verboten. – Siehe auch ↑Demonstrationsrecht.

Verstaatlichung: als Form der ↑Sozialisierung die Übernahme von Produktionsmitteln durch Kauf oder ↑Enteignung in staatliches Eigentum einschließlich deren Verwaltung durch den Staat. V. wurden v.a. von ehemals sozialistischen Ländern vorgenommen (↑Zentralverwaltungswirtschaft). Aber auch an der ↑Marktwirtschaft orientierte Volkswirtschaften greifen zu diesem Mittel, um die Entwicklung gesamtwirtschaftlich wichtiger Bereiche, z.B. Verkehrs- und Versorgungsbetriebe oder Grundstoffindustrie, zu stabilisieren. In Deutschland ist die V. gemäß Art. 15 GG nur zum Wohl der Allgemeinheit und gegen Entschädigung möglich.

Verstädterung: im deutschen Sprachraum häufig Bezeichnung für die Vermehrung, Vergrößerung oder Ausdehnung der ↑Städte (nach Anzahl, Bevölkerung oder Fläche); **Urbanisierung** hingegen bezeichnet die Ausbreitung städtischer Lebens-, Wohn-, Sozial- oder Wirtschaftsformen. V. meint einerseits den prozentualen Anteil der Stadtbevölkerung an der Gesamtbevölkerung eines Raumes (**Verstädterungsgrad,** ↑Agglomeration), zum anderen aber auch den Zuwachs des Anteils der Stadtbevölkerung an der Gesamtbevölkerung in einem bestimmten Zeitraum **(Verstädterungsrate).**

Während der Anteil der Stadtbevölkerung an der Gesamtbevölkerung der Erde um 1800 lediglich 3% betrug, stieg er Ende des 20. Jh. auf rd. 50 %. Die V. konzentriert sich dabei immer mehr auf die großen städtischen Ballungsräume mit mehr als 1 Mio. Einwohnern (↑Metropole). Der Verstädterungsgrad der Industrieländer ist mit 76% höher als der der Entwicklungsländer mit 37%, allerdings leben mittlerweile mehr als zwei von drei Stadtbewohnern in der Dritten Welt. Ursachen der V. sind insbesondere das starke Wachstum der ↑Weltbevölkerung und die ↑Landflucht. Die negativen Folgen der V., wie Gesundheits- und Umweltbelastung, Ausbreitung von Elendsvierteln (↑Slum), aber auch politische Unregierbarkeit, machen sich v.a. in Entwicklungsländern bemerkbar.

Verteidigungsfall: äußerer, durch einen mit Waffengewalt geführten oder unmittelbar drohenden Angriff auf das Bundesgebiet hervorgerufener ↑Notstand (Art. 115a GG). Die Feststellung eines V. trifft der Bundestag mit Zustimmung des Bundesrats. Im V. gelten besondere Regelungen für das Verhältnis von Regierung und Parlament, von Bund und Ländern sowie von Staat und Bürgern (Art. 115b ff. GG; ↑Gemeinsamer Ausschuss, ↑Notstandsgesetzgebung).

Verteidigungspolitik: alle Maßnahmen eines Staates, seine äußere Sicherheit zu erhalten oder zu stärken, um den Frieden zu wahren, die Unversehrtheit des Staatsgebietes zu sichern, die Freiheit der Bürger zu schützen und den politischen Handlungsspielraum zu erhalten. Die V. Deutschlands orientiert sich am Verteidigungsauftrag des Grundgesetzes (Art. 26, 87a und 115a GG) und den Zielsetzungen der ↑Gemeinsamen Europäischen Sicherheits- und Verteidigungspolitik sowie der ↑NATO und der UN im Rahmen einer multinationalen ↑Friedenssicherung, an der sich die ↑Bundeswehr beteiligt.

Verteilungsgerechtigkeit: das in einer Gesellschafts- und Wirtschaftsordnung verwirklichte Maß an ↑Gerechtigkeit bei der Aufteilung erstrebenswerter ma-

Vertriebene: Nach dem Ende des Zweiten Weltkriegs flohen Millionen Deutsche aus den Ostgebieten des Deutschen Reiches oder wurden von dort vertrieben (Bild: Sudetendeutsche aus der Tschechoslowakei).

terieller oder immaterieller Güter auf die einzelnen Gesellschaftsmitglieder. Wesentliche Bestandteile der V. (Verteilungskriterien) sind: 1) Verteilung nach Leistung (Leistungsgerechtigkeit); 2) Gleichmäßigkeit der Verteilung (↑ Chancengleichheit); 3) Verteilung nach den Bedürfnissen (Bedarfsgerechtigkeit). Ein geringes Ausmaß an V. kann zur Verarmung (↑ Armut) einzelner Bevölkerungsschichten führen. In den modernen Leistungsgesellschaften beruht die Einkommens- und Vermögensverteilung v.a. auf der Leistung des Einzelnen; der Staat versucht daher, durch Maßnahmen zur ↑ Umverteilung die V. zu erhöhen.

Verteilungskonflikt: Konflikt zwischen gesellschaftlichen Gruppen sowie zwischen Regionen oder Nationen über die Verteilung bestimmter Güter; in einer marktwirtschaftlichen Ordnung v.a. der Konflikt zwischen Arbeitnehmern und Arbeitgebern über die Verteilung der erwirtschafteten Leistungen. V. können in föderalen Staaten auch zwischen den einzelnen Gebietskörperschaften bestehen. Bedeutendster V. auf internationaler Ebene ist der ↑ Nord-Süd-Konflikt.

vertikale Gewaltenteilung: ↑ Gewaltenteilung.

Vertrag von Amsterdam: ↑ Amsterdamer Vertrag.

Vertrauensfrage: in parlamentarischen Regierungssystemen vom Regierungschef gestellter Antrag an das Parlament, ihm das Vertrauen auszusprechen. Die Verneinung der V. kommt meist einem Misstrauensvotum gleich und zieht i.d.R. den Rücktritt der Regierung und/oder die ↑ Parlamentsauflösung nach sich. Wenn in Deutschland die vom Bundeskanzler gestellte V. nicht von der Mehrheit der Mitglieder des Bundestages bejaht wird, kann der Bundespräsident den Bundestag auf Vorschlag des Bundeskanzlers binnen 21 Tagen auflösen, so geschehen am 7. 1. 1983 durch K. CARSTENS. Das Auflösungsrecht erlischt, sobald der Bundestag mit der Mehrheit seiner Mitglieder einen neuen Bundeskanzler wählt (Art. 68 GG). – Siehe auch ↑ konstruktives Misstrauensvotum.

Vertriebene (Heimatvertriebene): im weiteren Sinn Personen, die ihre Wohn- und Heimatgebiete zwangsweise verlassen mussten. Als V. im engeren Sinn gelten nach dem Bundesvertriebenengesetz (gültig in der Fassung vom 2. 6. 1993) deutsche Staatsangehörige oder Volkszugehörige, die als Bewohner früherer deutscher Ostgebiete (nach

V

dem Gebietsstand vom 31.12.1937) diese Gebiete aufgrund von Umsiedlungs- und Vertreibungsmaßnahmen während des Zweiten Weltkriegs oder danach verlassen mussten (vor dem 1.7.1990 bzw. im Wege des Aufnahmeverfahrens vor dem 1.1.1993; ↑Aussiedler).

Sowohl durch die Verschiebung der Westgrenze Polens (Oder-Neiße-Linie) als auch durch die Vertreibung bzw. Ausweisung Sudetendeutscher aus der Tschechoslowakei und der Deutschstämmigen aus Ungarn kamen bis 1950 knapp 12 Mio. Menschen als Flüchtlinge oder V. in die BRD und DDR. Ihre Eingliederung erfolgte v.a. durch den ↑Lastenausgleich. Der europäische Integrationsprozess kann evtl. den Verlust der Heimat erleichtern und zu einer Annäherung der V., Polen und Tschechen führen.

Verursacherprinzip: Grundsatz des Umweltrechts und der Umweltpolitik, wonach der Verursacher von Umweltschäden die Kosten für deren Beseitigung, Ausgleich oder Vermeidung tragen soll (Gegensatz: ↑Gemeinlastprinzip). Mit dem V. wird langfristig eine Vermeidung von Umweltschäden durch Produktionsumstellung bzw. die Einführung neuer technischer Verfahren angestrebt (Umweltvorsorge bzw. Vorsorgeprinzip).

Verwaltung (öffentliche Verwaltung): im weiteren Sinn die vollziehende Gewalt (↑Exekutive); im engeren Sinn der Vollzug von Anordnungen, insbesondere der Gesetzesvollzug im Gegensatz zur ↑Regierung. Innerhalb der V. unterscheidet man 1) nach den Auswirkungen zwischen ↑Eingriffsverwaltung und ↑Leistungsverwaltung; 2) nach Aufgabenbereichen (Auswärtige und Innere V., Militär-, Justiz-, Finanz-, Wirtschafts-, Verkehrs-, Arbeits-, Kultusverwaltung u.a.); 3) nach den Trägern: Staatsverwaltung und Kommunalverwaltung; 4) nach Staatsverwaltung und ↑Selbstverwaltung bzw. unmittelbarer (Eigenverwaltung) und der mittelbaren V. (Auftragsverwaltung, z.B. ↑Bundesauftragsverwaltung); 5) im ↑Bundesstaat nach ↑Bundesverwaltung und Landesverwaltung.

Verwaltungsaufbau: Organisation der öffentlichen ↑Verwaltung, die in ↑Behörden gegliedert ist (↑Bürokratie). Der gesamte V. ist durch zwei Prinzipien gekennzeichnet: 1) Zentralisation und Dezentralisation, d.h. die Verteilung von Verwaltungsangelegenheiten auf verschiedene Träger wie Bund, Länder, Gemeinden und selbstständige ↑Körperschaften und ↑Anstalten des öffentlichen Rechts; 2) Konzentration bzw. Dekonzentration, d.h. die Verteilung der Verwaltungsaufgaben innerhalb der Verwaltungsträger. Von Konzentration wird gesprochen, wenn möglichst viele Zuständigkeiten bei einer Behörde zusammengefasst sind. Mit Dekonzentration wird die Verteilung von Kompetenzen auf mehrere Behörden bezeichnet.

Kennzeichnend für die **unmittelbare Staatsverwaltung** in Bund und Ländern ist die dreistufige Gliederung: 1) Die Zentralstufe wird von Fachministerien gebildet. Ihnen können weitere zentrale Behörden zugeordnet sein (z.B. das Bundeskriminalamt dem Bundesministerium des Inneren oder die Landeskriminalämter den entsprechenden Landesministerien). 2) Die Mittelstufe besteht aus Behörden, die für größere Bezirke zuständig und meist einem bestimmten Ministerium unterstellt sind (z.B. die Oberfinanzdirektionen den Bundes- und Landesfinanzministerien). Eine Verwaltungsinstanz auf der mittleren Ebene sind die Regierungspräsidien (↑Regierungsbezirk). 3) Zur Unterstufe zählen lokale Behörden und Institutionen wie Finanzämter, Schulen und die ↑Landratsämter.

Die Aufgabe der Zentralinstanzen besteht im Wesentlichen in der Vorbereitung von ↑Gesetzen, im Erlass von ↑Rechtsverordnungen und im Aufstellen von Planungen. Die Mittelinstanzen dienen der Aufsicht der unteren Behörden und der Information der Zentrale. Der eigentliche Verwaltungsvollzug gegenüber dem Bürger findet auf der unteren Stufe statt.

Die **mittelbare Staatsverwaltung** ist i.d.R. nach dem Prinzip der ↑Selbstverwaltung organisiert. Teilweise hat sie einen selbstständigen Behördenstrang ausgebildet, z.B. die ↑Bundesanstalt für Arbeit mit Landesarbeitsämtern als mittleren und ↑Arbeitsämtern als unteren Instanzen. Neben der ↑Sozialversicherung ist der bedeutendste Bereich der mittelbaren Staatsverwaltung die kommunale Selbstverwaltung (↑Gemeinde, ↑Kreis).

Verwaltungsgerichtsbarkeit: ↑Gerichtsbarkeit für öffentlich-rechtliche Streitigkeiten nichtverfassungsrechtlicher Art; eine anderweitige Zuständigkeit ergibt sich kraft Gesetz für die ↑Finanzgerichtsbarkeit, die ↑Sozialgerichtsbarkeit und die Disziplinargerichte **(besondere V.)**. Die allgemeine V. ist einheitlich geregelt in der Verwaltungsgerichtsordnung (VwGO) in der Fassung vom 19. 3. 1991; ergänzend gilt die Zivilprozessordnung (ZPO). Ausgeübt wird die V. durch unabhängige, von den Verwaltungsbehörden getrennte Gerichte: in den Ländern die Verwaltungsgerichte und Oberverwaltungsgerichte (in Baden-Württemberg und Hessen: Verwaltungsgerichtshof); Revisionsinstanz ist das ↑Bundesverwaltungsgericht.

Verwaltungsrecht: die für die Tätigkeit der öffentlichen ↑Verwaltung geltenden Vorschriften, ein Teil des ↑öffentlichen Rechts. Das allgemeine V. beinhaltet die für die Verwaltung allgemein geltenden Regelungen (Verwaltungsverfahrensgesetz, VwVfG, des Bundes in der Fassung vom 21. 9. 1998 und entsprechende Landesgesetze). Das besondere Verwaltungsrecht umfasst die jeweiligen speziellen Materien (z.B. Polizei-, Bau-, Gemeinde-, Wehr-, Beamten-, Gewerbe-, Schulrecht).

Verwirkung: im Staatsrecht durch das Bundesverfassungsgericht ausgesprochener Verlust von ↑Grundrechten für denjenigen, der sie zum Kampf gegen die freiheitlich-demokratische Grundordnung missbraucht (Art. 18 GG).

Veto [v-; zu lat. »ich verbiete«]: das Recht eines Einzelnen, einer Behörde oder Körperschaft, durch Einspruch einen Beschluss unwirksam **(absolutes V.)** zu machen oder aufzuschieben **(suspensives V.)**. In Deutschland hat der Bundesrat gegenüber Gesetzesbeschlüssen des Bundestags im Regelfall ein suspensives V. (↑Einspruchsgesetz), bei ↑Zustimmungsgesetzen ein absolutes V. (Art. 77 GG). Im ↑UN-Sicherheitsrat besitzen die ständigen Mitglieder ein absolutes V. – Siehe auch ↑USA.

Vielvölkerstaat (Nationalitätenstaat): ein Staat, dessen Bevölkerung aus verschiedenen Volksgruppen (↑Ethnien) oder Nationalitäten besteht und denen ein gewisser Grad an Selbstverwaltung gewährt wird; z.B. Belgien, Schweiz.

Die Gesamtheit der Bevölkerung in einem V. versteht sich i.d.R. als politisch einheitliche ↑Nation; ein Zerfall des V. droht, wenn sich einzelne Volksgruppen als eigene Nation oder als Teil einer anderen Nation empfinden (z.B. im ehemaligen Jugoslawien).

Viermächtestatus: ↑Berlin.

Vierte Welt: von der UN geprägte Bezeichnung für eine bestimmte Gruppe der ↑Entwicklungsländer. Zu den Ländern der V. W. zählen diejenigen Staaten, die der Gruppe der **Least Developed Countries** (LLDC, »am wenigesten entwickelte Länder«) bzw. der Gruppe der **Most Seriously Affected Countries** (MSAC, »am schwerwiegendsten betroffene Länder«) zuzuordnen sind. Als Kennzeichen gelten u.a. niedriges Pro-Kopf-Einkommen, eine Analphabetenquote von mehr als 80%, hohe Auslandsverschuldung (↑Schuldenkrise) und geringe Exporterlöse.

Vietnamkrieg [viɛt-]: militärischer Konflikt in Indochina 1946–75, der seinen Ursprung und Hauptschauplatz in Vietnam hatte.

V

Erste (»französische«) Phase (1946–54), auch **Indochinakrieg** genannt: Nach 1945 kämpften französische Truppen gegen eine meist kommunistische Partisanenarmee (Vietminh), um in Vietnam die französische Kolonialherrschaft wieder herzustellen. Auslöser des Krieges war die Beschießung der Hafenstadt Haiphong durch französische Kriegsschiffe am 23.11.1946. Die militärische Niederlage der französischen Armee bei Dien Bien Phu am 7.5.1954 führte im gleichen Jahr auf der Genfer Indochinakonferenz zum Waffenstillstandsabkommen und zur vorläufigen Teilung Vietnams. Die vorgesehenen gesamtvietnamesischen Wahlen zur Wiedervereinigung Vietnams unterliefen die USA; sie unterstützten den südvietnamesischen Regierungschef, der Südvietnam zum antikommunistischen Vorposten ausbaute.
Zweite (»amerikanische«) Phase (1954–75): Die Befürchtung, ein Erfolg der Kommunisten würde auch in den benachbarten Staaten zum kommunistischen Umsturz führen (»Dominotheorie«), hatte die US-Regierung vor dem Hintergrund des Kalten Krieges ab 1950 u.a. zur Entsendung von Militärberatern nach Süd-Vietnam veranlasst. Nach dem sog. Tongking-Zwischenfall (angebliche Beschießung von US-Kriegsschiffen durch nordvietnamesische Truppen im Golf von Tongking am 2. und 4.8.1964) begannen die USA mit der Entsendung von Truppen und der Bombardierung wirtschaftlicher und militärischer Ziele im kommunistischen Nord-Vietnam. Im weiteren Verlauf nahm in den USA und weltweit die Kritik an der amerikanischen Vietnampolitik und der Kriegführung (u.a. Einsatz chemischer Waffen, Flächenbombardements, Massaker an der Zivilbevölkerung) zu, was schließlich zur Aufnahme von Friedensverhandlungen (ab Mai 1968) sowie zu einem Waffenstillstandsabkommen am 27.1.1973 führte.
Nach Abzug der US-Truppen gelang den nordvietnamesischen Truppen in der *dritten (Bürgerkriegs-)Phase* des V. die Wiederherstellung eines gesamtvietnamesischen Staates unter kommunistischer Führung. Dem V. fielen 1 Mio. vietnamesische und 58 000 US-Soldaten sowie 2 Mio. Zivilisten zum Opfer.

Visegrád-Staaten ['viʃɛgra:d-]: eine Gruppe ehemaliger kommunistischer Staaten Ostmitteleuropas, die sich am 15.12.1991 in Visegrád (Ungarn) zusammenschloss; zu den V.-S. gehören Polen, Ungarn, die Slowakei, die Tschechische Republik sowie Slowenien (seit 1995), Rumänien (seit 1997) und Bulgarien (seit 1998). Ziel der Visegrád-Gruppe ist die Koordinierung der wirtschaftlichen, politischen und militärischen

Vietnamkrieg: Das Bild der neunjährigen Kim Phuc Phan Thi ging um die Welt. Zusammen mit anderen Kindern floh sie in Panik nach einem US-amerikanischen Napalm-Angriff auf ihr Dorf im Juni 1972.

Eingliederung ihrer Mitglieder in die EU (↑EU-Erweiterung) sowie in die ↑NATO.

Visum [v-]: amtlicher Sichtvermerk im Pass; das V. erlaubt Einreise, Durchreise bzw. Aufenthalt in einem fremden Staat.

VKSE-Verträge: ↑KSE-Verträge.

Volatilität [v-; zu lat. volatilis »fliegend«, »flüchtig«]: in der Politikwissenschaft Bezeichnung für die Unbeständigkeit bei der Wahl einer politischen Partei (↑Wechselwähler). V. ist ein Kriterium zur Beschreibung von Parteiensystemen.

Volk:

- Bezeichnung für die »breite Masse« einer Gesellschaft;
- ↑Ethnie;
- eine durch gemeinsame Herkunft, Geschichte, Kultur und Sprache, z.T. auch Religion verbundene Gemeinschaft; nicht klar abgrenzbare Bezeichnung zu ↑Nation.
- staatsrechtlich Träger der ↑Staatsgewalt, in einer Demokratie Inhaber der Souveränität (↑Volkssouveränität).

Völkerbund (frz. Société des Nations, engl. League of Nations): 1920–46 eine Staatenvereinigung zur Sicherung des Weltfriedens und zur wirtschaftlichen und kulturellen Zusammenarbeit; Sitz: Genf. Die Bildung des V. wurde auf der Pariser Friedenskonferenz am 14.2.1919 beschlossen; seine Satzung **(Völkerbundakte)** trat als Teil des Versailler Vertrages am 10.1.1920 in Kraft. Gründungsmitglieder waren die Siegermächte des Ersten Weltkriegs und 13 neutrale Staaten. Später wurden weitere Staaten aufgenommen, z.B. Österreich 1920, Deutschland 1926, UdSSR 1934 (Ausschluss 1940). Die Mitglieder waren zur Erhaltung des Weltfriedens verpflichtet und befugt, gegenüber einem Friedensbrecher Sanktionen zu verhängen.

Die Errichtung des V. war ein Kernpunkt im Friedensprogramm des US-amerikanischen Präsidenten T. W. WILSON, dem der US-Senat aber die Unterstützung für dessen Vorhaben entzog, sodass die USA dem V. fernblieben. Der V. vermochte sich in Streitfragen, an denen auch Großmächte beteiligt waren, nicht durchzusetzen. Auch gelang es ihm nicht, eine allseitige Abrüstung herbeizuführen. Mehrere Austritte schwächten seine Position (z.B. Deutschland und Japan 1933, Italien 1937). Im Zweiten Weltkrieg wurde die politische Ohnmacht des V. deutlich; nach Gründung der ↑UN wurde der V. am 18.4.1946 aufgelöst.

Völkermord (Genozid): Handlungen gegen Mitglieder einer nationalen, ethnischen, rassischen oder religiösen Gruppe, die in der Absicht begangen werden, die Gruppe als solche ganz oder teilweise zu zerstören. Der V. wurde in der UN-Konvention über die Verhütung und Bestrafung des V. vom 9.12.1948 zum international geächteten Verbrechen erklärt. Die Konvention enthält keine eigenen Strafnormen, sondern verpflichtet die Signatarstaaten lediglich, bestimmte Handlungen, zu denen auch der V. zählt, unter Strafe zu stellen. Die Verfolgung von V. wird auch die Aufgabe des ↑Internationalen Strafgerichtshofes sein. In Deutschland wurde durch ein Gesetz vom 9.8.1954 der §220a in das StGB eingefügt, der V. mit lebenslanger Freiheitsstrafe bedroht. V. verjährt nicht (§79 Abs. 2 StGB).

Zu den V. größeren Ausmaßes zählten im 20. Jh. z.B. die Morde an den Armeniern im und nach dem Ersten Weltkrieg durch die Türken, der ↑Holocaust an den Juden (↑Judenverfolgung), die Terrorherrschaft der Roten Khmer in Kambodscha (1975–79), der 1,5–2 Mio. Kambodschaner zum Opfer fielen, sowie die ↑ethnischen Säuberungen im Bosnischen Krieg und der Mord an etwa 1 Mio. Tutsi und Hutu 1994 in Ruanda (↑Kriegsverbrechertribunale).

Völkerrecht: Rechtssätze, welche die Rechte und Pflichten, die Beziehungen und den Verkehr der Staaten und anderer Völkerrechtssubjekte untereinander

V

regeln. Rechtsquellen des V. sind Verträge und ↑Gewohnheitsrecht, ergänzt durch allgemein anerkannte Rechtsgrundsätze. Die völkerrechtlichen Regeln über Verträge sind in dem Wiener Übereinkommen vom 23. 5. 1969 über das Recht der Verträge kodifiziert. Das V. wird herkömmlich in Friedensrecht und ↑Kriegsrecht unterteilt.

Das V. entwickelte sich in Europa aus grundsätzlichen Problemen, die Beziehungen zwischen den Staaten zu ordnen, und erlangte im 19. und 20. Jh. weltweite Geltung. Als »Vater« des klassischen Völkerrechts gilt HUGO GROTIUS (1583–1645). Gemäß der Völkerrechtsidee, die internationalen Beziehungen auf der Grundlage von Frieden, Selbstbestimmung und Gerechtigkeit zu gestalten, regelt das V. v.a. die hoheitlichen Rechtsbeziehungen zwischen den voneinander unabhängigen, obersten politischen Herrschaftsorganisationen. Dies sind i.d.R. Staaten und Staatenverbindungen. Sie sind die hauptsächlichen **Völkerrechtsubjekte,** d.h. Träger völkerrechtlicher Rechte und Pflichten, und die Adressaten völkerrechtlicher Normen. Völkerrechtsfähigkeit kommt auch ↑internationalen Organisationen, einigen historischen Völkerrechtssubjekten (Heiliger Stuhl, Malteserorden, Internationales Komitee vom ↑Roten Kreuz), bestimmten Gruppen (Minderheiten, Krieg führenden Parteien) und ganz begrenzt Einzelpersonen zu.

Volksabstimmung (Plebiszit):

◆ *Staatsrecht:* Abstimmung der stimmberechtigten Staatsbürger über Sachfragen, im Unterschied zur ↑Wahl, die sich auf eine Personalentscheidung bezieht; im modernen Staatsrecht Ausdruck der ↑direkten Demokratie. V. gibt es in den Formen Volksbegehren und ↑Volksentscheid sowie ↑Bürgerbegehren und ↑Bürgerentscheid.

◆ *Völkerrecht:* Abstimmung der stimmberechtigten Bevölkerung eines Gebietes darüber, ob sie im bisherigen Staatsverbund verbleiben oder ihn wechseln will, z.B. nach dem Ersten Weltkrieg in Oberschlesien und Schleswig.

Volksbegehren: das Verlangen einer Mindestzahl von Staatsbürgern (↑Quorum), dem Parlament einen Gesetzentwurf zur Beschlussfassung vorzulegen oder vom Parlament die Ausarbeitung eines Gesetzes zu verlangen. Häufig wird dabei vorgeschrieben, dass bei Ablehnung oder Änderung des begehrten Entwurfs ein ↑Volksentscheid durchzuführen ist.

In *Österreich* kennen die Verfassungen der Länder V. und der Bund das V. auf Erlass von Gesetzen (Art. 41 Bundesverfassungsgesetz); hiernach muss das V. in Form eines Gesetzentwurfs dem Nationalrat vorgelegt werden, wenn er von 100 000 Stimmberechtigten oder von je einem Sechstel der Stimmberechtigten dreier Länder getragen wird. Im Gesetzgebungsverfahren der *Schweiz* gibt es die **Volksinitiative (Volksanregung),** d.h. die Möglichkeit des Volks, ein konkretes Gesetz zu initiieren (Art. 120 f. Bundesverfassung). Auf Bundesebene kann durch Volksinitiative nur die Einleitung einer Teil- oder Totalrevision der Bundesverfassung verlangt werden. Hierzu sind 100 000 Unterschriften der Stimmberechtigten notwendig.

Volksdemokratie: Regierungsform in den ostmitteleuropäischen Ländern des sowjetischen Einflussbereiches in der sog. Übergangsetappe zwischen ↑Kapitalismus und ↑Sozialismus unmittelbar nach dem Zweiten Weltkrieg, die durch ein Mehrparteiensystem und verschiedene Eigentumsformen an Produktionsmitteln gekennzeichnet war. Nach 1947 erfolgte in der marxistisch-leninistischen Lehre eine Umorientierung, aufgrund derer die V. als eine taktische Variante der ↑Diktatur des Proletariats verstanden und entsprechend gestaltet wurde.

Volkseinkommen: Summe aller den inländischen Wirtschaftssubjekten aus dem In- und Ausland in einer Periode (meist ein Jahr) zufließenden ↑ Einkommen, d. h. die Erwerbs- und Vermögenseinkommen der privaten Haushalte und Organisationen ohne Erwerbszweck, die Vermögenseinkommen des Staates (beides nach Abzug der Schuldzinsen) und die unverteilten Gewinne der Unternehmen mit eigener Rechtspersönlichkeit.

Volksentscheid (Referendum): unmittelbare Mitwirkung des Volkes (Stimmberechtigte) an der staatlichen Gesetzgebung oder an sonstigen staatlichen Entscheidungen durch Abstimmung; häufig durch ein ↑ Volksbegehren eingeleitet. Häufig ist ein V. in Verfassungen für bestimmte Fragen, z. B. Verfassungsänderungen, vorgeschrieben **(obligatorischer V.).** Von einem **fakultativen V.** wird gesprochen, wenn eine vom Parlament überstimmte Regierung oder eine parlamentarische Minderheit einen V. in die Wege leiten darf.

In *Deutschland* gibt es den V. (Art. 29 Abs. 2 GG) nur in Fragen der ↑ Neugliederung des Bundesgebietes, jedoch sehen viele Länderverfassungen V. vor. In *Österreich* ist der V., **Volksabstimmung** genannt, obligatorisch für Gesamtänderungen der Bundesverfassung und fakultativ für Verfassungs- und Gesetzesbeschlüsse. In einzelnen Ländern können auch die Wahlberechtigten einen V. veranlassen. In der *Schweiz* ist die Zustimmung des Volkes bei Verfassungsänderungen des Bundes und der ↑ Kantone notwendig. Bundesgesetze müssen dem Volk unterbreitet werden, wenn 50 000 Stimmbürger oder acht Kantone dies verlangen. Staatsverträge und kantonale Gesetze unterliegen teils dem obligatorischen, teils dem fakultativen Referendum. Wegen des breiten Einsatzes von V. in der Schweiz spricht man auch von ↑ Referendumsdemokratie.

Volksinitiative: ↑ Volksbegehren.

Volkskammer: das Parlament der ↑ Deutschen Demokratischen Republik.

Volkspartei: ↑ Partei.

Volksrepublik, Abk. VR: nach dem Zweiten Weltkrieg Teil des Staatsnamens von ↑ Volksdemokratien und sozialistisch orientierten Staaten.

Volkssouveränität [-su-]: Grundprinzip der ↑ Legitimation demokratischer Herrschaft. Im Gegensatz zur ↑ Souveränität des Monarchen, der als Staatsoberhaupt ursprünglich Inhaber der gesamten ↑ Staatsgewalt war und von dem sich alle staatliche Machtausübung ableitete, geht nach dem Prinzip der V. alle Gewalt vom Volke aus. Jede staatliche Machtausübung muss demnach durch das Staatsvolk legitimiert sein, entweder unmittelbar, z. B. durch ↑ Volksentscheid und ↑ Wahlen oder mittelbar durch vom Volk gewählte Repräsentanten. Ferner müssen die staatlichen Amtsinhaber dem Volk bzw. den von ihm legitimierten Instanzen verantwortlich sein.

In ↑ Repräsentativsystemen wird das ↑ Parlament gelegentlich als Souverän bezeichnet, da der Volkswille nicht vom Volk selbst, sondern von seiner Vertretung ausgedrückt wird. Doch kommt die V. auch hier zum Tragen, weil die Abgeordneten selbst vom Volk gewählt werden und sich in regelmäßigen Abständen einer Wiederwahl stellen. Dem Prinzip der V. widerspricht es auch nicht, wenn bestimmte Rechte, z. B. ↑ Menschenrechte und bestimmte Institutionen des ↑ Rechtsstaats, als unantastbar gelten. Denn die V. legt nur eine höchste, alle anderen Träger staatlicher Gewalt legitimierende Instanz fest. Diese ist aber ebenfalls eine rechtlich begrenzte Gewalt.

Volkswille: nach J.-J. ROUSSEAU eine ideelle Größe, in der aus der Summe der Einzelwillen (frz. volonté de tous) der empirische V. zum Ausdruck kommt. Im Unterschied zur »volonté de tous« kommt in der »volonté générale« (↑ Gemeinwille) der Gesamtwille zum Vorschein, in dem der Wille der Einzelnen aufgeht. Im Sinne des Gemeinwohls verzichtet der mündige Bürger in einem Gesellschaftsvertrag auf seine naturgegebenen Rechte.

V

Auf die Annahme eines V. beziehen sich Konzepte der ↑direkten Demokratie. Die in ROUSSEAUS Denkmodell enthaltene ideelle Aufhebung der Abgrenzung zwischen Individuum und Gemeinschaft birgt andererseits die Gefahr der totalitären Bedrohung des Einzelnen in sich.

Volkswirtschaft: Gesamtheit der ökonomisch miteinander verbundenen und voneinander abhängigen Einzelwirtschaften innerhalb eines umgrenzten geographischen (i.d.R., aber nicht notwendigerweise mit dem Staatsgebiet zusammenfallenden) Gebietes mit einheitlicher Wirtschaftsordnung (↑Wirtschaft). Die V. umfasst alle Einrichtungen und Maßnahmen zur Deckung des menschlichen Bedarfs sowohl an privaten als auch an öffentlichen ↑Gütern und Leistungen. Durch die Wahl einer bestimmten Wirtschaftsordnung wird die Organisationsform einer V. festgelegt (↑Marktwirtschaft, ↑Zentralverwaltungswirtschaft). Durch die Eigentumsverfassung (Privat-, Staats- oder Gemeineigentum) wird das Verfügungs- und Nutzungsrecht insbesondere an den Produktionsmitteln festgelegt und geregelt.
In der ökonomischen Theorie wird getrennt zwischen der Modellvorstellung einer **geschlossenen V.** ohne wirtschaftliche Beziehungen zum Ausland und einer **offenen V.** Charakterisiert werden V. auch nach ihrem Entwicklungsstand, z.B. Agrarwirtschaft, ↑Industriegesellschaft.

Volkszählung (Zensus): zu einem bestimmten Zeitpunkt (Stichtag) erfolgende staatliche Erhebung statistischer, primär für staatliche Planungen und Maßnahmen notwendiger Daten über die Bevölkerung; in der letzten V. in Deutschland am 25. 5. 1987 wurden u.a. Daten zum Beruf, zur Wohnungs- und Arbeitssituation gesammelt. Der Aktualisierung der aus einer V. gewonnenen Daten dient der ↑Mikrozensus. Bei V. und Mikrozensus besteht Auskunftspflicht.
Anlässlich der von Bürgerinitiativen 1983 verhinderten V. in Deutschland formulierte das Bundesverfassungsgericht das informationelle ↑Selbstbestimmungsrecht, aufgrund dessen jedem Bürger die Preisgabe und Verwendung persönlicher Daten prinzipiell selbst überlassen ist (↑Datenschutz). Dessen Wahrung floss in das Volkszählungsgesetz von 1987 ein.

Vollbeschäftigung: optimale Auslastung aller Produktionsfaktoren (insbesondere des Faktors ↑Arbeit) in einer Volkswirtschaft. V. ist ein wichtiges Ziel der Wirtschaftspolitik. Sie liegt vor, wenn alle für eine Beschäftigung geeigneten Personen ohne längere Wartezeiten einen Arbeitsplatz zum bestehenden Lohnniveau finden können, in der Praxis bei einer Arbeitslosenquote von bis zu 3%.

Volljährigkeit (Mündigkeit): Stufe des menschlichen Alters, mit der die volle Geschäftsfähigkeit und Ehemündigkeit eintritt; in Deutschland und der *Schweiz* mit Vollendung des 18., in *Österreich* mit Vollendung des 19. Lebensjahrs (Volljährigkeitserklärung mit 18 Jahren möglich). – Siehe auch ↑Strafmündigkeit.

vollziehende Gewalt: ↑Exekutive.

volonté de tous [vɔlɔ̃'te de tu, frz.]: ↑Volkswille.

volonté générale [vɔlɔ̃'te ʒene'ral, frz.]: ↑Gemeinwille.

Voluntarismus [zu lat. voluntas »Wille«]: Betonung der Willenskräfte beim Zustandekommen von Entscheidungen und im Verhältnis des Menschen zu seiner Umwelt, im Unterschied z.B. zur Betonung des Verstandes im Rationalismus.

Vorrang der Verfassung: ↑Gesetzesvorrang.

Vorruhestand: das vorzeitige Ausscheiden aus der Erwerbstätigkeit; mit gesetzlichen Maßnahmen zum V. wird v.a. die Entlastung des Arbeitsmarktes angestrebt. Den Rahmen für tarif- und arbeitsvertragliche Vereinbarungen zum V. bilden die gesetzlichen Bestimmungen zur ↑Altersteilzeit.

Vorwahlen: ↑Primaries.

W

Wachstumspolitik: Gesamtheit der staatlichen Maßnahmen zur Erhöhung der realen Wirtschaftsleistung (↑Wirtschaftswachstum). Das ↑Stabilitätsgesetz verpflichtet die Bundesregierung, für ein »stetiges und angemessenes Wirtschaftswachstum« zu sorgen.

Die herrschende W. betrachtet Wachstum als Voraussetzung für die Beseitigung von Armut, Vermehrung von ↑Wohlstand, Erhöhung der Beschäftigung, Schaffung des Potenzials zur Beseitigung und Verhinderung von Umweltschäden, Förderung eines sozialverträglichen ↑Strukturwandels, Verbesserung der ↑Infrastruktur und Bekämpfung von Unterentwicklung. Diese Form von W. wird u.a. mit dem Hinweis auf die beschleunigte Umweltzerstörung, Erschöpfung von Rohstoffvorräten und ungerechte Verteilung des erwirtschafteten Einkommens kritisiert. Befürwortet werden daher Eingriffe in den Wirtschaftsprozess im Sinne eines qualitativen Wachstums, v.a. da externe Kosten (z.B. die Luftverschmutzung durch den Verkehr) im Preismechanismus nicht wirksam werden. Der Zusammenhang von Wachstum sowie Umwelt- und Sozialverträglichkeit wird auch unter dem Begriff ↑nachhaltige Entwicklung diskutiert.

Waffenhandel: ↑Rüstungsexporte.

Wählbarkeit (passives Wahlrecht): Regelung, die die Aufstellung zur Wahl (Kandidatur) festlegt. In Deutschland ist die W. für die ↑Bundestagswahl geregelt im Bundeswahlgesetz (zuletzt 20. 4. 1998). Nach § 15 ist wählbar, wer am Wahltag seit mindestens einem Jahr Deutscher ist und das 18. Lebensjahr vollendet hat. Nicht wählbar ist nach § 13 u.a., wer durch ein Gerichtsurteil die W. oder die Fähigkeit zur Bekleidung öffentlicher Ämter nicht besitzt, wer dauerhaft entmündigt ist und wer sich als schuldunfähiger bzw. vermindert schuldfähiger Straftäter in einem psychiatrischen Krankenhaus befindet (§§ 20, 63 StGB).

Wahlen: Berufung von Personen in bestimmte Stellungen, wenn diese Personen von einem Gremium (Wahlkörper, Wählerschaft) bestellt werden. Vorausgesetzt ist dabei eine Entscheidungsmöglichkeit zwischen verschiedenen Alternativen; liegt keine Alternative vor, wird von ↑Akklamation gesprochen.

In Demokratien werden die wichtigsten Staatsämter durch W. besetzt. In ↑parlamentarischen Regierungssystemen werden die Abgeordneten zum Parlament gewählt, in ↑Präsidialsystemen wie den USA außerdem der Präsident. Der Kreis der wahlberechtigten und wählbaren Personen (↑Wählbarkeit, ↑Wahlrecht) sowie das zu beachtende Verfahren werden durch Wahlgesetze bestimmt. In Deutschland sind dies für die Bundestagswahlen das Bundeswahlgesetz und die für die jeweiligen Bundesländer geltenden Landeswahlgesetze, die sich z.T. deutlich voneinander unterscheiden. In einigen Staaten besteht für die Wähler auch Wahlpflicht (z.B. Griechenland).

W. können durch offene oder geheime Abstimmung erfolgen. Ursprünglich erfolgten W. immer offen. Die Folge war, dass Wähler unter Druck gesetzt wurden, um in einem bestimmten Sinne abzustimmen. Um solche Einflussnahmen abzuwehren, gilt heute allgemein die geheime Stimmabgabe. Unter demokratischen W. werden allgemeine, gleiche, geheime und periodisch wiederkehrende W. verstanden, wie sie auch in Art. 38 GG vorgesehen sind. W. dienen der Legitimation und Kontrolle von Amtsinhabern. Der ordnungsgemäße Verlauf einer W. muss durch Möglichkeiten der Anfechtung und Prüfung gesichert sein. Um den Wechsel der Amts-

W

inhaber zu beschleunigen, ist in vielen Staaten die Wiederwahl begrenzt oder ausgeschlossen. Um andererseits die Kontinuität der Arbeit gewährleisten zu können, sehen manche Verfassungen für Parlamente die regelmäßige Neuwahl nur eines Teils der Abgeordneten vor. – Siehe auch ↑Primaries, ↑Sozialwahlen.

Wählervereinigung (freie W., Wählergemeinschaft): loses Zweckbündnis von Bürgern, die sich außerhalb der Parteien organisieren, um Kandidaten zur Vertretung ihrer Interessen zu nominieren und im Wahlkampf zu fördern. In Deutschland treten W. v.a. bei Kommunalwahlen an.

Wahlkampf: Gesamtheit der organisatorischen, strategisch-taktischen und kommunikativen Bestrebungen der Parteien und Kandidaten zur Beeinflussung der Wähler vor einer Wahlentscheidung.

Der W. ist als Mittel der Willensbildung wichtiger Bestandteil jedes parlamentarischen Regierungssystems. Im W. gilt der Grundsatz der Chancengleichheit von Parteien und Einzelbewerbern. Der moderne W. spielt sich v.a. in den Massenmedien ab (↑Mediendemokratie). Seine Bedeutung wächst in dem Maße, wie (traditionelle) Parteibindungen der Wähler an Bedeutung verlieren (↑Parteiensystem) und die Zahl der ↑Wechselwähler steigt.

Wahlkampfkostenerstattung: Teil der staatlichen ↑Parteienfinanzierung in Deutschland; nach den wichtigsten Regelungen erhalten die Parteien: 1 DM für jede gültige für ihre Liste abgegebene Stimme (Entsprechendes gilt für einen Wahlkreis, wenn keine Landesliste aufgestellt war); 0,50 DM für jede DM, die sie durch Beiträge oder Spenden einnehmen (Höchstgrenze für Personenspenden: 6 000 DM).

Wahlkreis: jeweils festgelegter Teil des Staatsgebiets, in dem ein ↑Abgeordneter für die Volksvertretung gewählt wird.

Deutschland ist für die ↑Bundestagswahl in 328 W. gegliedert. Nach dem Gesetz zur Neueinteilung der W. für die Wahl zum Deutschen Bundestag vom 1. 7. 1998 wird die Zahl der W. ab der 15. Legislaturperiode, die regulär 2002 beginnt, von 328 auf 299 verringert.

In *Österreich* ist das Bundesgebiet für die Nationalratswahl in räumlich geschlossene Landeswahlkreise (entsprechend den neun Bundesländern) geteilt; diese sind wiederum in 43 Regionalwahlkreise untergliedert. In der *Schweiz* bildet für die Wahl zum Nationalrat jeder Kanton und jeder Halbkanton einen Wahlkreis.

Wahlmänner: Mittelsmänner, die von den Wahlberechtigten gewählt werden, um stellvertretend für diese einen oder mehrere Amtsträger zu wählen; über W. wird z.B. der Präsident der ↑USA gewählt.

Wahlmonarchie: ↑Erbmonarchie.

Wahlperiode: Zeitraum, für den die Volksvertretung gewählt ist (↑Legislaturperiode). Der Bundestag etwa wird auf vier Jahre gewählt; die W. endet mit Zusammentritt des neuen Bundestages.

Wahlrecht: die Befugnis, jemanden zu wählen **(aktives W.,** ↑Stimmrecht), sowie die Befähigung, in ein Amt oder Mandat gewählt zu werden **(passives W.,** ↑Wählbarkeit) und die Gesamtheit der Vorschriften über ↑Wahlen. Die Rechtsgrundlagen für das W. sind meist in den Verfassungen enthalten, die Einzelheiten in Wahlgesetzen und -ordnungen festgelegt. Die Befugnis zur Wahl knüpft i.d.R. an die ↑Staatsbürgerschaft an (↑Ausländerwahlrecht). Für das *Wahlverfahren* können folgende Grundsätze maßgebend sein:

- **allgemeines W.:** Alle Staatsbürger, die bestimmten unerlässlichen Voraussetzungen genügen (Mindestalter, volle Handlungsfähigkeit u.a.), haben Stimmrecht; beim **beschränkten W.** hängt die Stimmberechtigung von bestimmten Voraussetzungen hinsichtlich Vermögen (↑Zensuswahlrecht), Bildung u.a. ab.
- **gleiches W.:** Alle abgegebenen Stimmen werden gleich bewertet; Gegen-

satz: **ungleiches W.:** Die Stimmen werden abgestuft nach Besitz, Alter u.a., z.B. beim Zensuswahlrecht.

- **direkte Wahl:** Der Wähler wählt unmittelbar den Abgeordneten, Staatspräsidenten usw.; bei der **indirekten Wahl** wählen die Wähler (Urwähler) ↑Wahlmänner, die ihrerseits ihr Votum abgeben (z.B. USA: Wahl des Präsidenten).
- **geheime Wahl:** Abstimmung durch Abgabe verdeckter Wahlzettel; Gegensatz: **öffentliche (mündliche) Stimmabgabe** (z.B. ↑Hammelsprung).
- **freie Wahl:** Jede Art von Druck auf die Wahlberechtigten von öffentlicher oder privater Seite ist untersagt; die Stimmabgabe ist freiwillig, es kann auch Wahlpflicht bestehen.

Wahlsysteme: Es lassen sich Mehrheits-, Verhältnis- und Mischwahlsysteme unterscheiden.

Bei der **Mehrheitswahl** bestehen u.a. folgende Verfahren: In Einerwahlkreisen (pro ↑Wahlkreis wird ein Abgeordneter gewählt) ist derjenige Kandidat gewählt, der die relative oder absolute Mehrheit der Stimmen auf sich vereinigt. Bei **absoluter Mehrheitswahl** wird ein zweiter Wahlgang erforderlich (**Stichwahl**; meist zwischen den beiden Erstplatzierten), wenn im ersten Wahlgang keiner der Kandidaten die absolute Mehrheit erreicht. In Mehrfachwahlkreisen (pro Wahlkreis wird eine festgelegte Anzahl von Abgeordneten gewählt) hat bei **Persönlichkeitswahl** i.d.R. jeder Wähler so viele Stimmen, wie Mandate im Wahlkreis zu vergeben sind.

Bei der **Verhältniswahl (Proporzwahl, Listenwahl)** stellen die Parteien für das ganze Land (Einheitswahlkreis) Listen auf, zwischen denen die Wähler zu entscheiden haben.

Mischwahlsysteme kombinieren Mehrheits- und Verhältniswahlsysteme **(personalisierte Verhältniswahl)** z.B. bei der deutschen ↑Bundestagswahl nach dem ↑Hare-Niemeyer-Verfahren. Die Verhältniswahl will verhindern, dass politische Minderheiten ohne Einfluss bleiben. Der ihr innewohnenden Gefahr der Stimmen- und Parteienzersplitterung kann bis zu einem bestimmten Grad durch eine Sperrklausel vorgebeugt werden, wonach lediglich solche Mandate den Listen zugeteilt werden, die einen

Wahlrecht

Einführung des allgemeinen Wahlrechts

Staat	für Männer	für Frauen
Australien	1903	1908
Belgien	1919	1948
Dänemark	1915/18	1918
Deutschland	1867/71	1919
Finnland	1906	1906
Frankreich	1848	1946
Griechenland	1877	1952
Großbritannien	1918	1928
Irland	1918/22	1918/22
Italien	1912/18	1946
Japan	1925	1947
Niederlande	1917	1919
Norwegen	1897	1913
Österreich	1907	1918
Schweden	1921	1921
Schweiz	1848/79	1971[1]
Spanien	1869/1907	1869/1931
USA	1788[2]	1920[1]

[1] auf Bundesebene
[2] ab 1870 ohne Einschränkung aufgrund von Rasse, Hautfarbe oder dem vorherigen Status als Sklave

W

bestimmten Prozentsatz der Gesamtstimmenzahl erreichen (z.B. Fünfprozentklausel). Weitere Spielarten der Verhältniswahl sind das ↑Panaschieren und ↑Kumulieren.
In *Österreich* und in der *Schweiz* wird der Nationalrat (Parlament) nach den Grundsätzen der Verhältniswahl gewählt.

Waldsterben: Waldweg zwischen abgestorbenen Nadelbäumen im Nationalpark Bayerischer Wald (Bild: 2000).

Währungspolitik: Gesamtheit aller Maßnahmen des Staates und der ↑Notenbank zur Sicherung der Versorgung einer Volkswirtschaft mit Zahlungsmitteln und zur Stabilisierung des Wertes der Währung nach innen (Preisstabilität) und außen (Bestimmung des ↑Wechselkurses durch Auf- oder Abwertung) sowie zur Sicherung von ↑Wirtschaftswachstum durch Geldschöpfung (↑Geld- und Kreditpolitik). Träger der W. in der ↑Europäischen Wirtschafts- und Währungsunion ist seit 1.1.1999 die ↑Europäische Zentralbank; für die internationale W. sind es v.a. der ↑Internationale Währungsfonds und die Bank für Internationalen Zahlungsausgleich (BIZ, Basel/Schweiz, seit 1930).

Währungsunion: Zusammenschluss von Staaten zur Bildung eines gemeinsamen Währungsgebietes mit einheitlicher Währung und Währungspolitik. Eine W. erfordert die Bildung einer zentralen ↑Notenbank, welche die ↑Geld- und Kreditpolitik der Staaten im Währungsgebiet bestimmt. Die W. zwischen der BRD und DDR am 1.7.1990 war wesentlicher Bestandteil der Vereinigung beider Staaten. Nach 1990 wurde aufgrund des Maastrichter Vertrags eine ↑Europäische Wirtschaft- und Währungsunion errichtet; als europäische Einheitswährung führten elf EU-Mitgliedstaaten (darunter Deutschland) am 1.1.1999 den ↑Euro ein.

Waldsterben: Schlagwort für das großflächige Absterben von Bäumen. Bereits seit dem 19. Jh. wurden Waldschäden im Nahbereich von Industrieanlagen beobachtet; seit etwa 1975 kommt es auch in entfernteren Gebieten zu einem verstärkten W. mit neuartigen Schadensbildern. Charakteristische Merkmale des W. sind: Verfärbung und Abwurf der Blätter bzw. Nadeln, Schädigung des Wurzelsystems sowie Wachstumsstörungen. Die Ursachen des W. sind noch nicht eindeutig geklärt; als wesentliche Faktoren gelten Industrie- und Autoabgase (v.a. Stickstoffoxide) sowie saurer Regen. In Deutschland liegt der Anteil der geschädigten Bäume (1999) bei 63%. Umweltpolitische Gegenmaßnahmen sind v.a. auf eine Verringerung des Schadstoffausstoßes gerichtet (z.B. durch Einbau von Katalysatoren in Autos und durch Nutzung moderner Filtertechniken in Industrieanlagen).

Wannseekonferenz: ↑Judenverfolgung.

Warenbörse: ↑Börse.

Warenkorb: Bezeichnung für eine Kombination von Gütern, Dienstleistungen und Nutzungen (z.B. Wohnungsmiete), die ein angenommener Durchschnittshaushalt über einen längeren Zeitraum (i.d.R. fünf Jahre) nachfragt. Der W. wird für die Berechnung der ↑Lebenshaltungskosten herangezogen und in bestimmten Abständen an veränderte Verbrauchergewohnheiten angepasst.

Warschauer Pakt: das am 14. 5. 1955 in Warschau (Polen) geschlossene Militärbündnis der Ostblockstaaten unter Führung der UdSSR. Mitglieder waren die UdSSR sowie Bulgarien, die ČSSR, die DDR, Polen, Rumänien und Ungarn. Albanien erklärte nach dem Einmarsch von Truppen des W. P. in die ČSSR 1968 seinen Austritt. Grundlage des W. P. und bedeutender Unterschied zur ↑NATO war die Bindung der Mitglieder an die UdSSR über bilaterale Beistandsabkommen. Die Dominanz der UdSSR innerhalb des W. P. und ihr damit verbundenes Monopol auf schwere Rüstungsgüter (Panzer, Kampfflugzeuge u.a.) ermöglichten einen hohen Standardisierungsgrad der Streitkräfte. Nach den politischen Umwälzungen in Ostmitteleuropa 1989/90 wurde der W. P. durch Unterzeichnung eines Abschlussprotokolls am 1.7.1991 aufgelöst.

Warschauer Vertrag: ↑Ostverträge.

Wasserkraft: ↑regenerative Energien.

Wasserschutzgebiet: ↑Gewässerschutz.

Wechselkurs (Devisenkurs): Preis für eine Währungseinheit, angegeben als Preis einer ausländischen Währungseinheit in heimischer Währung **(Preisnotierung)** oder als Preis einer heimischen Währung in ausländischer Währung **(Mengennotierung).** Der W. bildet sich an Devisenmärkten (z.B. Devisenbörse) aus Devisenangebot (u.a. aus Exportgeschäften und Kapitalimporten) und Devisennachfrage (Bezahlung von Güterimporten, Kapitalexporte).

Bei **flexiblem W. (freier W.)** führen Änderungen von Devisenangebot und -nachfrage zu Wechselkursänderungen ohne staatliche Eingriffe (Floating). Übersteigt das Devisenangebot die -nachfrage, sinkt der W. (Abwertung der fremden, Aufwertung der heimischen Währung). Im System **fester W.** geben die beteiligten Staaten einen bestimmten W. vor (Parität) und die ↑Notenbanken halten diesen durch Devisenan- oder -verkauf konstant (z.B. im ↑Europäischen Währungssystem). Änderungen von Devisenangebot und -nachfrage lösen bei flexiblen W. Kursschwankungen, bei festen W. Schwankungen der Währungsreserven aus. Änderungen der W. ergeben sich u.a. aus internationalen Inflations-, Wachstums- und Zinsunterschieden sowie aus Währungsspekulation. Für die Ausweitung von Handel und Kapitalverkehr sind feste W. günstiger, da sie nicht unkalkulierbaren Kursschwankungen unterliegen.

Wechselwähler: Wahlberechtigte, die an (mindestens) zwei aufeinander folgenden und vergleichbaren Wahlen teilgenommen und dabei für verschiedene Parteien gestimmt haben; im Gegensatz zu den **Stammwählern,** die ihre Stimme immer derselben Partei geben. W. entscheiden sich meist erst kurz vor der Wahl für eine Partei, häufig als Reaktion auf konkrete politische Ereignisse. W. sind eine bedeutende Zielgruppe im Wahlkampf. Der Anteil der W. liegt in Deutschland seit den 1980er-Jahren bei 15–20%.

Wehrbeauftragte/r: nach Art. 45b GG zum Schutz der Grundrechte der Soldaten als Hilfsorgan des Bundestages bei der Ausübung der parlamentarischen Kontrolle über die ↑Bundeswehr vom Bundestag auf fünf Jahre gewählte/r Beauftragte/r. Der W. darf vom Bundesminister für Verteidigung und allen diesem unterstellten Dienststellen und Personen Auskunft und Akteneinsicht verlangen. Weiterhin hat er ein allgemeines Visitationsrecht, d.h. er kann alle Truppen, Stäbe, Verwaltungsstellen der Bundeswehr und ihre Einrichtungen jederzeit und ohne vorherige Anmeldung besuchen. Der W. erstattet dem Bundestag Bericht über Einzelfälle sowie einen jährlichen Gesamtbericht.

Wehrdienstverweigerung: ↑Kriegsdienstverweigerung.

Wehrpflicht: die Verpflichtung jedes wehrfähigen Bürgers, Wehrdienst zu leisten. In Deutschland wurde die allgemeine W. 1956 im Zuge des Beitritts der BRD zur NATO eingeführt und in Art. 12a GG verankert. Die W. ist im Wehrpflichtgesetz (gültig in der Fassung vom 15.12.1995) geregelt. Demnach besteht im Frieden eine **allgemeine W.** für männliche Staatsbürger vom vollendeten 18. bis zum 45. Lebensjahr, im Verteidigungsfall sowie bei Offizieren und Unteroffizieren bis zum 60. Lebensjahr. Die W. wird erfüllt durch den Wehrdienst, den Dienst im Bundesgrenzschutz oder (bei anerkannter ↑Kriegsdienstverweigerung) durch den ↑Zivildienst. Vom Wehrdienst ausgenommen sind Wehrpflichtige, die aufgrund ihrer geistigen oder körperlichen Verfassung keinen Wehrdienst leisten können. Der Wehrdienst umfasst den Grundwehrdienst (seit 1996: zehn Monate; ab 2002: neun Monate) sowie Wehrübungen nach Ablauf des Grundwehrdienstes.

Die allgemeine W. geriet 2000 aufgrund des Berichts der sog. Zukunftskommission unter Leitung des Altbundespräsidenten R. von Weizsäcker erneut unter rechtlichen und politischen Druck. Parteiübergreifend setzte sich seitdem eine größer werdende Gruppe für die Abschaffung der W. und die Einführung einer Berufsarmee ein. Mehrere NATO-Staaten haben bereits seit langem eine Berufsarmee bzw. planen den Übergang dazu. Veranlasst wird dieser Trend durch die veränderte außen- und sicherheitspolitische Lage in Europa, die eine grundsätzlich neue Struktur mit einer Konzentration auf internationale friedenserhaltende und friedensschaffende Einsätze erfordert. Mit dem Wegfall der allgemeinen W. würde auch der Zivildienst als Ersatzdienst entfallen.

Weimarer Reichsverfassung: die Verfassung der Weimarer Republik. Die W. R. wurde am 31.7.1919 von der Nationalversammlung beschlossen und trat am 14.8.1919 in Kraft. Sie bewahrte den bundesstaatlichen Aufbau des Deutschen Reichs, stärkte jedoch die Zentralgewalt. Staatsoberhaupt war der Reichspräsident, die Exekutive stand der Reichsregierung, die Legislative dem Reichstag zu. Die Vertretung der Länder war der Reichsrat. Charakteristisch für die W. R. ist die Verknüpfung des ↑parlamentarischen Regierungssystems mit dem ↑Präsidialsystem: 1) Reichspräsident und Reichstag wurden direkt vom Volk gewählt; 2) die Reichsregierung wurde vom Reichspräsidenten ernannt, bedurfte aber gleichzeitig des Vertrauens des Reichstags, der sie jederzeit durch ein Misstrauensvotum stürzen konnte; 3) der Reichspräsident konnte das Parlament auflösen und unter bestimmten Voraussetzungen an dessen Stelle ↑Notverordnungen erlassen. Dadurch konnte er von ihm abhängige Präsidialkabinette einsetzen.

Im zweiten Hauptteil der W. R. wurden detailliert ↑Grundrechte festgelegt, die jedoch nicht direkt (wie im ↑Grundgesetz), sondern als Auftrag an den Gesetzgeber galten. Die W. R. bekannte sich zu den Grundsätzen des ↑Rechtsstaats. Der ↑Nationalsozialismus hob die W. R. zwar nicht formell, aber doch praktisch in wesentlichen Teilen auf, besonders die rechtsstaatlichen Garantien (↑Ermächtigungsgesetz).

Weißes Haus (engl. White House): Amts- und Wohnsitz des Präsidenten der USA in Washington D.C.; das Gebäude wurde 1800 bezogen, später weiß verputzt und trägt deshalb seit 1902 offiziell diesen Namen. Die Bezeichnung W. H. wird auch vielfach für die Exekutive der USA gebraucht.

www.whitehouse.gov

Weiterbildung (Fortbildung): alle Aktivitäten, die der Erweiterung und der Vervollkommnung von Bildung und Wissen dienen. W. setzt nach einer ers-

W

ten Bildungsphase (↑Schule, ↑berufliche Bildung) ein, die mit der Aufnahme einer Erwerbstätigkeit endet bzw. diese ermöglichen soll, und wird i.d.R. durch die Teilnahme an Veranstaltungen der **Erwachsenenbildung** organisiert (von öffentlichen oder privaten Institutionen getragen). Der Schwerpunkt kann in der beruflichen Fortbildung (Umschulung, Zusatzausbildung), der allgemeinen W. (z.B. Erwerb der Hochschulreife auf dem sog. zweiten Bildungsweg) oder in Lebenshilfe liegen. Qualifizierende W. werden mit Zertifikaten abgeschlossen. In einer sich ständig wandelnden Gesellschaft wird W. als ständige Aufgabe für immer größere Bevölkerungskreise betrachtet (↑Wissensgesellschaft).

Weltanschauungspartei: ↑Partei.

Weltbank (amtlich: Internationale Bank für Wiederaufbau und Entwicklung, engl. »International Bank for Reconstruction and Development«, Abk. IBRD): Sonderorganisation der ↑UN (seit 15. 11. 1947), gegründet am 27. 12. 1945 auf der Grundlage des Abkommens von Bretton Woods; Sitz: Washington D.C.; Mitglieder: 181 Staaten (1999). Zusammen mit der ↑Internationalen Entwicklungsorganisation und anderen Organisationen bildet die W. die **Weltbankgruppe.**

Ziel der W. ist es, den Lebensstandard in den ↑Entwicklungsländern durch Gewährung finanzieller und technischer Hilfe zu heben und das bei der Finanzierung von Entwicklungsprojekten auftretende Risiko auf alle Mitgliedstaaten zu verteilen. Neben projektgebundenen Krediten vergibt die W. Kredite, die bei hoch verschuldeten Staaten (↑Schuldenkrise) z.T. mit wirtschafts- und finanz-

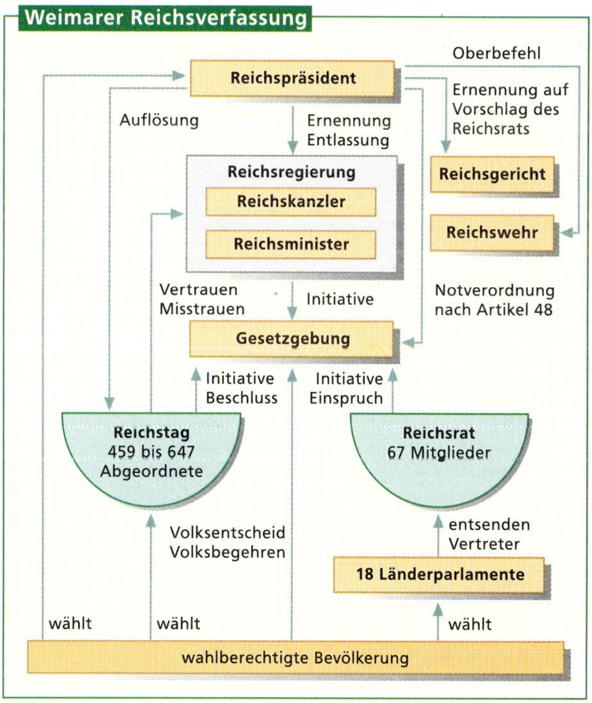

Die Gesamtheit der auf der Erde lebenden Menschen wird als Weltbevölkerung bezeichnet. Statistisch gesehen überschritt deren Zahl am 12. 10. 1999 die Schwelle von 6 Mrd. Menschen, während es 1987 noch 5 Mrd. waren; 2013 sollen den Prognosen zufolge 7 Mrd. Menschen auf der Erde leben. Weil die Bevölkerung in den Industrieländern nur noch sehr langsam wächst oder – wie in Deutschland – seit Jahrzehnten stagniert bzw. abnimmt, wird die künftige Entwicklung nahezu ausschließlich von den Ländern der Dritten Welt bestimmt.

Tendenzen und Gesetzmäßigkeiten

Für die Bevölkerungsentwicklung lässt sich folgende Gesetzmäßigkeit feststellen: Ausgangspunkt ist eine Phase relativen Gleichgewichts zwischen Geburten- und Sterbezahlen bzw. ein geringer Geburtenüberschuss, der die Bevölkerungszahl nur langsam ansteigen lässt. Aufgrund der Erweiterung der medizinischen Kenntnisse sowie der Verbesserung der Hygiene und der gesamten Lebensumstände (in Europa schon im 19. Jh.) entsteht ein Ungleichgewicht zugunsten der Geburtenzahlen. Es werden mehr Menschen geboren als sterben; die Bevölkerung wächst schneller. Im weiteren Ablauf nehmen die Geburtenzahlen wieder ab und passen sich den Sterberaten an. Dies ist der Zustand, der auf relativ hoher Zivilisationsstufe erreicht wird. Die Bevölkerungszahl stagniert oder schrumpft sogar.

Ursachen sind der ökonomische und soziale Wandel: Wohlstand und höheres Bildungsniveau lassen die Ansprüche wachsen; die Aufwendungen für einen als angemessen empfundenen Lebensstandard steigen. Zugleich wird die Großfamilie nicht mehr als soziale Absicherung benötigt; die staatliche ↑Sozialversicherung tritt an ihre Stelle. All dies begünstigt den Trend zur Kleinfamilie, der sich seit den 1960er-Jahren – unterstützt durch moderne Möglichkeiten zur Empfängnisverhütung und die Frauenemanzipation – in den Industrienationen ausbreitet. Frauenerwerbstätigkeit und mangelhafte Angebote zur Kinderbetreuung führen ebenfalls zur Verringerung der ↑Geburtenrate. Die Industriestaaten haben diesen Entwicklungszyklus weitgehend durchlaufen und befinden sich in seiner Endphase. Die Entwicklungsländer stehen dagegen gerade am Anfang.

Während Ende des 20. Jh. in Europa 1,5 Kinder pro Frau geboren wurden (Nordamerika: 1,9, Lateinamerika und Asien: 2,7) waren es in Afrika 5,3. Auf der anderen Seite erhöhte sich die Zahl der Todesfälle infolge von Krieg, ↑Armut und ↑Hunger. Auch Krankheiten, v. a. ↑AIDS und Infektionskrankheiten wie Malaria und Tuberkulose, führten zu einer Verlangsamung des Bevölkerungswachstums in den Ländern der Dritten Welt. Der Bevölkerungsfonds der UN (UNFPA) korrigierte daher 1998 seine Weltbevölkerungsprognose für 2050 von 9,4 Mrd. auf 8,9 Mrd. Menschen nach unten.

Verteilung des Wachstums

95 % des Bevölkerungswachstums entfielen Ende des 20. Jh. auf die ↑Entwicklungsländer, in denen 80 % der Weltbevölkerung lebten. Hauptvoraussetzungen für die Senkung der Geburtenrate in den Entwicklungsländern sind bessere Bildungsmöglichkeiten, ausreichende, frei zugängliche Verhütungsmittel und ein flächendeckendes Netz von Familienplanungs- und Gesundheitsdiensten. Als Folge der zahlreichen bewaffneten Konflikte, v. a. in Afrika, wurden bereits bestehende Gesundheitssysteme vielfach wieder zerstört und der Aufbau neuer Einrichtungen nahezu unmöglich gemacht. Auch führten internationale Finanzauflagen zum Abbau der Sozialsysteme. UN-Prognosen gingen davon aus, dass die Bevölkerung in Afrika bis 2050 jährlich um 2,4–3,3 % wächst. Für Europa wurde dagegen ein Rückgang um 13–24 % angenommen.

Bevölkerungspolitische Instrumente wie

Geburtenkontrolle durch Empfängnisverhütung, Sterilisation und Schwangerschaftsabbruch auf der einen sowie Steuer- und Sozialgesetze auf der anderen Seite verlangsamten das Bevölkerungswachstum z.B. in China und Indien. In China verringerte die sog. Ein-Kind-Politik, nach der jede Familie nur ein Kind haben darf und weitere Schwangerschaften zwangsweise abgebrochen werden mussten, das jährliche Bevölkerungswachstum von 2,7% (1980–91) zunächst auf 2,0% (bis 1999) und schließlich auf 0,9% (2000). Wegen des Wunsches nach einem Stammhalter und der Geringschätzung von Frauen in der chinesischen Kultur werden besonders auf dem Land Millionen weiblicher Föten abgetrieben. In Indien ließ die staatlich angestrebte Geburtenkontrolle das Wachstum von 2,1% (1980–91) auf 1,8% (bis 1991) und schließlich auf 1,6% (2000) sinken. Die UN prognostizierten, dass der indische Subkontinent 2050 etwa einen Anteil von 17% der Weltbevölkerung stellen wird.

Wandel des Bevölkerungsaufbaus

Der Altersaufbau einer ↑Bevölkerung [mit Abb.] hat i.d.R. Pyramidenform: Die breite Basis wird von jungen Menschen gebildet. Mit zunehmendem Lebensalter nimmt die Bevölkerungszahl ab, sodass die Spitze der Pyramide im Normalfall eine kleine Gruppe alter Menschen bildet. Steigende Lebenserwartung und sinkende Säuglingssterblichkeit führten Ende des 20. Jh. zu einem überproportionalen Anstieg der Bevölkerungsgruppe der über 60-Jährigen und der 15–24-Jährigen. Während sich in den Industrieländern v.a. der Anteil der älteren Menschen über 60 Jahre erhöhte – in Deutschland wird er nach Prognosen des Deutschen Instituts für Wirtschaftsforschung bis 2050 um ein Drittel auf 24 Mio Menschen ansteigen und damit mit der Gruppe der 20–60-Jährigen gleichziehen – entfiel der Geburtenanstieg und somit die Zunahme der Gruppe der 15–24-Jährigen v.a. auf die Entwicklungsländer. Ende der 1990er-Jahre

Weltbevölkerung

Entwicklung der Weltbevölkerung 1950–99 (in Mio.)

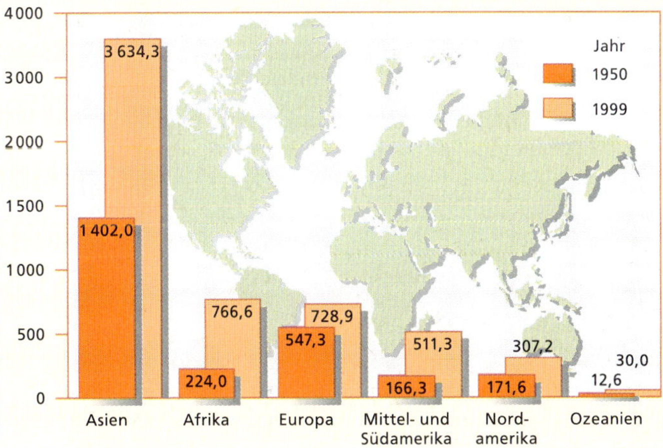

Quelle: Deutsche Stiftung Weltbevölkerung; UN-Bevölkerungsbericht 1999

waren 43 % der Menschen in den am wenigsten entwickelten Ländern der Erde jünger als 15 Jahre.
In den Industriestaaten wurde die Gesellschaft durch die Versorgung der wachsenden Gruppe älterer Menschen (Rente, Pflege usw.) vor neue Herausforderungen gestellt. Ein sinkender Anteil an Erwerbstätigen, der z.B. über Sozialversicherungsbeiträge die Altersversorgung finanziert (↑ Generationenvertrag), muss bei unverändertem System eine Versorgungslücke zur Folge haben. Nach Möglichkeiten, diese Lücke zu schließen, wurde daher verstärkt gesucht.

Die Ausbreitung der Immunschwächekrankheit AIDS führt vor allem in Afrika (Bild: AIDS-infizierte Kleinkinder in Sambia) zu einem Rückgang der Lebenserwartung und zu einer Verlangsamung des Bevölkerungswachstums.

■ Globale Folgen des Wachstums

Ende des 20. Jh. wurde eine für alle Bewohner der Erde ausreichende Menge an Nahrungsmitteln produziert. Infolge der ungleichen Verteilung litten jedoch etwa 830 Mio. Menschen weltweit an Unterernährung, wobei sich nicht nur Bewohner der Entwicklungsländer, sondern auch eine steigende Zahl von Menschen in den Industriestaaten wegen Armut immer weniger Lebensmittel kaufen konnten (↑ Zweidrittelgesellschaft). Eine weitere Zunahme der Weltbevölkerung führt voraussichtlich zu einer weiteren Ausbreitung von Hunger und Mangelernährung.

Auch ökologische Folgen sind zu befürchten, denn die wachsende Weltbevölkerung braucht z.B. mehr Nahrungsmittel, mehr Häuser, mehr Energie usw. Durch Monokulturen und Überweidung werden die Böden ausgelaugt. Rodungen zur Gewinnung von Ackerland, Viehweiden und Brennholz führen zur Versteppung, Erosion und einem Vordringen der Wüsten (z.B. Sahelzone). Jährlich gingen in den 1990er-Jahren 137 000 km² Regenwald u.a. durch Rodungen verloren. Der Wasserverbrauch der Weltbevölkerung vervierfachte sich im Zeitraum 1950–98. Mehr als zwei Drittel des Frischwassers werden für die Landwirtschaft verbraucht, wobei große Mengen Wassers wegen maroder Leitungen verloren gehen. Jährlich sterben etwa 5,3 Mio. Menschen, weil sie keinen Zugang zu sauberem Trinkwasser haben. In den folgenden 25 Jahren wird ein Drittel der Weltbevölkerung von Wassermangel bedroht sein. Schon Ende des 20. Jh. stand die Wasserversorgung als Streitpunkt im Mittelpunkt von Konflikten, z.B. in Nahost. ■

Das Statistische Bundesamt (Wiesbaden) informiert über den Aufbau und die weitere Entwicklung der Bevölkerung in Deutschland, der jährlich erscheinende, in öffentlichen Bibliotheken ausliegende UN-Weltbevölkerungsbericht bietet internationale Daten und Fakten.

BIRG, HERWIG: *Die Weltbevölkerung.* München (Beck) 1996. ■ HAUPT, ARTHUR, THOMAS T. KANE: *Handbuch Weltbevölkerung.* Stuttgart (Hampp) 1999. ■ LEISINGER, KLAUS M.: *Die sechste Milliarde.* München (Beck) 1999.

politischen Forderungen verknüpft sind (sog. Strukturanpassungskredite). Die Hilfen dienen v.a. zur Befriedigung von Grundbedürfnissen und zur ländlichen Entwicklung unter Einbeziehung umweltpolitischer Aspekte. Ein neuerer Schwerpunkt ist die Unterstützung der ostmitteleuropäischen ↑Transformationsstaaten.

Weltbevölkerung: siehe Seite 434.

Welternährungsprogramm: ↑WFP.

Weltfrauentag: ↑Internationaler Frauentag.

Weltgesundheitsorganisation: ↑World Health Organization.

Welthandel: ↑Weltwirtschaft.

Welthandelsorganisation: ↑World Trade Organization.

Weltkinderhilfswerk: ↑UNICEF.

Weltklimakonferenz: ↑Klimaschutz.

Weltkrieg: ein globaler, viele Staaten und Völker der Erde einbeziehender ↑Krieg, bei dem die Kampfhandlungen sich auf fast alle Kontinente und Weltmeere erstrecken. Eine weltumspannende militärische Auseinandersetzung war bereits der Siebenjährige Krieg (1756–63); die Kriegshandlungen der europäischen Mächte in Übersee beschränkten sich damals allerdings auf relativ wenige Schlachten und Gefechte. Erst der Erste W. (1914–18) und der Zweite W. (1939–45) waren W. im eigentlichen Sinn mit folgenden Merkmalen:

- Konfrontation von Millionenheeren und Einsatz einer gewaltigen Militärmaschinerie; erstmalige Verwendung von Luft- und Panzerwaffen, (am Ende des Zweiten W. Einsatz der Nuklearwaffe);
- völlige Ausrichtung der nationalen Wirtschaften auf die Bedürfnisse des Krieges (Kriegswirtschaft, »totaler Krieg«);
- Einbeziehung der Zivilbevölkerung in einem bis dahin unbekannten Maße in die Kriegshandlungen, die sich oft gezielt gegen sie richteten (z.B. im Zweiten W. Bombenterror gegen Städte, deutscher Vernichtungsfeldzug im Osten);
- Verwüstung großer Territorien (im Zweiten W. z.B. durch die von deutschen Truppen angewandte Taktik der »verbrannten Erde«);

Beide W. riefen grundlegende Veränderungen im Staatensystem der Welt hervor (z.B. Zerfall von Vielvölkerstaaten, Bildung neuer Länder 1918/19) und zogen z.T. gesellschaftliche Umwälzungen nach sich (u.a. Oktoberrevolution in Russland 1917); sie veränderten die Machtkonstellation zwischen den Ländern erheblich (nach dem Zweiten W. der globale ↑Ost-West-Konflikt). Unter dem Eindruck der Kriegskatastrophen waren die internationalen Bemühungen darauf gerichtet, den Frieden weltweit zu sichern (u.a. durch die Gründung des ↑Völkerbundes 1919/20 und der ↑UN 1945; ↑Friedenssicherung).

Der **Erste W.** erwuchs aus den machtpolitischen Gegensätzen und Interessenkonflikten im europäischen Staatensystem, wie sie sich an der Wende vom 19. zum 20. Jh. herausgebildet hatten (↑Imperialismus). Es standen sich auf der einen Seite die Mittelmächte mit Deutschland, Österreich-Ungarn sowie dem Osmanischen Reich und Bulgarien (seit 1915), auf der anderen Seite die Entente mit Frankreich, Großbritannien und Russland sowie Japan, Italien (seit 1915) und den USA (seit 1917) u.a. (auch ↑Alliierte und assoziierte Mächte) gegenüber. Insgesamt gab es im Ersten W. 8,5 Mio. Gefallene und über 21 Mio. Verwundete; die Zivilbevölkerung litt v.a. unter Hunger und Entbehrungen.

Die Ursachen des **Zweiten W.** lagen in der aggressiven und expansionistischen Außenpolitik des nationalsozialistischen Deutschlands und des faschistischen Italiens sowie Japans (Achsenmächte), die auf eine labile, von nationalen Interessen und ideologischen Gegensätzen geprägte Staatenordnung trafen. Das »Großdeutsche Reich« sollte herrschende Kontinentalmacht in Europa werden;

W

sein von extremem ↑Rassismus untermauertes Streben nach Gewinnung von neuem »Lebensraum im Osten« und seine antikommunistische Ausrichtung bestimmten weite Abschnitte des Krieges, v.a. gegen die UdSSR. Gleichrangiges deutsches Kriegsziel war die Vernichtung des europäischen Judentums (↑Judenverfolgung). Den Achsenmächten und ihren Verbündeten standen die in der Anti-Hitler-Koalition verbundenen Staaten gegenüber (Alliierte: v.a. ab 1939 Großbritannien, 1939/40 Frankreich, ab 1941 USA und UdSSR). Der Zweite W. forderte nach Schätzungen zwischen 55 und 62 Mio. Tote, rund 20 Mio. Menschen mussten aus ihrer Heimat fliehen oder wurden aus ihr vertrieben, deportiert oder als Zwangsarbeiter verschleppt.

Weltmacht: Staat, der aufgrund seiner politischen, militärischen und wirtschaftlichen Kraft auf der ganzen Welt bestimmenden Einfluss ausübt; nach dem Zweiten Weltkrieg die UdSSR und die USA **(Supermächte),** hinter denen die ehemaligen W. Großbritannien und Frankreich zurücktraten. Nach dem Zusammenbruch der Sowjetunion, den politischen Umwälzungen in Europa und angesichts verschiedener Konfliktherde sowie der wirtschaftlich erstarkten Konkurrenten der USA (Westeuropa, Japan) ergaben sich neue weltpolitische Orientierungen jenseits der nach 1945 vorherrschenden Bipolarität.

Weltsicherheitsrat: ↑UN-Sicherheitsrat.

Weltstrafgerichtshof: ↑Internationaler Strafgerichtshof.

Weltwährungsfonds [-fõ]: ↑Internationaler Währungsfonds.

Weltwirtschaft: Gesamtheit der wirtschaftlichen Beziehungen und Verflechtungen der Staaten untereinander **(Weltwirtschaftsordnung),** die durch den Austausch von Waren, Dienstleistungen und Kapital zwischen Volkswirtschaften **(Welthandel)** entstanden sind. Voraussetzung für die Entwicklung der W. war die Entstehung des modernen Welthandels im 19. Jh. Begünstigt wurde dieser Prozess v.a. 1) durch die ↑Industrialisierung, die zu Überschussproduktionen und steigendem Rohstoffbedarf führte; 2) durch die Einführung moderner Verkehrsmittel (Eisenbahn, Dampfschiff); 3) durch die Entstehung eines internationalen Geldstandards mithilfe des Wechselkurssystems (Goldwährung), das den internationalen Zahlungsverkehr mit stabilen ↑Wechselkursen ermöglichte. Der New Yorker Börsenkrach am 25. 10. 1929 löste eine **Weltwirtschaftskrise** aus und führte zum Zusammenbruch des Welthandels.

Nachdem viele Staaten vor dem Hintergrund der Weltwirtschaftskrise vom ↑Freihandel zur staatlichen Lenkung und zum ↑Protektionismus übergegangen waren, wurden zur Wiederbelebung der W. nach Ende des Zweiten Weltkriegs internationale Organisationen wie der ↑Internationale Währungsfonds, die ↑Weltbank und das ↑General Agreement on Tariffs an Trade bzw. die ↑World Trade Organization gegründet. Prägende Merkmale des W. sind seit den 1970er-Jahren die zunehmende Verflechtung der internationalen Handelsbeziehungen (↑Globalisierung) sowie Bemühungen zur Eingliederung der Entwicklungsländer in die moderne Weltwirtschaftsordnung.

Weltwirtschaftsforum: jährliches, internationales Treffen von Vertretern aus Wirtschaft, Politik und Wissenschaft in Davos (Schweiz). Das W. dient v.a. dem gegenseitigen Austausch in politischen, wirtschaftlichen und sozialen Fragen.

www.weforum.org

Weltwirtschaftsgipfel: seit 1975 jährlich stattfindende Konferenz der Staats- und Regierungschefs der ↑G-8. Neben globalen Wirtschafts-, Entwicklungs- und Währungsfragen werden auch wirtschaftlich bedeutsame Sonderprobleme der Weltpolitik erörtert, z.B. Terrorismus, Drogen- und Waffenhandel, organisierte Kriminalität, bewaffnete Konflikte, Kernenergie, Umweltschutz, Bekämpfung von Arbeitslosigkeit.

Wertpapierbörse: ↑Börse.

Werbung: Versuch der zwangfreien Meinungsbeeinflussung; bezieht sich die Beeinflussung auf politische, kulturelle oder religiöse Ziele, wird von ↑Propaganda gesprochen; bezieht sie sich auf wirtschaftliche Ziele, spricht man von **Wirtschaftswerbung;** diese wird unterteilt in W. um öffentliches Vertrauen **(Public Relations)** und **Absatzwerbung.** Letztere dient v.a. der Einführung neuer Waren sowie der Sicherung bzw. Erhöhung des Warenabsatzes. W. wird über **Werbemittel** (z.B. Anzeigen, Plakate, Werbefilme) sowie mithilfe bestimmter Werbeträger (Zeitungen, Fernsehen, Litfasssäulen) betrieben. Dagegen wird bei der **Direktwerbung** der potenzielle Verbraucher durch Briefe, Prospekte usw. unmittelbar angesprochen (Direct mailing)

Grenzen bei der Anwendung der W. ergeben sich v.a. aus dem Gesetz gegen den unlauteren Wettbewerb, dem Rabattgesetz, dem Heilmittelwerbegesetz sowie der Zugabeverordnung. Demnach darf W. z.B. keine falschen, täuschenden oder irreführenden Informationen über Produkte verbreiten.

Wertewandel: Bezeichnung für die Veränderung von Werten und Wertsystemen innerhalb einer sozialen Gruppe oder der gesamten Gesellschaft sowie für den Wandel der Wertorientierungen und -vorstellungen des Einzelnen. Aufgrund der großen Bedeutung von Werten für die Entwicklung von Gesellschaften sind Prozesse des W. stets folgenreich und gehen i.d.R. einher mit Veränderungen der wirtschaftlichen, politischen und kulturellen Verhältnisse und/oder der natürlichen Lebensgrundlagen einer Gesellschaft; so ging z.B. die Entstehung demokratischer Gesellschaftsordnungen im 18. Jh. Hand in Hand mit einem W. Als besonderes Merkmal der westlichen Gesellschaften des ausgehenden 20. Jh. gilt ein grundsätzlicher W., z.B. bezüglich der Bereiche Arbeit, Geschlechterrollen oder Umwelt.

Westeuropäische Union, Abk. WEU: internationale Organisation für Sicherheit und Verteidigung (Sitz: Brüssel). Grundlage der WEU sind die ↑Pariser Verträge von 1954; den Ausgangspunkt bildete der Zusammenschluss Frankreichs, Großbritanniens und Nordirlands, Belgiens, der Niederlande und Luxemburgs vom 17.3.1948 zur »kollektiven Verteidigung und zur wirtschaftlichen, sozialen und kulturellen Zusammenarbeit« (Brüsseler Pakt). 1954 kamen die BRD und Italien, 1986 Spanien und Portugal sowie 1992 Griechenland hinzu.

Aufgaben: Alle Vollmitglieder sind im Falle eines bewaffneten Angriffs gegen ein Mitglied zum bedingungslosen Beistand verpflichtet. Daneben versteht sich die WEU als verteidigungspolitisches Organ der EU im Rahmen der Gemeinsamen Außen- und Sicherheitspolitik und der ↑Gemeinsamen Europäischen Sicherheits- und Verteidigungspolitik sowie als europäischer Pfeiler der ↑NATO. Seit dem Petersberger Abkommen (1992) konzentrieren sich die Aufgaben der WEU v.a. auf humanitäre Hilfe, Friedenserhaltung und Kampfeinsätze zur Krisenbewältigung. – Siehe auch ↑Eurokorps.

www.weu.int

Abb. siehe Seite 440.

Westminstermodell: Bezeichnung für das Statut von Westminster von 1931, das die rechtliche Grundlage für die ↑Entkolonisation in zahlreichen ehemaligen britischen Kolonien (z.B. Kanada, Neuseeland) bildete. Die Kolonien erhielten durch das W. das Recht auf Ausarbeitung einer eigenen Verfassung und wurden zu unabhängigen und gleichberechtigten Staaten innerhalb des British ↑Commonwealth of Nations.

Wettbewerb: Konkurrenz verschiedener Gruppen (z.B. Parteien) um das

W

gleiche Ziel; in der Wirtschaft die Konkurrenz zwischen Wirtschaftssubjekten auf dem jeweiligen Markt. Der freie W. ist Organisations- und Steuerungsprinzip der ↑Marktwirtschaft. Grundlage des W. ist das Wechselverhältnis von Angebot und Nachfrage am jeweiligen Markt. Ein starker W. fördert eine Verbesserung des Angebots (bezüglich Qualität und Preis), die Vergrößerung der Produktvielfalt und die Einführung innovativer Produktionstechniken. – Siehe auch ↑Kartell.

Wettbewerbsföderalismus: Schlagwort, das sich auf die politische Gestaltung des ↑Föderalismus in ↑Bundesstaaten bezieht. Forderungen nach W. zielen auf eine Ausweitung der Regelungskompetenzen der Gliedstaaten (v.a. im Bereich der Steuerhoheit und Gesetzgebung) und auf eine Einschränkung der Zuwendungen im Rahmen des horizontalen ↑Finanzausgleichs ab, um dadurch Anreize zum wirtschaftlichen und politischen Wettbewerb zwischen den Bundesländern zu schaffen.

WEU: ↑Westeuropäische Union.

WFP, Abk. für engl. **W**orld **F**ood **Pro**gramme, Welternährungsprogramm: in mehr als 90 Ländern tätige Unterorganisation der UN, gegründet 1961, Sitz: Rom. Im Rahmen des WFP werden Nahrungsmittelhilfen in Katastrophenfällen gewährt und Entwicklungsprojekte zur Ernährungssicherung unterstützt.

Whip: ↑Einpeitscher.

WHO: ↑World Health Organization.

Widerstandsrecht: Recht des Bürgers, sich gegen eine rechtswidrig ausgeübte Staatsgewalt aktiv oder passiv (↑gewaltloser Widerstand) zu widersetzen.

Bestrebungen, das W. zu institutionalisieren, gab es verschiedentlich, z.B. in der ↑Magna Charta Libertatum, im frühneuzeitlichen ↑Naturrecht und in der französischen Erklärung der Menschen- und Bürgerrechte von 1789. Die Erfahrung mit der nationalsozialisti-

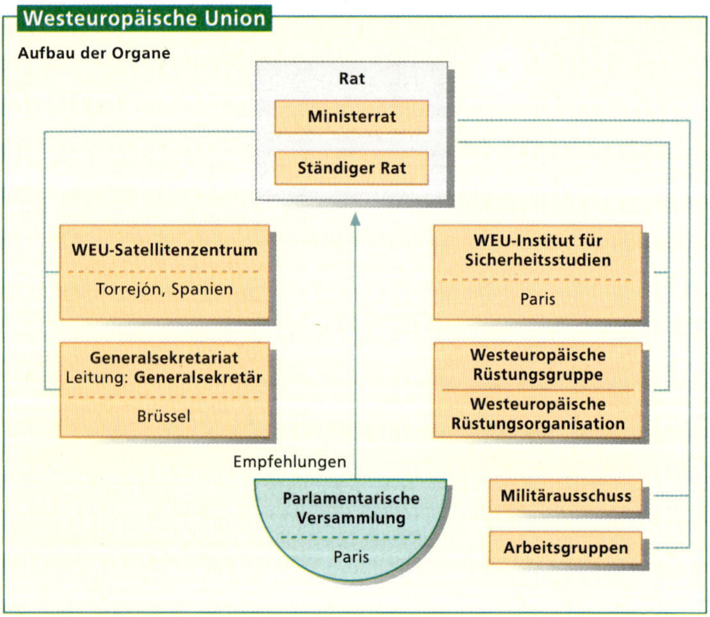

schen Diktatur führte nach dem Ende des Zweiten Weltkrieges u.a. zur Verankerung eines W. in einigen Länderverfassungen (z.B. Hessen, Bremen, Berlin). In das Grundgesetz der BRD wurde das W. am 24.6.1968 im Rahmen der Notstandsverfassung aufgenommen, um den Missbrauch der Notstandsbefugnisse durch die Staatsgewalt zu verhindern (↑Notstandsgesetzgebung). Art. 20 Abs. 4 GG räumt jedem Deutschen zum Schutz der Prinzipien der demokratischen, sozialstaatlichen und rechtsstaatlichen Ordnung, der bundesstaatlichen Gliederung und der Gewaltenteilung ein W. ein.

Ein W. besteht insbesondere: 1) wenn sich der Widerstand gegen ein Unrechtsregime richtet; 2) wenn dazu alle legalen und friedlichen Mittel ausgeschöpft sind; 3) wenn der Widerstand dem Schutz überpersönlicher Werte (z.B. Grundrechte) und nicht der Befriedigung persönlicher Interessen dient.

Wiedergutmachung: Bezeichnung für (freiwillige) finanzielle Leistungen Deutschlands an die Opfer der nationalsozialistischen Gewaltherrschaft oder deren Hinterbliebene. Die W. umfasst die Rückerstattung entzogenen Eigentums und den Ersatz sonstiger Schäden (z.B. infolge von Berufsverbot, Inhaftierung, Tötung). Gesetzliche Grundlage der W. sind u.a. das Gesetz zur Regelung der W. nationalsozialistischen Unrechts für Angehörige des öffentlichen Dienstes in der Fassung vom 15.12.1965 sowie das Bundesentschädigungsgesetz in der Fassung vom 29.6.1956.

Die Bundesregierung und private Unternehmen beschlossen 1999 die Einrichtung eines Stiftungsfonds zur ↑Zwangsarbeiterentschädigung. Die W. von DDR-Unrecht (↑Rehabilitierung) erfolgte im Rahmen der Häftlingsentschädigung, des ↑Vermögensgesetzes sowie durch das 1. und 2. SED-Unrechtsbereinigungsgesetz (vom 29.10.1992 und 23.6.1994).

Wiedervereinigung: die Wiederherstellung der staatlichen Einheit eines (z.B. infolge eines Krieges) gespaltenen Landes. Der ↑Ost-West-Konflikt nach dem Zweiten Weltkrieg führte u.a. zur Teilung ↑Deutschlands und zur Errichtung der Bundesrepublik Deutschland und der ↑Deutschen Demokratischen Republik, in Asien zur Spaltung Vietnams (bis 1975) und Koreas.

In Deutschland geschah die staatliche W. auf der Grundlage des Art. 23 GG; der Abschluss des ↑Einigungsvertrages am 31.8.1990 führte am 3.10.1990 zum Beitritt der DDR zur BRD und zur Auflösung der DDR. Gespräche mit den Siegermächten des Zweiten Weltkriegs (↑Zwei-plus-vier-Vertrag) führten zur politischen Einbettung und zur internationalen Anerkennung des vereinigten Deutschlands.

Abb. siehe Seite 442.

Willkürverbot: das sich aus Art. 3 Abs. 1 GG (↑Gleichheit) und dem Prinzip des Rechtsstaats ergebende, für alle staatlichen Gewalten geltende Verbot, Differenzierungen anders als nach sachlichen Gesichtspunkten vorzunehmen, v.a. Gleiches ungleich und Ungleiches gleich zu behandeln (↑Ermessen).

Windenergie: ↑regenerative Energien.

Wirtschaft: Gesamtheit aller Einrichtungen und Tätigkeiten zur Befriedigung menschlicher Bedürfnisse durch Güter und Dienstleistungen. Die W. eines Staates wird v.a. durch die natürlichen Gegebenheiten (z.B. Rohstoffvorkommen) sowie durch die jeweilige ↑Wirtschaftspolitik bestimmt. Die Gesamtheit der rechtlichen und institutionellen Rahmenbedingungen wird als **Wirtschaftsordnung** bezeichnet; nach dem Ausmaß der staatlichen Lenkung unterscheidet man zwischen ↑Marktwirtschaft, die auf dem freien ↑Wettbewerb der Anbieter auf dem Markt beruht, sowie ↑Zentralverwaltungswirtschaft, bei der die W. durch zentrale staatliche Planungsbehörden gelenkt wird.

Wirtschaftsdemokratie: eine an den Prinzipien der ↑Demokratie orientierte Wirtschaftsordnung. Die deutsche W. ist u.a. durch die ↑Mitbestimmung und die Mitwirkung der ↑Industrie- und Handelskammern gekennzeichnet.

Wirtschaftskriminalität: Gesamtheit der Straftaten, die sich gegen die Wirtschaft richten; zur W. gehören v.a. Verstöße gegen die Bestimmungen des Wirtschaftsrechts und des Strafgesetzbuches (z.B. Betrug, Untreue, Bestechung). Zur Verfolgung und Bestrafung der W. bestehen besondere Einrichtungen (Schwerpunktstaatsanwaltschaften, Wirtschaftsstrafkammern). Durch W. werden Staat und Allgemeinheit in hohem Umfang geschädigt; die Aufklärung ist aufgrund der Kompliziertheit der Straftaten z.T. sehr schwierig.

Wirtschaftskrise: im weiteren Sinn jede tief greifende Störung des Wirtschaftsablaufs, im engeren Sinn Bezeichnung für einen weitreichenden und meist länger andauernden konjunkturellen Abschwung (auch **Depression,** im Unterschied zur ↑Rezession). Die W. ist gekennzeichnet durch ein länger andauerndes Ungleichgewicht entweder auf allen Märkten der ↑Volkswirtschaft oder aber auf dem ↑Arbeitsmarkt bei annähernder Stabilität auf dem Güter- und Geldmarkt. Handelt es sich um einen umfassenden Zusammenbruch in einigen oder allen Teilen der ↑Weltwirtschaft, so spricht man von **Weltwirtschaftskrise** wie sie z.B. nach dem Zusammenbruch der New Yorker Börse 1929 entstand und bis Mitte der 1930er-Jahre dauerte.

Wirtschaftsordnung: ↑Wirtschaft.

Wirtschaftspolitik: Gesamtheit aller Maßnahmen des Staates und seiner Organe zur Beeinflussung der ↑Wirtschaft, insbesondere zur Regelung des Wirtschaftsablaufs, Ordnung der ↑Wirtschaftsstruktur und Gestaltung der wirtschaftlichen Rahmenbedingungen (↑Globalsteuerung). Auch ↑internationale Organisationen betreiben im Rahmen ihrer Zuständigkeiten W. Spezielle Formen sind die ↑nachfrageorientierte W., ↑antizyklische W. und ↑angebotsorientierte Wirtschschaftspolitik.

Wiedervereinigung: Mit dem Beitritt der DDR zur BRD wurde am 3. 10. 1990 die Wiedervereinigung der beiden deutschen Staaten vollzogen. Die Feierlichkeiten vor dem Reichstagsgebäude in Berlin begannen bereits am Vorabend; um Mitternacht wurde die Bundesflagge gehisst.

Durch wirtschaftspolitische Entscheidungen wird die Eigentumsverfassung (↑Eigentum) ebenso geklärt wie die Frage, ob der Wirtschaftsablauf durch freie Preisbildung auf Märkten (↑Marktwirtschaft) erfolgen oder aber zentral geplant werden soll (↑Zentralverwaltungswirtschaft). Das Ziel der W. in Deutschland ist im ↑Stabilitätsgesetz festgeschrieben. Ein weiterer Schwerpunkt ist die ↑Verteilungsgerechtigkeit bei Einkommen und Vermögen. Mittel der W. sind v.a. ↑Konjunkturpolitik, ↑Finanzpolitik, ↑Sozialpolitik, ↑Struktur- und ↑Regionalpolitik sowie die ↑Währungspolitik. Ein Hauptproblem in der W. ist der zeitliche Abstand zwischen Mitteleinsatz und Wirken der Maßnahmen, innerhalb dessen sich die Rahmenbedingungen ändern können, sodass andere Ergebnisse eintreten können als beabsichtigt.

Wirtschaftssanktionen: auf Wirtschaft und Handel gerichtete Zwangsmaßnahmen eines Staates oder einer Staatengruppe, meist in Form von Ausfuhrverboten für bestimmte Waren **(Embargo).** W. dienen der Durchsetzung außenpolitischer Ziele (z.B. Ölembargo der OPEC 1973) bzw. Völkerrechtsnormen (z.B. Wirtschaftsembargo des UN-Sicherheitsrates gegen den Irak seit 1990) oder der Verhinderung der militärischen Stärkung eines Staates oder einer Staatengruppe (z.B. Waffenembargo gegen die Staaten des ehemaligen Jugoslawien 1992–96).

Wirtschaftsstruktur: die natürlichen, technischen, rechtlichen und v.a. wirtschaftlichen Gegebenheiten (u.a. Erwerbsbevölkerung, Beschäftigung, Produktion, Verteilung) einer ↑Volkswirtschaft. Diese beruhen auf der vorgegebenen **regionalen Struktur** (z.B. Bodenbeschaffenheit, Klima, Verkehrslage) sowie auf der vom Menschen geschaffenen **sektoralen Struktur,** die sich in den **primären Sektor** (Land- und Forstwirtschaft, Fischerei), **sekundären Sektor** (Bergbau und Energiewirtschaft, Baugewerbe, verarbeitendes Gewerbe) und **tertiären Sektor** (Handel, Verkehr, Kreditgewerbe, Versicherungen, sonstige Dienstleistungen, Staat, private Organisationen ohne Erwerbszweck) aufteilt. Kennzeichnend für moderne Industriestaaten ist die Ausweitung des tertiären Sektors (↑Dienstleistungsgesellschaft).

Wirtschafts- und Sozialausschuss, Abk. WSA: durch die Römischen Verträge 1957 eingesetzter, beratender Ausschuss innerhalb der EU, der sich aus 222 Vertretern verschiedener wirtschaftlicher und sozialer Gruppen zusammensetzt. Der WSA kann bzw. muss in bestimmten, vertraglich vorgeschriebenen Fällen (v.a. Beschäftigungs-, Sozial-, Bildungs- und Gesundheitswesen, Verbraucher- und Umweltschutz) vom Rat der EU und von der Europäischen Kommission gehört werden und kann Stellungnahmen abgeben.

www.ces.eu.int

Wirtschafts- und Sozialrat: ↑UN.

Wirtschaftswachstum: Zunahme einer wirtschaftlichen Messgröße (z.B. ↑Bruttoinlandsprodukt, Umsatz, Staatsausgaben) in einem bestimmten Zeitraum **(Aufschwung);** i.d.R. als prozentuale Veränderung im Zeitablauf (Wachstumsrate) ausgedrückt. Hat sich die betrachtete Größe verringert, spricht man von »Minuswachstum«, bei ausbleibender Veränderung von »Nullwachstum«. Die Wachstumstheorie untersucht u.a., wie sich die Veränderung der Produktionsfaktoren auf das W. auswirkt. Aufgabe der ↑Wachstumspolitik ist es, das W. durch die Schaffung bestimmter Rahmenbedingungen zu fördern. Bei der Beurteilung des W. werden in jüngerer Zeit vermehrt qualitative Aspekte (z.B. Umweltqualität, Einkommensverteilung) berücksichtigt (↑nachhaltige Entwicklung). – Siehe auch ↑Konjunkturpolitik.

Wissenschaft: die Summe der in einzelnen Fachdisziplinen nach allgemein anerkannten Methoden erarbeiteten Er-

Der Begriff Wissensgesellschaft kennzeichnet eine Gesellschaft, in der Wissen zum relevanten Faktor wirtschaftlicher Produktivität und gesellschaftlicher Entwicklung geworden ist. Die in den 1990er-Jahren aufgekommene Bezeichnung fußt auf dem 1971 in Japan geprägten und insbesondere von dem Soziologen DANIEL BELL (*1919) verbreiteten Begriff der Informationsgesellschaft, die nach der ↑Dienstleistungsgesellschaft eine neue Entwicklungsstufe hoch industrialisierter Staaten bezeichnet, in der die Gewinnung und Nutzung von Information zentrale Bedeutung erlangt. Die Wissensgesellschaft stellt dem gegenüber jedoch heraus, dass Informationen nur Rohmaterialien sind, die erst durch Aneignung und Verarbeitung, also durch Wissen, Bedeutung gewinnen.
Charakteristisch für die sich herausbildende Wissensgesellschaft ist, dass die Verfügung über Wissen sowohl für jeden Einzelnen als auch für Unternehmen und Staaten ein entscheidendes Wettbewerbs- und Erfolgskriterium im Rahmen der wirtschaftlichen Globalisierung ist und dass die Beherrschung moderner Informations- und Kommunikationssysteme alle Lebensbereiche von ↑Arbeit bis ↑Freizeit durchdringt.

Ursachen des Wissenszuwachses

Die wachsende Bedeutung des Faktors Wissen hängt zum einen mit technischen Entwicklungen zusammen: Die mikroelektronische Wende führte zum theoretisch für alle handhabbaren PC und zur Ausbreitung interner und globaler Datennetze (↑Internet). Dadurch nahmen Reichweite, Geschwindigkeit und Effizienz der Datenübertragung stark zu, sodass immer mehr Informationen für immer mehr Menschen verfügbar sind.
Zweitens wird in der modernen Gesellschaft mehr Wissen als früher benötigt, um in Wirtschaft, Politik und Gesellschaft handlungsfähig zu bleiben und um den steigenden Anforderungen am Arbeitsplatz zu genügen.
Drittens nimmt das Wissen immer rascher zu, weil sich durch die wachsende Vernetzung bisher eigenständiger Fachbereiche und den Ausbau der technischen Voraussetzungen (↑Multimedia) die Möglichkeiten zum Erwerb von Wissen stetig erweitern. Das Wissen verdoppelt sich zz. etwa alle fünf Jahre, und die Hälfte der neuen Erkenntnisse ist schon nach drei bis vier Jahren überholt.

Seit Ende der 1990er-Jahre gehen immer mehr Schulen ans Netz (Bild: Internet-Klassenzimmer mit Computerarbeitsplätzen). PC und Internet sollen alltägliche Instrumente des Lehrens und Lernens werden.

Lebenslanges Lernen

Die Wissensgesellschaft erfordert deshalb lebenslanges Lernen. Die Bereitschaft und die Fähigkeit zu lernen entscheiden darüber, welche Chancen die Menschen im Beruf haben, wie gut sie sich in einer sich rasch wandelnden Welt zurechtfinden und ob sie sich eigene Handlungsspielräume erhalten.
Zu vermitteln sind neben berufsrelevanten Kenntnissen auch allgemeine Lernfähigkeit und Medienkompetenz, die es erlauben, die Fülle der Informationen kritisch zu verarbeiten. Da Bildung der

Schlüsselbegriff der Wissensgesellschaft ist, wird der Stand des Bildungswesens eines Landes zum Standortfaktor.

Wissen als Produktionsfaktor

Wissen ist neben ↑Kapital, Arbeit und ↑Boden ein weiterer Produktionsfaktor; die Informationswirtschaft kann als neuer vierter Sektor neben den klassischen Bereichen Landwirtschaft, Produktion und Dienstleistung angesehen werden (↑postindustrielle Gesellschaft). Wirtschaftliche Tätigkeit und Wirtschaftswachstum – getragen durch die Medien- und Unterhaltungsindustrie, die elektronische und Computerindustrie – basieren zunehmend auf kognitiven Faktoren wie Wissen und Kreativität.

Der US-amerikanische Unternehmer Bill Gates über die Wirkung der Informationstechnologie:

»Ganze Berufszweige werden von der Bildfläche verschwinden. Dafür werden neue entstehen. Diese Entwicklung wird in den nächsten 20 bis 30 Jahren zu beobachten sein, historisch gesehen ein kurzer Zeitraum. [...] Die große Mehrzahl der 501 Berufe, die das Zensusbüro der Vereinigten Staaten 1990 ausgewiesen hat, war vor 50 Jahren noch unbekannt. Zwar können wir nicht vorhersagen, was für neue Berufe entstehen werden, doch dürfte feststehen, dass sie überwiegend dem Bildungssektor, Sozialwesen und Freizeitbereich zuzurechnen sein werden.«

Zu den beruflichen Anforderungen der Wissensgesellschaft gehören in zunehmendem Maß kommunikative Kompetenz, Flexibilität, selbstständiges Problemlösen und Teamfähigkeit sowie die Fähigkeit, Wissen zu verwalten und das gesuchte Know-how bei Fachleuten oder mit Fachmaterial aufzuspüren. Da Wissen durch Vermittlung und Austausch entsteht, ist in der Arbeitsorganisation projektorientierte Teamarbeit gefragt. Etablieren werden sich auch neue Arbeitsformen, z. B. ↑Telearbeit. Die sich hiermit anbahnende Kultur der Selbstständigkeit und die damit verbundene Notwendigkeit zur Eigeninitiative verlangen dem arbeitenden Menschen eine neue Mentalität ab; auch stellen diese Veränderungen der Erwerbsstruktur neue Anforderungen an den Sozialstaat (↑Scheinselbstständige, ↑geringfügige Beschäftigung) und das Arbeitsrecht.

Chancen und Risiken

Die Wissensgesellschaft wird daran gemessen werden, ob und wie es ihr gelingt, allen den Zugang zu Informationen und zur Wissensaneignung zu gewähren, damit eine Teilung der Bevölkerung in Gutinformierte und Nichtinformierte, in Bildungsbesitzer und Bildungsverlierer vermieden wird. Heute verfügen in den Industrieländern nicht alle Bewohner über die bildungsmäßigen und finanziellen Voraussetzungen zur Teilhabe an den modernen Kommunikationssystemen; und die ↑Entwicklungsländer sind, was Technologie und Forschung angeht, gegenüber der Ersten Welt benachteiligt. Die Wissensgesellschaft muss ferner klären, inwieweit eine Kommerzialisierung des Wissens (z. B. durch Patente oder die Finanzierung von Internetseiten durch Werbung) den freien Zugang erschwert und wie der Schutz geistigen Eigentums sowie der ↑Datenschutz im Netz zu gewährleisten sind. ■

Das Bundesministerium für Wirtschaft informiert in mehreren Schriften wie z. B. im Info 2000 über Deutschlands Weg in die Informations- und Wissensgesellschaft und die damit verbundenen Chancen und Risiken.

GLOTZ, PETER: *Die beschleunigte Gesellschaft.* München (Kindler) 1999. ■ RÖTZER, FLORIAN: *Megamaschine Wissen.* Frankfurt am Main (Campus) 1999. ■ RÜTTGERS, JÜRGEN: *Zeitenwende, Wendezeiten. Das Jahr-2000-Projekt: Die Wissensgesellschaft.* Berlin (Siedler) 1999.

W

kenntnisse. Seit dem 19. Jh. wird dabei zwischen empirischen bzw. Erfahrungswissenschaften einerseits und Geisteswissenschaften andererseits unterschieden. **Empirische W.** (v.a. Naturwissenschaften wie Physik, Biologie, aber auch ↑ empirische Sozialforschung) gründen v.a. auf planmäßiger Beobachtung und Experimenten. Im Mittelpunkt der **Geisteswissenschaften** (z.B. Philosophie, Geschichte) steht die Deutung individueller Phänomene vor dem Hintergrund bestimmter, als allgemeingültig betrachteter Werte.

Die Erkenntnisse der (wertfreien) Naturwissenschaften sind Grundlage des technischen Fortschritts des 19. und 20. Jh.; die sich damit eröffnenden Möglichkeiten (z.B. Mobilität, Telekommunikation, Medizin) einerseits, die einhergehenden Risiken (z.B. Umweltzerstörung, Kernenergie, Gentechnik) andererseits verdeutlichen die Notwendigkeit einer wertmäßigen Verankerung der W. **(Wissenschaftsethik).**

Wissenschaftsfreiheit: Grundrecht in Deutschland nach Art. 5 Abs. 3 GG. Die W. gewährleistet den Schutz vor Eingriffen der öffentlichen Gewalt in die wissenschaftliche Forschung und Lehre. Sie umfasst insbesondere das Recht jedes Wissenschaftlers auf wissenschaftliche Betätigung und Forschung **(Forschungsfreiheit).** Damit verbunden ist die staatliche Pflicht zur Förderung und Verwirklichung eines freien Wissenschaftsbetriebes (↑ Lehrfreiheit), v.a. die institutionelle Garantie der Universitäten und deren Recht auf akademische Selbstverwaltung.

Wissensgesellschaft: siehe Seite 444.

Wohlfahrtsstaat: allgemein jeder Staat, der sich zum Ziel gesetzt hat, den materiellen ↑ Wohlstand seiner Bürger zu fördern; im engeren Sinn der Staat im Zeitalter des monarchischen ↑ Absolutismus, der – um seine Untertanen besorgt – deren Leben mit zahlreichen Verordnungen reglementierte. Gegen diese Art des W. wandte sich der Liberalismus mit dem Staatsideal einer Gesellschaft freier Bürger, in welcher der ↑ Staat nur noch Garant der Freiheit sowie von Sicherheit und Ordnung sein sollte. Das Aufkommen der ↑ sozialen Frage im Zusammenhang mit der Industrialisierung ließ eine Beschränkung des Staates auf diese Art von Ordnungswahrung nicht mehr zu. Es entwickelte sich eine neue Art von W., der es sich zur Aufgabe machte, die allgemeine Daseinsvorsorge für die Bürger zu treffen und für die ↑ soziale Sicherheit zu sorgen.

Durch die weitgehende staatliche Sicherung und Fürsorge, verbunden mit einem hohem Finanzaufwand, gewann der Begriff W. wieder an Bedeutung. Kritiker wandten ein, der moderne W., wie er im 20. Jh. längere Zeit in Schweden modellhaft bestand, berge die Gefahr, durch ein umfassendes System von ↑ Sozialleistungen dem Bürger die Sorge um die Existenzsicherung vollständig abzunehmen. Dadurch könne die Eigeninitiative gelähmt und die Bereitschaft zu persönlicher und sozialer Verantwortung geschwächt werden.

Wohlfahrtsverbände: Bezeichnung für die sozialpolitisch engagierten (privaten und kirchlichen) ↑ Interessenverbände; in Deutschland repräsentiert durch die sechs großen in der **Bundesarbeitsgemeinschaft der Freien Wohlfahrtspflege** zusammengeschlossen W.: Diakonisches Werk der Evangelischen Kirche in Deutschland, Deutscher Caritasverband, die Zentralwohlfahrtsstelle der Juden in Deutschland, die Arbeiterwohlfahrt (AWO), das Deutsche Rote Kreuz (DRK) und die Dachorganisation Deutscher Paritätische Wohlfahrtsverband (DPWV). Die W. werden gefördert durch Spenden und öffentliche Mittel. Sie beschäftigen viele der Zivildienstleistenden.

Wohlstand: die Verfügungsmöglichkeit einer Person, einer Gruppe oder einer Gesellschaft über wirtschaftliche Güter (**materieller W.,** ↑ Lebensstandard), gemessen in Sozialprodukt pro Kopf. In diesem Sinn wird häufig von einer **Wohlstandsgesellschaft** gesprochen. Ein erweiterter Wohlstandsbegriff erfasst auch die subjektiv empfundene ↑Lebensqualität. Im Sinne eines nachhaltigen Wirtschaftens wird auch über neue Wohlstandsmodelle diskutiert, die einen weniger güterintensiven Lebensstil (»Suffizienzrevolution«) und ein Ressourcen schonendes Wirtschaften (»Effizienzrevolution«) beinhalten.

Ein aus verschiedenen Komponenten zusammengesetzter relativer Indikator für den wirtschaftlich-sozialen Fortschritt in einem Land ist der **Human Development Index (HDI)** mit den Komponenten 1) Lebensdauer, 2) Bildungsniveau (definiert durch ↑Analphabetismus und Dauer des Schulbesuchs), 3) Lebensstandard, gemessen durch das reale, den jeweiligen Lebenshaltungskosten angepasste ↑Bruttoinlandsprodukt pro Kopf. Der HDI wurde vom ↑UNDP entwickelt und wird seit 1990 jährlich im »Bericht über die menschliche Entwicklung« veröffentlicht.

World Health Organization ['wɔ:ld 'helθ ɔ:gənaɪ'zeɪʃn, engl.], Abk. WHO (Weltgesundheitsorganisation): Sonderorganisation der UN mit 191 Mitgliedstaaten (2000); gegründet am 7. 4. 1948 mit Sitz in Genf. Die WHO ist v.a. in den Entwicklungsländern zur Verbesserung der Gesundheitsversorgung aktiv, wo sie Gesundheitsdienste, die Ausbildung von Ärzten und medizinischem Personal u.a. organisiert.

www.who.org

World Trade Organization ['wɔ:ld treid ɔrgənai'zeiʃən, engl.], Abk. WTO (Welthandelsorganisation): Sonderorganisation der UNO für den Welthandel, Sitz: Genf. Die Gründung der WTO erfolgte am 15. 4. 1994 in Marrakesch (Marokko) durch Unterzeichnung des GATT-Abkommens vom 15. 12. 1993 (Uruguay-Runde). Die WTO trat am 1. 1. 1995 die Nachfolge des ↑General Agreement on Tariffs and Trade (GATT) an und löste dieses zum 1. 1. 1996 ab. Die WTO bildet einen umfassenden vertraglichen und institutionellen Rahmen für die Stärkung und Gestaltung der weltweiten Handelsbeziehungen. Oberstes Organ sind die **Ministerkonferenz** und der **Allgemeine Rat.** Der WTO gehören 137 stimmberechtigte Vollmitglieder an (2000); weitere Staaten (u.a. China und Russland) haben Beobachterstatus.

www.wto.org

World Wide Fund for Nature ['wɔ:ld 'wɔ:ldwaɪd 'fʌnd fɔ: 'neɪtʃə, engl.], Abk. WWF: 1961 gegründete internationale Organisation (bis 1987 unter dem Na-

World Trade Organization: Am 15. 4. 1994 unterzeichneten über 100 Staaten in der marokkanischen Stadt Marrakesch das im Dezember 1993 vereinbarte Abkommen der Uruguay-Runde des GATT; damit wurde die Welthandelsorganisation WTO gegründet.

W

men World Wildlife Fund), die Naturschutzprojekte durchführt; Sitz: Gland (Schweiz); als Wappentier führt sie einen Großen Pandabären.
www.wwf.de
WTO: ↑World Trade Organization.
World Wide Web: ↑Internet.

X

Xenophobie [-f-]: ↑Fremdenfeindlichkeit.

Z

ZDF, Abk. für **Z**weites **D**eutsches **F**ernsehen: öffentlich-rechtliche Rundfunkanstalt (↑Rundfunk), gegründet durch Staatsvertrag der Länder am 6. 6. 1961, Sitz: Mainz. Das ZDF, neben der ↑ARD zweite Fernsehanstalt in Deutschland, ging am 1. 4. 1963 auf Sendung. Es ist ähnlich den Landesrundfunkanstalten der ARD organisiert, mit einem Intendanten an der Spitze. Das ZDF gestaltet mit der ARD den Kinderkanal und den Dokumentationskanal Phoenix sowie mit ARD, Österreichischem Rundfunk (ORF) und Schweizer Radio- und Fernsehgesellschaft (SRG) den Satellitenkanal 3Sat und das Kulturprogramm ARTE (zusätzlich mit La Sept ARTE (Frankreich); auch strahlt es digitale Fernsehprogramme aus.
www.zdf.de
Zeitung: ↑Presse.
Zensur [lat.]: staatliche Überwachung und Unterdrückung von Veröffentlichungen im Medienwesen, um dieses im Sinn der Staatsführung oder der herrschenden Partei oder Klasse zu beeinflussen. In Diktaturen, totalitären und autoritären Staaten ist die Z. ein zentrales Mittel der Meinungsmanipulation. Z. kann auch in demokratischen Staaten kurzfristig zur Geheimhaltung bestimmter Vorgänge, z.B. im militärischen Bereich, eingesetzt werden. Das deutsche Grundgesetz verbietet die Z. ohne Einschränkung (Art. 5 Abs. 1 GG) und garantiert die ↑Pressefreiheit.
Zensus: ↑Volkszählung.
Zensuswahlrecht: ungleiches ↑Wahlrecht, bei dem das Wahlrecht als solches oder das Stimmengewicht vom Besitz oder der Steuerleistung abhängt. Das Z. galt in Preußen bis 1918 als **Dreiklassenwahlrecht** für das preußische Abgeordnetenhaus (seit 1849). Die Urwähler wurden nach der Steuerhöhe in drei Klassen eingeteilt; auf jede Klasse fiel ein Drittel der Gesamtsumme der Steuerbeträge.
Zentralbank: ↑Notenbank.
Zentralbankrat: oberstes Organ der Deutschen ↑Bundesbank. Der Z. besteht aus bis zu acht Mitgliedern des Bundesbankdirektoriums und den vom Bundespräsidenten bestellten neun Präsidenten der Landeszentralbanken.
Zentralisation (Zentralismus): Konzentration der Regierungsgewalt in einer Zentrale, von der aus Weisungen an die untergeordneten Instanzen gegeben werden, ohne dass diese selbst einen nennenswerten Entscheidungsspielraum besitzen; Gegensatz: ↑Dezentralisation.
Zentralkomitee, Abk. ZK: nominelles Führungsorgan kommunistischer Parteien und zwischen den Parteitagen höchstes Parteiorgan. Das ZK wählt aus seinen Mitgliedern das ↑Politbüro und das Sekretariat, bei denen die eigentliche politische Führung liegt.
Zentralstaat: ↑Einheitsstaat.
Zentralverwaltungswirtschaft (Planwirtschaft): Wirtschaftsordnung, in der die Abstimmung der einzelnen Bereiche und die Lenkung der Volkswirtschaft durch eine zentrale Planungsbehörde erfolgen. Die Z. beruht meist (wie in den ehemals sozialistisch regierten Staaten des Ostblocks), aber nicht notwendigerweise auf Staatseigentum an den Produktionsmitteln.
Zur Verwirklichung eines mehrjährigen Gesamtplans müssen die Einzelpläne

Z

der Betriebe, Produktions- und Wirtschaftszweige aufeinander abgestimmt werden. Die einzelnen Betriebe haben sich nach den von der zentralen Behörde erteilten Weisungen zu richten und ein festgelegtes Plansoll zu erfüllen. In einer reinen Z. teilt die zentrale Planungsbehörde alle Güter und Dienstleistungen direkt den Verbrauchern zu (Rationierung, v.a. in Not- und Kriegszeiten praktiziert).

Die Preise bilden sich nicht im Zusammenspiel von Angebot und Nachfrage, sondern dienen der zentralen Planungsbehörde nur als Verrechnungseinheiten. In einer Z. ist der zur Aufstellung des zentralen Plans benötigte Informationsbedarf sehr hoch und die Fähigkeit zur Informationsverarbeitung begrenzt. Deshalb kommt es immer wieder zu Fehlplanungen, unwirtschaftlichem Verhalten und Versorgungsschwierigkeiten. Insgesamt hat sich die in Osteuropa praktizierte Z. als der ↑Marktwirtschaft unterlegen erwiesen.

Zentrum-Peripherie-Modell: politikwissenschaftliches Konzept zur Erklärung der Beziehungen zwischen den industriell entwickelten Staaten und den Entwicklungsländern. Das Modell geht davon aus, dass das Zentrum der gegenwärtigen Weltordnung (die Industriestaaten) die Peripherie (die Entwicklungsländern) beherrscht und in ihren Entwicklungsmöglichkeiten behindert. Politische und ökonomische Einflussnahme erfolgt zugunsten des Zentrums.

Zinspolitik: alle Maßnahmen einer Notenbank zur Beeinflussung des Zinsniveaus in einer Volkswirtschaft v.a. die Festlegung des Preises, zu dem sich Geschäftsbanken bei der ↑Notenbank durch Verkauf von Wechseln oder Beleihung von Wertpapieren Geld beschaffen können (Leitzinsen). Dadurch werden die Umlaufmenge des Geldes und die Höhe des Zinssatzes auf dem Geld- und Kapitalmarkt und damit indirekt die Kosten für Investitionen und Anschaffungen beeinflusst. Die Z. ist daher neben der ↑Geld- und Kreditpoltik ein wichtiges Instrument zur Steuerung der gesamtwirtschaftlichen Entwicklung.

Zionismus: 1893 geprägte Bezeichnung für die politische (nationale) und soziale Bewegung zur Errichtung eines jüdischen Staates in Palästina. Dem Z. lag die Sehnsucht der in aller Welt zerstreuten Juden zugrunde, nach Zion, d.h. Jerusalem als religiös-politischem Mittelpunkt, zurückzukehren. Er entstand unter dem Einfluss der nationalen Ideen Europas, v.a. aber unter dem Eindruck des ↑Antisemitismus (Judenpogrome in Polen und Russland). THEODOR HERZL (1860–1904) gab dem Z. auf dem 1. Zionistischen Weltkongress 1897

Zionismus: Am 14.5.1948 proklamierte David Ben Gurion im Stadtmuseum von Tel Aviv den Staat Israel. Damit erfüllte sich die Hoffnung der zionistischen Bewegung auf Gründung eines jüdischen Staates.

(Basel) eine feste Form. Ziel der Bewegung war die Errichtung eines jüdischen Staates in Palästina und die Wiederbelebung der hebräischen Sprache und Kultur. Die Hoffnungen des Z. erfüllten sich 1948 mit der Gründung des Staates Israel.

Zivildienst: Ersatzdienst Wehrpflichtiger, der bei anerkannter ↑ Kriegsdienstverweigerung zu leisten ist. Im Z. sind Aufgaben zu erfüllen, die dem Allgemeinwohl dienen.

In Deutschland wurde der Z. 1956 durch Ergänzung von Art. 12 ins Grundgesetz aufgenommen und wird seit 1973 durch das Gesetz über den Z. (Fassung vom 28. 9. 1994) geregelt. Er ist rechtlich vom Wehrdienst abhängig. Seine Dauer wurde immer wieder gekürzt, am 1. 7. 2000 von 13 auf elf Monate (ab 2002 geplant: zehn Monate). Durchgeführt wird der Z. vom Bundesamt für den Zivildienst, das als selbstständige Bundesoberbehörde dem Ministerium für Familie, Senioren, Frauen und Jugend untersteht. In jüngster Zeit ist auch eine allgemeine Dienstpflicht sowie die Förderung ehrenamtlichen Engagements in der Diskussion, weil bei einer Aufhebung oder Verkürzung der Wehrpflicht der Personaleinsatz von Zivildienstleistenden v. a. bei den ↑ Wohlfahrtsverbänden gefährdet ist.

ziviler Friedensdienst: Begriff für Tätigkeiten und Organisationen, die darauf abzielen, durch Hilfeleistungen und Aufbauarbeiten Völkerverständigung und Frieden zu fördern (u. a. Aktionsgemeinschaft Dienst für den Frieden, Christlicher Friedensdienst, Aktion Sühnezeichen/Friedensdienste e.V., Service Civil International, Eirene, Internationaler Christlicher Friedensdienst e.V.)

ziviler Ungehorsam (bürgerlicher U., engl. Civil Disobedience): vom Gewissen des Einzelnen bestimmter öffentlicher, gewaltloser und bewusster Verstoß gegen verschiedene staatliche Gesetze als eine Form des ↑ gewaltlosen (passiven) Widerstands gegen den Staat. Z. U. ist ein aus den USA stammender politischer Zentralbegriff, der besonders über die ↑ Bürgerrechts- und ↑ Friedensbewegung nach Europa gelangte. Als Theoretiker des z. U. gilt v. a. JOHN RAWLS (*1921), der insbesondere an Vorstellungen und Konzepte von HENRY DAVID THOREAU (1817–62) und M. GANDHI anknüpfte.

Zivilgerichtsbarkeit: ↑ Gerichtsbarkeit.

Zivilgesellschaft: Begriff der politischen Philosophie des 18. Jh., der im 19. Jh. durch die Bezeichnung ↑ bürgerliche Gesellschaft verdrängt wurde. Die mit dem heutigen Begriffsgebrauch verbundene Vorstellung der Z. als Assoziation selbstständiger, politisch und sozial engagierter Bürger knüpft an diese älteren Zusammenhänge an. Gesellschaftliches Handeln wird demnach in seiner Eigenständigkeit sowohl gegenüber Politik und Staat wie gegenüber Wirtschaft und individuellen Interessen abgegrenzt. Dabei werden die Eigenaktivitäten und Zusammenschlüsse der Bürger als eigenständige politisch-soziale Kräfte in den Mittelpunkt der Diskussion um die Weiterentwicklung des westlich-liberalen Gesellschaftsmodells gerückt.

Zivilisation: die durch Wissenschaft und Technik gestalteten materiellen und sozialen Gegebenheiten einer Gesellschaft, im Unterschied zu einem ungeformten Naturzustand menschlichen Zusammenlebens. Im Deutschen wird z. T. noch zwischen Z. und ↑ Kultur unterschieden, wobei Z. mehr auf das Äußere, Technische, Kultur mehr auf innere, geistige Werte bezogen ist. Die soziale Seite der Z. besteht in der Regelung der zwischenmenschlichen Beziehungen mithilfe von Verträgen, Institutionen und Einrichtungen, die dem Einzelnen auch Sicherheit und Freiheit geben. Da sich diese Lebensform am frühesten in städtischen Siedlungen entwickeln konnte und wegen des beengten Zusammenlebens in diesen notwendig war, wurde Z. in kulturkritischer Sicht häufig als eine Entfernung von der naturverbundenen, bäuerlichen Lebensweise angesehen.

Zivilrecht: ↑Privatrecht.

Zivilschutz: Gesamtheit der nichtmilitärischen Maßnahmen v.a. zum Schutz der Zivilbevölkerung, der lebenswichtige zivilen Betriebe, Dienststellen und Anlagen. Zum Z. gehören gemäß Zivilschutzgesetz vom 25. 3. 1997 der Selbstschutz, der Warndienst (vor den der Bevölkerung im Verteidigungsfall drohenden Gefahren), der Schutzbau (öffentliche Schutzbauwerke, Großschutzräume), die Aufenthaltsregelung, der Katastrophenschutz, ferner Maßnahmen zum Schutz von Gesundheit und Kulturgut. Verwaltungsaufgaben werden durch das Bundesamt für Z. wahrgenommen; soweit die Durchführung des Z. den Ländern obliegt, handeln sie im Auftrag des Bundes.

Zölle: auf eine Ware bei Grenzüberschreitung erhobene Abgaben. Heute wird i.A. nur noch die Wareneinfuhr mit Z. belegt **(Einfuhrzölle).**

Nach der Bemessungsgrundlage werden unterschieden: Wertzölle (nach dem Preis) und spezifische Z. (nach Stückzahl, Maß oder Gewicht); nach ihrem Zweck sind zu unterscheiden: Finanzzölle zur Erzielung von Einkünften, ↑Schutzzölle, Kampfzölle zur Abwehr fremder Z., Ausgleichszölle zur Abwehr von Dumping und zur Vermeidung von Wettbewerbsverzerrungen. Grundsätzlich führen Z. zu einer Verteuerung der Warenpreise und sind ↑nichttarifäre Handelshemmnisse. Für die EU-Staaten gilt seit 1994 ein gemeinsamer Zollkodex für den Warenverkehr mit Drittländern. Die Zolleinnahmen der Mitglieder fließen zu 90% der EU zu.

Zollunion: Zusammenschluss selbstständiger Hoheitsgebiete zu einem einheitlichen Zollgebiet bei gleichzeitiger Abschaffung der ↑Zölle zwischen den Mitgliedern, Vereinbarung einheitlicher Außenzölle gegenüber Drittstaaten und Verteilung der Zolleinnahmen unter den Mitgliedsländern. Die Z. ist eine über die Freihandelszone hinausgehende Form der wirtschaftlichen Integration von ↑Volkswirtschaften und Vorstufe eines gemeinsamen Marktes, z.B. des ↑Europäischen Binnenmarktes.

Zustimmungsgesetz: in Deutschland ein Gesetz, zu dem nach Verabschiedung durch den Bundestag die Zustimmung des ↑Bundesrats erforderlich ist (↑Gesetzgebung). Welche Gesetze Z. sind, bestimmt das Grundgesetz. Es handelt sich v.a. um Gesetze, die das Verhältnis von Bund und Ländern betreffen. Bei verfassungsändernden Gesetzen muss der Bundesrat seine Zustimmung mit Zweidrittelmehrheit geben.

Zuwanderung: siehe Seite 452.

Zwangsarbeiterentschädigung: finanzielle Leistungen für alle Personen, die im Zweiten Weltkrieg für deutsche Unternehmen Zwangsarbeit leisten mussten. Etwa 10–14 Mio. Menschen, von denen 2000 noch rd. 1–1,8 Mio. lebten, waren zur Zwangsarbeit gepresst worden, darunter KZ-Häftlinge und Zwangsverpflichtete aus den von Deutschland besetzten Gebieten, v.a. in Ostmitteleuropa. Nach 1945 gab es eine Z. nur für Juden; 1998 wurde nach Sammelklagen von Geschädigten in den USA ein Fonds für zukünftige Zahlungen gegründet, 1999 entstand in *Deutschland* die Stiftung »Erinnerung, Verantwortung und Zukunft«, über welche die Entschädigung abgewickelt werden sollte. Bei Verhandlungen mit den Opferverbänden wurde eine Gesamtentschädigung von 10 Mrd. DM festgelegt, die je zur Hälfte von deutschen Unternehmen und dem Bund aufgebracht werden sollten. Eine endgültige Einigung über alle rechtlichen Fragen der Z., die eine juristische Garantie für deutsche Firmen gegen weitere Rechtsansprüche beinhaltete, konnte am 12. 6. 2000 erzielt werden.

In *Österreich* vereinbarte die Regierung im Mai 2000 mit sechs ostmitteleuropä-

Als Zuwanderung wird der Zuzug von Personen aus dem Ausland bezeichnet, welche die Absicht haben, dauerhaft in einem Staat zu leben (↑Migration). Unter den Begriff fällt der Zuzug sowohl von ↑Ausländern als auch von eigenen Staatsbürgern, die bisher im Ausland gewohnt haben, im Falle Deutschlands auch von ↑Aussiedlern.

Faktische Zuwanderung

Anders als in den USA, die sich traditionell als Einwanderungsland verstehen und die Zuwanderung durch jährliche Höchstquoten für Zuwanderer aus einzelnen Herkunftsländern begrenzen, anders aber auch als in Frankreich, Italien und den Niederlanden, die Bedingungen und Quoten für die Einwanderung festlegten, existierte bis 2000 in Deutschland kein Gesetz, das Regeln für die Zuwanderung aufstellte.
Auch ohne ein solches Gesetz gab es über Jahrzehnte hinweg eine Zuwanderung nach Deutschland. Zu den Ausländern kommen Bürger ausländischer Herkunft, die durch Einbürgerung (↑Staatsbürgerschaft) Deutsche geworden sind; allein 1998 erhielten über 100 000 Menschen ausländischer Herkunft einen deutschen Pass.

Ausländische Arbeitnehmer

Unter den in Deutschland lebenden Ausländern stellen Menschen aus der Türkei mit insgesamt 2,1 Mio. (1999) die mit Abstand stärkste Gruppe, gefolgt von jugoslawischen (Serben und Montenegrinern), italienischen und griechischen Bürgern. Es handelt sich dabei meist um ausländische Arbeitnehmer, die v.a. in den 1960er-Jahren zunächst als sog. Gastarbeiter nach Deutschland gekommen sind, und um ihre später nachgezogenen Familienangehörigen sowie um ihre Nachkommen der ersten und zweiten Generation. Etwa ein Drittel der Ausländer lebt bereits seit mindestens 20 Jahren in Deutschland oder ist hier geboren.
Seit 1973 besteht für ausländische Arbeitnehmer infolge des nach dem »Ölpreisschock« geschrumpften Arbeitsmarktes in Deutschland ein Anwerbestopp, der den Zuzug weiterer ausländischer Arbeitnehmer verlangsamte, aber die Aufenthaltsdauer der zuvor eingewanderten merklich verlängerte und sogar den Nachzug der Familienangehörigen verstärkte. Die Regelungen für den Nachzug wurden daraufhin ebenfalls Beschränkungen unterworfen.
Damit ein Nicht-EU-Ausländer sich in Deutschland niederlassen und eine Arbeit aufnehmen kann, braucht er eine ↑Aufenthaltsgenehmigung und Arbeitserlaubnis. Nur EU-Bürger genießen innerhalb der Europäischen Union Freizügigkeit, d.h. sie können ihren Wohn- und Arbeitsort frei wählen. EU-Bürgern steht darüber hinaus auch die Teilnahme an Kommunalwahlen in Deutschland zu.

Asylbewerber und Flüchtlinge

Eine weitere Gruppe unter den in Deutschland lebenden Ausländern sind diejenigen Personen, die in ihrem Heimatland politisch verfolgt werden und deshalb in Deutschland Asyl genießen. Zu diesen nach dem ↑Asylrecht anerkannten Flüchtlingen kommen Asylbewerber, d.h. Personen, die einen Antrag auf Asyl gestellt haben, über den noch nicht rechtsgültig entschieden worden ist; wird er abgelehnt, müssen sie mit ihrer ↑Abschiebung in ihren Heimatstaat rechnen. 1999 stellten rd. 95 000 Personen einen Antrag auf Asyl; die Anerkennungsquote bei den 1999 endgültig entschiedenen Asylverfahren betrug 3%; weitere 4,5% erhielten Abschiebeschutz. Im einem Urteil vom 10.8.2000 korrigierte das Bundesverfassungsgericht die Asylrechtsprechung des Bundesverwaltungsgerichts, indem es ausführte, dass ein Anspruch auf Anerkennung als politisch Verfolger nicht nur bei »staatlicher«, sondern auch bei »nichtstaatlicher« Verfolgung, z.B. durch bewaffnete Gruppen in Bürgerkriegen, besteht.

Ein türkisches Lebensmittelgeschäft im Berliner Stadtbezirk Kreuzberg. Durch Zuwanderung aus dem europäischen und außereuropäischen Ausland ist die deutsche Gesellschaft seit den 1970er-Jahren in vielen Bereichen multikulturell geprägt.

Eine weitere Gruppe bilden die Kriegs- und Bürgerkriegsflüchtlinge, die in den 1990er-Jahren v.a. aus Bosnien und Herzegowina sowie aus dem Kosovo nach Deutschland – und in andere europäische Staaten – kamen (↑Flüchtlinge). Obwohl sie i.d.R. nicht persönlich politisch verfolgt waren, wurde in Deutschland auf ihre Abschiebung vorübergehend verzichtet, da dies angesichts der Situation im Heimatland unzumutbar erschien. Abgesehen von einigen Härtefällen wird diese Personengruppe nach einer gewissen Frist zur Rückkehr in ihre Heimat aufgefordert.

Deutschstämmige Zuwanderer

Anders als die bisher genannten in Deutschland lebenden Gruppen sind Aussiedler keine Ausländer, sondern Deutsche im Sinne des Grundgesetzes. Nach deutlich höheren Zahlen zu Beginn der 1990er-Jahre wurden ab 1998 jährlich etwa 100 000 Personen, die meisten aus den Staaten der ehemaligen Sowjetunion, als Spätaussiedler anerkannt. Offizielles Ziel der deutschen Politik war es Ende der 1990er-Jahre, durch gezielte Förderung von Schulen und anderen Einrichtungen für Deutschstämmige vor Ort diese zum Verbleib in ihrer bisherigen Heimat zu bewegen. Mit der Einführung eines Sprachtests 1996 wurde für diese Personengruppe die Hürde für die Zuwanderung nach Deutschland höher gesetzt.

Neues Staatsbürgerschaftsrecht

Lange Zeit wurde die Ausländerpolitik in Deutschland mit dem vorrangigen Ziel betrieben, eine Einwanderung aus Nicht-EU-Staaten zu verhindern und hier lebende Ausländer – vielfach unter Hinweis auf die knappen Arbeitsplätze – möglichst zur Rückkehr in ihre Heimat zu veranlassen.
Erst seit den 1990er-Jahren zeichnete sich eine vorsichtige Trendwende ab. Ein wichtiger Schritt waren die Neuregelungen zum Staatsbürgerschaftsrecht, die zum 1. 1. 2000 in Kraft traten. Mit diesen Reformen wurde das bis dahin in Deutschland allein gültige Abstammungsprinzip – Deutscher ist, wer von Deutschen abstammt – durch das in anderen Staaten übliche Territorialprinzip ergänzt, wonach der Geburtsort für die Staatsbürgerschaft ausschlaggebend ist. Die Neuregelung sieht ferner vor, dass ein Ausländer mit ausreichenden Deutschkenntnissen nach acht (bisher: 15) Jahren legalen Aufenthalts in Deutschland Anspruch auf Einbürgerung hat.

Diskussion um Einwanderungsgesetz

Die in Deutschland seit einigen Jahren regelmäßig wiederkehrende Diskussion über ein Einwanderungsgesetz wurde im Jahr 2000 durch die von der rot-grünen Bundesregierung initiierte Einführung der ↑Green Card neu entfacht. Nach dieser Regelung können seit August 2000 bis zu 20 000 hoch qualifizierte Fachkräfte der Informationstechnologiebranche aus Nicht-EU-Staaten eine auf fünf Jahre befristete Aufenthalts- und Arbeitserlaubnis in Deutschland erhalten.
Bei der an die Green-Card-Initiative anknüpfenden öffentlichen Diskussion stand die Frage im Vordergrund, inwie weit eine gezielte, per Gesetz geregelte Zuwanderung in deutschem Interesse liegen könnte. Dabei ging es zwar zunächst nur um die Beseitigung kurzfristiger Engpässe auf dem Arbeitsmarkt, bald jedoch kam der Aspekt einer langfristigen Sicherung der Renten in einer durch Überalterung gekennzeichneten deutschen Gesellschaft (↑Generationenvertrag) in die Debatte. Insbesondere vonseiten der CDU/CSU wurde dabei der Versuch unternommen, die Zuwanderung von wirtschaftlich »erwünschten Ausländern« mit einer erneuten Verschärfung des Asylrechts zu verbinden, um so die Zuwanderung von »unerwünschten Ausländern« schon im Vorfeld zu verhindern.
Mit der neuen, nicht mehr generell negativen Bewertung von Zuwanderung kehrte eine gewisse Nüchternheit in die öffentliche Diskussion ein. Die Frage an die Politik, ob sie sich am Ideal einer multikulturellen Gesellschaft mit einer mehr oder weniger stark ausgeprägten kulturellen Eigenständigkeit ausländischer Bürger orientiert oder etwa eine weitgehende Assimilation favorisiert, stellt sich weiterhin, wobei auch in Zukunft wirksame Konzepte zur gesellschaftlichen Integration von Ausländern vonnöten sein werden. Diese Konzepte müssen sowohl den aus volkswirtschaftlicher Hinsicht erwünschten Zuwanderern als auch den aus humanitären Gründen aufgenommenen Verfolgten und Flüchtlingen Rechnung tragen. ■

Zuwanderung

Ausländische Bürger in Deutschland 1999 (in 1 000)

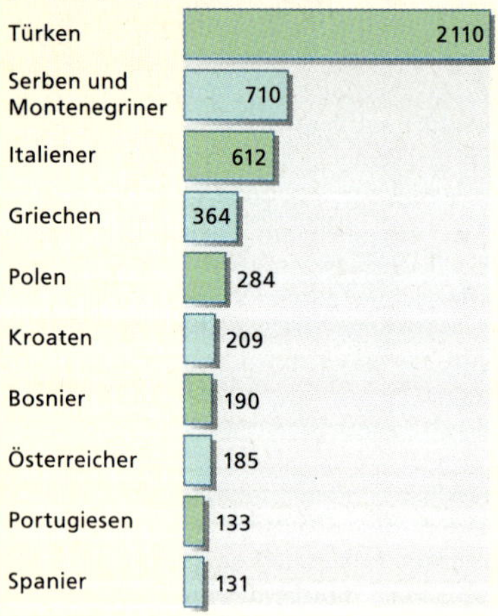

Quelle: Statistisches Bundesamt

Informationen zum Thema Zuwanderung liefern die Beauftragte der Bundesregierung für Ausländerfragen (www.bundesauslaenderbeauftragte.de) sowie die Ausländerbeauftragten der jeweiligen Bundesländer.

MÜNZ, RAINER, SEIFERT, WOLFGANG, ULRICH, RALF: *Zuwanderung nach Deutschland.* Frankfurt am Main (Campus) 1999. ■ TREIBEL, ANNETTE: *Migration in modernen Gesellschaften.* Weinheim (Juventa) 1999. ■ *50 Jahre Bundesrepublik Deutschland – 50 Jahre Einwanderung,* hg. von JAN MOTTE, RAINER OHLIGER, ANNE VON OSWALD Frankfurt am Main (Campus) 1999.

Zwei-plus-vier-Vertrag: Nach der Unterzeichnung des Vertrags am 12.9.1990 freuen sich u.a. der sowjetische Staatspräsident Michail Gorbatschow (Mitte), der Ministerpräsident der DDR, Lothar de Maizière (2.v.r.) und der Außenminister der BRD, Hans-Dietrich Genscher (dahinter).

ischen Staaten, die Zwangsarbeiter, die in das 1938 vom Deutschen Reich einverleibte Österreich deportiert worden waren (rd. 993 000), aus einem von Bund, Länder, Gemeinden und Unternehmen getragenen Fonds mit rd. 6 Mrd. öS zu entschädigen.

Zweidrittelgesellschaft: Anfang der 1980er-Jahre entstandener Begriff, der die These enthält, dass der Wandel der westlichen Industriegesellschaften zu ↑Dienstleistungsgesellschaften und ↑Wissensgesellschaften für einen Teil der Bevölkerung (etwa ein Drittel) mit einer dauerhaften Abkoppelung von den Wachstums- und Wohlfahrtsgewinnen verbunden ist (neue soziale Frage). Der Wandel lasse z.T. Arbeitsplätze mit nicht existenzsicherndem Lohnniveau entstehen. Arbeitslosigkeit steige bei fehlender marktgerechter Qualifikation, bei Überschreiten der Altersgrenze von 40 Jahren, bei Alleinerziehenden und Behinderten.

Zweikammersystem: die Organisation des Parlaments in zwei Kammern (z.B. ↑Oberhaus und ↑Unterhaus). Die zweite Kammer wird allgemein und direkt gewählt (Volksvertretung), während die erste Kammer aus Mitgliedern besteht, die ihr kraft Erbrecht oder Ernennung angehören. In Bundesstaaten ist die zweite Kammer häufig die gewählte Vertretung der Gliedstaaten (z.B. ↑Senat); Gegensatz: ↑Einkammersystem.

Zwei-plus-vier-Vertrag: Kurzbezeichnung für den »Vertrag über die abschließenden Regelungen in Bezug auf Deutschland« vom 12.9.1990, der im Zuge der Entwicklung zur deutschen ↑Wiedervereinigung zwischen den beiden deutschen Staaten und den vier Siegermächten des Zweiten Weltkrieges (Frankreich, Großbritannien, Sowjetunion, USA) geschlossenen wurde. Durch den Vertrag wird die volle Souveränität Deutschlands (im Sinne einer völkerrechtlichen Identität von ↑Deutschem Reich und vereinigtem ↑Deutschland) wieder hergestellt; die Außengrenzen Deutschlands werden unter Verzicht auf deutsche Gebietsansprüche als endgültig betrachtet; außerdem verzichtet Deutschland auf den Besitz von ↑ABC-Waffen und begrenzt die Stärke seiner Streitkräfte auf 370 000 Soldaten.

zweiter Arbeitsmarkt: ↑Arbeitsmarktpolitik.

Zweiter Weltkrieg: ↑Weltkrieg.

Zweites Deutsches Fernsehen: ↑ZDF.

Zweitstimme: ↑Bundestagswahl.

A

Adenauer, Konrad: *Köln 1876, †Rhöndorf/Bad Honnef 1967, deutscher Politiker (CDU): Oberbürgermeister von Köln (1917–33), Mitbegründer und Vorsitzender der CDU (1950–66), Präsident des Parlamentarischen Rates (1948/49), Bundeskanzler (1949–63), verantwortlich für die Eingliederung der BRD in die westliche Staatengemeinschaft, gestaltete seine Regierung als Kanzlerdemokratie.

Adler, Victor: *Prag 1852, †Wien 1918, österreichischer Politiker: im Abgeordnetenhaus seit 1905 Führer der SPÖ, Mitbegründer der Zweiten Internationalen; setzte sich als Staatssekretär des Auswärtigen (1918) für den Anschluss Deutschösterreichs an das Deutsche Reich ein.

Adorno, Theodor W. (früher Wiesengrund A.): *Frankfurt am Main 1903, †Visp (Kanton Wallis) 1969, deutscher Philosoph, Soziologe, Musiktheoretiker und Komponist: lebte 1934–49 in der Emigration, ab 1950 Professor in Frankfurt am Main, gehörte zu den Hauptvertretern der Kritischen Theorie.

Annan, Kofi: *Kumasi 1938, ghanaischer Politiker: UN-Generalsekretär (seit 1997).

Arafat, Jasir: *Kairo oder Jerusalem 1929, palästinensischer Politiker: Führer der PLO (seit 1969), Vorsitzender der palästinensischen Autonomiebehörde (seit 1996), erhielt 1994 zusammen mit Shimon Peres und I. Rabin den Friedensnobelpreis für den palästinensisch-israelischen Ausgleich.

Aristoteles: *Stagira in Makedonien 384 v. Chr., †Chalkis auf Euböa 322 v. Chr., griechischer Philosoph: war Schüler Platons, 342/41 Erzieher Alexanders des Großen, ging 334 v. Chr. nach Athen und gründete eine Philosophenschule (Peripatetische Schule). Zu seinen Werken gehört »Politica«; darin definiert er den Menschen als politisches Wesen und den Staat als höchste Form menschlicher Gemeinschaft und untersucht die Qualität politischer Verfassungen und Regierungsformen.

Atatürk, Kemal (bis 1934 Mustafa K. Pascha): *Saloniki 1881, †Istanbul 1938, türkischer Politiker: nahm 1908/09 am Aufstand der Jungtürken teil und führte im Ersten Weltkrieg eine Armee. Er rief 1923 die Republik aus, schaffte 1924 das Kalifat ab und wurde als türkischer Staatspräsident (1923–38) durch Reformen (u.a. Trennung von Staat und Kirche, Gleichstellung der Frau) zum Schöpfer der modernen Türkei.

B

Barzel, Rainer: *Braunsberg (Ostpreußen) 1924, deutscher Politiker (CDU): war 1964–73 Fraktionsvorsitzender der CDU/CSU im Bundestag, 1971–73 Bundesvorsitzender der CDU und 1983–84 Bundestagspräsident, scheiterte 1972 als Oppositionsführer beim konstruktiven Misstrauensvotum gegen Bundeskanzler W. Brandt (SPD).

Bebel, August: *Deutz (heute Köln) 1840, †Passugg (bei Chur) 1913, deutscher Politiker: Mitgründer der SPD, wurde 1872 wegen Vorbereitung des Hochverrats und Majestätsbeleidigung, 1886 wegen Geheimbündelei verurteilt, setzte sich für den Klassenkampf und die internationale Solidarität der Arbeiterschaft ein.

Begin, Menachem: *Brest-Litowsk (heute Brest, Weißrussland) 1913, †Tel Aviv 1992, israelischer Politiker: war 1948 Mitbegründer der rechtsgerichteten Cherut-Partei und 1967–70 Minister ohne Geschäftsbereich. Als Ministerpräsident (1977–83) schloss B. mit Ägypten das Camp-David-Abkommen, dem 1979 ein Friedensvertrag folgte (u.a. Räumung der seit 1967 von Israel besetzten Sinaihalbinsel); dafür erhielt B. zusammen mit A. as-Sadat 1978 den Friedensnobelpreis.

Ben Gurion, David (eigentlich D. Grün): *Plonsk (Polen) 1886, †Tel Aviv-Jaffa 1973, israelischer Politiker (Sozialist): rief am 14. 5. 1948 den Staat Israel aus, als Ministerpräsident und Verteidigungsminister (1948–53, 1955–63) hatte er entscheidenden Anteil am Aufbau des Staates Israel.

Bismarck, Otto von, Graf von B.-Schönhausen (seit 1865), Fürst von B. (seit 1871), Herzog von Lauenburg (seit 1890): *Schönhausen 1815, †Friedrichsruh 1898, deutscher Politiker (Konservativer): 1862 von Wilhelm I. zum preußischen Ministerpräsidenten ernannt, verteidigte B. die Rechte der Krone im Konflikt mit der liberalen Parlamentsmehrheit und setzte sich an die Spitze der Nationalstaatsbewegung, die 1871 mit der Gründung des Deutschen Reiches ihr wichtigstes Ziel erreichte. Als Reichskanzler (1871–90) schuf er ein sozialpolitisches Reformwerk zur Integration der Arbeiterschaft, die er jedoch zugleich unterdrückte (Sozialistengesetz).

Blair, Anthony (Tony): *Edinburgh 1953, britischer Politiker (Labour Party): seit 1997 Premierminister, befürwortet die Modernisierung sozialdemokratischer Politik (u.a. Kürzung öffentlicher Ausgaben, leistungsförderndes Steuersystem).

Bodin, Jean: *Angers 1529 (oder 1530), †Laon 1596, französischer Philosoph und Staatstheoretiker: forderte während der Hugenottenkriege die Glaubensfreiheit. B. setzte sich in seinem Hauptwerk »Les six livres de la république« (1576) für die religiösen und naturrechtlichen Bindungen unterworfene Souveränität des Staates ein.

Brandt, Willy: *Lübeck 1913, †Unkel (Landkreis Neuwied) 1992, deutscher Politiker (SPD): B. war 1957–66 Regierender Bürgermeister von Berlin, 1966 bis 1969 Außenminister und wurde 1969 zum Bundeskanzler gewählt. Er leitete eine neue Deutschland- und Ostpolitik ein, für die er 1971 den Friedensnobelpreis erhielt. 1974 trat er in Zusammenhang mit der Affäre um den Kanzleramtsspion Günter Guillaume von seinem Amt zurück.

Breschnew, Leonid Iljitsch: *Kamenskoje (heute Dnjeprodserschinsk) 1906, †Moskau 1982, sowjetischer Politiker (KPdSU): als Partei- und Staatschef (1966–82 bzw. 1977–82) sicherte er die Vorrangstellung der UdSSR im Ostblock u.a. durch den Einmarsch von Truppen des Warschauer Paktes in die Tschechoslowakei (1968).

C

Carstens, Karl: *Bremen 1914, †Meckenheim (bei Bonn) 1992, deutscher Politiker (CDU): war 1973–76 Fraktionsvorsitzender der CDU/CSU im Bundestag, 1976–79 Bundestagspräsident, bemühte sich als Bundespräsident (1979–84) um Volksnähe.

Castro Ruz, Fidel: *Mayarí (Provinz Oriente) 1926 (oder 1927), kubanischer Politiker (Kommunist): stürzte in einem Guerillakrieg (1956–59) Präsident F. Batista y Zaldívar und bestimmte seit 1959 als »höchster Führer« die Politik Kubas.

Chirac, Jacques: *Paris 1932, französischer Politiker (Gaullist): 1977–95 Bürgermeister von Paris, 1974–76 und 1986–88 Premierminister, 1995 bis 2002 Staatspräsident.

Chruschtschow, Nikita Sergejewitsch: *Kalinowka (Gouvernement Kursk) 1894, †Moskau 1971, sowjetischer Politiker (KPdSU): als Parteichef und Ministerpräsident (1953–64 bzw. 1958–64) leitete C. die Entstalinisierung in der UdSSR ein. Mit der Unterdrückung des Ungarnaufstands (1956) und dem Berlin-Ultimatum (1958) setzte er der sowjetischen Entspannungspolitik Grenzen.

Churchill, Winston, Sir (seit 1953): *Blenheim Palace 1874, †London 1965, britischer Politiker (Konservative bzw. Liberale Partei): 1900–64 Mitglied des Unterhauses (mit Unterbrechung), mehrfach Minister (ab 1911), Premierminister (1940–45 und 1951–55), einer der »Großen Drei« (neben F. Roosevelt und J. Stalin) in der Anti-Hitler-Koalition, Symbol für den Selbstbehauptungswillen Großbritanniens im Zweiten Weltkrieg.

Clemenceau, Georges: *Mouilleron-en-Pareds (Département Vendée) 1841, †Paris 1929, französischer Politiker (Linksradikaler): Ministerpräsident 1906 bis 1909 und 1917–20, versuchte nach dem Ersten Weltkrieg, Deutschland als Großmacht dauerhaft zu schwächen.

Clinton, Bill (eigentlich William Jefferson Blythe): * Hope (Arkansas) 1946, US-amerikanischer Politiker (Demokrat): Gouverneur von Arkansas (1978–82), gab als 42. Präsident der USA (1993 bis 2001) wichtige außenpolitische Impulse (u.a. Nahost-, Nordirlandkonflikt) und führte die USA in einem lang anhaltenden wirtschaftlichen Aufschwung.

D

Dehler, Thomas: * Lichtenfels 1897, † Streitberg 1967, deutscher Politiker (DDP, FDP): Bundesjustizminister (1949–53), Mitbegründer und Vorsitzender der FDP (1954–57).

Delors, Jacques: * Paris 1925, französischer Politiker (Sozialist): gab als Präsident der Europäischen Kommission (1985–94) den Anstoß zur Vollendung des europäischen Binnenmarktes und zur Verwirklichung einer europäischen Währungsunion.

Deng Xiaoping: * Guang'an (Provinz Sichuan) 1904, † Peking 1997, chinesischer Politiker (Kommunist): stieg nach dem Sturz der Viererbande um die Mao-Witwe Jiang Qing 1977 zum mächtigsten Politiker im kommunistischen China auf, leitete die wirtschaftliche Liberalisierung ein, verweigerte jedoch politische Reformen. 1987–90 zog sich D. schrittweise aus allen Ämtern zurück.

Dubček, Alexander: * Uhroveč (bei Trenčín) 1921, † Prag 1992, tschechoslowakischer Politiker (Kommunist): Hauptinitiator und Symbolfigur des Prager Frühlings (1968), der kurzen Ära des tschechoslowakischen Reformkommunismus, die durch den Einmarsch der Truppen des Warschauer Paktes beendet wurde.

E

Ebert, Friedrich: * Heidelberg 1871, † Berlin 1925, deutscher Politiker (SPD): versuchte als Reichspräsident (1919–25) zwischen den parteipolitischen Gegensätzen in der Weimarer Republik zu vermitteln.

Eisenhower, Dwight David: * Denison (Texas) 1890, † Washington D.C. 1969, US-amerikanischer Militär und Politiker (Republikaner): leitete im Zweiten Weltkrieg als Oberkommandierender der alliierten Streitkräfte die Invasionen in Nordafrika, Sizilien, dem italienischen Festland (1943) und in der Normandie (1944), 34. US-Präsident (1953–61).

Engels, Friedrich: * Barmen (heute Wuppertal) 1820, † London 1895, deutscher Philosoph und Politiker: neben K. Marx führender Publizist und Theoretiker des Marxismus und der sozialistischen Bewegung (dialektischer Materialismus).

Erhard, Ludwig: * Fürth 1897, † Bonn 1977, deutscher Politiker (CDU): als Wirtschaftsminister (1949–63) führte E. in der BRD die soziale Marktwirtschaft ein (»Vater des Wirtschaftswunders«), 1963–66 Bundeskanzler.

F

Figl, Leopold: * Rust (heute Michelhausen, Bezirk Tulln) 1902, † Wien 1965, österreichischer Politiker (ÖVP): führte als Bundeskanzler (1945–53) eine Regierung aus ÖVP und SPÖ, hatte als Außenminister (1953–59) maßgeblichen Anteil am Abschluss des österreichischen Staatsvertrages (1955).

Fischer, Joseph (Joschka): * Gerabronn (Kreis Schwäbisch Hall) 1948, deutscher Politiker (Bündnis 90/Die Grünen): als Wortführer des »realpolitischen« Flügels erster Grüner in einem Ministeramt (Umweltressort in Hessen 1985–87 und 1991–94), Außenminister (seit 1998).

Franco Bahamonde, Francisco: * Ferol 1892, † Madrid 1975, spanischer General und Politiker: entwickelte sich im spanischen Bürgerkrieg (1936–39) zum Führer (Caudillo) der nationalspanischen Kräfte, die ihn zum Generalissimus und Staatschef (1936) ernannten; nach seinem Sieg stellte er, gestützt auf Militär, Kirche und Falange, die Monarchie wieder her und errichtete eine Diktatur auf korporativer Basis.

G

Gandhi, genannt **Mahatma** [»dessen Seele groß ist«] (Mohandas Karamchand): * Porbandar (Kathiawar) 1869, † (ermordet) Neu-Delhi 1948, Führer der indischen Unabhängigkeitsbewegung: organisierte 1893–1914 in Südafrika den Widerstand der indischen Einwanderer gegen diskriminierende Gesetze, leitete nach seiner Rückkehr nach Indien (1914) den Kampf gegen die britische Herrschaft. Von hoher Religiosität und asketischer Lebensweise bestimmt, rief G. zur Gewaltlosigkeit auf.

Gaulle, Charles de: * Lille 1890, † Colombey-les-deux-Églises 1970, französischer General und Politiker: Staatspräsident (1958–69), ab 1940 führender Kopf des französischen Widerstands gegen die deutsche Besatzung und das mit Hitler kollaborierende Vichy-Regime, Ministerpräsident 1945/46, Schöpfer der Fünften Republik (ab 1958). Die von G. und seinen Anhängern entwickelten politischen Prinzipien (v.a. uneingeschränkte Souveränität Frankreichs, Zentralismus, starke Exekutive) fanden Eingang in den sich als Sammlungsbewegung verstehenden Gaullismus, der von verschiedenen Parteien getragen wurde, z.B. RPF (1947–53), UNR (ab 1958) und RPF (ab 1976, Neogaullismus).

Genscher, Hans-Dietrich: * Reideburg (heute Halle/Saale) 1927, deutscher Politiker (FDP): Bundesinnenminister (1969–74) und Außenminister (1974 bis 1992), Vorsitzender der FDP (1974–85), war wesentlich beteiligt an der Zwei-plus-vier-Verträgen.

Gerhardt, Wolfgang: * Ulrichstein-Helpershain 1943, deutscher Politiker (FDP): Minister für Wissenschaft und Kunst in Hessen (1987–91), seit 1995 Bundesvorsitzender der FDP.

Gorbatschow, Michail Sergejewitsch: * Priwolnoje (Region Stawropol) 1931, sowjetischer Politiker (KPdSU): Mit seinem Programm, das die wirtschaftliche und soziale Umgestaltung (Perestroika) sowie die Herstellung von Öffentlichkeit (Glasnost) umfasste, leitete er als Generalsekretär der KPdSU (1985–91) den friedlichen Umbruch und demokratischen Wandel in Ostmitteleuropa, aber auch die Auflösung der UdSSR ein. G. gab seine Zustimmung zur deutschen Einheit und erhielt 1990 den Friedensnobelpreis.

Grotewohl, Otto: * Braunschweig 1894, † Berlin (Ost) 1964, deutscher Politiker (SPD, SED): beteiligte sich 1945 am Wiederaufbau der SPD in Berlin, stimmte ihrer Vereinigung mit der SED 1946 unter sowjetischem Druck zu; Ministerpräsident der DDR (1949–60).

Guevara Serna, Ernesto (Che): * Rosario (Argentinien) 1928, † in Bolivien 1967, kubanischer Politiker und Guerillaführer: beteiligte sich am Aufstand von F. Castro gegen die Herrschaft von F. Batista y Zaldívar in Kuba, baute ab 1965 in Bolivien eine Guerillaorganisation auf. G. wurde nach seiner Erschießung zur Leitfigur revolutionärer Bewegungen, v.a. in der Dritten Welt.

H

Havel, Václav: * Prag 1936, tschechischer Dramatiker und Politiker: Dissident gegen die kommunistische Herrschaft, Mitinitiator des demokratischen Umbruchs 1989, Staatspräsident der Tschechoslowakei (1989–92) und der Tschechischen Republik (seit 1993).

Hegel, Georg Wilhelm Friedrich: * Stuttgart 1770, † Berlin 1831, deutscher Philosoph: entwarf das umfassendste und einheitlichste System der deutschen Philosophie, seine Lehre erhebt den Anspruch, alle Erscheinungen des Natur- und Geisteslebens aus dem Wesen des Geistes abzuleiten.

Heinemann, Gustav: * Schwelm 1899, † Essen 1976, deutscher Politiker (CDU, ab 1957 SPD): bemühte sich als Bundespräsident (1969–74) um die Versöhnung zwischen Deutschland und seinen Nachbarstaaten.

Herzog, Roman: * Landshut 1934, deutscher Jurist und Politiker (CDU): 1987–93 Präsident des Bundesverfassungsgerichtes, nahm als Bundespräsident (1994–99) häufig kritisch Stellung, besonders zu Bildungsfragen.

Heuss, Theodor: * Brackenheim (Kreis Heilbronn) 1884, † Stuttgart 1963, deutscher Publizist und Politiker (FDP): 1946 Mitbegründer der DVP/FDP, erster Bundespräsident (1949–1959) der BRD, Repräsentant des demokratisch gesinnten, liberalen Bildungsbürgertums.

Hindenburg, Paul von (eigentlich P. von Beneckendorff und von H.): * Posen 1847, † Gut Neudeck bei Freystadt (Westpreußen) 1934, deutscher Generalfeldmarschall und Reichspräsident (Nationalkonservativer): deutscher Heerführer im Ersten Weltkrieg; wurde nach dem Tod von F. Ebert zum Reichspräsidenten gewählt (1925–34), ernannte 1933 A. Hitler zum Reichskanzler.

Hitler, Adolf: * Braunau am Inn (Österreich) 1889, † Berlin 1945 (Selbstmord), deutscher Politiker (NSDAP): errichtete die nationalsozialistische, v. a. auf Führerprinzip, Rassenideologie und Terror aufgebaute totalitäre Diktatur (1933–45), entfesselte 1939 den Zweiten Weltkrieg, führte einen Eroberungs- und Vernichtungsfeldzug im Osten und war verantwortlich für den millionenfachen Mord an den Juden Europas und anderer Menschen.

Hobbes, Thomas: * Westport (heute Malmesbury, Wiltshire) 1588, † Hardwick Hall, Derbyshire 1679, englischer Philosoph: lieferte mit seiner Staatslehre die theoretische Rechtfertigung des Absolutismus.

Ho Chi Minh (eigentlich Nguyen That Thanh): * Kim Lien (Mittelvietnam) 1890, † Hanoi 1969, vietnamesischer Politiker (Kommunist): Führer des Widerstandes gegen die französische Kolonialherrschaft. Als Präsident von Nord-Vietnam (1954–69) bekämpfte H. das von den USA gestützte Süd-Vietnam, in den 1960er-Jahren Symbolfigur einer gegen das US-Engagement in Vietnam gerichteten Protestbewegung.

Honecker, Erich: * Neunkirchen (Saarland) 1912, † Santiago de Chile 1994, deutscher Politiker (KPD, SED): 1971–89 Generalsekretär der SED, 1976–89 Vorsitzender des Staatsrats der DDR, in seine Amtszeit fielen die internationale Anerkennung der DDR und die Normalisierung der Beziehungen zur BRD; durch fehlende Bereitschaft, Reformen durchzuführen, begünstigte er den Umsturz in der DDR (1989).

J

Jelzin, Boris Nikolajewitsch: * Butka (Gebiet Jekaterinburg) 1931, russischer Politiker: war als kommunistischer Parteichef in Moskau (1985–87) durch sein Eintreten für ein Mehrparteiensystem und die Marktwirtschaft Integrationsfigur der Opposition in der UdSSR. Während seiner Amtszeit als russischer Staatspräsident (1991–99) beschleunigte sich der wirtschaftliche Niedergang des Landes.

Jospin, Lionel: * Meudon 1937, französischer Politiker (Sozialist): 1988–92 Erziehungsminister, seit 1994 Vorsitzender der Sozialisten (PS), seit 1997 Premierminister.

K

Kennedy, John Fitzgerald: * Brookline (Massachusetts) 1917, † (ermordet) Dallas (Texas) 1963, US-amerikanischer Politiker (Demokrat): trat als 35. Präsident der USA (1961–63) für die Gleichstellung aller Minderheiten und Verbesserungen der sozialen Sicherung ein. Außenpolitisch bemühte er sich um eine Stärkung der US-Verteidigungskraft und die Überwindung des Kalten Krieges. Die Hintergründe seiner Ermordung sind bis heute nicht aufgeklärt.

Khomeini, Ruhollah Mussawi: * Khomein 1900 (?), † Teheran 1989, iranischer Geistlicher (Ayatollah) und Revolutionsführer: wurde nach dem Sturz von Schah Mohammed Resa Pahlawi (1979) die beherrschende geistige und politische Kraft des fundamentalistischen Islam in Iran.

Kiesinger, Kurt Georg: * Ebingen 1904, † Tübingen 1988, deutscher Politiker (CDU): als Bundeskanzler einer großen Koalition aus CDU/CSU und

SPD (1966–69) trug er zur Überwindung der wirtschaftlichen Rezession bei und setzte die Notstandsgesetze durch.

King, Martin Luther: * Atlanta (Georgia) 1929, † (ermordet) Memphis (Tennessee) 1968, US-amerikanischer Theologe, Baptistenpfarrer und Bürgerrechtler: charismatischer Führer der schwarzen Bürgerrechtsbewegung und Symbolfigur des Widerstands gegen jede Rassendiskriminierung. Wegen seines gewaltlosen Einsatzes für die Vision einer freien und gleichen Gesellschaft erhielt K. 1964 den Friedensnobelpreis.

Kissinger, Henry Alfred: * Fürth 1923, US-amerikanischer Politiker: als Außenminister (1973–77) gelang ihm u.a. die Vermittlung eines Abkommens zwischen Syrien und Israel (1975) sowie mit einer diskreten »Pendeldiplomatie« die Vorbereitung des Friedensvertrags von Camp David zwischen Israel und Ägypten.

Klestil, Thomas: * Wien 1932, österreichischer Politiker: 1987–92 Generalsekretär im Außenministerium, seit 1992 Bundespräsident.

Kohl, Helmut: * Ludwigshafen 1930, deutscher Politiker (CDU): 1969–76 Ministerpräsident von Rheinland-Pfalz, 1973–98 Bundesvorsitzender der CDU, trieb als Bundeskanzler (1982–98) die europäische Einigung voran und gestaltete die Vereinigung der beiden deutschen Staaten; nach seiner Amtszeit stürzte er die CDU 1999/2000 mit seinem Verhalten in der sog. Spendenaffäre in ihre größte Krise.

Kreisky, Bruno: * Wien 1911, † Wien 1990, österreichischer Politiker (SPÖ): setzte als Bundeskanzler (1970–83) zahlreiche, z.T. umstrittene Reformen im Sozial-, Straf- und Familienrecht durch, engagierte sich außenpolitisch für eine Friedensregelung in Nahost.

L

Lenin, Wladimir Iljitsch (eigentlich W. I. Uljanow): * Simbirsk 1870, † Gorki (bei Moskau) 1924, russischer Revolutionär und Politiker: entwickelte als Theoretiker die Lehre des Marxismus weiter (u.a. Trennung zwischen Partei und Arbeiterklasse) und passte sie den besonderen russischen Verhältnissen an; wurde nach der Oktoberrevolution (1917) Regierungs- und Staatschef von Sowjetrussland. Auf L.s Initiative wurde 1922 die UdSSR gegründet.

Locke, John: * Wrington (County Somerset) 1632, † Oates (County Essex) 1704, englischer Philosoph: Begründer der neuzeitlichen Philosophie der Aufklärung und des englischen Empirismus.

Lübke, Heinrich: * Enkhausen 1894, † Bonn 1972, deutscher Politiker (Zentrum, CDU): förderte als Bundespräsident (1959–69) die Entwicklungshilfe.

M

Machiavelli, Niccolò: * Florenz 1469, † Florenz 1527, italienischer Schriftsteller: führte in seinen theoretischen Schriften den Begriff der Staatsräson ein und sah in der Macht ein konstituierendes Element der Politik (Machiavellismus).

Maizière, Lothar de: * Nordhausen 1940, deutscher Politiker (CDU): letzter Ministerpräsident der DDR (April bis Oktober 1990).

Mandela, Nelson Rolihlahla: * Qunu (Transkei) 1918, südafrikanischer Politiker: versuchte in den 1950er-Jahren als einer der Führer des ANC durch die Organisation von Massenprotesten und Kampagnen die Apartheid in Südafrika zu überwinden, wurde 1964 zu lebenslanger Haft verurteilt und erst 1990 freigelassen, erster schwarzer Staatspräsident von Südafrika (1994–99).

Mao Zedong: * Shaoshan (Provinz Hunan) 1893, † Peking 1976, chinesischer Politiker (Kommunist): errichtete nach dem Bürgerkrieg zwischen Kommunisten und Guomindang 1949 die Volksrepublik China, als Partei- und Staatsoberhaupt (1945–76 bzw. 1954–59) etablierte er die Volksrepublik neben den USA und der UdSSR als dritte Weltmacht und leitete innenpolitisch gemäß seiner Interpretation der kommunistischen Gesellschaftslehre (Maoismus) eine radikale Umgestaltung des Landes ein.

Marshall, George Catlett: * Uniontown (Pennsylvania) 1880, † Washington D.C. 1959, US-amerikanischer General und Politiker: Außen- und Verteidigungsminister (1947–49 bzw. 1950–51), Initiator des sog. Marshallplans (1947), mit dem nach dem Zweiten Weltkrieg der Wiederaufbau des nichtkommunistischen Europa gefördert wurde.

Marx, Karl: * Trier 1818, † London 1883, deutscher Philosoph und Nationalökonom: begründete zusammen mit F. Engels den sog. Marxismus, eine Betrachtungsweise der menschlichen Gesellschaft, die er aus der Kritik an der kapitalistischen Produktionsweise seiner Zeit entwickelte; die nachhaltige Wirkung des Marxismus beruht u.a. darauf, dass er mit seinen wissenschaftlichen Analysen die Möglichkeit einer geschlossenen Weltanschauung bot.

Merkel, Angela: * Hamburg 1954, deutsche Politikerin (CDU): Bundesministerin für Frauen und Jugend sowie für Umwelt, Naturschutz und Reaktorsicherheit (1991–94 bzw. 1994–98), seit 2000 Bundesvorsitzende der CDU.

Milošević, Slobodan: * Požarevać 1941, jugoslawischer Politiker (Sozialist): Verfechter großserbischer Ansprüche (Präsident Serbiens 1989–97), Hauptverantwortlicher für den Bosnischen Krieg (1992–95), provozierte 1999 als Präsident Rest-Jugoslawiens (1997–2000) durch seine Gewaltpolitik gegenüber den Kosovo-Albanern die militärische Intervention der NATO.

Mitterrand, François: * Jarnac (Département Charente) 1916, † Paris 1996, französischer Politiker (Sozialist): betonte als Staatspräsident (1981–95) den nationalen Großmachtanspruch, gleichzeitig Schrittmacher der europäischen Einigung.

Montesquieu, Charles de Secondat, Baron de la Brède et de M.: * Schloss la Brède bei Bordeaux 1689, † Paris 1755, französischer Schriftsteller und Staatsphilosoph: hatte mit seiner Lehre von der Gewaltenteilung großen Einfluss auf die Herausbildung des modernen Verfassungsstaates.

Mussolini, Benito: * Predappio (Provinz Forli-Cesena) 1883, † Giulino di Mezzegra (Provinz Como) 1945 (exekutiert), italienischer Politiker: war Führer (»Il Duce«) der italienischen Faschisten und 1922–43 Ministerpräsident mit diktatorischen Vollmachten. Durch die Schaffung eines Kolonialreiches wollte er gewaltsam die Gleichstellung Italiens mit den europäischen Großmächten erzwingen. M. griff 1940 an der Seite Deutschlands in den Zweiten Weltkrieg ein.

N

Nehru, Jawaharlal: * Allahabad 1889, † Delhi 1964, indischer Politiker (Indischer Nationalkongress): gilt neben M. Gandhi als der Begründer des modernen Indien. N. verschaffte seinem Land als Premierminister (1947–64) internationales Ansehen und versuchte, nach sozialistischem Muster die wirtschaftliche und soziale Entwicklung zu beschleunigen.

Nixon, Richard Milhous: * Yorba Linda (Kalifornien) 1913, † New York 1994, US-amerikanischer Politiker (Republikaner): erster US-Präsident der USA (1969 bis 1974), der sein Amt niederlegen musste (wegen Verwicklung in die sog. Watergate-Affäre). N. beendete den Vietnamkrieg und besuchte als erster US-Präsident die UdSSR und China.

P

Pieck, Wilhelm: * Guben 1876, † Berlin 1960, deutscher Politiker (KPD, SED): Mitbegründer und Präsident der DDR (1949–60), 1946–54 zusammen mit O. Grotewohl SED-Vorsitzender.

Platon: * Athen 427 v. Chr., † Athen 348/347 v. Chr., griechischer Philosoph: Schüler des Sokrates, seine Philosophie bediente sich u.a. des fragenden Gesprächs zur dialektischen Erörterung der Erkenntnis des Guten und der Tugend, sie bildete die Grundlage des metaphysischen und ethischen Idealismus.

Prodi, Romano: * Scandiano (Provinz Reggio nell'Emilia) 1939, italienischer Politiker: 1996–98 Ministerpräsident, seit 1999 Präsident der Europäischen Kommission.

Putin, Wladimir Wladimirowitsch: * Sankt Petersburg 1952, russischer Politiker: P. machte Karriere beim Geheimdienst und wurde 1999 Ministerpräsident und 2000 Staatspräsident.

R

Raab, Julius: * St. Pölten 1891, † Wien 1964, österreichischer Politiker (ÖVP): forcierte als Bundeskanzler (1953–61) den Wiederaufbau Österreichs.

Rabin, Itzhak: * Jerusalem 1922, † Tel Aviv 1995 (ermordet), israelischer Politiker (Arbeitspartei): 1974–77 und 1992–95 Ministerpräsident. R. betrieb in seiner zweiten Amtszeit zusammen mit Außenminister Shimon Peres gegenüber der PLO und den arabischen Staaten eine Aussöhnungspolitik, für die er 1994 zusammen mit Peres und J. Arafat den Friedensnobelpreis erhielt.

Rau, Johannes: * Wuppertal 1931, deutscher Politiker (SPD), 1978–98 Ministerpräsident von Nordrhein-Westfalen, seit 1999 Bundespräsident, pflegt einen politischen Stil, der den gesellschaftlichen Ausgleich zum Ziel hat (»Versöhnen statt Spalten«).

Reagan, Ronald Wilson: * Tampico (Illinois) 1911, US-amerikanischer Politiker (Republikaner): betrieb als 40. Präsident der USA (1980–88) eine Politik außenpolitischer Stärke; seine Wirtschaftspolitik mit rigidem Abbau von Steuern und Staatsausgaben bei Senkung der Sozialausgaben (Reaganomics) war umstritten.

Renner, Karl: * Untertannowitz (Südmähren) 1870, † Wien 1950, österreichischer Politiker (SPÖ): 1918–20 Staatskanzler der Republik Deutschösterreich, 1945–50 Bundespräsident der Zweiten Republik.

Roosevelt, Franklin Delano: * Hyde Park (New York) 1882, † Warm Springs (Georgia) 1945, US-amerikanischer Politiker (Demokrat): einziger Präsident der USA (1933–45), der viermal in dieses Amt gewählt wurde. R. setzte während der Großen Depression zahlreiche Gesetze durch, die mit der Tradition brachen (Abwendung vom Wirtschaftsliberalismus zu einer interventionistischen Sozialstaatspolitik), war im Zweiten Weltkrieg Lenker der Alliierten gegen die Achsenmächte.

Rousseau, Jean-Jacques: * Genf 1712, † Ermenonville (bei Senlis) 1778, französisch-schweizerischer Philosoph und Pädagoge: pries in seinem Hauptwerk »Contrat social« (1762) den politisch mündigen Bürger, der durch willentliche Abtretung seiner Freiheit an einen Kollektivwillen (volonté générale) den Staat legitimiert.

S

Sadat, Anwar as-: * Mit Abul Kom 1918, † (ermordet) Kairo 1981, ägyptischer Politiker: trug als Staatspräsident (1970–81) wesentlich zur politischen Anlehnung an den Westen bei und schloss 1979 mit Israel einen Friedensvertrag. S. erhielt 1978 zusammen mit M. Begin den Friedensnobelpreis.

Schäuble, Wolfgang: * Freiburg 1942, deutscher Politiker (CDU), 1989–91 Bundesminister des Inneren, 1991–2000 Vorsitzender der Bundestagsfraktion der CDU/CSU. Als Bundesvorsitzender der CDU (1998–2000) trat er infolge der Affäre um schwarze Konten der CDU zurück.

Scheel, Walter: * Solingen 1919, deutscher Politiker (FDP), als Außenminister (1969–74) war er einer der Architekten der neuen Ostpolitik von Bundeskanzler W. Brandt, zeigte als Bundespräsident (1974–79) Volksnähe.

Schmidt, Helmut: * Hamburg 1918, deutscher Politiker (SPD): 1969–72 Verteidigungsminister, 1972–74 Finanzminister, erwarb sich als Bundeskanzler (1974–82) den Ruf eines pragmatischen, durchsetzungsfähigen Politikers mit wirtschaftspolitischem Sachverstand. S. führte die BRD durch Rezession und innenpolitische Krisen (Terror der RAF).

Schröder, Gerhard: *Mossenberg (heute Blomberg) 1944, deutscher Politiker (SPD): 1990–98 Ministerpräsident von Niedersachsen, seit 1998 Bundeskanzler.

Schumacher, Kurt: *Culm (Ostpreußen) 1895, †Bonn 1952, deutscher Politiker (SPD): widersetzte sich 1946 als Vorsitzender der SPD einem Zusammenschluss von SPD und KPD zur SED, als wichtigster Gegenspieler von K. Adenauer lehnte S. dessen angestrebte Westintegration der BRD ab.

Schuman, Robert: *Luxemburg 1886, †Scy-Chazelles (Département Moselle) 1963, französischer Politiker (Republikaner): Ministerpräsident und erster Präsident des Europaparlaments (1947/48 bzw. 1958–60), gehörte nach dem Zweiten Weltkrieg zu den engagierten Befürwortern einer deutsch-französischen Annäherung, schlug 1950 die Schaffung einer europäischen Gemeinschaft für Kohle und Stahl (Schuman-Plan) vor.

Schüssel, Wolfgang: *Wien 1945, österreichischer Politiker (ÖVP): 1996 bis 2000 Außenminister, seit 2000 Bundeskanzler in einer Koalition mit der FPÖ.

Stalin, Jossif (Josef) Wissarionowitsch (eigentlich J. W. Dschugaschwili): *Gori (Georgien) 1879, †Kunzewo (heute Moskau) 1953, sowjetischer Diktator: schaltete als Erster Sekretär des ZK der KPdSU (1922–53) nach dem Tod von Lenin die innerparteilichen Gegner aus, baute eine Terrorherrschaft auf. S. schloss 1939 mit Hitler einen Nichtangriffspakt, der faktisch Osteuropa aufteilte, stand ab 1941 mit Großbritannien und den USA in der Anti-Hitler-Koalition und etablierte nach 1945 kommunistische Systeme in Ostmitteleuropa.

Stoiber, Edmund: *Oberaudorf (bei Rosenheim) 1941, deutscher Politiker (CSU), 1988–93 bayerischer Innenminister, seit 1993 Ministerpräsident, seit 1999 CSU-Vorsitzender.

Strauß, Franz Josef: *München 1915, †Regensburg 1988, deutscher Politiker (CSU): als Verteidigungsminister (1956 bis 1962) leitete er den Aufbau der Bundeswehr und schied unter dem Vorwurf, im Verlauf der sog. Spiegelaffäre den Bundestag belogen zu haben, aus diesem Amt aus. S. bekämpfte in den 1970er-Jahren die Ostpolitik der sozialliberalen Koalition. Als bayerischer Ministerpräsident (1978–88) trug er zur wirtschaftlichen Umstrukturierung des Freistaates bei.

Stresemann, Gustav: *Berlin 1878, †Berlin 1929, deutscher Politiker (Nationalliberaler): erreichte während seiner Kanzlerschaft (1923) und als Außenminister (1923–29) eine Konsolidierung der Weimarer Republik. S. brach die internationale Isolation Deutschlands durch Annäherung an die Westmächte auf und führte es 1926 durch den Abschluss mehrerer Verträge (Locarno 1925, Berlin 1926) in den Völkerbund. Er erhielt 1926 zusammen mit Aristide Briand den Friedensnobelpreis.

T

Thatcher, Margaret Hilda, Baroness T. of Kesteven (seit 1992): *Grantham (Lincolnshire) 1925, britische Politikerin (Konservative): erste Premierministerin Großbritanniens (1979–90), setzte eine harte monetaristische Wirtschaftspolitik durch, mit der sie über die Kürzung der Staatsausgaben und Steuersenkungen versuchte, die Wirtschaft zu beleben (Thatcherismus).

Tito, Josip (eigentlich J. Broz): *Kumrovec (Kroatien) 1892, †Ljubljana 1980, jugoslawischer Politiker (Kommunist): war ab 1941 Organisator des jugoslawischen Widerstands gegen die deutschen und italienischen Besatzungstruppen und 1945 Gründer der Jugoslawischen Föderativen Republik, entwickelte ab 1948 (Bruch mit Stalin) die Titoismus genannte national-jugoslawische Variante des Kommunismus, als Staatspräsident (1963–80) gelang es ihm, die verschiedenen Volksgruppen des Landes zusammenzubinden.

Trotzki, Lew (Leo) Dawidowitsch (eigentlich Leib Bronschtein): *Janowka (Gebiet Cherson) 1879, † (ermordet) Coyoacán (bei Mexiko-City) 1940, russischer Revolutionär und Politiker (Kommunist): entwickelte eine Theorie (Trotzkismus), deren Kernstück die Idee von der permanenten Revolution war. T. war an der Seite Lenins maßgeblich an der Oktoberrevolution beteiligt, wurde 1927 wegen seiner Kritik an der Politik Stalins aus der KPdSU ausgeschlossen.

Truman, Harry S.: *Lamar (Missouri) 1884, † Kansas City (Missouri) 1972, US-amerikanischer Politiker (Demokrat): befahl als 33. Präsident der USA (1945–53) den Abwurf der Atombomben auf Hiroshima und Nagasaki (1945), um die bedingungslose Kapitulation Japans im Zweiten Weltkrieg herbeizuführen, erließ die sog. Truman-Doktrin, die wirtschaftliche und militärische Hilfe für alle nichtkommunistischen Länder versprach.

U

Ulbricht, Walter: *Leipzig 1893, † Berlin (Ost) 1973, deutscher Politiker (KPD, SED): regierte als General- bzw. Erster Sekretär der SED (1950 bis 1971) und Vorsitzender des Staatsrats (1960–73) die DDR im Geiste des Stalinismus, schloss die DDR zum Westen hin ab (Bau der Berliner Mauer 1961).

V

Vranitzky, Franz: *Wien 1937, österreichischer Politiker (SPÖ): initiierte als Bundeskanzler (1986–97) den Beitritt Österreichs zur EU (1995).

W

Waldheim, Kurt: *St. Andrä-Wördern (Bezirk Tulln) 1918, österreichischer Politiker (ÖVP): 1972–81 UN-Generalsekretär, seine Amtszeit als Bundespräsident (1986–92) war überschattet von unbewiesenen Vorwürfen, er sei während des Zweiten Weltkriegs als Wehrmachtsoffizier an Judendeportationen beteiligt gewesen.

Wałęsa, Leszek (Lech): *Popowo (Woiwodschaft Bydgoszcz) 1943, polnischer Gewerkschafter und Politiker: setzte sich 1980 an die Spitze der polnischen Streikbewegung, als Vorsitzender der Gewerkschaft Solidarność trug er zum politischen Umbruch in Polen bei, nach dem Sturz des kommunistischen Regimes Staatspräsident (1990–95).

Weber, Max: *Erfurt 1864, † München 1920, deutscher Nationalökonom und Soziologe: entwickelte eine wissenschaftliche Methode, die auf die Beschreibung der reinen Ausprägung (Idealtypus) geschichtlicher Erscheinungen zielt. W. vertrat den Standpunkt strenger Wertfreiheit in der Soziologie, trat in der Politik für eine nationale Demokratie ein.

Wehner, Herbert: *Dresden 1906, † Bonn 1990, deutscher Politiker (KPD, SPD): maßgeblich an der Umwandlung der SPD zur Volkspartei beteiligt, 1966–69 Bundesminister für gesamtdeutsche Fragen in der großen Koalition mit der CDU/CSU, 1969–83 Vorsitzender der SPD-Bundestagsfraktion.

Weizsäcker, Richard Freiherr von: *Stuttgart 1920, deutscher Politiker (CDU): 1981–84 Regierender Bürgermeister von Berlin, erwarb sich als Bundespräsident (1984–94) durch seine Reden zur deutschen Vergangenheit im In- und Ausland großes Ansehen.

Wilson, Thomas Woodrow: *Staunton (Virginia) 1856, † Washington D.C. 1924, US-amerikanischer Politiker (Demokrat): bemühte sich als 28. Präsident der USA (1913–21) im Ersten Weltkrieg zunächst um die Neutralität der USA, trat 1917 in den Krieg ein, proklamierte am 8. 1. 1918 die sog. Vierzehn Punkte für einen maßvollen Frieden und erreichte die Gründung des Völkerbundes; 1919 erhielt er den Friedensnobelpreis.

Z

Zimmer, Gabriele: *Berlin 1955, deutsche Politikerin (PDS): 1997–2000 stellvertretende Bundesvorsitzende, seit 2000 Bundesvorsitzende der PDS.

Politik, Staatslehre, Ideengeschichte

Böhret, Carl u.a.: Innenpolitik und politische Theorie. Ein Studienbuch. Opladen (Westdeutscher Verlag) ^{3}1988.

Klassiker des politischen Denkens, hg. von Hans Maier u.a., 2 Bde. München (Beck) $^{5-6}$1986–87.

Knütter, Hans Helmuth: Demokratie. München (Franzis) 1986. (Informationen zur politischen Bildung, Heft 165)

Schmidt, Manfred G.: Demokratietheorien. Eine Einführung. Opladen (Leske + Budrich) ^{3}2000.

Schmidt, Manfred G.: Wörterbuch zur Politik. Stuttgart (Kröner) 1995.

Staatslexikon. Recht, Wirtschaft, Gesellschaft, hg. von der Görres-Gesellschaft, 7 Bde. Sonderausgabe Freiburg im Breisgau (Herder) ^{7}1995.

Wörterbuch Staat und Politik, hg. von Dieter Nohlen. Lizenzausgabe Bonn (Bundeszentrale für Politische Bildung) 1998.

Deutschland

Beyme, Klaus von: Das politische System der Bundesrepublik Deutschland. Eine Einführung. Opladen (Westdeutscher Verlag) ^{9}1999.

Boldt, Hans: Deutsche Verfassungsgeschichte, 2 Bde. München (dtv) $^{2\text{-}3}$1993-94.

Fenske, Hans: Deutsche Parteiengeschichte. Von den Anfängen bis zur Gegenwart. Paderborn (Schöningh) 1994.

Handbuch der deutschen Bundesländer, hg. von Jürgen Hartmann. Bonn (Bundeszentrale für Politische Bildung) ^{3}1997.

Handwörterbuch des politischen Systems der Bundesrepublik, hg. von Uwe Andersen und Wichard Woyke. Opladen (Leske + Budrich) ^{4}2000.

Hesse, Joachim Jens/Ellwein, Thomas: Das Regierungssystem der Bundesrepublik Deutschland, 2 Bde. Opladen (Westdeutscher Verlag) ^{8}1997.

Reuter, Konrad: Föderalismus. Grundlagen und Wirkungen in der Bundesrepublik Deutschland. Heidelberg (Hüthig) ^{5}1996.

Rudzio, Wolfgang: Das politische System der Bundesrepublik Deutschland. Opladen (Leske + Budrich) ^{5}2000.

Schulze, Hagen: Kleine deutsche Geschichte. Neuausgabe München (dtv) 1998.

Staats- und Verwaltungsrecht Bundesrepublik Deutschland, bearbeitet von Paul Kirchhof. Heidelberg (Müller) ^{29}2000.

Weber, Hermann: Die DDR. 1945–1990. München (Oldenbourg) ^{3}2000.

Gesellschaft, Recht, Verwaltung

Bahrdt, Hans Paul: Schlüsselbegriffe der Soziologie. Eine Einführung mit Lehrbeispielen. München (Beck) ^{8}2000.

Baumann, Jürgen: Einführung in die Rechtswissenschaft. Rechtssystem und Rechtstechnik. München (Beck) ^{8}1989.

Einführung in Hauptbegriffe der Soziologie, hg. von Hermann Korte u.a. Opladen (Leske + Budrich) ^{5}2000.

Horn, Wolfgang: Der Rechtsstaat. München (Franzis) 21989. (Informationen zur politischen Bildung, Heft 200)

Manssen, Gerrit: Grundrechte. München (Beck) 2000.

Schäfers, Bernhard: Sozialstruktur und sozialer Wandel in Deutschland. Stuttgart (Enke) ^{7}1998.

Schlaich, Klaus: Das Bundesverfassungsgericht. München (Beck) ^{4}1997.

Schmidt, Manfred G.: Sozialpolitik in Deutschland. Historische Entwicklung und internationaler Vergleich. Opladen (Leske + Budrich) ^{2}1998.

Schönhoven, Klaus: Die deutschen Gewerkschaften. Frankfurt am Main (Suhrkamp) ^{2}1988.

Staatsbürger-Taschenbuch, begründet von Otto Model, fortgeführt von Carl Creifelds u.a., bearbeitet von Gerhard Zierl u.a. München (Beck) ^{30}2000.

Ullmann, Hans-Peter: Interessenverbände in Deutschland. Frankfurt am Main (Suhrkamp) 1988.

Wirtschaft, Umwelt

Adam, Hermann: Wirtschaftspolitik und Regierungssystem der Bundesrepublik Deutschland. Eine Einführung. Opladen (Leske + Budrich) [3]1995.

Kösters, Winfried: Umweltpolitik. Themen, Funktionen, Zuständigkeiten. München (Olzog) 1997.

Molitor, Bruno: Wirtschaftspolitik. München (Oldenbourg) [5]1995.

Olsson, Michael und Piekenbrock, Dirk: Gabler-Kompakt-Lexikon Umwelt- und Wirtschaftspolitik. Wiesbaden (Gabler) [3]1998.

Schülerduden, Die Wirtschaft, hg. von Werner Digel. Mannheim (Dudenverlag) [2]1992.

Wagner, Adolf: Wirtschaft verstehen – national und global. Eine moderne Volkswirtschaftslehre. Stuttgart (Schäffer-Poeschel) 1997.

Bildung, Medien

Bildungssysteme in Europa, Beiträge von Oskar Anweiler u.a. Weinheim (Beltz) [4]1996.

Das Bildungswesen in der Bundesrepublik Deutschland, Beiträge von Jürgen Baumert u.a. Reinbek (Rowohlt-Taschenbuch-Verlag) 1997.

Das Fischer-Lexikon Publizistik, Massenkommunikation, hg. von Elisabeth Noelle-Neumann. Frankfurt am Main (Fischer-Taschenbuch-Verlag) [6]2000.

Negroponte, Nicolas: Total digital. Die Welt zwischen 0 und 1 oder die Zukunft der Kommunikation. Taschenbuchausgabe München (Goldmann) 1997.

Außenpolitik, internationale Politik

Armingeon, Klaus/Freitag, Markus: Deutschland, Österreich und die Schweiz. Die politischen Systeme im Vergleich. Opladen (Leske + Budrich) 1997.

Biermann, Frank: Weltumweltpolitik zwischen Nord und Süd. Die neue Verhandlungsmacht der Entwicklungsländer. Baden-Baden (Nomos) 1998.

Europahandbuch 2000, bearbeitet von Gerhard Hitzler u.a. München (Heymann) 2000.

Europa-Ploetz, bearbeitet von Martina Kathöfer u. a. Neuausgabe Freiburg im Breisgau (Ploetz) 1999.

Großbritannien-Ploetz. Geschichte Großbritanniens und Irlands zum Nachschlagen, bearbeitet von Cornelia Witz u.a. Freiburg im Breisgau (Ploetz) [3]1993, Nachdruck Freiburg im Breisgau (Ploetz) 1996.

Handbuch der deutschen Außenpolitik, hg. von Hans-Peter Schwarz. München (Piper) [2]1976.

Handwörterbuch internationale Politik, hg. von Wichard Woyke. Opladen (Leske + Budrich) [7]1998.

Internationale Organisationen in der Reform, hg. von Wichard Woyke. Schwalbach/Ts. (Wochenschau-Verlag) 1999.

Kempf, Udo: Von de Gaulle bis Chirac. Das politische System Frankreichs. Opladen (Westdeutscher Verlag) [3]1997.

Neisser, Heinrich u.a.: Unsere Republik auf einen Blick. Ein Nachschlagewerk über Österreich. Wien (Ueberreuter) 1996.

Rufin, Jean-Christophe: Die neuen Barbaren. Der Nord-Süd-Konflikt nach dem Ende des Kalten Krieges. Taschenbuchausgabe München (dtv) 1996.

Schneider, Eberhard: Das politische System der Russischen Föderation. Opladen (Westdeutscher Verlag) 1999.

Die Schweiz, Beiträge von Hans Elsasser u.a. Stuttgart (Kohlhammer) 1988.

Zinzius, Birgit: Das kleine China-Lexikon. Darmstadt (Primus) 1999.

Abb.	Abbildung
Abk.	Abkürzung
Abs.	Absatz
Art.	Artikel
BGB	Bürgerliches Gesetzbuch
BRD	Bundesrepublik Deutschland
bzw.	beziehungsweise
ca.	circa
CDU	Christlich Demokratische Union
ČSSR	Tschechoslowakische Sozialistische Republik
CSU	Christlich Soziale Union in Bayern
DDR	Deutsche Demokratische Republik
d.h.	das heißt
EG	Europäische Gemeinschaft(en)
EU	Europäische Union
e.V.	eingetragener Verein
evtl.	eventuell
EWG	Europäische Wirtschaftsgemeinschaft
FDP	Freie Demokratische Partei
GG	Grundgesetz
ggf.	gegebenenfalls
hg.	herausgegeben
i. A.	im Allgemeinen
i.d.R.	in der Regel
inkl.	inklusive
Jh.	Jahrhundert
KP	Kommunistische Partei
KPdSU	Kommunistische Partei der Sowjetunion
Mio.	Million
Mrd.	Milliarde
NATO	Organisation des Nordatlantikvertrages
n. Chr.	nach Christus
OECD	Organisation für wirtschaftliche Zusammenarbeit und Entwicklung
PDS	Partei des Demokratischen Sozialismus
rd.	rund
SED	Sozialistische Einheitspartei Deutschlands
sog.	so genannt
SPD	Sozialdemokratische Partei Deutschlands
StGB	Strafgesetzbuch
StPO	Strafprozessordnung
Tab.	Tabelle
u.a.	und andere, unter anderem
u.Ä.	und Ähnliches
UdSSR	Union der Sozialistischen Sowjetrepubliken
UN	Vereinte Nationen
USA	Vereinigte Staaten von Amerika
usw.	und so weiter
v.a.	vor allem
v. Chr.	vor Christus
vgl.	vergleiche
z.B.	zum Beispiel
ZK	Zentralkomitee
z.T.	zum Teil
z.Z.	zur Zeit
zz.	zurzeit

Archiv für Kunst und Geschichte, Berlin: 24, 81, 141, 210, 322, 391. – argum-Fotojournalismus, München: 115. – argus FOTOARCHIV, Hamburg: 383. – The Associated Press, Frankfurt am Main: 72, 90, 407. – Bibliographisches Institut & F. A. Brockhaus, Mannheim: 330, 401. – Bundesamt für Strahlenschutz, Salzgitter: 96. – Deutsches Historisches Museum, Berlin: 279. – dpa Bildarchiv, Frankfurt am Main und Stuttgart: 9, 18, 34, 51, 63, 65, 70, 71, 73, 99, 113, 136, 143, 145, 160, 161, 166, 169, 174, 175, 179, 180, 191, 192, 198, 206, 217, 219, 223, 230, 234, 241, 243, 260, 273, 276, 280, 286, 324, 334, 340, 348, 353, 365, 379, 388, 390, 398, 408, 416, 430, 436, 444, 447, 453, 455. – Studio X, gamma, Limours: 11, 125, 224, 344. – Photographie Giraudon. Paris: 406. – State of Israel, Government Press Office, Jerusalem: 302, 449. – Bildagentur Mauritius, Mittenwald: 300. – D. Northup, Boston, Massachusetts: 20. – The Public Library, New York: 227. – Sipa Press, Paris: 209. – Uitgeverij Het Spectrum, Utrecht: 290. – Ullstein Bilderdienst, Berlin: 107, 170, 176, 253, 255, 294, 299, 405, 419, 422, 442. – UNESCO, Paris: 103.